Feel

Robbie Williams

avec Chris Heath

Michel Lafon

Chris HEATH

FEEL : ROBBIE WILLIAMS

Traduit de l'anglais
par François Ailis

Michel
LAFON

Photographies de couverture © Rankin/The In Good Company/Idols ;
Photographies N & B pages 6 et 472 © Frank Bauer/Idols ;
Photographies N & B p. 28 ; Au studio © Scarlet Page/Idols,p. 29 ; Rob au studio © Scarlet Page/Idols, p. 184 ; Rob et les figurants de *Come Undone* © HamishBrown/Idols, p. 277 ; Rob dans *De-lovely*, collection personnelle de Rob, p. 282 ; Rencontre avec Stephen Duffy, collection personnelle de Rob, p. 293 ; Rob tête en bas, collection personnelle de Rob, p. 304 ; Rob et Max © Hamish Brown/Idols, p. 337 ; Rob en avion © SeanGleason/Idols, p. 378 ; Rob nu à Stockholm © Sean Gleason/Idols, p. 383 ; Rob avance vers l'hélicoptère © Hamish Brown/Idols, p. 383 ; Knebworth, vue d'avion © Hamish Brown/Idols, p. 385 ; Rob backstage à Knebworth © David Sitwell, p. 388 ; Rob en hélicoptère © Hamish Brown/Idols, p. 394 ; Rob et Mark sur scène © Hamish Brown/Idols, p. 395 ; Salut final à Knebworth © Hamish Brown/Idols

7-13, boulevard Paul-Émile-Victor - Île de la Jatte
92521 Neuilly-sur-Seine Cedex

Before

1

Sa voix résonne dans la pièce, plongée dans l'obscurité : *Yeah, I'm a star, but I'll fade. If you ain't sticking your knives in me, you will be eventually.* (« Je suis une star, d'accord, mais ça ne durera pas. Tôt ou tard, vous voudrez me faire la peau. »)

– On la refait, décide Guy Chambers, son principal co-auteur, producteur et directeur artistique.

Août 2002, fin d'après-midi. Robbie Williams termine une séance d'enregistrement aux studios Record Plant, à Hollywood – un bâtiment rectangulaire dans une petite rue quelconque. La chanson qu'il interprète s'intitule *Monsoon*. Comme bon nombre de celles qui l'ont précédée, elle mêle doute, sincérité, impudeur et autodénigrement.

Il reprend au début : *I've sung some songs that were lame. I've slept with girls on the game.* (« J'ai chanté des chansons un peu nulles ; j'ai couché avec des filles franchement putes. »)

En dehors des voix qu'il faut encore peaufiner, la réalisation de ce nouvel album touche quasiment à sa fin. Rob a posé ses valises à Los Angeles début 2002 et, prenant conscience qu'il s'y sentait plus heureux, il n'en est plus reparti. Il venait de sortir *Swing when You're Winning*, son quatrième album en cinq ans, et de conclure une tournée sur les rotules. Il annonça à son entourage qu'il s'offrait une année sabbatique. Il estimait la mériter ; il en éprouvait le besoin. Ce qui ne signifiait pas forcément qu'il savait comment occuper tout ce temps libre.

En désespoir de cause, il s'est finalement retrouvé en train de préparer un nouveau disque. Tous les jours, en fin de journée, il descend de sa maison des Hollywood Hills pour passer quelques heures en studio. Il écoute les derniers mixes, suggère des améliorations et, bien sûr, il chante.

– Je trouve le couplet du milieu un peu dur, commente Guy.
– Oui, mais il claque bien, rétorque Rob.
– Un peu de couleur, au milieu, ce serait pas mal, insiste Guy.
– D'accord, concède Rob. On n'a qu'à mettre du beige.

Guy lève les yeux au ciel.

Rob réattaque *Monsoon*. Il s'implique davantage, mime les gestes d'un guitariste pendant qu'il chante. Arrivé au refrain, il soulève son T-shirt pour exhiber ses pectoraux. En dehors du chanteur, il y a neuf personnes dans le studio. Certaines participent à l'élaboration du disque, d'autres assistent à la séance d'enregistrement sans motif précis.

J'ai fait le trajet depuis Oklahoma City en voiture, ce qui m'a pris quatre jours. Rob n'en revient pas : comment peut-on envisager de passer autant de temps seul avec ses pensées ? Quatre jours de voiture pour venir jusqu'ici l'observer, l'écouter, exhumer son passé et en tirer quelques lignes. J'étais tombé sur lui quelques mois plus tôt, au Sunset Marquis, l'hôtel où il avait établi ses quartiers le temps de décider s'il fallait ou non qu'il s'installe à Los Angeles. Nous nous étions déjà croisés plusieurs fois ces dernières années, des contacts toujours impromptus mais sympathiques. J'imagine que c'est le hasard répété de nos entrevues qui l'a incité à m'inviter aujourd'hui.

Je pense rester une semaine. Dix jours au grand maximum.

Notre précédente rencontre remontait plus exactement à janvier. Nous nous étions aperçus dans le patio du Sunset Marquis. Il m'avait invité à jouer au backgammon avec lui, dans sa suite – un appartement sur jardin. Nous bavardions, et il en profitait pour me battre à plate couture. Je me réjouissais de le voir, mais je le trouvais un peu nerveux, fébrile. Le téléphone sonna. Une ex. Il se fit passer pour Jonathan Wiles, son meilleur ami, justement de passage, prétexta l'absence de Robbie et prit un message auquel il ne donna sans doute jamais suite.

Entre deux coups de dés, il m'exposait brièvement ses problèmes. Il angoissait. Le sentiment de fierté qu'il éprouvait à l'égard du disque swing qu'il venait de sortir se mêlait contradictoirement à une sorte de déception de ne pas s'être planté. Comme s'il avait cru trouver un moyen imparable de torpiller sa carrière, de se libérer d'un poids, de ne plus avoir de pression. Et voilà que son stratagème se retournait contre lui. Cet album, celui que sa maison de disques trouvait si risqué qu'elle avait refusé de le prendre en compte dans le contrat qui la liait à l'artiste, était en passe de devenir son plus grand succès. Lui n'estimait pas avoir remporté une victoire. Tout au plus ce petit but mettait-il en perspective tous ceux qu'il lui restait encore à inscrire – selon le cahier des charges qu'il s'était lui-même fixé.

Arriva le moment où je dus partir. Du travail m'attendait. Je recroisai Rob un peu plus tard au bar de l'hôtel, le Whiskey. À la différence de tous les fêtards notoires qui s'y rassemblaient, lui s'abstenait de boire. Il arborait maintenant un énorme tatouage sur l'avant-bras gauche, MOTHER. Parce qu'il aimait sa mère bien sûr, mais aussi parce que, ce soir-là, pour ne plus penser à tout ce qui lui encombrait l'esprit, il lui fallait une douleur nouvelle. Le moment de détente qui devait lui permettre d'évacuer ses angoisses se muait en épreuve. À cet instant, il affrontait de plein fouet les interrogations qu'il cherchait précisément à fuir. Il n'avait pas touché à l'alcool depuis plus d'un an, mais jamais il n'avait été aussi près de craquer.

Au fil de la soirée, il discuta avec des gens qu'il ne connaissait pas, et finit par comprendre pourquoi leur attitude lui était, à certains égards, si familière : ils carburaient à l'ecstasy. Pour confirmer son intuition, qui s'avéra juste, il leur posa ouvertement la question. Ils en avaient encore plein leurs poches et auraient été ravis de lui en offrir.

Vas-y. Fais-toi plaisir. Prends-en une.

Il en mourait d'envie. À deux doigts de dire oui, il se maîtrisa pourtant jusqu'au bout et alla se coucher.

Quelques jours plus tard, il retourna chez le tatoueur. Il aimait bien son MOTHER et voulait sur l'autre avant-bras quelque chose qui fît le pendant. Il demanda six autres lettres, collées les unes aux autres. Question de symétrie. ILOVEU – « je t'aime ».

Au studio, on laisse provisoirement *Monsoon* de côté pour passer à autre chose. *Me and my Monkey*, une chanson-fleuve extravagante, raconte les aventures d'un homme flanqué d'un chimpanzé. Écrite à Bangkok, l'histoire se déroule à Las Vegas. Pour des raisons que le texte n'explicite pas et que le chanteur lui-même ignore peut-être, le singe – en salopette et chaussé de rollers, comme à son habitude – entraîne le narrateur dans un univers périlleux où il est question d'armes à feu, de maquereaux, de jeux d'argent et de prostitution simiesque. Jusqu'à la fin du morceau, le mystère reste entier. Tout en chantant le dialogue, Rob joue les personnages, juché sur la patinette avec laquelle il sillonne le studio.

– Elle te plaît, celle-là, papa ?

Son père, qui a fait le déplacement jusqu'à Los Angeles pour lui rendre visite, se trouve dans la cabine de mixage. Ils se sont parlé quelques semaines plus tôt, après un silence de plus d'un an.

– Je trouve ça incroyable, approuve Pete Conway, alias Peter Williams. (Contrairement à son fils, il a pris un pseudonyme dès le début de sa carrière d'humoriste. À l'époque, quelqu'un d'autre essayait déjà de faire rire les salles sous le nom de Peter Williams.)

– C'est nous qui l'avons écrite, sans l'aide de personne, s'exclame Rob en bombant malicieusement le torse.

On devine sous l'autodérision une réelle fierté. Guy le persuade de refaire la voix. Rob retourne au micro et lance :

– Monte-moi la voix... éteins la lumière... faudrait que ça vibre un peu, ici...

Guy tripatouille les boutons de la console et la cabine se retrouve plongée dans le noir.

– Mais non, c'est ici que je veux que tu coupes la lumière, abruti.

– Je trouve pas le bon bouton.

– Tu parles d'un professionnel...

Quand l'obscurité s'installe enfin autour de lui, Rob reprend la chanson.

– C'est chiant de ne pas te voir, commente Guy. Je parie que tu es à poil et que tu bandes.

La réflexion n'est pas entièrement gratuite. Au cours de l'élaboration de cet album, Rob a déjà plusieurs fois chanté complètement nu. Pour la reprise de *Simple Man* de Lynyrd Skynyrd – qu'ils n'ont finalement pas gardée – il s'était déguisé en Superman.

– Chanter à poil, ça détend, rétorque Rob.

Puis l'échange s'anime pour prendre un tour surréaliste : il s'agit de déterminer comment parleraient un chimpanzé et un babouin proxénète. Rob allume une cigarette ; la flamme de l'allumette éclaire brièvement sa silhouette. Il n'est pas à poil.

Ces chansons, je les entends pour la première fois. Avant de quitter le studio, Rob m'annonce qu'il veut m'en faire écouter encore une. Elle s'appelle *Cursed* et parle d'un ami décédé, comme je l'apprendrai plus tard. Pendant le morceau, Rob m'installe dans le fauteuil de Guy, s'assoit sur la console, face à moi, et se penche pour me chanter à quelques centimètres de l'oreille, en postillonnant légèrement, des paroles où se mêlent tristesse et colère.

Lorsqu'on est riche, célèbre et facilement déstabilisé, le problème ne consiste pas à trouver une maison, mais à en trouver une où l'on se sente chez soi. La première que Rob loua à Los Angeles appartenait à Dan Aykroyd, le scénariste, acteur et producteur américain. Son séjour ne fut pas concluant. Pour commencer, la presse et les paparazzi le repérèrent dès son installation. Il s'avéra impossible de les tenir à distance, car, contrairement à bien d'autres luxueuses propriétés de Los Angeles, celle-ci ne se situait pas dans l'enceinte d'un parc privé, avec accès réservé aux propriétaires et invités. D'autres problèmes, plus étranges, surgirent.

Il apprit que cette maison était celle où Aykroyd avait écrit *SOS Fantômes* : la bibliothèque et la vidéothèque regorgeaient de documents sur les ovnis et le surnaturel. Rob raconte s'être rendu compte que les lieux étaient « occupés » dès le premier jour de son emménagement, mais le contrat avait déjà été signé. Il décida de parler aux esprits et de leur proposer un pacte. Assis au bord du lit, il s'adressa à eux dans ces termes : « Bonjour, je m'appelle Rob et je viens d'Angleterre. Je pense rester trois mois. Je m'installe provisoirement ici pour remettre de l'ordre dans ma vie. Je sais que vous êtes là, mais je veux que vous compreniez que j'ai un peu peur de vous. J'espère que ma présence ne vous dérangera pas, mais je vais empiéter sur votre espace et vous allez empiéter sur le mien. Malgré tout, s'il vous plaît, ne sortez pas, sinon je vais paniquer. Merci. » Le chanteur me certifie avoir eu l'impression qu'ils l'avaient entendu et compris.

Pourtant, un soir, en rentrant, il trouva toutes les portes et les fenêtres ouvertes. Il attendit dans l'allée pendant qu'on passait la maison au peigne fin. Personne ; rien n'avait été déplacé. Un autre soir, Sid, son berger allemand, qui dormait dans une caisse près de son lit, lui parut anormalement nerveux. Il pensa qu'il devait simplement avoir envie de pisser. Il n'était pas loin de 4 heures du matin. Rob lui passa la laisse, emprunta l'escalier de derrière, traversa la cuisine, ouvrit la porte, mais Sid, apparemment, semblait seulement manifester l'envie de jouer. Il l'amena alors à l'étage en refermant toutes les portes derrière lui. Brusquement, Sid détala. Son maître devait le retrouver dans la cuisine, tremblant, derrière une porte close que l'animal n'avait pu ni ouvrir et encore moins refermer.

La nuit, des voix étranges parvenaient parfois aux oreilles des invités. Un jour, alors qu'il se baladait dans Los Angeles, il croisa le batteur des Who, Zak Starkey, qui vivait là-bas à l'époque avec son père Ringo. Apprenant où Rob séjournait, Zak lui demanda s'il avait déjà eu l'occasion d'apercevoir « les gosses dans le jardin et la vieille dans la baraque »... Rob n'avait vu ni vieille dame ni enfants. En revanche, il avait bel et bien senti sa chambre se refroidir soudainement – « comme si tout l'air sortait de la pièce » – au moment où une pub pour une compilation de tubes des années 60 passait à la télé, avec en fond sonore le *California Dreaming* des Mamas & Papas. Sur le moment, le phénomène lui parut presque logique : il venait d'apprendre que Mama Cass, la chanteuse du groupe, avait dégusté son dernier sandwich précisément dans cette maison.

Peu importe que les demeures s'approprient parfois des histoires qui ne leur appartiennent pas. (En réalité, Mama Cass est morte à Londres, dans un lieu tout aussi maudit – l'appartement où Keith Moon, l'ex-batteur des Who, succomba à une overdose.) Rob avait son compte d'émotions ; il décida de partir.

D'après lui, les déménageurs entrèrent une seule fois dans la maison et ils refusèrent de continuer. Motif : « La vieille dans le fauteuil. »

– Tu connais Pompey ? me demande-t-il alors que l'équipe se prépare à quitter le studio d'enregistrement. Pompey, c'est celui qui cogne.

Pompey est un type au visage doux, qui a passé toute sa jeunesse à Portsmouth. Principal garde du corps de Rob, présent 24 heures sur 24, il gère tout ce qui touche à la sécurité du chanteur. Au-delà de cela, il existe entre eux une vraie complicité. Ancien marine, il se lance parfois dans des histoires d'armée hallucinantes. Cette semaine-là, en buvant un café, il me rapportera une conversation très sérieuse entre deux marins planqués sous une table alors que leur navire venait d'être bombardé, dans les Malouines, et que la projection de *La Malédiction*, à bord, avait été interrompue.

Rob m'emmène chez lui, dans la maison qu'il a achetée au lendemain de sa désastreuse expérience de location. Il y a des années, affirme-t-il, qu'il ne s'était senti aussi à l'aise quelque part. La propriété appartenait auparavant au chanteur de country Clint Black. « Il n'est pas à moi, ce tapis », précise Rob en désignant le paillasson sur lequel on lit « Attention, chien caractériel ». Il me montre le jardin, la piscine, la vue sur la vallée. Après avoir emménagé, les premiers jours, dès qu'il se levait, il ouvrait les rideaux, s'étirait et entendait immédiatement une petite voix lui dire : *Tu ne mérites pas tout ça. Et de toute façon, on va tout te reprendre*. Puis il apercevait le gars en train d'enlever les feuilles de la piscine, et la voix faisait : *Combien est-il payé ?* Il voyait la femme qui s'occupait de son linge. *Combien est-elle payée ?* La panique s'emparait alors de lui.

– Si tout ça doit m'être repris un jour, il faut au moins que j'en tire une leçon, me confie-t-il. Et si je garde tout ça jusqu'à la fin de ma vie, il faut aussi que j'en tire une leçon.

Arrivé dans la cuisine, il s'allonge sur le dos. Ses trois chiens – Sid, Rudy et Sammy – lui font la fête à grands coups de langue et de truffe.

Puis il se relève et, dans le couloir, appuie sur un bouton.

– Regarde ! (Une porte s'ouvre.) J'ai un ascenseur.

Il le prend parfois. Il ressort au premier étage, près de sa chambre. Ça ne lui fait pas gagner beaucoup de temps, mais posséder son ascenseur personnel représente l'un de ces plaisirs futiles qui, parfois, n'ont pas de prix.

Les Williams père et fils s'engagent imperceptiblement dans une sorte de concours de blagues. C'est dans ce genre de situation qu'ils semblent le plus complices. Rob a beau feindre de se plaindre des rendez-vous invariablement manqués qu'occasionne chacune des visites de son père, il se tient toujours prêt à jouer les faire-valoir auprès de lui.

– J'ai essayé ce truc chinois avec les aiguilles, amorce Pete.

– Quoi ? répond Rob. – Il lui prépare le terrain. – L'acupuncture ?

– Non. L'héroïne.

Ils se dirigent vers la table de ping-pong installée dans le garage, près de la Jaguar type E, et débutent une partie. Dès le service, ils se montrent extraordinairement agressifs l'un envers l'autre. Une manche. Deux manches. La belle. Rob l'emporte.

Ils se tapent dans le dos, puis Pete se tourne vers moi et me précise, avec un grand sourire, qu'il avait remporté les deux matches précédents.

– On jouait beaucoup quand il était jeune, me dit-il. On jouait à tout, en fait.

Lorsque j'arrive au studio d'enregistrement le lendemain, Josie Cliff s'affaire au téléphone. Elle recrute une équipe pour tourner des images de Rob en fin de semaine. « Un artiste anglais très connu en Europe et qui a vendu plus de 20 millions de disques », explique-t-elle patiemment. De toute l'équipe qui entoure régulièrement l'artiste, Josie est la seule à ne jamais le lâcher d'une semelle. Elle l'a suivi à Los Angeles où elle s'occupe de tout. Elle tient son agenda, engage et licencie ses employés, trouve ses maisons, et va jusqu'à boucler ses valises ou lui chercher de quoi manger, du café ou des cigarettes. (Ceux qui ne la connaissent pas et ne la rencontrent qu'à l'occasion de l'une de ces dernières fonctions sous-estiment son statut et son influence, mais ils apprennent vite.)

Rob sort d'une pièce où il vient de visionner une cassette que Guy lui a apportée. Vingt minutes enregistrées au caméscope en 1998, pendant l'une des premières tournées en solo du chanteur, alors qu'il traversait une mauvaise passe.

– Ça me fait une drôle d'impression de revoir tout ça.
– Dans la vie, il y a des bons et des mauvais moments, soupire nonchalamment Guy.
– J'étais vraiment au plus mal.
– Tu trouves ça déprimant ? s'enquiert David Enthoven.
– Pour moi, oui.

David Enthoven, l'un des deux responsables de sa société de production, IE Music, l'accompagne en tournée et vient régulièrement le voir quand il enregistre, tourne un clip ou autre. Son associé, Tim Clark, gère les affaires depuis leur bureau londonien. David retourne se passer la bande dans la pièce voisine. En revenant, il lâche : « Tu étais dans un sale état. C'est dur à revoir. »

– Tu vois, Guy ? s'exclame Rob, accusateur. *Toi*, tu trouves ça amusant.

Il n'apprécie pas la distance avec laquelle ceux qui en furent les témoins se divertissent maintenant du spectacle de cette période difficile de sa vie. Qu'il adopte cette attitude envers lui-même est une chose ; que des tiers se le permettent en est une autre.

– Tu en as bavé, hein, Robert ? s'émeut David.

Celui-ci se contente d'acquiescer, sans un mot.

On pourrait écrire tout un livre sur cet inextricable écheveau de succès et de coups de blues, de triomphes et de déprimes, l'un entraînant l'autre, l'un se fondant parfois dans l'autre. Si l'essentiel n'est peut-être pas là, on retrouve cet assemblage complexe dans le spectacle que Robbie Williams offre à son public.

En simplifiant à outrance, l'origine du trouble remonte à son départ du groupe Take That, début 1995. Il buvait déjà beaucoup et consommait régulièrement des substances dites illicites. Pour débuter une carrière solo qui a bien failli avorter, il n'avait rien trouvé de mieux que de s'offrir une bonne année de bringue. Dès le lendemain de l'enregistrement des voix de son premier album solo, *Life thru a Lens*, en 1997, il partit en cure de désintoxication. Il passa ensuite plusieurs années à se battre contre l'alcool et à chercher un mode de vie compatible avec l'abstinence. Peut-être vient-il enfin de le trouver. Il y a vingt mois, il a une nouvelle fois arrêté de boire et n'a pas replongé depuis.

Un soir, au bord de la piscine, je l'encourage à me parler de cette fameuse journée, celle où il a bu pour la dernière fois. Il avait rendez-vous à Londres, pour le boulot. Il s'efforçait de ne pas toucher à l'alcool, mais il avait fini par craquer et il avait choisi, en toute conscience, de donner libre cours à ses pires penchants, de devenir poivrot. La décision était mûrement réfléchie. Pourquoi en faire un drame ? Il possédait suffisamment d'argent pour financer son vice, jusqu'à ce que mort s'ensuive, s'il le voulait. Faute de réussir dans cette entreprise, il se contenterait de devenir l'un de ces hommes aux joues sanguines, au nez bulbeux et à la démarche lourde.

Il s'était préparé à cet avenir, quand il entendit une autre petite voix lui intimer : « Résiste... »

Et s'il essayait d'assister à une autre de ces réunions, rien qu'une fois ?

Rob fume peut-être trois paquets de Silk Cut par jour. « Je suis vraiment bon, fait-il avec un sourire espiègle : Je ne suis pas foutu de me passer de cigarettes pendant dix minutes. » Il veut y mettre un terme. Il n'a pas envie que des gosses se mettent à fumer après l'avoir vu s'asseoir, en plein concert, pour en griller une, parce que le besoin en était irrépressible. (La clope sur scène fait pourtant partie de ces habitudes qu'il affectionne. Il goûte ces quelques minutes pendant lesquelles il n'est plus obligé de courir.)

Il s'est juré d'arrêter à 30 ans, et il en parle souvent. Il se demande si cela affectera sa voix.

En attendant, il s'amuse constamment à catapulter sa cigarette pour essayer de la rattraper avec la bouche, même lorsque personne ne le regarde.

Cette fois-ci, il y a un témoin. Moi.

Premier essai. Deuxième essai. (Il voit que je l'observe.) Troisième essai... réussi.

– C'était limite, marmonne-t-il.

2

Une nouvelle journée sur les traces – moments intimes et confidences impromptues – de Robbie Williams. Début d'après-midi. Le chanteur dort encore. Pompey mange ses céréales sur un plateau. Dans la cuisine, en compagnie du père, je bois du café et grignote du melon. Dehors, un homme ratisse les crottes de chien éparpillées sur la pelouse. Derrière lui, on distingue la piscine. Et derrière la piscine, sous un ciel d'azur, la vallée de Los Angeles.

Pete m'annonce qu'il se rend à Torquay la semaine prochaine.

Le père de Rob était policier, puis a travaillé dans une usine d'électronique, avant de commencer à se produire sur scène le soir. À la naissance de son fils, il prit un pub en gérance avec Jan, la mère, mais cette vie ne lui convenait pas, et il finit par quitter et le pub et la mère. Tout au long de la jeunesse de Rob, il travaillait dans des colonies de vacances, sur la côte – ses seuls emplois à peu près stables –, ce qui permettait à son fils de le rejoindre l'été.

Quand Rob était petit, son livre préféré s'intitulait *Les Aventures du fauteuil magique*. Le fauteuil en question transportait les enfants dans tous les endroits imaginables. Rob me confie avoir souvent rêvé à l'époque d'une porte magique, chez lui, qui lui aurait permis de rejoindre son père quand il le souhaitait. Et lorsque je lui demande s'il lui arrivait également de songer à une telle ouverture sur le monde du spectacle, il me répond par l'affirmative que depuis, cette porte, il l'a créée : « Quel que soit le seuil que je franchisse, de l'autre côté, il y a toujours du spectacle. »

Assis dans le jardin, Rob me propose de l'accompagner à une journée portes ouvertes dans une propriété, un peu plus haut, à laquelle il voudrait jeter un œil, ne serait-ce que pour voir à quoi ressemblent les autres maisons du domaine.

Nous prenons la Jaguar noire. Rob n'a pas le permis de conduire. Il ne s'est jamais décidé à le passer, craignant de se révéler mauvais conducteur et ne supportant pas l'idée qu'un type assis à côté de lui le juge. La loi l'autorise cependant à circuler dans les rues privées du parc. Une fois à bord de la voiture, il n'entreprend pas vraiment de repérer la fameuse propriété – nous ne la trouverons d'ailleurs jamais – mais nous commençons à bavarder et, pendant une heure et demie, nous n'arrêtons pas de rouler. Nous sillonnons inlassablement les sept ou huit rues que compte le domaine, parfois vite, parfois lentement. À l'occasion, Rob accélère juste pour avoir une raison de freiner.

Nous n'avons pas eu un seul entretien vraiment approfondi depuis mon arrivée à Los Angeles il y a quelques jours, mais ce genre de conversation semble lui convenir. Il m'explique qu'ici, il se sent beaucoup mieux. « Depuis six ans, je savais que si je voulais vivre sans être en permanence sous les regards du public et de la presse, il fallait que je quitte l'Angleterre. La perspective de partir me rendait pourtant malade. Je pensais constamment au parc dans lequel j'allais jouer étant gosse, aux balades avec les chiens, aux pique-niques à Buxton... toutes ces choses géniales que je ne pouvais plus faire. Il me fallait quitter *mon* Angleterre. En ce moment, elle vit au rythme des ragots et de l'emploi du temps des célébrités. Moi, je veux être une pop star quand je monte sur scène, quand je fais ma promo, mais pas quand je vais chercher du café ou du lait au coin de la rue ; je ne veux pas voir ma gueule aux infos de 10 heures dès que je mets les pieds hors de mon lit. »

S'il revient si souvent sur le sujet, c'est qu'il perçoit la difficulté des gens à comprendre réellement l'effet que produit l'attention ininterrompue des paparazzi sur quelqu'un comme lui.

« Ils te pistent 24 heures sur 24. Lorsque que tu te lèves, le matin, cinq voitures stationnent devant chez toi. Les types te suivent partout, toute la journée. Au bout de cinq ans, ça finit par te bouffer. Il faut absolument que tu te détaches de l'image que te renvoient la presse ou la télévision. Si tu n'y parviens pas, si le personnage qu'ils créent prend le pas sur ta vie réelle, des voix de plus en plus discordantes s'entremêlent alors dans ton crâne. Tu en arrives à tout prendre au premier degré, parce que tu te persuades que c'est vraiment de toi qu'on parle. »

Rob se souvient d'une interview de Matt Groening, le créateur des Simpson. À la question : « Que pourrait-il vous arriver de pire dans la vie ? », Groening répondait : « Que mes angoisses les plus personnelles s'avèrent fondées. » En Angleterre, soumis à l'incessant tir de barrage des médias, Rob commençait à croire que ses doutes trahissaient effectivement une vérité. « Au bout d'un moment, je finissais par me dire : “Oui, c'est vrai, tu n'es qu'une merde.” Progressivement, j'incarnais le personnage grotesque et pourri que les journaux décrivaient. » Il ne tient pas à dresser l'inventaire de ces doutes – pas pour l'instant en tout cas – tant ils demeurent prégnants. « À l'égard de tout ce que j'entreprends, je me fais l'avocat du diable. Normalement, c'est le diable qui gagne. »

À Los Angeles, tout ou presque lui paraît « mieux ». Le fait d'habiter une rue privée et de disposer d'un jardin sans vis-à-vis lui assure une certaine tranquillité d'esprit : à l'intérieur du domaine, on ne peut ni l'épier ni le suivre. En outre, le climat californien ne gâche rien : « Tous les matins, quand je me lève, il y a du soleil. »

Quelques déceptions assombrissent pourtant le paysage. Dès son arrivée, il se lia facilement d'amitié avec beaucoup de gens – quoi de plus normal lorsqu'on entame une nouvelle vie – mais il reconnaît aujourd'hui s'être trop souvent fié aux apparences. Son « détecteur de cons », pour reprendre son expression, fonctionnait mal. « On est prévenu. On sait qu'il y a pas mal de types intéressés, des arrivistes qui veulent se faire des réseaux. Moi, je me targuais de les repérer au premier coup d'œil, mais mon détecteur en a loupé un paquet. Ces deux dernières semaines, j'ai un peu accusé le coup. En débarquant ici, tout ce que j'attendais se concrétisait : des tas de potes, plein de choses à faire... Je pouvais enfin me balader librement, m'amuser, et puis... (Soupir.) Ils sont vraiment forts. Normalement, je les flaire. »

Un autre souci le taraude en ce moment : la conviction de plus en plus insistante que quelqu'un, dans son entourage, monnaie des infos sur son compte aux tabloïds britanniques. « Il suffit que je *pense* à un truc pour que ce soit dans les journaux le lendemain, et ça, ça me fout les jetons. Je crois que tous mes téléphones sont sur écoute. Je ne peux faire confiance à personne. Cette histoire me plombe. On finit par se méfier de tout le monde. »

Il me révèle que récemment, il s'est livré à de fausses confidences auprès de gens qu'il soupçonne pour voir si la presse à scandale allait les reprendre. Pour l'instant, rien. Il a fait vérifier ses téléphones et maintenant – il sait que ça peut faire sourire, qu'on va le prendre pour un fou, mais une fois la paranoïa sur les rails, difficile de l'arrêter – il se demande si les spécialistes qu'il a fait venir n'en ont pas profité pour trafiquer ses lignes.

Au bout d'une demi-heure, Rob s'arrête devant chez lui, descend de voiture pour aller pisser sur sa pelouse, et me demande si on doit continuer. Je l'encourage. J'ai des tas de questions à lui poser.

Il saute dans la voiture et écrase l'accélérateur.

– Continue. Pose-moi encore des questions. Pose-moi une question sur le sport. Le sport, ça me connaît.

Nous voilà repartis. Il me confie que son installation ici lui a fait prendre conscience qu'il éprouvait le besoin de laisser son père reprendre une place dans sa vie. « La dernière fois qu'il m'a vu, j'avais un appart' à Kensington et je n'étais pas au mieux. Depuis, j'ai remonté la pente. Je veux qu'il le constate et qu'il soit fier de moi. » Les rapports qu'il entretient avec son père sont manifestement compliqués, mais l'une des raisons qui l'ont longtemps incité à repousser ces retrouvailles tient au fait qu'il ne boit plus. « J'adorais picoler avec mon père. Je t'assure, j'adorais ça. Qu'est-ce qu'on a pu rigoler ! » Il craignait de replonger s'il voyait son père un verre à la main.

Cette peur s'est finalement dissipée, son père s'astreignit à un régime sec le temps du séjour. « On s'entend merveilleusement bien, se réjouit Rob. On a retrouvé nos marques, comme avant, comme s'il ne s'était rien passé... Quand on suit une thérapie, on ouvre la boîte de Pandore. On libère pas mal de choses qui peuvent se révéler difficiles à gérer. De la colère, du ressentiment. Il m'a simplement fallu énormément de temps pour l'accepter. Il ne faut pas se méprendre : mon père est quelqu'un de formidable, mais quand on commence à creuser au plus profond de son passé, on ne peut s'empêcher de penser : "Voilà comment ç'aurait dû être..." »

Le problème, à l'époque, était qu'il avait besoin d'un père, pas d'un copain avec qui boire des coups. Je tente d'approfondir le sujet :

– Aujourd'hui, est-il plus un père pour toi, ou est-ce toi qui l'acceptes davantage en tant qu'ami ?

Rob arrête la voiture. Nous surplombons maintenant la pente couverte de buissons qui marque la fin du domaine.

– Non, c'est plutôt moi qui l'accepte plus comme ami, me répond-il avant d'accélérer sauvagement.

Arrivé en haut de la rue, il freine brutalement. Une manière de me signifier la fin de l'entretien ? Il ajoute pourtant :

– Et c'est génial. Je suis vraiment content que ça se passe comme ça.

Une jeune femme passe. Un charme évident éclaire son visage.

Rob la salue et lui demande son nom. Elle bavarde un peu avec lui, à distance. Elle doit partir travailler et, en concluant leur conversation, elle lui lance :

– Vous savez à qui vous ressemblez ?

– Non.

– À Robbie Williams.

– Ah, bon ? Si seulement j'étais aussi riche que lui. Et aussi beau.

Toujours au volant, il s'étonne qu'on puisse s'imaginer posséder un talent ou céder à la vanité de croire qu'il émane de soi. D'où vient alors le talent selon lui ? « De Dieu. » Sa réponse semble sincère. Le Dieu auquel il se réfère n'a cependant rien d'un dieu religieux, comme il me le précise : « Je dis Dieu pour mettre un nom sur un concept. »

Je l'avais déjà entendu avouer qu'il n'était pas très fier de *Rock DJ*, son single arrivé en tête des ventes. Dieu avait-il, selon lui, écrit *Rock DJ* ?

– Ouais... Il était dans un jour sans.

Il réfléchit, puis corrige :

– Non, en fait, je crois que c'est moi qui ai écrit les paroles de *Rock DJ*. Il me semble que Dieu travaillait sur l'album de quelqu'un d'autre à l'époque. Je crois qu'il a passé un peu de temps avec Coldplay.

Il évite de s'étendre sur le sujet de peur de passer pour un fêlé, mais il n'aborde pas la question à la légère. Chaque soir, il s'agenouille au pied de son lit pour prier. Parfois, il s'assoit dans son lit et il parle, avec la certitude que quelqu'un l'écoute. Les petits signes qu'il trouve autour de lui chaque jour sont là pour l'en convaincre.

– Il me reste encore cinq ans, m'annonce-t-il. C'est bien ça, non ?

– Cinq ans avant quoi ?

– Avant de quitter ce business. Cet album est génial. Si j'arrive à en faire encore un comme ça après, je sors ma compil, je dis merci beaucoup, je me tire et je fais des gosses. Il sera toujours temps ensuite de me demander si les flashes et les interviews me manquent ou pas.

– Crois-tu vraiment que c'est ainsi que les choses vont se passer ?

Il s'arrête et se met à rire, comme amusé à l'idée que je puisse le prendre au mot.

– Non, concède-t-il.

– Moi non plus, je ne crois pas.

– C'est pourtant ce que je rêve de faire, ajoute-t-il, le regard dans le pare-brise, droit devant lui.

Rob se gare enfin, et m'invite à m'asseoir avec lui à la table en mosaïque, derrière la maison, alors que le soir tombe. Il évoque la nouvelle génération de pop stars. Si, musicalement, elle ne l'inspire pas beaucoup, il s'en sent cependant proche. « Je suis passé par là. Hear'Say, Steps ou Gareth. J'ai convoité les mêmes choses qu'eux ; j'ai caressé les mêmes rêves. Je me sentais tout petit et je voulais faire mes preuves. J'avais un don et je voulais l'exprimer, tout comme eux. »

Comme eux, il ignorait où cette aventure allait l'entraîner. « Je ne pense pas qu'on sache vraiment ce qu'on veut, à seize ans, quand on fonce tête baissée. Je suis ravi que ça me soit arrivé, mais, de la même manière que certains peuvent être allergiques à l'alcool ou aux olives, moi, je suis allergique à une grande partie de ce qui accompagne ce succès. Enfin, c'est quand même une vie géniale. »

S'il s'en convainc aujourd'hui, Rob a pourtant mis du temps à l'apprécier, cette vie. L'état dépressif auquel il a dû admettre qu'il était sujet déconcerte son entourage. Le chanteur se heurte notamment à l'incompréhension de son père. Lorsqu'un soir, à l'endroit où nous nous trouvons, il tenta de se confier, Pete ne le prit pas au sérieux. Désignant d'un grand geste la maison, la piscine et le paysage, il lui conseilla, incrédule, de contempler autour de lui, dans ces moments de déprime, tout ce qui lui appartenait. Le fils, piqué, eût beau lui rétorquer que ce raisonnement équivalait à suggérer à un malade atteint du cancer qu'il n'avait qu'à ne pas l'avoir, il doute que son père saisît le sens de cette remarque. Rob a aujourd'hui acquis une conscience claire de la nature du mal qui le rongeait. « Les gens s'imaginent qu'on déprime à cause de quelque chose de précis. Chez moi, la plupart du temps, ce n'est pas le cas. Je me sens très mal, c'est tout. Et cela n'a rien à voir avec les ventes de mes disques ou ma famille. Non, c'est plus général. Le fait est que je souffre d'une maladie qui s'appelle la dépression. »

Je continue de l'interroger et, après un long silence, il m'avoue sans ambages qu'il prend des médicaments. S'il aborde pour la première fois franchement ce sujet, c'est qu'il espère que la divulgation de cette information pourra aider des gens à suivre son exemple : « En Angleterre, un grand tabou persiste encore autour de la dépression et de ses traitements. Chez nous, on se salue toujours par un "Bonjour, ça va ?", mais on ne s'attend jamais à ce que la réponse traduise la vérité. »

Après s'être arrêté de boire, il a longtemps refusé de se soigner, persuadé qu'un jour, à son réveil, ce mal-être aurait disparu. Qu'il était capable de s'en sortir seul. Depuis six mois, il a résolu de s'en remettre aux antidépresseurs. « C'est grâce à ça que je suis heureux aujourd'hui. Je parle sérieusement. C'est grâce à ça que j'ai passé une bonne journée, que je suis capable d'apprécier ma carrière, d'écouter mes anciens disques et de les trouver bien ou que j'acquiers une bonne estime de moi-même. Tu sais, si mon père est ici, c'est en grande partie grâce aux médicaments que je prends. »

Rob n'aime pas la solitude. Pour paraphraser Ambrose Bierce, l'écrivain et journaliste américain, seul, il se trouve mal accompagné. Il aime avoir du monde autour de lui et recherche la présence au point de tout mettre en œuvre pour éviter de se retrouver seul, ce qui, ces temps-ci, ne lui arrive jamais. « Seul, je ne suis pas bon. Je le regrette. Depuis l'âge de 16 ou 17 ans, je ne me déplace jamais sans un cortège. (Il sourit.) C'est comme les progrès de la technologie : il y a des choses qu'on ne peut plus faire à la main. »

Ainsi s'achève notre première vraie conversation depuis mon arrivée à Los Angeles cet été-là. Au cours des dix-huit mois suivants, nous n'interromprons plus ce dialogue.

3

Rob ne se satisfait pas des paroles qu'il a écrites pour une chanson intitulée *A Time to Die*. Installé avec Guy à la table de mixage, il s'évertue à les modifier. Confrontés à la panne sèche, les deux auteurs finissent par solliciter tout le monde : le père, Richard Flack, un programmateur, moi. Pendant un bon moment, nous cherchons des mots qui puissent rimer convenablement avec « emotional ». Dans ce genre de musique pop, les rimes imparfaites scandées avec conviction sont considérées comme acceptables. Ainsi trouve-t-on parmi les suggestions « fall », « crawl », « ball », « indestructible », « cannonball », « dismal », « curtain call », « fuck all », « whore », « casual » et « wonderwall ». Aucun de ces mots pourtant ne fonctionne. Dans l'espoir de faire avancer les choses, je me renseigne sur la signification de la chanson. « En gros, m'explique Rob, je dézingue tous ceux qui ont fait preuve de cynisme à mon égard. Je ne vise personne en particulier, c'est l'attitude qui me débecte. Chacun de mes albums s'est mieux vendu que le précédent, je suis toujours là, et j'ai vu vos petits groupes de merde naître et disparaître, alors je me montre à mon tour un peu caustique. J'ai écrit ça à l'époque où je ne voulais plus être Robbie Williams. C'est-à-dire au cours de ces douze derniers mois. » Je n'en saurai pas plus pour l'instant.

En désespoir de cause, Guy commence à se demander si la rime est vraiment indispensable.

– Pourquoi on se prend autant la tête ? maugrée Rob.

– C'est toi qui l'as voulu, lui fait remarquer Guy.

– Je n'avais pas l'intention d'y passer des heures, enchérit Rob.

– C'est toi qui l'as voulu, se contente de répéter Guy.

– Eh bien, empêche-moi de continuer ! l'exhorte Rob.

Il décide de laisser la chanson telle quelle sur la démo avant d'ajouter, hors de propos : « Je ne vais pas t'abandonner. Je ne vais pas te lâcher comme ça. Je dois croire en ma musique. C'est tout ce que j'ai de bien. »

– C'est de qui, ça ? demande Guy, l'oreille dressée, manifestement intéressé.

– De moi, répond Rob. C'est mon premier single, *Freedom.*

Une éternité s'écoule, et ils n'ont toujours pas trouvé la bonne rime. « Quand on reste plantés, c'est l'horreur », se lamente Guy. Les pannes d'inspiration surviennent cependant rarement. La plupart des morceaux du nouvel album ont été écrits en deux heures tout au plus. Parfois moins.

Rob renonce finalement : « Je ne suis pas d'humeur, en fait. Mes neurones ne fonctionnent pas. » Et il disparaît sur sa patinette. La chanson demeurera inachevée.

Rob se réfère rarement à son premier single solo, une reprise de *Freedom 90* de George Michael. Quasiment rayé de sa discographie, il ne fut jamais interprété sur scène, n'apparaît sur aucun de ses albums et ne fera pas partie de son best of.

Ce disque marquait pourtant le lancement de sa carrière solo. C'est du moins ce qui figurait dans son contrat, et ce qu'il racontait à tout le monde, mais le chemin se révéla en réalité plus long. Il débarquait, dépourvu de répertoire personnel, et ses compositions se résumaient à quelques poèmes. Après sa séparation de Take That dans des conditions houleuses, il avait passé un an à démarcher des managers puis à les virer pour cause d'incompétence ou d'incompatibilité artistique, à batailler devant les tribunaux et, surtout, à s'imbiber.

Lorsqu'il évoque ses médiocres débuts, il rappelle souvent une anecdote qui illustre à quel point il se désintéressait de son métier et ne faisait rien pour casser l'image du beau gosse parachuté de son boys band préfabriqué. Au moment de tourner le clip de *Freedom*, à Miami, il n'avait pas encore enregistré le titre, et il s'était contenté de chanter en play-back sur le disque de George Michael.

Rob profite de l'absence momentanée de Guy au studio pour s'empresser de réclamer aux techniciens la démo de *Come Undone*. Il leur demande également de fermer la porte à clé avant que son producteur ne revienne.

Un certain nombre de chansons susceptibles d'être retenues pour faire partie de l'album n'ont pas été co-écrites par Guy, et *Come Undone* se présente comme la meilleure du lot. Les circonstances de sa création et les discussions qu'elle a suscitées formaient le cœur des tensions qui ont accompagné la genèse du disque. Si tout le monde soutient que les heurts se sont dissipés, quelques traces persistent. *Come Undone* demeure un sujet particulièrement sensible.

Personne n'a verrouillé la porte, et voici Guy de retour alors que le titre n'a pas encore été chargé dans l'ordinateur. Ils écoutent le morceau dans sa version actuelle et Rob fait observer à Guy, avec un ton qui laisse deviner que ce n'est pas la première fois, qu'il voudrait se rapprocher du son de la démo. Ils s'opposent sur ce point, et la controverse dure depuis des semaines.

« C'est pareil que la démo », insiste Guy avec une note de désespoir. Il essaie de convaincre Rob de le suivre dans un autre studio, à quelques mètres de là. Steve Power y mixe justement un morceau intitulé *Something Beautiful*. Rob accepte, mais il ne bouge pas et commence à parler d'autre chose. « Impossible de retenir son attention plus d'une seconde », soupire Guy. Rob finit par l'accompagner, mais un problème de play-back ruine les efforts du producteur. Guy hausse les épaules d'un air impuissant. Il y a des jours comme ça...

– Fais un scandale, Guy, plaisante Rob. Vas-y.

Guy Chambers lève les yeux au ciel.

– Ça fait six ans, au moins, que je n'ai pas fait de scandale...

En début d'année, peu après notre partie de backgammon au Sunset Marquis, Rob et Guy partirent écrire aux Bahamas. Leur bref séjour ne déboucha que sur une profonde déception. Rien ne trouvait grâce aux yeux de Rob. Ils estimaient n'avoir guère progressé, même si, par la suite, ils se rendraient compte qu'ils avaient malgré tout composé le corps de deux chansons qui leur plaisaient, *Monsoon* et *Love Somebody*. À l'époque, ils renoncèrent en tout cas à une autre semaine d'écriture qu'ils avaient planifiée.

Guy ne voyait dans cet échec que la conséquence d'une période un peu difficile ; ils en avaient connu bien d'autres. Rob, en revanche, tira de cette expérience une conclusion lourde de conséquences : il fallait en finir avec Robbie Williams. Après quatre albums conçus pratiquement les uns à la suite des autres, il n'en pouvait plus. « Psychologiquement, c'était trop lourd, analyse-t-il aujourd'hui. Surtout pour quelqu'un comme moi, qui craque vite. Je finissais par détester tout ce que représentait Robbie Williams, et je voulais m'en débarrasser. »

Son dernier album de chansons originales, *Sing when You're Winning*, sorti en 2000, portait la dédicace « À Guy Chambers, qui est Robbie autant que moi ». Sous l'apparence d'une reconnaissance de dette morale que Rob se sentait en devoir d'afficher publiquement s'insinuait un aveu, sinon une accusation : « L'un des principaux responsables de Robbie Williams était Guy Chambers. Il fallait qu'il s'en aille, puisque je ne supportais plus tout ce qui me concernait. »

Il envisageait de scinder Robbie Williams, de créer un groupe dont tous les membres écriraient, au milieu duquel il pourrait se fondre. Il comptait proposer la guitare à Dave Navarro et réfléchissait à d'autres noms de musiciens susceptibles de former le reste du groupe. À New York, l'occasion s'était présentée de travailler quelques textes avec un Norvégien du nom de Boots Offestad, et le résultat lui plaisait.

De son côté, après la désastreuse expérience des Bahamas et faute de projets communs, Guy avait commencé à écrire avec d'autres personnes. Au mois de mars, Rob le retrouva dans sa suite du Sunset Marquis pour lui annoncer que leur association allait s'achever. « Je lui ai expliqué qu'il fallait que je me réinvente complètement si je ne voulais pas devenir fou, et que malheureusement, nous n'allions plus pouvoir travailler ensemble. » Ils composeraient quelques nouveaux titres pour un album de best of, puis Rob prendrait Guy comme directeur artistique de sa grande tournée d'adieu, et ils s'en tiendraient là. « Il a accusé le coup, m'avoue Rob. Sur son visage, j'ai vu que son monde s'écroulait... Je crois qu'il était extrêmement triste et très inquiet, à différents points de vue. » Il reconnaît cependant que Guy a réagi « avec beaucoup d'intelligence ».

Au cours des mois suivants, le scénario de leur rupture connaîtra quelques aménagements. Guy et Rob décideront finalement d'enregistrer un dernier album original à partir des chansons déjà écrites ensemble et de certaines de celles composées par Rob de son côté, et de le sortir en même temps qu'un best of, sous la forme d'un double CD.

Dans cette nouvelle configuration, leurs relations se dégradèrent. Rob reprochait à Guy une tendance à dévaloriser les chansons écrites sans lui – le producteur prétendait ne pas bien comprendre les paroles, jugeait les accords téléphonés – et il craignait qu'il ne bâcle un peu le travail. De son côté, le chanteur lui avoua que, rétrospectivement, le côté trop léché de *Sing when You're Winning* lui déplaisait. Quand Guy lui fit remarquer que, jusqu'à présent, Rob s'était toujours rangé à son avis, celui-ci lui rétorqua sèchement : « Écoute, j'en avais marre, et je me foutais pas mal du résultat. » Jusqu'alors, il considérait son travail terminé une fois les chansons écrites, et il estimait qu'en dehors du moment pénible où on le forçait à enregistrer les dernières voix, il était tranquille jusqu'à la sortie du disque. Ensuite venait la promotion. L'enregistrement en lui-même représentait pour lui une corvée à laquelle il essayait de se soustraire. Seule la réalisation de son CD de swing, avec un orchestre de soixante musiciens, lui avait fait prendre conscience que l'expérience pouvait également se révéler passionnante. Aujourd'hui, il ne buvait plus, il s'intéressait davantage à son travail, et, plus concentré, il tenait à prendre une part plus active à l'élaboration de son album.

En juin, Chambers réunit les musiciens, qui disposèrent d'une semaine pour répéter les nouvelles chansons. Puis tout le monde passa en studio, aux côtés de Rob, pour enregistrer. La première journée se solda par un désastre. « Entre nous deux, se souvient Rob, la communication passait très mal. » Ils bouclèrent *Something Beautiful* sans problèmes particuliers, bien que Rob trouvât les mines, autour de lui, un peu sérieuses. Puis Guy suggéra qu'ils s'attaquent à *Come Undone*, l'une des chansons qu'il n'avait pas co-écrites. Rob apprécia ce signe magnanime de maturité, jusqu'au moment où le groupe se mit à jouer...

Au refrain, il s'aperçut en effet que Guy avait retravaillé les accords sans lui en faire part. Rob ne sut jamais si les musiciens terminèrent le morceau. Il était déjà parti depuis longtemps, jugeant inutile de rester pour écouter la suite, ou même discuter. De sa voiture, il téléphona à Chris Briggs et David Enthoven pour leur annoncer la rupture sur-le-champ et sans appel de sa collaboration avec Guy. Ils objectèrent que tout annuler à ce stade lui coûterait un quart de million de dollars. Rob s'en foutait. Il ne voulait plus rien savoir.

Dans le box, Rob a maintenant embrayé sur *Love Somebody*. Arrivé au deuxième couplet, il lève les mains, façon gospel. À la fin du morceau, il confie à Guy ses doutes sur les paroles. « On ne peut plus rien changer, camarade, il y a un chœur », lui rappelle celui-ci.

Rob avait enregistré la première voix deux mois plus tôt, après quoi Guy et Steve Power avaient retravaillé les morceaux à Londres pendant un mois. C'est à ce moment qu'ils décidèrent d'ajouter le chœur gospel : *Help me feel the power, you just got to set me free, there's a love that lives forever in me.*

Rob insiste. Il tient à les modifier.

– Cela impliquerait de remobiliser un chœur, ça va nous coûter un max, lui fait observer Guy.

– Tu aurais dû me consulter avant.

– Te consulter à propos de quoi ?

– Laisse tomber, répond Rob, qui trouve décidément incompréhensible qu'on ne l'ait pas prévenu. Faudra que je m'y fasse. Après tout, ce n'est que mon disque. Disons que j'aurais préféré qu'on en discute avant.

– Je ne pense pas que ça influe sur les ventes, le taquine Guy.

– Sur moi, en revanche, oui, et je me considère plus important que les ventes.

Il retourne dans le box et griffonne quelque chose sur une nappe. Un peu plus tard, alors qu'il se sera absenté quelques instants, j'en profiterai pour aller voir ce qu'il a dessiné : un homme devant une maison, les bras écartés, et, dans une bulle reliée au personnage, cette synthèse des paroles qu'il réfrène : « CONNERIES ».

Le morceau reprend, et Rob fait retentir un rot puissant juste avant d'aborder le chant. « Sympa, murmure Guy. Ça, ça peut jouer sur les ventes. » Les techniciens ont l'habitude de couper ce genre de bruits parasites. Ce n'est pas la première fois que Rob ponctue à sa manière ses accès d'humeur... Sur l'original de la prise de voix d'*Angels*, on entend distinctement un pet bien franc.

Immédiatement après l'annonce brutale de sa rupture avec Guy quelles qu'en soient les conséquences financières, Rob décida finalement de s'octroyer une nuit de réflexion. Le lendemain, la nuit avait porté conseil et lui changé d'avis. « Un caprice de diva, je suppose », admet-il aujourd'hui.

Il alla trouver son co-auteur, qui ignorait que le destin de leur aventure commune avait tenu à un fil pendant quelques heures, pour lui annoncer qu'il valait mieux laisser tomber le projet de best of, et simplement réaliser un nouvel album. En signe de réconciliation, le chanteur le gratifia d'un « Je t'adore, tu es bourré d'idées, tu es vraiment génial, et ensemble on fait des merveilles ».

Bien qu'il eût écrit quelques textes avec Guy et d'autres auteurs, Rob ressentait le manque d'inspiration depuis près de dix-huit mois. Depuis ce passage à vide, Guy et lui ont écrit trois nouvelles chansons, et ils en ont mené à terme ou considérablement amélioré plusieurs autres. Tout se passe bien, et chacun s'accorde à penser que les incessantes passes d'armes et les fréquents problèmes de communication prouvent surtout que leurs relations éminemment complexes, aussi contrariées que productives, ont retrouvé leur équilibre d'antan. La crise a renforcé le couple : « On est de nouveau en piste, se félicite Rob. L'équipe est reformée. »

Une chanteuse de studio américaine du nom de Darlene se joint aujourd'hui à la séance d'enregistrement pour ajouter un petit air d'opéra dans *Feel*, un titre que Rob et Guy ont écrit deux ans auparavant. Guy s'inspirait vaguement à l'époque d'un registre à la Moby, et Rob avait traduit en paroles l'état de déprime dans lequel il se trouvait et l'espoir auquel il se raccrochait qu'on parvienne à le sortir de là. « Non pas du Robbie joyeux, mais du Robbie triste », observe Guy qui considère qu'un artiste doit cultiver différents styles, idéalement cinq : « Beaucoup se contentent d'exploiter la même veine. Dans cet album, au contraire, on trouve la ballade, avec *Sexed up* et *Nan's Song*, le rocker mal rasé avec *Song 3* et *Cursed*, *Hot Fudge* qui est plus dansant. Au sein de l'ensemble, *Feel* représente le titre plus personnel, plus intime. Quant au Robbie Williams impertinent, on le retrouve dans *World's Most Handsome Man*. »

Ils cherchent maintenant à combler de façon intéressante les grands blancs qui parsèment le morceau, d'où la présence de Darlene. Elle offre à Rob et à Guy des chocolats, pendant qu'on lui donne la traduction de son texte en italien qui vient juste d'arriver :

Voglio solo provare vero amore
Nella casa in cui vivo
Perche ho troppa vita
Che mi scorre nella vene
E va sprecate

– Tu nous fais écouter la partie que tu avais en tête ? demande Guy, à l'adresse de Rob.

– J'improvise, lui répond l'intéressé, qui ne tient pas à s'engager.

– Tu as chanté quelque chose, l'autre jour, insiste le producteur.

Il joue le petit passage instrumental où ils voudraient ajouter quelques paroles, et Rob entonne spontanément, comme si c'était la chose la plus évidente et la plus simple au monde, une belle et envoûtante mélodie, digne d'un opéra.

Darlene entre à son tour dans un box et entame la partition que Rob lui a réservée après avoir imaginé différentes nuances. La composition révèle toute sa beauté. De temps à autre, Rob commente le résultat ou chantonne une variante, sans jamais lever les yeux des pages football de son journal.

À la fin de sa partie, Darlene rejoint l'équipe en cabine. Elle aime beaucoup cette chanson et complimente Rob. Elle trouve les voix très émouvantes. « C'était avant mon traitement », se contente d'indiquer Rob sans explications, avant de fredonner à mi-voix : *I just want to feel... your bum* (« J'ai juste envie de sentir... tes fesses »).

Sa contribution à l'album achevée, la chanteuse quitte le studio. Pour la suite du programme, Guy propose alors à Rob de travailler les harmonies. Mais l'artiste adopte brusquement une attitude étrange. Avec un penchant certain pour les enfantillages, il rejette toutes les idées de Chambers.

– Qu'est-ce que j'en ai à foutre ? s'exclame-t-il. Tu crois vraiment que ça m'intéresse ? Va te faire foutre ! Va te faire *fouuuutre* ! (Il se tourne vers moi.) Je t'ai raconté la fois où j'ai jeté sa guitare douze cordes dans le lac de Côme ?

– Pour quelle raison ?

– Elle était désaccordée, ricane-t-il.

– Non, sérieusement, pourquoi as-tu fait ça ?

– Parce que j'étais bourré.

– C'est ta haine latente, marmonne Guy.

– Mais non, ma poule, pas avec toi.

Chambers se hasarde une fois encore à suggérer au chanteur de réaliser quelques harmonies, mais se heurte à un nouveau refus – *Va te faire foutre !* Contre toute attente, Rob se dirige finalement vers son micro.

– J'adore quand il est comme ça, jubile Guy. Aujourd'hui, il fait tout pour me contrarier.

Dans le box, Rob saisit son briquet et met le feu à la nappe. Après ce prélude, il trouve et chante pourtant sans effort quelques harmonies. Au cours de l'exercice, Guy se risque à lui faire remarquer qu'il est en dessous du ton. Rob tire la gueule. Il se plante encore une fois et flanque le pied du micro par terre. Il le ramasse quelques minutes plus tard et annonce qu'il arrête.

– C'est ton disque, se désengage Chambers.

Rob revient en cabine. Il prend des fruits.

– Tu m'as déjà vu jongler ?

Chambers, excédé : « Oui. »

Le chanteur, déjà passé à un autre sujet, réfléchit maintenant à haute voix à son programme du soir.

– Je vais peut-être aller au Le Deux. Le lundi, c'est idéal pour les belles gueules superficielles. (Il fait les cent pas.) Je me sens vraiment bizarre.

La séance se conclut sur ces paroles. Peu après, il quitte le studio.

Pompey ou l'un de ses remplaçants accompagne le chanteur où qu'il se rende et se tient à ses côtés presque 24 heures sur 24. Robbie a du mal à comprendre qu'on ne saisisse pas la nécessité purement logique de la présence d'un garde du corps. Il ne s'agit ni d'une lubie ni d'une question de standing, mais simplement de se sentir en sécurité.

« J'ai toujours été paranoïaque. Même quand j'étais petit. Ma grand-mère me racontait des histoires de marchand de sable qui enlevait les enfants, et moi, ça me terrifiait. J'ai toujours l'impression que quelqu'un s'apprête à entrer chez moi par effraction. Je ne pourrais pas dormir seul dans cette baraque, j'aurais trop peur ! »

Avant d'avoir un garde du corps à demeure, il dormait parfois avec un marteau près du lit, un pistolet d'alarme, ou encore une recharge de gaz et un briquet. (Les lance-flammes bricolés l'ont déjà tiré d'affaire dans le passé. Un jour, alors que des petites frappes jubilaient à l'idée de casser la figure au célèbre Robbie Williams devant un garage de Stoke-on-Trent, il les avait fait reculer en les menaçant de cette manière.)

Même omniprésent, le garde du corps le plus chevronné ne parviendra pourtant jamais à le protéger des cauchemars, parfois épouvantables, qui troublent son sommeil. Les thèmes obsédants de la poursuite, de la drogue ou de l'emprisonnement en composent invariablement la toile de fond. « On découvre de la coke sur moi et on m'arrête. Il est parfois question de fantômes ou d'héroïne. Je me retrouve souvent dans des situations extrêmement gênantes. L'autre nuit, par exemple, mon cauchemar se déroulait dans une église où, complètement *stone*, je me chiais dessus. Je tue des gens dans de nombreux rêves. L'un d'eux revient régulièrement : j'ai enterré quelqu'un sous le garage, à côté de la maison où j'ai passé la première partie de mon enfance, et je suis sur le point de me faire coincer. Tout le monde sait que c'est moi, et j'ajoute encore des corps. Il suffit de jeter un coup d'œil dans les buissons pour les trouver. »

4

Sur la pelouse, les chiens se disputent un os de cheval énorme. Rob a toujours voulu avoir des chiens. Il a essayé d'en adopter à deux reprises en Angleterre, mais chaque fois l'expérience s'est mal passée. Il garda son rottweiler pendant environ trois semaines ; les deux gros dogues allemands usèrent en revanche sa patience au bout d'une seule nuit. « L'appart' était minuscule, argumente David Enthoven, et Rob a trouvé une douzaine de crottes le lendemain matin. »

Ici, à Los Angeles, il en a trois, et il les adore. Sammy, un pitbull mâtiné de labrador, vient de la fourrière. Rob voulait appeler son deuxième chien Davis et le troisième, Junior. « Une connerie. » Il a finalement appelé son berger allemand Rudy en référence à la chanson de ska *A Message to You, Rudy* – mais si l'admiration qu'il voue à

Ruud van Nistelrooy, le joueur de Manchester United, continue à croître, il finira par se persuader que ce nom est plutôt un hommage inconscient au footballeur. Enfin, il y a Sid, le loup.

– Sid Vicious, le leader des Sex Pistols ? crois-je deviner.

– Non, Sid James, l'acteur britannique.

Pompey tient le volant. Il passe par les hauteurs de Hollywood pour éviter la circulation chargée de l'après-midi, puis s'engage dans le canyon, direction le studio. Je les suis avec ma voiture.

Dès son arrivée, Rob s'installe devant l'ordinateur pour passer en revue les sites web des principaux tabloïds anglais. Aucun signe des bruits qu'il a fait courir. Guy l'informe que faire revenir le chœur pour *Love Somebody* leur coûterait 20 000 dollars. « Tant pis, faisons-le, maintient Rob. Je la trouve super, cette chanson, et je ne supporterais pas de la gâcher en laissant les paroles telles quelles. » Il commence à feuilleter un vieux *News of the World* posé à côté de moi sur le canapé, au fond de la cabine. J'y passe le plus clair de mon temps ces jours-ci, stylo en main.

– Tu vas changer quoi exactement ? s'enquiert Guy.

– *Dans le cul, pauvres pétasses*, marmonne Rob sans lever les yeux.

– Ah, oui, c'est très gospel, ça.

Ils se remettent à travailler sur *Come Undone*. Dans une atmosphère déjà tendue, les piques fusent. L'équipe de tournage convoquée par Josie arrive et commence à filmer alors que Rob se décide à rejoindre son box.

À la fin du morceau, Guy, estimant qu'il peut mieux faire, ne se gêne pas pour le lui dire.

– Tu m'en refais encore deux ou trois. On compilera le tout de notre mieux.

Cet échange ne révélera qu'ultérieurement toute sa portée. Sur le moment, il apparaît clairement que Rob prend très mal la remarque. La réaction ne tarde pas, et, comme à son habitude, la pointe d'humour sous laquelle elle se manifeste n'a rien d'innocent.

– Tu me vois vraiment désolé de t'obliger à faire de ton mieux, souffle-t-il. Polir une merde, ça ne doit pas être facile. (Un rire un peu nerveux résonne dans la cabine.) Tu te souviens de Jack Nicholson dans *Pour le pire et pour le meilleur* ? C'est tout à fait toi, mais quelques crans en dessous.

– Ça m'a échappé, soupire Guy en guise d'excuse. Ça t'arrive tout autant qu'à moi.

– Moins souvent qu'à toi. Il y a des dialogues géniaux dans *Pour le pire et pour le meilleur*. J'ai regardé le film hier soir.

– Je prendrai des notes quand je le reverrai, et je tâcherai de ne pas me vexer.

Un jour, à Notting Hill, comme me l'a rapporté Rob, un groupe de musiciens s'était approché d'eux pour savoir si Guy avait reçu leur démo. Froidement, le producteur s'était contenté de répondre : « Je la trouve pas terrible. »

– Je ne fais pas exprès de blesser les gens, proteste Guy.

– Je n'en doute pas. Tu as un TOC, c'est tout.

– Un quoi ?

– Un trouble obsessionnel compulsif.

– Et toi, pas ?

– Si, mais la différence, c'est que moi, j'en suis conscient...

Les anecdotes de Rob ne manquent pas pour illustrer le manque de tact qu'il reproche à Guy. Cet après-midi-là, au studio, il saisit l'occasion d'en narrer quelques-unes. Comme le jour où un directeur d'hôtel tentait d'expliquer au producteur que le mot « déprimé » n'existait pas en allemand, et où Guy s'était exclamé : « Ah oui, c'est vrai, vous, quand vous déprimez, vous envahissez la Pologne, c'est ça ? »

– Je me suis amélioré, ces derniers temps, se défend l'accusé.

Rob lui rappellera encore la fois où, dans le sud de la France, en compagnie d'Emma, la femme de Guy, et de Geri Halliwell, l'ex-Spice Girl, son co-auteur lui avait demandé s'il connaissait Nick Drake. Rob lui avait répondu que, justement, il avait emporté un CD du chanteur avec lui. Guy, étonné, voulut alors savoir qui le lui avait donné. Apprenant qu'il s'agissait d'Amanda de Cadenet, l'actrice américaine, Guy ne trouva rien de plus discret que de lancer : « Est-ce que tu l'as... ? », en accompagnant sa question d'un mouvement des hanches parfaitement éloquent. Le « Non » cinglant par lequel Rob crut brièvement mettre un terme à cet interrogatoire ne découragea pas son ami : « Si je comprends bien, insista-t-il toujours plus lourdement, tu ne l'as pas inscrite à ton tableau de chasse ? »

Guy entend toutes ces remontrances pour la énième fois, mais prend la chose avec bonhomie : « Ce sont des petits moments de folie. C'est créatif. »

Rob vient d'apprendre que Coldplay joue à Los Angeles ce soir. Il est presque 18 heures, mais il tient absolument à voir le groupe le plus hot du moment sur scène. Obtenir un passe-droit nécessite de tenir compte du fait que Coldplay a signé chez EMI, la maison de disques qui souhaiterait bien récupérer Robbie Williams. On passe des coups de fil ; on déplace des montagnes. Pour une fois spectateur, il dispose d'un peu de temps libre avant le concert et accepte en conséquence de dîner avec David Enthoven, le responsable de sa société de production, Josie Cliff, son assistante, et moi.

Je fais office de chauffeur. En chemin, Rob m'invite à lui lister les femmes, parmi les personnalités connues que j'ai rencontrées, qui me paraissent « saines ». Je mets un certain temps à comprendre qu'il fait allusion à d'éventuelles candidates au mariage. Il me confie son amertume : « Je croyais que ça allait se terminer comme dans les contes de fée, par une histoire d'amour. Comme dans les chansons, comme dans les films. Qu'une femme m'attendait à Los Angeles, avec son métier à elle, mais comprenant le mien... Et pas une folle à lier. Depuis mon arrivée, j'ai perdu une partie de mes illusions. »

Des folles et des fous, ici, il y en un paquet, lui fais-je remarquer alors que nous glissons sur Santa Monica Boulevard. « Oui. Cette ville est dirigée par des mômes », convient-il.

La recherche de l'amour compte parmi les thèmes récurrents de ses dernières chansons. Une quête qu'il évoque selon les cas comme s'il la considérait comme terminée, ou au contraire comme s'il la poursuivait inlassablement. « Depuis une dizaine d'années, j'ai passé presque toutes mes soirées à chercher Mme Williams et, bizarrement, elle n'est apparue ni au Stringfellows ni au Spearmint Rhino. Sans parler des boîtes, je ne l'ai pas trouvée ailleurs non plus. Les sorties finissent par me lasser. Je voudrais me poser un peu. La présence de mes trois chiens ne manifeste en réalité que mon envie d'avoir des enfants. Un pâle substitut. En fait, un petit ventre et un beau bronzage, ça ne me gênerait pas. Encore deux disques, et je laisse tout tomber : un peu de bide, une peau bien hâlée, et je passerai mon temps à jouer au backgammon en fumant des cigares. Voilà. »

En chemin, il fait une halte dans une boutique de fringues de luxe, H. Lorenzo. Il a décrété qu'une nouvelle veste lui était indispensable pour le concert de Coldplay. Il en choisit une, couleur fauve, avec un long revers, et un gilet blanc. En un peu moins de cinq minutes, il dépense plus de 1 000 dollars.

Alors que nous approchons de notre destination, il rechigne à l'idée du restaurant et décide d'aller boire un café un peu plus loin. Il nous rejoint en fin de repas pour nous annoncer qu'en fait, il n'assistera pas non plus au concert de Coldplay. Sa nouvelle veste et lui rentreront sagement à la maison. Ce revirement en illustre un plus profond :

« Avant, j'avais peur de rester chez moi, maintenant j'ai peur de sortir. » Sa soirée se résumera au visionnage d'une cassette louée sur les conseils de Pompey, *Desperado*, film qu'il trouvera nul.

Parmi les nombreuses rumeurs contradictoires qui circulent à son sujet par l'entremise de la presse à scandale britannique – le taxant alternativement d'incorrigible don Juan, de solitaire invétéré, de mal-aimé meurtri, voire, forcément, d'homosexuel – celle de sa relation avec le top-model Rachel Hunter, l'ex-femme de Rod Stewart, mérite davantage que des simplifications commodes ou des insinuations calomnieuses.

De fait, Rachel Hunter est parfois présente lorsque je passe ; certes il lui parle souvent au téléphone... À ce sujet, au fil de la préparation du livre, Rob tiendra à mettre au point trois choses.

Tout d'abord, il affirme qu'eux-mêmes n'ont pas une conscience parfaitement claire de la nature de leurs liens – la seule certitude étant qu'ils s'entendent à merveille.

Deuxièmement, en réponse aux tabloïds prompts à crier à l'idylle bidon au moindre signe d'indépendance d'un couple, le chanteur estime nécessaire d'admettre la difficulté qu'il éprouve à s'engager. « Je deviens claustrophobe, je me sauve un certain temps et là, quand je me rends compte que cette femme est vraiment fantastique et qu'on passe ensemble des moments formidables, elle me manque. Je ne sais pas trop ce qu'on peut en déduire, sinon que Rachel est simplement la femme la plus merveilleuse que j'aie eu l'occasion de fréquenter. »

Enfin, reste, pour couper court, sa plaisanterie préférée du moment : « Quant au sexe, il n'y a pas de quoi fouetter un chat. (Silence.) Quoique... » À l'attention du curieux impénitent, une longue et brouillonne mise en garde tient lieu de conclusion.

Au cours des premiers mois de sa vie californienne, Rob a par deux fois tenté de prendre l'initiative dans la lutte inégale qui l'oppose à la presse et, avec le recul, le sentiment d'échec prévaut.

Le premier exemple relève quasiment du gag. Un couple d'amis de Los Angeles, Billy Morrison (guitariste basse de The Cult pendant sa dernière tournée) et Jen Holliday, qui jusqu'à récemment séjournait chez Rob, avait annoncé son intention de se marier. Découvrant qu'il était possible de se faire ordonner depuis le web, Billy sollicita Rob afin qu'il se prête au jeu et leur donne les sacrements ! Celui-ci, toujours partant, devint donc pour l'occasion révérend de l'Église de la

Vie Universelle et célébra leur union au mois de mars au Sunset Marquis Hotel, avec *Sweet Emotion* d'Aerosmith et *White Wedding* de Billy Idol en fond sonore. La cérémonie, magnifique, donna au chanteur, contre toute attente, l'idée de vendre les photos de l'événement au magazine *Hello* au bénéfice des mariés, en guise de cadeau. Lui n'en retirerait aucun profit, en dehors du plaisir désintéressé de les aider en leur offrant ce moyen tellement simple de gagner un peu d'argent. Sur le moment, il eut l'impression de remporter une victoire amusante, innocente. Par la suite, en revanche, il regretta son geste. Pour la première fois, il avait pactisé avec l'une des revues qu'il haïssait le plus ; il s'était offert en pâture aux paparazzi qui lui pourrissaient la vie.

L'autre anecdote implique Rachel Hunter. Intervenant à la suite du harcèlement incessant de la presse durant l'été, ce cauchemar médiatique a laissé davantage de traces.

Si Rob est moins célèbre aux États-Unis qu'en Angleterre, tous les paparazzi connaissent néanmoins la valeur d'un cliché volé du chanteur publié dans le monde entier. Au sortir d'une réunion des Alcooliques Anonymes, il se retrouva ainsi sous les flashes d'une demi-douzaine de photographes. Il ressentit une colère d'autant plus intense que ce guet-apens ne compromettait pas seulement sa réputation : « Sur cette photo, il y a des tas de gens qui ne tiennent pas à clamer sur tous les toits qu'ils ont un problème de dépendance à l'alcool ou à la drogue, mais ils ont été embarqués dans la même galère que moi. »

Un autre jour, alors qu'il se rendait chez sa psy, il remarqua que trois voitures le suivaient. Il fallait impérativement les semer pour éviter qu'ils n'apprennent où le chanteur venait confier ses secrets les plus intimes et qu'ils se mettent à fouiller les poubelles de sa thérapeute. D'autant plus que la clientèle de celle-ci comptait d'autres patients célèbres. Rob décida donc de s'arrêter chez Saks, le grand magasin. Comme les photographes ne relâchaient pas leur surveillance, il transita vers une autre enseigne, Neiman Marcus, où il demanda à une vendeuse, au rayon produits de beauté, de lui appeler un taxi. Abandonnant sa propre voiture et son chauffeur sur place, il se coucha à l'arrière du véhicule et réussit à arriver seul à son rendez-vous.

Persuadé de voir des paparazzi partout, il en devenait fou. Pour un esprit combatif comme Robbie Williams, la vision d'un adversaire prenant le dessus sur lui ne pouvait qu'attiser sa volonté de trouver une parade. Une riposte s'imposait. « Je voulais trouver un moyen de les battre à leur propre jeu. Moi, je ne suis qu'un pion pour eux, je ne suis pas un être humain. Ils se foutent pas mal des conséquences, quand ils sortent un papier sur mon père et moi, quand ils décrivent l'intérieur de la maison de ma mère, alors qu'elle vit seule, quand ils donnent l'adresse de Geri Halliwell et qu'elle se fait cambrioler le lendemain... Si je crevais, ça leur ferait un scoop génial. Ils n'attendent que ça. Je suis intimement persuadé qu'il n'y a pas pire que ces types-là. Ils veulent vraiment te voir crever. Se les trimballer 24 heures sur 24, comme c'était le cas à cette époque, ça devient vraiment insupportable si on ne dispose d'aucune défense. Le seul moyen de s'en sortir consiste alors à accepter la situation, mais c'est beaucoup plus facile à dire qu'à faire... »

Cet été-là, en tout cas, ce ne fut pas l'attitude qu'il choisit d'adopter.

Il commençait tout juste à fréquenter Rachel Hunter, mais à ce stade, leurs relations étaient purement amicales. Rachel avait obtenu des places à quelques mètres du parquet pour assister au match des Lakers. La célèbre équipe perdit, mais Rob se régala du spectacle de ces virtuoses du basket. En quittant le Staples Center en même temps que dix-sept mille autres personnes, et alors qu'ils franchissaient la porte, Rachel et Rob se retrouvèrent face à une quinzaine de paparazzi. « Tous ces flashes qui font l'effet de stroboscopes, et les regards de ces milliers de gens qui convergent sur toi en demandant : “C'est qui ?” On a l'impression d'étouffer ; on ne ressent plus qu'une immense gêne. Et, par-dessus le marché, ces quinze connards se croient tout permis. Ils me traitent comme un chien et se foutent totalement de mon avis. Face à cette meute, je me sais démuni, parce que si par malheur je cède à l'envie de flanquer mon poing dans la gueule d'un de ces salauds, j'ai droit à l'expulsion du pays, assortie d'une amende de 500 000 dollars, voire d'une peine de prison. »

Sans compter que les quatorze autres photographes, eux, seraient repartis avec une photo inespérée. Rob se résigna alors à la seule parade qui lui restait et abaissa sa visière pour ne pas leur faciliter le travail. « Ils détestent ça. » Brusquement, il sentit une main lui frôler le crâne. L'un des types venait de lui faucher sa casquette, et il était déjà loin. Rob, prêt à exploser, ne savait plus quoi faire. Rongeant son frein, il leur lança crânement : « OK, allez-y, faites vos photos. » S'énerver n'aurait servi à rien. De retour dans la voiture, il était prêt à fondre en larmes.

Jusque-là, Rachel et lui avaient passé quelques soirées ensemble à jouer au Scrabble et à se tenir la main, en toute innocence. À partir de cet instant, toute la presse allait parler d'eux. L'ex-mari et les enfants feraient, eux aussi, les frais de l'étalage de l'affaire à la une des magazines. De toute manière, indépendamment de l'incident, il était déjà trop tard. La veille, un photographe les avait surpris en train de jouer au bowling, et la rumeur de l'idylle Robbie Williams-Rachel Hunter s'apprêtait à faire le tour du monde. Rob estime que les clichés ont rapporté un million de livres à ses braqueurs. Si David Enthoven évalue, de son côté, le montant du butin à « seulement » 100 000 livres, l'opération demeure fructueuse pour ses auteurs.

C'est alors que Rob conçut un plan qui, sur le moment, lui parut excellent, afin de se débarrasser des paparazzi tout en prenant l'avantage sur eux. L'idée consistait à leur offrir sur un plateau ce qu'ils s'évertuaient à dérober. Autrement dit, à leur couper l'herbe sous le pied. « Si on leur donne tout, ils se tireront, il n'y aura plus rien à gagner. » Persuadé que, s'il se livrait entièrement aux objectifs, il dévaluerait le cours du scoop, minerait la concurrence et qu'en conséquence il ne resterait plus aux photographes qu'à plier boutique, il dévoila son stratagème à Rachel. Excités comme des gamins, les deux complices passèrent à l'action dès le lendemain.

Pour le bonheur des photographes, ils s'exhibèrent sur un transat, au bord de la piscine. Rachel était seins nus, et Rob la caressait et l'embrassait. « On en pissait de rire », se souvient-il.

Dès le début, pourtant, certaines voix lui avaient déconseillé de se livrer à cette mise en scène. Tim Clark, l'associé de David Enthoven, l'avait notamment mis en garde : ils jouaient avec le feu. Cet avertissement ne convainquit pas Rob de changer d'avis. Les photos de la piscine furent proposées aux magazines comme de vrais clichés volés, et les enchères s'envolèrent. La presse se les arrachait.

Ce fut *News of the World* qui l'emporta en Grande-Bretagne, et Tim Clark se vit contraint de mentir au rédacteur en chef du journal en lui confirmant que les photos avaient bien été prises sur le vif. « Cela allait à l'encontre de tous mes principes, regrette-t-il, mais Rob était déterminé, et nous voulions verrouiller les choses. Évidemment, je le comprenais, vu tout ce que la presse lui avait fait subir, mais cette façon de s'abaisser au niveau des tabloïds me mettait très mal à l'aise. »

Les clichés s'étalèrent en première page de *News of the World*, accompagnés d'un article inventé bien évidemment de toutes pièces. Il détaillait, à différentes étapes, les gestes tendres de deux amants de fraîche date au bord d'une piscine d'hôtel – comme on le supposait – au vu et au su des clients.

Cette victoire, si tant est qu'elle en fût jamais une, prit très vite un goût amer. Les autres journaux à scandale soupçonnèrent un coup monté et se vengèrent d'avoir été écartés du festin. « Ils m'ont descendu en flammes, s'étonne encore Rob, avec des titres du style

“Pitoyable mise en scène”, “Rob s’exhibe” ou “Le coup de pub de Robbie Williams”, qu’on a pris en pleine gueule. Je me sentais minable, dévoré par l’impression d’avoir commis une énorme erreur. Je me demandais ce qu’on allait penser de moi. »

Après trois jours passés à gamberger, il résolut finalement de laisser courir la rumeur, mais annula la suite des épisodes du feuilleton estival qu’il avait imaginé. Le premier était pourtant déjà prêt à être diffusé. Puisque toute la presse s’attachait à convaincre ses lecteurs de son homosexualité, qu’il en soit ainsi ! Il s’était fait prendre en photo à la sortie du Gay Mart, un grand magasin très spécialisé, avec un copain, main dans la main. Dans la mise en scène suivante, il s’engueulait en public avec Rachel, et embrassait sa sœur. La stratégie consistait à inonder le marché de reportages croustillants : les paparazzi ne sauraient plus où donner de la tête, et ils finiraient par lâcher prise. C’était compter sans l’esprit retors de ses détracteurs et l’issue du scénario lui échappa. « De toute façon, quoi que je fasse, tout le monde s’imagine que c’est de la promo. Il paraît que je sors avec Nicole Kidman ? C’est un coup de pub. Je sors avec Rachel Hunter ? C’est un coup de pub. Je me lève pour aller pisser ? C’est un coup de pub. »

Quoi qu’il en soit, les photos du Gay Mart furent détruites, les projets du même ordre annulés, et Rob prit soin de ne pas garder pour lui un seul dollar du million et quelques que rapportèrent les photos.

Riche d’enseignements, cette histoire n’en était pourtant pas à une ironie près, puisque, d’une certaine manière, le stratagème porta ses fruits. Suscitant la méfiance des salles de rédaction, les clichés volés de Robbie Williams perdirent provisoirement de leur valeur. Pendant quelques mois, les paparazzi se firent plus rares.

5

Dans l’histoire du vedettariat, nous vivons une curieuse époque, marquée par la montée en puissance de l’irrationnel. Trop de gens connus suscitent autour d’eux des comportements où le ridicule le dispute à l’hystérie. Le grand public se pâme devant les *people*, qu’ils comptent ou non à leur actif quelque titre susceptible de justifier leur célébrité. La notoriété et le succès ne vont plus forcément de pair. Tant qu'elle croissait avec le talent, la célébrité restait un phénomène maîtrisé qui s'appuyait sur du concret. Certes, l'instabilité de ce lien, comme l'atteste le mépris de l'intelligentsia pour les stars les plus populaires – celles du disque et de la télé, par exemple –, ne date pas d'hier. Du moins réservait-on les ors de la gloire à celles et ceux qui avaient réellement accompli quelque chose.

Depuis une dizaine d'années, la renommée ne s'encombre plus nécessairement de cette condition. Pour reprendre un mot justement fameux, celui-là, certaines personnes – et leur nombre va croissant – ne sont connues que pour leur notoriété. La boucle est bouclée. Qu'il paraît loin, le temps où, à l'aube des années 90, la presse affectait de se scandaliser des déshabillés de Liz Hurley, qui lui valaient davantage d'égards que ses maigres talents de comédienne ! Livrée à elle-même, la célébrité est devenue hideuse. Détestable et détestée, elle confère à ceux qui en jouissent un pouvoir proportionnel à sa vacuité.

Cette évolution ne laisse pas indemnes ceux qui, à l'instar de Rob, regrettent le statut des stars d'antan. La surchauffe médiatique met leurs nerfs à rude épreuve. On n'a jamais dénombré autant de journalistes, ou prétendus tels, à l'affût des moindres faits et gestes des *people*, ni de paparazzi ni de marchands de gloire éphémère. Parallèlement, toute personne qui se hasarde à déclarer à quel point la célébrité lui pèse suscite autour d'elle une vague de scepticisme. De plus en plus nombreuses, les vraies ou fausses célébrités rappellent les coupures dévaluées d'un pays qui ferait tourner la planche à billet pour éviter la récession : c'est tout un système qui perd sa crédibilité et se saborde.

Pour noircir encore le tableau, à l'ombre de cet intérêt démesuré pour les stars, se développe un mouvement de rejet. Tout se passe comme si la consommation toujours plus vorace de magazines et d'émissions *people* s'accompagnait d'une critique d'autant plus féroce des individus qu'on nous livre en pâture. Comme si notre société, devenue accro à la notoriété, haïssait l'objet et la substance de sa dépendance.

Nous en voulons aux vedettes de réclamer notre attention, indépendamment de la part réelle qu'ils prennent à diriger sur eux puis à entretenir l'intensité des flashes. Nous leur reprochons de nous obliger à parcourir 1 500 kilomètres en voiture pour nous refuser ensuite un autographe. Nous ruminons notre déception du peu d'égard avec lequel ils récompensent notre dévotion. Abreuvés de frustrations, nous passons d'une focalisation fanatique sur l'objet de tous nos désirs à sa négation par le mépris, oubliant au passage les peines et les souffrances que, par la possessivité comme par la vindicte, nous infligeons de notre côté à l'individu que masque la star. L'argent, la gloire, les paillettes et les sourires confortent notre aveuglement : « Ainsi nous les importunons ? N'est-ce pourtant pas ce qu'ils ont voulu ? »

Cette haine transparaît aujourd'hui dans la presse. On s'arrache les photos de stars dans les poses les moins avantageuses : la tache de sueur, le double menton, la tavelure, la ride sur le visage ou la vergeture derrière la cuisse nous sont offerts en spectacle. Les justifications bien sûr ne manquent pas : les célébrités sont, par nature, insensibles à la douleur, et puisque l'amour-propre, la vanité, le narcissisme et l'attrait pour la lumière leur tiennent généralement lieu de talent, pourquoi se priver de les faire descendre de leur piédestal ? D'ailleurs, ces photos prouvent qu'elles sont « exactement comme nous », ainsi que le démontre avec cynisme et hypocrisie un récent article de *US Magazine*. Cette nouvelle vogue, éminemment perverse, a créé un nouveau marché et elle fait le bonheur des paparazzi. Plus besoin, désormais, d'attendre la nouvelle coiffure, l'échange de baisers ou l'altercation pour prendre la photo qui rapportera gros : il suffit de braquer son objectif suffisamment longtemps sur la victime pour saisir une expression curieuse ou un doigt dans le nez, et voilà une journée bien gagnée !

Dans le cas de Robbie Williams, il ne s'agit pas de prétendre que ses attitudes brillent systématiquement par leur caractère avisé et irréprochable. Il a pleinement conscience de renvoyer parfois l'image contradictoire d'un égoïste tourmenté en mal d'affection, qui voudrait qu'on l'aime tout en préservant son indépendance, quand et comme il l'entend. Admettre ses propres inconséquences ne réduit pourtant en rien la difficulté intrinsèque de la gestion de la célébrité. Comment répondre en toute sécurité, dignement et adéquatement, aux attentes débridées d'un public insatiable, surtout lorsqu'on laisse paraître sa fragilité ?

Ce jour-là, nous étions convenus de nous retrouver chez lui à deux heures de l'après-midi. À l'heure dite, personne au rendez-vous. Personne que je connaisse, en tout cas, pas même Pompey. La cuisinière m'installe dans le jardin et me propose un café. J'apprendrai plus tard qu'elle m'avait pris pour le nouveau garde du corps.

Je m'assois et je bouquine en regardant un type s'affairer sur la pompe automatique du toboggan qui serpente dans un paysage de faux rochers jusqu'à la piscine. Environ une heure plus tard, j'entends au-dessus de moi une voix qui m'appelle. À travers les branches, j'aperçois Rob, debout sur son balcon. Il entame la discussion. Après un moment passé à deviser, je me sens obligé, par civilité, de lui signaler qu'il est complètement nu. « Ça libère », m'explique-t-il.

Quelques minutes s'écoulent avant qu'il ne descende pour me proposer un poker. On s'installe dehors. Sur les cartes qu'il déploie devant moi se succèdent des reproductions de couvertures de l'édition anglaise d'*Esquire*. Composées uniquement de portraits de femmes célèbres, ces illustrations ajoutent un peu de piment au jeu. Trente ou quarante dollars misés sur deux Gwyneth Paltrow ou trois Nicole Kidman...

Rob répète sans cesse qu'il est très calme, ce qui semble le réjouir tout en l'inquiétant un peu.

– Le calme avant la tempête ? suggère Pompey, qui nous rejoint en milieu de partie.

– Probablement.

Les yeux du chanteur s'attardent sur une forme, à la lisière nord de la propriété. Il s'étonne de ne l'avoir jamais remarquée. Nous posons nos cartes et, tous les trois, nous nous approchons à pas de loups – on se croirait dans un film de la série *La Panthère rose* – comme si le vieux bloc de pierre risquait de décamper en nous voyant. Une fois sur place, nous le détaillons sous toutes les coutures. Il s'agit bel et bien d'une statue, rien que d'une statue. Elle se trouve sans doute ici depuis toujours, mais, avec son emploi du temps démentiel, l'artiste n'a jamais vraiment eu le temps de faire le tour du propriétaire. Rob hausse les épaules : « Elle est sympa, hein ? »

Après cet interlude, la partie de poker reprend son cours. Pompey gagne. Rob, de son côté, commence à s'ennuyer et mise sans même regarder ses cartes. Il se fait rapidement plumer. Je continue à jouer jusqu'à ce que Pompey me dépouille à mon tour. Je me tourne alors vers Rob. Calé dans son fauteuil, en plein soleil, au bord de sa piscine, avec en arrière-plan son petit palais hollywoodien, celui-ci effeuille une grosse liasse de billets. (Ce sont les petites coupures dont il se sert pour ses soirées black jack, où il fait généralement la banque.) Il relève la tête, surprend mon regard et se met à rire. La star au bord de sa piscine, sous le soleil de Californie, en train de compter ses sous... Quelle caricature !

Le téléphone sonne. Une appel de Steve Jones, ex-Sex Pistol, qu'il voit de temps en temps. Un week-end, Jones l'avait invité chez lui pour regarder jouer Chelsea. Il lui ouvrit la porte à poil. Aucun des invités ne fit de commentaires. « Il s'assoit au bord de la piscine, il se gratte la queue, et on rentre regarder le match », se souvient Rob. Puis il ajoute, comme si j'attendais ce type d'attitude de sa part : « J'aimerais bien pouvoir en faire autant, mais ma queue n'est pas aussi grosse que celle de Steve Jones. »

C'est de la diffusion du film sur les Sex Pistols, *The Filth and the Fury*, lors de la première londonienne, que date son dernier plongeon sérieux dans la drogue. Il ne prenait plus rien depuis huit ou neuf mois. « Si ça n'avait pas été ce soir-là, ç'aurait été la semaine d'après. Je m'en foutais. Je crois que j'en avais marre de me sentir normal. » Quelque chose dans l'esprit punk produit sur lui cet effet destructeur. À tel point que le gros livre relatant l'histoire du mouvement anarcho-musical qui traîne dans le salon suscite sa méfiance. Sa lecture déclenche chez lui de dangereuses divagations mentales. « Je croyais qu'en me laissant totalement aller, j'allais résoudre mes problèmes. Rien n'est plus faux. J'ai depuis pris conscience de la nécessité de me détourner de ces fantasmes. » Autrefois, il écoutait souvent *Sex'n'Drugs'n'Rock'n'Roll* de Ian Dury en prenant presque les paroles pour des recommandations. Il lui arrivait également de suivre à la lettre les conseils prodigués par d'autres rockers. Quelques années plus tard, en se rendant au Mozambique pour le compte de l'Unicef, il constata, perplexe, que Ian Dury, qui était du voyage, consommait lui-même très peu.

Nous bavardons maintenant au soleil. De ses premiers succès en solo, de sa réaction méfiante, presque violente, face à la notoriété.

– Tu adorais ça, n'est-ce pas ? fais-je, à contre-pied.

– C'est vrai.

– Pourtant, tu t'es bien prêté au jeu.

– Oui. Dès l'enfance, j'étais doué pour ça.

– Tu voulais qu'on t'aime ?

– Je ne sais pas. Je devais déjà beaucoup sourire dans mon landau, parce que des gens m'offraient des glaces, l'été, à Guernesey, où je retrouvais mon père qui travaillait sur l'île. Il paraît que je chantais et que je dansais dans ma poussette.

– Essaies-tu toujours de te faire offrir des glaces ?

– Sans doute. (Petit rire.) Il y a cinq ans, j'aurais sûrement répondu que j'avais désespérément besoin d'amour.

– Parce que c'est drôle ? Parce que c'est un peu vrai ? Ou pour qu'on cesse de vouloir t'extorquer des souvenirs flous ou inavouables ?

– Si je réfléchis bien, ma mère m'aimait vraiment, mes grand-mères tout autant et, quand mon père était présent, il me témoignait une affection égale. Je n'ai subi aucune violence sexuelle ; on ne me battait pas... J'étais juste – je sais que ça fait prétentieux – hypersensible. Je suis né comme ça.

Volant à basse altitude, un hélicoptère surgit brusquement juste au-dessus de la crête. « Noooon ! », se lamente Rob.

Son visage se décompose ; l'humour a disparu.

Il lève la tête. « S'il tourne en rond, je suis bon. »

Tout change s'il est repéré.

L'hélico s'éloigne. Pour cette fois.

Le calme revenu, il me montre ses tatouages à l'intérieur des poignets. « Jack » du côté droit, « Farrell » du côté gauche : Jack Farrell, son grand-père maternel.

« Il est mort lorsque j'avais environ cinq ans. Un type formidable. Quand mon père est parti et que je suis resté avec ma mère et ma sœur, je crois qu'il a eu peur que je devienne pédé. Alors, pour l'éviter, il me poussait tout le temps à me battre contre lui. Il était de Stoke-on-Trent : "Allez, saute sur le lit, fais bouger tes pieds ! Et tu frappes, tu frappes !" »

Dès son arrivée au studio, il propose d'attaquer *Nan's Song* pendant que le calme relatif de son état le permet encore.

– La journée s'annonce bonne, assure-t-il à Guy. Les vibrations sont excellentes, à LA.

La justesse du ton qu'il trouve d'emblée et l'émotion que dégage sa voix confirment ce présage. Des applaudissements ponctuent sa prestation.

– À présent, lance Guy en guise de transition, passons du sublime au ridicule.

L'heure est en effet venue d'interpréter, à la première personne, *The World's Most Handsome Man*.

– C'est une façon de me moquer de moi-même, croit utile de préciser Rob. Les gens confondent l'image et la personne ; ils m'imaginent arrogant, sûr de moi, prétentieux.

Pour démystifier le personnage, il entonne donc ces paroles ironiques : *If you don't see me, I don't exist* (« Si vous ne me voyez pas, je n'existe pas ») et *It's not very complicated, I'm just young and overrated* (« Ce n'est pas très compliqué, je suis jeune et surfait, c'est tout »).

Entre deux prises, je profite de l'occasion pour aborder avec lui le thème de l'autodénigrement qui transparaît si souvent dans ses propos.

Dans ses moments les plus sombres, se trouvait-il vraiment « jeune et surfait » ? Je dois me contenter du « oui » laconique par lequel il s'acquitte de tout effort d'introspection.

Il retourne dans le box plongé dans l'obscurité, où sa voix résonne.

It's hard to be humble when you're so fucking big... Did you ever meet a sexier male chauvinist pig ? (« Difficile d'être modeste quand on est si balèze... As-tu déjà rencontré un macho plus sexy ? »)

À la fin de l'enregistrement, un assistant rallume le studio sans prévenir. Rob est à poil.

Il nous rejoint dans la cabine, où les abricots et les pépins de citrouille qu'on lui offre réveillent quelques souvenirs enfouis.

– Je passais mon temps à bouffer des pépins de citrouille avec Jason Orange, mon acolyte à l'époque de Take That. (Il soupire, un peu théâtral.) C'est tout ce qu'on avait. De la flotte au petit déjeuner, du pain et du vinaigre. On restait enfermés dans un garage, à Salford.

– Je croyais qu'on vous donnait des tripes à bouffer, s'étonne faussement son ami Max Beesley, qui passe en coup de vent.

– Ah, non, les tripes, c'est quand on a été numéro un, corrige Rob. Et on était obligés de laver tous les slips du producteur.

D'humeur décidément badine aujourd'hui, le chanteur expose la riposte qu'il s'apprête à déclencher en représailles de la dernière vacherie du leader d'Oasis :

La première fois que Noel Gallagher est passé à la télé, il était si moche qu'ils ont coupé le haut.

Celui-ci, dernièrement, avait en effet évoqué Robbie au cours d'une interview dans des termes tout aussi élogieux : « le gros qui dansait avec Take That ». Avec sa prochaine cartouche, Rob escompte bien remporter la dernière manche de cet échange d'amabilités.

Sa brève amitié avec Oasis remonte aux derniers jours de Take That. Au début, il avait surtout sympathisé avec Noel. « On était potes, on traînait ensemble. Il m'appelait et venait frapper à la porte de ma chambre d'hôtel pour m'avertir : "On fait une télé, viens avec nous !" Puis il a pris ses distances et je suis devenu davantage copain avec son frère, Liam. On déconnait, on se chantait *Sgt Pepper* dans la cuisine, mais Liam se révélait complètement parano, avec moi comme avec les autres. Triste sort. À l'époque, c'était presque un dieu vivant, et je le voyais sombrer. Incapable de faire confiance à qui que ce soit, il se méfiait de tout le monde. Ça me faisait de la peine. (Soupir.) Je m'en souviens comme d'une période pénible parce que, moi, de mon côté, je dérivais. Tous les jours, il me fallait ma dose de coke. Je n'arrivais plus à dire non. »

Très vite, les choses se gâtèrent. Les frères Gallagher cessèrent de trouver amusante la compagnie du chanteur déglingué de Take That. « Je le ressentais d'autant plus mal que l'affection et l'admiration que j'éprouvais pour eux étaient sincères. » C'est surtout avec Liam que l'escalade fut la plus violente. Ils échangeaient des insultes par presse interposée et Rob se proposa de l'affronter sur un ring pour une bourse de 100 000 livres, au profit d'une œuvre caritative. Quand l'ex-petite amie de Rob, Nicole Appleton, annonça qu'elle était enceinte de Liam, cette guérilla leur apparut enfin dans toute sa puérilité. Ils se retrouvèrent pour enterrer la hache de guerre.

Noel, en revanche, ne déposa jamais les armes. L'idée qu'Oasis ait pu se compromettre avec Robbie Williams et, plus encore, qu'ils aient partagé la même scène de concert à Glastonbury, fût-ce quelques instants, l'insupportait.

Aujourd'hui, Rob s'amuse plutôt de la ténacité quasi obsessionnelle avec laquelle Noel Gallagher s'acharne encore et toujours à le citer avec perfidie à chaque interview. De temps en temps, pourtant, il rend les coups.

Après cet intermède, le travail reprend. Dans la cabine, loin des oreilles de Rob, les conversations vont bon train. Il s'agit d'évaluer les avantages et les inconvénients du nouveau Robbie Williams, hyperactif et omniprésent.

– Je le préférais quand il était déchiré...

– Il débarquait, il sautait la fille de l'accueil...

– ... et nous foutait la paix.

– Il cuvait dans son coin, il se couchait sous la console de mixage...

– ... avec ses canettes de Guinness.

– Quel revirement ! Maintenant, Monsieur veut modifier les paroles à tel endroit... rajouter une corde à tel autre...

En fin de séance, Rob renâcle à l'idée de rentrer chez lui et préfère nous emmener, David, Pompey, Chris Briggs et moi, au Coffee Bean, sur Sunset Boulevard. Avant même son quadruple espresso, Rob trahit déjà par les intonations de sa voix l'état surexcité dans lequel il se trouve. Installés à la terrasse, dans la chaleur du soir, nous écoutons les élucubrations que l'artiste assène à la cantonade : « Vous voyez ce nuage, devant la lune ? Vous savez, les créateurs perçoivent des choses invisibles au commun. Le monde m'apparaît d'une façon différente. Sérieusement. La nuit, je remarque des nuances bizarres... »

Brusquement, sans transition, il déclare qu'il veut être mentionné en tant que producteur sur le nouvel album.

– Ça pose un problème ?

– Tu veux être crédité comment ? s'informe prudemment David.

– Je veux voir mon nom dans *Music Week* : « Power/Chambers/ Williams ». J'ai dit : « Baissez-moi ça, montez-moi ça ; ça, on le laisse, ça, on l'enlève. » C'est de la production, non ? (Il détecte les regards nerveux autour de la table.) Ça risque d'être emmerdant ?

Personne ne répond.

– Qu'est-ce qui peut être assimilé à un travail de production ? reprend Rob.

– Rester en cabine toute la journée, le cul dans un fauteuil, à se faire chier, propose Chris.

– Je l'ai fait, ça.

– La production, c'est le travail qu'ont accompli Guy et Steve, explique posément Chris. Avec l'ingénieur du son. L'enregistrement...

– Mais je l'ai fait, ça, proteste Rob. (Il lit comme un reproche sur le visage de David.) Ne me regarde pas comme ça ! Je te dis que je l'ai fait ! (Manifestement, David rechigne à accéder à sa requête.) Que faut-il que je fasse, les deux prochaines semaines, pour figurer sur les crédits en tant producteur ?

Tous s'abstiennent de répondre. Rob finit par jeter l'éponge. *Escapology* sortira avec la mention habituelle : « produit par Guy Chambers et Steve Power. »

Rob, apparemment résigné, sirote son espresso en changeant de sujet :

– Jonny me manque.

D'hostiles les murmures deviennent approbateurs. Jonny Wilkes et Rob se connaissent depuis l'enfance et se considèrent comme les meilleurs amis du monde depuis près d'une décennie. Ces dernières années, Jonny se tenait aux côtés de Rob dans la plupart des bons et des mauvais moments. Aujourd'hui, le second vit à Los Angeles alors que le premier poursuit sa carrière en Grande-Bretagne. Il aurait pu devenir une star, lui aussi, mais le succès relatif de son premier single, *Just Another Day*, n'a pas convaincu sa maison de disques, qui n'a même pas jugé utile de sortir son album pourtant achevé... L'horizon commence tout juste à se dégager. Après une bonne partie de l'année passée à sillonner l'Angleterre avec *Godspell*, le chanteur se prépare à tenir le rôle principal du *Rocky Horror Picture Show*.

Puis la conversation dérive à nouveau vers des thèmes moins consensuels. La signature du contrat pour le disque n'a pas encore abouti et les négociations traînent toujours en longueur. Rob fait part à David Enthoven de son refus de s'engager auprès d'EMI aux États-Unis, le label étant coupable, selon lui, d'avoir jusqu'à présent bâclé le travail. Personne ne le contredit, mais les échanges de regard qui accompagnent ce silence en disent long : claquer la porte à ce stade les mettrait tous dans une situation extrêmement délicate.

– Après tout, c'est *mon* contrat, assène Rob.

Le silence s'alourdit un peu plus.

– Je te chambre, imbécile ! dit-il à David.

De retour à la villa, le chanteur incline aux confidences plus personnelles.

Au milieu de sa chambre, la pièce la plus vaste de la maison, trône un immense lit, d'où l'on perçoit, quand l'écran de projection géant est replié, la vallée et les montagnes dans le lointain.

Aussi étrange que cela paraisse, Rob a dû renoncer à essayer d'y dormir. À chacune de ses tentatives, il n'arrêtait pas de se retourner sur sa surface trop grande, entourée par trop d'espace. Il ne s'y sentait pas tranquille.

Gamin, il couchait dans une chambre minuscule, sur un lit coincé entre deux murs. De plus en plus souvent, comme ce sera le cas ce soir, il renonce avant l'aube et part se réfugier dans une chambre plus petite où, enfin rassuré, il s'abandonne au sommeil.

6

Le jour suivant, en arrivant au studio, Rob nous détaille le déroulement de sa réunion avec les responsables de l'une des cinq plus grandes maisons de disques à l'échelle mondiale.

La situation dans laquelle il se trouve est inhabituelle pour un chanteur de sa stature. Les artistes consacrés renégocient et prolongent généralement leurs contrats, quitte à hypothéquer leur liberté. Robbie Williams, lui, s'est acquitté de ses obligations envers EMI. Libre de tout engagement et courtisé par tous les labels, il finance lui-même la production de son nouvel album, tout en recherchant, avec ses managers, le meilleur partenaire possible. EMI aimerait bien signer de nouveau avec lui, mais toutes les grandes enseignes se retrouvent également dans la course.

Ces pourparlers prennent parfois un tour surréaliste. La semaine précédente, Sony lui avait envoyé un jet afin qu'il rencontre Tommy Mottola à New York. L'ex-mari de Mariah Carey avait récemment eu les honneurs de la presse. Michael Jackson s'en était en effet pris à lui en le traitant de raciste et en montant sur le toit d'un bus, à Manhattan, pour exhiber son portrait affublé des cornes du diable.

Lors de l'entrevue, juste au moment d'écouter les nouveaux morceaux, Mottola s'était soustrait un instant au regard de son invité. « Avant d'aller plus loin... », avait-il commencé en se retournant. Rob avait alors aperçu les cornes dont il s'était coiffé et le gant blanc qu'il avait enfilé.

Toutes ces sociétés ou presque ont leur siège aux États-Unis, l'un des rares pays où Robbie n'ait pas triomphé et où, par conséquent, les pontes des grands labels ne le connaissent pas nécessairement. Cette lacune donne parfois lieu à des scènes amusantes. Rares en effet sont les secteurs de l'économie où l'on trouve des dirigeants prêts à se battre pour investir plus de dix millions de dollars dans un projet dont ils ignorent à peu près tout. L'industrie du disque demeure encore cette étrange et anachronique alchimie de passion, de flair, de talent, d'ignorance, d'inefficacité, de frime et de mensonges.

La réunion de ce matin, donc, ne se passait apparemment pas trop mal, jusqu'au moment où Rob annonça que, pour mieux percer sur le marché américain, il pensait enregistrer une nouvelle version de *Angels*.

– C'est quoi ? s'enquit l'un des plus importants patrons du disque aux États-Unis.

Non seulement ses interlocuteurs méconnaissaient jusqu'au titre de sa chanson la plus célèbre, celle qui mit sa carrière solo sur orbite, mais, comme le prouvait le franc cynisme de la question, ils n'avaient pas éprouvé une seule seconde le besoin de se renseigner. Les grands projets qu'ils forgeaient à son sujet ne nécessitaient apparemment pas de s'informer au préalable ni de ce qu'il avait fait et faisait aujourd'hui, ni de qui il était. Comment pouvaient-ils alors juger ? Plus précisément, comment comptaient-ils évaluer ses chances de conquérir le public américain sans s'interroger sur ce qui avait pu empêcher *Angels*, son titre le plus ouvertement commercial, de cartonner ici comme il l'avait fait dans tant d'autres pays ? Le seul élément de sa carrière dont ils avaient à ce moment connaissance était le clip de *Rock DJ*, dans lequel il se déshabillait entièrement, puis finissait par arracher sa peau, sa chair et ses muscles en tentant vainement d'impressionner une disc-jockey très distante. Cette scène, d'ailleurs, semblait les captiver. « Ah, oui, s'arracher la peau, voilà une vraie catharsis », commentaient-ils.

– Non, rectifia Rob. Ce que je voulais, c'était choquer le spectateur.

L'écoute qui suivit de quelques mixes de chansons de son nouvel album suscita une réaction à laquelle il commençait, pour s'y être déjà heurté à plusieurs reprises, à s'habituer. La diversité des styles de musique et la tonalité lyrique – « est-ce du second degré ? » – laissaient tout le monde perplexe. Lors d'un précédent rendez-vous, le patron d'une autre maison de disques lui avait fait part de son embarras : « Ce côté Robbie Williams fantasque m'échappe un peu. » Et Rob avait aussitôt rétorqué : « Je trouve que vous mettez beaucoup d'argent sur la table, pour un type aussi fantasque. »

À l'instar de tous ceux qui les avaient précédés, ses interlocuteurs du jour adorèrent *Feel* et son souffle mélodramatique classique et sincère. Les titres qui suivaient leur plaisaient moins. Rob leur déclara alors, rôdé à ces échanges, que cet album était le meilleur qu'il eût réalisé à ce jour, et les avertit que s'ils n'y trouvaient pas trois titres qui pussent les séduire, là, tout de suite, leur label n'était sans doute pas celui qu'il lui fallait. Comme toujours, les deux titres suivants leur plurent énormément.

Pour l'instant, Rob se plaît à rencontrer tout ce petit monde et à enregistrer ce qu'on lui demande, pendant que ses managers attisent les enchères. Le spectacle de ces hommes d'affaires « tellement imbus de leur personne qu'ils tiennent absolument à souffler le contrat à leurs concurrents » l'amuse.

En contrepoint du cynisme qu'il endure auprès des maisons de disques, le snobisme de la culture rock ne lui inspire que du mépris. Rob se souvient de ses fins de soirée défoncées, au milieu des années 90, avec les gardiens de l'orthodoxie. « Ils s'extasiaient sur *Pet Sounds* et les Beach Boys, mais seul comptait, pour eux, le fait de connaître l'album par cœur, indépendamment de ce qu'ils ressentaient en l'écoutant. » De Nick Drake, qu'il tenta vainement d'écouter, il ne retint que la déprime, par laquelle il s'estimait d'ailleurs suffisamment accablé, que les textes lui inspiraient. Quant à sa première interview dans le *New Musical Express* au début de sa carrière solo, elle le mit très mal à l'aise. En substance, les journalistes avaient d'emblée touché le point sensible par une question en apparence anodine : « C'est au festival de Glastonbury que tu as fait ton entrée dans le club. » De fait, le chanteur, qui s'apprêtait à quitter Take That, s'était exhibé pendant tout le festival en faisant semblant d'avoir une dent en moins et avait fait une apparition sur scène avec Oasis. La perspective de « faire partie du club » déclencha un instinct de rébellion : « Je me suis dit : "Non, je n'ai pas envie de devenir comme vous." » À l'encontre du respect des codes et des hiérarchies ridiculement figés de la pop, qu'il apparente à « de la branlette », il se vante d'avoir écouté Dr Hook plus souvent que les Who.

Le malin plaisir qu'il prend à désacraliser son propre travail ne l'incite pas à contredire l'opinion, aussi conformiste soit-elle, d'un grand patron de maison de disques américaine taxant son disque de « fantasque ». Fantasque par moments, peut-être, cet album exprime et décrit avant tout son expérience de la vie avec plus de sincérité et de détermination que n'en témoigneront jamais la plupart des artistes. Aussi, quand les lumières se rallument et que tous brandissent leur banderole « Attention, ceci est sérieux : c'est de l'art », lui revendique fièrement le statut d'artiste de variétés.

Si ses propres œuvres lui inspirent toujours un sentiment mitigé, il n'apprécie pas pour autant qu'on partage ses doutes. Rob est le premier à critiquer ce qu'il fait, sans la moindre indulgence, mais ceux qui s'aviseraient d'adopter la même attitude critique s'exposeraient à d'étonnantes explosions de colère.

Pourtant, à côté de l'irrévérence dont il fait constamment preuve et qui lui a valu la plupart de ses succès, de l'ironie qu'il déploie à l'égard des diktats de la branchitude, et de la certitude qu'il affiche de n'avoir plus rien à prouver, il éprouve malgré tout un profond besoin de reconnaissance. « Je rencontre des gens qui ont des collections de disques fantastiques, me confie-t-il cet après-midi-là, mais aucun de mes disques ne figurent sur leurs étagères. Ça m'énerve. J'aimerais les y trouver. »

Son nouvel album lui permettra-t-il enfin d'obtenir ce type de consécration ?

Steve Power termine le mixage d'une ballade, *Sexed up*, extirpée de l'oubli après une discrète apparition sur la face B d'une démo, il y a quelques années.

– Serait-il possible d'être crédité pour quelque chose que je n'ai pas fait et qui n'est pas sur le disque ? l'entreprend Rob. Si j'inventais un instrument ? La melotonine ! Je veux être sur chaque morceau, pour un instrument qui n'existe pas. Le variathon ! Le violon-poivre ! Et je veux aussi jouer de l'effexor...

L'Effexor, c'est l'anti-dépresseur qu'il prend en ce moment.

Dans l'autre studio, il se passe successivement les i-Tunes de Richard Flack et *If Dolphins were Monkeys* de Ian Brown. Ces titres, comme ceux de Soft Cell, le subjuguent à tel point qu'il voudrait que son nouvel album leur ressemble.

– Je rêve de faire un morceau électronique depuis des années, révèle Guy.

– Un album entier, corrige Rob.

– Pour envoyer des robots à ta place en tournée ? ironise le producteur.

– Au fait, tu as écouté le dernier disque de Rufus Wainwright ? lui demande le chanteur. Il est vraiment bien. Le troisième titre m'a mis les larmes aux yeux. (Un silence.) Il s'intitule *Robbie Williams est un con.*

Chez lui, l'autodénigrement relève bien d'une seconde nature...

Dans l'univers de l'art et du spectacle, le mot « divertissement » représente l'une des pires injures qui soient. Quiconque s'attache à prouver la sincérité de ses intentions créatrices se doit généralement d'afficher son indifférence à la réaction du public.

L'hypocrisie du phénomène passe curieusement d'autant plus inaperçue qu'elle crève les yeux. L'industrie du disque dépense ainsi chaque année des millions de dollars en panneaux et encarts publicitaires pour présenter aux masses des visages pénétrés d'inspiration et de gravité, affectant de ne pas s'intéresser à l'objectif braqué sur eux (l'idéal serait qu'ils ne soient même pas au courant). Quelques heures passées à tenir la pose pour coucher sur le papier ces moues détachées qui persuaderont le public de l'authenticité de leur condition : des artistes sérieux qui, jamais, ne s'abaisseraient à participer à une campagne marketing, qui jamais n'accepteraient de s'offrir en spectacle comme de vulgaires chanteurs de variété. Parallèlement, un raccourci aussi commode qu'absurde veut qu'on assimile le divertissement à un manque de profondeur. Aux gens du spectacle, les généralités superficielles, les truismes et les paillettes ; aux *vrais* artistes, les vérités profondes, les élans du cœur, les sentiments d'exception.

Robbie Williams ne trouve pas sa place dans cet univers codifié. S'il n'aime pas être pris en photo, il n'éprouve paradoxalement aucune honte à s'offrir en spectacle. De sa musique émanent les réflexions les plus personnelles, les douleurs intimes et les désirs inavouables qu'il n'hésite pourtant pas à mettre en scène. Dérangeant, iconoclaste, le chanteur défie les canons esthétiques qui déterminent aujourd'hui ce qui est important et ce qui ne l'est pas. Il réinvente les règles de la sincérité et il brise celles de l'hypocrisie.

Au cours d'une pause dont je profite, comme à mon habitude, pour l'interviewer, on l'informe d'un message de David Beckham : le footballeur voudrait que le chanteur le rappelle. Le jeu dure depuis quelque temps déjà. Selon Rob, ils évitent réciproquement de composer leurs numéros respectifs pour la même raison : la peur. Les deux stars s'intimident mutuellement. « Il m'impressionne, reconnaît Rob. Cette façon apparemment si verrouillée de gérer sa célébrité, la presse, son personnage... » Ils se sont croisés un jour sur le plateau de « Top of the pops ». À la suite de l'émission, David Beckham prit indirectement contact avec Rob pour lui faire part de son admiration et lui demander des renseignements sur un jean qu'il portait sur une photo. Le jean lui fut envoyé, mais la rencontre au sommet n'a en revanche toujours pas eu lieu. Je tente de débloquer la situation :

– Donc, tu vas le rappeler ?

– Non ! s'exclame Rob, d'un air offusqué.

– Comment ce message est-il arrivé jusqu'à toi ?

– C'est très show-biz, darling. Par l'intermédiaire de Patsy Kensit.

En ce moment, Rob arbore la même coupe à l'iroquoise que Beckham. La coïncidence m'inspire une hypothèse : Beckham voudrait récupérer ses cheveux. Rob l'admet, les concours de coiffure l'amusent. En voyant que Beckham se les laissait de nouveau pousser, Rob se félicita de la longueur d'avance (en l'occurrence de cheveu) qu'il avait, pour une fois, sur son modèle. Puis, estimant que cette coupe lui faisait un visage trop rond, il est retourné chez le coiffeur. « J'emploie des gens à temps plein, plaisante-t-il, rien que pour surveiller l'évolution des tifs de David Beckham. »

Lorsque le nom de Courtney Love se glisse dans la conversation, le registre change radicalement de tonalité. Il se souvient de sa rencontre, à Londres, avec la chanteuse. Laissant entendre qu'elle aurait aimé coucher avec lui, elle ajouta qu'elle avait cependant « un problème avec ton côté pop ». Elle n'anticipait pas la réplique cinglante que lui décocha Rob : « Moi, j'ai un problème avec ton côté moche. »

Nous sommes toujours en train de discuter dans le coin-salon du studio quand Guy débarque. « Tu te tais, le préviens Rob en plaisantant, c'est mon interview ! » Le producteur s'apprête de toute manière à partir. Le chanteur l'exhorte au contraire à se joindre à nous.

La conversation à trois s'engage mal. La veille, chez lui, Rob avait fait écouter son premier disque, *Life thru a Lens*, à Rachel et à Max Beesley, qui ne connaissaient pas l'album. Il se surprit lui-même à l'apprécier. Guy acquiesce, mais souligne les progrès accomplis depuis. « Surtout toi, sur le plan vocal », ajoute-il imprudemment. La maladresse donne à Rob, qui cultive l'art d'écarter tous les compliments pour ne retenir que ce qui peut être défavorablement perçu, l'occasion de lui faire remarquer une fois de plus son manque de tact à la limite de l'insulte. Guy, au contraire, argue de l'éloge que contenait clairement sa phrase, et qu'il lui adressait sincèrement, pour protester. Pour prouver à son directeur artistique qu'il avait bel et bien prononcé l'expression « surtout toi », qui avait le plus profondément blessé le chanteur, celui-ci m'oblige à rembobiner la cassette. Guy me prend à son tour à témoin :

– Il pense que je le critique, je le sais.

– Non, commence Rob, je crois que tu ne sais pas...

– ... faire un compliment ?

– Non. Par manque de délicatesse, tu balances des choses qui te dépassent.

– D'accord, concède Guy. Je reconnais...

Cette querelle m'incite à approfondir le problème de l'évolution de leurs rapports. J'apprends ainsi que, pendant toute une période, les deux collaborateurs sortaient souvent ensemble faire la fête, bien que, sur ce terrain, le chanteur eût une longueur d'avance sur son producteur. Aujourd'hui, Rob ne boit plus et, à la différence du chanteur, Guy est non seulement casé, mais également père de famille. La dynamique de leurs relations ne peut qu'en être affectée.

L'un aux États-Unis et l'autre en Angleterre, les deux hommes passent de moins en moins de temps ensemble en dehors du travail. Les mois qui viennent de s'écouler, alternant les hauts et les bas, ont durement éprouvé leur amitié. Sans compter les divergences de leurs caractères qui, aussi anodines qu'elles puissent parfois superficiellement paraître, n'en révèlent pas moins des tensions latentes plus profondes.

– Contrairement à moi, Guy aime aller au restaurant...

– C'est vrai, confirme l'intéressé.

– Toi, tu es capable d'aller au resto tous les soirs, hein ? l'entreprend Rob, d'un ton vaguement médusé.

– Je *vais* au resto tous les soirs ! Je suppose que pour toi, ce serait un cauchemar.

– Cauchemar ou pas, je trouve simplement que c'est un truc d'homme mûr. Un jour, sans doute, j'y viendrai à mon tour. Je m'attablerai tranquillement pour commander, mais pour l'instant, je préfère me prendre un quadruple espresso au Coffee Bean avant de rentrer chez moi grimper aux murs.

– Pourquoi cette phobie du restaurant ? fais-je interloqué.

– On ne sait jamais. Je risque de me retrouver coincé à côté d'un type à qui je n'ai aucune envie de parler.

– Moi, par exemple, ironise Guy.

L'humour a rétabli le dialogue et ils se mettent à discuter entre eux. À la veille de lancer leur nouvel album, la prochaine phase de coécriture ne se profile que loin à l'horizon. Dans l'immédiat, c'est davantage la perspective d'enregistrer un ou plusieurs albums de reprises interprétées par Rob qui suscite leur enthousiasme.

En dehors de la musique et de l'alchimie qui se dégage de leur collaboration, Robbie Williams et Guy Chambers n'ont pas grand-chose, sinon rien, en commun. Ni les conflits qui, périodiquement, émaillent leurs rapports, ni la distance qui, parfois, s'installe durablement entre eux ne viennent pourtant à bout de la complicité qui les unit et de l'estime qu'ils se vouent l'un à l'autre.

Une fois n'est pas coutume : ce soir, Rob s'est mis en tête de dîner dehors. Pompey et Max l'ont accompagné au Koi, l'un des restaurants les plus branchés du moment. Rob paraît tendu. Dès mon arrivée, malgré mes protestations, il me commande un verre de vin rouge et un cocktail au saké. J'ignorais qu'il existât des cocktails au saké. Jusqu'à présent, par égard pour son effort d'abstinence, j'avais toujours évité de boire en sa compagnie – sauf quand nous nous croisions par hasard au bar de mon hôtel et, même dans ces circonstances, je ne me sentais pas très à l'aise. Là, il me force quasiment à boire. Quelques instants plus tard, Guy et Steve Power nous rejoignent. L'atmosphère progressivement se détend.

Bientôt, Rob manifeste l'envie de quitter les lieux. Des paparazzi font le pied de grue devant l'entrée de l'établissement. Nous sortons par derrière pour les éviter. Lorsqu'on affirme que les stars passent la moitié de leur vie dans des avions privés ou des Jacuzzis d'hôtel, on oublie généralement de préciser qu'ils poireautent l'autre moitié dans des cuisines, des monte-charge dégueulasses et des ruelles étroites, près des poubelles, en attendant que quelqu'un aille discrètement leur chercher leur voiture.

Sa soirée n'est pas finie. Il se rend au Whiskey, le bar de mon hôtel, mais garde ses distances. Matt Sorum, ancien batteur de Guns N' Roses, le salut au passage. Mickey Rourke y prend lui aussi un verre. Rob commence à se détendre en entendant *Stuck in a Moment* de U2. Je l'entends murmurer : « Quand je serai grand, je veux être Bono. »

Le va-et-vient des accros à la coke entre la salle et les toilettes ne lui échappe pas. Sa première ligne, il l'avait sniffée deux minutes avant de monter sur scène, pour la grande tournée de Take That. Le groupe se produisait dans un stade de Manchester. Rob n'avait eu qu'à demander à quelqu'un de lui en ramener. Le chanteur, qui avait déjà pris des amphétamines et quelques ecstas, n'en était pas tout à fait à son coup d'essai. Sa découverte de la drogue remontait à l'âge de quatorze ans. Le souvenir du type qui fumait du speed dans son bahut le hante encore. Rob le décrit comme un athlète surdoué. Selon lui, s'il n'avait pas si vite foutu sa vie en l'air il aurait pu aller loin. Pour Rob, l'herbe a succédé aux amphétamines. Le jour de son GCSE – l'examen qui sanctionne, en général à seize ans, la fin des études secondaires obligatoires avant l'éventuelle entrée dans un *college* et le passage du bac – il était en plein trip. Quand il se sentit prêt à chanter dans un stade, il se crut aussi mûr pour la cocaïne. « Je me disais que ça devait être un peu comme le speed : un petit coup de fouet pour tenir le coup. »

Erreur.

« Une fois passé de l'autre côté du rideau, j'ai eu l'impression d'être aveuglé par les flashes de neuf mille appareils. La panique s'est emparée de moi et j'ai chanté tout le premier morceau avec un temps de retard.

D'où lui venait ce manque de confiance en lui ? La réminiscence d'une phrase récemment prononcée par son père, dans l'enchevêtrement de souvenirs que mes questions font resurgir, lui apparaît subitement sous un jour nouveau : « Quand il était jeune, je ne l'ai jamais laissé gagner. Jamais. »

Sans doute, Pete ne recherchait-il à l'époque qu'une manière de lui faire comprendre que le succès se méritait. D'ailleurs, à travers la fierté qui transparaissait de compter éventuellement pour quelque chose dans la réussite fulgurante de la carrière de son fils, ces quelques mots sous-entendaient certainement : « Regardez où ça l'a mené ! »

Rob, cependant, a semble-t-il vécu la leçon différemment. Aujourd'hui, il sait gré à son père de l'éducation qu'il lui a prodiguée ; étant gosse, en revanche, il aurait tellement aimé qu'il le laisse gagner, une fois ou deux, une simple partie de billard ou de ping-pong.

7

Je retrouve Guy Chambers pour lui poser quelques questions. Au bord de la piscine du Beverly Hills Hotel, où il séjourne, on sert le brunch. Comme Rob, Guy a le sentiment de sortir d'une année difficile. Pourtant, après quelques nécessaires ajustements, les voici tous deux de nouveau en piste. J'évoque leur collaboration houleuse. Si leurs séances d'écriture à quatre mains sont souvent émaillées de tensions, Guy aborde leurs relations avec pragmatisme : « Si quelqu'un signe des paroles géniales avec Rob, c'est tout l'album qui en bénéficie. Je ne suis pas idiot. »

Je fais allusion au conflit qui les a opposés en début d'année ; Guy s'étonne que je sois au courant. Il n'a pas oublié le jour où Rob lui a annoncé qu'ils allaient se séparer. Il était arrivé avec deux heures de retard sous prétexte qu'il regardait la cérémonie des Oscars. « Ça ne lui ressemblait pas. Je l'ai toujours connu ponctuel et très correct. Il m'a dit en gros : "Je ne veux plus travailler avec toi, j'ai envie de former mon groupe à moi. Je veux supprimer Robbie Williams, j'en ai marre, je veux supprimer mon personnage." Ce qui ne l'empêchait pas de vouloir faire des concerts géants l'année suivante. Une tournée d'adieux. "Pour récupérer ses billes", je crois que c'est l'expression qu'il a utilisée. »

Ne sachant quelle attitude adopter face à une décision si brusque, le producteur s'efforça de rester conciliant. Persuadé que l'expérience s'avérerait d'ailleurs enrichissante, il l'encouragea même à monter son propre groupe. En son for intérieur, pourtant, la tournure que prenaient leurs relations et la brutalité avec laquelle le chanteur décrétait leur rupture lui laissaient une profonde amertume. Aujourd'hui, avec le recul, Guy perçoit mieux les motifs de cette crise et la raison pour laquelle elle devait survenir à ce moment précis, dans une phase particulière de la carrière de Robbie. « Je garde toujours à l'esprit que c'est lui qui est célèbre, pas moi. Moi, je peux m'asseoir où je veux pour prendre un thé, lui pas. C'est le battage médiatique qui lui tapait sur le système, à l'époque. Ce qui m'a blessé, en revanche, c'est qu'il veuille monter "un groupe de potes", comme il disait, comme si ce n'était pas déjà le cas. Alors que des amis, ici, il en a. Ce groupe-là a déjà vécu pas mal de choses et lui a toujours été fidèle. »

Juste avant de conduire Guy au studio, je prends sur moi de lui confier le manque d'encouragements que Rob ressent de sa part et qui explique peut-être la fréquence de leurs heurts. S'il préfère prendre la remarque à la plaisanterie en ramenant le problème à une simple usure de leur couple, il n'en reconnaît pas moins ses torts sur ce point. « Je crois que ça tient également au fait de vivre ici. À Los Angeles, tout le monde est positif, tout est toujours génial. Moi, je ne suis pas tellement comme ça. Et si je ne l'encourage pas davantage, c'est parce que je réfléchis en termes professionnels, au lieu de m'extasier bêtement sur tout ce qu'il fait. Je ne suis pas du genre à trouver tout génial. Je suis assez critique, mais je pense que c'est ce qui rend notre relation intéressante. Je comprends que ce soit parfois un peu pénible pour lui, je sais qu'il aimerait me voir un peu plus enthousiaste et prompt au compliment, mais qui n'a pas ses petits soucis ? Disons que j'essaie de m'améliorer. »

Dans la semaine, Rob m'appelle pour me faire part de l'inquiétude croissante que lui inspire la crise irakienne, mais pas pour les raisons qu'on pourrait imaginer. « Chaque fois que je dois sortir un album, je me dis : pourvu que demain, ça ne soit pas la fin du monde ! » Il a répondu la même chose, ou presque, à sa psy, qui lui demandait, l'autre jour, s'il avait peur de la mort. Non, il n'avait pas peur de la mort, mais il craignait en revanche qu'elle ne lui laisse ni le temps de tomber amoureux, ni de sortir un nouveau disque.

S'agissant de cet album, qui s'intitulera finalement *Escapology*, quelques obstacles restent encore à franchir avant sa sortie. Pour commencer, Rob n'a toujours pas de contrat. Certains matins, à l'autre bout du patio de mon hôtel, il m'arrive d'apercevoir ses avocats en train d'étudier à la loupe des liasses de documents, mais pour l'instant, rien n'est vraiment réglé. Les managers de Rob ont fait savoir qu'ils étaient prêts à sortir l'album eux-mêmes s'il le fallait, quitte à emprunter des fonds sous forme de capital-risque à la City et, au cas où, à créer de toutes pièces une maison de disques.

La difficulté essentielle reste cependant celle des relations tendues entre le chanteur et son directeur artistique. Ce dimanche, entre Guy et Rob, le fossé s'élargit à nouveau brusquement.

Le matin, au détour d'une conversation, Josie avait demandé à Guy ce qu'il avait prévu de faire de sa journée et, contre toute attente, s'était entendu répondre qu'il serait en studio. Non pas pour travailler sur l'album de Rob, mais sur la chanson qu'il devait écrire avec Natalie Imbruglia et sur les démos qu'il lui fallait préparer pour le groupe de rock féminin qu'il a monté, les Licks. L'assistante avait aussitôt pressenti le clash qui ne manquerait pas de survenir dès que Rob apprendrait l'emploi du temps que son producteur aménageait dans son dos.

Sans doute, et bien qu'il restât moins d'une semaine pour boucler *Escapology*, n'était-il pas prévu que Guy travaillât sur l'album un dimanche. D'ailleurs, quelques jours plus tôt, son manager, qui n'est autre que son propre frère, Dylan, n'avait-il pas longuement expliqué à Josie l'état de surmenage, à la limite de l'implosion, dans lequel se trouvait le producteur. Le vendredi précédent, Rob l'avait même trouvé si fatigué qu'il l'avait renvoyé chez lui. Et voilà qu'aujourd'hui Guy trouvait le temps et l'énergie de s'atteler à un autre projet, en faisant en outre appel à Richard Flack, lequel avait déjà passé de très longues heures sur l'album de Rob et s'apprêtait à lui consacrer encore de nombreuses sessions.

L'attitude du producteur, prêt à lâcher du jour au lendemain le disque sur lequel il était en train de travailler pour se consacrer à autre chose, sans même en aviser Rob, avait suffisamment surpris Josie pour qu'elle lui conseillât de le prévenir – une précaution que Guy préféra la charger de prendre à sa place.

Rob, comme on pouvait s'y attendre, prit assez mal la nouvelle. Il avait déjà une dent contre les Licks, depuis qu'il avait appris qu'elles allaient prochainement répéter dans les mêmes studios que son groupe, à Londres. Que Guy s'imaginât pouvoir être le directeur artistique du groupe de Robbie Williams tout en s'éclipsant de temps à autre pour surveiller les progrès de ses pouliches l'énervait au plus haut point.

Sachant que Natalie Imbruglia devait passer à 16 heures, Rob décida de jouer les emmerdeurs. Il débarqua tranquillement au studio un quart d'heure plus tôt, comme s'il n'était au courant de rien, salua chaleureusement Dylan et exposa à Guy le programme chargé des prochaines heures : changer les paroles de *Hot Fudge*, enregistrer une chanson qu'il avait écrite la veille, reprendre telle prise, retoucher telle autre... Alors que le visage du producteur se décomposait sous ses yeux, Rob se rendit à la cuisine et attendit que Guy le rejoigne pour lui asséner, comme si de rien n'était, le coup final : « Tu travailles sur quoi, aujourd'hui ? » (Sous-entendu : *sur quel morceau de l'album ?*) Au pied du mur, Guy se trouva contraint d'admettre le vrai motif de sa présence. Puis, sous l'interrogatoire serré auquel le soumit Rob, il se décida enfin à avouer qu'il attendait Natalie Imbruglia.

Rob changea alors d'attitude et convoqua Dylan et Guy à l'étage. Il ne comprenait pas le double-jeu de son producteur, alors que lui-même ne s'était jamais autant investi dans un disque, qu'il considérait comme le plus important de tous et qu'ils n'avaient plus que sept jours devant eux pour achever. Guy marmonna un semblant d'excuse puis, comprenant le piège que Rob lui avait tendu, s'insurgea à son tour de la mise en scène à laquelle il s'était prêté pour le prendre en défaut.

C'est au plus fort de la dispute que Natalie Imbruglia choisit d'arriver. Sentant l'électricité dans l'air, elle redescendit dans la foulée.

Rob s'en prit ensuite à Dylan et le traita de tous les noms puis, conscient d'être allé trop loin, il s'excusa. Une trêve fragile et brève s'installa.

Le lendemain, Rob prend sa journée. Malgré cet enchaînement de contretemps, l'album est achevé dans les délais. Guy peut désormais rentrer à Londres.

La veille de son départ, pour dissiper tout malentendu, Rob lui explique une nouvelle fois les raisons de sa colère. Le producteur, de son côté, ne voit nulle nécessité de s'excuser. Le chanteur aborde également le problème des séances de répétition des Licks qui doivent avoir lieu au même endroit que les leurs. Guy le convainc qu'il n'en savait rien.

Puis, à son tour, il passe à l'offensive. Il avoue n'avoir jamais eu autant de mal à travailler avec lui. Rob ironise sur cette critique en totale contradiction, selon lui, avec l'avis de ses autres collaborateurs, qui estiment au contraire que les choses se passent plutôt bien en ce moment : devrait-il alors céder à la parano, s'inquiéter de l'hypocrisie de son entourage et penser que seul son directeur artistique lui dit la vérité ? Rob est arrivé à une tout autre conclusion : Guy ressent sa participation active à la réalisation de ses disques et son implication croissante comme une gêne et une menace. À mesure que le chanteur le contraint à tenir compte de ses choix, le producteur perd sa liberté de mouvement et s'agace qu'on empiète sur son territoire.

En dépit de ce climat de suspicion, ils évoquent encore et toujours leurs projets communs. Rob a le sentiment que Guy aimerait décider seul des détails de la campagne de promo, et qu'il préférerait attendre Noël avant de confirmer ses engagements pour l'année suivante. Lui ne peut pas se permettre d'attendre jusque-là et risquer de se retrouver en carafe. Guy doit choisir : rester chez lui avec ses gosses et monter sa boîte, ou le rejoindre à Los Angeles et assurer la direction artistique du groupe de Rob, comme avant. Le chanteur ne lui pardonnerait pas son absence à Knebworth. Il reste cependant intimement persuadé que Guy sera bel et bien au rendez-vous.

8

Avant de retourner à son tour à Londres, Rob se rend à Calgary, au Canada, pour tourner le clip vidéo de *Feel*, premier single extrait d'*Escapology*. Les passages lyriques ont été abandonnés, tout comme la contribution de Ms Dynamite qui avait écrit et enregistré à la demande de Guy un rap que tout le monde adorait : sur ce single qui marque son grand retour, on estime cependant plus opportun que Robbie Williams soit seul à chanter. Le disque doit sortir dans quelques semaines, et Rob, qui n'a toujours pas signé de contrat, se prépare à payer de sa poche la coquette somme de 700 000 livres. La scène a pour cadre un ranch et Rob joue un employé pour ainsi dire très proche de sa patronne. Le chanteur a décrété qu'il devait finir tous ses clips, ou presque, quel que soit le scénario, avec une femme dans les bras, et de préférence interprétée par une comédienne qui le fasse fantasmer. Le casting n'était pas encore achevé lorsqu'il croisa Daryl Hannah dans un restaurant. Spontanément, il lui proposa le rôle.

Aujourd'hui, à la veille du tournage, ce choix ne va pas sans poser quelques problèmes. Coincée sur celui du nouveau film de Quentin Tarantino, *Kill Bill*, Daryl Hannah s'est arrangée pour filer au Canada le temps d'un week-end. À la dernière minute, le réalisateur, qui a eu vent du projet, refuse de la laisser quitter le plateau. La journée passe sans que l'actrice ait pu décoller de Los Angeles. Elle loupe le dernier vol commercial et voilà l'équipe contrainte de louer un avion. On en est à envisager de remplacer l'actrice par une comédienne canadienne choisie sur place.

Daryl finit par arriver à 2 heures du matin alors que le tournage doit commencer à 7 heures. En débarquant sur le plateau, elle fait semblant de tomber des nues en apprenant qu'elle va tourner avec Robbie, et non Robin, Williams.

Rob, pendant ce temps-là, se réveille avec un énorme bouton sur le visage. Après avoir tenté en vain de retirer un poil incarné, il ressemble à Elephant Man. Gina, sa maquilleuse, appelle un médecin en désespoir de cause. Quand celui-ci arrive, c'est pour constater que le chanteur, dans un accès de colère, s'est résolu à couper lui-même l'excroissance d'un coup de rasoir. Il y a du sang dans toute la salle de bain. « Je crois que j'ai réussi à m'en débarrasser », annonce-t-il, fier de lui, en oubliant qu'il s'est tailladé le visage. La maquilleuse s'efforce de masquer les dégâts et le cadreur fait ce qu'il peut...

Pendant ce temps, en Angleterre, toute la presse parle de Robbie Williams. Un quotidien publie en effet le livre des sœurs Appleton, *Together*, sous forme de feuilleton. Or Rob est sorti avec Nicole Appleton à l'époque où elle et sa sœur, Natalie, composaient encore la moitié du groupe All Saints. Cette liaison en pointillés a duré près d'un an, ce qui reste un record pour Robbie. Dans leur livre, Nicole décrit en détail ses relations avec le chanteur, et révèle notamment qu'elle était enceinte de lui mais a avorté – sous la pression, affirme-t-elle, de sa maison de disques, des managers du groupe aussi bien que de ses partenaires de scène. Selon elle, *Grace*, l'un des titres du deuxième album de Rob, n'est autre que le prénom qu'ils avaient choisi de donner à l'enfant (le contexte ayant changé, les paroles ont été sensiblement modifiées avant l'enregistrement).

Nicole Appleton avait prévenu Rob, il y a longtemps, qu'elle écrivait ce livre et qu'elle y parlait du bébé. À l'époque, il lui avait simplement répondu qu'elle avait du courage. Aujourd'hui, alors que le battage médiatique autour de la sortie de *Together* bat son plein, et après un an de silence, il a décidé de la rappeler. Pour lui dire que, contrairement à ce qu'on peut lire dans les journaux, il n'est pas « fou de rage », et qu'il lui souhaite bonne chance. Il n'a pas encore lu l'intégralité du livre, mais les extraits publiés par la presse lui semblent assez fidèles à la réalité. À travers ces passages, bien des souvenirs lui sont revenus à l'esprit. « J'étais vraiment triste pour nous deux. Aujourd'hui, cet enfant aurait trois ou quatre ans. Je ne sais pas trop quoi en penser. Je comprends très bien que Nic ait dû avorter, mais je suis malheureux pour elle, parce qu'à l'époque elle sortait avec un idiot. Je n'étais décidément pas le type le plus cool du monde. Aujourd'hui, je trouve désastreuse cette décision qui a nui à chacun d'entre nous, aux All Saints, à moi, et bien sûr à ce bébé qui n'a pas vu le jour. Je me suis posé beaucoup de questions. Qu'est-ce que tout cela signifie, qu'en pense Dieu, quel est mon rôle, qu'est-ce que je dois accepter et qu'est-ce que je dois regretter ? »

À Londres, le conflit latent qui oppose Rob à son producteur s'apprête à éclater.

Avant l'enregistrement d'*Escapology*, Guy avait fait savoir qu'il souhaitait qu'on augmente sa part producteur, fixée jusqu'à présent à 5,7 % (dont une partie versée à Steve Power, son co-producteur). Tim et David, les managers de Rob, jugeant cette discussion prématurée puisque Rob n'avait toujours pas choisi sa maison de disques, n'étaient pas disposés à lui accorder un meilleur pourcentage. Ils arguaient en revanche du fait que le nouveau contrat serait avantageux pour tous.

Le disque achevé, Guy revient à la charge. Il aimerait que sa part passe à 7 %, mais essuie un nouveau refus. Tim Clark pense déceler derrière l'attitude du producteur la conviction profondément ancrée d'être à lui-seul le créateur de Robbie Williams. « Sa logique est la suivante : c'est lui qui a fait Rob. Il n'en démord pas. Pour lui, c'est son groupe. C'est lui qui a tout lancé. » Tim et David lui font remarquer qu'il parle comme si Rob et lui étaient associés, ce qui n'est pas le cas. Ils écrivent les textes ensemble, les co-signent et touchent chacun la moitié des droits d'auteur, mais le partenariat s'arrête là. À la fois co-auteur et producteur (au sens artistique et non pas financier du terme), Guy perçoit des droits relativement élevés sur les ventes des disques ce dont, estiment les managers, il n'a pas à se plaindre si l'on songe que Rob, de son côté, se charge seul d'affronter la foule et de faire la promo de ses œuvres.

Guy, qui ne veut pas en rester là, contre-attaque et expose ses revendications. Premièrement, il estime avoir droit à une rallonge pour avoir, selon lui, « sauvé l'album » en arrivant à la rescousse après les quelques enregistrements insatisfaisants de Rob à New York. Deuxièmement, il refuse de faire la promo de *Come Undone* si le titre, dont il trouve les paroles « épouvantables », sort en single. Troisièmement, il s'obstine à réclamer que le nouveau contrat lui accorde un meilleur pourcentage. Guy n'entend pas s'arrêter au refus de Tim et David et prend très mal l'évocation des 100 000 livres prêtés par Rob pour l'aider à acheter sa maison en 2000.

Les managers, anticipant la violence possible de la réaction de Rob, ont jusqu'à présent préféré ne pas le mettre au courant de ces tractations. Le soir du deuxième jour de tournage à Calgary, alors que Tim, resté à Londres, vient d'avoir un autre entretien infructueux avec Guy, ils décident enfin de le prévenir.

David et Josie retrouvent Rob dans sa chambre d'hôtel. À leur nervosité, celui-ci devine l'importance du problème : « Entrez. J'adore les mélodrames. » Assis sur le lit, ils lui exposent l'affaire avant d'assister à l'explosion de colère qu'ils redoutaient. Rob n'a jamais reproché à ses collaborateurs de s'enrichir à travers lui ; en revanche, il ne tolère pas qu'on le prenne pour une vache à lait ! À l'idée qu'on s'intéresse davantage à l'argent qu'à lui ou qu'on exploite sa générosité, le chanteur éprouve un sentiment de trahison et il se braque.

Une anecdote que je l'entendrai répéter une demi-douzaine de fois en l'espace de quelques mois illustre bien son état d'esprit. Au début de sa carrière solo, il effectuait tous les jours le même trajet en taxi et payait la course 5 livres. Un jour, à l'arrivée, il se vit réclamer 15 livres. En guise d'explications, le chauffeur répondit à ses protestations : « Vous, vous avez les moyens. » Ces mots lui restèrent définitivement en travers de la gorge. Depuis, tous ceux qui lui rappellent l'attitude de ce chauffeur de taxi sortent très rapidement de sa vie.

Ce soir-là, à Calgary, Rob prend sa décision. Il charge Tim de prévenir Guy : c'en est fini de leur collaboration.

Injoignable le week-end, Guy n'apprend la nouvelle que le lundi matin. Réagissant d'abord très calmement, il commettra ensuite un acte impardonnable aux yeux de Rob. Après de longues semaines de tractations, l'accord avec EMI est enfin scellé. Le contrat doit être signé le lendemain ; l'annonce officielle suivra. Guy décroche son téléphone et appelle Tony Wadsworth, président-directeur général d'EMI Grande-Bretagne, avec laquelle il n'a aucun lien contractuel, pour lui faire savoir que Robbie et lui ne travaillent plus ensemble. Espérait-il qu'EMI exigerait son retour ou reverrait sa proposition à la baisse sous prétexte qu'un Robbie Williams sans Guy Chambers représentait moins de valeur ? Quoi qu'il en soit, malgré les innombrables appels inquiets que Tim Clark recevra ce jour-là, les pontes d'EMI ne tarderont pas à être rassurés et l'accord sera conclu comme prévu.

De retour à Londres, des semaines de promo attendent Rob : il faut assurer le lancement d'*Escapology* et du premier single, *Feel*. Sa première prestation publique sera l'annonce officielle de la signature avec EMI. Lors de la conférence de presse organisée dans les bureaux de ses managers, un journaliste lui demande comment il se sent. Il lève les bras en signe de triomphe, avec un rictus moqueur, pour s'exclamer : « Jamais je n'aurais imaginé devenir un jour aussi riche ! »

Pour les journaux, ce sera donc le fameux « contrat de 80 millions de livres ». C'est le montant discrètement communiqué par l'entourage de Rob ; il est éloquent, il frappe les esprits, il restera gravé dans les mémoires. En réalité, on peut difficilement chiffrer une transaction aussi complexe. Aux termes de ce nouvel accord, Robbie Williams s'engage à fournir à EMI quatre nouveaux albums, dont *Escapology* constitue le premier, ainsi qu'un best of qui figurait déjà dans le contrat précédent. On lui verse à la signature une énorme avance, et il en touchera d'autres très conséquentes à la remise de chaque nouveau disque. Tous ses autres revenus – édition musicale, concerts, merchandising, publicité et autres – seront versés sur le compte d'une société créée à cet effet, In Good Company, dont EMI a acquis 25 % des parts pour une somme encore une fois considérable. S'il serait faux d'imaginer Robbie Williams en possession d'un chèque de 80 millions de livres sterling, ce chiffre peut être considéré comme une estimation raisonnable des ressources que cet accord lui garantit.

Le lendemain de la signature, après une soirée passée à regarder à la télé les meilleurs buts des championnats européens en grignotant des gâteaux, puis à s'endormir devant deux épisodes de *24 heures*, il apprend par un article du *Sun* qu'il serait allé fêter son contrat au Groucho et qu'il serait ressorti de la boîte (sous-entendu : bourré) vers 1 heure du matin...

Entre-temps, Rob reçoit une lettre manuscrite assez triste de Guy. Il y fait allusion à la soirée organisée pour fêter le lancement d'*Escapology*, au cours de laquelle il n'avait passé ni *Come Undone* ni *Nan's Song*, les deux titres écrits sans lui. Guy souhaite dissiper ce malentendu dont il semble penser qu'il a pu être le détonateur de leur dernière rupture : c'est par jeu qu'il avait sauté le premier ; quant à l'éclipse du deuxième, c'est parce que la fête battait son plein et que les gens n'écoutaient plus qu'il avait préféré arrêter le disque avant la fin. À la lecture de ces justifications si éloignées de l'essentiel et des motifs réels pour lesquels il a mis un terme définitif à leur collaboration, Rob propose une dernière rencontre à son ex-producteur. Il veut lui dire en face que sa décision n'avait rien à voir avec cette fameuse soirée, mais qu'en revanche l'idée qu'un de ses meilleurs potes lui réclame une fortune l'inquiétait et le fait qu'il refuse de s'occuper de *Come Undone* le peinait.

La rencontre a lieu au lendemain de la signature du contrat. Guy est venu, accompagné de Dylan et de son avocat. Les esprits ne tardent pas à s'échauffer. Lorsque Guy ironise sur la discussion amicale à laquelle était supposé l'avoir convié Rob, celui-ci s'étonne en retour de la présence d'un juriste – lequel finira, d'ailleurs, par s'éclipser. Le calme qu'affiche le chanteur dissimule la colère mêlée de tristesse qu'il éprouve. Les 100 000 livres de la maison de Guy reviennent bientôt sur le tapis. Rob estime que son cadeau n'a pas été apprécié à sa juste valeur et date de ce moment ses premiers doutes sur la sincérité de son amitié. De reproches en déballages, la rencontre tourne au pugilat. Dylan propose d'ajourner l'entretien, mais Rob refuse : « C'est la dernière fois qu'on se rencontre, alors autant tout mettre sur la table. »

La rupture, désormais, semble consommée. Lorsque, plus tard, Guy proposera de rendre à Rob l'argent qu'il lui avait offert, on lui répondra d'en faire don aux œuvres de charité soutenues par le chanteur.

Première partie

1

Deux jours après la signature du contrat, je me rends dans la demeure londonienne de Rob. La nouvelle de la séparation commence à circuler. Les paparazzi font le pied de grue devant la maison. Faute de mieux, ils prendront bientôt en photo la livraison d'une table de ping-pong. Dans son salon, Rob boit du thé. À la guitare sèche, il joue une chanson qu'il vient d'écrire. Seul. Bâtie sur une mélodie insolite, triste et lancinante, elle est inspirée par les mots *soft corrosion* imprimés sur un T-shirt de collection Vivienne Westwood/Malcolm McLaren qu'il a encadré dans les toilettes du rez-de-chaussée. À partir de ce motif anodin, le texte s'est progressivement transformé en hymne contre la guerre.

Singing, we won't go to war
Lay down your guns
What are we fighting for ?
I wouldn't know how to use 'em
I wouldn't know how to kill
I wouldn't want to anyway
And I never will

Depuis le jardin, Rob me montre un appartement récemment mis en vente. L'annonce du *Times* précisait « vue sur le jardin de Robbie Williams »...

La conversation tourne autour de la dernière entrevue que le chanteur et son ex-producteur ont eue. À cette occasion, Rob a pris conscience qu'ils ne jouaient décidément plus la même partition. Le refus de Guy de faire la promo de *Come Undone* apparaît comme la goutte qui a fait déborder le vase. Rob suspecte une certaine forme de jalousie de sa part. « Quand on s'est rencontrés, j'étais complètement largué : j'avais du fric, mais j'étais largué. Lui était dans la dèche. Maintenant, il vit dans une baraque de milliardaire, il a tout ce qu'il veut, mais c'est Robbie Williams qui vend les disques. C'est pas Guy Chambers qui affronte la foule et se donne en spectacle. C'est pas Guy Chambers qui reste coincé chez lui parce que les photographes campent devant sa porte... »

Convaincu que ces différends financiers auraient toutefois pu être surmontés, Rob n'exclut pas une réconciliation. Si cette prudence tranche avec le ton définitif de l'annonce de leur rupture, elle illustre bien la difficulté d'envisager réellement de mettre fin à leur parcours commun. L'équipe qu'ils forment, l'alchimie qui se dégage de leur collaboration et les progrès qu'ils réalisent au contact l'un de l'autre représenteraient un sacrifice disproportionné par rapport à l'enjeu de leur conflit. Lucide, Rob ne conçoit d'ailleurs pas la comédie musicale qu'il ambitionne de monter sans le concours de Guy. Pour renouer leurs liens, cependant, Rob attend de cet « enfoiré qu'il adore » qu'il fasse profil bas et reconnaisse sincèrement ses torts, sans quoi les deux hommes pourraient bien ne plus jamais écrire ensemble.

En attendant, Rob nourrit d'autres projets. Remonté à bloc, il a décidé de prendre des risques. Les allusions de la presse – « Sans Chambers, Robbie Williams a du souci à se faire » ; « EMI redoute les répercussions de l'affaire sur son investissement » – l'ont piqué au vif. Ce qui l'irrite le plus, c'est cet article du *Daily Mail* faisant référence aux « mélodies de Chambers qu'on fredonne aussitôt après les avoir entendues », comme si lui n'avait eu qu'à ajouter, au final, quelques petites rimes légères. « Comme si Guy était Elton John et moi, Bernie Taupin, son parolier. Je fais le plus gros du travail et j'espère que ma maison de disques le sait. »

De mon côté, je peaufine mon portrait de Robbie sans avoir l'impression de tenir quoi que ce soit de concret. La poursuite de nos entretiens me paraît indispensable. C'est à ce moment que Rob émet pour la première fois l'idée d'écrire un livre. Je m'efforce de rester concentré sur le papier qu'il me faut achever, mais ce projet commence déjà à faire son chemin.

Une partie de ping-pong sur la table neuve plus tard, nous arpentons les rues du quartier à la recherche d'un endroit où manger. Indécis devant la porte de chaque restaurant, Rob préférera finalement rentrer chez lui et regarder Fame Academy.

Coup de téléphone de Rob, énervé par l'interview de Guy dans *News of the World* qu'il vient de lire. Ce dernier prétend que Rob aurait exigé qu'il travaille exclusivement pour lui. Totalement fausses, les déclarations attribuées à Chambers sont elles-mêmes sujettes à caution. En l'absence d'informations plus précises, elles n'en révèlent pas moins, pour les tabloïdes, le vrai motif de la séparation.

Rob poursuit sa revue de presse. À en croire les journaux, Guy va désormais se consacrer à son girls band, les Licks. La chanson qu'il avait écrite à Los Angeles avec Natalie Imbruglia n'est finalement pas retenue pour la bande originale du film *Johnny English*. Le film sortira avec un thème, *A Man for all Seasons*, co-écrit et interprété par... Robbie Williams. J'entends comme un ricanement à l'autre bout du fil.

C'est Halloween. Avant de quitter sa maison de Holland Park avec Jonny Wilkes, son meilleur ami, Rob met une veste, une casquette et un masque transparent. Avec cet accessoire, moulé d'après son visage pour les scènes de braquage du clip de *Eternity/The Road to Mandalay*, il fait peur, mais il est méconnaissable. Les photographes sont toujours à l'affût, dans leurs voitures ou sur le trottoir d'en face, et Rob ne peut pas les empêcher de le mitrailler lorsqu'il doit franchir les quelques mètres qui le séparent de son véhicule. Grâce à ce masque, et s'il prend soin d'enfiler toujours la même veste en sortant de chez lui, leurs clichés perdront toute leur valeur. À force de photographier une star portant toujours les mêmes vêtements et dont les traits sont flous, ils finiront par abandonner. En attendant, à chaque sortie, l'image de ces paparazzi prenant en rafales des photos qu'ils n'arriveront pas à vendre lui donne le sentiment de remporter une petite victoire.

– Vous l'avez dans le cul, comme d'hab' ! chantonne Rob en ouvrant la portière de la voiture. Vous l'avez dans le cul !

Arrivent des gosses déguisés qui font la tournée des maisons pour collecter des friandises.

– *Trick or treat !* crie joyeusement Rob.

Une fois à l'arrière de la voiture, il prend conscience de son erreur et soupire :

– Tu sais ce qu'on va lire dans les journaux ? « Robbie Williams est sorti de chez lui en hurlant aux enfants qui lui réclamaient des bonbons : "Vous l'avez dans le cul !" »

Heureusement, il se trompe.

S'il essaie parfois de prendre les choses avec philosophie, la haine que lui inspirent les paparazzi et la presse à scandale reste tenace. Il leur en veut bien sûr de le harceler et de raconter n'importe quoi sur son compte, mais il leur reproche surtout de s'être acharnés sur lui lors de sa cure de désintoxication. Ils ne se sont pas contentés de le prendre en photo à la sortie des thérapies de groupe auxquelles il participait ; l'an dernier, ils sont allés jusqu'à dissimuler un magnétophone sous la table de la salle où se déroulaient les réunions. « Il fallait que j'affronte un monde qui était nouveau pour moi, sans l'aide de substances chimiques, sans l'aide de l'alcool, et on ne m'a pas laissé une minute en paix. Je trouvais ça injuste. La vie est injuste. D'ailleurs, si la vie était juste, je ne toucherais pas 80 millions, je ne serais pas une pop star. En ce moment, je serais dans un pub de Stoke-on-Trent, en train de parler de l'époque où j'étais jeune et où je chantais. Heureusement pour moi, la vie est injuste.. »

Ce week-end, *News of the World* s'autocélèbre à la une. Ses journalistes auraient fait échouer une tentative d'enlèvement visant Victoria Beckham. Cette histoire rocambolesque, à la frontière du fait divers et du *people*, laisse bien des lecteurs sceptiques, mais Rob commence à s'inquiéter. Il songe à tout le battage médiatique autour de son contrat faramineux et se fait du mauvais sang pour son entourage. Depuis son retour en Grande-Bretagne, escapades professionnelles mises à part, il n'est quasiment jamais sorti de chez lui. Seule la perspective de regagner bientôt Los Angeles, et d'y retrouver une plus grande liberté, lui permet de supporter cette situation.

Pour l'instant, le lancement d'*Escapology* aux États-Unis est prévu pour le printemps, après la sortie mondiale. Rob s'efforcera alors de séduire le seul continent qui se soit montré indifférent à son talent. Il doute : l'enjeu en vaut-il la peine ? « À quoi bon vouloir percer aux États-Unis ? J'ai envie d'avoir des enfants, et je ne veux pas qu'ils passent leur temps à se cacher, qu'ils soient obligés de se balader avec des gardes du corps. »

Il prend rendez-vous avec David pour lui annoncer, de but en blanc, qu'il renonce à faire la promo de son disque aux States. Sa vie en Angleterre n'a rien de réjouissant, pourquoi reproduire la même chose outre-Atlantique ? « Il y a deux cas de figure. Ou je cartonne. Ou je me plante. Dans la deuxième hypothèse, mon amour-propre va en prendre un coup. Ça me poursuivra pendant toute ma carrière. Si je cartonne, au contraire, ma vie là-bas va devenir infernale. Je crois que ce sera tout ou rien. » David s'évertue à le raisonner : dans dix ans, lorsque d'autres artistes britanniques auront conquis le public américain, peut-être regrettera-t-il de ne pas avoir tenté sa chance. Le lendemain, la première offensive des photographes postés devant chez lui dès son réveil pèsera plus lourd dans sa décision que l'avertissement de son manager : « Je me suis dit : "Allez tous vous faire foutre, je vais faire carrière aux États-Unis et je ne devrai plus rien à ce pays, ou plutôt à cette presse." »

La présence des paparazzi, comme il en prendra conscience au lendemain de l'affaire Victoria Beckham, comporte pourtant des avantages inattendus : les objectifs braqués sur sa maison valent n'importe quel système de vidéo-surveillance...

La même semaine se produit néanmoins un incident qu'il n'évoquera que quelques mois plus tard : sur l'une des fenêtres qui donnent sur la rue, on relève deux petits impacts de balles.

2

Je passe de plus en plus de temps avec lui, en témoin. J'ai appris à décoder le moindre de ses haussements d'épaules, les silences dans lesquels il se mure, les sourires qu'il esquisse. Tous ces signes de résignation ou d'exaspération désormais familiers me renseignent sur le regard qu'il porte sur chaque aspect de sa vie plus sûrement que de longs discours.

Il lit à voix haute une lettre qu'il a reçue à son domicile ce matin même.

Cher Robbie ou celui qui lira ça,

Je vous trouve génial et j'espère que la chance sera toujours avec vous. J'adore votre nouveau clip avec les chevaux. Si je peux avoir des infos sur les chevaux que vous montez, j'aimerais bien. Mes parents essaient de vendre leur pavillon 130 000 livres. Vous voulez pas l'acheter pour investir ou le revendre, vu qu'ils ont trouvé une maison plus près de chez nous qu'ils voudraient bien acheter. Mon père a 70 ans et ma mère 68, je crois. Ils se font du souci, et moi, je sais pas comment les aider. Vous voulez bien, vu que vous perdrez pas d'argent dessus et que comme ça, eux, ils pourront acheter la maison qui leur plaît. Bon, je comprendrais si vous jetez ma lettre à la poubelle, mais on aime tous nos vieux, et c'est juste pour rendre service.

Respectueusement...

La jeune femme (on devine à l'écriture que c'est une jeune femme) a pris soin de joindre la photo du pavillon.

Rob n'a même pas l'air surpris par cette requête pathétique. Lorsqu'on devient célèbre, on attire à soi toutes sortes de rêves, d'espoirs, de névroses et d'illusions. Autrement dit, on ne cesse de décevoir : on brise des rêves qu'on n'a jamais encouragés, on refuse une aide qu'on n'a jamais offerte, on rompt des engagements qu'on n'a jamais pris.

Ce soir, aux studios de Pinewood, il enregistre en public la deuxième partie d'une émission télé, le *Robbie Williams Show*, dont le style s'inspire vaguement du *Elvis 1968 Comeback Special*.

Quelques instants avant le lancement, il prend le temps de me faire écouter une chanson qu'il a écrite seul la semaine dernière, *One Fine Day*, puis me chante la dernière version du morceau acoustique qu'il avait joué chez lui. Les paroles ont curieusement évolué et semblent en partie s'inspirer de la vie de Mohammed Ali : « *No Viet Cong called me nigger, don't bother me* » – « Jamais un Viet ne m'a traité de nègre, je n'ai rien contre eux ». Il se demande si le public risque d'être choqué.

Il s'avance sur la scène, barrée d'un grand RW, pendant que retentit le thème de *Rocky*. Au milieu du plateau, il prend sa guitare – c'est une première, en concert – pour jouer *One Fine Day*.

Le show se poursuit par une alternance de sketches, de chansons et d'échanges avec le public. « Nous étions en sureffectif », répond-il, comme il le fait souvent, désormais, lorsqu'on l'interroge sur le départ de Guy. « Alors, oui, il a fallu que j'écrive mes chansons tout seul. Pas de problème. J'en suis capable. Trois accords suffisent. Il y a des groupes qui ont fait toute leur carrière comme ça. Je ne citerai pas de nom. (Un silence.) Oasis, par exemple. »

Avant d'interpréter *How Peculiar*, le premier titre de son nouvel album, il demande en guise de lancement : « Vous est-il déjà arrivé d'être complètement obsédé par quelqu'un ? (Clameurs dans la foule.) Cette personne, vous finissez par la harceler. J'ai écrit une chanson sur quelqu'un que je ne nommerai pas – il faut dire que moi, dès que je pète, c'est dans le journal – parce que chaque fois que j'étais près d'elle, je me faisais l'effet d'un gamin de sept ans et je ne savais plus quoi dire... (Il sourit.) À la fin, j'ai juste sorti mon sexe. J'en parle dans cette chanson. » Le morceau terminé, il s'adresse une dernière fois au public : « Merci beaucoup. Il va sans dire que j'ai couché avec elle. »

Il retrouve son groupe au studio Townhouse pour enregistrer une chanson écrite la veille avec Boots Offestad, *Get a Little High*. On commence par les arrangements. Claire Worrall, au clavier, demande à Rob ce qu'elle doit jouer.

– Tu n'as qu'à te tenir les seins pendant tout le morceau, lui suggère-t-il. Tu sais que Yoko Ono a enregistré un titre avec un pigeon mort à la place du micro ? Quand on m'a raconté ça, la première fois, je me suis dit qu'elle était complètement frappée. Aujourd'hui, je trouve ça génial. Je veux une souris morte et trois perruches.

Histoire de lui faire plaisir, Claire le laisse patiemment finir sa tirade.

– Tu veux que je joue quoi, alors ?

– Joue avec tes seins.

Entre deux prises, il raconte à Chris Briggs son passage dans l'émission de Sara Cox, sur Radio One.

– Elle me plaît de plus en plus, lui confie Chris Briggs.

– Pareil, acquiesce Rob. Je ne l'avais pas revue depuis *The Girlie Show*. Je l'ai trouvée très sympa. Elle me fait craquer.

– Je te signale qu'elle est mariée, l'avertit Chris.

– Ça ne m'empêche pas de craquer. Mais, rassure-toi, je ne vais pas lui courir après. Je suis capable de mettre tout ça de côté, de me dire qu'elle est à croquer, qu'elle a une poitrine d'enfer, et ça s'arrête là. Elle a un côté nature, comme les femmes de lecteurs dont les journaux publient la photo. C'est un peu la voisine qui te montre ton premier minou. (Un temps d'arrêt.) En revanche, je n'ai pas échappé à la question sur Guy.

– De toute façon, maintenant, dès que tu feras quelque chose...

– Je m'en suis très bien sorti : j'ai répondu que c'était un gros con et que j'allais le tuer... Non, je suis resté très digne.

Au cours de cette émission, on lui demanda également de réagir aux propos de Louis Walsh, le manager de Westlife, qui venait de donner plusieurs interviews pour la promo de sa nouvelle émission de télé-réalité, *Pop Rivals*. Dans un article du *Sun* titré « ROBBIE LA FLOPSTAR », Walsh estimait que Rob n'était qu'un chanteur de karaoké créé de toutes pièces qui se ferait jeter en première semaine de n'importe quelle sous-*Star Academy*. Enfonçant le clou, il déclarait : « Robbie Williams n'avait que deux atouts, une belle nuque et Guy Chambers. Sans Chambers, il n'est plus rien. » Rob eut la finesse de ne pas tomber dans le piège et répondit calmement au micro de l'animatrice dans un tout autre registre : « Il a raison, il a bien résumé le problème, je me dis souvent que je ne vais pas tenir la distance. » Rétrospectivement, il sourit en pensant à la subtilité de sa contre-attaque : « Je l'ai fait en toute sincérité. Je l'ai assassiné à coups d'amabilités, et j'ai trouvé ça jouissif. Il y a un an, je l'aurais étripé. » L'attitude de Sara Cox à son égard lui confirma, sur un autre mode, l'efficacité de sa repartie : « Je crois qu'à la fin, elle me trouvait à son goût, elle aussi. Elle m'a dit : "Je suis gênée, je rougis comme ma mère à la caisse du supermarché quand il lui manque une pièce..." »

De retour chez lui, à la place des paparazzi qui ont levé le camp, il aperçoit une jeune fille qui l'attend avec une rose, une Italienne. Elle lui lance la fleur à travers la grille au moment où il descend de voiture. Il accepte la rose, le regard noir, mais refuse de lui signer un autographe. « J'habite ici, explique-t-il. Je tiens à mon intimité. » Dans l'espoir d'obtenir ce qu'elle réclame, elle lui assure qu'elle ne reviendra pas. Il hoche la tête.

– Oui, mais quand tu t'en iras, quelqu'un d'autre prendra ta place.

Elle insiste. Bien qu'il sache que cela ne changera rien, avant de se réfugier chez lui, il ne peut s'empêcher de lui dire ce qu'il a sur le cœur, d'un ton lourd de colère, de lassitude et de désespoir.

– Tu crois que tu me connais, mais tu ne me connais pas. Je veux juste que tu saches que je n'ai pas envie de te voir. Je veux bien te serrer la main, mais sois gentille, va-t'en.

Elle bredouille quelque chose derrière la grille.

– Merci pour les compliments. Maintenant, j'aimerais bien que tu me laisses tranquille.

Et, le visage fermé, il s'engouffre à l'intérieur de sa maison.

3

Rob est tombé sur une cassette amateur tournée par Gary Barlow à l'époque où tous deux faisaient partie de Take That. « J'ai voulu la regarder d'un œil attendri, mais je me suis surtout rendu compte que j'étais terriblement maniéré ! »

Il rit, mais pas longtemps. Aujourd'hui encore, lorsqu'il plaisante à propos du boys band de ses débuts, on perçoit très vite son trouble. « J'ai mis des années à m'en remettre. Malgré le succès. C'était le panier de crabes, la paranoïa à fond, 24 heures sur 24. Une période très instructive – je crois que, psychologiquement, j'ai subi beaucoup de choses. J'ai quitté le groupe éreinté, et encore moins sûr de moi qu'avant. Je pense que j'absorbais tout, notamment les critiques, comme une éponge, et je réagissais mal à la notoriété. En arrivant, je me croyais capable de tout ; en repartant, je ne me sentais plus bon à rien. » Il en veut encore à leur manager, Nigel Martin-Smith. « Son credo, c'était diviser pour mieux régner. Il nous en a fait voir de toutes les couleurs, et s'acharnait surtout sur Jason et moi. On tombe tous un jour ou l'autre sur des manipulateurs, mais à l'époque j'étais incapable de gérer la situation ; je n'étais pas prêt. À d'autres, ça n'aurait fait ni chaud ni froid, mais moi, j'ai très mal encaissé. Dès les débuts de Take That, j'ai disparu dans un trou. Je n'arrivais pas à affronter la vie : il me manquait des éléments. Je n'ai ré-émergé qu'à 28 ans. » Une discussion s'amorce à ce sujet entre Rob et son assistante.

– Je me demande ce que ressentent les autres, s'interroge Josie, en référence aux quatre autres membres du groupe. On leur a tout donné, et puis, du jour au lendemain...

Elle n'a pas besoin de conclure sa phrase. Sur la cassette, on découvre le pavillon où il habitait au début. L'horreur. Des gros plans, des zooms avant et arrière, au milieu des bougies.

– C'est exactement ça, fait Rob. Moi, on me voit très peu, contrairement à Howard et Jason.

– Mais tu as quand même eu le temps de remarquer que tu faisais le cabot ? observe Josie.

– J'avais un fume-cigarette. J'avais tout le temps une cigarette au bec. Eh oui, rien ne change...

– Tout change... murmure Chris Sharrock, son batteur.

Nous décollons à bord d'un jet privé à destination de Barcelone, pour les MTV Awards, avec les membres du groupe. Rob a l'esprit ailleurs. Il feuillette un magazine français, *Voici*, et découvre un article intitulé « Las Ketchup accusées de satanisme ! ». Bizarre.

Il annonce qu'il veut boucler son prochain album en un mois, tout en repensant à la prestation de Prodigy au festival de Coachella, dans le désert californien. « Je commence à leur trouver un côté Gary Glitter (le chanteur glam-rock des années 70), un côté pantomime. (Silence.) Ils essaient de me piquer mon boulot... »

Il entend des rires dans le fond de la cabine et lève les yeux de son magazine. « Je sais bien que vous êtes en train de vous foutre de ma gueule », lance-t-il en riant aux membres du groupe. Cette phrase le replonge aussitôt dans la période Take That. « Nigel Martin-Smith m'a fait le coup, un jour. En 1993. Il s'était brusquement arrêté sur le bas-côté et, en me fixant, avait presque hurlé : "Je sais que vous vous foutez tous de ma gueule. Si tu es là, c'est grâce à moi ; je peux te remettre là où je t'ai pris quand je veux. Trouver un autre Robbie à Stoke-on-Trent, c'est pas difficile." Texto. Quand tu as 16 ans et que tu n'as pas 80 millions de livres sur ton compte en banque... »

Il se souvient du soir où, alors qu'ils se trouvaient à Derby pour un concert organisé par Radio One, une fille lui avait demandé son numéro. Au retour, Nigel ne s'était pas privé de l'enfoncer : « On a tous été bons aujourd'hui, les enfants. Enfin, tous sauf un. Et nous savons de qui il s'agit : Robbie a donné son téléphone à une fille. » Pour Rob, l'humiliation frisait l'acharnement. « La veille, au resto, à Brighton, j'avais dit à la nana : "T'es trop belle, c'est quoi ton nom ?" et il m'avait balancé : "Tu te prends pour qui ? Rentre à l'hôtel !" »

– Et tu as obéi ? demande Chris.

– Oui. Je n'étais pas aussi sûr de moi qu'aujourd'hui.

Les souvenirs déferlent. Les bassesses de Nigel Martin-Smith et Gary Barlow, les deux personnes qu'il considère comme responsables d'une grande partie des souffrances subies au début de sa carrière, y occupent une place de choix. S'il se confie à nous à bord de l'avion qui survole l'Espagne, c'est en partie pour le spectacle et la satisfaction de voir tout le monde se regrouper autour de lui à mesure que s'accroît l'effet dramatique. Mais c'est aussi, à mon sens, parce qu'il éprouve le besoin de partager certaines de ces douloureuses anecdotes qui le laissent, aujourd'hui encore, incrédule.

Intarissable, il énumère les excentricités et les mesquineries de Gary Barlow. Lors des tournées, Barlow facturait au groupe près de 1 000 livres la semaine la mise à disposition de son clavier, en arguant sans cesse du fait qu'il était « moins cher que les loueurs d'instruments ». Lorsqu'il s'acheta une Mercedes 250, il remplaça la griffe, à l'arrière, par celle d'une Mercedes 500. Il portait un gros manteau chez lui pour faire des économies de chauffage. Quand Rob lui empruntait son portable, il lui réclamait 1 livre. Au volant, il évitait parfois de mettre son clignotant pour préserver, disait-il, la batterie de sa voiture. Un jour, devant le groupe, dont les cachets étaient encore très modestes, il s'exclama : « Je le crois pas, les mecs, je viens de recevoir un chèque de 2,5 millions de livres ! » Ceux qui passaient chez lui avaient droit à une petite tasse de Nescafé, alors que lui se servait un mélange choisi. Il refusait de consommer tout produit en provenance de l'étranger et ne comprenait pas qu'on puisse dépenser plus de 30 livres pour un vêtement, jusqu'au jour où, après avoir mesuré le train de vie d'Elton John, il engagea du personnel et un maître d'hôtel en livrée pour accueillir ses visiteurs en leur proposant du Bailey's sur glace dans des verres de collection. Quand Rob composa un rap sur *Once You've Tasted Love*, le troisième single de Take That, sans même savoir que ce type de prestation était rémunérée, Gary lui interdit de réclamer les 5 % de droits d'auteur auxquels il pouvait prétendre, sans quoi il supprimerait le rap qui, « de toute manière, n'apportait rien à la chanson ». De quoi enlever à Rob toute velléité d'écrire pour le groupe.

Toutes ces blessures ne sont pas cicatrisées, et il semble presque redouter de revivre certaines des vexations qu'il a endurées. Comme lorsqu'il nous raconte qu'au retour des concerts de Take That, on le déposait toujours dans une station-service de l'autoroute M6. Sa mère en était quitte pour venir le chercher en voiture, ou il appelait un taxi, même s'il était 3 heures du matin, alors que le détour par Stoke-on-Trent n'aurait pris que quelques minutes.

Il se souvient du passage de Take That dans l'émission de variétés la plus populaire d'Allemagne, *Wetten das... ?* Le groupe vivait ses derniers jours. Nigel s'accrochait violemment avec son ex-petit ami, le maquilleur du groupe. Effusion de larmes, départ précipité de Nigel. De retour à l'hôtel, le groupe se réunit et décida que cela ne pouvait plus durer. « Tout le monde se lamentait, mais personne ne faisait rien et la situation n'évoluait pas, alors je me suis assis, je leur ai dit qu'il fallait virer Nigel et trouver un autre manager. Barlow se tourna vers moi pour me dire : "C'est charmant, venant de ta part. Toi, le pire membre du groupe. Celui qui brille uniquement quand on braque le projecteur sur lui." »

Cette séance augurait du départ imminent de Rob que Barlow avait sans doute déjà pressenti. Un jour, chez Gary, après les répétitions, il annonça son intention de quitter le groupe après la tournée. Assis sur une balançoire, sous un arbre, les pieds calés au sol, il dut alors subir l'énumération de ses défauts et de ses erreurs. Les membres du groupe lui exposèrent la liste de leurs reproches avant d'ajouter : « Tu réussiras peut-être à faire ton chemin tout seul, mais pense aussi à nous. Si tu restes gentiment à ta place encore deux ans, on peut gagner 2 millions de livres chacun. » Il les laissa parler et commença à se balancer. Ils allèrent déguster un curry avec un fan qui avait gagné un concours, puis il rentra à l'hôtel. Eux, de leur côté, sans le consulter, décidèrent que, puisqu'il était résolu à se tirer, il fallait qu'il parte avant le début de la tournée. Ils avaient sans doute étudié la question avec leurs avocats, avant de lui annoncer cela sans ménagement.

À la fois soulagé et inquiet, Rob saisit l'occasion pour en finir et se barrer aussitôt. Quand Paul, leur garde du corps, lui demanda s'il devait passer le prendre jeudi, il lui répondit qu'il ne reviendrait pas jeudi, ni vendredi, ni plus jamais... En rentrant à la maison, il aperçut sa mère à l'étage, dans leur nouveau loft. Il espérait qu'elle le soutiendrait, qu'elle le rassurerait, mais quand il lui apprit qu'il venait d'être viré, elle lâcha presque le vase qu'elle tenait entre les mains et gémit en pensant aux frais d'avocats que la procédure ne manquerait pas d'occasionner.

Depuis qu'il a visionné la cassette de Gary, l'autre soir, cet épisode de sa vie ne lui paraît plus aussi lointain. Ses souvenirs refont surface. Dès le début, quand le groupe était de sortie, Nigel profitait de la moindre absence de Rob pour confier aux autres qu'il le détestait. Aujourd'hui, les raisons de cette inimitié ne lui semblent plus aussi mystérieuses qu'à l'époque. Aux yeux de son manager, Rob était un plouc de Stoke-on-Trent, un plouc hétéro incontrôlable dont la force n'aurait pas pu être maîtrisée très longtemps.

Pour autant, Rob se remémore avec nostalgie la tournée des boîtes homo, tous les cinq serrés dans une fourgonnette. Chacun prenait le volant à tour de rôle, sauf lui, qui n'avait pas le permis. Du coup, chaque fois qu'il fallait faire le plein, c'était pour sa pomme. Souvent, il refusait, ce qui n'allait pas sans créer quelques tensions. Cette posture de défiance, il la conservait jusqu'aux réunions de préparation avec les chorégraphes dont il se moquait royalement et auxquelles il n'assistait pas. Take That n'était pas son style de musique et il ne partageait décidément pas les rêves de Nigel.

4

Il ouvre les yeux à grand-peine. Il est presque 11 heures du matin. De sa chambre, au trentième étage de l'Hotel Des Artes, à Barcelone, il voit miroiter la Méditerranée. Il n'a aucune idée de l'endroit où il se trouve. Il se demande même qui est le type qui essaie de le réveiller. La mémoire lui revient peu à peu.

Pompey. Les MTV Awards. Robbie Williams.

Ce n'est pas la première fois que ça lui arrive. Un jour, à Milan, à l'époque de Take That, il se réveilla dans un grand lit à baldaquin, sans le moindre souvenir. Il se leva, regarda autour de lui. Rien ne lui revenait, pas même qui il était. Seule une sensation bizarre occupait son esprit. Il alla à la fenêtre. Lorsqu'il l'ouvrit, les hurlements de cinq mille filles déchaînées scandant son nom au pied de l'hôtel envahirent la pièce.

Il fit un bond en arrière. Il se souvenait.

Robbie Williams...

– Je suis crevé.

Il enfile son T-shirt T-Rex et réclame ses lunettes de soleil. On l'escorte jusqu'à la voiture. Il donne l'impression de débarquer d'une autre planète et d'en être encore déphasé.

– Je ne me sens pas en confiance, ce matin, vraiment pas, bougonne-t-il.

– Ça va revenir, tente de le rassurer Josie. Il est encore tôt, pour toi. Tu n'as pas l'habitude.

La conduite du chauffeur ne contribue pas à égayer son humeur. Notre voiture slalome dangereusement entre les autres véhicules sur une route de bord de côte. À chaque virage, les nerfs des passagers sont mis à rude épreuve. Même lorsqu'ils reçoivent la consigne de privilégier la sécurité au détriment de la vitesse, les chauffeurs de stars ne résistent pas souvent à la tentation de jouer les as du volant.

– J'adore, ironise Rob. Il colle au cul du type qui est devant, à fond la caisse, et il déboîte n'importe comment. C'est génial de valdinguer dans tous les sens, hein, Pompey ? On pourrait pas avoir Mika Hakkinen ou un autre pilote de rallye, au retour ?

Nous ne reverrons plus ce chauffeur.

En arrivant sur le plateau, pour les répétitions, il aperçoit Chris Martin, l'un des chanteurs de Coldplay. Ils ne se sont encore jamais rencontrés. Rob le salue, et les deux hommes commencent à bavarder. Dans le registre « qu'est-ce qu'un petit groupe sinistre comme le nôtre fait dans une émission où il n'y a que des stars ? », Chris Martin tient son rôle avec une étonnante conviction. Le deuxième album de Coldplay est dans les bacs depuis quelques jours à peine et, s'il est encore trop tôt pour en pronostiquer le succès, Rob n'est pas dupe du pessimisme qu'affiche Chris avec fausse modestie. Il l'invite à prendre un café au bar de l'hôtel.

– Tu es descendu sous quel nom ? Le tien ? s'enquiert Rob.

– Non, je me suis fait passer pour Bono, plaisante Chris avant de lui communiquer son vrai pseudo.

Rob gagne sa loge. À Gina, sa maquilleuse, il confie ses premières impressions :

– Je l'aime bien, ce type. Il est vraiment sympa. Un peu comme moi. En moins musclé et moins bien monté.

Sur scène, il répète *Feel* plusieurs fois, d'une voix rauque. Chaque fois, il termine en présentant une ex-gloire de l'Europop – Dr Alban, Technotronic, 4 Non Blondes – jusqu'au moment où il voit défiler sur le prompteur le texte que Puff Daddy doit prononcer juste avant son arrivée sur scène. Il le lit à voix haute, sans la moindre émotion : « Mon prochain invité m'a dit qu'il voulait remercier MTV pour ses deux maisons, ses trois voitures, sa petite amie top-model, son contrat de 80 millions... bref, une vie de rêve à la Puff Daddy. »

Dans le couloir, il retombe sur Chris Martin, l'asticote un peu en évoquant la rumeur, non confirmée, selon laquelle il sortirait avec Gwyneth Paltrow.

– Paraît que ça marche pour toi...

– Non, non, je t'assure, Jon Bon Jovi et moi, on est juste copains, réplique Chris sans se démonter.

– Tu déjeunes à l'hôtel ?

– Non, je mange sur place. Pourquoi, c'est pas assez chic pour toi ?

– Je viens de signer un nouveau contrat, rétorque Rob. Je ne sais pas si tu es au courant. Je ne peux plus me permettre d'aller à la cantine.

– Oui. Et nous, on n'a qu'à se serrer la ceinture.

Rob se rend aux toilettes en méditant la dernière phrase de Chris Martin. « Nous... » Sous-entendu : « Les vrais groupes qui assurent, pas les ex-minets de boys bands comme toi. » Il se ravise et, au lieu de prendre la direction de son hôtel, rejoint Chris Martin. Ils échangent leurs doutes, leurs inquiétudes et les affres de leur condition de star.

– Moi aussi, je gamberge beaucoup, confie Chris.

– Ah, bon ? Tu as des insomnies, tu... ?

– Attends, on ne va pas faire un concours, l'interrompt le chanteur.

– Moi, je suis suicidaire, conclut Rob, l'air morose.

– Si j'avais su, j'aurais apporté une lame de rasoir.

Rob s'installe avec les membres de Coldplay à table. Après le repas, dans le van qui le reconduit à son hôtel beaucoup plus lentement qu'à l'aller, il rumine certaines de leurs paroles. « Ils m'ont dit qu'à côté de nous, ils ne faisaient pas le poids, et quand je leur ai demandé de qui ils voulaient parler, ils sont restés bouche bée... (Il mime la situation.) Comme quoi, pour eux, il y a leur camp, et celui des autres, les Britney Spears, les types comme moi. Ça m'a un peu secoué. Je trouve ça triste. »

Je lui dis que ces mots leur ont sans doute échappé, qu'ils n'en pensent peut-être rien. Il acquiesce sans y croire. Ce n'était d'ailleurs pas tant une conversation qu'une joute à laquelle il s'était adonné avec plaisir. Si certaines maladresses ont pu le blesser, il n'en éprouve pas moins une profonde sympathie pour le groupe. Si seulement il ne se sentait pas constamment obligé de justifier son existence.

Dans le salon de sa suite présidentielle, il répond aux questions de Kyle et Jackie O, deux animateurs d'une radio de Sydney. D'après eux, la presse populaire australienne soutient que la chanson *How Precious* fait allusion à Nicole Kidman.

– *How Peculiar*, corrige Rob.

– Euh, oui. Alors, vous parlez bien de Nicole Kidman ?

– Non.

– Ah, bon ?

Les Australiens lui rappellent que, lors de son dernier passage dans leur émission, il avait eu l'extrême amabilité de leur offrir un poil pubien. Malheureusement, un employé de la station a subtilisé le précieux trophée juste avant de quitter la société. Ils en réclament un autre en remplacement. Il regrette de ne pouvoir accéder à cette délicate requête, mais le geste lui paraîtrait aujourd'hui déplacé.

Il descend dans le hall de l'hôtel avec son jeu de backgammon. Il a envie de s'installer là pour regarder passer les gens, jouer et boire son Slimfast. Le barman a fini par accepter de le lui préparer, à la demande de Pompey qui a dû lui assurer qu'il ne s'agissait pas de drogue. Rob se prend régulièrement de passion pour certains jeux, avant de s'en lasser. Le backgammon est sa dernière lubie, mais ce n'est pas la première fois qu'il s'y adonne. On l'a même vu s'inscrire à un tournoi au Groucho, alors qu'il pratiquait ce jeu depuis peu et qu'il sortait d'une cure de désintoxication. Il y avait trente-cinq concurrents. Arrivé troisième, il avait gagné deux bouteilles de champagne.

Shiara, l'ancienne assistante de Nicole Appleton, qui s'occupe aujourd'hui des Sugababes, vient lui dire bonjour. Elle lui demande s'il a lu le bouquin. Il lui confirme en avoir parcouru des extraits qui l'ont blessé. La conversation se prolonge. Rob lui confie n'être sorti avec personne pendant quatre ans après Nicole.

Puff Daddy à son tour l'aperçoit et vient vers lui. Ils se jettent dans les bras l'un de l'autre. Ils échangent des compliments. Chris Martin, qui nous avoue se croire au musée Grévin, nous rejoint.

Rob salue les Sugababes avant de sortir pour se déshabiller et s'installer dans le Jacuzzi, en caleçon. Il se ravise en prenant la température de l'eau, se rhabille et gagne le restaurant de l'hôtel. À table, il examine le carton d'invitation que Puff lui a remis. *Dans le cadre de sa campagne mondiale pour la sauvegarde des artistes sexy, Sean « Puff Daddy » Combs vous convie à une soirée.* Le carton précise que les femmes sont priées de s'épiler et les hommes de passer chez la manucure. À quelques mètres, face à une caméra télé, deux jeunes filles essaient de tourner un raccord. Elles n'arrêtent pas de rire, mais paraissent un peu crispées. Nous mettons un certain temps à réaliser qu'il s'agit de Tatu, les deux chanteuses lesbiennes russes qui font déjà un malheur dans leur pays et qu'on s'apprête à lancer en Europe de l'Ouest. Rob rit en les voyant, et elles s'esclaffent de plus belle.

Devant l'ascenseur, il croise Marilyn Manson qui lui propose de faire son portrait.

– La queue dehors, je suppose ? lui demande Rob.

– Arrête, on aime le même genre de filles, répond la star gothique.

Sophie Ellis Bextor est assise un peu loin. Elle lui tourne le dos. Ils s'ignorent. La chanteuse fait partie des rares personnes inscrites à jamais sur la liste noire de Rob.

À l'époque du groupe rock indépendant dont elle faisait partie, The Audience, il avait aimé le single qu'elle interprétait, *If You Can't Do it when You're Young when Can You Do It ?*, et particulièrement la face B qui reprenait *There are Worse Things I Could Do* de Stockard Channing, tiré de *Grease*. Il avait donc proposé au groupe de faire la première partie de sa première tournée solo. Contre l'avis du reste du groupe, Sophie Ellis Bextor avait refusé, considérant que Robbie Williams, c'était de la merde. Si dès lors Rob l'eut dans le collimateur, cet épisode ne marquait que le début des hostilités.

L'été 1998, Rob perdit sa grand-mère, qui avait joué un rôle important dans son éducation. La veille de l'enterrement, dans son ancienne chambre de Stoke-on-Trent, alors qu'il regardait la télévision au lit, il tomba sur l'émission-débat de Jo Whiley, consacrée à la musique. L'animateur et ses invités, Neil Hannon, le chanteur de Divine Comedy, James Lavelle, le DJ et fondateur du label Mo Wax Records, et Sophie Ellis Bextor, commentaient le clip de *Millennium.* Seul Lavelle se montrait bienveillant : il ne savait pas quelles épreuves Rob avait traversées, mais il était content de voir qu'il s'en était sorti. Neil Hannon affirma que s'il avait accepté de chanter sur *No Regrets* à l'invitation de Rob, c'était uniquement pour faire plaisir à ses nièces. (Cette déclaration ne fut pas sans conséquences. The Divine Comedy devait en effet assurer la première partie de Rob en tournée. Après l'émission, ce dernier annula tout. Quand Hannon l'appela pour s'excuser et lui demander de revenir sur sa décision – en obtenant gain de cause –, Rob lui avoua qu'en se voyant ainsi lâché, en direct, il avait failli fondre en larmes.)

Mais c'est Sophie Ellis Bextor qui l'attaqua le plus férocement. « Elle m'a démoli comme aucun journaliste ne l'avait fait. Moi, dans mon lit, j'en étais malade. Je crois qu'elle a dit que j'étais le fils bâtard de Jimmy Tarbuck, le comique britannique. (Silence.) Je trouve ça vexant pour moi comme pour Jimmy Tarbuck. »

Il la revit un peu plus tard à la remise des Capital Radio Awards. Comme souvent, en cas de conflit, il commença par se montrer conciliant. Il lui tapa sur l'épaule et lui demanda : « Alors, tu me détestes toujours ? » Elle chercha ses mots avant de lui répondre que non. Rob lui révéla alors avoir souffert de ses déclarations, mais, en signe d'apaisement, lui souhaita quand même bonne chance pour la suite.

Peu de temps après, elle lui écrivit. Ce n'était pas à proprement parler une lettre d'excuses, mais elle affirmait qu'avec le métier, elle avait fini par comprendre que les artistes devaient se serrer les coudes. Le jour même où il reçut son courrier, un samedi matin, il la revit dans une émission pour enfants au cours de laquelle elle lui lança une nouvelle pique. « Je crois qu'elle éprouve un malin plaisir à blesser les gens, conclut-il. Et je trouve qu'elle devrait se faire liposucer les hanches. »

Tout au long de la journée, Rob a répété qu'il n'irait pas à la soirée MTV. À la dernière minute, il décide finalement d'y faire un saut. La fête se déroule dans la fameuse Casa Batlló de Gaudi. « Une des plus belles maisons au monde », me glisse-t-il quand nous descendons de voiture. À peine arrivé, il se retrouve nez à nez avec Jon Bon Jovi, qui le félicite pour *Feel.* Un chroniqueur de *Vanity Fair* essaie sans succès de persuader Rob de poser pour une photo. « Je ne suis pas maquillé, s'excuse-t-il. Je suis juste venu manger une saucisse. »

À nouveau en compagnie de Chris Martin, nous croisons Anastacia.

– Tu sais que tu ressembles à mon ex-copine ? l'entreprend Rob.

– Ah, bon ? Tu veux dire que tu as envie de me sauter ? réplique la chanteuse en faisant mine de se vexer.

Invités à découvrir les parties de la maison interdites au public, nous avons droit à une visite guidée privée, avec Moby et Tico Torres, de Bon Jovi. En chemin, Rob raconte à Moby qu'au moment où Guy et lui écrivaient *Feel*, ils l'avaient provisoirement intitulé « le Moby ».

Lorsqu'ils rejoignent enfin la fête, Jon Bon Jovi lui donne quelques conseils pour l'aider à s'imposer aux États-Unis. Il l'encourage à tirer parti de sa présence incroyable pour faire de la scène, même si c'est en première partie de quelqu'un de plus connu. Lui et son groupe effectuaient parfois des tournées de deux cent cinquante soirées ; la plus courte en comptait soixante. Rob, qui n'a pas donné deux cent cinquante concerts dans toute sa carrière solo, semble épouvanté à l'idée de devoir en enchaîner soixante d'affilée. Puis Bon Jovi lui apprend qu'ils doivent reprendre l'avion le lendemain, juste après l'émission, avant d'embrayer, le surlendemain, sur une radio à Miami. Tout en l'écoutant, Rob se demande s'il serait capable de résister à un tel rythme.

Alors qu'on présente à Jon une jeune femme qu'il aurait déjà eu l'occasion de rencontrer « à la Maison-Blanche », Rob en profite pour s'éclipser. Nous nous échappons par une porte dérobée juste avant le début du dîner et des discours. Son apparition aura duré une trentaine de minutes.

Il s'installe à sa place habituelle dans le hall de l'hôtel et nous entamons une partie de backgammon. Quand Chris Martin rentre de la soirée, Rob l'invite à nous rejoindre. Face à l'enthousiasme inattendu de sa recrue, il abandonne sur-le-champ la manche que nous disputons et redispose les pions.

– On mise quoi ? demande son nouvel adversaire.

– Pour l'instant, on joue pour rien.

Chris lance les dés. 6 et 2. Puis il contemple le jeu pendant un long moment. Rob, qui n'est pas du genre patient, affiche sa perplexité.

– J'aime prendre mon temps, lui explique Chris.

– Je vois ça.

Brusquement, Rob baisse la tête et nous demande de faire comme si nous étions en grande conversation. Il vient d'apercevoir Nellee

Hooper, le producteur de Soul II Soul et de Massive Attack. Je le regarde, le sourcil interrogateur. Il promet de me raconter tout une autre fois.

Pour l'heure, la victoire est en vue.

– On rejoue ? s'inquiète Chris.

– Bien sûr. Mais pour de l'argent, maintenant. (Il marque un temps d'arrêt.) Ou pour la gloire. (Il déplace sa dernière pièce.) Disons que c'était une mise en route.

– Ou plutôt ta première et dernière victoire, lance en guise de défi le challenger.

La deuxième manche débute et ne favorise pas davantage Chris, qui se lamente de sortir continuellement des 6 ou des 3. Au serveur qui s'approche, nous commandons des cafés. Chris préfère prendre une eau minérale. Rob lui confie entendre les paroles du tube de Coldplay en boucle, sans savoir pourquoi, depuis qu'il l'a rencontré.

Chris doit se rendre à l'évidence de sa nouvelle défaite. Il relève la tête. Autour de lui, il y a Pompey, le garde du corps espagnol et moi.

– Je ne peux pas jouer comme ça. Vous êtes tous là, à me regarder. J'ai l'impression d'être en train de jouer contre le Parrain. Il y a trop de pression. Je ne peux pas gagner. Je suis fichu. Avant, le Parrain, c'était moi.

Il quitte la table avant l'arrivée des boissons. Il se dirige vers l'ascenseur, puis rebrousse chemin.

– Désolé pour l'eau.

– Pas de problème, fait Rob.

Alors que Chris s'éloigne, il ajoute à voix basse : « Il est d'une rare politesse. » Il rigole. Le sérieux avec lequel Chris abordait le jeu avait quelque chose de surprenant, mais si Rob affichait, lui, une telle décontraction, c'est parce qu'il gagnait. « Une grande victoire du chanteur populaire sur le rockeur intello », conclut-il.

Deux filles voudraient le convaincre de les accompagner en boîte. « Les boîtes, c'est pas trop mon truc, se justifie-t-il. Moi, mon truc, c'est vider le minibar, regarder la télé et aller me coucher. » Elles ne tardent pas à abandonner.

– Vous savez, chuchote-t-il une fois qu'elles sont parties, je crois que je suis moins branché cul qu'avant. Maintenant que le sexe et le fric ne m'excitent plus, il ne me reste plus que la musique.

Près des ascenseurs, il entre presque en collision avec Enrique Iglesias.

– On aura finalement réussi à se rencontrer, se réjouit Enrique.

Notre petit groupe, auquel se sont joints un ou deux musiciens de Coldplay, envisage d'investir le casino. Nous descendons au sous-sol, mais on nous refuse l'entrée car nous n'avons pas nos passeports. Rob annonce aux membres de Coldplay qu'il va chercher le sien, mais en fait, nous nous retrouvons une fois de plus dans le hall de l'hôtel où nous croisons Pharrell Williams, le producteur et chanteur de hip-hop. Rob lui montre son tatouage sur l'intérieur du poignet gauche. Farrell.

– Farrell Williams, s'étonne-t-il.

Pharrell a l'air de trouver ça à la fois amusant et sans grand intérêt, comme s'il pouvait s'imaginer Rob se faisant tatouer son nom avec une faute d'orthographe.

– Je me suis planté en beauté, maugrée-t-il un peu plus tard.

Chris Martin lui téléphone de sa chambre pour lui rappeler la revanche de backgammon qu'ils avaient prévue. Rob avait fini par renoncer à force de tomber systématiquement sur sa ligne occupée. L'arrivée de Kylie Minogue interrompt leur conversation.

– Tu es superbe, la complimente-t-il en l'entraînant sur le balcon, à l'écart du brouhaha.

En rejoignant enfin Chris, il la retrouve par hasard dans l'ascenseur qu'elle partage avec Pharrell Williams. Celui-ci assiste à l'échange sans y prendre part.

– Demain soir, qu'est-ce que tu me donnes ? demande-t-il à Kylie en référence à la cérémonie des Awards.

– C'est top secret.

– *Best Year Off* ? suggère-t-il.

Quelques étages défilent en silence. L'ascenseur s'arrête et Pharrell en sort en bougonnant un bonsoir.

– C'est quoi, ton programme ? s'enquiert Kylie.

– Je vais jouer au backgammon. Gagner un peu d'argent.

La confiance qu'il affiche se révèle fondée. Il ressort de la chambre de Chris plus riche d'une centaine d'euros.

5

Le jour des MTV Awards, nous sommes encore en train de jouer au backgammon à l'entrée du bar, d'où l'on voit tout le hall de l'hôtel. Rob se concentre sur son jeu en fredonnant *The Majesty of Rock*, de Spinal Tap. Quelques minutes plus tard, Dominic Mohan, qui tient la rubrique pop du *Sun*, s'approche de lui.

– Bon album, lui dit-il. *Me and my Monkey*. Super morceau. C'est quoi, ce titre ? (Comme on l'oblige à écrire en phrases courtes, sa conversation s'en ressent.)

– Moi-même, j'ignore ce qu'il veut dire, grommelle Rob.

Nous continuons à jouer.

– Vous vous amusez bien ?

– Ouais.

– Vous n'allez pas nous refaire le coup de Stockholm ?

Lors de la précédente cérémonie des MTV Awards, qui se déroulait dans la capitale suédoise, Rob avait fait un beau numéro d'alcoolo. Il en garde un mauvais souvenir.

Il répond qu'il n'assistera pas aux soirées.

– Je vais tirer un trait sur mon passé et rentrer chez moi.

– J'espère vous revoir bientôt, qu'on puisse enfin réaliser cette fameuse interview.

– Au moment de la sortie d'un des singles, peut-être.

Ils se serrent la main. Dominic Mohan déclare à Rob qu'il passe régulièrement *Me and my Monkey* dans son émission. Rob est au courant, il l'a entendu. Dominic prend congé.

– Tu sais qu'il a menacé de foutre ma carrière en l'air ? C'était où, encore ? Ah, oui, j'ai fait un mini-concert chez Ronnie Scott, avant l'Albert Hall. La presse n'était pas invitée.

En fait, Dominic Mohan n'aura sans doute pas besoin de réaliser cette interview, puisqu'il la tient déjà. Demain, l'article occupera presque toute sa page dans le *Sun*. Sous le titre : « ROBBIE : JE SUIS VENU VAINCRE MES DÉMONS », le chroniqueur brode sans vergogne : « Robbie Williams m'a avoué, hier soir, vouloir exorciser les démons qui avaient transformé en désastre sa précédente apparition lors du grand show annuel de MTV Europe. Au cours d'une entrevue exclusive à son hôtel, à Barcelone, Robbie a admis que le souvenir de sa prestation de Stockholm, en 2000 – pris de boisson, il s'était battu – l'emplissait toujours de honte. Cette année, il s'est promis de résister à la tentation de l'alcool, lors de la remise des prix, en repartant directement chez lui après sa performance, sans même attendre la fin de la cérémonie. "Je suis venu ici pour terrasser mes démons", m'a révélé un Robbie repenti. Je me suis entretenu avec lui au long d'une partie de backgammon, dans le salon-bar du très chic Hotel Arts. Il a ajouté : "Ce qui s'est passé il y a deux ans ne se répétera pas cette année. Je me tiens à carreaux et ce soir, après mon passage, je ferai long feu. À trois heures du matin, quand la fête, ici, battra son plein, je serai déjà dans mon lit." »

Et le reste à l'avenant.

Sur le chemin des toilettes, il se fait accoster par quelqu'un d'autre.

– Une petite déclaration pour le *New Musical Express* ?

– Oui. Allez-vous faire foutre.

La réponse sera reproduite textuellement sur le site web du journal.

Dans le van qui le conduit au plateau de l'émission, il nous annonce ne pas se sentir bien. Il chantonne : « *Remember when you used to say, everything will be OK.* » Puis, le nez collé à la vitre, il murmure : « Je n'ai jamais vu démonter une grue. Je me demande comment on s'y prend. »

En se dirigeant vers les coulisses, il salue Jade Jagger et Patrick Kluivert. Chris Martin surgit dans sa loge, le majeur en l'air, enroulé dans un billet de 100 euros. Eminem passe dans l'allée, tête basse, encadré de quelques armoires à glace. Rob va aux toilettes et tombe sur Mel C. Il la trouve en pleine forme, lui demande si le type, un peu plus loin, est son petit ami.

– Ouais, j'ai enfin déniché un mec, pas un branleur.

Arrive Marilyn Manson, qui commente la sauterie de la veille :

– Melanie, il y avait de la glace au parmesan. Tu le crois, ça ? J'ai gardé le menu.

Il ajoute qu'il a croisé Puff Daddy.

– Tu as eu les jetons ? s'enquiert Rob.

– Non, j'ai pris une photo avec lui. Je l'ai fait jouir.

Nous voilà rassurés. On se demandait si Marilyn Manson s'était assagi, mais il a vite réendossé son personnage outrancier.

De retour dans sa loge, Rob confie avoir mal vécu cette brève rencontre avec Manson et Mel C. Ce qui s'est dit n'est pas en cause, mais il a dû garder la main sur l'entrejambe de son pantalon.

– Je m'étais éclaboussé.

Il branche son ordinateur sur la sono de la loge et diffuse sa playlist personnelle, en commençant par *Nobody Move* d'Eazy E. Torse nu, il se barbouille de mousse, se rase, demande à Josie de lui apporter un café, écoute *Ain't no Love* de Jay Z à fond. Les loges se réduisent à des cabines de 3 mètres de haut, sans plafond, séparées par des parois extrêmement minces. Au-dessus, un immense vide. Si quelqu'un soulevait d'un coup toutes ces cloisons, on découvrirait des dizaines d'artistes, parmi les plus connus de la planète, en train de se déshabiller, de plaisanter, de boire, regroupés sur la dalle d'un gigantesque hangar, presque au coude à coude. Autrement dit, Rob impose sa musique à tous les autres invités de la soirée. Un type pointe son nez, hoche la tête.

– Puff voulait savoir qui c'était.

Rob passe encore du Jay Z, puis *Diddly* de Puff Daddy. Deux des danseuses de Christina Aguilera viennent à leur tour vérifier la provenance de la musique.

– Dis donc, il s'éclate, fait l'une d'elle.

Il passe un titre de L'il Rob, *Dolphins Are Monkeys* de Ian Brown et *Pump Up The Volume*. Puff Daddy surgit, se fait photographier avec Rob, qui sort pour serrer la main de Ronan Keating. De retour dans la loge, il programme *Waterfall* des Stone Roses, quelques classiques de ZZ Top, *Maggie May* et *No one Knows* des Queens of the Stone Age.

Chris Martin passe par là.

– Allez, un petit backgammon, vite fait, propose-t-il.

Il s'assoit, s'informe de l'heure de passage de Rob. On demande aux artistes, qui sont déjà là depuis longtemps, de ressortir et de refaire leur entrée sur le tapis rouge, pour les caméras.

Rob le toise comme s'il était fou.

– Tu n'y vas pas ? s'étonne Martin.

– Il faut ressortir et refaire une entrée ? répète Rob, incrédule.

Chris acquiesce. Je ne peux m'empêcher de soupçonner qu'une rivalité secrète les oppose. Ils semblent se dire : qui de nous deux cartonne le plus ? Quelques minutes plus tard, le garde du corps de Chris Martin vient le rappeler à son devoir.

Nerveux, impatient, Rob papillonne à droite, à gauche avant de se réfugier dans sa loge, où il lance assez violemment une chaise contre la penderie. Un geste qu'il réitère par deux fois. Il passe *It's so easy* des Guns N'Roses puis sort bavarder avec Rupert Everett. Marilyn Manson réapparaît et crie, pour plaisanter : « Hé, moins fort, là-dedans ! » Rob écoute *Voodoo Ray*, puis du Ms Dynamite, avant d'embrayer sur *Under Pressure*. Taylor Hawkins, le batteur des Foo Fighters, joue des baguettes sur la porte de la loge, ouverte.

– Ils aimeraient bien que tu sois leur chanteur, dit-il.

Il parle de Queen, et il y a du vrai dans sa remarque. Rob avait chanté *We Are the Champions* avec deux des membres du groupe pour la bande originale du film *Chevalier*, suite à quoi on lui avait demandé d'occuper la place de Freddie Mercury pour la tournée américaine. Il avait accordé la plus grande attention à cette proposition.

– Dommage qu'ils fassent des duos avec des membres de boys band, renâcle Rob.

– Tu as raison, il faut qu'ils se calment un peu.

Le spectacle a commencé. Nous suivons le déroulement de la cérémonie sur un écran placé juste devant la loge de Marilyn Manson, puis Rob décide d'aller y voir de plus près. Il tombe sur Pierce Brosnan, puis une drag-queen espagnole essaie de l'interviewer. Il lui répond :

– Je suis ravi d'être ici et très content d'avoir été nommé ; c'est bien ce que je dois dire, normalement, non ?

À 22 heures, pendant que Gina le maquille, il commence à émettre des gargouillis pour se faire la voix.

Il quitte à nouveau sa loge pour aller admirer Ms Dynamite. Après avoir décidé de ne pas utiliser le rap qu'elle avait concocté pour *Feel*, il lui a écrit une lettre d'excuses, mais il tient à s'assurer qu'elle ne lui garde pas rancune.

Dans l'allée, il percute Dave Grohl, qui souhaite être photographié avec lui.

– Je trouve que tu en imposes, ce soir. Super look, lui fait l'ex-Nirvana.

Rob accepte de prendre la pose. Il sait bien qu'il le chambre, mais ce n'est, somme toute, qu'un aimable règlement de comptes. En début d'année, au festival de Coachella, il avait glissé à Grohl :

– Tu sais, après moi, c'est toi le meilleur.

Il se place sur le côté de la scène et essaie d'entonner *Feel* à mi-voix. Il ne connaît pas encore les paroles par cœur. Il écrit les premiers mots – *Come on hold my hand* – sur sa main.

– Mon prochain invité m'a dit qu'il voulait remercier MTV pour ses deux maisons, ses trois voitures, sa petite amie top-model, l'annonce Puff Daddy. Il vient de toucher des sous, il a signé un beau contrat, 80 millions de livres... Combien ça fait, en dollars ? Je peux en avoir un peu, camarade ? En tout cas, maintenant, tu peux accéder au club Puff Daddy et vivre la vraie vie. Veuillez applaudir mon ami... Robbie Williams !

Rob n'aura pas besoin de son aide-mémoire.

Come on hold my hand... I want to contact the living...

Les paroles, tristes et graves, s'inspirent des exhortations d'un vieux comédien qui meurt sur scène : « Venez tous ! Joignons nos mains, voyons si nous pouvons entrer en contact avec les vivants ! »

La brève apparition (tout ce dérangement pour quatre petites minutes !) se passe bien, même si Rob n'a pas de retour, ce qui le gêne. Il avale une note ; la caméra saisit en gros plan une grimace de dégoût. Vers la fin, il lève le bras derrière la tête d'un geste impérieux qu'il a sciemment emprunté à Perry Farrell. Puis il quitte la scène pour laisser la place aux diablesses de Las Ketchup.

Au retour, il passe devant la loge de Ms Dynamite ; la porte est fermée à clé. Il frappe, attend un instant. Rien.

On est en train de le démaquiller lorsque quelqu'un lui signale que Ms Dynamite passe dans le couloir. Il se précipite à sa rencontre.

– Tu as reçu ma lettre ?

– Non, lui répond-elle.

– Je l'ai envoyée à ton bureau. Je voulais que tu saches que... (L'explication tourne court.) Je voulais juste te dire que tu es vraiment magnifique.

– Merci.

L'échange n'a rien d'un débat philosophique, et Ms Dynamite semble sur la réserve, pour ne pas dire méfiante, cependant rien ne laisse présager la suite.

Le jet privé est prêt à décoller. Rob a presque fini de se changer. Au tout dernier instant, alors que nous nous apprêtons à partir, sa vessie se rappelle à son bon souvenir. Les toilettes sont au bout de l'allée, mais il préfère uriner dans la poubelle qu'il a trouvée derrière le miroir, dans un coin de la loge.

– Oh ! s'écrie Gina, désespérée. Tu es vraiment répugnant.

Dans le van qui nous emmène, il soupire :

– Je me sens toujours horriblement mal à l'aise dans ce genre d'endroits.

À 3 heures du matin, il est chez lui.

Le lendemain, l'*Evening Standard* publie un article sur son déplacement en Espagne. Il est intitulé : « MS DYNAMITE PULVÉRISE ROBBIE. » « On dit que l'orgueil précède la chute, et ce fut bien le cas pour Robbie Williams hier soir... ayant décidé de tenter sa chance avec Ms Dynamite lors de la remise des prix MTV Europe à Barcelone... Robbie a été littéralement “dynamité”... il peut toutefois remercier sa bonne étoile, car la scène humiliante que lui a infligée la star du rap londonienne n’a eu pour témoin qu’une poignée de célébrités. »

À en croire l’article, en sortant de scène, Robbie aurait fait un détour par la loge de Ms Dynamite, tambouriné à la porte et, découvrant qu’il n’y avait personne, aurait hurlé son désespoir, passé vingt minutes à errer dans le dédale des loges avant d’apercevoir enfin la rappeuse et de se ruer sur elle en miaulant : « Dieu soit loué, je t’ai retrouvée ! Il y a des mois que je veux qu’on parle. » Il l’aurait serrée dans ses bras, et demandé pourquoi elle n’avait pas répondu à ses lettres. « Tu ne les a pas reçues ?... » avant d’ajouter : « J’adore ce que tu fais, je suis vraiment dingue de toi... » Là, Ms Dynamite, écarlate, aurait démenti avoir reçu le moindre courrier et lui aurait tourné le dos pour discuter ostensiblement avec Chris Martin, de Coldplay. Robbie serait resté planté là, avant d’aller se changer et de revêtir un survêtement. Le papier prétend enfin que ce serait en raison de ce camouflet qu’il ne mit même pas les pieds à la soirée où devaient se retrouver tous les invités de l’émission.

Voici le texte de la lettre en question. Il n’y en a eu qu’une. Rien à voir avec les courriers enflammés auxquels fait allusion le *Standard.*

Chère Miss D.

Je vois que tu collectionnes les récompenses. Félicitations. Je passe quelques semaines en Angleterre, et je n’arrête pas de te voir à la télé... Ton clip est magnifique, tu es superbe et tes chansons sont sensationnelles... Encore bravo.

Je voulais juste t’écrire un mot pour expliquer ce qui s’était passé.

Pour tout te dire, je regrette qu’on n’ait pas gardé ta partie et je me sens un peu mal à l’aise, parce qu’il est possible que personne ne t’en ait parlé.

Tout le monde a adoré, et je trouvais que ça apportait beaucoup à ce titre, mais il y a eu des grands cris, dans mon équipe : pour le grand retour de Robbie, m’a-t-on dit, il fallait un single 100 % Robbie. On a longtemps tergiversé, je me suis beaucoup énervé, et j’ai fini par jeter l’éponge.

Si je t’écris, c’est aussi parce qu’après notre brève conversation et après avoir écouté tes textes, j’ai l’impression que tu es aussi sensible que moi ! J’espère que tu n’es pas fâchée et que nous retravaillerons ensemble...

Avec tout mon respect et mon admiration,

Robbie Williams.

Dans les couloirs de Radio Two, il croise Alice Cooper, qui l'invite à jouer au golf en Arizona, puis Steve Wright, qui le convie dans son émission tout en lui glissant, on se demande pourquoi, quatre chewing-gums dans la main. Rob vient répondre aux questions de Jonathan Ross. Au cours de l'interview, l'animateur lui demande :

– Et votre copain homo, celui qui vit avec vous ? Vous lui manquez, quand vous êtes en tournée ?

Robbie décide de jouer le jeu. Jonathan fait allusion à Jonny, même si ce n'est pas évident.

– Nos fiancées respectives ne sont là que pour sauver les apparences. Tout ça, c'est de l'intox, et autant vous l'annoncer maintenant. Ce sera dans tous les journaux demain, mais vous le savez déjà, non ? « ROBBIE AVOUE ENFIN SON HOMOSEXUALITÉ. »

En fait, il n'y aura rien dans les journaux du lendemain. Ces messieurs de la presse à scandale n'écoutent peut-être pas Radio Two, à moins que les déclarations officielles ne les intéressent pas. Ils sont plus à l'aise dans un univers où ils peuvent, sans trop se fatiguer, resservir à l'envi leurs trois ou quatre théories préférées : Robbie Williams sort avec Rachel Hunter, Robbie Williams couche avec tout le monde, Robbie Williams déprime seul dans son coin parce que personne ne l'aime, Robbie Williams est gay. Tout cela est contradictoire, bien entendu, mais cela ne les gêne nullement. Si, un jour, l'une de ces propositions venait à se confirmer, ils pourraient clamer : « On vous l'avait bien dit. »

En ce moment, Robbie commence ses journées tard, avec un bol de céréales et le courrier. Aujourd'hui, une lettre étrange a réussi, on ne sait trop comment, à lui parvenir. Une feuille noircie recto verso, avec la photo d'un lionceau au regard inquisiteur. Le papier à lettres est personnalisé, mais l'auteur de la missive a rayé le nom à coups de stylo noir. Peine perdue, d'ailleurs, puisqu'il suffit de tenir le papier devant une lampe pour le déchiffrer. L'écriture est excentrique, toute fine, les majuscules cursives tremblotent. Le plus étonnant n'est pas le contenu de la lettre, qui n'a rien d'extraordinaire, mais le fait que quelqu'un se soit donné autant de mal pour la rédiger et la faire parvenir à son destinataire :

Nous sommes un couple âgé, et hier soir, nous avons regardé la télé assez tard, et il y avait un programme sur vous ! Vous n'avez parlé que de vous, de vous, de vous, pendant une heure et demie ! Ces petites jeunes, elles doivent être aussi pourries que vous pour que ça les intéresse ; il ne faut pas s'étonner si après, elles vous évitent, vous êtes tellement prétentieux, vous parlez tellement mal, et on ne vous voit que chanter, vous ne savez pas vraiment ce que c'est, et elles non plus, d'ailleurs. « Je deviendrai une pop star, » vous disiez. Sûr que c'est pas grâce à votre physique. Votre fric, peut-être. Il y a des richards qui sont comme vous, mais qu'on vous paye 80 millions de livres, ça, ça dépasse tout le monde, nous, si on était vos parents, vous parliez de votre grand-mère, vous avez vraiment attrapé la grosse tête, nous, on voudrait pas que notre fils ou notre petit-fils il soit comme vous, vous avez vu comment vous parlez ? Les types qui jurent comme vous, ils n'ont pas confiance en eux, ils respectent rien. C'est bien votre genre, en tout cas, et faut pas vous étonner si des filles vous laissent tomber. Nic, elle n'était pas idiote. Rachel Hunter, on se demande bien ce qu'elle vous trouve. Nous, on s'en fiche bien, mais on voulait que vous le sachiez.

6

Le jour de la sortie d'*Escapology*, Rob se rend à Berlin en jet privé pour donner une conférence de presse au cours de laquelle il annoncera sa grande tournée d'été.

– Apparemment, j'ai passé mon temps à sympathiser avec Eminem et à me faire descendre par Ms Dynamite, dit-il après avoir jeté un bref coup d'œil sur la presse populaire.

Chez lui, il évite les tabloïdes, mais s'il en aperçoit un au hasard de ses déplacements, il se précipite dessus.

– Dans mon prochain album, déclare-t-il soudain, je prendrai une voix bien grave et il y aura beaucoup de textes.

Puis il lit les commentaires de Stuart Maconie dans *Q*.

– Ce branleur ne parle même pas du disque. Critique de mes deux !

Il se fait la réflexion qu'il ne l'a pas écouté depuis longtemps, ce disque. Il en demande un exemplaire à David et passe le reste du voyage à s'écouter.

– Mon album tire sur tout ce qui bouge – voilà, c'est ma critique, lâche-t-il après quelques chansons. (Il hausse les épaules.) Je ne pense pas que ces morceaux tiendront la route cinq ans. Je suis plombé par mon image. Il y a des jours où j'ai moi-même l'impression de faire du Robbie Williams.

Le titre suivant, c'est *Hot Fudge*. Robbie chantonne *I'm moving to L.A. ! L.A. ! L.A. !* Je lui fais remarquer que la plupart des critiques de l'album partent du principe que ce disque a été calibré pour le public américain. Comme si Rob avait annoncé son intention de se lancer à la conquête du marché US, ce qui n'est pas le cas. En outre, d'un point de vue strictement musical, on imagine mal un artiste espérer séduire les États-Unis avec un album aussi hétérogène qu'*Escapology*.

Mais le plus absurde, c'est que presque tous les chroniqueurs citent les morceaux qui évoquent Los Angeles et les USA, tels que *Hot Fudge* et *Song 3*, comme autant de preuves des visées américaines de Robbie. Comme si le public US rêvait d'entendre un Britannique chanter les louanges de leur pays...

Rob se tourne vers David.

– Des nouvelles de Guy ?

– Non, rien.

Est-ce le confort du jet privé qui libère les souvenirs ? Dans le ciel allemand, Rob nous relate ses rencontres avec Bono. L'une de ses anecdotes préférées remonte aux plus beaux jours de sa période toxico. Il se rendait chez Bono, à Dublin, pour une fête. Patsy et Liam faisaient partie du voyage, et pendant le vol, il réussit à convaincre Liam que Bono organisait des parties de bingo pour se détendre. Au cours de la soirée, Rob avala des champignons et Bono l'aperçut qui contemplait le mur depuis un bon moment.

– Bono, il est vraiment génial, ce tableau...

– Robbie, c'est la fenêtre, rectifia Bono d'un ton calme.

Rob séjournait dans la maison d'amis. Les précédents invités avaient écrit sur les murs ; il était donc censé en faire autant. Avant de s'en aller, il passa une éternité à lire les commentaires éclairés de Salman Rushdie, Kofi Annan et autres sommités, en se demandant, intimidé par autant de sagesse et de poésie, comment se montrer à la hauteur. Finalement, il prit son stylo-feutre et écrivit : « Pour Bono, affectueusement, Robbie. »

Il voue une véritable vénération à U2. C'est après avoir assisté à leur concert à Anaheim, Californie, en avril 2001, qu'il eut plus que jamais envie de mettre un terme à sa carrière solo pour monter un groupe. Il dit avoir littéralement imploré le ciel dans ses prières : « Faites que j'aie son charisme. Et aidez-moi à écrire des textes aussi profonds, qui me touchent autant que les siens. »

Après le concert d'Anaheim, il s'empressa de féliciter Bono : « Quand je serai grand, je veux être comme toi. » Et Bono le dévisagea d'un air suggérant que ce n'était pas une bonne idée.

Rob se souvient d'une autre rencontre, et d'une réaction qu'il regrette aujourd'hui encore. Bono prend parfois son interlocuteur par les épaules en le regardant dans les yeux, et Rob guettait avec une certaine appréhension l'instant où son tour viendrait. Un soir, alors qu'il faisait encore ses débuts en solo, Bono le prit effectivement à part en lui disant :

– Tu sais, si tu voulais, tu pourrais faire un malheur.

– Ouais, je vais devenir la plus grande star de tous les temps, répondit Rob.

Je vais devenir la plus grande star de tous les temps.

– Je me suis entendu dire ça, et j'ai tout de suite compris que c'était une connerie. Bono m'a regardé comme si je venais d'enlever un de ses gosses. Il m'a fait : « non, non, non... » Et j'ai répété : « non, non, non... »

Josie lui explique en deux mots ce qui l'attend. La conférence se tient à l'ambassade de Grande-Bretagne. Il y aura 269 médias représentés, une présentation par l'ambassadeur lui-même, des rencontres avec les sponsors de la tournée, Xbox et Smart. Rob s'avance. Derrière lui, en fond, une immense photo où on le voit sautant en l'air.

– Merci d'avoir bien voulu nous prêter votre pied-à-terre, fait-il à l'ambassadeur avant de s'asseoir sur un tabouret, micro à la main, comme un chanteur de variétés des années 70.

Il explique aux journalistes qu'il a la grippe, qu'il n'a dormi que deux heures et qu'il est un peu intimidé.

– Bon, des questions ?

Le ton est donné. On commence par lui demander pourquoi il a décidé de se produire dans des stades, question innocente s'il en est.

– Parce que j'aime les concerts géants, répond-il avant de surprendre tout le monde en ajoutant : Et d'ailleurs, il faut qu'on vienne me voir là parce que je crois qu'après cette tournée, après cet album, ce sera moins bien. Je le dis sincèrement. Je pense que je suis au sommet de ma carrière et que c'est maintenant qu'il faut me voir. Ou alors dans cinq ans, l'été, quand j'animerai les centres de vacances en Angleterre. Avec Oasis.

Interrogé sur ses projets américains, il répond en s'inspirant de notre conversation dans l'avion. « J'ai lu beaucoup de choses avec intérêt, surtout depuis la sortie de l'album. Vous savez que selon la presse, ce disque aurait été taillé sur mesure pour plaire outre-Atlantique. Et que si je suis resté aussi longtemps en Californie, c'est parce que je chercherais désespérément à percer aux États-Unis. En réalité, je m'en fiche totalement. Je travaille énormément, depuis l'âge de seize ans avec Take That, puis en solo. Percer aux USA ne m'intéresse pas. Ça demande beaucoup trop d'efforts. Je ne suis pas encore connu là-bas, mais je n'ai pas envie de me faire trimballer. Je ne vois pas l'intérêt de me battre. J'ai empoché de l'argent, merci. Alors l'Amérique, vraiment, je n'en ai rien à faire. J'ai un public formidable qui écoute mes disques ici comme en Asie et ailleurs, je n'ai pas besoin de partir à la conquête des États-Unis. »

Cette déclaration, reprise le lendemain dans la presse, fera chuter le cours de l'action EMI.

Il discute avec les journalistes, en profite pour rectifier ce qui a été dit sur sa rencontre avec Ms Dynamite ou encore le contrat d'exclusivité avec Guy Chambers, et pour parler de son sexe. La routine.

– Thomas, de Bravo. Que comptez-vous faire de tout l'argent que va vous verser EMI ?

– Je vais remplir une pièce de gâteaux et il faudra que je les mange pour sortir.

Sa réponse déclenche quelques rires dans la salle, mais on sent l'assistance perplexe.

– Je ne sais pas, poursuit-il. Je suis une star. Il y a beaucoup de divorces, chez nous. Je suis sûr qu'une bonne partie de l'argent ira à mes futures ex-femmes. J'ai déjà prévu de faire une tournée dans une quinzaine d'années parce que deux de mes femmes m'auront tout piqué.

Deux journalistes de l'hebdo allemand *Der Spiegel* l'interviewent dans un salon. Ils lui parlent du livret qui accompagne le CD d'*Escapology*, dans lequel ils trouvent qu'il ressemble à un petit Jésus. Sur la couverture, il est suspendu au sommet de la plus haute tour de Los Angeles, la tête en bas, les bras écartés, tel un crucifix à l'envers, et à l'intérieur du livret, sur une photo qui le montre cerclé d'anneaux de lumière, on a l'impression qu'il a un halo au-dessus de la tête. Il tente de les convaincre de leur erreur. C'est la première fois qu'il entend une telle interprétation. Lorsqu'ils l'interrogent au sujet du titre, il leur explique qu'il pensait en finir avec Robbie Williams, mais qu'il s'est ravisé.

– Ça n'a pas été facile, mais j'ai réappris à aimer ce que j'étais.

– Mais dans *Escapology*, il y a tout de même la notion de fuite, puisque « to escape », c'est s'échapper, insiste l'un des deux Allemands.

– Tout dépend du point de vue adopté. On peut fuir la réalité, fuir ses responsabilités, ou des tendances suicidaires, et je crois que c'est ce que j'ai voulu exprimer.

On l'interroge sur ses parents. Il commence par sa mère.

– Elle m'a dit : « Je suis très fière de toi et de ce que tu as accompli », et pour moi, c'est énorme. Plus important qu'un contrat de 80 millions. (Grand sourire.) Même si ça ne se dépense pas.

– Votre père, qui fait de la scène depuis longtemps, vous donne-t-il des conseils ?

– Oh, il suffit que je le regarde. Sa façon de se tenir, ses tics. J'ai beaucoup emprunté à tout le monde, à Freddie Mercury, Axl Rose, Tina Turner, Mick Jagger, David Bowie, Dean Martin, Sammy Davis Junior, Frank Sinatra, mon père, d'autres humoristes que je connais, comme Steve Coogan ou Eddie Izzard... Je me suis tout approprié.

On lui demande encore ce qu'il fait de ses journées à Los Angeles, en temps normal.

– Rien, absolument rien. Et pour ce qui est de ne rien faire, je suis hors pair. De temps à autre, je sors m'acheter des fringues, mais en général, je reste tranquillement chez moi, je gratte un peu ma guitare, je promène les chiens. Après avoir tellement trimé depuis l'âge de seize ans, passer sa journée en tenue de jogging, à ne rien faire, c'est le bonheur. Je suis très doué pour ça. Je ne fais absolument rien de la journée. (Il explique que c'est ce qui lui a permis de recouvrer calme et sérénité.) Il y a des gens qui s'accommodent très bien de la célébrité. Ce n'est pas mon cas.

– Vous ne vous y êtes toujours pas habitué ?

– Non. En fait, le paradoxe, c'est qu'on commence par tout faire pour arriver à la célébrité et qu'ensuite, on tente d'y survivre.

Dans la voiture, David fait la conversation.

– L'ambassadeur a déclaré que c'était le sommet de sa carrière.

– Ma conférence de presse ? s'étonne Rob, tout à fait sérieux. C'est sympa.

– Non, il parlait de son poste à Berlin.

Tout le monde se met à rire, mais Rob affiche le grand sourire crispé de celui qui a oublié de tourner sa langue dans sa bouche et qui voudrait bien se rétracter.

– On pourrait revenir au début ?

De retour chez lui, Rob veut jouer au black-jack, mais nous n'avons pas de jetons. Il envisage d'en acheter chez Hamley's, mais la boutique est fermée. Nous nous mettons donc à découper des petits bouts de papier. Ça ne fonctionne pas, nous finissons par renoncer. Rob se souvient alors, mais il est trop tard, qu'un jour, aux États-Unis, ils s'étaient servis de pilules en guise de jetons.

– Des vitamines et des antidépresseurs. Les vitamines comptent pour cinq, les antidépresseurs pour cinquante.

7

Pendant que Rob prend son petit déjeuner en chantonnant du Coldplay et en feuilletant le livret d'*Escapology*, Pompey se demande comment s'habiller.

– Il fait trop chaud pour porter un survêtement.

– Méfie-toi, lui enjoint Rob. On se gèle souvent à Stoke.

Nous décollons de l'héliport de Battersea pour filer plein nord. Rien à voir avec l'avion. On a l'impression de survoler la campagne en rase-mottes, et c'est comme si quelqu'un tirait le tapis sous nos pieds. Il nous faut une quarantaine de minutes pour parvenir à destination. Par souci de discrétion, il est prévu que nous nous posions sur le champ de courses d'Uttoxeter, juste à côté de Stoke.

– Vraiment sympa, ce petit voyage, fait Rob en débarquant de l'appareil. Être riche, c'est quand même bien pratique...

Contrairement à d'autres qui s'empressent de convoquer les magazines people dès qu'ils participent à une soirée caritative, Robbie Williams ne cherche jamais à assurer sa promo lorsqu'il met sa notoriété au service d'une œuvre. Il a sans doute distribué plusieurs millions de livres sterling au cours des dernières années, mais il en parle rarement. S'il aide l'Unicef depuis longtemps, il réserve la plus grande partie de ses dons à Give It Sum, l'association qu'il a créée et qui concentre ses actions sur la région de Stoke, où il a passé toute sa jeunesse.

Aujourd'hui, il est venu s'informer de l'évolution des différents projets lancés par Give It Sum, manifester son soutien et poser pour la photo qui servira, plus tard, à promouvoir telle ou telle action locale. L'organisation de ce petit voyage a nécessité davantage de précautions qu'un déplacement professionnel, car il suffirait qu'un journaliste ou un photographe du coin ait vent de la venue de Rob pour que la journée vire au désastre. C'est cette semaine que sort le nouvel album, et il ne faudrait pas que l'aller-retour à Stoke passe pour un coup de pub. Heureusement, personne ne semble nous attendre, hormis une voiture dont le chauffeur s'ingénie – la scène est surréaliste – à diriger les manœuvres d'atterrissage de l'hélico, et deux employées du champ de course.

Tout le monde se retrouve chez Jan, la mère de Rob, dans la cuisine. (Jan, membre de l'association, supervise l'attribution et l'utilisation des subventions.) Dans le rack de CD, Rob choisit un remix de *Millenium* par Mantronix, jamais distribué. (« C'était nul », explique-t-il.) Il plonge la main dans le saladier plein de cartes porte-bonheur qui trône au milieu de la table. En ressort une, vierge. Sur la seconde, on lit : Le Pardon.

La journée commence par une visite sur le chantier de l'hôpital de la fondation Donna Louise, destiné à accueillir des enfants condamnés. Les travaux sont presque terminés. On entraîne Rob à l'étage pour lui expliquer le fonctionnement de l'établissement, et on lui montre une coupure de presse, un article du journal local annonçant son parrainage : « Robbie Williams joue les collecteurs de fonds et donne l'exemple. » Il fait le tour des chambres et des salles de jeu, pose des questions pertinentes et semble soulagé de pouvoir s'amuser un peu avec le chien d'un ouvrier. Ailleurs, il tombe sur un peintre qu'il connaît. Ils ne s'étaient pas revus depuis le collège.

Il pose pour la photo devant l'établissement, aux côtés de l'équipe de direction.

– On baisse le menton, on lève les yeux.

Une dame, à côté de lui, maugrée qu'elle déteste être photographiée.

– Je vous comprends, même moi, je ne m'y suis pas fait, lui glisse-t-il.

De retour dans le monospace, il bavarde avec sa mère. Elle le remercie de la part du maire, qui lui est reconnaissant d'avoir eu le courage de subventionner la mise en place d'un centre d'assistance téléphonique réservé aux homosexuels. Le maire est lui-même gay.

– Je lui ai dit que tu l'avais fait très naturellement.

Pendant le trajet, Josie l'informe de l'avancement des différents projets qu'il parraine. Prochaine étape, le centre social d'Old Blurton. À son arrivée, tout le monde est bouche bée.

– Une vraie pop star ! finit par s'exclamer une femme. Je ne le crois pas !

– Moi non plus, fait Rob.

On lui prépare une tasse de café en lui expliquant les activités de ce centre qui a aidé les riverains à se réapproprier leur quartier.

– Avant, ici, on se serait cru à Beyrouth.

– On n'osait même pas sortir par la porte principale.

– Maintenant, on se sent à nouveau chez nous.

– Je ne dis pas ça pour vous faire plaisir, lui déclare Nina, une femme d'un certain âge pleine d'esprit et de détermination, mais sans vous, nous n'aurions pas pu rester ouverts les deux dernières années.

Elles le conduisent de l'autre côté de la rue pour lui permettre d'admirer une aire de jeu. La municipalité avait prévu de transformer l'endroit en parking, mais les habitants du quartier se sont soulevés contre le projet.

– Ils exigent une salle polyvalente, mais il leur faudra trouver 100 000 livres sterling, souligne Nina.

– On y arrivera.

– Je vous fais confiance, acquiesce Rob. Je vous trouve formidable... et je vais vous aider à régler ça.

Il prononce ces paroles tranquillement, de la manière la moins ostentatoire, la moins démonstrative qui soit.

– Vous êtes sérieux ? bredouille Nina d'une voix qui trahit sa nervosité.

– Oui, je suis sérieux.

Elle se met à pleurer, et ses larmes sont communicatives.

– J'ai besoin d'une cigarette.

– Moi aussi, dit Rob.

Ils s'éloignent, bras dessus, bras dessous, et reviennent après avoir fumé leur cigarette en bavardant. Elle pleure encore un peu.

– Doucement, lui dit Rob, sans quoi je vais me mettre à pleurer, moi aussi, et je ne m'arrêterai pas.

Elle lui montre le plan du bâtiment. Il l'interroge sur la fonction des différentes salles, elle lui parle de yoga et d'arts martiaux, évoque des détails pratiques, des espoirs. La nouvelle de la présence de Robbie Williams se répand vite, un attroupement se forme, mais nous ne sommes pas dans une capitale. Ici, les gens sont ébahis à la vue d'une star, mais ils n'attendent rien. Deux adolescentes se précipitent vers lui, se figent, le dévisagent. « Bonjour, ça va ? » leur fait Rob. Elles le contemplent, bouche bée. Il lève le pouce et murmure, avec un grand sourire : « Super. » Une des dames se rapproche de lui.

– Je peux vous poser une question indiscrète ?

– Oui.

Il attend.

– Vous avez quel âge ?

– Vingt-huit ans. Ce n'est pas indiscret, ça !

On lui présente un bébé de six mois prénommé Robbie. Le portable de l'une des adolescentes sonne ; c'est la mélodie de *Dilemma*, de Nelly. Une femme d'âge mûr, qui vient de fermer son petit café et d'accourir au risque de perdre son job, demande à Rob :

– Vous voulez bien me prendre dans vos bras, même si je sens les œufs au bacon ?

– J'aimerais bien sentir les œufs au bacon, moi.

Il la serre dans ses bras. Il prend congé de tout le monde, et les larmes se remettent à couler.

De la voiture, il leur lance : « Vous allez y arriver ! » Nous voilà repartis. « Elles sont géniales, hein ? Sacrées petites bonnes femmes... Je vais te dire un truc : faire quelque chose pour ces gens-là, c'est dix fois mieux qu'acheter un joueur de foot pour l'équipe de Port Vale. »

Notre destination suivante est le Sutton Trust, un centre social, dans le quartier d'Abbey Hulton.

– C'est la plus grande cité d'Europe, précise Rob. Une des plus difficiles. (Son père raconte, en plaisantant, qu'ici, tout le monde connaît le nom du vigile de chez Marks & Spencer.)

Jan demande à son fils :

– Tu sais que tu as offert une alarme incendie à chaque maison ?

– Ah, bon ?

– Ça revenait à un peu plus d'une livre par maison. En tout, il y en a eu pour environ 10 000 livres. Il y avait pratiquement un début d'incendie par semaine, et la municipalité ne voulait pas payer.

Au Sutton Trust, Rob visite la salle d'informatique offerte par Give It Sum. Sur une coupure de journal, on peut lire : « La mégastar du rock au secours du cybercentre. » Il bavarde avec tout un chacun, s'enquiert des progrès observés.

– On commence à s'en sortir, lui répond fièrement une jeune femme.

– Un autographe pour ma fille, s'il vous plaît ? demande une autre.

Il remonte à l'étage pour enregistrer quelques mots. On doit lui remettre prochainement, en son absence, un prix destiné à récompenser « la personne ayant le plus contribué à renforcer l'image de Stoke au cours de l'année écoulée ». Je ne l'ai rien vu préparer, tout semble totalement improvisé.

« Bonsoir tout le monde. Je m'appelle Robbie Williams et je voudrais vous remercier. Ce prix me touche beaucoup... Je me trouve au centre social Sutton Trust, à Abbey Hulton, et je n'étais pas venu à Stoke depuis un certain temps, ayant beaucoup à faire à l'étranger. Vous savez, tout au long de ma jeunesse, on m'a inculqué que les gens de Stoke-on-Trent étaient les meilleurs, les plus aimables, les plus chaleureux, les plus généreux, les plus affectueux, les plus tenaces dans les situations difficiles. Eh bien, j'ai voyagé un peu partout autour du globe, et je peux vous dire que c'est vrai. Il a fallu que je m'absente longtemps pour m'en rendre compte. Je n'ai rencontré que de l'amour, de la chaleur humaine, et ce sens de l'humour que Stoke-on-Trent m'a appris... Jamais je n'oublierai mes racines, c'est surtout à elles que je dois ma réussite. Je suis très fier d'avoir l'occasion de mieux faire connaître ma ville, et je continuerai à faire tout ce qui est en mon pouvoir. Je voudrais être plus actif, plus utile encore pour la région de Stoke-on-Trent, que j'aime, où j'ai passé toute ma jeunesse et où je reviendrai peut-être m'installer un jour... Du fond du cœur, je vous remercie. J'adore ma ville. Merci beaucoup. »

Il se lève et sort du champ.

On lui demande s'il connaît une dénommée Margaret.

– La mère de Rachel, précise la personne.

– Oh, acquiesce Rob. Rachel. (Un instant plus tard, il se tourne vers moi.) C'était ma première fiancée. (À sa mère :) Tu crois que Rachel est célibataire, maman ?

– Elle sort toujours avec son jeune homme, lui répond Jan.

Des filles qu'il a connues à Stoke, Rachel Gilson est celle dont il conserve le souvenir le plus attendri. « C'était ma préférée. J'étais capable de faire dix bornes en vélo pour passer du temps avec elle. » Elle lui avait appris deux accords de guitare – la majeur, do majeur – et les premières mesures de *The Cross*, de Prince. Ils jouaient au tennis, allaient souvent chez elle. « Elle avait des cheveux noirs, un tout petit plus longs que les miens aujourd'hui. » Il s'était initié au sexe l'année précédant leur relation, mais il ne coucha pas avec Rachel. L'une de ses chansons, *Win Some, Lose Some*, s'inspire beaucoup d'elle. Quand l'aventure Take That a débuté, elle travaillait à Manchester, comme mannequin ; ils se sont perdus de vue. Parfois, il s'interroge. « Je l'aime beaucoup. J'ai toujours l'impression, comment dire, qu'un jour, on pourrait peut-être se remettre ensemble... Elle m'adore. (Il sourit.) C'est la fille la plus adorable, la plus nature, la plus sympa, la plus gentille, la plus mignonne de Stoke-on-Trent. »

Je lui rappelle qu'elle est prise.

– Ouais. (Et il ajoute, moqueur :) Mais elle ne l'aime pas autant que moi.

Nous passons devant le Fenton College où il s'était inscrit, sans jamais assister aux cours, pour cause d'accession au statut de pop star. « Si je me pointais aujourd'hui, j'aurais droit à un savon. » Tous les deux mètres, un souvenir le happe. Il hurle lorsque nous passons devant le pub où il interpréta *Mack the Knife* un soir où les clients étaient invités à dévoiler leurs talents.

C'est un centre associatif pour la jeunesse, Les 7C, à Hanley Park, qu'il honore de sa présence en dernier lieu. On lui montre un atelier de couture, il regarde officier des DJ en herbe, assiste à une démonstration de saut à la corde. Il essaie d'en faire autant, mais sans succès. Ce fut une belle journée. Tout s'est parfaitement déroulé, au nez et à la barbe de la presse. Il a également eu l'impression de se ressourcer, au milieu de ces gens qui essaient d'améliorer leur quotidien de manière concrète, avec bon sens, sans frimer.

– Ça me remet les pieds sur terre, marmonne-t-il.

Il arrive chez lui, à Londres, juste à temps pour trouver Chris Sharrock et son père calés devant leur télé, en train de regarder *Top of the Pops* et Kylie Minogue chantant avec Fischerspooner. Le contraste avec la journée qu'il vient de vivre l'indispose.

– Ça, proclame-t-il, c'est vraiment de la merde conceptuelle.

8

Robbie fume une cigarette dans la cour intérieure de l'immeuble de la BBC. Ce soir, dans l'émission télévisée *Later... With Jools Holland*, il ne vient pas promouvoir son propre album, mais sa participation à *My Culture* de 1 Giant Leap. Le public qui fait la queue pour assister à l'enregistrement ne l'importune pas.

– Les fans des Coldplay ou des Datsuns n'en ont rien à foutre de mon autographe, commente Rob.

Chris Martin, qui arrive à cet instant, pendu à son téléphone mobile, n'attire pas plus l'attention. Apercevant Rob, il dit quelques mots à la personne qui est au bout du fil, puis lui tend l'appareil. Rob s'éloigne ; nous n'entendrons que sa dernière phrase, juste avant qu'il ne rende le téléphone à Chris : « Merci de ne pas me haïr. » Voilà qui lève le doute sur son interlocutrice.

– Tu aimes ma chemise ? demande Rob à un mec qui passe.

Il porte sa chemise T Rex ornée du visage de Marc Bolan et ce garçon est Rolan, le fils du chanteur.

– Saloperies de bottes, soupire-t-il dans sa loge. Ç'a été très, très difficile, hier soir, mais je me suis montré fort. Il y avait cette fille... mais j'ai étouffé ça dans l'œuf.

Nul ne demande d'explication et il n'en fournit aucune.

Puis Rob monte sur scène avec 1 Giant Leap, Baaba Maal, les Mahotella Queens et Maxi Jazz. Alors qu'il s'apprête à repartir, Josie lui rappelle que Kevin Spacey espère toujours le voir au Sanderson Hotel ce soir.

– Je suis *littéralement* trop pris.

Rob est ravi : les paroles de l'unique chanson inédite de son album de swing, *I Will Talk, Hollywood Will Listen* – « Je parlerai, Hollywood écoutera » – prennent peu à peu forme. Le premier couplet dit en effet :

I wouldn't be so alone
If they knew my name in every home
Kevin Spacey would call on the phone
But I'd be too busy

« Je ne serais pas si seul/Si on connaissait mon nom dans chaque foyer/Kevin Spacey m'appellerait/Mais je serais trop occupé »

Je lui demande ce qui l'occupe ce soir.

– Mon père est à la maison et il y a un match de foot, avoue-t-il.

La plupart des billets de la tournée que Rob doit effectuer l'été prochain sont écoulés : 750 000 déjà depuis la mise en vente, le week-end dernier. En revanche, le programme est loin d'être bouclé. On se réunit dans la cuisine de Rob, autour de la table, pour rassembler nos idées. C'est Lee Lodge, le directeur artistique, qui parle le plus.

Les suggestions fusent : Un aspect plus noir et furieux de la musique... Traduire l'énergie d'*Escapology*... Des images crues... Opéra... Cette connexion entre la confrontation et la désunion, aussi bien émotionnelle et physique... Retour à une mentalité punk... Voyage vers la maturité... Ceux qui s'attendent à un nouveau *Let me Entertain you* vont se trouver confrontés à une image plus agressive, plus décapante... Couleurs primaires... Quelque chose d'un peu subversif... Marketing viral... Teasing publicitaire... La majesté de la bête... Quand vous regardez un animal, il peut vous charmer par sa grâce, mais il peut aussi vous tuer... Colère et simplicité... Ce n'est pas le Rob que vous connaissez... Si Rob était un parc de loisirs, il serait dévasté ; voilà à partir de quoi nous allons monter le spectacle.

On montre à Rob des extraits de *L'Armée des douze singes*, de Terry Gilliam, des graffitis de l'artiste Banksy, ainsi qu'un projet visuel pour *Angels*, avec, en majuscules, cette citation de John Lydon : *THIS IS NOT A LOVE SONG* (« Ce n'est pas une chanson d'amour »).

– Chaque image doit être plus complexe qu'il n'y paraît, exactement comme tes textes, explique Lee. On pense qu'il s'agit d'une chanson d'amour, puis en fait, non.

Jason Mullings, un des directeurs artistiques de la tournée, exhibe la photo d'une panthère.

– On reste sur l'idée d'un animal indomptable. Superbe, mais complètement imprévisible.

– Une juxtaposition de douceur et de colère, résume David.

– Et en même temps, ajoute Lee, une touche de crainte. Une rage pleine de grâce.

Jason brandit un panneau indiquant :

This
Is
Not
A
Con
Cert

(« Ce n'est pas un concert. »)

Rob apprécie l'idée.

– Tu devrais peut-être séparer encore plus « con » et « cert ».

Jason ajoute :

– Dans la mesure où les spectacles affichent complet, nous pouvons envisager une campagne du genre « Vous n'irez pas à ce concert ».

– Nous pouvons faire une affiche vieillie, usée, propose Lee. Les gens pensent connaître Rob, alors qu'ils n'ont pas la moindre idée de qui il est vraiment.

– Qu'en penses-tu, Rob ? s'enquiert Josie.

Depuis le début de la séance, il se contente d'écouter les propositions des uns et des autres. Il opine du chef.

– Je trouve ça fantastique. Allez-y, foncez ! C'est exactement ce que je voulais. Je ne savais pas ce que désirais, mais c'est cela !

Un silence.

– Ce qui m'inquiète plus, c'est ce que je dirai entre les chansons. Je pense qu'après les trois premières, qui sont de gros tubes, *Let me Entertain you*, *Let Love Be your Energy* et *Monsoon*...

Il s'exprime comme si les autres avaient déjà entendu parler de ce programme, alors qu'ils le découvrent à l'instant.

– ... Est-ce que je lance un de ces trucs dans la foule ?

Tout le monde attend qu'il définisse « un de ces trucs ».

– Une chaire, déclare Rob. Après avoir chanté mes trois premiers titres en tenue de prêtre et fait un sermon sur le programme du concert : « Prions devant l'autel du divertissement... »

Nouvelle pause.

– Je pense que nous devrions téléphoner chaque soir à Bono depuis la scène. Et je veux le plus grand karaoké du monde.

Rob se lève et s'éloigne.

Début décembre, Rob retourne à Stoke en hélicoptère pour un dîner de Noël avancé en compagnie de son père, de sa mère et de sa sœur. C'est la première fois en vingt-cinq ans qu'ils s'attablent ainsi tous ensemble.

Peut-être lui arrive-t-il de songer que cela pourrait constituer son quotidien. Un jour, il a rédigé un projet de testament – pendant ma période « ne cherchez pas à me faire arrêter la cocaïne », précise-t-il – stipulant que s'il disparaissait, ses parents devraient passer une semaine en tête-à-tête sous une tente dans l'Arctique avant de pouvoir toucher son héritage.

– J'avais regardé trop de films. Je trouvais cela drôle. Mais cela n'a pas du tout fait rire maman.

La famille dégusta cette dinde précoce sur fond de *Swing when you're Winning*.

– C'était top, déclara Rob par la suite. Je ne l'avais pas encore écouté.

À l'aérodrome de Northolt, nous attendons le jet qui va nous emmener pour une tournée promotionnelle de dix jours à travers l'Europe. Rob nous décrit en détail son nouveau plan pour agacer Noel Gallagher. Il lui a écrit une lettre qu'il envisage de lui faire remettre *backstage* avec des chaussons de danse et des gâteaux, juste avant la première de la tournée britannique d'Oasis, la semaine prochaine :

Cher monsieur N. Gallagher,

Tu as déclaré que chanter deux soirs à Knebworth suffisait pour entrer dans l'histoire. Trois dates, alors, c'est carrément de l'avidité. Voici quelques accessoires pour t'aider. Commence par un pas glissé, change de pied, puis progresse. Nos discussions me manquent vraiment.

Sincèrement.

Rob

P.S. Ai du mal à trouver une équipe adéquate pour mes spectacles. Que fais-tu le 1er et le 2 ? Oh, et le 3 ?

– Un jour, il m'a traité de « petit gros qui dansait dans Take That ». Il me déteste et ne manque jamais une occasion de le dire. Il a dit qu'il préférerait mourir qu'être Robbie Williams. Je veux juste lui faire savoir...

Dans l'avion, il regarde par le hublot le sol hollandais qui se rapproche.

– Des terres reconquises, commente-t-il. Ça fait toujours plaisir de voir l'homme gagner contre Mère Nature.

La veille, il a regardé une émission de télévision consacrée à des stars déchues comme Leo Sayer, Bernie Clifton, Bernard Manning...

– Chaque fois que je regarde ce truc, ça me déprime.

– Peut-être que tu te sens déprimé pour eux, suggère Josie.

– Ils sont tous tellement seuls et ils essaient encore de redevenir célèbres.

L'évolution de leur carrière lui inspire des idées noires quant à son propre avenir.

– Hier soir, pour me rassurer, j'ai dû me répéter qu'aucun d'eux n'avait jamais rempli de stades... Ils sont tellement seuls, répète-t-il, les yeux perdus dans le vague.

Rob lit les journaux du jour. L'un d'eux explique que le groupe One True Voice issu d'une émission de télé-réalité refuse qu'on emploie le terme « boys band » à son propos.

– Moi, je suis un boys band à moi tout seul. Le mignon, l'insolent, l'intello et le beau mec : je dois tout faire, quand je suis sur scène.

Je lui dis qu'il manque un élément à son « groupe », celui qui ne plait pas au public. Il acquiesce :

– Ça, c'est moi aux États-Unis !

Hier soir, il a de nouveau annulé un voyage outre-Atlantique – il n'avait passé aucun coup de téléphone, mais sa décision était ferme et définitive. Une heure et demie plus tard il tournait casaque.

– De quoi j'aurai l'air si je n'y vais pas ? Je pense sincèrement que je serais bien plus heureux si je laissais tomber l'Amérique. Seulement, c'est pathétique, mais je ne peux pas m'empêcher de penser aux titres de la presse : « Robbie admet sa défaite aux États-Unis. »

La tournée débute à Amsterdam, où il doit donner un concert privé pour une centaine de fans. Cette ville compte parmi les endroits qui mettent Rob un peu mal à l'aise, depuis qu'il a arrêté la drogue. Une fois, avec Take That, ils avaient tous fumé avant une interview en direct à la radio.

– Comme nous n'arrivions pas à tenir debout, nous étions tous allongés par terre, nous passant tour à tour le micro.

Une autre fois, il a cru que son hôtel flottait dans les airs.

Arrivé dans la salle de spectacle, il sort un CD qu'il a enregistré aux Townhouse Studios et sélectionne une chanson intitulée *Do me now* (« Baise-moi maintenant ») :

« Poursuivez Gandhi, persécutez Dieu, encensez Bono, éliminez Rod, je m'en moque... Quatrième Guerre mondiale, Beatles en tournée, retombées de Tchernobyl, réchauffement de la planète, je m'en moque... Oh, ma tête, je pars au bord de la Méditerranée, ces chats savent danser le boogie, cette pilule ne m'a rien fait... J'ai un avion à prendre, tu ferais mieux de me baiser maintenant... »

Au bout d'un moment, il éteint la musique et se met à composer un nouvel air à la guitare, murmurant des mots sans suite : « Il est temps... tout le monde sait... tout le monde est tellement... je t'aime... tu as l'impression d'être invisible... radiation... se réveiller... écouter la radio... tout le temps... »

– En général, quand je commence une chanson, le mot « radio » figure toujours dedans, explique Rob. « Pooh » aussi. Ça rime avec beaucoup de choses.

De même, la plupart des morceaux d'*Escapology* comprenaient au départ le mot satellite ; pourtant celui-ci n'apparaît pas dans la version finale de l'album.

Rob continue à chanter en s'accompagnant de pets retentissants. Gina est consternée :

– Comment peux-tu péter en chantant cette chanson merveilleuse ?

Après la soirée, Rob décide de faire un tour à pied dans la ville.

– On va aller voir quelques femmes nues, vérifier si elles sont encore là.

C'est une mauvaise idée. Notre promenade au bord du canal qui longe notre hôtel de Rome ne dure pas plus de cinq minutes. Décidément, il n'aime pas Amsterdam. Il va regarder les femmes dans leurs vitrines parce que c'est la chose à faire, mais cela ne fait que le bouleverser. Ce soir, tous les gens que nous croisons semblent perdus dans un paradis artificiel.

– Pour toutes sortes de raisons, ce n'est pas un bon lieu de balade pour moi, dit Rob en faisant demi-tour.

Au bar de l'hôtel, il commande un verre d'eau, mais même là, il ne se sent pas dans son élément, si bien que nous remontons dans sa chambre regarder *Les Planètes*, un documentaire scientifique sur DVD qu'il a acheté l'autre jour à la boutique de la BBC.

– Tu savais que Jupiter était plus grosse que toutes les autres planètes réunies ? demande Pompey à Rob.

– C'est vrai ? Putain, imagine la promotion...

À son réveil à Amsterdam, Rob apprend que Mark Owen a remporté *Celebrity Big Brother*.

– C'est super, ça va lui donner une nouvelle chance.

Aujourd'hui, nous partons pour la Suède, mais avec un détour par l'Italie. Rob n'y fera qu'un saut car ce n'est pas sa destination favorite. Il juge les fans italiens trop cinglés et déroutants. La plupart de ceux qui campent devant sa porte à Londres sont italiens. Pendant le vol, il adapte une blague chère à son père : « L'Italie est l'endroit que je préfère... après tous les autres pays. »

Dans le minibus, il feuillette un exemplaire du magazine *New Woman* ramassé dans l'avion pour se cacher des paparazzi. Il tombe sur une interview de Tess Daly, co-présentatrice de *CD :UK*, avec qui il s'était bien entendu lors de son passage dans l'émission, voici quelques semaines. Et voilà qu'il lit : « Rob a demandé mon numéro à un ami. Je le trouve adorable, mais il n'est pas mon type d'homme. » Rob écume de rage :

– J'étais en Amérique quand elle a commencé à se faire un nom. Je ne risquais pas de demander son numéro, puisque je ne connaissais même pas son existence !

Ce genre de chose se produit sans cesse. Quoi de plus facile pour se faire mousser que de raconter qu'on a été courtisé par une célébrité et qu'on l'a repoussée ?

– Moi aussi, je vais raconter que j'ai refusé les avances de plein de filles : J Lo, Cameron Diaz... Elle me harcelait tellement que j'ai dû porter plainte... Josie, pourquoi est-ce que les gens font cela ? Comme Ms Dynamite. Je vais aller voir toutes ces filles qui disent m'avoir envoyé balader et puis je sortirai avec elles. Pendant trois jours.

Il ressasse la déclaration de Tess Daly pendant tout le trajet vers

Rome. N'y tenant plus, il appelle Jonny, qui présente *CD :UK* avec elle, et lui explique la situation.

– Évidemment que je suis son putain de type, conclut-il avant de raccrocher. Je suis le putain de type de tout le monde !

Jonny le rappelle quelques minutes plus tard. Le langage corporel de Rob évolue au fil de leur conversation. Nous n'entendons que :

– Oui... oui... OK... oh... hum... oh... C'est ce qu'elle a dit ?... oh... *Cette* fille...

Eh oui, il se souvient vaguement d'avoir croisé quelques années plus tôt Mariella Frostrup accompagnée de sa sœur et d'une amie et d'avoir demandé le numéro de cette dernière – Tess Daly.

– En 1993, une blague courait à mon propos, raconte Rob un peu plus tard dans l'avion : « Que dit Robbie Williams à une fille pour la draguer ? » « Tu feras l'affaire ! »

Quand je lui demande si cela correspondait à une réalité, il acquiesce.

– Tu cherchais quoi ?

– Je n'en sais rien. Mon quotidien, c'était la cocaïne, l'alcool et le sexe.

– Depuis l'âge de vingt ans, je cherche à retrouver ce que j'éprouvais quand j'avais vingt ans. Et je peux affirmer avec certitude que, depuis, j'ai sombré dans le désespoir chaque fois que je buvais. Mais j'atteignais le but recherché. Cela me permettait de traîner avec Oasis à l'époque où je me sentais un putain de danseur dodu de Take That. Cela me permettait de frayer avec la jet-set dans le Midi de la France. Même si je commence à m'améliorer, sans alcool, je suis un vrai handicapé social.

Il retrace sa descente aux enfers entre dépression et drogues : dès qu'il prenait de la cocaïne, cela déclenchait un tic, si bien qu'il n'avait même pas besoin de mentir à son entourage. Mais cela ne l'arrêtait pas.

Quant à l'alcool, il lui arrivait d'engloutir en dix minutes une pleine bouteille de Sambuca, puis d'annoncer d'un ton triomphal : « Je suis bourré. » Quand il était encore membre de Take That, lui et le footballeur Neil Ruddock – il comptait plusieurs footballeurs parmi ses compagnons de beuverie – démarraient la soirée à 18 heures en buvant chacun d'un trait une bouteille de schnaps à la pêche.

– Un jour, j'ai descendu vingt-cinq pintes de Guinness, raconte Rob. Mon truc : poser cinq pintes devant moi, puis les boire à la file. Après, j'ai tout dégueulé sur les rideaux de Liam Gallagher, à New York. Il n'était pas très content.

Le côté sale gosse de ces récits ne masque jamais longtemps l'émotion bien réelle que ces souvenirs font resurgir.

– Ce fut une sale période.

Il n'a jamais réussi à noyer ses soucis dans l'alcool ou dans la drogue, en dépit d'années d'essais, d'arrêts et de rechutes.

– Je ne sais pas comment font les autres. Au début de la soirée, tu te sens le roi du monde, mais très vite, tu traverses un véritable enfer. Combien de cavaliers y a-t-il, dans l'*Apocalypse* ? Quatre ? Moi, j'en croisais environ cinquante, quand l'effet de la drogue retombait. Et cela durait plus longtemps que le *high*. Et on replonge, car le corps ne garde aucun souvenir de la douleur.

Notre journée s'achève en Suède. Rob s'installe dans la plus grande suite de l'hôtel, où l'on a disposé les cassettes des matchs de foot anglais qu'il avait demandées. Il commande des huîtres et de la bisque de homard – il n'aime pas les huîtres, mais il trouve qu'elles vont avec le décor – puis s'installe avec Chris Sharrock pour regarder Manchester United contre Liverpool.

Plus tard, il évoque de nouveau le passé :

– Un jour, j'ai regardé la liste des 100 plus belles femmes établie par *FHM* et j'ai vu que j'en avais eu quinze.

– Ça t'a fait plaisir ou pas ?

– Sur le moment, non, mais maintenant je trouve ça plutôt drôle. Je collectionnais les nanas comme les gamins les Pokémon. Il me les fallait toutes.

Le lendemain matin, il enregistre trois chansons pour la télévision suédoise. Au moment d'attaquer *Come undone*, il demande si les jurons sont autorisés. Dans les pays anglophones, il doit en effet souvent censurer deux phrases de ce morceau : *so self-aware, so full of shit* et *so need your love, so fuck you all.*

– aucun problème, du moment que ce n'est pas en suédois, répond le technicien. Ne parlez pas du diable, c'est tout.

Puis il se rappelle une autre consigne :

– Et pas non plus du mmm-hmm.

– OK : pas de démons faisant le mmm-hmm en prime-time !

9

– C'est ici que tu as atterri ? demande Rob à Pompey.

Ce dernier confirme, désignant une zone des hangars de l'aéroport d'Oslo. Quand Pompey était dans les Marines et stationné en Norvège, son parachute a refusé de s'ouvrir lors d'un saut de 350 mètres. Il s'est écrasé sur un amoncellement de neige et a survécu.

– Tu dois avoir neuf vies, comme les chats, dit David. Ça t'a sonné ?

Manifestement, il ne saisit pas vraiment la gravité de l'accident. Rob répond pour Pompey.

– Il s'est cassé le dos et il a passé quatorze mois à l'hôpital. Tu te rends compte, il était aussi grand que moi, avant.

– Je mesurais plus d'1 m 80 et j'avais perdu cinq bons centimètres avant ma dernière opération.

– Tu as atterri comment ? demande David.

– Sur les pieds.

Nous écoutons Pompey, fascinés par cet aperçu d'un univers que nous pouvons à peine imaginer.

– On m'avait dit que si tu te tenais droit et que tu croisais les jambes, c'etait plus facile de t'extirper du tarmac. Je n'ai pas perdu conscience. J'ai même skié jusqu'aux hangars avant de m'écrouler.

Notre minibus s'approche desdits hangars.

– Ils devraient t'ériger une statue, dit Josie.

– En l'honneur de ceux qui sont tombés et puis se sont relevés, complète Rob.

Les journaux annoncent que Liam Gallagher s'est battu dans le bar d'un hôtel munichois. Bilan : quelques dents cassées et des concerts annulés. Rob renonce à envoyer sa lettre de dérision. Cela ne lui semble plus aussi drôle à la lumière de cet incident.

– Noel écrit des paroles sinistres, mais l'émotion que sa musique dégage compense tout. Prenez *Don't Look back in Anglia* : cela parle de toute une région incapable d'affronter son passé.

Rob évoque ses nuits de folie au cours de son bref passage au sein d'Oasis : à chanter *Ego A Go-Go* à Noel « quand il était mon pote » en s'entendant dire : « Dépêche-toi de mettre ça dans une chanson avant que je te le pique », et à mâchonner des ecstasy comme des bonbons.

« Nous avions grimpé à l'arrière d'un camion de déménagement pour regagner l'hôtel, se souvient-il, et pendant tout le trajet, j'ai chanté le thème de *Tales of the Unexpected* en dansant comme la fille nue qui ressemblait un peu à la princesse Diana. Nous étions morts de rire. Pourtant, je ne me suis jamais senti à ma place avec eux. Cette nuit-là, j'ai ramené une fille dans ma chambre et nous avons déclenché l'alarme incendie. Tout l'hôtel a été évacué. »

– Tu as avoué que c'était ta faute ? demande Josie.

– Non, j'ai juste dit aux membres de Prodigy que j'étais en train de regarder une émission destinée aux demandeurs d'emplois parce que je venais de quitter Take That. Ça les a fait rire.

– Et comment avais-tu déclenché l'alarme ?

– Beaucoup trop de fumée.

Il se souvient aussi d'une scène avec Liam et Sean Ryder dans les toilettes de la Brixton Academy.

– Je vous ai déjà raconté comment j'ai emballé dans le train en rentrant d'un concert d'Oasis ?

« J'y étais allé avec George Michael, qui avait loué un bus pour ses potes. Je n'étais pas repassé chez moi depuis plusieurs jours et je puais comme un bouc. Après le concert, comme je n'arrivais pas à dormir, j'ai pris un train pour Londres. Je savais qu'Oasis serait logé au White Room. J'ai dragué une journaliste dans le train et, comme je connaissais le pseudonyme favori de Liam, je l'ai emmenée à l'hôtel en m'annonçant comme "Billy Shears" : ça a marché comme sur des roulettes. J'ai sauté la fille dans son lit et vidé le mini-bar avant de repartir.

Quand Liam l'apprit, il chargea un ami commun de « dire à cet enfoiré gonflé qu'il était vraiment un enfoiré gonflé. »

– Oh oui, j'ai été un vilain garçon. J'ai vécu à fond le trip rock'n'roll. Je t'ai raconté la fois où j'ai entraîné George Michael et Bono dans les toilettes ?

La réponse est oui. Bourré d'ecstasy et de coke, il les a embarqués dans un box pour leur chanter *Ego A Go-Go* et *Life Thru a Lens*. Rob éclate de rire.

– Typique. C'est tout moi !

Rob croque une pomme sur le balcon de sa suite de l'hôtel George-V, à Paris. Il admire les lumières de la ville.

– C'est bizarre : j'avais les larmes aux yeux, dans l'ascenseur. Je suis déjà venu ici dans une autre vie. Je crois vraiment que j'ai été français, et aussi irlandais et certainement égyptien.

Nous disputons une partie de backgammon devant MTV. La chaîne diffuse *Die another Day*, de Madonna.

– J'aimerais bien coucher avec elle, marmonne Rob.

– Pourquoi ?

Ma question l'amuse.

– Je ne sais pas...

– Tu la connais ?

– Non. Enfin, je l'ai croisée plusieurs fois. Une fois, c'était en Italie. Je n'avais pas dormi de la nuit et j'étais complètement bourré. Il était environ 10 h 30. Nous attendions tous les deux un ascenseur. Quand il est arrivé, j'ai fait signe à Madonna de monter et je ne l'ai pas suivie. La deuxième fois, je l'ai vue dans un club de gym et je l'ai entendu dire à l'amie qui l'accompagnait : « Mon Dieu, c'est Robbie Williams... »

Rob s'absente pour aller aux toilettes. À son retour, il a changé d'avis.

– Non, je retire ce que j'ai dit. Je n'ai pas vraiment envie de coucher avec elle. J'avais plutôt envie de flanquer ma merde chez les Ciccone. C'est fini cette période – en 1995-96 – où je me tapais des stars des années 1980...

Il n'en dira pas plus.

Un peu plus tard, il déclare que nous devrions intituler ce livre *Vacheries sur les gens, Eminem excepté*.

Rob secoue longuement ses dés, les yeux mi-clos.

– Je suis en train de faire quelque chose de vraiment bizarre, annonce-t-il. Je t'expliquerai à la fin de la partie.

Il remporte la manche avec un double quatre.

– Je ne crois pas que ça ait fonctionné : j'essayais de jeter les dés à travers mon troisième œil.

All my Life, des Foo Fighters, passe à présent sur MTV. Une fois n'est pas coutume, ce soir, la chaîne diffuse de bonnes chansons.

– Nous irons nous coucher à la prochaine mauvaise chanson, propose Rob.

Quelques bons airs s'ensuivent, puis *Boys*, de Britney Spears – là c'est l'interprète qui nous fascine par son côté artificiel.

– On dirait qu'elle n'a pas encore assez baisé, comment Rob. Tu vois ce que je veux dire ?

Un affreux tube mi-rap mi-techno d'Europe centrale :

– Au lit ! décrète Rob.

Vers 3 h 45 du matin, alors que je suis couché depuis à peine une demi-heure, je reçois un appel de Rob. Au lieu de s'endormir, il a écrit un bout de chanson qu'il voudrait enregistrer. Torse nu et en pleine forme, il chante : *What else can I say... about your daughter.*

– Je ne pense pas qu'on ait besoin de beaucoup plus. C'est comme un air de Lou Reed...

À tout hasard, je lui laisse mon magnéto.

L'après-midi suivant, il passe directement de ses draps à une interview par des Japonais dans sa chambre. Il se montre sous son meilleur jour, comme souvent lorsqu'il est trop fatigué pour dire autre chose que le fond de sa pensée.

– Robbie Williams, c'est moi multiplié par cent, explique-t-il d'ailleurs. J'ai le goût de l'exagération ; je m'aime plus ainsi. Mes chansons projettent une version magnifiée de ma personnalité. Quand je me qualifie de « Plus bel homme du monde », cela fait rire mes amis, et ceux qui comprennent mon humour. Les autres détesteront... et j'adore ça. J'en rajoute pour me protéger, pour être moins ennuyeux. Rob en scène arracherait des bâillements à tout l'auditoire, mais les gens payent pour voir et revoir Robbie. Alors, oui, je suis incompris et c'est magnifique.

Les journalistes nippons sont différents des autres, d'abord à cause de leur déférence et de leur extrême politesse et aussi parce qu'ils parlent rarement assez bien l'anglais pour réaliser eux-mêmes l'entretien. Tout passe par l'intermédiaire d'un interprète. Il arrive que journaliste et traducteur débattent longuement du sens exact d'une réponse pendant que l'interviewé attend patiemment qu'on s'intéresse à lui. Dans ce cas précis, seules les questions du journaliste sont traduites. Sans doute se fera-t-il expliquer tranquillement les réponses par la suite...

– Une grande partie de l'album évoque la quête de l'amour, traduit l'interprète. Comment définissez-vous l'amour ?

– Je crois que j'en ai une interprétation assez romantique. À travers toutes mes chansons, mon message se ramène à : « Est-ce qu'un jour quelqu'un viendra me réparer ? » Mais mon côté romantique croit que l'amour est la fin de l'aventure. L'amour, c'est la victoire. J'aimerais trouver quelqu'un auprès de qui je me sente chez moi. Notre maison, ce serait nous deux. Vous savez, je cours depuis longtemps, depuis l'âge de seize ans. J'ai longtemps eu une mentalité de sprinter, mais aujourd'hui, je me sens plutôt attiré par le marathon. À deux. Je préférerais continuer en marchant : courir épuise...

On lui demande pourquoi il ne semble plus exister d'artistes comme ceux sur les traces desquels il a marché pour *Swing when you're Winning*.

– À l'inverse d'Elvis Presley, de Frank Sinatra, de Dean Martin ou de Freddie Mercury, les artistes modernes sont taraudés par la crainte du ridicule. Ça les empêche de se donner complètement à leur public et de faire de vrais shows. Moi aussi, j'ai peur d'avoir l'air idiot, mais j'accepte ce risque pour distraire les autres...

Il rit.

– Il n'y a plus d'Elvis ni de Sinatra... Il ne reste que moi, qui ai récupéré tous les héritages. J'ai essayé de prendre un peu de chacun d'eux : Freddie Mercury, Tom Jones, Elvis Presley, Dean Martin, Sammy Davis Jr, Frank Sinatra, John Lydon, Liam Gallagher, David Bowie. Quand je regarde les autres, je pense : « Il me faut ça. » Il y a aussi un autre problème. Depuis une dizaine d'années, tout le monde vante l'authenticité. Il faut rester « authentique. » Pas d'accord ! *Eux* ne faisaient rien de tel. Ils offraient du rêve, du romantisme, un moyen d'évasion, du *faux*. Et ils le faisaient aussi bien sur scène que dans leur vie privée. Moi aussi, je compte rester anti-authentique aussi longtemps que je le pourrai.

Dans la voiture qui nous conduit vers les studios d'une chaîne câblée parisienne, Davis raconte à Rob que Pat Leonard, le producteur de Madonna et son collaborateur à l'époque de *Like a Prayer*, souhaiterait écrire pour lui. Les propositions de ce type affluent à un rythme constant depuis que l'on connaît ses désaccords avec Guy.

– Pas question, répond fermement Rob. Je veux quelqu'un qui évoque Primal Scream dans ses meilleurs moments, U2 au top, Massive Attack au zénith, etc. Je veux des gens dont les idées sont complémentaires des miennes, plus audacieux que Guy. Je ne veux pas faire des chansons bizarres, mais des chansons superbes.

Dans le studio, le producteur le présente presque de force à Johnny Hallyday – « Il ne m'a pas vraiment laissé le choix », commentera-t-il plus tard. Les deux artistes échangent quelques banalités. David signale à Rob que Charles Aznavour aimerait beaucoup qu'il participe à l'album de duos qu'il prépare. Rob est flatté, mais ne connaît pas vraiment l'œuvre d'Aznavour et ne veut pas faire ce disque pour de mauvaises raisons.

– S'il chante *Thank Heavens for little Girls*, je suis d'accord, déclare-t-il avec un clin d'œil malicieux.
– C'était une chanson de Maurice Chevalier, corrige David.

Tandis que Rob patiente dans sa loge, une question en l'air à propos de Jimmy Somerville réveille un nouveau flot de souvenirs. Le point de départ : La Cage, un club gay de Manchester où s'étaient tenues les auditions de Take That. Dans les toilettes, Robbie entendit une voix crier : « À l'aide ! Je n'arrive pas à ressortir. » C'était Jimmy Somerville coincé dans un WC.
– Je l'ai délivré. Ce fut mon premier contact avec la célébrité.

10

– Est-ce que tu crois que Dieu est en colère ? demande soudain Rob.
Nous sommes en route pour une autre émission télévisée française, cette fois pour une répétition.
– Pourquoi ? s'enquiert David, étonné.
– Tu crois qu'il se met en colère.
Et nous entamons une discussion très sérieuse sur la guerre, la faim dans le monde, la désertification et la nature profonde de l'animal humain. Rob affiche un sourire ravi.
– Désormais, nous discuterons plus souvent, annonce-t-il. J'aime ça.
Je lui demande alors si lui pense que Dieu est en colère.
– Est-ce que *je* pense que Dieu est en colère ? répète-t-il, comme s'il était déraisonnable de mettre une personne au pied du mur avec une telle question.
Il dit qu'il n'en sait rien, mais qu'il y pense souvent, ces temps-ci. À ça et à la mort.
– J'ai décidé de vivre éternellement, déclare-t-il. Pour l'instant, ça marche.
À notre arrivée au studio, il interroge Gina :
– Est-ce que Dieu est en colère ?

– En colère à propos de quoi ? demande Gina. Il ne l'est sûrement pas contre moi en tout cas. En ce qui te concerne, tu as quelque chose à te reprocher ?

À son réveil, ce matin, Rob écoute l'album *Greatest Hits*, de Dr Hook, et joue de la guitare. Après avoir tiré quelques notes à l'aide du bouchon d'une bouteille d'eau minérale, il est persuadé qu'il a découvert un nouveau type de médiator révolutionnaire. Il appelle Gary Nuttal, le paisible guitariste qui l'accompagne depuis le début de sa carrière en solo pour lui montrer sa trouvaille. Gary lui fait remarquer que ces nouveaux plectres en forme de bouteille risquent de se révéler un peu lourds et encombrants. Mais Rob ne se décourage pas si facilement.

– Je vais déposer le brevet et devenir riche, explique-t-il.

Gary le considère d'un œil perplexe.

– Mais tu es déjà riche.

Rob se fige un instant, puis éclate de rire.

– Tu as raison, je ne vais peut-être pas m'emmerder pour ça.

Sur le trajet de retour vers l'hôtel, conformément à la nouvelle politique instituée par Rob, nous discutons de la grève des pompiers britanniques, ce qui révèle un fait inattendu :

– Même moi, j'ai participé aux manifestations contre Thatcher à Londres, quand j'étais petit, raconte-t-il. Ma tante Jo, mon oncle Don et ma tante Clare m'y emmenaient.

Dans sa chambre, il passe des CD sur fond de CNN.

– Voilà pourquoi les tournées promotionnelles deviennent vite déprimantes, commente-t-il. Les seuls programmes télévisés en anglais sont les infos et elles sont souvent déprimantes.

Il écoute un reportage sur une éclipse solaire en Afrique du Sud.

– Tu savais comment ça fonctionnait, Pompey ?

– Oui.

– Oui, mais c'est parce que tu as fait partie des Marines ; moi j'étais dans Take That. Pour certains trucs, je me sens vraiment inculte. Tu comprends ce que je veux dire ? Ces derniers temps, j'ai vraiment pris conscience de tout ce que je n'ai pas appris pendant que je m'occupais de percer.

S'il est une période de sa vie que Rob a particulièrement idéalisée, c'est bien celle qui couvre ses dernières années d'école, juste avant le début de l'aventure Take That et du maelström de célébrité qui l'a happé. Une époque où tout était matière à plaisanterie, où nul ne le traitait bizarrement et où il était juste un élément d'une bande de potes.

« C'est la dernière période où je me suis senti réellement heureux, m'avouera-t-il le soir. Pendant ma dépression, repenser à ces années d'école me rendait encore plus malheureux. Ça me brisait littéralement le cœur, parce qu'en ce temps-là, j'avais des tonnes d'amis et je m'amusais comme un dingue, avec de vrais fou-rires qui font mal au ventre. J'aurais tellement aimé pouvoir retourner en arrière et redevenir un simple écolier. »

Depuis peu, Rob consulte régulièrement le site Friends Reunited, qui lui a permis de reprendre contact avec quelques amis d'enfance. Ses deux copains les plus proches s'appelaient Linno et Lee Hancock.

« Linno était vraiment marrant, se rappelle-t-il. C'était un solitaire, et moi je rêvais de devenir son meilleur ami. Nous buvions des Thunderbirds et des Blue Nun et nous nous retrouvions pour dévorer des currys chez El Sheeks, ce qui nous paraissait le summum de la sophistication. Je me rappelle qu'il habitait au-dessus de la banque et que je venais le rejoindre sur mon BMX. »

Rob lui a récemment envoyé un e-mail, mais la connexion était très mauvaise et Lee aurait préféré que Rob lui téléphone.

« Moi, j'aurais préféré qu'il m'écrive – pas qu'il discute au téléphone avec Robbie Williams. Je lui ai tartiné toutes les choses que je me rappelais à son sujet et j'aurais voulu qu'il en fasse autant à son tour. »

À une époque, Lee Hancock et Rob vendaient des doubles vitrages ensemble. C'est avec Lee qu'il se trouvait le jour où il a été retenu pour Take That. C'est l'histoire qu'il a toujours racontée et elle est vraie. Les deux amis venait d'aller chercher leurs résultats d'examens, qui étaient catastrophiques.

« Rien de plus élevé qu'un D, en anglais je crois, précise Rob. Nous savions que la plus belle correction de notre vie nous attendait et nous en avions déjà reçu bon nombre. »

Alors, les deux larrons firent ce que tout ado de seize ans dans son bon sens aurait fait à leur place : au lieu de rentrer à la maison, ils allèrent s'acheter un pack de six bières chacun.

« Nous nous sommes assis sur le terrain de bowling de Tunstall Park, en espérant que l'alcool nous donnerait le courage d'affronter nos parents. »

Mais quand Rob rentra, ce fut sa mère qui prit la parole la première, pour lui annoncer qu'il avait été accepté au sein du groupe, à l'issue de sa dernière audition, voici un mois. Il prétend qu'il n'a même pas eu à avouer ses piètres résultats scolaires.

Après avoir quitté l'école, il s'efforça de rester en contact avec Lee Hancock.

« Mais je suppose que notre amitié était largement axée sur les beuveries. Nous avions une foule de choses à nous dire quand nous buvions, mais peut-être pas autant, le reste du temps. Nous nous sommes perdus de vue pendant un ou deux ans, et puis un jour, je l'ai appelé en demandant si je pouvais passer le voir. Ç'a été vraiment triste, parce qu'il a commencé à dire qu'il était mal habillé et que sa maison était en désordre... et, peu à peu, j'ai compris qu'il s'apprêtait à rencontrer Robbie Williams et pas à revoir son vieux pote Rob. »

Cela dit, ça n'a pas dû arranger les choses qu'il vienne accompagné de Nicole Appleton.

« La conversation a été laborieuse. Il faut dire que je n'allais pas très bien, à cette époque. Alors, nous nous sommes saoulés, mais ça n'a pas marché non plus. Je me suis juste senti mal à l'aise.

Rob a récemment repris une autre correspondance électronique avec un autre copain d'école, Matthew Cooper, avec qui il jouait naguère au golf. Il se rappelle qu'un jour, alors qu'ils devaient avoir une quinzaine d'années et enfilaient leur blazer dans le hall de l'école avant de rentrer à la maison, ils avaient parié sur lequel d'entre eux deviendrait célèbre le premier.

« J'ai misé tout l'argent que j'avais dans ma poche, ce qui devait faire 1,70 livre. Je me rappelle encore mon angoisse : comment ferai-je s'il devient célèbre le premier ? »

Il n'y a pas longtemps de cela, Rob lui a adressé cet e-mail : « Où est ma 1,70 livre ? »

Il a aussi correspondu avec Clinton Cope qui était dans la classe au-dessus de la sienne. Tous ces messages arrivent sur l'ordinateur de Pompey. Il en ouvre et en lit quelques-uns à voix haute. Le premier commence par : *Cher Clinton, j'ai été retenu contre ma volonté par une grande maison de disques londonienne pendant les huit dernières années. Comme tu n'as pas réglé la rançon, j'ai dû m'échapper tout seul et me faire soldat de fortune. Toi seul connais aujourd'hui ma vraie identité ; voilà pourquoi tu dois mourir. Ce détail mis à part, comment vas-tu, vieux salopard ?*

Il pose ensuite quelques questions sur d'anciennes connaissances et ajoute quelques blagues connues d'eux seuls, comme celle qui concerne le chien sourd de Clinton, afin que celui-ci sache que le message provient bien de Rob lui-même. La réponse :

Salut, M. Rockstar. Qu'est-ce que tu deviens ? Suivent de chaleureuses félicitations sur les récentes apparitions télévisées de Rob. *M. Diddy était sympa ?* Dans son e-mail suivant, entre quelques considérations sur les jeux sur ordinateur et les tatouages, il indique à Rob qu'il a vu une affichette à la boulangerie d'après laquelle Lisa Parkes, son grand amour d'écolier, tenait une garderie – Rob lui avait demandé s'il avait de ses nouvelles.

« C'était assez déconcertant de communiquer avec lui par e-mail depuis LA, avoue Rob. Ça m'a fait réfléchir au chemin que j'avais parcouru avant d'atterrir dans ce lotissement de luxe en Californie. À la fois exaltant et un peu effrayant. J'avais envie d'ajouter : "Tu sais quoi ? Tom Jones habite juste à côté de chez moi !" »

Il sait bien entendu que tout aurait changé même sans l'aventure de Take That.

« C'est bizarre comme dès qu'on quitte l'école, ton groupe de potes éclate. On croit que ça n'arrivera jamais, mais c'est inévitable. En l'espace de quelques petites années, tu vois les problèmes d'adultes rattraper les copains avec qui tu déconnais. L'un a un bébé, l'autre est au chômage, en taule parce qu'il a volé un truc, toxico... ou devenu Robbie Williams. C'est triste, au fond. »

Rob feuillette le dernier numéro de *Heat*. Son nom figure dans sept articles : une interview de Mark Owen ; une lettre au sujet de Rachel Hunter ; le top-album ; un article vantant les mérites d'une crème hydratante Clarins qui affirme à tort que Rob utilise celle-ci ; un poster pleine page ; un article sur *Feel* (« Audacieux et poignant – cinq étoiles sur cinq ») ; et une citation en avant-dernière page, qui s'est frayé un chemin jusque-là depuis une conférence que Rob a donnée à Berlin : « Je suis célèbre et les divorces sont de plus en plus onéreux, si bien que le gros de ma fortune ira probablement à mes ex-épouses. »

Minuit sonne et David nous rejoint dans la chambre de Rob avec un exemplaire de *The Places you Will Go*, du Dr Seuss. Rob, qui ne boit plus depuis un an, s'installe devant la table et nous le lit à haute voix de la première à la dernière ligne. C'est un livre dans lequel les choses s'améliorent, s'aggravent, puis le soleil revient mais jamais complètement. Certaines phrases que la plupart des lecteurs percevront comme des métaphores lui parlent plus directement.

« *... vous serez aussi célèbre qu'on peut l'être et des millions d'êtres vous regarderont sur leurs écrans de télévision*, lit Rob. *Sauf quand ils ne le feront pas, car cela arrivera aussi... Il vous arrivera* *parfois de jouer sans public, et aussi de disputer des parties que vous ne pourrez pas remporter car vous jouerez contre vous-même.* »

– Putain, c'est vrai, dit-il en guise de conclusion.

Ses yeux se sont embués et il annonce qu'il doit aller dans sa chambre changer de pantalon.

Rob se réveille dans sa chambre d'hôtel parisienne en marmonnant sans relâche le mot « Mogadiscio. » Il continue à le faire tout au long de la première partie de backgammon de la journée. Il ignore complètement pourquoi il pense à cette ville ; il suppose qu'il a dû s'endormir devant les actualités. Ce qui lui rappelle un reportage qu'il a vu récemment, lequel soulignait le faible pourcentage d'Américains capables d'énumérer les différents États de leur pays, sans même parler des nations étrangères. Nous sommes tous les deux consternés, même si je suis obligé d'avouer que j'aurais probablement du mal à situer le Wiltshire sur une carte.

– Moi, je sais où c'est, réplique Rob. J'ai suivi une cure de désintoxication dans cette région.

Dans le minibus qui nous emmène vers la salle où il doit se produire ce soir, il nous fait écouter trois reprises par Scott Walker de chansons de Jacques Brel : *Jackie*, *Mathilde* et *Next*, suivies de son propre *One Fine Day*.

« Cela me briserait le cœur d'arranger les choses », cite-t-il de façon légèrement erronée. Dans *Jackie*, en effet, Scott Walker chante : « et brisai mon cœur pour arranger les choses. »

– J'aimerais bien avoir écrit cela, murmure Rob.

Dans sa loge, il ne cesse de relever sa chemise et de se frotter le ventre en s'admirant dans le miroir. Entre deux coups d'œil à ses abdos, il s'agite en tous sens, met un CD de Supergrass, mange du melon, tape sur un tambour imaginaire (re-vérification des abdos), enclenche le CD de sa chanson *Peace, Man*, demande un médiator, attrape une guitare acoustique, joue *Mr James*, la chanson qu'il a écrite l'autre nuit, demande à Chris Sharrock de lui apprendre *I Can't Explain*, des Who (nouveau coup d'œil à ses abdos), et se dirige vers la scène. Le spectacle achevé, il reçoit en coulisse les félicitations de ses admirateurs.

– C'est cool, dit-il. Mission accomplie.

Dans le couloir, la foule crie : « Robbie ! Robbie ! Robbie ! »

– Tu les entends ? Moi ! Moi ! Moi ! Je suis lui ! C'est moi ! Je suis lui ! C'est moi !

Bien entendu, on ne l'entend pas à l'extérieur.

11

Avec la célébrité, il peut vous arriver n'importe quoi au moment le plus incongru.

À son retour à l'hôtel, après le concert, Rob apprend qu'on a laissé un étrange message sur le téléphone d'un des agents de sécurité. Il provient d'une femme qu'il a récemment rencontrée à Londres. D'après Pompey, elle affirme que la presse la poursuit pour qu'elle raconte « leur histoire ».

Rob lève les yeux au ciel.

– Quelle histoire ?

Il semble que la presse cherche à connaître les détails de ce qui s'est passé entre cette femme et lui et que les journalistes aient promis de publier quelque chose à ce sujet, qu'elle leur parle ou non. Rob peut-il lui venir en aide ?

– Mais il ne s'est absolument rien passé, objecte Rob. J'ai pris son numéro, et c'est à peu près tout. Nous avons eu un seul contact physique lorsque nous avons posé pour une photo et que je l'ai prise par la taille. Rien de plus.

Voilà qui semble tout de même très bizarre. Rob demande à Pompey de joindre Josie. Quelqu'un doit en effet rappeler cette femme...

Mais Rob ne nous a pas vraiment tout dit. Il avoue avec une grimace que quelques jours après leur rencontre, il a rappelé cette femme pour lui demander de passer le voir un soir tard... Mais pendant qu'elle était en route, il a changé d'avis. Il s'était répété que peut-être, il ne ferait rien de plus que bavarder avec elle, puis il a réalisé qu'il se leurrait et admis qu'il finirait forcément par faire quelque chose qu'il n'avait pas vraiment envie de faire. Alors, il l'a rappelée pour lui dire de ne pas se déplacer. Et voilà. C'est ce « presque rencart » qu'il a mentionné dans sa loge lors de l'émission *Later... With Jolls Holland.*

Josie arrive et Rob lui expose la situation.

– Quelqu'un doit parler à cette femme, ainsi qu'à la personne qui envisage de rédiger l'article. Pas question que ce ragot paraisse alors qu'il ne s'est strictement rien passé !

Josie rappelle de la chambre :

– J'appelais juste pour savoir si je pouvais vous aider, dit-elle. Apparemment vous rencontrez quelques problèmes avec la presse... Comment ce journaliste a-t-il obtenu votre numéro ?... Et pourquoi vous appelle-t-il ?... Quelle histoire ?... C'est vraiment bizarre... Comment en sont-ils venus à vous appeler, vous ?... D'accord... Et qui est votre agent ?... Mais comment ont-ils eu vent de votre existence ?...

– Dis que nous allons les poursuivre en justice, intervient Rob.

– Non, absolument, je vous fais toutes mes excuses pour les tracas que vous subissez..., poursuit Josie. Si ce magazine publie des mensonges, nous le poursuivrons devant les tribunaux... Rappelez-moi si on vous importune encore...

C'est alors que la situation prend un tour sordide. Il semble que dans le courant de cette conversation, sans réellement fournir d'explication cohérente sur l'affaire, la jeune femme a négligemment ajouté un nouveau détail : une autre fille lui aurait laissé un message dans lequel elle affirmait que Rob l'avait violée !

Rob n'en croit pas ses oreilles.

– Cette histoire va me rapporter une fortune, dit-il, imaginant déjà le procès qu'il fera si quelqu'un s'avise de publier des propos aussi ouvertement diffamatoires. Je veux dire : je ne m'inquiète pas. Je n'ai jamais violé personne. Cette affaire n'existe pas !

Mais il prend peu à peu conscience de l'horreur d'une telle accusation, fût-elle fallacieuse.

– J'adorerais soutirer un million à ces salopards, mais pas de cette façon. Je me passerais vraiment volontiers que l'on écrive de telles choses sur mon compte et de devoir faire un procès aux auteurs.

Il faut en apprendre plus. Josie rappelle donc l'« amie » de Robbie :

– Je suis en train d'étudier ces divers racontars avec l'avocat de Rob, explique-t-elle. C'est une histoire très étrange... Cette fille vous a-t-elle laissé un numéro où la joindre ?... Et que disait-elle exactement ? C'est quand même un drôle de message.... Tout ceci est absurde... OK, merci beaucoup...

Son interlocutrice prétend que le message de l'autre femme s'achevait par : « Mon histoire vaut plus cher que la tienne. » Elle pense qu'elle a cherché à la stresser. Coïncidence étrange, elle a presque aussitôt reçu un nouvel appel du torchon désireux de recueillir ses confidences, lui demandant si, à présent, elle était disposée à vendre son histoire.

– Le mystère s'épaissit, commente Rob.

À ce moment, Pompey annonce que la soupe commandée par Rob vient d'arriver.

– Je suis incapable de manger ça maintenant, vieux.

Rob demande à parler à Tim, qui loge dans le même hôtel. Josie l'appelle et lui demande de monter, évoquant des coups de téléphone dérangeants reçus par Rob. Comme Tim est déjà couché, elle tend le combiné à Rob.

– Non, je ne veux pas parler de ça au téléphone.

Ils attendent donc que Tim se lève et accoure, en pantoufles.

Imaginez un peu la situation. Voici vingt minutes, vous étiez en train de vous détendre dans votre suite après un concert réussi à Paris. Tout allait bien, de quelque point de vue que l'on se place. Et puis soudain, une chose comme celle-ci survient. Lorsque c'est une erreur passée qui vous rattrape, on peut au moins se dire qu'on est puni à juste titre et prendre ses responsabilités. Il n'existe en revanche aucun moyen de se préparer à subir les conséquences de choses que l'on n'a pas faites.

L'humeur de Rob frôle la sinistrose.

– Cela devait arriver, gémit-il. Et à ce moment-là, on se demande si le jeu en vaut réellement la chandelle. J'en doute sérieusement. À quoi ça sert d'être connu, si c'est pour que la presse vous traite de violeur. Imagine l'effet que ça te ferait si l'on parlait de toi. Je suis à deux doigts de tout abandonner pour me casser.

Josie s'efforce de le rassurer.

– Il ne vont jamais publier ça.

– D'accord, mais si des murmures malveillants se répandent...

– On n'insinue pas ce genre de chose.

– Si, on le peut. Ça ne m'inquiète pas vraiment, mais si on me force la main, j'arrête tout. Je continuerai à enregistrer les albums, mais on ne verra plus jamais ni vidéo ni photo de moi...

Tim survient à point nommé pour l'apaiser.

– Salut, Rob, qu'est-ce qui se passe ? demande-t-il

Rob lui raconte l'affaire. Verdict de l'expert : tout devrait s'arranger sans problème.

Josie contacte l'attaché de presse londonien de Rob pour le mettre au courant :

– Nous sommes réunis pour nous demander si elle a vraiment reçu ces appels ou si elle a tout inventé. Bien sûr que Rob est capable de gérer le reste, mais ces allégations sont absurdes.

Rob entraîne Tim dans la chambre pour lui parler seul à seul.

– Je déteste ce genre de situation, me confie Josie, parce qu'on ne peut rien faire pour qu'il se sente mieux.

Tim retourne se coucher. Jonny appelle. Rob lui demande s'il veut entendre un truc qui l'a vraiment sonné. Il lui raconte les événements de la nuit.

– Je ne suis pas inquiet ; je ressens seulement une impression de malaise... C'est incroyable, absurde. Tout ce que je peux faire, c'est accepter l'injustice de ma situation et me dire que telle est ma vie, à présent, et que voilà le genre de choses qui va m'arriver...

Robbie part se coucher, le moral dans les chaussettes. À la lumière du jour, les événements de la veille paraissent encore plus absurdes. Le magazine impliqué dans l'affaire nie catégoriquement travailler sur une histoire de ce genre, ce qui laisse supposer que soit la fille a inventé cette histoire de harcèlement, soit un imposteur la manipule, soit le magazine a préféré tourner casaque. Nous ne le saurons jamais avec certitude.

Pour sa part, Rob a déjà décidé de tout oublier.

– C'est n'importe quoi, déclare-t-il. Il est temps pour moi de retrouver ma joie de vivre.

Il prend son flacon d'antidépresseurs sur la table et s'efforce de l'utiliser en guise de médiator pour jouer de la guitare.

– Peut-être s'agit-il de gens prêts à tout pour le moindre contact avec toi, suggère Josie, comme cette fille qui campe en bas jour après jour, dans l'espoir que tu lui souriras ou que tu lui serreras la main.

– C'est vrai qu'elle pourrait aller raconter qu'elle a cherché à me voir, mais que mon « entourage » ne l'a pas laissée m'approcher. Un peu comme quand je reçois des lettres de gens qui sont convaincus que telle ou telle chanson parle d'eux.

Dans l'avion qui nous emmène vers l'Autriche, Rob lit dans plusieurs journaux qu'il projette de jouer dans la pièce *One Night only* – « foutaises », commente-t-il – et qu'il ne fait pas mystère de son désir de monter sur les planches – « refoutaises ! » On raconte en outre qu'il a pris des cours au Lee Strasberg Institute (« fou-taises ! »). Et qu'on l'a récemment aperçu en compagnie de son père sur l'autoroute M1 – « encore des foutaises ».

Il change soudainement de sujet : il ne peut résister plus longtemps à l'envie de me raconter l'histoire de son kidnapping par Elton John.

– Je n'ai jamais vu personne aussi content de me voir que toi, renchérit David.

– Récemment, confesse Rob, j'ai éprouvé de la culpabilité. Elton a essayé de faire beaucoup pour moi et je ne l'ai pas suffisamment remercié.

Un silence brisé par un éclat de rire.

– C'était quand même vraiment bizarre.

Pour comprendre pleinement cette histoire de kidnapping, il faut revenir sur un épisode plus ancien. Le groupe Take That s'était séparé l'année précédente et Rob venait de rompre avec sa petite amie Jacqui Hamilton Smith. Son premier tube solo, *Freedom*, venait de sortir, mais il n'avait encore rencontré ni Guy, ni Tim, ni David et il ne savait pas très bien où il en était.

« J'étais vraiment dans la mouise, de toute façon, résume-t-il. Et, à cause de la drogue, je venais de passer la pire année de mon existence. C'était en 1995-96. Je me suis réveillé un après-midi après avoir passé la nuit debout et j'ai compris que je n'allais pas bien du tout. Ma chambre faisait penser à une porcherie. Quatre bols pleins de cornflakes desséchés et de mégots de cigarette traînaient autour de moi et il me semblait que le contenu de ma tête ne devait pas offrir un aspect bien différent. Mon instinct de survie s'est réveillé et j'ai attrapé mon Filofax. Qui pourrait m'aider ? »

En tournant les pages, il trouva le numéro d'Elton John. Ils s'étaient rencontrés au temps de Take That et Rob avait séjourné une douzaine de fois chez lui. Il avait gardé le souvenir d'un hôte aussi charmant qu'attentionné. Il vit en lui la personne idéale à appeler quand les choses n'allaient pas.

« J'ai donc appelé Elton pour lui dire que j'avais besoin d'aide. Elton, qui se trouvait à Atlanta, me proposa de venir chez lui. Alors je me suis rendu dans sa maison de Windsor. Je pensais plus ou moins arrêter la drogue et l'alcool. J'ignorais alors que je n'étais pas au bout de mes excès – il me faudrait encore cinq autres années pour m'en dégoûter. À la grâce de Dieu. Elton veilla à ce que je sois confortablement installé chez lui et m'envoya même un colis de vêtements Nike. Ce qui tombait bien car j'étais parti sans même une valise. De toute façon, j'avais pris du poids, je ne ressemblais plus à rien et je me sentais affreusement mal. »

Rob passa deux semaines dans la grande maison d'Elton à se désintoxiquer et à s'occuper. Il avait pensé a emmener sa Playstation, à laquelle il consacrait de longues heures, et jouait au tennis avec le fils des gardiens de la propriété. Elton appelait tous les jours pour savoir comment Rob se portait. Il demanda aussi à Beechy Colclough, thérapeute du grand monde, des toxicomanes célèbres et autres figures des médias, de passer le voir. Une faveur que Rob apprécia moins.

« Il vint et fit de moi son patient pendant ces deux semaines. Il faisait tout un tas de choses bizarres dont je sais à présent qu'elles sont spirituellement *mauvaises*. D'emblée, il désigna sa montre : "c'est Elton qui me l'a offerte." Tout était dit. »

Ce détail mis à part, Rob s'était adressé à Elton pour solliciter son aide et celui-ci lui avait tendu la main.

« C'était vraiment très gentil de sa part. Mais comme je me sentais mal, cela m'intimidait. Il n'empêche qu'Elton John est vraiment un être très généreux qui désirait vraiment m'aider à me rétablir et pour cela je le remercie du fond du cœur. »

Mais au bout de trois semaines, Rob repartit et retomba dans la spirale infernale d'où il avait tenté de s'extraire.

« J'ai décidé que je m'ennuyais, raconte-t-il et que j'étais à présent suffisamment en forme pour retourner me taper la tête contre les murs, ce que j'ai fait avec application. »

Mais vous n'avez encore lu que le début de l'histoire...

« Environ huit ou neuf mois plus tard, reprend Rob, j'ai fait la connaissance de Guy avec qui j'ai écrit un album. Il était en cours d'enregistrement et moi, j'allais plus mal que jamais. La semaine suivante, je prévoyais de partir en cure de désintoxication. Il me restait donc une semaine pour boucler la partie vocale de quatre chansons, dont *Lazy Days* et *Angels*. Mais le travail n'avançait pas, en grande partie à cause de moi. Les prises déjà effectuées pour *Lazy Days* et *Angels* laissaient franchement à désirer. Il faut dire qu'une bande vidéo me montre me rafraîchissant en buvant du vin rouge à la bouteille...

« J'étais supposé voir Elton un après-midi pour lui faire écouter ce que nous préparions. Ce jour-là, je me suis réveillé à Notting Hill, où j'ai pris un taxi. Direction le studio, dans Fulham Road, mais avec environ cinq haltes en chemin dans des pubs. Une pinte de bière à chaque fois. Pour finir je me suis fait déposer dans le pub en face du terrain de foot de Chelsea, à deux pas du studio, où je suis resté me saouler avec des ouvriers qui travaillaient au Chelsea Village. Nous avons joué au billard et je me suis mis minable. Alors seulement je suis passé au studio pour m'écrouler sous la table de mixage. Lorsque j'ai émergé, j'ai pris la bande que je n'avais absolument pas retravaillée et je suis parti chez Elton John. Il devait être 17 ou 18 heures, peut être même un peu plus tard car c'était l'été. J'ai franchi le seuil ivre mort, ma cassette à la main.

(Il imite une loque titubante et bégayante.)

– J'ai ça à te faire écouter.

« Elton me proposa de boire quelque chose ; je demandai de l'eau gazeuse. À l'époque, c'était mon seul breuvage non-alcoolisé, choisi parce qu'il ne faisait pas grossir ! Logique, non ? J'ai vu les yeux d'Elton s'emplir de larmes, tandis qu'il me regardait et je me suis mis à pleurer à mon tour. Vous savez comment ça se passe...

« Mon hôte décréta que je devais entamer illico une cure de désintoxication. Il s'occuperait de tout. Pendant qu'il discutait au téléphone, je le rejoignis pour lui dire que je devais finir mon album. Il me répondit :

– Si tu ne pars pas tout de suite, tu vas mourir.

« Après maintes tergiversations – moi répétant : “Je ne peux pas faire ça, personne ne sait où je suis, on s'inquiétera, et puis, j'ai un album à finir” – et des torrents de larmes, Elton reprit :

– Il faut que tu y ailles.

« Une partie de moi était heureuse parce que quelqu'un me choyait, tandis que l'autre moitié était pétrifiée parce que a) je devais finir un album, b) je devais de toute façon partir en cure de désintoxication et c) personne ne savait où j'étais. Je me rappelle avoir réellement pris conscience de la situation dans laquelle je me trouvais au moment du repas. J'ai réalisé que j'étais arrivé chez Elton complètement ivre, que ce n'était pas une bonne idée et que le lendemain matin je me lèverais et dirais : “Merci beaucoup de m'avoir aidé. J'ai une gueule de bois épouvantable, mais je dois régler deux ou trois choses avant de partir en désintoxication.”

« Étendu sur mon lit, voilà que j'aperçois soudain cinq paires de jambes. Je vois des bottes d'équitation et des jodhpurs, j'ai la tête qui explose et je ne sais plus où je suis. En fait, je suis entouré de David Furnish, d'Elton et de trois inconnus. Tous me dévisagent. Et je me dis : “Merde, cette fois-ci j'ai vraiment déconné.” On me présente le docteur Machin, M. Truc et M. Bidule, qui s'occupent d'une clinique de désintoxication, dont je tiens à donner le nom, pour lui faire honte de ses méthodes, la clinique Churchill.

« Dans la pièce principale de la maison d'Elton, je prends place sur l'un des deux énormes canapés disposés face à face. Mes quatre interlocuteurs occupent l'autre, le maître de maison se perchant sur un des bras. Loin de moi l'idée de le critiquer car il a agi de façon tout à fait sensée. Ce qui était le cas à bien des égards. Mais je ne pouvais que répéter : "Écoutez, je ne peux pas partir en cure aujourd'hui, j'ai un album à terminer !" Je m'agite (il croise étroitement les bras, ses doigts tripotant la face externe des membres).

– Eh bien, voici un symptôme classique de psychose cocaïnomane, remarque le médecin.

« Alors contre mon gré, parce que je sens qu'il est logique pour moi de ne pas attendre plus longtemps, je consens à accompagner ces messieurs. Nous montons dans une Citroën bordeaux et David et Elton me regardent m'éloigner en agitant la main. Deux personnes m'encadrent à l'arrière de la voiture, tandis que le troisième homme conduit. Une mesure sans doute destinée à m'éviter toute tentation de suicide ou de fuite.

« Par la vitre arrière, je vois les silhouettes de mes amis disparaître. Dieu les bénisse. Nous roulons en direction de Londres. Je n'ai pas la moindre idée de l'endroit où on m'emmène ni de son nom. Je sais juste que j'ai intérêt à y aller et que j'ai perdu tout contrôle sur mon existence. Nous traversons le centre de la capitale, franchissons la Tamise et je me retrouve dans cette grande clinique privée bâtie en face d'un mémorial militaire orné de deux canons. C'est tout ce dont je me souviens.

« La réceptionniste lève un regard dédaigneux en m'apercevant. Le personnel de l'établissement rivalise de snobisme. Après m'avoir considéré comme si j'étais un tas de merde, elle me fait signer mes papiers d'admission, puis on m'emmène à l'étage. Me voilà dans une chambre à la fenêtre garnie de barreaux ouvrant sur un mur de briques distant d'environ 1,20 mètre. Mon lit est recouvert d'une feuille de plastique.

« Ok, j'étais alcoolique, mais pour l'heure, j'avais surtout une phénoménale gueule de bois ! Alors je suis resté assis sur mon lit et j'ai vu entrer une énorme femme bien décidée à me traiter comme un vilain, un très vilain petit garçon. Pas question d'amour ni de gentillesse, dans cet endroit. Ma "nurse" m'a demandé d'écrire les substances auxquelles j'étais dépendant. Alors j'ai noté tout ce que j'avais pris au cours de mon existence : héroïne, ecstasy, marijuana, cocaïne, alcool, nitrate d'amyle, amphétamines et ainsi de suite. Il n'y avait qu'un autre pensionnaire dans ce service avec qui je suis allé bavarder.

« L'Angleterre affrontait la Pologne, ce jour-là, et le match était diffusé sur Channel 5, que l'hôpital ne recevait pas. Pas question pour moi de rester dans ces conditions. Il y a des limites à l'endurance humaine.

À ce stade de son récit, Rob se tourne vers David.

– Que s'est-il passé, ensuite ?

– Eh bien j'ai reçu un appel de toi me suppliant de venir te sortir de là, raconte David. Et je ne savais pas très bien comment j'y arriverais.

David se rendit à la clinique Churchill en compagnie de la thérapeute de Rob, laquelle exigea qu'on le laisse sortir. Rob et David sortirent manger quelques sushis, puis ils regardèrent le match chez David. Rob s'endormit sur le canapé.

– J'étais tellement heureux d'être avec Dave et de pouvoir finir l'album, se souvient-il.

De fait, la semaine suivante, après avoir achevé l'enregistrement de l'album et pris une dernière cuite magistrale au studio, Rob prit la route du centre de désintoxication de son choix, Clouds, dans le Wiltshire.

Devant chez lui, quelques paparazzi et une équipe de télévision l'attendaient.

– Les gars, je suis vexé, déclara-t-il. Quand Michael Barrymore est parti en cure, vous étiez des milliers devant sa porte !

À Clouds, il n'y avait ni télé, ni radio, ni magazines, uniquement des extraits de la presse quotidienne. Un jour, Rob découvrit avec stupéfaction un article le concernant : « Robbie Williams reconnaît sa dépendance aux substances suivantes... » Venait alors la liste qu'il avait rédigée à son arrivée au centre Churchill !

– Je ne dirai qu'une chose : je voulais me soigner et remettre de l'ordre dans mon existence et nombreux sont les patients dans mon cas. Cela me désole de savoir que certains d'entre eux tomberont sur des charlatans incapables. Ça me rend fou de rage, résume Rob. Je suis sûr que ce genre de mésaventure est arrivée à d'autres et que certains en sont morts.

– Ils s'enfuient et meurent, intervient David.

– En conclusion, je sais qu'Elton s'efforçait de faire au mieux et qu'il a agi avec les meilleures intentions du monde. Mais toute cette aventure est ternie à mes yeux par le manque de professionnalisme des intervenants.

Les deux chanteurs ne se sont jamais vraiment reparlé depuis cet incident. Environ un an plus tard, Elton proposa à Rob un duo sur un album sur lequel il comptait déjà chanter avec les Backstreet Boys et avec LeAnn Rimes, mais Rob a décliné cette proposition.

« Avec le mal que je me donnais pour me débarrasser de mon image d'ancien membre d'un boys band, je ne voulais surtout rien faire qui puisse de nouveau m'associer à un groupe de ce type. Je crois que mon refus a vraiment vexé Elton John. »

À notre arrivée à l'hôtel, à Vienne, il ressort fasciné des toilettes.

– Il y a des pétales dans la cuvette ! Vous ne trouvez pas ça bizarre ?

Puis Rob s'allonge sur son lit pour nous raconter une interview de Gwyneth Paltrow qu'il a lue récemment.

– Elle a dit un truc vraiment intéressant : que les gens conservent toujours l'âge auquel ils sont devenus célèbres. Ce qui se rapproche de ce que j'ai essayé de vous dire hier soir.

– Donc, tu auras à jamais seize ans ?

– Oui. « Sauf si on est confronté à l'adversité », précise-t-elle. Alors je dois avoir environ dix-huit ans, maintenant.

Nous vivons dans un étrange univers... Rob me raconte que, l'autre jour, la duchesse d'York a appelé son bureau pour demander s'il pourrait appeler sa fille Béatrice, qui était malade.

– C'est dingue, non ? demande-t-il. Alors je n'ai pas rappelé et maintenant je me sens coupable.

Une publicité anti-tabac passe à la télévision. « Soyez cool, déclare Sophie Ellis-Bextor, ne fumez pas. »

– Va te faire voir, réplique Rob.

Un peu plus tard, il se tourne vers Pompey.

– Est-ce que mon repas est arrivé ?

– Tu as commandé quelque chose ? demande-t-il.

Rob se tourne vers Josie.

– Tu ne m'as pas demandé de commander quoi que ce soit pour toi, se défend-elle.

Rob semble exaspéré, à la fois par l'absence de nourriture et par l'absence de coupable à blâmer. En définitive, nous descendons tous au restaurant de l'hôtel. Il dévore un steak, puis glisse par terre.

– Je suis fatigué.

– Quand je vais au restaurant avec toi, soupire Josie, j'ai l'impression de dîner avec un gamin.

Rob se redresse un peu, puis s'endort sur l'épaule de David.

Rob se lève pour une interview à la radio allemande. Il reçoit le journaliste allongé sur son lit, si bien que celui-ci doit s'accroupir sur le sol, son micro à la main. Rob parle de sa carrière, de son corps (« j'aimerais peser 6 kilos de moins »), d'Oasis (« Noel me déteste »). Son interlocuteur lui demande s'il est vrai que la plupart des pop stars pensent qu'elles valent mieux que les gens ordinaires.

– Pas nécessairement, corrige Rob. Il s'agit d'une propagande orchestrée par les médias. Je crois aussi que le public aime à penser que les pop stars, les rock stars, les acteurs, les mannequins ou les musiciens se croient supérieurs au commun des mortels. Comme si cela les aidait de penser que ces gens avaient de sérieux problèmes. Ce que je trouve assez triste...

L'intervieweur demande alors à Rob s'il s'astreint à certaines règles pour conserver les pieds sur terre.

– Non, je ne crois pas que j'aie les pieds sur terre. Je suis né sur un lotissement municipal de Stoke-on-Trent, je viens d'une famille modeste, et, en quelques années, je me suis retrouvé à voyager en jet privé, à loger dans des hôtels de luxe, à rencontrer des membres de la famille royale et du gouvernement. C'est une impression fort étrange. Impossible de ne pas en être affecté. De même que l'opinion du public ne vous laissera complètement indifférent que le jour où vous réfléchirez et comprendrez la futilité de telles choses. Non, je n'ai plus vraiment les pieds sur terre et, en tout cas, j'ai la tête dans les nuages !

À la dernière question : Rob regrette-t-il quoi que ce soit ? celui-ci répond sans hésitation :

– Non, non et non ! Je ne regrette vraiment rien, hormis quelques personnes avec qui j'ai couché. Quelques vraies horreurs... Maintenant, enchaîne-t-il, écoute, mec, je vais devoir te laisser.

Et il s'en va.

L'interview paraîtra la semaine suivante sur deux pages du *Sun* sous le titre « Robbie mis à nu. » Le journal présente cyniquement cette interview piratée comme un entretien accordé en exclusivité à son collaborateur Dominic Mohan. Il affirme avoir bavardé avec Rob pendant que celui-ci attendait de s'envoler pour Los Angeles, où il partait passer Noël avec son copain Jonathan Wilkes. La photo accompagnant l'article, qui montre Rob et Jenny dans un aéroport, renforce encore l'illusion. Les propos de Rob sont reproduits avec une exactitude raisonnable, ce qui témoigne des scrupules du *Sun* ou de leur conscience qu'il existe un enregistrement de la véritable interview en Allemagne.

En revanche, ni Vienne ni le contexte dans lequel ces mots ont été prononcés ne sont jamais mentionnés. Trois fausses allégations sur le mode « il m'a dit que... » achèvent de faire passer l'article pour une conversation amicale entre Rob et Dominic Mohan.

12

Backstage pour l'enregistrement de *Wetten Dass.... ?*, institution de la télé germanique. Rob joue les DJ des heures durant avec son iPod : une chanson de Gary Nuttall, *Maybe I'm Amazed* de Paul McCartney, *A Boy Named Sue* de Johnny Cash, *Heaven Knows I'm miserable there* des Smiths, puis il met une entraînante chanson folk de Lilac Time intitulée *All over again.*

– Fantastiques paroles, commente-t-il en se mettant à chanter.

Nous écoutons ensuite *Get off* de Prince, *Nightswimming* de REM, quelques-uns de ses propres tubes, *Phoenix from the Flames*, *Heaven from here*, *It's only Us* et *Karma Killer.*

– J'ai fait des chansons étranges, n'est-ce pas ? En tout cas, ce ne sont pas des tubes pop classiques. Nul ne peut m'accuser d'en écrire...

Poursuite du programme musical avec *Pissing in the Wind* de Badly Drawn Boy, *In the Ghetto* d'Elvis, *Love Will Tear us apart* de Joy Division, *Don't tell me* de Madonna, *Something for the Weekend* et *Frog Princess* de Divine Comedy, ainsi que deux inédits à lui, *Bla sphemy* et *Chemical Devotion*, *It's only Natural* de Crowded House, son *Peace, Man* et son *Summertime*, *California Love* de Dr Dre, *Kelly Watch the Stars* d'Air, *God only Knows* des Beach Boys, *Narcolepsy* et *Army* des Ben Folds Five. Il attaque ensuite les faces B de ses tubes.

– Tu as entendu celle de *John Gay ?*

Et il chante.

Comme il l'a expliqué dans son interview de la veille, ses compositions conservent toujours une note personnelle. Si la presse souhaite vraiment le connaître, elle aurait avantage à passer moins de temps tapie derrière sa haie et plus à écouter ses faces B. Ses phrases sentent le vécu. Ce camarade d'école ne s'appelait pas John et il n'était peut-être même pas gay, puisque Rob a appris depuis qu'il s'était marié, mais il a existé.

– Je cherche à capturer ce dont nous parlions, l'autre soir. La tristesse et la beauté des instants enfuis et leur magie, ainsi que les responsabilités et l'ancrage dans la réalité qui accompagnent l'accès à l'âge adulte.

Pendant que nous jouons au backgammon, il retrouve plusieurs autres titres inédits que je n'ai jamais entendus, notamment une superbe ballade aux accents majestueux appelée *Snowblind*, écrite l'an dernier pendant sa tournée en Australie et en Asie du Sud-Est. Il en joue une autre intitulée *If She Exists*.

– Quand je vous dis que Guy est un mec brillant.... Ce sagouin. Rob lance les dés et déplace ses pions. Et il me manque, ajoute-t-il.

Vient ensuite un inédit au vitriol, *Big Beef*, qu'il a écrite tout seul.

– Ça parle d'une personne de LA, qui m'a trahi, explique Rob.

Il nous passe encore d'autres faces B comme *Come Take over* (« sans doute la première chanson dont j'ai écrit la musique ; Guy s'est occupé de la fin et elle je ne la trouve pas très réussie »), *Happy Song* (assez stoned), *Talk to me* (« J'étais vraiment à côté de mes pompes, quand j'ai écrit ce truc »), puis un autre inédit, *My Favourite American*.

Il dit à Josie qu'il ne possède plus de copie de son premier album, *Life thru a Lens* et lui demande de s'en procurer un auprès de la maison de disques. Il ne cesse d'être à court des siens. Un jour qu'il était chez lui et qu'il voulait réécouter cet album, il a même rageusement cassé l'un de ses disques d'or, pour découvrir qu'il s'agissait d'un tout autre enregistrement peint en doré.

Une crise vestimentaire éclate juste avant que Rob ne monte sur scène. Il trouve son pantalon trop long. Pendant les quelques instants qui précèdent son passage à l'antenne, quatre personnes s'accroupissent à ses pieds pour l'épingler rapidement. Il est prêt juste à temps pour le retentissant « Robbie Williams mit *Feel* ! », qui l'accueille.

Après avoir chanté, Rob rejoint Michael Schumacher et l'animateur de l'émission sur un canapé, où ils échangent comme prévu quelques banalités. Rob trouve tout de même le moyen de dire à Schumacher :

– Je suis très copain avec Jenson Button, et il va te botter le cul.

L'Allemand semble ignorer comment il doit prendre cette irrespectueuse plaisanterie.

Rob ayant parié qu'un homme ne parviendrait pas à se déshabiller sans lâcher son plateau garni de flûtes à champagne, et perdu, on lui fait lire les résultats de football du jour. Le public hurle de rire, car il écorche chacun des noms. Quand il arrive au FC Shalke, qui affiche un score nul de 1-1, il prononce « shlake ». « Non, Shalke », lui souffle-t-on. Et Rob voit l'occasion de faire une plaisanterie facile :

– C'est le FC Scheisse (Merde, en allemand).

Le public explose de rire. Même les cameramen se tiennent les côtes.

En coulisse, on lui explique que sa plaisanterie est assez malvenue car Rob doit se produire les 13 et 14 juillet prochains dans l'immense stade flambant neuf de l'équipe de football de Gelsenkirchen, qui n'est autre que le FC Shalke. Andy Franck, le manager de la tournée, a déjà reçu un coup de fil incendiaire du directeur du club.

Le lendemain marque la fin de cette tournée promotionnelle européenne. Rob s'écroule dans le siège du jet qui nous ramène à Londres.

– Steven Spielberg a déjà appelé ? demande-t-il en riant.

Spielberg est en effet la troisième célébrité mentionnée dans *I Will Talk, Hollywood Will Listen.*

– Quel dommage de disposer de mon charisme et d'en priver les Américains, raille-t-il.

Il mange une assiette de poulet et de légumes et considère mes pâtes d'un œil curieux, comme si le contenu de mon assiette lui donnait accès à un autre univers.

– Je n'ai pas mangé de pâtes depuis des années, déclare-t-il.

Une fois de plus, nous jouons au backgammon, quand Rob annonce tout à coup :

– J'ai appris deux choses, en cours d'histoire : que la Renaissance est née à Florence et qu'un personnage nommé Isambart Kingdom Brunel a existé, ainsi qu'un métier à tisser mécanique appelé « Spinning Jenny », puis que les Luddites sont apparus et qu'à l'époque de la révolution industrielle, on pratiquait la rotation des cultures sur trois champs.

– Et qu'as-tu appris d'autre à l'école ?

– Que N... était une salope. Mais ce n'est pas une belle histoire. C'est elle qui m'a dépucelé. Le jour de son arrivée dans notre collège – elle habitait jusque-là Liverpool –, elle m'informa de son intention, pour reprendre ses propres termes, de me baiser.

– Quel âge avais-tu ?

Quinze ans

– Et qu'est-ce qui t'a traversé l'esprit quand elle t'a fait part de son plan d'action ?

– Que j'allais la laisser faire !

– Tu étais déjà sorti avec des filles, avant ? Tu avais déjà pensé à...

– Oui. Mais en fait, mon incapacité de m'engager s'est profilée très tôt, alors quand je sortais avec une fille cela durait au maximum deux semaines et parfois un seul rencart.

– Et comment s'est passé le grand soir ?

– Elle m'avait annoncé : « Bon, ce vendredi, je te baise. » Elle est venue chez moi (mes parents étaient partis travailler) et j'ai commencé à l'embrasser. En toute honnêteté, j'ai bien failli me défiler et lui dire de s'en aller. Mais j'ai imaginé tous mes amis s'esclaffant, tandis qu'elle franchirait la porte en me traitant de dégonflé.

– Comment c'était ?

– Agréable, mais un peu répugnant. Très, très rapide. Odeurs corporelles puissantes. À cet âge-là, l'hygiène n'est pas une préoccupation majeure. On se lave les cheveux le moins possible, parce qu'il sont plus faciles à coiffer quand ils sont douteux.

– Et qu'est-ce que tu as pensé après ?

– Je me suis dit que j'étais un caïd.

– Tu l'as revue, cette fille ?

– Non, c'était vraiment juste un coup !

– Et ta seconde fois, elle est venue longtemps après ?

– Bah... Il y a des filles compliquées. Zoe Callaghan disait toujours qu'elle allait céder à mes avances, mais elle n'est jamais passée aux actes. Nous devions le faire lors de la boum de Samantha Bannister... Nous nous contentions de nous embrasser et de nous peloter en douce dans le petit recoin de la salle de dessin où l'on allait nettoyer les pinceaux.

– Et ton premier amour ?

– Je n'ai jamais été amoureux. Jamais.

– Mais il t'est tout de même arrivé de croire l'être ?

– Bien sûr : j'avais tellement envie que ça m'arrive.

– Et tu crois que cela pourra t'arriver ?

– À une époque, j'ai eu des doutes sérieux. Je passais mon temps à m'apitoyer sur mon sort et je voyais une raison supplémentaire de me lamenter. Aujourd'hui, je suis plus optimiste.

– Donc l'amour viendra quand il voudra ?

– Je le pense, oui. Même si j'ai impression que, pour l'instant, Dieu a d'autres projets pour moi. Mais ne crois pas que j'aie peur de tomber amoureux... En revanche, dans le cadre d'une relation traditionnelle, je me demande si je serais capable de fidélité. Peut-être qu'avec la trentaine, je changerai du tout au tout – ça semble arriver à beaucoup de gens – ou alors, je vivrai une relation tellement puissante que toutes ces craintes s'évaporeront... Ça, ça me plairait vraiment beaucoup !

Il demeure silencieux pendant un moment.

– Peut-être que je devrais donner à mon prochain album un titre vraiment sérieux.

Silence.

– D'un autre côté, *Something really serious*, c'est un titre plutôt nul, plaisante-t-il. Non, en fait, je pensais à *I'd Break my Heart to Make Things right* (« Je briserais mon cœur si cela pouvait arranger les choses »).

Noël. Rob part à Los Angeles pour quelques jours de vacances. À son arrivée aux États-Unis, il est interrogé par un agent du service de l'immigration.

– Quelle est votre profession ?

– Je suis musicien.

Et il attend la suite car cette réponse suscite des réactions diverses. Un jour, son interlocuteur a rétorqué :

– Alors où sont vos instruments ?

Cette fois, l'homme remarque en lui rendant son passeport :

– Vous devez être vraiment bon. C'est un très bon visa. La dernière personne que j'ai vue avec ce type de visa, c'était Rod Stewart.

À l'approche de Noël, je me suis libéré, de manière à pouvoir travailler sur ce livre plus intensément. Depuis un moment déjà, je suis Rob comme son ombre dans son travail, qu'il soit sur scène, en rendez-vous, en interview, en train d'écrire des chansons ou occupé à prévoir son avenir, et dans la plupart de ses loisirs aussi. Avec certaines personnes, une telle promiscuité peut s'avérer gênante, si facile à vivre que l'on soit. Cela dit, la plupart des gens passent beaucoup plus de temps entre quatre murs et en tête-à-tête avec eux-mêmes que Rob.

Nous avons eu une brève discussion chez lui à Londres lorsque nous avons formellement décidé d'écrire ce livre, principalement afin de vérifier que nous nous trouvions grosso modo sur la même longueur d'ondes, mais nous n'avons jamais évoqué les raisons profondes de ce travail, ni la finalité de celui-ci. Nous parlons rarement du livre, non que le projet soit en aucune façon en sommeil, mais parce que les choses se font naturellement. Je suis fréquemment présent du réveil de Rob à son coucher et, pendant une bonne partie de ce temps, je prends des notes ou je pose mon magnétophone non loin de lui. En fait, nous ne parlons explicitement de ce travail que lorsque, de temps à autre, Rob m'introduit dans une situation ou une conversation auxquelles je ne participais pas jusqu'alors, parce qu'il pense que ça peut être utile ou intéressant pour le livre. Plus rarement encore, il arrive qu'il me demande de le laisser, en général par respect pour une tierce personne désireuse de discuter avec lui en privé.

Les autres se posent mille questions, quand ils entendent parler de notre projet ou me voient à l'œuvre : dans quelle mesure suis-je écrivain et dans quelle mesure ami ?, arrive-t-il que ces deux rôles se contredisent ?, etc. Pas nous. Ce qui apparaît excentrique, conflictuel ou troublant, vu de l'extérieur, nous semble parfaitement naturel au quotidien.

Rob ne me demande jamais ce que j'écris, soit parce qu'il le sait déjà, soit parce qu'il n'a pas envie de le savoir, ou que ça ne l'intéresse pas pour le moment, et aussi parce qu'il sait qu'il en sera informé en temps voulu. Nous sommes d'accord sur le principe de brosser un portrait de Robbie au naturel. Je veux le montrer tel qu'il est, avec les mots qu'il emploie. En cela, ce livre se différenciera des habituelles biographies plus ou moins romancées de célébrités. J'espère que mes lecteurs comprendront ce parti-pris et qu'ils songeront, lorsqu'ils jugeront Robbie trop irascible, son langage trop ordurier ou son humour parfois trop cruel ou carrément de mauvais goût, à l'aspect qu'offrirait leur propre existence, si on l'observait ainsi à la loupe.

Imaginez que votre « biographe » vous suive rendez-vous après rendez-vous, jour après jour, qu'il assiste à vos discussions avec ceux que vous aimez, ceux que vous tolérez, mais aussi ceux que vous détestez ou redoutez. Son œil de lynx vous traque quand vous êtes en forme comme quand votre moral est au plus bas, quand vous vous sentez intimidé, quand vous vous exprimez sans réfléchir, sans faire attention, quand vous êtes complètement abruti, ou au contraire que vous avez avalé douze cafés, quand vous êtes pensif et quand vous vous moquez de tout....

Deuxième partie

1

Il se vend trois millions d'exemplaires du CD *Escapology* pendant la période des fêtes de fin d'année et Stevens Spielberg a envoyé un scénario à Rob. Pourtant, à mesure que l'année 2003 s'approche, celui-ci passe de plus en plus de temps cloîtré dans sa chambre de Los Angeles à jouer au golf virtuel sur l'écran géant qui masque totalement les portes donnant sur le patio. Il déteste Noël, la liesse sur commande et les attentes démesurées qui accompagnent cette période de l'année. Certains de ses amis lui semblent aujourd'hui moins intimes qu'il ne l'avait cru, et sa solitude l'angoisse et le déprime. Il se demande si la célébrité pourrit tout ce qu'elle touche et si sa notoriété a en réalité gâché sa vie. De fait, on a parfois l'impression que quand on devient connu, toutes les personnes extérieures à ce milieu finissent par devenir étranges.

– Cela peut faire ressortir les pires traits de caractère de chacun, explique Rob. C'est un peu comme l'Anneau.

En outre, depuis un moment les paparazzi américains l'importunent plus que d'ordinaire.

– Si j'aimais mon physique, soupire-t-il, cela me dérangerait moins.

Le 31 décembre, il fait un saut à la fête donnée par les Osbourne, où il boit trop d'expressos et cogne dans Justin Timberlake. Il s'éclipse néanmoins avant minuit pour regagner ses pénates et regarder un film. Rob connaissait ses hôtes avant la célébrité médiatique que leur a conféré leur émission de télé-réalité. Ozzy et lui s'étaient mutuellement congratulés au Sunset Marquis Hotel, où tous deux logeaient. Un jour, on lui passa par erreur un appel téléphonique destiné à Ozzy et il entendit Sharon demander :

– Est-ce que tu es nu ?

Comme c'était effectivement le cas, Rob acquiesça.

– Je monte, annonça-t-elle alors.
– Sharon, c'est Robbie Williams à l'appareil, l'interrompit-il.
Après quoi ils eurent une sympathique conversation.

Justin et lui s'appellent quelques jours plus tard. Rob a suggéré qu'ils chantent en duo aux Brits Awards, ce qui, entre-temps, a été arrangé et programmé, même si le choix de la chanson n'est pas encore arrêté. Rob a proposé *Under Pressure*, mais Justin ne s'est montré guère enthousiaste.

– Je crois qu'il tenait une bonne gueule bois, me dit Rob. Et qu'il n'avait jamais entendu parler d'*Under Pressure*. Mais je pense à autre chose.

Ils finissent par s'entendre sur *Hold on, I'm Coming*, de Sam & Dave. Mais quelques jours plus tard, Rob doit modifier son planning. On lui a demandé de participer à un spectacle américain intitulé « Rock The Vote », qui a lieu la même semaine que les Brits et, bien qu'il soit théoriquement possible de faire les deux, il décide que ça lui offre une excellente excuse pour échapper aux Brits. Son projet dans le cadre de Comic Relief est également tombé à l'eau. On lui propose de participer au sketch inspiré de la série *The Office*, que Ricky Gervais est en train d'écrire. Rob refuse tout net. Il apprécie ladite série, mais il a entendu Ricky Gervais parler de lui à la radio en des termes qu'il n'a pas l'intention de lui pardonner de sitôt.

Dans le même temps, il s'occupe du clip du deuxième single extrait d'*Escapology*, *Come Undone*, avec le réalisateur suédois Jonas Ackerlund. Mais il ne raffole pas de la maquette soumise par ce dernier car elle met en scène une fête, ce que Rob juge trop banal. Il lui est en revanche venu une autre idée tandis qu'il regardait *Fear Factor* : des insectes, des serpents, des grenouilles, peut-être même des fourmis.

– Je suis en train d'embrasser une fille et là, un énorme serpent sort de sa minijupe. À compter de ce moment, tout va de mal en pis et à la fin, le décor est entièrement recouvert de bestioles grouillantes.

Le projet évolue peu à peu.

– Nous allons faire une vidéo vraiment malsaine, annonce-t-il, ravi, après une conversation productive avec Jonas, et nous allons bien nous amuser.

Dans le dernier projet, et on le verra faire l'amour avec une fille, laquelle se transformera en pleine action en homme, puis de nouveau en femme.

– Non que je sois le moins du monde gay, précise Rob, malicieux.

Il a également pensé à une allégorie biblique plus large dans laquelle la vidéo viendra s'inscrire.

– Je vais donc à cette fête, raconte-t-il, et pendant que je remonte la rue, je remarque du sang sur chacune des portes. Le sang de l'Agneau. Un peu perturbé, comme n'importe qui le serait à ma place, je m'approche de la porte. On entend qu'à l'intérieur, la fête bat son plein. Je frappe, mais personne ne répond. Comme la porte est maculée de sang, je l'essuie et je tache légèrement ma chemise. J'ouvre. À l'intérieur, c'est Sodome et Gomorrhe. La fête la plus orgiaque que vous puissiez imaginer. Les choses les plus étonnantes s'y produisent. Je tends la main vers un vol-au-vent et il se transforme en amas de poux. Et quand je commence à embrasser une fille, un gros serpent surgit de sa minijupe. Voilà, en gros, ça donnera cela.

Marvin Jarrett, un ami d'amis qui publie le magazine *Nylon*, vient voir Rob. Celui-ci évoque son envie un peu mitigée de conquérir l'Amérique.

– J'ai envie de le faire parce qu'un jour, un mec a refusé de me laisser entrer dans une boîte de nuit. Franchement, je ne pense pas que ce soit une bonne motivation ni une raison suffisante pour agir... Au café Starbucks, il lance les dés qui permettent de choisir un breuvage au hasard et décroche un café au lait parfumé à la noisette. Bonne pioche.

– Je devrais faire cela plus souvent, décrète Rob.

Il évoque les relations amoureuses à Los Angeles et son rêve de rencontrer la femme de sa vie.

Je ne crois pas que Mme Williams sera actrice. Les comédiens, les mannequins et les musiciens sont tous un brin fêlés.

Il soupire.

– Je finirai sûrement par en épouser une. C'est couru d'avance. Je le sais.

La conversation dérive ensuite sur les bars de strip-tease, mais Rob n'en raffole pas.

– Tu comprends, si une belle fille vient me montrer ses seins, j'ai envie de faire plus que les regarder. Alors j'essaye de ramener la nana chez moi. Et le lendemain matin, quand je bavarde avec elle, j'ai sincèrement pitié de sa situation et... Pas question !

Cela lui rappelle une anecdote. Voici environ cinq ans, il est revenu pour la première fois à Los Angeles après la séparation du groupe Take That. Il est descendu au Shutters-on-the-Beach, à Santa Monica. Conscient que pour la première fois depuis des années, il se retrouvait dans un endroit où nul ne savait qui il était, il décida d'en profiter et de faire venir une call-girl. Il voyait cela un peu comme un rite initiatique. Il consulta donc la rubrique « Escortes » des Pages Jaunes.

– Que puis-je faire pour vous ? lui demanda-t-on.

– Je voudrais une femme pour le Shutters, s'il vous plaît.

– Voulez-vous savoir à quoi elle ressemblera.

– Euh, oui...

– C'est le genre Marilyn Monroe.

– Parfait !

Rob craignait que « genre Monroe » ne fût synonyme de « baleine échouée ». Il attendait sa visiteuse sans grand enthousiasme.

– Je me disais que c'était mauvais sur le plan karmique... que c'était le genre de choses que je désapprouvais d'ordinaire. Mais je me disais aussi que ce serait marrant. C'est un métier aussi ancien que la Bible, aussi vieux que le monde. Merde, la voilà !

Arrivée de l'« invitée » de Rob. Ce n'était peut-être pas la femme la plus attirante qu'il eût jamais rencontrée, mais elle paraissait gentille. Rob non plus n'était pas au mieux de sa forme, à cette époque ; il pesait dix kilos de plus qu'aujourd'hui, grâce à un régime strict vodka-cigarettes. La femme lui demanda ce qui l'amenait en ville. Rob donna un faux nom et s'inventa une carrière de footballeur dans l'équipe de Liverpool, expliquant qu'il avait dû renoncer à un transfert à Barcelone à cause d'un problème de genou et qu'il était venu à Los Angeles pour se faire opérer...

– Elle s'est déshabillée et ça ne m'a pas du tout excité, se remémore Rob. Mais alors, pas du tout. Nous nous sommes allongés pour bavarder et voilà que le clip de *Millenium* passe à la télévision. J'éteins vite, de peur qu'elle me reconnaisse.

Puis comme rien ne se passait, il finit par lui donner 300 dollars et la laisser partir. Avec un peu de bon sens, il s'en serait tenu là, mais Rob n'avait pas envie de se montrer intelligent. Ça l'agaçait d'avoir claqué 300 dollars pour rien. Et puis il tenait à son expérience avec une prostituée.

Ça devenait une véritable obsession. Le soir suivant, il ouvrit un magazine, choisit une fille, cette fois sur photo, et appela le numéro indiqué. La demoiselle du cliché ne tarda pas à le rejoindre, accompagnée d'une amie.

– Une nouvelle, expliqua-t-elle. Elle voudrait voir comment ça se passe.

Rob lui tendit les 400 dollars convenus et la fille s'allongea sur lui. C'est alors qu'elle lui indiqua que les 400 dollars allaient dans les caisses de son agence et que s'il voulait qu'elle s'occupât vraiment bien de lui, il faudrait lui donner un supplément, rien que pour elle. Seulement, notre Rob était à court de liquide. L'autre fille s'était enfermée dans la salle de bains, d'où provenait un étrange cliquetis métallique. Rob crut reconnaître le son familier – car entendu dans des milliers de films – d'un pistolet que l'on arme.

– Je regardais cette fille et je me disais que j'allais mourir, raconte-t-il.

En définitive rien ne se passa, ni avec le pistolet, ni avec les filles. Quand elle eut compris qu'il n'avait vraiment pas d'autre argent à lui donner, la jeune femme s'en alla.

– Voici un résumé de ma peu glorieuse carrière avec les prostituées. J'ai pensé que Dieu essayait de me dire quelque chose et je l'ai écouté.

Un article du magazine américain *Details* affirme qu'EMI a misé 80 millions de livres sur le succès de Rob aux États-Unis, une somme qualifiée d'absurde au regard de ses gains hors d'Europe. Ce papier donne le ton de la plupart de ceux qui lui seront consacrés.

Début janvier, Rob donne quelques interviews pour marquer le début de la campagne de lancement de son album, prévu le 1er avril. Il fait notamment la couverture de *The Advocate*, le plus grand magazine gay et lesbien d'Amérique. Il est rare, outre-Atlantique, que les artistes plaisantent sur leur sexualité et quand ils le font, on l'interprète souvent – parfois à juste titre – comme une façon discrète d'avouer leurs penchants. On comprendrait qu'un magazine comme *The Advocate* n'apprécie guère que l'on s'amuse du mélange des genres, mais cette publication semble au contraire ravie de l'humour de Rob. L'interview comporte des questions assez directes, le pompon étant remporté par celle-ci : « Eh bien, je vais juste vous le demander crûment : est-ce qu'on vous a déjà *eu ?* » À quoi Rob a répondu en riant : « Pas encore. Il n'est pas impossible que cela se produise à un moment ou un autre de ma vie, mais je n'y réfléchis pas tellement. » Un sens de la repartie manifestement apprécié. À moins que ce magazine n'applaudisse tout simplement le fait qu'un homme n'affiche aucune espèce d'inquiétude quant à la façon dont sa sexualité sera perçue. Selon moi, *The Advocate* se plaît tout de même à croire Rob gay.

« ROBBIE WILLIAMS EST UN GRAND COQUIN : L'est-il ou ne l'est-il pas ? » s'interroge le magazine, en tête de l'article. Voilà qui me paraît un peu simpliste. Certes, Rob aime à faire marcher les autres, mais pas dans ce domaine. De la même façon que, sur scène, il explique au public quelques-uns de ses trucs d'artiste tout en le séduisant grâce à ces stratagèmes, s'il aime laisser planer un certain mystère, il s'empresse toujours de dissiper tout malentendu dès qu'on l'interroge plus avant. Jusqu'à présent, et jusqu'à preuve du contraire, il est hétéro. Cela ne l'empêche pas d'« avouer », pour faire rire, une passion coupable pour le monstrueux catcheur The Rock :

– J'aimerais assez qu'il me secoue dans tous les sens.

On retrouve son humour lors du tournage de *Cribs*, l'émission de décoration de MTV qui permet de jeter un œil dans l'intimité des célébrités. Rob y a déjà participé, mais il avait un peu menti, prétendant que la maison de campagne dans laquelle lui et son groupe répétait était la sienne. En réalité, il la louait à l'actrice Jane Seymour, qui n'apprécia pas du tout que Claire, le clavier de Rob, simule un acte sexuel dans la robe de mariée de la propriétaire, laquelle la lui avait été prêtée par la gouvernante de Miss Seymour...

Cette fois, Rob fait visiter sa vraie maison de Los Angeles, mais sans jamais se prendre au sérieux. Il entraîne ainsi les caméras dans la salle de télévision, où elle « surprend » un groupe de mecs vissés devant *La Mélodie du bonheur*. Il montre également son immense table de salle à manger, en soulignant que c'est là qu'il a passé seul le réveillon de Noël, parce qu'il n'a pas d'amis ! Et dans la piscine, M. Williams-père fait de l'aviron....

2

Ces jours-ci, si l'on compte les heures qu'il consacre à son travail, Rob en fait moins que la moyenne des autres artistes. Il a découvert que s'il supporte sans problème de faire une partie de ce qu'on attend de lui, dès qu'il dépasse cette dose, il aspire rapidement à tout abandonner. Les succès d'un album international exige d'ordinaire des mois de promotion intensive. Rob, lui, en fait le strict minimum. Lorsqu'il travaille, il refuse les plannings surchargés que l'on impose à ses confrères, avec une interview et des jeux télévisés l'un après l'autre. En gros, pour chaque session de travail de trois ou quatre semaines, il s'accorde un temps de repos équivalent.

À la mi-janvier, Rob doit regagner Londres. Ce printemps sera essentiellement consacré à la promotion d'*Escapology* en renforçant ses assises européennes sans pour autant négliger les trois principales zones qui lui résistent jusqu'à présent : L'Amérique, le Japon et la France. Dans le salon de l'aéroport de Los Angeles, un des téléphones portables sonne et voilà Pompey qui bavarde avec un inconnu qui a eu son numéro par l'entremise d'un vendeur de voitures dont tous deux sont clients. Mieux, il passe le combiné à Rob.

– C'est John Lydon, annonce son interlocuteur, alias Johnny Rotten. Vous avez peut-être entendu parler de moi ? Je pensais seulement qu'entre super-Anglais...

Lydon se réfère au jeu télévisé consacré aux 100 plus grands Britanniques, parmi lesquels tous deux figuraient. Ils conviennent vaguement de se voir quand Rob reviendra d'Europe.

Pendant que Rob bavarde avec Lydon, Andrew Lloyd Webber s'approche de lui, ce qui l'incite à raccrocher. Rob raconte au grand producteur qu'il envisage d'écrire une comédie musicale. Lloyd Webber lui dit que, dans ce cas, il doit absolument conquérir le marché américain car c'est là que l'argent se trouve.

Nous voilà à présent en Suède, pour la remise des NRJ Music Awards locaux. Il existe aujourd'hui tellement de prix que qui connaît une bonne année peut passer des mois à voyager de l'un à l'autre. Paradoxalement, certains des trophées censés récompenser les artistes pour leurs succès constituent aujourd'hui l'un des meilleurs moteurs de vente. Ils rassemblent une large audience, permettent aux artistes de montrer leur affection envers leur public. Ils représentent aussi un moyen simple de nouer de bonnes relations au sein du réseau compliqué qui unit les artistes et les chaînes de radio ou de télévision, qui organisent en général ces spectacles.

Rob joue quelques notes de guitare dans sa loge.

– Je n'ai pas chanté depuis un mois, nous confie-t-il.

Il se regarde dans la glace et s'efforce de se préparer à entrer en scène.

– Vous qui êtes sur le point de triompher, je vous salue, déclame-t-il.

Mariah Carey fend la foule, escortée d'un homme qui l'enlace d'un bras et, de l'autre, écarte les gêneurs. De son côté, Rob conçoit soudain l'idée saugrenue d'accepter son prix de meilleur interprète masculin à la manière d'Eminem. Sans aucune explication préalable, il remercie donc son « petit bébé Hailie », conseille au public de guetter la sortie de son film *8 Mile* et de surveiller la carrière de « mon nouveau rappeur à Shady Records, 50 Cent, qui ne va pas tarder à exploser. »

Dans l'avion qui nous ramène en France, il lit *Heat* et fait la moue quand il découvre que ce magazine a décerné à Will Young le deuxième prix de beauté masculine.

– Je n'arrive qu'en troisième position, se plaint-il.

Je demande qui a gagné.

– David Beckham, évidemment.

Dans son hôtel parisien, il organise une réunion avec David et Josie. Il pense que ses deux acolytes ne prennent pas suffisamment au sérieux sa répugnance à se vendre outre-Atlantique.

– Pourquoi ne nous contentons-nous pas de ce que nous avons ? suggère-t-il. Si je conquiers l'Amérique, le seul avantage que j'en retirerai sera d'avoir conquis l'Amérique. Je n'ai pas besoin de plus d'argent. J'ai mieux réussi que presque tous les habitants de cette planète sur le plan financier comme sur le plan musical. Je n'ai pas envie de devenir le nouveau porte-drapeau du Royaume-Uni aux États-Unis. Ça me rend malade et vous le savez... En plus, ce que je préfère aux États-Unis, c'est que j'y bénéficie d'un certain anonymat. J'ai peur que ça marche trop bien et que ça ne marche pas assez bien. Moralité : je suis perdant à tous les coups !

– Tu dois tout de même songer, avance David, que l'Amérique ouvrira de nouveaux débouchés à tous les égards. Par exemple, percer à Hollywood, si cela te tente, me paraît difficile si tu n'accrois pas ta notoriété aux États-Unis...

– Ça ne m'intéresse pas, réplique Rob. Vraiment pas.

– Écoute, nous n'avons pas l'intention de t'obliger à sauter à travers des cerceaux enflammés si tu n'en as pas envie...

– Je sais bien, mais l'ennui, c'est que je réagis un peu comme un gamin, s'agissant des ventes de disques ; pour moi c'est comme un grand jeu et je ne peux pas m'empêcher de rêver de voir apparaître quelques zéros supplémentaires à la fin des chiffres. Et puis, ça m'énerve un peu de ne pas être reconnu aux États-Unis. D'un autre côté, si je parviens à l'être, je n'aurai plus nul endroit où me cacher. Plus jamais.

– Écoute, mon pote, je ne sais pas quoi te répondre, dit David. Je ne connais pas la réponse et je ne la connaîtrai jamais parce que ne me retrouverai jamais à ta place. Cela dit, j'ai vu comment les choses se passaient pour toi et je me rends compte que ce n'est pas facile.

– En fait, je m'inquiète un peu à propos de Rock The Vote, pour être parfaitement honnête... Eh bien, voilà un match nul concluant !

Tout le monde éclate de rire.

Et moi, je repars une fois de plus pour les États-Unis. Allez, au lit, les enfants !

– Bonjour, maestro ! lance David en entrant dans la chambre principale.

– Quelle heure est-il ? demande Rob.

– 14 h 10, répond David. Nous devons partir dans environ vingt-cinq minutes. Tu veux qu'on t'apporte ton petit-déjeuner dans ta chambre ?

Rob est étendu sur le ventre, le visage enfoui dans son oreiller. On n'aperçoit de lui qu'un œil entrouvert. Il semble peser avec attention les informations qu'on vient de lui apporter.

– Va-t'en, décide-t-il.

Un peu plus tard, il finit par s'extirper d'entre les draps. Quand son petit-déjeuner arrive, il le considère d'un œil méfiant avant de le repousser. Il demande qu'on lui apporte des lunettes de soleil et commence à exprimer d'une voix endormie ses desiderata du jour, sur l'air d'une comptine de Noël bien connue.

– Sommes-nous prêt ? demande David à Josie. Elle effectue un rapide tour d'horizon.

– Bagages, OK. Sécurité, OK. Pop star sous aspirine, OK.

Ce matin, la presse anglaise annonce que Rob va chanter lors du Superbowl, aux États-Unis. Encore une information fantaisiste. Comic Relief relance une nouvelle fois Rob dans la voiture, lui expliquant qu'il a mal compris, que Ricky Gervais compte parmi ses plus grands fans et qu'il a même écrit un duo pour eux deux.

– Non, tranche Rob avec une fermeté inentamée. Ce mec passait à la radio et quand on lui a demandé ce qu'il pensait de Robbie Williams, il a répondu : « Je pense qu'il ferait mieux de rentrer chez lui. » Je me fiche de son opinion, mais je ne vais sûrement pas travailler avec lui.

En définitive, Rob pourra toujours choisir l'option sur laquelle il se rabat quand il ne trouve pas de meilleure idée : se mettre à poil !

Nous nous affalons dans la suite réservée pour Robbie à Cannes. Il zappe en bâillant entre les chaînes de télé, s'arrêtant un instant sur un porno lesbien dans lequel s'ébattent trois filles et un énorme godemiché rose. Rien de bien fascinant. Josie lui signale que Dior lui a gracieusement fait porter un costume, dans l'espoir qu'il le mettra pour la remise des prix – cette fois, nous sommes venus pour l'édition française des NRJ Music Awards.

Rob rétorque qu'il songe à acheter un baigneur en plastique qu'il pourrait agiter depuis le balcon de sa chambre, en hommage à la dernière bourde de Michael Jackson.

Il descend retrouver le groupe qui dîne au bar de l'hôtel, au nom approprié de Bar des célébrités.

– Tout le monde sort, ce soir ? demande-t-il.

– Ouais, répond Chris. Il y a répétition.

– Ah bon, le spectacle de demain soir sera en direct ?

La plupart du temps, dans ce genre de spectacle, lui chante en direct, mais le groupe joue en play-back.

– Non, une répétition en play-back, répond Franksy.

– Une répétition en play-back ? répète Rob, fasciné. On aura vraiment tout vu !

Le groupe Atomic Kitten se produit dans un club tout proche et Rob décide d'y faire un tour. Nous arrivons pendant un concours de danse consternant, sur le tube de *What's your Flava*, de Craig Davis. Rob rejoint les chanteuses dans leur enclos VIP, où il salue quelques personnes. Il s'est assis devant une table couverte de bouteilles de Jack Daniels, de champagne et de petits fours. Un garçon s'installe à côté de lui, se présente sous le prénom de Jason et affirme avoir un lien de parenté avec Rob.

Au bout d'un certain temps, réalisant qu'il ne l'a pas reconnu, il lui donne son nom complet, Jason Fraser. Ce qui n'éclaire pas plus Rob. Comme il me l'expliquera plus tard, il ne demande pas leur nom aux paparazzi. Pourtant Fraser est sans doute le plus connu de la nouvelle génération. Sa spécialité : les clichés de gens très célèbres et très peu vêtus sur une plage ou de membres des familles royales sur les pistes de ski, mais aussi cette étrange catégorie moderne de photographies prises avec la complicité discrète d'une célébrité, mais que l'on cadre de manière à ce qu'elles semblent prises à son insu. Une transaction commerciale déguisée en incursion dans la vie privée.

Pour se faire reconnaître de Rob, il n'hésite pas à lui expliquer que c'est lui qui avait pris les fameuses photos de lui et de Geri Halliwell dans le Midi de la France. Rob répond en grinçant des dents qu'il comprend que chacun doit faire son travail.

L'aspect le plus étonnant et révélateur de cette conversation n'est pas tant l'arrogance qui a poussé Fraser à se présenter à l'une de ses « cibles », mais la conviction qui l'habite que cela ne pose aucun problème. De fait, tout comme une bonne partie du monde du spectacle actuel, ce garçon se réfère à un système de valeurs dans lequel tous les acteurs de cet univers, en particulier les artistes, la presse à scandale et les paparazzi, ont le sentiment d'avoir plus de points communs les uns avec les autres qu'avec quiconque gravite en dehors de leur cercle. En dépit de tensions périodiques, ils sont conscients de leurs intérêts concordants. L'idée générale peut se résumer à « Nous sommes tous dans le même bateau et, après tout, ce n'est qu'un jeu, n'est-ce pas ? » Un univers clinquant et désespéré dont la notoriété et l'argent figurent les uniques objectifs. Dans ce nouveau contexte, magazines people et paparazzi ne sont plus des parasites du succès, mais plutôt des collaborateurs au sein de la corporation des célébrités.

Je pense que ces personnes n'imaginent même pas l'hostilité que des gens comme Rob leur vouent ou le chagrin que leurs actes occasionnent chez eux. Ils ne comprennent pas non plus que certains pensent avoir quelque chose à protéger de leurs objectifs indiscrets, à la fois sur le plan artistique et sur le plan personnel, quelque chose qui s'inscrit en dehors de ce mode de pensée et qui leur paraîtrait sans doute, s'ils en soupçonnaient l'existence, excentrique, ou irréaliste et vieux-jeu.

Peut-être est-ce ce à quoi songe Fraser quand Rob met abruptement fin à leur conversation, ce soir-là.

– À dire vrai, lui explique-t-il calmement, le simple fait d'être assis à côté de toi me donne la chair de poule, la nausée.

Et Rob rejoint ses musiciens installés à l'autre bout de la salle, qui se réconfortent à coup de bière après la pseudo-répétition.

– Je trouve que je m'en suis très bien tiré, déclare-t-il, j'aurais vraiment aimé passer ce Fraser par la fenêtre.

Plus tard, il exprimera encore plus clairement ses sentiments.

« J'ai vraiment eu envie de lui casser un verre sur la figure. Pour le rendre aveugle. Et puis je lui aurais tailladé les pieds avec une lame de rasoir et j'aurais versé du Tabasco sur ses plaies. Ensuite, je lui aurais fait prendre de l'acide et je l'aurais fait monter, les yeux bandés, dans un hélicoptère. Je lui aurais fait croire que nous étions à 1 kilomètre du sol et pas seulement à 60 centimètres, je l'aurais poussé dehors et je l'aurais regardé se chier dessus. Voilà ce que j'aurais vraiment aimé lui faire... »

– Est-ce que tu te rends compte de la chance que tu as ? demande Josie à Rob.

La scène se déroule l'après-midi suivant dans la chambre de Rob et elle essaie de le réveiller.

– Non, répond-il d'une voix ensommeillée. De quelle chance ?

– De la chance que tu as de travailler dans le show-business !

– Oh... marmonne-t-il dans son oreiller. J'espérais que tu allais me dire que je pouvais me rendormir. Quelle heure est-il ?

– 14 heures et tu as une conférence de presse à la demie.

– Tu plaisantes ? Une conférence de presse avec qui ?

– Avec les médias de monde entier.

– Tu te moques de moi !

– Et ensuite, une séance-photos, ajoute-t-elle.

– Non, gémit Rob.

À l'abri des draps, il lâche son premier pet de la journée. Josie ramasse les vêtements éparpillés au pied du lit.

– Tu te rappelles que nous voulions conquérir la France ?

Rob ne répond pas. Il explique qu'il a pris une bonne moitié d'Ambien à 5 h 30 et l'autre moitié à 7 heures.

– Et tu as aussi ingurgité une bonne poignée de ces trucs ? demande-t-elle en montrant les bonbons gélatineux qui jonchent la table placée devant la fenêtre.

Rob parcourt les pages du *Mirror*. Un article lui est consacré. « *Pauvre Robbie Williams. Le chanteur a embarqué à bord de son jet privé, hier, à destination de Nice, mais il a dû redescendre quelques minutes plus tard en raison d'un problème technique...* » Et ainsi de suite. Un mensonge tellement inoffensif et inutile que le lecteur moyen n'a aucune raison d'imaginer qu'on se donne la peine d'inventer quelque chose d'aussi stupide. Donc, il y croit.

Rob titube jusqu'à la porte de sa suite.

– Attendez-vous à une conférence de presse fascinante : je dors encore.

Ils se met à parler comme s'il haranguait la presse internationale.

– Mesdames, Messieurs, à mon grand regret, je vais devoir garder mes lunettes de soleil...

Juste avant la conférence de presse, la télévision française l'interviewe. On lui pose des questions banales auxquelles il répond sans se fatiguer. Après avoir expliqué que le CD d'*Escapology* avait été enregistré à grand renfort de crack et de speedballs et que ce titre comporte au moins cinq significations qu'il ne comprend pas, il devine à la mine légèrement désespérée de son interlocutrice qu'elle espérait quelque chose d'un peu plus sérieux et substantiel. Elle lui demande ce qu'il a voulu exprimer à travers cet album. C'est peine perdue.

– Je n'en sais rien, répond Rob. Montrer les rouages internes de mon esprit. Les exposer afin de les faire découvrir aux autres, pour qu'ils s'y reconnaissent. Je ne sais pas vraiment ce que j'ai cherché à exprimer. Simplement, parfois, je suis triste, parfois joyeux ; il m'arrive d'être indifférent ou de ne plus savoir très bien où j'en suis, de ne pas comprendre certaines choses. Comme tout le monde. Ce qui est bien. Parce que si j'avais des problèmes que personne ne comprenait, mais disques ne se vendraient pas du tout. Imaginez un peu que je me mette à parler de Martiens atterrissant dans mon salon et m'obligeant à exécuter des danses hawaiiennes. Cela n'intéresserait personne.

La pauvre journaliste ne sait manifestement plus à quel saint se vouer. Derrière ses lunettes de soleil, Rob garde les yeux clos pendant la plus grande partie de l'interview. Elle lui pose des questions sur les États-Unis et il explique que l'unique raison pour laquelle il souhaite réussir outre-Atlantique, c'est pour pouvoir rentrer sans difficulté dans toutes les boîtes de nuit.

– Et aussi, ajoute-t-il, j'aimerais bien que Cameron Diaz connaisse mon existence...

– C'est pour ça que vous habitez LA ? Pour échapper à votre notoriété européenne ?

Il acquiesce :

– Pour cette raison, oui, et aussi pour les beignets.

Dans l'ascenseur, Josie prévient Rob que la conférence de presse doit durer vingt-cinq minutes.

– Mais nous viendrons à la rescousse plus tôt, si c'est nécessaire.

– Oh, fait Rob d'un air insouciant. Accordons-leur donc une demi-heure.

Il s'installe sur un grand tabouret face à un mur de micros. Il s'excuse de garder ses lunettes de soleil, expliquant qu'il s'est couché tard. Puis, il attend les premières questions. Rien ne vient.

– Génial ! s'exclame-t-il. Euh, verseau, vingt-neuf ans...

Toujours aucune question.

– Nous pouvons aussi nous regarder en chiens de faïence pendant vingt-cinq minutes. Je parie que vous baisserez les yeux avant moi, marmonne-t-il.

Enfin quelques voix s'élèvent, lui demandant où il habite et s'il s'est réellement installé aux États-Unis...

– Je suis Robbie Williams, rétorque-t-il, je ne m'installe jamais nulle part.

On lui demande alors ce qu'il pense du piratage. Il secoue la tête.

– Désolé, je n'ai pas de bateau. Je ne vois vraiment pas de quoi vous parlez.

Son interlocuteur précise qu'il pense évidemment au piratage musical.

– Oh, vous voulez dire télécharger des trucs sur Internet ? Je trouve ça génial. Non, vraiment !

Dans le brouhaha qui s'ensuit nul ne l'entend préciser qu'il parle évidemment des personnes privées qui téléchargent illégalement des morceaux sur Internet, activité qui inquiète certes l'industrie musicale, mais dont les conséquences sont limitées, et non pas du problème beaucoup plus sérieux des contrefaçons musicales et de la vente organisée de CD de contrebande.

– J'ai l'impression que personne n'y peut grand-chose, de toute façon, ajoute-t-il, poursuivant son idée. J'ai signé un accord, l'an dernier, je ne sais pas si vous en avez entendu parler. Je suis allé voir tous les présidents de maisons de disques, et j'ai interrogé chacun d'eux sur les problèmes de piratage, de téléchargement, etc. Comme ça m'intéressait, je leur ai demandé ce qu'ils comptaient faire contre ce fléau. Ils ont brassé beaucoup d'air. (Là, il prend un accent américain.) « Nous allons nous réunir et organiser un référendum et tout le monde va s'asseoir autour de cette table pour déterminer ce que nous allons faire à propos de ce problème et puis nous allons organiser des réunions, et bla-bla-bla... » Et moi je leur disais, vous ne savez pas quoi faire, hein ? Les grands manitous des maisons de disques ne savent pas comment réagir... Alors pourquoi s'affoler. Restons cool. Vous voulez écouter mes chansons, téléchargez-les. Je vais sûrement me faire taper sur les doigts par ma maison de disques, mon manager et mon comptable, mais bon, le disque a fait de bonnes ventes avant Noël... disons que ce sera gratuit pour les autres. Que voulez-vous que je vous dise ? Je ne vais pas faire comme Metallica, même si je devrais sans doute.

On lui demande ensuite si son image pleine d'arrogance est une façade. On pourrait consacrer des mois à déterminer s'il s'agit d'un compliment ou d'une insulte.

– En fait, je suis assez ennuyeux, réplique-t-il, sérieux comme un pape. Très ennuyeux, même. J'espère juste projeter une impression intéressante.

Il s'élance dehors pour une séance photos qui vire presque à l'émeute avant de se replier dans sa chambre. Il considère la vue d'un œil pensif, songeant à la foule massée en contrebas.

– Ce serait une occasion parfaite pour le truc du bébé au-dessus du balcon, commente-t-il.
– Je sais, mais tu ne dois pas le faire, prévient Josie, très ferme.
– Tu crois que ça ferait un drame ?
Il est nerveux et d'humeur à faire ou dire n'importe quoi.
– Un drame épouvantable, renchérit Gina.
Alors, il consent à regret à se ranger à la voix de la majorité.

Josie explique que les Français le supplient de faire une entorse à ses principes et d'emprunter le tapis rouge pour se rendre à la cérémonie de ce soir. Bien qu'il s'agisse d'un des nombreux rituels que l'on attend des stars de la pop dont il se dispense en général, il accepte de s'y plier, pour une fois.

Il s'habille en regardant la télé, se penchant vers l'écran lorsqu'il voit une femme, un verre de jus d'orange à la main dans une publicité pour une banque.

– Je crois que j'ai couché avec elle.

Le comptable de Rob débarque d'Angleterre avec sa feuille d'imposition à signer. Josie lui fait part de l'enthousiasme manifesté par le président de la maison de disques française lorsque Robbie a accepté de sacrifier au rite du tapis rouge. Il dit que c'est une nouvelle fantastique et que nous allons vendre un demi-million de CD dans le pays, après ça.

En coulisse après avoir traversé avec succès le fameux tapis rouge, Rob aperçoit Mariah Carey, qui progresse dans le hall bondé, suivie d'une équipe de télévision. Il plonge aussitôt dans sa loge. Il n'éprouve nul désir de participer à ce défilé dont il ignore l'objet. Il avise au loin Jason Fraser et s'interroge sur le genre d'ennui qu'il s'attirerait s'il lui flanquait son poing dans la figure. Au lieu de quoi, il rejoint le jeune photographe. Une question le taraude depuis longtemps et ce garçon pourra l'éclairer.

Cela l'a toujours agacé que l'on présente ses photos avec Geri Halliwell dans le Midi comme un coup publicitaire bien orchestré. Lui n'a jamais rien fait de tel, mais Geri ? Il demande donc à Fraser si elle a contribué à l'organisation de la fameuse séance de photos volées. Indirectement, répond Fraser. Rob le croit et écume de rage contre l'ex-Spice Girl trop avide de notoriété.

– Une star authentique, annonce le présentateur, tandis qu'une plateforme fait lentement descendre Rob sur la scène : l'inimitable Robbie Williams !

Pendant sa performance, Rob se promène entre les spectateurs. Quand il entoure de ses bras une jeune fille, un bourdonnement parcourt l'assistance. Il remonte une travée, s'éloignant de la scène, s'assied un instant sur les genoux d'un monsieur, avec un clin d'œil pour à la caméra. La foule, debout, l'applaudit à tout rompre. Un triomphe sans mélange.

– Je m'appelle Robbie Williams, dit-il en français, en saluant son public. Merci beaucoup. Bonsoir.

Deux heures plus tard, il est de retour à Londres.

> *The Guardian*, 20 janvier 2003.
>
> *Le très controversé ministre de la Culture Kim Howells a pour une fois oublié son animosité envers les rappeurs pour trouver une nouvelle tête de turc en la personne du chanteur Robbie Williams, qu'il accuse de soutenir l'action des gangs internationaux qui utilisent le piratage musical comme moyen de blanchiment financier.*
>
> *Les remontrances de M. Howells font suite aux propos qu'aurait tenus Robbie Williams devant des journalistes, lors d'une manifestation musicale cannoise : « Je pense que [le piratage musical] est génial. Je le pense vraiment. Et nul n'est équipé pour lutter contre ce phénomène. »*

Notez au passage les ravages que peut occasionner une simple paire de parenthèses.

Dans le reste de son intervention, le ministre semble tout aussi perplexe. Il commence par critiquer le fait que Rob défende, ou du moins accepte, les téléchargements illégaux, qualifiant cette pratique de vol et se posant en défenseur de « tous ces chanteurs, auteurs, musiciens et éditeurs musicaux qui vivent des revenus nets de la vente de leurs œuvres. »

Rien que de très juste, jusque-là. Seulement Howells ne tarde pas à glisser de ces pratiques artisanales à une forme de vol de nature totalement différente, affirmant, sans justification aucune que les deux sont liées. Robbie Williams « devrait aussi comprendre qu'une bonne partie des opérateurs pirates sont liés au crime organisé international. Dire que le piratage est une "excellente idée", revient donc à soutenir ces cartels internationaux spécialisés dans le trafic de drogue ou d'êtres humains et pour qui le piratage musical représente une excellente méthode afin de blanchir leur argent. »

Une telle allégation est bien entendu complètement dépourvue de fondement. Pour être clair, nul n'a encore réussi à concevoir un mécanisme qui permettrait aux gangs criminels de gagner de l'argent où d'en blanchir par le biais du téléchargement de chansons. Truands et maisons de disques se heurtent au même obstacle (voilà pourquoi ces dernières refusent de diffuser la musique par ce canal et se sentent tellement menacées par le problème) : la quasi-impossibilité d'obtenir un paiement de la part des consommateurs, en particulier de ceux qui sont aujourd'hui accoutumés aux téléchargements gratuits.

En refusant de condamner ce que des millions d'amoureux de la musique font dans le secret de leur chambre aux quatre coins du monde, profitant du vide né de l'incapacité de l'industrie musicale de s'adapter rapidement aux nouvelles technologies, Rob se voit soudain classé par un ministre au raisonnement faiblard parmi les amis des narcotrafiquants. Le pire est qu'il est tellement accoutumé à voir mal interpréter ses propos, que cette affaire le surprend à peine et ne le trouble guère. Quand j'évoque ce dont on l'accuse, il paraît ne pas vraiment le comprendre. Sa conclusion :

– J'ai vraiment fait tout ce foin, hier ? Rien qu'en passant à la télé. Très fort !

Son séjour à Cannes suscitera d'autres potins. Quelques jours plus tard éclate en effet dans le *Sun* le « scandale » de sa « violente altercation » *backstage* avec Mariah Carey :

> *Mariah Carey a été agressée par Robbie Williams dans les coulisses d'une récente remise de prix musicaux. Fou de rage, Rob a insulté la diva, lui disant d'aller se faire f***. Des membres des services de sécurité ont dû le retenir.*

Le seul aspect vraiment étonnant de cette nouvelle est qu'aucun de nous ne se rappelle avoir assisté à une telle scène !

3

Nous attendons à l'aéroport d'Oslo notre vol pour Singapour, où Rob va se produire et recevoir un prix dans le cadre des MTV Awards asiatiques. Il bavarde au téléphone avec Justin Timberlake, et s'excuse de l'avoir abandonné pour les Brits.

Il me tend le courrier du jour. Une femme de Worcester raconte gentiment ses démêlés avec l'alcool. Elle est sobre depuis un an. Et elle échangerait volontiers des conseils avec Rob. Un fan hollandais a agrafé un billet de 5 livres à sa lettre de demande d'autographe. Il précise que cette somme est destinée à couvrir les frais d'envoi, ajoutant avec une naïveté désarmante : « Si vous n'avez pas besoin de cette somme, utilisez-la pour offrir des os à votre chien. Il y a aussi le synopsis d'une pièce de théâtre. »

– Si Missy Elliot a pris ma villa...

Rob est à deux doigts de se mettre en colère pour cette hypothèse qu'il vient de forger à l'instant. Nous venons de quitter l'aéroport de Singapour et il espère bien retrouver la chambre d'hôtel qu'il a occupée lors de son dernier séjour, une villa dotée d'une piscine privée. Il redoute que quelqu'un d'autre ne l'ait investie avant lui.

Josie lui demande ce qu'il fera si tel est le cas.

– Ce que je ferai ? répète-t-il comme si elle venait de proférer une absurdité. Je rentrerai à la maison.

Josie lui recommande alors de ne plus s'inquiéter car tous les autres artistes logent en ville, à l'hôtel Fullerton.

De fait, Rob récupère la suite Bougainvillier. Son premier geste : prendre une pomme dans la corbeille de fruits. Puis il se déshabille et file vers la piscine en sous-vêtements sa pomme à la main. Une fois rafraîchi, il se met en quête d'une chaîne de télévision sportive. Au passage, il tombe sur le vidéo-clip d'*Angie*, des Rolling Stones, dans lequel Mick Jagger s'affiche dans toute sa splendeur baroque.

Vient ensuite *Summertime*, de Will Smith. Tout le monde vante le génie de cette chanson et sa capacité de vous donner la nostalgie des étés dans un quartier que vous n'avez jamais connu, n'avez jamais pu connaître et ne pourriez sans doute même pas imaginer.

– C'est à peu comme les Pet Shop Boys, dit Rob : ils ont incité beaucoup d'hétéros, comme moi, à chanter « *... a nervous boy...* » Je savais bien que la chanson parlait d'un autre garçon, mais je la trouvais quand même magnifique et émouvante. Elle aussi conjure un passé imaginaire, un peu comme si l'on se disait : « Oui, c'était quand j'étais gay... »

Rob repense soudain à un autre homme qui imaginait avoir été gay. Allongé sur le canapé de sa suite, à Singapour, il me parle de sa première expérience malheureuse avec un manager, juste après son départ de Take That. Un certain Kevin Kinsella, que sa mère lui avait présenté. Celle-ci l'avait appelé pour l'engueuler alors qu'il bronzait au bord d'une piscine, dans le Midi de la France, en compagnie de Nellee Hooper, de Lisa M, de Michael Hutchence et de Paula Yates. « Un groupe très haut de gamme, se rappelle-t-il, car si Elle McPherson et Kate Moss n'habitaient pas la même maison, nous les voyions tout le temps, de même que Dodi Al-Fayed. » La mère de Rob lui intima l'ordre de revenir illico à Manchester.

– J'ai débarqué à l'aéroport, complètement à la masse, en manque de sérotonine et totalement alcoolo, et voici que Maman plante devant moi ce grand mec aux allures d'ours. Kinsella demanda à Rob de tout lui dire. Il l'installa chez lui pendant un mois. Rob dormit beaucoup, but des litres de vodka et pleura énormément. Rob ne mit pas très longtemps à comprendre qu'il n'était pas le genre de type avec qui il voulait faire des affaires, mais cette prise de conscience ne survint qu'après un étrange incident. Un jour, Mme Kinsella appela la mère de Rob et demanda à la rencontrer pour parler de son fils. Les deux femmes se retrouvèrent en ville et l'épouse du manager annonça de but en blanc : « Vous savez que Rob est gay, n'est-ce pas ? » Sans se démonter, sa mère répondit qu'elle pensait assez bien connaître son propre fils pour savoir qu'il n'était pas gay. Mme Kinsella fit alors ce genre de grimace qui signifie : « Si vous ne voulez pas me croire... »

La seule explication qu'il puisse imaginer à l'appui de sa méprise est qu'ils étaient allés à une ou deux reprises dans un casino avec un ami gay de cette femme qui travaillait pour la télévision auprès de Jeremy Beadle.

– Je suppose que comme je ne faisais pas le numéro classique de l'hétéro du Nord en présence de cet homme – tu sais, le lourd qui n'arrête pas de dire : « Oh, oh ! Faut que je surveille mes fesses quand tu es là » –, elle en avait déduit que j'étais moi aussi homo. Et ce n'est pas la seule fois que cela m'est arrivé. Une fois, dans une boîte gay, un mec m'a même abordé en me « rappelant » que nous avions couché ensemble. Qu'est-ce que tu veux répondre à cela ? J'ai dit : « Sympa... C'était bien ? Ça t'a plu ? »

Tout cela l'amuse.

– De toute façon, comment peut-on prouver qu'on n'est pas gay ?

Il a raison : le fait de ne jamais avoir eu d'expérience homosexuelle n'est pas plus une preuve concluante qu'un millier de contre-exemples. C'est un peu comme si on essayait d'expliquer que le soleil se lèvera forcément demain parce qu'il s'est levé tous les jours précédents.

– Si tu vivais avec moi vingt-quatre heures sur vingt-quatre, au bout de vingt-quatre ans, tu commencerais probablement à croire quand même que le fiston ne se lève que pour les dames.

Il hausse les épaules.

– Mais quelle importance ? Je répète ici, encore une fois pour ceux que cela préoccupe que je demeurerai hétéro, à moins qu'un jour, un homme m'excite assez pour me convertir. Je ne dis pas ça par souci de me montrer politiquement correct. C'est simplement la vérité.

Nous discutons des raisons qui peuvent pousser les gens à s'interroger sur son compte.

– Je suis un artiste, dit Rob et je fais dans les paillettes, ce qui est assez efféminé. Tu sais, pour les gens réac, tout artiste a un côté efféminé. Si Mick Jagger accédait à la célébrité maintenant, une foule de gens se demanderait s'il est gay ou non.

Le restaurant donne sur la mer de Chine méridionale, ses pétroliers et ses jonques. En musique de fond, nous entendons la bande originale de *Chariots de Feu*, de Vangelis. Rob s'extasie sur la beauté de l'endroit, non sans se rappeler combien il était déprimé lors de son dernier séjour dans cet hôtel. C'est dur pour lui de se défaire d'un tel sentiment.

– Singapour me rappelle tout même de mauvais souvenirs, dit-il.

Rob surveille un couple de personnes âgées assis de l'autre côté de la pièce. Elles n'ont pas échangé un mot depuis le début du dîner.

– J'imagine qu'ils se sont déjà tout dit, tu ne crois pas ? Et qu'elle pense : « J'aurais dû le tuer quand j'en ai eu l'occasion. »

– Ils devraient périr dans un orgasmatron, suggère Pompey.

– C'est le nom de la société de Guy, précise Rob. Merci de mettre ce sujet sur le tapis pour me déprimer encore plus. Maintenant, vous allez peut-être me suggérer de goûter à ce buffet Nigel Martin-Smith ou me proposer un peu d'eau de M. Shropshire, le professeur de chimie ? En fait, je pense que je n'ai pas dit assez de mal de Guy. J'ai été très bien, sur ce coup.

– Nous sommes des démons, Tim et moi, ironise David. Tu sais bien que tout est de notre faute...

– Et ça n'a bien entendu rien à voir avec moi, commente Rob.

– Rien du tout, reprend David. Sauf erreur de ma part, Guy pense que Tim et moi avons empoisonné ton esprit.

– Personne ne m'accorde la moindre attention, gémit Rob. Je ne suis jamais responsable de rien, comme si j'étais incapable de prendre la moindre décision.

Il lui semble parfois que son entourage, Guy compris, sans doute, n'appréciait pas à sa juste valeur son rôle dans l'écriture des chansons. Et voilà qu'à présent, même après la rupture de leur partenariat, on minimise encore sa part dans cette décision.

– Je pense que c'est plus facile pour lui de nous accuser ; cela le dispense de se pencher sur la façon dont il se comportait avec toi, si tu vois ce que je veux dire.

– Ouais, acquiesce Rob.

Andy Francks nous rejoint et annonce que l'organisateur du spectacle propose d'amener quelques filles, le lendemain après-midi. Rob est tout à fait d'accord.

– Au bord de la piscine ? s'enquiert Josie.

– Oui, au bord de la piscine et après, à l'ombre... prédit David.

Le lendemain à son réveil, Rob apprend par Josie que Matthew Vaughan a appelé pour lui proposer le rôle d'un dealer trentenaire qui laisse tout tomber pour se retirer sous les tropiques. Rob promet de lire le scénario, mais le projet ne l'intéresse manifestement pas tant que cela. Josie en profite pour lui faire signer quelques documents. Dans cette villa de Singapour, il rédigera aussi son testament, avec Josie et moi pour témoins.

Le téléphone sonne.

– Il y a des filles en bas pour toi, elles viennent de la part de Michael, annonce Gary.

– C'est bizarre, tu ne trouves pas ? feint de s'étonner Rob, qui avait plutôt encouragé cette initiative, la veille.

– Tu peux toujours aller voir à quoi elles ressemblent, suggère David.

Rob décide d'aller faire un tour en bas. Il enfile son T-shirt Pink Floyd/ Momentary Lack of Reason et emporte sa guitare. Je le retrouve au bord de la piscine, où il bavarde avec ses invitées, deux mannequins. Il me semble même qu'il s'agit de vrais mannequins, pas d'un truc louche. D'ailleurs lorsque Rob proposera sans grande conviction à l'une d'elles de faire une sieste avec lui, elle déclinera poliment l'invitation.

Une de ces demoiselles, croate, nous montre une photo de sa famille. Sa sœur est trop grosse, ce qui l'ennuie beaucoup, et nous voilà partis dans un débat sur les problèmes de poids des ados.

– Moi, gamin, j'étais une vraie boule de graisse, explique Rob.

Il avoue à Pompey que la nuit dernière, il a englouti le Kit-kat et le grand Toblerone de son réfrigérateur avant d'aller faire une razzia dans celui de son garde du corps.

Rob est invité à deux concerts, ce soir. Nous arrivons à celui d'Avril Lavigne juste avant les rappels, au moment où elle entonne *Complicated* devant un public très jeune qui manifeste une légère hystérie de bon aloi.

– Ça va lui faire du bien, de plaire aux gamins, commente Rob.

Il a une autre observation à faire :

– J'avais raison à propos de ses seins.

Un peu plus tard, il ajoute :

– Si j'avais treize ans, je serais amoureux d'elle... au lieu de la reluquer comme un vieux pervers de vingt-neuf ans.

Quinze minutes après avoir quitté le concert d'Avril Lavigne, nous arrivons, de l'autre côté de la ville, à celui que donne Norah Jones. En une soirée à Singapour, nous aurons entendu les deux plus brillantes étoiles montantes de la chanson de cette année 2003. Le concert de Norah Jones évoque un peu un récital scolaire. Elle et ses musiciens sont installés au milieu d'une longue pièce, devant le public installé sur des rangées de chaises. On nous conduit jusqu'aux quatre sièges réservés à notre intention. D'un coup de coude bien placé, Pompey me sauve de la honte intégrale, lorsque, la combinaison des airs apaisants et jazzy et du jet-lag aidant, je manque de m'assoupir.

Tandis que Nora Jones regagne timidement sa loge, Rob bavarde avec son manager, lui glissant qu'il aimerait que Norah et Diana Krall participent à son prochain album de swing. Puis on l'invite à rencontrer l'artiste.

– Je m'attends toujours à ce que des filles comme Avril et Norah ne sachent même pas qui je suis, m'avoue-t-il plus tard.

Ce genre de rencontre l'effraie un peu, si bien qu'il les évite, mais il est assez content, voire assez fier, de la façon dont les deux entrevues de ce soir se sont déroulées.

– Je les ai toutes conquises, ce soir, se réjouit-il. Je suis à ce stade idéal de jet-lag qui endort ma timidité et mon malaise, et ne laisse surnager que mon charme et mes anecdotes pleines d'esprit.

Le lendemain, il apprend qu'en France, à la suite de son apparition lors des NRJ Awards, *Escapology* a grimpé à la seconde place des ventes.

– Ça montre que cela fonctionne de marcher au milieu de ses spectateurs, remarque-t-il.

La nouvelle lui fait vraiment plaisir ; il est ravi de la tournure que prennent les événements.

– Cet enthousiasme, pour moi, c'est nouveau !

Il évoque les marionnettes de Take That dans l'émission Spitting Image, l'équivalent britannique des Guignols de l'Info, et la joie hystérique que toutes manifestaient lorsque leur manager leur donnait une pièce de 50 pence. Gary Barlow avait eu droit à une marionnette neuve, mais pour les autres, on s'était contenté d'apposer des masques sur d'anciens modèles.

– Et tu me demandes pourquoi j'ai des problèmes... conclut-il.

Les organisateurs de spectacles qui insistent pour que Rob arrive en avance se fourvoient gravement, car il s'ennuie très vite. Ce soir ne fait pas exception. À peine Rob est-il resté assis pendant cinq minutes dans sa loge qu'il part faire un tour dans celle de Blue. Il la trouve vide, revient chez lui, lance une orange de toutes ses forces contre la cloison, ressort, croise les Atomic Kitten avec qui il bavarde quelques instants, regagne sa loge où il reprend ses lancers de fruits. Cette fois, il tente des tirs au-dessus de la cloison en espérant que ses projectiles atterriront chez Blue, à quelques portes de là. Dès que Rob entre dans une loge, il éprouve depuis son adolescence un besoin irrépressible de balancer des fruits. Un désir nourri, sinon suscité par le savon que Gary Barlow avait passé aux autres membres de Take That lors d'un concert en Italie : « Écoutez, les gars, ce n'est pas bien ! Regardez le bordel que vous avez laissé. On va faire mauvaise impression ! »

Mais cette activité ne le distrait pas bien longtemps. Rob ressort de la pièce, s'avance sur le balcon qui surplombe la scène. Il y demeure environ huit secondes avant de décréter qu'il en a marre d'être là, regagne sa loge, marmonnant, pour le cas où quelqu'un ne l'aurait pas remarqué, qu'il a la bougeotte et annonce qu'il risque de dire ou faire quelque chose qu'il regrettera – tu sais, le genre de truc pour lequel on t'arrête. Il lance à nouveau quelques fruits et déclare qu'il s'ennuie désormais « à crever », refait un tour dans les couloirs, revient dans sa loge, remonte son pantalon jusque sous ses bras, façon clown, puis s'énerve quand David fait mine de l'immortaliser dans cet accoutrement, change de pantalon, repart et trouve finalement Blue...

– J'ai envoyé pas mal de fruits dans ta loge.

– Oui, le melon, répond Lee.

– Est-ce que c'est toi qui as dit... ? commence Rob.

Il veut savoir si c'est Lee qui a dit, lorsque le contrat de Rob a été rendu public, qu'il devrait faire quelque chose de bien de tout cet argent, en donner aux bonnes œuvres, par exemple. Rob avait aussitôt demandé à Josie de lui envoyer la brochure de Give It Sum accompagnée d'une lettre lui demandant s'il souhaitait faire un don.

– Oui, répond Lee avant que Rob puisse préciser sa pensée.

Dieu seul sait à quoi il croit que la question fait allusion...

– Tu as reçu ma lettre ? insiste Rob.

– Non. Les fruits.

Nul ne semble jamais recevoir les lettres de Rob.

– Il n'a même pas eu l'air gêné, dit Rob en nous rejoignant. Remarque, je ne sais pas pourquoi ça m'étonne. On parle quand même du mec qui avait déclaré : « Rien à foutre du World Trade Center ; on tue des éléphants tous les jours. »

Les autres candidats en lice pour le trophée du meilleur chanteur international sont Eminem, le seul à part Rob qui recueille une ovation quand on cite son nom, Enrique Iglesias, Moby et Ronan Keating. Mais il sait déjà qu'il a gagné. Après avoir reçu son prix, il le propose à trois reprises à des fans assis au premier rang, puis le reprend au dernier moment. La quatrième fois, il leur en fait cadeau et repart les mains vides.

Rob fait un détour par les toilettes, ce qui lui arrive plus fréquemment qu'à la plupart des autres hommes, tout au long de la journée et souvent la nuit, à la fois à cause des importantes quantités d'eau qu'il boit et aussi à cause de sa constitution. Je lui dis que ses constants va-et-vient devaient paraître extrêmement suspects et révélateurs à l'époque où il se droguait.

– C'est vrai, je faisais en général d'une pierre deux coups.

Après avoir définitivement annoncé qu'il n'irait pas parce qu'il était trop fatigué, Rob décide d'assister à la fête organisée après le spectacle, une soirée animée et clinquante à l'Indochine, au bord de la mer. Dès son arrivée, il est accosté par un clone de la Patsy *d'Absolutely Fabulous*, qui lui saute au cou, flirte avec lui et le prend de haut tout à la fois. Elle est ivre, de cette façon un peu triste propre aux personnes qui sont restées quelques années de trop dans une soirée. Elle répète à plusieurs reprises, comme si cela devait démontrer sa sincérité plutôt que sa grossièreté : « Je ne fais pas partie de vos fans. » Rob s'efforce de la neutraliser par la politesse, mais cela ne fonctionne pas. Il décide alors de l'ignorer ; cela ne fait qu'inciter « Patsy » à redoubler d'attentions envers lui. Il finit par craquer. Rob est beaucoup plus patient face à ce genre de personne qu'on ne l'imagine, mais quand il s'énerve, il ne fait pas les choses à moitié.

– Écoute, tu es absolument nulle, déclare-t-il à son encombrante admiratrice, tu te couvres de ridicule et, en plus, tu n'as aucun charme. Barre-toi !

La pauvre femme tente de balbutier quelque chose en retour, mais elle n'est pas de taille à lui résister.

– Maintenant, casse-toi ! répète-t-il.

Mais elle ne bouge toujours pas.

– Pompey, tu peux me déplacer ce machin ?

Vingt secondes plus tard, on le présente au prince de Brunei, qui semble discret et plutôt sympathique. Ils discutent chaleureusement. Les artistes occidentaux se montrent toujours très aimables envers l'aristocratie du Brunei, sans doute en partie à cause de la munificence dont celle-ci fait preuve lorsqu'elle loue leurs services pour ses soirées privées.

Nous montons sur un balcon qui surplombe la rivière ; l'ambiance est plus calme. Une belle soirée.

– Autrefois, pour me sentir comme ce soir, juste bien dans mon corps, je dépensais des fortunes, murmure Rob.

À ce moment, Pompey lui tend son portable. David nous appelle de l'hôtel. Un problème l'a tiré de son lit.

Quoi qu'il se passe, Rob n'a pas l'air de prendre les choses au tragique.

– Ne t'en fais pas, David, ça fera deux pages dans les journaux du dimanche et puis ce sera fini. Laisse faire...

Il semble que *News of The World* s'apprête à publier un article dépeignant Rob sous les traits d'un joueur effréné qui aurait perdu plus d'un million dans les casinos au cours de la dernière année. Rob a été dépendant de beaucoup de substances, mais il n'a quand même pas tous les vices et le démon du jeu ne l'a jamais vraiment troublé.

David, furibond, voudrait tenter de stopper la publication de l'article. Rob s'en soucie moins. Il a tellement l'habitude qu'on raconte n'importe quoi sur son compte qu'il en faut plus pour l'indigner... Sans doute est-il également soulagé que cette feuille de chou n'ait rien trouvé de plus dommageable à inventer.

Je comprends mal que l'on publie des histoires à ce point fallacieuses. Certes, la révélation récente de l'amour immodéré pour le jeu de Michael Owen a réveillé l'intérêt des lecteurs pour les flambeurs. Mais *News of The World* aurait pu trouver un candidat plus plausible que Rob qui, cette année, n'a franchi qu'une seule fois le seuil d'un casino, quand il a emmené un bus entier d'amis à Las Vegas voir *Jane's Addiction*. À cela s'ajoutent de petites mises – quelques centaines de dollars au maximum – lors de parties de cartes ou de backgammon. Depuis qu'il a perdu deux briques au casino en une heure et demie, ça l'a dégoûté des tapis verts. Les rares fois où il participe à un jeu d'argent, il s'arrange pour tenir la banque, un rôle étrenné dans sa prime jeunesse en jouant les bookmakers, avec des paris sur un match de foot opposant Tottenham à Port Val.

« J'avais fait cracher toute l'école, raconte-t-il, et ça a dû me rapporter 17 ou 18 livres. Le plus drôle, c'est que je savais à peine faire une addition ou une soustraction et que j'étais absolument incapable de calculer une cote. J'avais donc pris des chiffres au hasard, mais ce qui m'a le plus fasciné, c'est que les autres imaginaient que je leur paierais vraiment leurs gains s'ils gagnaient... »

En longeant la rivière pour regagner notre minibus, nous croisons Shaggy qui a fini de présenter le spectacle. La compagne du chanteur prend une photo des deux hommes ensemble, à la demande de Shaggy.

– Je crois que c'est la première avec mon pote Robbie, commente-t-il d'un ton surpris, comme s'il avait déjà posé aux côtés de tous ses concurrents dans les hit-parades.

Et c'est peut être le cas. Après tout, ce genre de chose se pratique beaucoup.

La jeune femme qui nous escorte nous prévient que si nous continuons dans cette direction, Rob croisera sûrement des gens en sortant.

– Pas de problème, la réconforte Rob. J'ai déjà rencontré des gens.

4

Rob fume sa première cigarette, encore au lit. Il a rêvé de Pamela Anderson. (« Le ciel nous protège si elle entre en scène », marmonne Josie.) Il regardait le Superbowl chez lui en sa compagnie, et j'étais là, moi aussi. Je suis allé interviewer un membre de la bande et puis Rob s'est retrouvé à Stoke, sur une route non loin de chez lui. Le vent était si puissant qu'il l'a poussé contre un arbre, et il s'est agrippé à une clôture.

Il se lève enfin, se rend dans la salle de bains, puis il nous demande à tous – Pompey, David, Josie et moi de venir le rejoindre. Au sol, un cafard géant sur le dos. Il pédale dans le vide, mais il est incapable de se retourner dans le bon sens, car des hordes de fourmis entreprennent de le dévorer. David prend sur lui de mettre fin à son calvaire.

Rob se remémore un autre élément de son rêve : Gary Barlow était là, tel qu'en lui-même dans les premiers clips de Take That.

– On s'est serré dans les bras l'un de l'autre, dit-il. Je me suis senti vraiment hypocrite.

Après Singapour, le Japon. À l'aéroport de Narita, il est assailli par une trentaine d'adolescentes et de jeunes femmes, surexcitées et proches de l'hyperventilation, qui lui lancent des cadeaux et des paquets. C'est son premier voyage dans l'archipel depuis la sortie de son album solo, *Life thru a Lens*. À l'époque, on présupposait, à tort, qu'il connaîtrait au Japon le même succès que Take That. Quand sortirent les disques suivants, l'idée de les promouvoir partout avec enthousiasme parut de moins en moins réaliste. Sur la longue route qui nous conduit jusqu'au cœur de Tokyo, Rob nous raconte que le comble, ce fut le fiasco des interviews avec la presse européenne pour *Sing when you're Winning*. S'il se rendit comme prévu à l'hôtel londonien où avait lieu la conférence de presse, il s'abstint de tout effort. Il flirta outrageusement avec une journaliste ; il répondit aux questions de la suivante avec une absence totale de sérieux. « Je disais, par exemple, explique-t-il, que j'avais grandi dans une famille nombreuse, qu'une bonne sœur s'occupait de notre éducation, qu'elle nous avait appris à chanter et qu'on avait donné un grand spectacle devant les nazis, et ainsi de suite pendant dix bonnes minutes... C'est *La Mélodie du bonheur*, ça, non ? Je confonds toujours ma vie avec ce film-là... excusez-moi. Et puis elle m'a posé une autre question et j'ai redémarré : cet été-là, il y avait eu une recrudescence d'attaques de requins... et puis *E.T.* » La journaliste repartit en larmes. À la mi-journée, Josie et le représentant d'EMI décidèrent qu'il valait mieux annuler le reste des séances d'interview.

Maintenant, c'est différent.

– Pour *Sing*, je détestais le disque. J'étais en mission de destruction.

Dans sa suite au Four Seasons, Rob fonce directement dans la chambre à coucher et s'empare du téléphone.

– Je suis en bas dans cinq minutes, conclut-il.

Personne ne sait avec qui il vient de parler.

– C'était qui, putain ? demande Pompey.

– Ça, dit-il avec un large sourire, c'est mon coup de bourre chaque fois que je viens à Tokyo.

Il n'en a fait état à aucun moment, ni dans le passé ni pendant les préparatifs du voyage, et il n'a eu aucun contact avec elle avant d'arriver au Japon. Mais elle était à l'aéroport – il s'y attendait sans doute – et dans la bousculade, elle lui a glissé un papier avec son numéro de téléphone.

Nous descendons pour prendre un verre avec elle et ses deux copines, que Rob connaît depuis l'époque de Take That.

– J'étais comment, en ce temps-là ? demande-t-il.

– Très jeune, réplique l'une en gloussant.

– J'étais gentil ? poursuit-il. (Il a vraiment envie de savoir.) Tu peux me dire la vérité, ajoute-t-il.

– Très gentil, répond-elle. Tu te rappelles mon nom.

D'âpres discussions ont eu lieu entre l'entourage de Rob, ses avocats et le tabloïde *News of the World*. Dans la salle d'attente de l'aéroport, David avait demandé à Rob d'évaluer la somme maximum qu'il a pu claquer au jeu. « Au cours de ces deux dernières années, probablement 10 000 livres », estime Rob. À son réveil, au Japon, David lui annonce que, devant leurs démentis clairs et nets, *News of the World* a décidé de ne pas publier l'article.

Il fait du lèche-vitrines en baskets avant de se rendre à InterFM, où l'animatrice, une dénommée DJ Snoopy, lui demande s'il n'essaie pas de masquer sa sensibilité.

– Non, dit-il. Parce que cette sensibilité est présente dans bon nombre de mes chansons. Mais en tant qu'artiste, je suis un bateleur, et si c'était le véritable moi qui montait sur scène chaque soir, le spectacle serait plutôt barbant. Croyez-moi sur parole. Mon art, c'est de me projeter en cent fois plus grand que je ne suis et de paraître crédible dans ma démesure. Et par bonheur, ça marche. Mais bon, derrière tout ça, je suis quelqu'un de vraiment trop sensible. Beaucoup, beaucoup trop. Vous savez, on m'ébranle facilement.

On m'ébranle facilement. Jamais il n'ira plus loin dans ses aveux.

DJ Snoopy hoche la tête. Elle espère aller au fond des choses. Elle lui demande s'il y a un endroit où il se sent particulièrement à l'aise.

– Dans n'importe quel Starbucks, répond-il.

Après l'interview, il embraye sur une version acoustique de *Feel* avec Gary Nuttall et Neil Taylor, ses deux guitaristes. C'est un arrangement différent, très beau et – autre exemple de son extrême confiance en lui, en dépit de ses multiples doutes –, c'est là, en direct à la radio japonaise que Rob l'interprète pour la première fois.

Sur J-Wave, DJ Sasha se présente dans un anglais impeccable : son père allemand et sa mère japonaise ont opté pour la langue de Shakespeare comme terrain d'entente.

– Le Japon est-il la dernière grande muraille de Chine pour toi ? s'enquiert-il sans ironie apparente.

Sasha demande aussi à Rob des conseils pour les gens qui désirent percer et le chanteur de détailler le point de vue qu'il avait déjà esquissé à Paris à la fin de l'année précédente :

– Tu sais, ce n'est pas bien compliqué, affirme-t-il. Soit Dieu est de ton côté, soit il ne l'est pas. Et toi t'y peux rien. Il faut juste savoir quand il est temps de laisser tomber. Ne poursuis pas tes rêves.

– Ne poursuis pas tes rêves ? répète Sasha, incrédule.

– Non, ne poursuis surtout pas tes rêves, et poursuis ceux de quelqu'un d'autre, précise Rob. Abandonne et ne reste pas fidèle à toi-même, jamais. J'en fais une hygiène de vie, ajoute-t-il en s'esclaffant. Moi, je voulais être comptable. Ma vie aujourd'hui, c'était le rêve d'un autre. Il m'a été apporté sur un plateau, en quelque sorte.

– À quoi rêves-tu en ce moment ? interroge Sasha.

– À pas grand-chose. Je reste infidèle à moi-même. Je repousse le naturel.

– Vraiment ? s'étonne Sasha.

– Évidemment. Toutes ces conneries que disent les gens qui te recommandent d'être naturel. C'est de la blague. Le naturel emmerde. Le naturel, c'est le réel. Pourquoi ne pas rester dans l'irréel ? Regarde où le naturel nous a conduits...

N'ayant pas à craindre d'être jugé ou de voir ses propos, repris et déformés, dans les pages d'un tabloïde, il se montre particulièrement honnête et réfléchi au cours de ses interviews japonaises.

On le questionne sur les raisons de son succès international.

– Je n'en sais rien, dit-il. Quelque chose a dû capter l'imagination du grand public. Les vrais saltimbanques sont une espèce en voie de disparition parce que les artistes ont peur du ridicule. Mais moi, je suis prêt à passer pour un idiot si c'est pour le bien du concert. Je pense que plus personne *n'interprète* vraiment ses chansons. Je suis une résurgence des années 80... 70... 60, peut-être.

– C'est un vrai dimanche, non ? avait-il déclaré dans le van. J'ai déjeuné, j'ai regardé le foot, *Bullseye* n'a pas encore commencé et le cousin Tony s'est endormi pendant que tata Clare était à la cuisine à me préparer des côtelettes d'agneau.

Avec Sasha, il développe ce thème qui semble lui tenir à cœur.

– La semaine a perdu son rythme dès que je suis devenu une pop star, explique-t-il. Les pop stars sont privées de week-ends, or les gens normaux se pochtronnent le samedi et le dimanche. Les pop stars et les rock stars se pochtronnent, point. Quand ça leur chante. Et pour être tout à fait honnête, la plupart du temps, je ne sais pas quel jour on est. Parce que ça ne me sert à rien, en fait. On vient me chercher, on me conduit quelque part, je prends un avion et je me retrouve à Pétaouchnoc. Je ne savais même pas que je visitais le Japon. (Silence.) Mais j'étais ravi quand j'ai débarqué.

– C'est une superstar que nous recevons aujourd'hui, constate Sasha, largué.

Et Rob de s'étendre sur les dimanches déprimants, préludes au retour en classe le lundi matin.

– Mais tu sais quoi ? Je n'ai pas école demain ! Les cons ! Et je suis super riche. Ouais ! Fourrez-vous ça dans la pipe, monsieur Bannon.

M. Bannon était son directeur d'école. Sasha traduit et Rob reprend.

– Il m'arrive encore d'être tout excité le dimanche en sachant que je n'ai pas école le lendemain. C'est vrai. Et parfois, je veille très tard exprès. C'est te dire à quel point je suis devenu adulte. Et s'il y a un gâteau au frigo, je n'en ferai qu'une bouchée. C'est mon gâteau à moi. Je n'avais pas le droit d'être glouton. Mais c'est fini, M'man, t'as plus d'autorité sur moi...

Sasha traduit.

– Et en plus, je connais des filles... et elles veulent m'embrasser... et moi, je les embrasse. Ouais. Et on s'endort très, très tard. Et ma maman, elle vit en Angleterre et moi à LA. Alors je peux faire tout ce que je veux...

Sasha essaie de poser une autre question, mais Rob l'interrompt.

– Quelquefois, je ne me brosse pas les dents, dit-il. (Silence.) Je ne m'essuie pas les fesses. (Silence.) Excuse-moi. J'étais en train de récapituler tout ce que je m'autorisais maintenant. Pardon.

Sasha lui demande d'enregistrer quelques idées pour la radio. En plein milieu, Rob en ajoute une de son cru qu'il chuchote.

– Une fille m'a touché le zizi... dit-il tout bas mais d'une voix claire.

D'après Josie, Kevin Spacey a rappelé le bureau. Il aimerait que Rob se produise avec Elton John à l'occasion d'un gala de bienfaisance qu'il organise à l'Old Vic le mois prochain. Elle connaît déjà la réponse.

– Je suis pris, répète Rob. Dis-lui que je suis pris.

Une autre interview. Encore un peu de philosophie personnelle partagée avec le Japon.

– Vous avez la cote auprès des femmes, lui dit-on. Pouvez-vous nous révéler votre arme secrète ?

– Oui, déclare-t-il. Soyez riche et célèbre. Parce que si tu es riche et célèbre, tu deviens aussitôt plus beau. En fait, je suis un homme tout à fait ordinaire, mais c'est l'idée qu'on se fait de moi qui me rend sexy, non ce que j'ai vraiment. Le rock'n'roll aide les gens moches à baiser... alors vive le rock ! Tiens, regardez les Linkin Park... Non, trêve de plaisanterie : les Linkin Park, ce sont des beaux mecs. C'est juste le premier groupe qui m'est venu à l'idée.

Il développe cette réponse pendant le reste de ses interviews, et même hors micro.

– Ce qui te rend sexy ? C'est 50 % de ce que tu possèdes ajouté à 50 % de ce que les gens croient que tu possèdes. Autrement dit, je suis riche, donc sexy.

Pendant sa deuxième journée de promotion au Japon, il participe à une émission intitulée Space Shower TV. Pour la plus grande joie de Rob, le cadreur qui le suit caméra au poing arbore un T-shirt avec ces mots : RAVI PAR LES INFOS. Après avoir rêvé de Heidi Klum pendant la nuit, il se rend compte soudain que le titre de son album, *Escapology*, contient le mot « *apology* » (en anglais, « excuses »). Il ne l'avait pas même remarqué et paraît à la fois content et un peu effrayé par cette découverte.

– Ça me renverse, dit-il. Des excuses. M'excuser pour ma fuite.

Désormais, il expliquera ce titre en évoquant un désir d'absolution.

– C'est un thème qui m'a toujours poursuivi, précisera-t-il.

Pour sa troisième nuit au Japon, il rêve de Gwyneth Paltrow.

– Je fais vraiment la nouba dans mes rêves en ce moment.

La journée commence. Il est interviewé sur la banquette arrière d'une limousine par Fay Ray, une pop star japonaise. Après qu'elle lui eut posé quelques questions et qu'ils eurent un peu flirté, il lâche :

– Maintenant, à mon tour de te poser une question. J'ai entendu parler de ces distributeurs automatiques qui vendent des petites culottes usagées...

– Ça existe vraiment, reconnaît-elle.

Il arrive à la station de radio et se met en devoir d'expliquer qu'il n'escomptait pas pareil succès.

– Dire que je suis surpris serait bien au-dessous de la vérité, précise-t-il. Je ne croyais pas faire un tel carton... (Et d'énumérer ses défauts.) Je suis nul en tout. Je suis un sportif moyen. Je suis assez nul en calcul mental. Je ne sais pas faire d'additions ni de soustractions. Je n'écris pas très bien, et je ne suis pas très manuel. Alors j'ai tout misé sur la frime. Et pour le moment, je m'en tire à bon compte.

– C'est quoi, pour vous, une prestation idéale ? interroge l'animatrice, qui, bien sûr, parle de concert.

– Une chambre, Cameron Diaz et moi qui assure grave, balance-t-il.

– Formidable, commente la Japonaise.

– C'est la vérité, confirme-t-il.

– Elle va vraiment croire que tu la harcèles ! s'exclame Josie en rigolant.

– C'est sûr, concède Rob. Ce n'est pas du tout la façon de s'y prendre. Mais on s'en fout. Elle n'est qu'un fantasme, en fait. Elle ne sera jamais à la hauteur de l'idée que je me fais d'elle.

Sa dernière matinée est libre : shopping au programme. Dans le van, il évoque des soirées auxquelles il a participé dans le temps. La soirée Ab Fab quand il avait dix-sept ou dix-huit ans, au cours de laquelle il s'était dégonflé quand Naomi Campbell lui avait annnoncé que Christy Turlington voulait danser avec lui : il avait prétendu bêtement que c'était impossible parce qu'il s'était fracturé la jambe.

Quand, dans l'avion du retour, on nous autorise à détacher nos ceintures, Rob s'approche de mon siège.

– J'ai pris mon somnifère et je m'efforce de rester éveillé pour voir comment ça fait. (C'est faux. En fin de compte, il a pris deux Ambien et demi. Il a l'air déjà passablement parti.) J'ai de drôles de trucs dans les yeux, explique-t-il. Est-ce que j'ai l'air normal maintenant ? demande-t-il avec un regard vague et la voix sourde.

C'est un choc de le voir dans cet état et ça me perturbe beaucoup. Je lui demande ce qu'il lui tarde de retrouver à Los Angeles.

– Les chiens... la piscine... rien.

Brusquement il s'écroule sur moi, les muscles complètement raides. Il est complètement défoncé. Je dois rassembler toutes mes forces pour le soulever et l'installer sur le siège voisin. Quelques secondes plus tard, il se réveille, hagard. Je lui explique qu'il s'est assoupi. Il a l'air d'essayer de comprendre.

– Je vais descendre au rez-de-chaussée, dit-il.

Il regagne sa place et passe le reste du vol à dormir.

5

À Los Angeles, nous avons vu l'émission que Martin Bashir a consacrée à Michael Jackson. Bashir prend contact : il veut programmer une émission sur Rob. Pour celui-ci, c'est hors de question. (Il a d'ailleurs déjà refusé des propositions un peu plus attrayantes. Louis Theroux est venu un jour lui rendre visite. Rob voulait le rencontrer, mais le fait que Theroux s'intéressait à lui parce qu'une bonne partie de ses fans étaient déjantés l'a inquiété.)

Il se détend et commence à tourner en rond. Il refuse des rôles dans deux grandes séries télévisées (*Alias* et *Charmed*), mais il fait une apparition de dix minutes à l'anniversaire de Justin Timberlake. Un après-midi, Linda Perry débarque. C'est un auteur de chansons très en vogue qui a écrit pour Pink et Christina Aguilera, et surtout l'auteur de *Beautiful*, dernier succès de celle-ci. Il aurait préféré qu'ils essaient d'écrire une chanson ensemble ce jour-là, mais ils passent près de deux heures à discuter. « Fêlée, commente-t-il après, l'air approbateur. La tête dure. Je pense qu'elle a une bonne moralité. Elle ne savait rien de moi. Je crois qu'elle me prend pour le chanteur de *Rock DJ*. »

Il lui passe *One Fine Day* (elle trouve que les cordes pourraient être différentes, et la mélodie aussi), *Come Undone* (qu'elle aime beaucoup) et *Feel* (qui lui plaît bien). « Elle parlait de faire des "modifs" et tout, raconte-t-il. Je ne sais pas ce que c'est que ses putains de "modifs". Pour moi, si ça a l'air d'une chanson, c'est une putain de chanson. »

– Est-ce que j'ai réussi l'interview ? demande-t-il avec un sourire quand elle s'en va.

– Normalement c'est ma réplique, répond-elle.

– Tu veux qu'on... ? demande-t-il. (Il ne finit pas la phrase parce que lui en a envie.) Je sais que je ne pense qu'à moi et rien qu'à moi, dit-il, mais, merde, allons visiter mon site...

Poussé par l'ennui et obsédé par lui-même, il se cherche sur Internet.

– J'ai entré « Robbie Williams Escapology articles », dit-il, ce qui était complètement taré parce que j'avais la pêche avant d'aller là-dedans. Fondamentalement ce que j'ai trouvé, c'est : « Ouais, super génial, Robbie a remis ça » ou que je suis l'incarnation de Satan. Rien de surprenant. J'avais juste envie d'aller voir combien il y avait de chieurs dans le monde et de me casser le moral aujourd'hui...

Essayage pour le clip de *Come Undone*. Tous les habits ont été livrés à la maison et sont accrochés sur des portants dans la chambre principale. Il essaie une veste de smoking trashy, l'air d'avoir passé la nuit à faire la foire, et avance en titubant, l'air complètement paf.

– Est-ce que j'ai l'air beurré ?

– Ne joue pas les ivrognes, le conjure Josie. Je déteste ça.

B, le styliste, veut aborder la scène du lit et savoir s'il compte porter un slip. Rob s'étonne de ne pas avoir les appréhensions qu'il ressent habituellement pour ce genre de séquences. « D'habitude quand les gens parlent des scènes de cul, dit-il, ils sous-entendent : “Mon Dieu, c'était tellement gênant, comme si tous les techniciens avaient les yeux fixés sur toi... C'est de la passion, ça ? *Non* !” Mais moi, je ne suis pas du tout comme ça. J'ai toujours bandé comme un âne pour chacune des scènes de cul que j'ai tournées. Donc je pense qu'il vaut mieux que je mette un slip. »

Cette nuit-là, il rêve de Madonna.

– On n'a fait que papoter, raconte-t-il. Elle avait une thermos de café qui enregistrait nos discussions.

C'est la fin du samedi après-midi à Los Angeles, autrement dit minuit passé en Angleterre. Rob est en haut, il fait la sieste, et j'occupe le bureau de sa maison. Depuis que je travaille à ce livre, j'ai pris l'habitude de lire tous les jours les tabloïdes anglais en ligne et comme Rob dort, je clique nonchalamment sur le site de *News of the World*, et je vois le titre à la une : ROBBIE ET SA PASSION DU JEU : 2 MILLIONS DE LIVRES.

Malgré les démentis et une semaine de répit, ils sont passés outre. Parmi les inter-titres, on peut lire : « Il perd 50 000 livres sur un coup de poker », et « Après avoir réussi à se guérir de la drogue, de l'alcool et de pratiques sexuelles dépravées... Robbie est devenu accro au tapis vert. » L'article est bourré de détails et je n'ai pas besoin d'aller le chercher pour savoir que beaucoup sont absurdes. Ainsi, parmi les nombreux exemples cités, celui-ci : « Il a quitté à toute allure la cérémonie des MTV Awards à Barcelone l'an dernier pour aller jouer 10 000 livres dans un casino. » Justement, j'étais avec lui ce soir-là, celui où il a rencontré Ms Dynamite, et on est allé directement de la cérémonie à l'aéroport.

Dès son réveil, Rob file à Hollywood pour un ultime rendez-vous avec Jonas Ackerlund pour la vidéo de *Come Undone*. Dans le hall de l'hôtel Chateau Marmont, David le met brièvement au courant pour *News of the World*, mais l'incite à se concentrer d'abord sur son boulot avant de régler ce problème. Jonas, qui porte une boucle de ceinture sur laquelle il est écrit FUCK YOU, l'emmène dans une pièce du troisième étage avec des montagnes de matériel de tournage entassé partout et un storyboard scotché au mur. Il résume son point de vue.

– Le clip, c'est toute une attitude, explique-t-il. Je veux qu'il soit à la fois beau, glauque et déjanté.

Il montre à Rob les Polaroïd de la maison dans laquelle doit se situer le tournage.

– Je suis tellement heureux d'avoir cette baraque. Le propriétaire ne voulait pas de nous, mais il a fini par craquer.

Et les diverses filles.

– Celle-là ira pour les serpents, dit-il. Celle-ci pour les cafards. Et celle-là pour baiser. Ce sont des vraies actrices de porno et elles sont prêtes à aller jusqu'au bout, surtout dans la dernière scène de la chambre...

– Cool, fait Rob.

Jonas lui montre une autre photo.

– C'en est juste une de rab' pour le cas où. Comme doublure..

– Une doublure de porno ? s'étonne Rob.

– Ouaip, opine Jonas.

Il montre les deux hommes à Rob.

– Ils sont gays ?

– Je ne crois pas, répond Jonas. Mais ça ne leur pose pas de problème. En tout cas, ça devrait pas. C'est leur job.

Jonas veut continuer à parler des plans rapprochés et de la synchro, mais Rob l'arrête. Il veut descendre au rez-de-chaussée pour prendre un café.

– Je suis naze, s'excuse-t-il.

Dans le hall, il aperçoit B assis avec quelques personnes et décide de les rejoindre. Rob échange quelques mots avec un beau mec, qui se révèle être français, et demande s'il est un des mannequins pour le clip. L'homme a l'air dérouté et peut-être un peu décontenancé. C'est l'acteur Olivier Martinez.

C'est seulement alors qu'il interroge David sur *News of the World*.

– C'est à la une ?

– Ouais, confirme David, l'air préoccupé.

– Super, dit-il. J'ai un album qui va sortir, tu sais. On va voir si l'album fait un carton la semaine prochaine. Si oui, j'irai flamber. Je sortirai d'un cercle de jeu en faisant semblant d'être complètement bourré. Et agresser un acteur déguisé en paparazzi.

C'est drôle tant qu'il s'imagine que ce n'est qu'un gros titre bidon. Dès qu'il est rentré et qu'il découvre ce qu'on a vraiment écrit sur lui, son humeur change. Ahuri, il lit tout haut des passages.

> *En jeans et baskets sur la moquette dorée, Robbie Williams se tenait sous les lustres étincelants d'un casino de Las Vegas, brûlant de retrouver sa dernière obsession : les cartes. (...) Robbie, 28 ans, s'est adonné à la cocaïne, l'obsession du sexe, il a entretenu des relations torturées avec des célébrités telles que Geri Halliwell... sans compter d'interminables beuveries et des accès de gloutonnerie. Mais sa dernière passion dévorante lui a coûté 100 sacs en une nuit, et inquiète terriblement ses copains.*

L'article raconte que sa « boulimie secrète du jeu qui dure depuis trois ans » aurait commencé quand il jouait aux cartes avec ses amis des Alcooliques Anonymes. Il aurait claqué 60 000 livres « lors d'une folle équipée de trois jours à Monte Carlo ». Rob confesse être allé une fois au casino avec Jonny et Geri Halliwell et avoir perdu peut-être 500 livres, mais l'article prétend qu'il aurait joué 30 000 livres sur une seule carte au Sahara (« un fantasme »), flambé 5 000 livres au cours d'une séance de blackjack de deux heures au Victoria Casino de Londres (« Je n'y ai jamais foutu les pieds »), supplié des « amis du showbiz » comme Tom Jones et Kelly Jones de le rejoindre chez lui à LA pour faire un poker « en misant gros », empunté de l'argent à Nicole Kidman après avoir épuisé ses jetons de 100 livres (« Ça, c'est arrivé, reconnaît-il. Mais c'était pas *des* jetons de 100 livres. Je lui ai demandé : "T'aurais pas 100 livres ?" »), et flambé 10 000 livres après la remise des MTV Awards. Dans l'article, un « ami » anonyme décrit une soirée au Mandalay Bay Hotel à Vegas. À l'en croire, pendant la nuit, Rob aurait flambé 100 000 livres et désormais, il jouerait tous les jours. « Trois semaines peuvent lui coûter un million », affirme cet ami. Puis vient l'insinuation la plus perfide :

« Son ami lui a expliqué que jouer était une forme majeure de relaxation pour les alcooliques en cours de désintoxication. “Tu paries sur n'importe quoi... Robbie adorait raconter que deux ou trois gars avaient parié sur qui serait le premier à craquer devant un verre.” »

Pour quelqu'un qui prend tellement au sérieux la dépendance, c'est une monstruosité. Et ça ne s'arrête pas là.

« ... pour lui, le jeu, c'est comme pour quelqu'un d'autre faire un tour au pub. En deux ans, ses pertes s'élèvent à 2 millions de livres. »

Faux.

« Les maisons de disques avaient l'habitude de verser à Robbie 60 000 livres par mois pour limiter ses dépenses. »

Faux.

« Il aime toujours prendre un verre, semble-t-il, et paraissait complètement cuité en sortant du LA Whisky bar jeudi soir avec des copains. »

Faux.

– C'est dégoûtant, s'insurge-t-il après sa lecture.

C'est absolument lamentable, ni plus ni moins que de la diffamation. Rob est mi-amusé mi-furieux. Il dit qu'il lui est arrivé d'aller parfois à l'Aspinalls à Londres, mais qu'il a cessé de fréquenter l'endroit quand la mise minimale est passée à 25 livres parce que ça devenait trop sérieux à son goût. On ne pouvait plus rigoler. Il examine les photos parues dans *News of the World*. L'une est une image avec du grain où on le voit entouré de copains de jeu assis autour d'une table, des cartes à la main. On croirait un instantané pris à la sauvette dans un cercle de jeu haut de game. En fait les visages sont ceux de Josie, Chris Sharrock, David, le réalisateur Brian Hill et Rob. Comme l'indique la minuscule légende « Robbie, en vert, et ses camarades de travail pour le DVD », sans explications ni précisions, le cliché provient de son film *Nobody Someday*. Le soir en question, ils jouaient pour le plaisir, un jeu de cartes pour les gosses, bien qu'il leur arrive aussi parfois de miser un billet de 5 livres.

Il sait tout ça. Mais il sait aussi que demain soir, plusieurs millions de personnes en Angleterre vont croire ce qu'elles auront vu imprimé dans le journal.

Il appelle David aussitôt. Un procès, même si on est sûr de gagner, a des inconvénients. S'il poursuit le journal en diffamation, il peut compter sur *News of the World* pour le discréditer systématiquement. Il peut s'attendre à ce qu'on le cite en prenant au pied de la lettre chacun des propos qu'il a tenus au deuxième ou troisième degré. Mais comment peut-il laisser publier de telles calomnies ? S'il ne réagit pas, elles vont se répandre et passeront vite pour un fait acquis.

– C'est une question de principe, fulmine-t-il. Je m'en tape. Mais si on laisse passer ça, jusqu'où iront-ils ?

Donc c'est décidé.

– Il faut les poursuivre. Et si on gagne, on mise tout sur le noir.

6

– Ça y est ! annonce-t-il. On y va.

Il dit bonjour à une jolie fille très dévêtue et crucifiée. Elle est accrochée dans un coin dans la chambre où on va tourner la majeure partie du nouveau clip. Sur l'eau de la piscine, dehors, une poupée gonflable flotte sur le ventre. Il fait le tour de la maison. Il y a une photographie du propriétaire, héritier de la fortune des Ananas Dole, avec son père. Ils sourient. Entre les deux se tient George W. Bush.

Il va saluer tous les participants qu'il peut trouver :

– Salut, je suis Rob, c'est moi qui chante aujourd'hui...

Puis il retourne dans sa caravane.

– J'ai l'impression qu'on fait quelque chose de mal, non ? ironise-t-il. Une femme noire mise en croix...

David entre dans la caravane et annonce, tout excité, que *Feel* a battu une espèce de record aux Pays-Bas concernant le nombre d'appels des auditeurs depuis dix ans.

– Je ne sais pas ce que ça veut dire, répond Rob.

– Moi non plus, fait David qui se marre mais essaie d'expliquer. Personne n'a dépassé les 7,5, et tu as fait 7,9.

– Génial ! s'exclame Rob, paumé, et ils éclatent de rire.

Pour commencer, on tourne la scène du lendemain matin, quand il se réveille au lit entre deux filles. Il s'allonge entre elles, s'adosse contre la tête de lit en peau d'alligator et bavarde. L'une est déjà une star du porno et l'autre tourne son premier film X le prochain week-end. Il demande à la seconde ce que ses parents en pensent.

– Ils ne me parlent plus, répond-elle.

Il mime la scène pour la caméra : il se réveille, s'examine dans la glace et sort en chancelant. David suit sur l'écran de contrôle. Il craint que Rob ne force la dose et fasse du Norman Wisdom. Ce sera une inquiétude récurrente durant la journée.

– Trop saoul et trop défoncé, observe Josie après une prise en plongée.

Aujourd'hui, il joue un mélange entre ce qu'il a vécu dans le passé, mais en grossissant le trait, et une imitation de Colin Farrell.

– Je me suis pris au jeu, dit-il ensuite pour s'excuser d'en avoir trop fait. Mais j'ai eu dix ans de répét' rien que pour ce rôle.

Entre les prises, Hamish Brown, son photographe habituel pour ce genre de travail, prend quelques clichés de lui au lit entre les deux filles. Elles se serrent contre lui.

– Mon menton est comment sous cet angle ? demande-t-il à Hamish sérieusement.

Hamish le rassure.

Sous l'objectif, Rob touche avec sa langue celle de la blonde puis, comme s'il ne voulait pas faire preuve de favoritisme, il en fait autant avec la brune. Toutes les deux ont les mains posées sur son sexe.

– On réalise mon fantasme, commente-t-il avant de mettre sa langue dans l'oreille de la brune. (Il rit.) Avec moi, ça tourne tout de suite aux seventies en Allemagne, non ? « Ja, das ist gut. Ja, on fait une partouze. »

Maintenant, les filles se marrent.

– Pourquoi j'ai l'impression d'être Ron Jeremy ? fait-il en demandant aux filles de lui tirer sur les têtons. Un chacune.

– Il aime qu'on lui tiraille les têtons, remarque la brune.

– Non, pas du tout, affirme-t-il, avant de susurrer d'une voix châtiée : C'est strictement *pour l'amour de l'art.*

Ensuite, il embrasse la blonde.

– Hamish, dis-moi de les embrasser toutes les deux.

Hamish met un instant à percuter.

– Les trois langues ensemble ? propose Hamish et ses sujets obéissent docilement.

– On fait les fous maintenant, propose la blonde.

Et là, les langues s'activent, on pétrit les seins, et on ne se soucie plus guère de prendre la pose pour l'objectif.

– Vers moi, Rob, réclame Hamish qui tente de conserver un semblant de professionnalisme.

– Naan, grogne Rob qui est occupé ailleurs.

Quand ils ont fini, Rob dit :

– Merci, Mesdames.

Elles se lèvent et vont faire retoucher leur maquillage. Il ne bouge pas.

– Je ne vais pas sortir du lit avant un moment, annonce-t-il.

Par excès de zèle, je lui demande le nom des deux filles. Il réfléchit un instant et sourit à l'avance de sa réponse.

– Je n'en sais rien.

Et il se marre.

La bande à Rob s'inquiète du fait que Jonas Ackerlund semble avoir abandonné un des aspects du clip auquel Rob tenait le plus : l'allégorie religieuse, le sang sur les portes. J'entends ses collaborateurs se demander s'ils doivent aborder la question.

– Tant que Rob est content.

– Il a aussi ses défauts.

– Le problème, c'est que Rob a vu les filles à poil et point barre. Dès lors, toutes les références à la Bible sont passées aux oubliettes.

Le soir, de retour chez lui après le premier jour de tournage, il lit un article sur la prochaine émission à la carte sur la télévision américaine au cours de laquelle ils veulent entrer en contact avec la princesse Diana. Il trouve ça morbide, mais ça le fascine. Il l'a rencontrée une fois, quand Take That avait été invité à se rendre à Kensington Palace. Elle s'était montrée charmante. « Quelqu'un de bon, de chaleureux, » se souvient-il. Lors d'un *chat* sur la Toile, il a dit une fois, un peu cavalièrement, que quelque chose clochait dans le compte-rendu de sa mort.

« Le lendemain, Mohamed al-Fayed m'a envoyé une lettre : "Très intéressé d'entendre vos idées... nous devrions prendre un thé pour en discuter." »

Il n'a pas répondu.

Il se lève à 7 h 30 le lendemain matin, prêt pour le grand jour.

– Aujourd'hui, annonce-t-il pendant que nous roulons vers Los Angeles dans le crachin, je baise. Je pense que ça va être un peu tordu, Josie. »

Dans la maison, assis en peignoir, slip et socquettes roses sur le lit où doit se tourner plus tard la scène de sexe, il se met d'accord avec David et Josie sur la réponse juridique à donner à l'article de *News of the World*. Ils passent en revue les éléments point par point. Josie explique qu'il leur faut sa réaction à l'article du journal qui l'accuse d'avoir la passion du jeu

– ... « Un joueur compulsif. »

– Certainement pas, dit-il.

– Alors : « J'aime jouer de temps à autre » ? propose David.

– Oui, convient-il. « ... Comme tout le monde... » Ouais. « Pour de petites sommes. »

L'affirmation suivante : « Les pertes de Robbie s'élèvent à 2 millions de livres. »

– Complètement absurde, déclare-t-il.

– « On prétend qu'il aurait perdu 50 000 livres sur un coup de poker et flambé 30 000 lors d'un pari... » poursuit David.

– Je n'ai jamais joué des sommes de ce niveau, dit Rob. « On prétend que la queue de Robbie est énorme. » Oui... énorme.

– « On prétend qu'auparavant, Robbie était accro à la cocaïne, à l'alcool et au sexe... », dit David, avant de répondre lui-même : Non, pas le sexe.

– C'est ça, fait Rob. Pas le sexe. Qu'est-ce que je suis supposé répondre à de telles conneries ?

– Tu te contentes de dire ça, lui conseille Josie. « Les documents ne manquent pas... je ne me suis jamais caché. »

– Exact, approuve Rob.

Puis vient l'accusation la plus pénible de toutes, selon laquelle Rob parierait sur une éventuelle rechute d'anciens alcooliques.

– « L'allégation la plus choquante, c'est que je parierais sur la sobriété de quelqu'un, écrit David. L'alcool est une question de vie et de mort, une question avec laquelle on ne peut pas jouer. » Ouais ?

– « Et qu'il ne faut pas prendre à la légère », conclut Rob.

Dans le vestibule de la maison où se déroule le tournage, je discute avec David du fléau que cela peut être de naître avec trop de pognon.

– Ce sera le problème de tes gosses, balance David à Rob.

– Ouais, mais j'ai l'intention d'être pauvre à ce moment-là, justement pour leur éviter ça, dit Rob. C'est un trop gros risque. (Il nous explique son plan B :) Je vais acheter une île et y créer un monde, et chacun fera comme s'il ne savait pas qui j'étais. Là où on ne s'occupera pas de moi ni de mes gosses.

Debout dans la cuisine. Il s'ennuie entre deux séquences, s'abrite de la pluie. CNN diffuse le premier message attribué à Ousama Ben Laden depuis l'invasion de l'Afghanistan.

– Si j'étais vraiment méchant et si j'avais du temps à perdre, déclare Rob à Josie, je pourrais y aller. Mais j'ai vraiment peur de l'avion...

– Oui, reconnaît-elle, tu le pourrais.

Il saute sur l'occasion pour lui signaler des choses qui lui manquent dans la vie et dont il aimerait qu'elle s'occupe.

– Je veux une masseuse, commence-t-il. Et quelqu'un pour promener les chiens... mais c'est pas pour eux, c'est pour moi. Pour qu'il me promène. Et j'ai besoin de quelqu'un pour me montrer les arbres, pour que je sache où ils sont. Je veux quelqu'un de l'office de tourisme pour m'indiquer les lieux intéressants et me signaler les manifestations locales. Mais je ne veux pas qu'il s'adresse à moi directement, il doit passer par toi. Je ne dois jamais le voir. Il doit être invisible, mais riche en renseignements. Je veux aussi un costume de Spiderman et des pouvoirs surnaturels...

Josie opine du chef.

La question reste en suspens : Rob a-t-il vraiment l'intention d'avoir des rapports devant la caméra ? Personne n'a osé lui en parler directement. On n'arrête pas de blaguer à ce sujet, mais en même temps, ce n'est pas vraiment une blague. Tout le monde sait bien qu'il faut avoir sur le plateau des actrices prêtes à cette éventualité. Mais à la pause-déjeuner dans la caravane, on dirait que Rob commence tout juste à réfléchir à ce sujet.

– David, dit-il, je crois que pour la séquence sur le sexe, il faut qu'il y ait un peu de sexe.

– Avec pénétration ? s'enquiert David d'une voix monocorde.

– Je pensais à me faire tailler une pipe, corrige-t-il avant d'ajouter, le regard faisant le tour de ses troupes rassemblées dans la caravane : Mais vous, vous ne regarderez pas.

Je lui demande pourquoi il veut le faire pour de vrai.

– Ça pousse plus loin les frontières du goût. Et ça peut être complètement mauvais. La même chose que d'enregistrer un album de swing. Et pour autant que je m'en souviennne, personne d'autre ne l'a fait.

– Y a-t-il quelque chose que tu ne feras pas pour ce clip ?

– Sans doute la pénétration. « Je n'ai pas eu de rapports sexuels avec cette femme. »

Il demande à voir la blonde pendant sa pause-déjeuner. Il veut discuter la scène avec elle et je suis sûr qu'il a exclu toute idée de répétition. On apprend qu'elle n'a pas fini de déjeuner. Quand elle arrive à la caravane, il est de retour sur le plateau. Ils discutent dans la rue ; elle sourit et ils se serrent la main.

C'est réglé, annonce-t-il. Tant que c'est pas avec des serpents.

Il doit enregistrer d'abord un play-back de la chanson. Ce sera la première fois qu'on entendra *Come Undone* sur le plateau, au bout d'un jour et demi de tournage. D'habitude, lors du tournage d'un clip, tout le monde finit par être saturé de la chanson à force de l'entendre par fragments de vingt secondes à mesure qu'on refait une prise. Mais ce clip est tourné sans musique, sauf pour les scènes de sexe, où Jonas veut un tempo plus énergique que la chanson de Rob. (Il adore *You Shook me all Night long*, d'AC/DC). Rob est plus réservé et il est particulièrement anxieux pour le play-back, un exercice qui le met mal à l'aise en temps normal. Il souligne qu'il n'y a pas de play-back dans *Feel* et ce n'est pas un hasard. La scène doit être tournée avec Rob assis contre le mur de la « chambre rose secrète » que Jonas vient de découvrir dans la maison de location. (Comme cela ne faisait pas partie du deal, le propriétaire réclame aussitôt 5 000 dollars de plus.)

Il chante superbement en pensant au clip *Yellow* de Coldplay. Sauf qu'à la fin de la deuxième prise, la caméra s'élève pour faire un panoramique et le surprend en train de se curer les ongles de pied. Quand il entre dans la cuisine après la troisième prise pleine de passion et d'espérances perdues, on entend des applaudissements.

– Non, dit-il. Ça ne va pas suffire.

Sur CNN, il est question de la destitution de Saddam Hussein.

– Mieux vaut savoir ce qu'on a..., me dit-il. Note ce que j'ai dit.

Il est horrifié de voir que j'écris dans mon carnet, comme si je n'avais pas compris qu'il déconnait et le prenais au sérieux.

Je lui explique que je n'écris pas ce qu'il m'a dit d'écrire, mais qu'il m'a dit de l'écrire.

– Cool, fait-il.

– Rob, tu as besoin de quelque chose ? s'enquiert Josie.

– L'amour d'une honnête femme, répond-il.

– Je pense pouvoir t'arranger ça.

– Non, dit-il. D'une femme *bien*.

– Un café en attendant ? propose-t-elle.

– Super.

La blonde vient le trouver. Elle lui explique que son agent lui conseille de ne pas le faire.

– Très bien, répond-il.

Il n'essaie pas même de la convaincre. Comme pour beaucoup de ses rencontres en dehors du plateau, il suffit d'un seul accroc pour qu'il perde tout intérêt, et quand ça ne l'intéresse plus, il passe à autre chose. En fin de compte, c'est peut-être un mal pour un bien.

– Tu aimerais que je ne fasse rien, hein, Josie ?

– Ma foi, on aurait du mal à en tirer quelque chose, répond-elle.

– La poisse ! marmonne-t-il, un peu contrarié. (Il se souvient maintenant pourquoi il avait eu cette idée.) La controverse, dit-il. La controverse, controverse, controverse.

La plupart des gens du spectacle démentent avec conviction avoir voulu déclencher une controverse. Tout est présenté comme le fruit spontané d'une authentique pulsion artistique, et la polémique qui en découle est censée être involontaire. Mais c'est caractéristique de Robbie Williams de déclarer ouvertement qu'il cherche à déclencher une polémique. Il affiche tout haut le motif superficiel tout en laissant, bien sûr, dans l'ombre, qu'il veut faire passer quelque chose de grave et de profond.

Bref, il n'a peut-être pas besoin d'une scène de baise.

– Tu as déjà les cafards, les poignets tailladés, la drogue, une scène de baise, énumére Josie. C'est pas vraiment pour Canal J.

Qu'importe. Il sait que s'il le demande, Jonas obligera l'actrice à respecter la promesse qu'elle a faite avant le tournage, mais la chose ne lui dit plus rien. L'idée non plus.

– Ça m'est égal, vraiment. Qu'on en finisse et qu'on se tire.

Il sort et reste debout aux confins de la pelouse, impeccablement verte et horizontale, formant un contraste parfait avec les collines broussailleuses environnantes. Il s'étire et replie les bras autour de lui.

– Je touche le cul de Robbie Williams, fait-il.

La scène du lit est remise à plus tard. Rob réclame du déodorant, puis une menthe.

– À l'attaque ! annonce-t-il.

Pendant qu'il est avec les filles, j'attends dans la salle de bains à côté avec Daniel, le coiffeur et ami de Rob, et les deux gars qui attendent leur tour au pieu avec Rob. Ils ont l'air complètement beurré. De la chambre, j'entends Jonas crier des ordres et des encouragements, puis des rires. Au bout d'un moment, un des techniciens surgit dans la pièce et réclame en criant :

– La vidéo des serpents !

Le temps presse. Ils ont des délais très stricts pour l'autorisation de tournage avant de devoir quitter la maison. Jonas refuse même de parler au producteur. On expédie les deux gars. Des rires nous parviennent à travers le mur.

– Redresse-toi ! crie Jonas. Je ne vois pas ton visage ! Et baisse-toi de nouveau. À genoux ! Mets-toi à genoux !

J'entends la voix de Rob.

– Tout le monde veut dominer, commente-t-il.

Je suis sûr que c'est une récrimination, ou un commentaire, voire une célébration.

Au moment où il quitte la chambre, on doit évacuer les lieux à la hâte. Il ne prend pas le temps d'expliquer ce qui s'est passé avant que nous soyons dans l'obscurité du van.

– Sa chatte schlinguait, lâche-t-il avant de passer à autre chose. (Il parle d'abord des garçons.) Celui aux cheveux blancs était bourré comme un coing. Il voulait juste baiser. Enfin quoi, mec, c'est qu'un clip et je suis pas rond. (Il rigole.) Ça va faire du bruit.

– Il a eu ses menthes ? s'enquiert Josie.

– J'ai pas embrassé les garçons, dit-il. Je les ai juste tringlés par-derrière.

– Pas la langue, juste tringlés par-derrière, résume Josie comme si elle prenait des notes.

Avant et pendant le tournage, de même que dans le van, il n'a pas été nécessaire de préciser qu'il n'avait fait que simuler les actes sexuels avec les hommes. Mais certaines choses vont mieux en les disant.

– Les deux filles sont complètement timbrées. Alors on rigole un coup. Puis on arrête de rigoler, alors les deux mecs débarquent, et le blondinet qui se tient une cuite de première veut me baiser – il me pousse sur le lit. Mais c'était poilant parce qu'on était tous les trois et en fin de compte, chacun essayait de dominer.

Je lui demande si c'était rigolo.

– Oui. Ils se marraient, ils sont très jeunes et rigolent quand la situation est drôle. Moi j'étais très boulot-boulot à la fin. Personne n'a baisé en fin de compte, on se tripote beaucoup, surtout les seins, les deux filles qui s'embrassent, puis nous trois. Et après les garçons.

– Tu as gardé ton slip ?

– Ouais, mon vieux. Mais pas eux. C'était pas érotique ni sexy, mais c'était pas très difficile non plus. Résumons les choses comme ça : au garde-à-vous avec les dames, très discret avec les garçons. Je te le dirais si j'avais trouvé ça bandant.

Nous allons prendre un souper tardif au Standard sur Sunset Boulevard. Rob prétend, devant le garçon, que ça fait presque vingt-quatre heures qu'il est debout et Josie lui dit qu'il exagère.

– Il n'en sait rien, rétorque Rob. Il me trouve vraiment cool maintenant. (Pause.) Il va leur demander là-bas : C'est qui ce type super cool ? Il fait penser à Liam, mais aussi à Norman Wisdom.

Sur quoi, il se rend compte que Daniel, qui est anglais et habitait Londres à l'époque, n'a qu'une vague idée de ce qu'était Take That. Il apparaît aussi qu'il est passé à côté de tout un pan de la culture pop. Aussi Rob lui dresse un rapide récapitulatif des groupes de rock des quinze dernières années.

– Les New Kids on the Block. (Pause.) La musique grunge et la techno et Take That. (Pause.) N'Sync, Les Backstreet Boys. (Daniel dit qu'il connaît les Backstreet Boys parce qu'il coupait les cheveux de Howie.)

– Tu te souviens de ça ? demande-t-il à Daniel en se mettant à lui chanter *Pray*, à la table.

– C'est un chouette moment entre deux hommes, remarque Lee.

– Numéro un pendant quatre semaine, précise Rob.

– Tu peux m'en faire un autre ? demande Daniel.

Rob chante *Everything Changes.*

– Bien sûr, je connais celui-là, dit Daniel.

Puis Rob chante *Could it Be magic ?* et *Back for good.* C'est alors seulement que Daniel se souvient qu'il était stewart quand Take That jouait à Wembley. Mais il ne faisait pas attention.

– Mon amour-propre n'est pas blessé parce que tu ne sais pas qui était Take That, assure Rob. Je suis seulement sidéré.

Daniel n'a jamais parlé avec Rob de son passé et brusquement, cela l'intéresse.

– Et après ça, tu t'es tiré ? demande-t-il.

– Exact, acquiesce Rob. C'est devenu trop lourd, mec. Les choses ont déconné. Des centres d'aide se sont ouverts dans toute l'Allemagne. Une fille s'est suicidée.

– Tu avais combien de fans ?

– Un exemple : une année pour la Saint-Valentin, j'ai reçu 80 000 cartes.

Je lui demande combien il en a envoyé.

– Zéro.

Durant tout le trajet, Daniel pose des questions, et ça continue quand on arrive et qu'on s'assoit autour du comptoir. C'est à la fois touchant et intéressant d'écouter Rob expliquer son histoire à quelqu'un qui en ignore tout.

– Tout le monde connaissait le groupe, j'imagine ? dit Daniel en parlant de Take That.

– Non, reconnaît Rob. Il y avait toi et quelques ringards.

– Combien de temps le groupe est resté ensemble ?

– Cinq ans.

– Et ça a bien marché tout ce temps-là ?

– Ça a marché pendant trois ans et demi.

– Tu étais excité quand tu as commencé à être connu ?

– Il y avait des aspects qui m'excitaient, bien sûr. Mais il y avait tellement de boulot qu'on était complètement nase.

– Comment étaient les types du groupe ? interroge Daniel.

– Super, mon vieux, assure Rob.

– Des connards ? avance Daniel.

– Non, en fait, ils étaient jeunes. On avait Satan comme manager, et son idée, c'était « diviser pour mieux régner ». Alors c'était plein de coups fourrés avec tout le monde, ce qui fait qu'en fin de compte, on était tous divisés. (Il éclate de rire.) Voilà, c'est la ligne officielle. Barlow était un sacré con.

– Alors quand tu as quitté le groupe, tu as tout de suite embrayé sur le tien ?

– Non, j'ai, bon... je picolais sec et je me camais comme un fou. J'étais complètement jeté...

– Ça a été le pire moment ?

– Ouais, enfin, vers la fin... Je veux dire que pendant Take That, j'en avais tâté, et puis vers la fin, j'étais complètement pété tous les jours. Alors je me suis tiré et j'ai plongé dans la drogue pendant un an, à fond. Et après, je me suis retrouvé avec un super procès au train, pour divers trucs ; j'ai perdu tout mon pognon, j'ai signé un nouveau contrat pour un disque, et j'ai glandouillé à Londres dans le circuit people pour rencontrer des amis, pour rester cool et toutes ces conneries. Et au bout d'à peu près un an... au bout d'un an, la maison de disques m'a dit : « Écoute, il faut qu'on sorte des chansons. » J'ai répondu : « Bon, ça va. » Alors la maison de disques m'a demandé de sortir *Freedom* de George Michael et j'ai dit : « Bon, ça va. Si après ça, je peux avoir la paix, je le fais... » Alors j'ai sorti *Freedom* de George Michael.

– C'est vrai ?

– Absolument.

– Ça a marché ?

– Il a été numéro deux, mais ça s'est perdu dans les annales de l'histoire parce que personne n'en parle jamais. Et moi qui voulais faire quelque chose de différent, être quelqu'un de différent, être moi... et puis voilà que je ne trouve rien de mieux à faire que de sortir un remake.

– Et après ?

– Après on m'a envoyé écrire des chansons avec Desmond Child, qui a écrit *Living on a Prayer* et quelques autres titres à Miami.

– C'est un mec ?

– Oui. Et là, j'ai remis ça : « Foutez-moi la paix, j'y vais. » Et j'ai perdu un tas de pognon et pas mal de temps à écrire des mauvaises chansons pour lui.

– Le pognon de qui ?

– Le mien.

– Vraiment ?
– Je te le dis.
– Mais d'où tu tenais le fric ?
– L'avance pour mon disque.
– Juste. Et là, ils t'ont baisé.
– Tu parles. J'ai trouvé un seul air pas trop mal, *Old before I Die*, mais je me suis plus ou moins disputé avec Desmond, et avec la direction de la maison de disques d'une façon détournée. J'ai dit qu'il n'était pas question que je chante ces chansons. T'as déjà entendu celle de Ricky Martin, *Private Emotion* ? « It's a priiivate emotion... » Tu parles, ils voulaient que je chante ça. Alors je suis rentré chez moi et on m'a donné cette feuille de papier avec tous ces auteurs que je devais aller voir pour travailler avec. Et là, j'ai vu ce nom, Guy Chambers, et j'y suis allé. Le premier jour, on a écrit *Angels*, qui a bâti ma carrière. Après ça, on a fini l'album en une semaine.
– Sympa ?
Rob réfléchit.
– Ouais, je le trouvais jeté, mais le genre que j'aime.
– Et tu buvais encore à l'époque, ou c'était fini ?
– Si, et j'étais gros. J'étais un gros alcoolique. À cause de toute... La cocaïne marchait en sens inverse pour moi. Au lieu de me faire maigrir, elle retenait l'eau dans les tissus. Et par-dessus le marché, je mangeais une quantité phénoménale de gâteaux.
– Waou ! Et qu'est-ce qui est arrivé ?
– Ce qui est arrivé, c'est que quand l'album est sorti, je me suis rendu compte que j'étais un connard, et que j'allais aller en désintox parce que je ne pouvais pas assurer la promo de l'album avec ma dégaine. Et je savais que je ne pouvais pas m'empêcher de picoler. Alors j'y suis allé surtout par vanité. Pas vraiment pour arrêter de boire. C'était genre : maigrir un peu, avoir l'air en forme, sortir et faire la promo de l'album. Et alors... pendant qu'on faisait le mixage, j'étais en cure. Et ils m'ont laissé sortir une journée pour tourner le clip.
– Et après, t'es devenu sobre ? C'est ça ? C'était le bon moment ?
– Pour quelque temps.
– Et tu t'es plus jamais saoulé ?
– Oh que si ! Je n'ai tenu que deux mois.
– Merde.
– Mais je faisais 15 à 20 kilomètres à pied par jour pendant la cure ; je ne bouffais rien, alors j'ai perdu mes kilos et j'en suis ressorti plutôt mince et en forme. Puis l'album est sorti et il s'en est vendu 23 000 en trois mois.

– C'est bien ?

– Non, c'est vraiment nul. Alors là, on a sorti *Angels* et les ventes ont grimpé en flèche.

– Qu'est-ce que tu as écrit d'autre à part *Angels* ? Quelles autres chansons tu as sorties ? *Let me Entertain you... Rock DJ...* ?

Rob s'adosse au comptoir de la cuisine et énumère quelques titres :

– *Old before I Die*, *Lazy Days*, *South of the Border*, *Angels*, *Let me Entertain you*, *Millenium*, *No Regrets*, *She's the one*, *Strong*, *Rock DJ*, *Let Love Be your Energy*, *Supreme*, *Kids...*

– Tu les as écrits avec Guy ?

– Exact.

– Et maintenant tu ne lui parles plus ? Tu penses que c'est un con ?

– C'est pas aussi clair et net, répond Rob après un silence. Je pense qu'il a perdu le fil.

Le *Daily Mail* a sauté sur l'occasion : « ROBBIE WILLIAMS : 2 MILLIONS DE LIVRES AU JEU. » Mais le lendemain soir, ce qui le préoccupe, ce n'est plus l'article. Vers 17 heures à Los Angeles – 1 heure du matin à Londres – on peut lire en ligne la une du *Sun* du lendemain : « RACHEL PLAQUE ROBBIE. » C'est une sale affaire, car elle affirme rompre avec lui à cause de sa « paranoïa » : « L'ex-mannequin devenue actrice, 33 ans, a annoncé hier soir au chanteur richissime la fin de leur histoire d'amour, à la veille de ses 29 ans. »

La seule chose de vraie dans tout ça, c'est qu'ils ne se voient plus beaucoup, mais cela n'a pas grand-chose à voir avec ce que raconte le *Sun*.

– C'est complètement bidonné, enrage-t-il. Ça me fait un peu bizarre d'imaginer l'éventuelle Mme Williams en train de lire là-dedans comment je me sens. Tu vois ce que je veux dire ?

Il croit que parce qu'il n'a pas caché sa dépression, les journaux y trouvent une explication sur mesure pour tout et n'importe quoi.

– C'est une espèce de monstre autonome qu'ils peuvent ressortir comme ils veulent et quand ils veulent, dit-il.

Et il y a quelque chose de terriblement malhonnête dans l'article que peu de gens en Angleterre relèveront.

... a déclaré hier soir au chanteur richissime la fin de leur histoire d'amour, à la veille de ses 29 ans...

Pas seulement hier. Mais *hier soir.*

Rob et Rachel sont tous deux à Los Angeles. C'est encore l'après-midi à LA quand nous lisons le papier, l'après-midi du jour dont parle le *Sun*. Autrement dit, le journal n'hésite pas à transgresser les lois fondamentales du cosmos. Il raconte ce qui s'est passé un soir qui n'a pas encore eu lieu.

7

Rob est à New York pour des interviews de promotion et, à la fin de cette semaine, le concert Rock The Vote. Il n'est pas à l'aise dans ce contexte et se sent seul. Dans le hall de l'hôtel Mercer, il s'attarde devant un cappucino et se met à bavarder avec une fille. Pendant qu'il lui parle, le copain de la fille s'approche et referme ses bras autour elle. C'est comme un documentaire d'histoire naturelle.

À 21 heures passées, Rob tire sa révérence et va se mettre au pieu. Je suis encore en train de parler avec Pompey en bas quand celui-ci reçoit un appel sur son portable. C'est Rob. Il veut de l'aide. Il n'arrive pas à trouver la télécommande de la télévision.

Le lendemain matin, comme le van descend Prince Street, on remarque de l'agitation sur le trottoir couvert de neige à côté de nous. C'est Kate Winslet, prise en chasse par des paparazzi qui la mitraillent pendant qu'elle marche dans la rue.

– Eh, Kate ! crie Rob en cognant contre la vitre de la fourgonnette pour attirer son attention.

Elle ne regarde pas, croyant sans doute qu'il s'agit d'un emmerdeur de plus.

– C'est Robbie ! crie-t-il.

Là, elle s'arrête, puis s'approche de la fenêtre. La vitre ne s'entrouvre que de quelques centimètres, de sorte qu'ils se parlent par la fente.

– Salut, chérie, dit-il. Où tu vas ?

– Je rentre chez moi. Je suis ici pour quatre mois, en tournage.

Il l'invite à faire un saut au Mercer pour une tasse de thé quand elle veut et il lui donne son pseudo.

– Dis-leur d'aller se faire enculer, lui conseille-t-il à propos des paparazzi.

– J'aimerais foutrement qu'ils aillent se faire foutre.

On repart. Rob prend une gorgée de café et sourit.

– Ohhh, j'ai une super-trique.
– Elle est chouette, non ? remarque Josie.
– Oui, répond-il. Super. Trique.
– Mais elle a quelqu'un, lui rappelle Josie. Sam Mendes.
– Oh, fait-il en changeant de tête. Génial.

On discute de choses et d'autres puis, une vingtaine de rues plus loin, il lance :

– Sacré Sam Mendes.

– Je pense venir sur scène en camisole de force, annonce Rob.

Une réunion se tient dans sa chambre à propos de la tournée d'été pour voir où ils en sont et définir d'autres aspects de la production. Lee dit qu'il faut qu'ils se mettent d'accord sur la façon dont Rob fait son entrée en scène. À sa façon de parler de la camisole, il est clair que Rob est prêt à entendre d'autres idées.

– Ou en astronaute ? propose-t-il.

Personne ne répond.

– Non, le casque va me décoiffer, reprend-il. Je crois que la camisole est une meilleure idée.

– L'astronaute, ça serait compliqué, acquiesce Lee.

– Ce qui serait drôle, poursuit Rob, c'est une camisole avec un crochet à un bout. Il y aurait une grande grue, je monterais avec les bras dans le dos sous la camisole, et je serais hissé en l'air. (Il prend la pose, tête penchée.) Alors, pendant l'intro de *Let me Entertain you*, je serais à trois mètres du sol dans ma camisole. Mais je ne sais pas comment redescendre.

– Tu serais accroché à un câble de sécurité, avance Lee. Il faut qu'on te décroche.

Brusquement l'idée est là. C'est Wob Roberts, le directeur de production, qui est le premier à faire le rapprochement.

– Tu peux commencer la tête en bas, comme sur la couverture de l'album, suggère-t-il. Et puis tu peux te retourner pendant que tu descends pour atterrir sur les pieds au lieu de la tête.

C'est un début de spectacle tellement évident, qui rappelle l'enveloppe de l'album sur laquelle il est accroché tête en bas au plus haut gratte-ciel du centre de Los Angeles – tellement évident et logique que personne n'y avait pensé.

– *Escapology* ! s'exclame Rob. Ouais ! Ça sera cool. J'ai même pas besoin de ma camisole, tiens !

Ils commencent à s'intéresser aux détails.

– C'est pas très bandant, ce truc, observe Rob.

– Il faudra que tu portes ce harnais pour le reste de cette chanson, précise Wob.

– Mais j'ai pas besoin de harnais parce que ça sera sur les pieds.

Wob propose un harnais aux hanches pour qu'il puisse pivoter. Mais Rob veut être accroché par les pieds, comme il l'était pour la photo. Et il ne peut pas porter le harnais pendant *Let me Entertain you*.

– C'est trop lourd et ça va m'empêcher de danser, et je veux danser.

– Est-ce que tu pourras refaire ce numéro tous les soirs ? intervient Josie.

– Absolument, parce que c'est une super entrée en scène, non ?

– Tu ne peux pas tenir plus de cinq minutes, lui rappelle David. Cinq minutes max.

Ils discutent pour déterminer s'il faut le hisser ou s'il peut se lancer du haut des marches juste avant le lever du rideau, mais tout le monde est d'accord sur l'idée et Rob est déjà passé à autre chose.

– Est-ce qu'il y a des choses précises ou des trucs à éviter absolument dans les chansons d'après vous ? interroge Lee.

– Ne pensez qu'aux singles... à part *Eternity*, précise Rob. Je n'ai plus jamais l'intention de chanter *Eternity*. Sauf si ça doit sauver la vie de quelqu'un que j'aime. Ou si un sheikh me verse un million de dollars.

Il passe en revue une longue liste de titres qu'il aimerait chanter.

– *She's the one*, avance David.

– Non, putain ! (Il n'aime plus chanter ce morceau depuis que son compositeur, Karl Wallinger de World Party, a débiné son interprétation.) Mais je veux être en Allemagne pour *99 Red Balloons*.

Il est tombé sur Nena lors de la remise des prix la semaine passée et lui a demandé si elle accepterait de chanter avec lui son tube l'été prochain à Gelsenkirchen.

– Je devrais chanter *She's the One*, fait-il avec un clin d'œil. C'était un sacré morceau pour moi, non ? (Il a une nouvelle idée sur la façon dont il peut rendre cette chanson supportable.) Je pourrais y mettre du sentiment, suggère-t-il.

Au bout d'un moment, il se désintéresse complètement de l'organisation de la tournée. Il se couche sur le ventre dans son lit pendant que la réunion se poursuit à l'autre bout de la chambre et pianote sur son ordinateur. J'ai fait l'erreur de lui montrer comment, en tapant son nom dans le moteur de recherche Google, il peut voir presque tous les articles récemment parus en anglais dans le monde. Il lit dans un journal australien que Rachel aurait trouvé une petite culotte dans le lit de Robbie.

– On peut leur faire un procès pour ça, non ? demande-t-il.

Il trouve d'autres mentions de son nom. Sur un site, les paris le désignent à 4 contre 5 pour le Brit Award, le prix anglais de la chanson. Il est le favori, mais il a à faire à forte partie. Il tombe sur un autre site qui l'a élu *Villain of the Year*, le Méchant de l'Année. En second vient Ousama Ben Laden. « Comme j'y ai déjà eu droit, je suis plutôt blasé, déclare-t-il comme s'il acceptait le prix. La première fois, j'étais vraiment au septième ciel. »

Je lui fais remarquer que la compétition était plus rude cette année avec l'arrivée d'Ousama.

– Juste, mais quand on baigne dans le talent et dans le Mal comme moi, il n'y a pas de compétition qui tienne. (Silence.) Et il a fait l'erreur monumentale de ne pas enregistrer une ballade.

Je souligne qu'il a arrêté également de tourner des vidéos pour Al-Jazirah.

– Ben tiens, il se prend pour George Michael ou quoi ?

Il donne une interview au magazine *Spin*. Rob se méfie dès le départ, quand l'interviewer, Chuck Klosterman, lui demande s'il trouve bizarre que depuis son contrat record, toutes les interviews tournent autour de l'argent, tout en reconnaissant que c'est en partie pour cette raison que *Spin* s'intéresse à lui. Rob répond franchement qu'à part deux ou trois questions lors de conférences de presse, on l'a à peine interrogé là-dessus.

– Pas possible ? s'étonne le journaliste.

Ils n'ont pas seulement une incompatibilité de caractère, mais une notion totalement différente de ce qu'est Robbie Williams et rapidement, les choses se gâtent. Rob doit répondre à une série de questions sur le fait d'être ou non un véritable artiste, le genre de question qui peut intéresser une partie du secteur culturel américain, mais pas Rob.

– C'est comme si je ne prenais pas au sérieux le *White Album*, finit-il par dire, de plus en plus exaspéré. Je l'adore avec passion, putain, mais qu'est-ce qu'il a de sérieux ? Le mot « sérieux »... qu'est-ce qui est sérieux là-dedans ? Les émotions qui s'y trouvent me touchent vraiment, les chansons sont étonnantes. Mais si on annonçait que Ousama Ben Laden se trouvait maintenant dans un avion et qu'il allait se crasher sur un autre building de New York, ça, je le prendrais au *sérieux*. Le *White Album*, je vais l'*écouter*. Et puis, quand j'aurai fini de l'écouter, je vais sans doute aller pisser. Ou aller manger un morceau, tu vois ce que je veux dire ?

Mais Rob n'est pas sûr que ce soit le cas.

Ce n'est qu'après qu'il a répondu à une multitude de questions et qu'il se trouve légèrement sur la défensive, un peu en colère, qu'on lui demande ce qu'il pense du fait d'« exploser » l'Amérique et s'il pense que cela peut arriver. Rien de ce qu'il a dit jusque là ne sera directement cité dans l'article, mais la majeure partie de ce qui suit le sera et fera du bruit.

– Non, je ne crois pas, dit-il sincèrement.

En Angleterre, cette sincérité paraîtrait tout au plus excentrique dans une interview. Pas en Amérique, où cela peut sembler totalement contre-productif et presque insultant, comme si cela appelait la réponse : « Pourquoi perdre du temps avec vos rêves si vous n'y croyez pas vous-même ? » Comme Rob poursuit, il anticipe plus ou moins cette réaction.

– Et je ne sais pas exactement, à vrai dire. Je ne le veux pas tant que ça, ce qui fait que cette interview n'a plus de raison d'être. Je te dis que je ne le veux pas à tout prix et je fais cette interview. « Alors pourquoi tu réponds ? » je n'en sais rien. On me prend des rendez-vous, j'y vais et je réponds, mais ça fait huit mois que je tergiverse... Écoute, tout au fond, mon moi dit... (Il chuchote comme pour lui-même.) « *Break the States, Break the States, go and do it, go and do it* », mais le type qui élève ses gosses et qui est un peu normal, il dit : « Qu'est-ce que tu fous, espèce d'idiot ? Qu'est-ce que tu fabriques ? Personne ne sait qui tu es, c'est super. Tu aimes ça ici. » Mais le moi continue : « *Break the States, break the States, break the States.* » Explose... ou essaie d'exploser l'Amérique. Mais pour te dire sincèrement la vérité, c'est pas moi qui le ferai.

Ce qui sidère le plus son interlocuteur, c'est que Rob ne pense même pas à l'argent. Encore une fois, c'est quelqu'un qui croit que le nouveau contrat du chanteur représente une somme tellement astronomique pour EMI que la maison ne pourra le rentabiliser que s'il « explose l'Amérique ». Rob essaie de le lui expliquer plus en détail, mais l'autre a l'air sceptique.

– Pourtant, le calcul est simple, c'est tout ce que je peux dire, assure Rob. Mais comme l'autre ne comprend toujours pas, Rob revient à la charge.

– Tout le fric tient au fait que je n'exploserai jamais l'Amérique.

Klosterman essaie d'argumenter.

– Pas du tout, le coupe Rob. Considérons mes antécédents. Si EMI me filait tout ce pognon pour que j'explose l'Amérique, ce serait de sacrés idiots, parce que mes antécédents disent que je ne le ferai pas.

Et qu'aucun autre artiste anglais non plus. Alors putain, pourquoi ils feraient ça ?

Un rapide calcul s'impose ici. On peut raisonnablement estimer qu'une maison de disques recevra entre 4 et 5 livres net sur la vente de chaque exemplaire d'un album récent (avant le réglement des droits d'auteur, qu'ils n'auront pas besoin de payer puisque la maison récupère l'avance qu'elle a déjà versée.)

À la fin de l'interview, désespérant de se faire comprendre, Rob répète simplement sa prédiction.

– Je pense que ce qui va sans doute se passer, c'est que je pourrai vendre 500 000 disques ici avec un peu de veine et d'énergie. Mais ça ne va pas se passer comme ça, parce que je ne suis pas prêt à me défoncer pour ça. J'irai pas jusqu'à me fouler la rate pour ça.

– Ça ne va pas être un super-papier, déclare-t-il ensuite, dépité que toutes les questions n'aient tourné qu'autour du fric et de son sérieux ou son manque de sérieux.

Il ne signale pas qu'il a prédit son échec imminent en Amérique, mais lors des répétitions, il me lâche en grognant :

– Je suis prêt à tout plaquer.

Plaquer quoi ?

– L'Amérique. Vraiment.

Il invite un mannequin qu'il a rencontré dans le hall de l'hôtel à venir voir dans sa chambre le dernier documentaire sur Michael Jackson. Ensuite, on va tous assister à un spectacle de Fil Eisler, l'ancien guitariste de Rob, qui se produit dans un club des alentours. Dans le taxi, Rob, le mannequin et moi avons une curieuse conversation sur le mot « réservé » dont on se demande s'il peut s'appliquer à Rob.

Le Living Room est bondé. Quand on arrive, un autre spectacle est en cours. Le chanteur porte un T-shirt sur lesquel est écrit : « Je suis dans un groupe local qui promet. » Fil vient bientôt le remplacer et, pour finir, Rob chahute et accompagne tout haut les chansons qu'il connaît. *My Fuck you to you*, par exemple. Ensuite, ils se serrent dans les bras l'un de l'autre.

– Je deviens sentimental dans des moments pareils, remarque Rob quand on sort.

Il ajoute qu'il aimerait bien avoir quatre de ces chansons pour lui. Sur le trajet du retour, lui et le mannequin se tiennent par la main et comparent leurs ongles.

– Les miens sont à chier, décrète-t-il.

C'est une soirée agréable. Ce qui lui plaît surtout chez elle, c'est qu'elle lui cite Steven Wright : « Tu sais ce qu'on ressent quand on se balance sur une chaise et qu'on est sur le point de tomber... c'est ce que j'éprouve sans arrêt. » Quand il descend le lendemain matin, il entend les résultats de l'attribution des Brit Awards. La grande nouvelle, c'est le duo qu'a fait Justin Timberlake avec Kylie Minogue, danse suggestive à l'appui. Le *Sun* publie un dessin de Justin avec la main aux fesses de Kylie. Une bulle fait dire à celle-ci : « J'aimerais que ce soit Robbie. » La bulle qui sort de sa bouche à lui dit : « Moi aussi. »

Il dit à son père, qui est venu pour la semaine, qu'il a vu dans la glace de la salle de bain qu'il avait plein de cheveux blancs.

– Tu te souviens de la permanente que j'avais quand je suis venu à Scarborough ? demande-t-il.

– Oui, répond Pete en se marrant. Ça ne bougeait pas, hein ?

– Et je ne l'ai jamais lavée non plus, ajoute Rob. Ça devait puer.

– Quel âge tu avais ? intervient Josie.

– Quatorze ans. J'avais fait une permanente parce que quand les vacances sont arrivées, au début du trimestre, j'ai été le premier à être convoqué par le dirlo dans son bureau et à être renvoyé.

– Est-ce que tu es parti pour toutes les vacances d'été ? interroge Josie.

– Mmmouais, dit Rob.

– C'était chouette, non ? fait Pete. Quatre ou cinq semaines.

– Great Yarmouth, c'est ce que j'ai préféré, raconte Rob. Tu te souviens du soir où je ne voulais pas sortir de la penderie à cause de cette fille qui en avait après moi parce que j'étais allé avec une autre ? Et puis elle m'a giflé. Je me suis pris pour James Bond.

8

Cette semaine, c'est l'attribution des Grammy Awards, l'équivalent pour la musique des Oscars. Rock The Vote est une des manifestations qui accompagnent l'événement. Ce matin, Rob se rend au Madison Square Garden où, de chaque côté de la chaussée devant l'arène, des tables sont alignées et, au bout de chaque table se trouve le DJ d'une des plus importantes radios locales de l'Amérique, l'un après l'autre, avec un ou deux mètres entre eux. Des dizaines d'artistes vont se faire cajoler d'une table à l'autre. On va parler pop et promo.

Pour Rob, la première radio est Kiss 95, de Charlotte, et la première question porte sur son incursion aux USA.

– Je me considère comme un charlatan et je crois toujours qu'on va me percer à jour, explique-t-il. Je me dis qu'en Amérique, on *sait*.

Chaque interview dure quatre minutes environ, puis on le tire – à la hâte – vers le bled suivant. « On va à San Francisco ! » lui dit-on alors qu'en fait, il s'agit d'une autre ville, et il traverse en zig-zag l'espace, croisant au passage Art Garfunkel ou George Clinton, véritables géants en bottes de sept lieux arpentant l'Amérique en quelques secondes – du moins sur les ondes.

À San Francisco, on lui demande de sortir une banalité.

– Mon pénis n'est pas très long, mais il a un diamètre étonnant.

Ils applaudissent.

– Robbie Williams ! crie le DJ. Monté comme une souche d'arbre.

– Un bras de bébé, corrige Rob.

Sur l'autoroute de moquette entre deux villes, il tombe sur John Mayer et lui déclare qu'il aimerait travailler avec lui. John Mayer paraît emballé.

– On se recause, promet Rob.

Il est très difficile de reproduire exactement les propos de Rob sur le papier parce qu'il passe souvent de l'ironie à la sincérité – comme il le fait sur scène – dans la même phrase et en sens inverse. Souvent, sans prévenir ni adresser aucun avertissemnt à son interlocuteur, il passe par tout une gamme de voix, adoptant le plus souvent celle d'Alan Partridge pour dire quelque chose de pompeux, d'idiot ou de prétentieux, ou pour éviter de passer pour tel, bien qu'il y ait tout un choix dans son répertoire. Cela marche quand il parle à un jeune Anglais, par exemple, qui peut saisir les allusions et comprendre comment les interpréter, mais il peut en faire autant au milieu d'une interview au Japon. Ce sont autant de façons d'indiquer ce qu'il veut faire comprendre ou non, et souvent aussi une façon de renoncer à se faire comprendre. Cela peut être aussi une façon de fuir l'ennui. Il ne peut pas soutenir longtemps son attention et il a du mal à finir une phrase jusqu'au bout sans la déformer, dévier ou carrément lui donner l'air tordu. De ce fait, quand on parle avec Rob, on écoute souvent en même temps le film et le commentaire du réalisateur.

Au Roseland Ballroom, il met au point avec l'orchestre l'interprétation de *Get a Little High* (Cette chanson a été ajoutée à la version américaine d'*Escapology*, de même que *One Fine Day*, et est censée devenir un single. De ce fait, trois titres, *Song 3*, *Hot Fudge* et *I Tried Love* ont été discrètement éliminés, les deux premiers étant précisément ceux que les critiques anglais accusaient d'avoir été conçus spécialement pour amadouer l'Amérique.) Au milieu d'un couplet, il quitte la scène pour saluer un membre d'un autre orchestre à l'affiche qu'il a repéré debout à mi-chemin de la salle vide.

– J'ai grandi en vous écoutant, dit Rob. Si, si, vraiment. Je voulais juste vous dire bonjour.

– Enchanté, répond Professor Griff, de Public Enemy.

– Non, non, corrige Rob pour lui faire comprendre qu'il n'est pas en train d'échanger des mondanités comme cela se fait entre célébrités. (Il ne veut pas dire seulement qu'il possède quelques CD de Public Enemy.) Tout le plaisir est pour moi, insiste-t-il.

Il essaie d'expliquer que, pour lui, Public Enemy était un groupe mythique quand il était adolescent. Il précise qu'il aime également l'album solo de Professor Griff, *Pawn In The Game*, mais son interlocuteur lui donne l'impression qu'il a dit quelque chose de bizare. Professor Griff secoue la tête pendant le morceau de rap à la fin de *Millenium*, puis il se jette au sol et exécute une série de pompes.

J'ai l'impression qu'il y a une chanson que Rob n'a pas tellement envie d'interpréter devant un membre de Public Enemy. Peut-être que j'ai vu juste, parce que quand le groupe se met à jouer *Rock DJ*, Rob quitte la scène d'un bond et va se réfugier dans le van.

De retour à l'hôtel, il regarde un comique faire son numéro sur Comedy Central. « Vous devriez me voir en *live*, je suis étonnant, » dit le comédien au public.

Il retourne au Roseland deux heures avant son entrée en scène. Chemin faisant, Shelby, son attachée de presse américaine, lui explique qu'on peut lui poser des questions politiques pendant qu'il descendra le tapis rouge, et elle le briefe sur Rock The Vote.

– Ils collectent de l'argent pour lutter contre l'abstention des jeunes, explique-t-elle. Des ados, pour qu'ils soient plus citoyens.

– Entendu. Mais tu trouves ça important que que les gens aillent voter ? s'enquiert-il.

– Absolument, affirme Shelby.

– Tu parles, marmonne Jason sur le siège avant. Voter pour ducon numéro un ou ducon numéro deux !

Jason est le troisième des gardes du corps de Rob. C'est un Canadien, un ex-champion de boxe française.

– Chaque voix compte, insiste Shelby.

– Bof, dit Rob. En fait, je m'en tape, je n'ai jamais voté de ma vie. Tu comprends, c'est ça, ma réalité...

Shelby rit nerveusement. Ce n'est pas vraiment la discussion qu'elle avait espéré, surtout à cinq minutes de l'arrivée.

– Ma réalité, poursuit Rob, c'est que ça ne fait que les encourager. (Il réfléchit.) Je pourrais mentir... (Pour finir, ce ne sont pas les propos de Shelby qu'il retient, mais ceux de Jason.) Ouais, c'est ça. C'est très important : voter pour trouduc numéro un ou trouduc numéro deux. Et pourquoi c'est important ? C'est parce que c'est ton trouduc à toi, celui que tu as choisi. On y est. Voilà la réponse. J'ai toujours pensé en fait qu'on ne devait pas voter parce que ça ne fait que les encourager. Mais c'est un point de vue débile. Je viens de comprendre que je devrais voter à un moment donné. Et je le ferai. Mais pas là. Quand j'en trouverai un qui me conviendra. Quand je trouverai un trouduc qui me plaira.

– Un trouduc plaisant, commente son père.

– Un trouduc propre, corrige Rob. Un trouduc qui est propre.

Le premier moment atroce de la soirée survient avant même qu'on ait quitté le van. Comme on essaie de se garer devant la salle du Roseland, un policier nous enjoint de continuer pour dégager la place destinée à notre véhicule. Le chauffeur essaie de s'expliquer, mais le flic braille à tue-tête en donnant l'ordre au chauffeur d'avancer. Quand on refuse d'obéir, il demande les papiers du chauffeur et menace de lui flanquer un PV. Mais Pompey quitte promptement la place du passager et, avec force démonstrations de politesse, parvient à calmer le jeu.

Rob descend le tapis rouge en répondant quelques brèves interviews.

– C'est une occasion pour moi de m'attirer la sympathie des gens, dit-il devant une caméra. C'est plein de gens qui ne savent pas qui je suis. J'ai vraiment peur.

Au bout de la rangée se trouve Liquid News.

– Robbie, venez dire bonjour à Liquid News, nous avons Robbie Williams avec nous...

– C'est l'Angleterre ? demande-t-il.

– Oui, fait la journaliste avec entrain.

Rob est conduit sous une tente où Iann Robinson de MTV fait des interviews.

– Alors qu'est-ce qui vous amène ici ce soir ? demande-t-il.
– Ma maison de disques et mon manager. Si je dois être franc.
– Vraiment ? C'est tout ?
– Exact.
– Dites donc !
– Oui. On m'a dit que c'était bien de le faire, alors j'ai dit : « D'accord. »

Il prétendra plus tard qu'il n'en a pas cru ses oreilles quand il a entendu la question suivante. Mais il répond sans battre un cil.

– Alors, reprend Iann Robinson, avec le monde qui attend de voir si une guerre va éclater, est-ce que vous compter continuer à militer... ?

– Je ne sais pas ce qui va arriver. Je suis très préoccupé... On sent que c'est dans l'air. Pour moi... une preuve tangible, je n'en ai pas vue une. Et puis l'ONU va... (sa réponse devient un peu floue)... et l'Amérique, et l'Angleterre, et Bush disent "oui oui oui", pendant que partout ailleurs on dit "non non non".

Puis Robinson l'interroge sur l'incendie qui vient de ravager une discothèque à Rhode Island – le nombre des victimes atteindra la centaine – et lui demande s'il a déjà eu l'impression d'être en danger, ou que le public l'était, dans une boîte de nuit.

– Non, le seul danger que je cours c'est si les gens s'approchent trop, mais j'aime ce danger-là. (Brusquement, il se rend compte que le ton n'est pas approprié, compte tenu des circonstances.) Mais là, c'est grave. J'ai vu la bande vidéo. C'était horrible et cela ne devrait plus jamais se produire.

– Mais qui d'après vous est responsable d'une situation pareille ? Les artistes qui se produisent ou la direction de la boîte ?

– Je ne sais pas, répond Rob. Dieu, sûrement.

Iann Robinson se tourne vers la caméra.

– Voilà, c'est ici que vous l'avez entendu en exclusivité, commente l'animateur.

Dans la loge, Josie lui sert son dîner.

– Josie, je ne vais pas pouvoir manger, dit-il. Je hais cet endroit.

Il se sent nerveux et ne supporte pas de jouer devant un public qui ne connaît pas ses chansons. Il est alors convoqué pour poser avec d'autres artistes. Peter Gabriel (qui doit recevoir un prix) l'accueille chaleureusement. Ils sont nés le même jour. Il serre la main de Lou Reed et dit : « Enchanté ». (« D'après l'air qu'il avait, racontera Rob, c'était le genre : t'es qui ? Ou ça aurait pu être : t'es quoi ? ») Alanis

Morissette a l'air un peu perplexe et lui serre la main entre les siennes. Il rencontre enfin Chuck D. « Robbie, » dit-il.

– Je suis tout ce que tu fais, mec. J'ai lu partout des choses sur toi.

– Je sais pas me conduire, affirme Rob.

– Tu es là, non ? remarque Chuck D.

Ils posent, de gauche à droite : Lou Reed, Rob, Alanis Morissette et Peter Gabriel.

– J'imagine *NME* s'en donner à cœur joie avec une photo de Lou Reed et moi, dit-il de retour dans la loge et il réfléchit à la réaction d'Alanis Morissette. Elle avait un regard qui annonçait : « Je sais pas qui tu es et je m'en tape. » Peut-être que j'ai dit quelque chose. (Puis il se souvient combien de fois il a parlé dans des interviews de tout ce qui manquait d'ironie dans le morceau le plus connu de la chanteuse américaine.) J'aurais bien aimé en discuter avec elle, dit-il. Écoute, « une mouche noire dans du chardonnay », ce n'est pas ironique. C'est une mouche morte.

Je souligne que c'est peut-être parce qu'il s'agit d'un vin *blanc* et d'une mouche *noire*. Il réfléchit un moment.

– J'ai eu tort, admet-il.

Il croise la fille de Peter Gabriel dans le hall et lui raconte qu'il est né le même jour que son père.

– Est-ce qu'il est terriblement compliqué et mal dans sa peau ? lui demande-t-il.

– Oui, dit-elle.

– Génial. Je suis content de ne pas être le seul.

Il vient d'apprendre que Public Enemy se proposait de l'inviter sur scène à chanter avec le groupe et, sur le coup, il ne se tient plus de joie. Le tourneur lui donne le choix entre *Motherfucking President* ou *Shut'Em Down*.

– *Shut'Em Down* alors, répond-il. Ce sera un honneur. (Mais dès que le tourneur tourne les talons, il dit que ce sont deux titres récents qu'il ne connaît pas très bien. Ce sont leurs premiers albums qu'il connaît par cœur.) Je ne vais pas le faire. Je me tire. (Il a hâte de partir et dès qu'il aura terminé, même Public Enemy ne pourra le retenir.)

Il se retire dans la loge de son groupe. Pendant son absence, son staff exprime son inquiétude. La soirée ne se passe pas comme prévu. Non seulement l'assistance semble composée presque entièrement de membres de l'industrie du disque – qui n'est pas des plus faciles à satisfaire – mais la salle est loin d'être bondée.

– J'ai les boules, répète-t-il.

Dans le couloir, il croise Vanessa Carlton qui sort de scène.
– Comment était le public ? s'enquiert-il.
– Les gens bavardaient simplement.
– Super !
– Mais vous, ils vous écouteront. Je suis juste une fille avec un piano, vous savez.

Quand il monte sur scène, on sent une onde d'excitation dans les rangs de devant, mais juste une onde. À mi-hauteur de la salle, là où je me tiens, on croirait assister à un spectacle de danse au lycée, quand tout le monde est rentré chez soi à part ceux qui sont prêts à aller jusqu'au bout. Il y a une partie surélevée sur le côté, où Peter Gabriel est assis, et il hoche la tête de façon encourageante, et un balcon sur tout le pourtour de la salle bourré de gens qui ont l'air de dire : « Entendu, petit génie british, étonne-nous si tu peux. » Autre vision curieuse, la table dressée à mi-chemin de la salle, où on sert de gros biscuits enveloppés dans une serviette en papier.

Rob rebondit comme un fou sur la scène pendant une bonne partie de *Let me Entertain you* et puis, vers la fin, dans la partie instrumentale, il s'arrête. Il se tient droit, bras croisés, le corps immobile, et lentement, fait le tour de la salle avec un air de défi. Puis il redémarre, fait gicler de l'eau sur le premier rang et, comme la chanson se termine, se met à parler comme un fou. Après quelques réflexions sans suite, il ajoute : « Merci, c'est vraiment important pour moi de venir en Amérique de temps en autre pour faire un spectacle pour mes fans. » Il débite des absurdités avec une pointe de séduction, un petit coup d'agressivité et une louche de « je préférerais être ailleurs ». Avant le premier refrain de la deuxième chanson, *Let Love Be your Energy*, il simule un coït avec le pied du micro. Il présente le troisième morceau, *Monsoon*, en disant : « Cette chanson n'est pas dans mon nouvel album *Escapology*. Et, curieusement, il va sortir le 1er avril. Et ça, c'est de bon augure. » Avant *Millenium* : « Le prochain single a fait un succès très relatif ici en Amérique. » Quand il arrive à « ... *so corporate suit... so damn ugly...* » (un costume de bureau... si moche...) dans *Come Undone*, il pointe le doigt vers le balcon. Il laisse tomber *Get a Little High*. Le dernier titre est *Angels*. À présent, cinq personnes au balcon ont allumé des bougies qu'elles balancent en cadence. Les cris de joie s'intensifient à chaque couplet. Comme il chante *Angels*, il lâche entre les paroles : « ... *savent-ils où nous allons quand nous devenons gris et vieux...* cela aurait dû faire un tabac ici... *parce qu'on m'a dit que le salut garde leurs ailes ouvertes...* vous auriez dû me voir en *live* – je suis stupéfiant... »

Dans les coulisses, Tim et David lui présentent des excuses.

– C'était dur, marmonne-t-il. Je ne fais pas du bon boulot si le public ne chauffe pas avec moi. Et il se trouve que les gens du métier, c'est une vraie banquise, mais je m'en suis bien tiré. J'ai fait de mon mieux sans leur aide.

– J'ai failli mourir, assure Tim.

– Plus jamais ça, renchérit David.

Rob entre précipitamment dans le van.

– Ce n'était pas bien méchant, Rob, lance son père.

– Tu parles, Charles ! répond-il.

Le lendemain matin, il regarde les Grammy à la télévision d'un œil distrait. Bien qu'invité à la cérémonie, il était hors de question pour lui de s'y rendre. Pendant une pause publicitaire, il dit : « Ça serait super de sortir un DVD de Knebworth et de l'intituler *You Know What I Did Last Summer*.

Il n'a pu se dégager en revanche de la fête que donne EMI à Times Square après la remise des prix. En arrivant, il repère l'équipe de Liquid News alignée derrière la barrière.

– Bonsoir, chérie, dit-il.

– Vous serez sympa avec moi ce soir ? demande-t-elle. Vous comptez être ici l'an prochain ?

– Si je compte être là l'an prochain ? Non, je ne crois pas. Non...

– Non ? Je dois dire que hier soir, c'était très impressionnant...

– Quoi ? Mon spectacle ?

– Oui. Vous avez remarqué, au début, l'assistance ne faisait pas vraiment attention... Mais à la fin, tout le monde s'était rapproché de la scène. Vous avez été surpris par cette réaction ?

– J'ai trouvé que c'était le pire public que j'avais jamais eu.

– Ah oui ? Pourquoi ?

– Normalement, je prêche des convertis, et hier soir... C'est pourquoi j'étais tellement furieux en entrant en scène, je chiais dans mon froc... (elle rit.)... et c'est vous qui avez payé. Donc je vous prie d'excuser ma grossièreté.

– C'est vraiment très gentil.

Elle lui pose quelques questions sur les Grammy et les Brit Awards.

– Vous êtes juste venu pour picoler ? demande-t-elle.

– Non, je suis ici parce que c'est organisé par EMI, dit-il. Ils me paient très cher, alors je dois serrer la pince de quelques personnes. Sinon je serais au pieu.

– Entendu. Au moins, vous êtes franc. Passez une bonne soirée. Merci beaucoup.

– Je m'excuse pour l'autre soir.

– C'est gentil.

– J'étais vraiment en rogne.

Il la serre contre lui et l'embrasse. Une autre caméra le cadre.

– Qu'est-ce que vous faites pour vous détendre, après la fiesta ?

– C'est ça, la fiesta pour moi.

– Et après ?

– J'aurai probablement une branlette.

On ne lui pose plus de questions. La salle est affreusement bondée. Les serveurs se déplacent en proposant des sushis et de l'eau colorée vitaminée. Rob résiste vingt-cinq minutes. De retour dans le hall du Mercer, il y a des célébrités partout, mais l'atmosphère est curieusement calme. C'est quand les célébrités sont entourées de gens qui veulent s'approcher des célébrités et s'en approcher encore que les choses se gâtent. Ici, où la plupart des gens sont célèbres et à la fin d'une longue journée pour tout le monde, l'ambiance est détendue. Personne ne fait de manières.

Il bavarde avec Lucy Liu, puis tombe sur Linda Perry. Il lui demande s'ils écriront un jour ensemble et elle répond que c'est plutôt à lui de lui faire une proposition.

– Tu es censé me désirer, insiste-t-elle.

– Eh ben, bordel, je te veux vraiment.

– Tu es censé me téléphoner et me dire que je te plais et que tu veux bosser avec moi.

– Très bien, je t'appellerai et je te le dirai.

Gina Gershon lui donne un numéro pendant que son petit ami la délaisse, puis il parle avec Mike Myers. Kylie vient lui dire au revoir.

Justin Timberlake le salue rapidement avant de disparaître. Il discute avec Drew Barrymore et Fabrizio, du groupe The Strokes, puis avec une femme qu'il a vue la veille au soir. (Le mannequin est parti. Il était moins emballé après leur deuxième tête-à-tête et il fuyait ses appels.)

– J'ai un caractère de merde, dit-il.

– Un karma de merde ? demande-t-elle, ayant mal entendu.

– Non, caractère.

– Oh, je croyais « karma ».

– Oui, ça aussi, soupire-t-il.

Le lendemain, juste avant une heure, Rob réapparaît dans le hall et commande son petit déjeuner. Quelques minutes plus tard, Cameron Diaz surgit.

– Merci pour le DVD, dit-elle. (Elle veut parler du DVD du Royal Albert Hall, qu'il lui a envoyé il y a un an, et qui comprend *I Will Talk, Hollywood Will Listen.*) C'est dans la pile à côté de mon lit ; Tu sais... le tas.

– C'est là où je garde tous mes bouquins de santé et bien-être.

Elle fait ressortir son ventre nu sous son mini-top pour essayer d'avoir l'air plus grosse. Elle va faire une séance de photos pour *FHM* avec les deux autres « Charlie's Angels ».

– Quelles poses tu aimes ? lui demande-t-elle.

– C'est bien quand tu pointes sur les choses, fait-il, pince-sans-rire.

– Tu trouves que les grandes lèvres sont vraiment sexy ?

– Je préfère un bon steak.

Sur quoi, elle part faire du shopping avant la séance de photos. Rob est content de la tournure de la conversation. « J'ai vraiment dit quelque chose de drôle », conclut-il. Il salue Gwen Stefani, puis s'enfonce dans la banquette.

– Tu l'as trouvée mignonne, Cameron ? soupire-t-il.

– C'était laquelle ? demande son père.

– Cette fille. C'était Cameron Diaz.

– C'est qui ? interroge Pete.

– Elle demande plus de 20 millions de dollars par film, explique Rob.

– « *... Cameron Diaz, give me a sign...* » cite Pompey (Cameron Diaz, fais-moi un signe...).

– *I Will Talk...*, ajoute Rob.

– Oh ! fait Pete. C'était elle ? Je croyais que Cameron Diaz était un mec qui bossait avec Steven Spielberg.

Mike Myers se joint à nous. Il bavarde quelques instants avec Pete et lui demande de quelle région anglaise il est originaire.

– Je vais faire un tour. J'aime bien SoHo, ça me rappelle Londres.

Il y a une certaine connivence dans la conversation entre Rob et son père après le départ de Mike Myers. Pete demande à Rob qui c'est.

– Austin Powers.

– J'ai entendu parler de lui, répond Pete, hésitant.

– Mike Myers ! s'exclame Rob même s'il est ravi de voir à quel point son père est resté à l'écart de tout ça. C'est le comédien le plus connu du monde !

– Formidable, fait Pete. Tant mieux pour lui. (Il dit cela comme s'il parlait d'un gamin qui vient de ramasser une poignée de marrons.) J'étais le comédien le plus connu que Stoke-on-Trent ait jamais porté.

Tim annonce à Rob que *News Of The World* a déjà proposé des dommages et intérêts pour l'article sur le jeu. La somme, dérisoire, a été refusée, mais c'est un bon début.

Dans un moment de tranquillité, je demande à Rob ce qu'il pense de sa grande aventure américaine.

– J'ai trouvé ces derniers jours épuisants. Je ne sais pas. C'est ce que j'ai éprouvé de plus inconfortable dans mon travail. Ça m'a amené à me demander pourquoi j'avais recommencé à faire ça.

Il voulait dire : tout ça ?

– Ouais, mais je savais que ce n'était pas sérieux. Je me suis dit, ouais, c'est ce que tu te disais avant. C'était juste parce que je ne prenais pas mon pied. Pas du tout.

Quelques jours plus tard, un article paraît dans le *New York Times*, en première page de la rubrique Économie :

« En difficulté, EMI place tous ses espoirs américains dans le chanteur anglais déjanté. » Dans l'article, après avoir cité les prévisions optimistes du président et P-DG d'EMI concernant les chances de Rob, la journaliste Lynette Holloway déclare : « Il compte envoyer quatre millions d'exemplaires de l'album aux États-Unis. »

Si c'était vrai, ce serait fabuleux pour un artiste dont les ventes de son CD *The Ego Has Landed* (une compilation tirée de ses deux premières parutions en Angleterre) n'ont pas dépassé cinq cent mille exemplaires en Amérique. Il paraît peu probable que David Mumms ait projeté de tels chiffres, mais si elle veut parler d'*expédier* au sens littéral – envoyer des exemplaires du disque dans les magasins – cela ne peut être vrai, comme quiconque un peu au fait des pratiques commerciales du métier le sait ; les CD se fabriquent très vite et très peu de stars, même les plus connues, en ont vendu deux millions d'exemplaires en un mois aux U.S.A. Se profile à l'horizon le souvenir cruel de son précédent échec.

Par la suite, le *New York Times* publiera un rectificatif, mais ce sera trop tard.

Rob visionne une interview de Daniel Day-Lewis sur BBC World. « Il me plaît. Quel âge il avait quand il a décidé de faire ce truc de cinq ans ? »

Il fait allusion aux cinq ans pendant lesquels Day-Lewis a pris du champ, une retraite qui a pris fin avec son rôle dans *Gangs of New York*. Dans la tête de Robbie, il y a des rouages qui tournent et on ne sait pas encore où ils vont nous conduire.

9

Un vendredi de mars, après minuit, Rob Max, Jonny et Nikki Wheeler, la fiancée de Jonny, se rendent au salon de tatouage Shamrock, sur Sunset Boulevard pour se faire tatouer. (Après avoir appelé son père pour lui demander sa bénédiction, Max préfère s'abstenir.) Rob s'en fait faire trois. D'abord, il réclame au tatoueur l'inscription « Bertha » sur une main en souvenir de sa grand-mère. Le tatoueur est en train de le dessiner quand Rob se rappelle qu'elle a toujours détesté ce prénom. Il entend encore sa voix lui dire : « Si jamais tu dois l'écrire, ne mets pas "Bertha" mais juste "B"... » Alors il se fait tatouer un « B » en cursive derrière l'oreille gauche.

Le deuxième est le chiffre 1023 sur le poignet gauche. Un témoignage secret de son amitié avec Jonny. J et W sont les dixième et ving-troisième lettres de l'alphabet. (Jonny a l'équivalent, 1823, caché plus discrètement sur son corps.)

Le troisième, le plus gros, il veut le porter autour du cou. Il a choisi la phrase en français : CHACUN À SON GOÛT *[sic]*, qui a retenu son attention. Le tatoueur lui explique qu'il y a beaucoup trop de lettres pour que ça tienne, alors Rob lui ordonne de l'écrire en arc de cercle sur sa poitrine. Le « C » le fait souffrir, mais après, tout se passe bien. Il s'arrête à mi-chemin entre le « A » et le « S » pour fumer une cigarette.

Il envisage un quatrième tatouage – « C'est ton anniversaire » – juste au-dessus du sexe, mais décide de s'en tenir là pour le moment.

Il y a quelque temps, il a accepté qu'une chanson de son album swing – sa version de *La Mer*, *Beyond the Sea*, pourrait servir de B.O. à un dessin animé, *Le Monde de Nemo*. Il y a peu réfléchi depuis, mais ce soir il est invité à voir un premier montage du film presque terminé. Nous allons assister à une projection organisée pour lui chez Disney.

À l'entrée, Rob explique qui nous sommes.

– Je peux voir votre carte d'identité ? demande le gardien.

– J'en ai pas sur moi.

– Ah bon ? répond le gardien, qui réfléchit un instant. Puisque vous êtes au courant, ce doit être vous, conclut-il.

La salle de projection se situe juste après un panneau qui annonce « le coin de Winnie et Porcinet ». Par moments, la mer et les poissons se réduisent à un réseau de lignes mouvantes esquissant les formes, mais nous sommes complètement absorbés par le film, même si aucun d'entre nous ne prévoit l'engouement qu'il suscitera.

– Ce sont les meilleurs films, affirme Rob quand la lumière revient.

– Oh, j'ai pleuré, dit une employée de Disney. Et vous, vous avez pleuré ?

– Ouais, dit Rob. Enfin, je suis sous traitement, alors je vais pas me laisser atteindre par ce truc pour l'instant.

Une tournée des radios américaines l'attend. Bien qu'on puisse croire parfois que personne ne connaît la recette du succès en Amérique, il est communément admis que l'on n'a aucune chance de percer sans une cour assidue aux radios régionales. Même les plus grandes stars, si elles ont de l'ambition, n'y coupent pas.

Pour réduire la pression, la maison de disques a accepté de fournir à Rob un jet privé, de sorte que durant les premiers jours, il peut faire l'aller-retour depuis Los Angeles. Mais il doit se lever à 6 heures du matin le premier jour et il est fatigué.

Dans le van qui l'emmène au terrain d'aviation, Rob annonce qu'il a une idée pour la tournée d'été. « C'est pas génial, ça l'est jamais. » C'est une nouvelle façon d'aborder *She's The One*, qui reste problématique. Voici son idée : « Je quitte la scène un instant et je dis des coulisses : “Je vais maintenant interpréter une chanson superbe intitulée *She's The One* – merci. Avant, quand je présentais cette chanson, je disais toujours du mal de Karl Wallinger... mais je n'ai aucune animosité et je vais l'interpréter maintenant comme Karl voudrait que je le fasse.” Et je reviens dans un de ces costumes en plumes d'autruche. »

Ça fait vingt minutes qu'on est en vol quand Rob bâille, s'étire et s'enquiert :

– On va où ?

– À San Francisco, l'informe Josie.

Pendant le trajet en voiture – « Vous savez que le temps qu'ils aient fini de peindre le Golden Gate Bridge... ils seront complètement crevés ! » Rob affirme qu'à San Francisco, il y a une femme écrivain qui possède vingt places de parking dans une ville qui en manque, parce que sa maison est énorme. Cela dit, il ne se souvient pas de son nom.

– C'est mauvais signe quand tu es plus connu pour tes places de parking que pour tes bouquins, fais-je remarquer.

– Ouaip, reconnaît-il, puis il se montre du doigt. Mais c'est moi le problème. Je m'intéresse plus aux places de parking qu'aux bouquins.

L'émission de radio s'intitule The Alice Lounge. Dès qu'il entre dans le studio, il se met à flirter.

– Aggy, franchement, dit-il à l'une des DJ. Le décolleté, il est spécialement pour moi aujourd'hui ?

Elle fait une pause.

– Je peux pas dire, mon chou. Je m'habille tout le temps comme une pute.

Sur les ondes, il les laisse lui couper quelques cheveux pour un concours et on lui demande quand il a fait l'amour pour la dernière fois avec quelqu'un.

– Il y a deux semaines.

– Et tout seul ?

– Pas hier soir, mais la veille.

On l'interroge sur ses tatouages, aussi retire-t-il sa chemise et offre une visite guidée. Ils lui demandent s'ils peuvent lui prendre des poils sur la poitrine pour ajouter à leur collection.

– Prends-en au bout des seins, propose-t-il.

– Tu as des poils très alléchants sous les bras aussi, remarque la fille DJ en approchant ses ciseaux.

– Sers-toi, répond-il.

– Tu sens le caramel.

Le garçon continue de parler et note que Rob n'est pas encore aussi connu aux États-Unis qu'ailleurs dans le monde.

– T'as pas besoin de prendre des pincettes, réplique Rob. Personne ne me connaît ici. C'est pour ça que je vous laisse m'arracher des poils et que je vous raconte mes problèmes persos...

Dans la pièce voisine, il interprète quatre chansons en acoustique avec Gary, Neil, Claire et Chris. Le contraste entre la futilité de ce qui vient de se passer et la puissance de son talent de chanteur est stupéfiant, bien qu'à certains moments, ces deux facettes se rejoignent. Dans

Angels, il remplace le refrain « *I'm loving angels instead* », par « *this should have been a huge hit* » « cette chanson aurait dû faire un malheur », et dans la partie instrumentale avant le crescendo final, il se met à parler : « Oui, mesdames et messieurs, *Angels* est sorti en Amérique il y a quatre ans quand j'étais chez Capitol... un super-tabac international mais on a réussi à le faire foirer ici... ouais... Je ne devrais plus revenir là-dessus mais je n'y arrive pas... je ne comprends pas pourquoi ça a fait un flop ici... Ça va, on reprend le refrain et on dégage... »

Le lendemain après-midi, après un vol de vingt-huit minutes, c'est le tour de San Diego ; en se garant sur le parking de Star 100.7 FM, on dépasse quatre filles qui tiennent des banderoles et mendient des billets pour le spectacle que Rob va donner dans le studio de la radio. Rob les envoie chercher, les emmène dans le minuscule bureau où des jus de fruit et des sandwiches ont été préparés à son intention.

– Vous voulez du fromage ? leur demande-t-il, mais elles ne répondent pas. Vous avez vraiment peur ?

Leur silence semble le confirmer, mais elles sortent finalement de leur mutisme.

– C'est une bonne radio ? demande-t-il.

– Non, dit l'une fermement.

– Ils ont pas arrêté de vous démolir, précise l'autre. De vous débiner.

Elle a un accent anglais. Il se trouve qu'elle tient la boutique anglaise de San Diego où elle vend des haricots à la sauce tomate et autres spécialités du pays pour expatriés nostalgiques.

– Continuez, les encourage-t-il. Dites-moi tout. Ça va, je tiendrai le choc. J'ai le cuir épais.

Et chacune de mettre son grain de sel.

– Ben, votre sexualité, vous êtes gros, vous n'êtes pas mignon, un chanteur qui passe juste la rampe...

– ... Vous avez fait semblant de ne pas la voir à la soirée d'Ozzy Osbourne, a dit Jen. « Il m'a regardé comme si j'étais invisible. »

– ... le type a dit : « Il aime le lard, mais il ne faut pas lui en vouloir, c'est un vrai porc. »

– ... Et il ajoute : « Il est un peu empâté, non ? »

Les yeux de Rob s'illuminent. Ce feu roulant d'injures est contrebalancé par le plaisir d'exploiter ces informations à bon escient. « Laissez-moi écrire tout ça. Jen a dit que... »

– Jen a dit que vous avez fait comme si vous ne la voyiez pas à la réception d'Ozzy Osbourne. Qu'elle est venue vers vous mais vous avez fait semblant de ne pas la remarquer parce que vous ne vouliez pas qu'on vous dérange, alors que vous étiez seul avec Jon Lovett... (Elle veut parler de « Jon Lovitz ».)

– « Fais semblant de ne pas la voir à une soirée », répète-t-il en écrivant. Alors, je suis un « vrai porc ». Qui a dit ça ?

– Jen.

– Ils ont dit : « Il n'est même pas *Robin* Williams ».

– « Il est empâté »... ça, c'est Greg.

– Le gros type ? demande Rob qui a brièvement rencontré les DJ. (Il rigole.) Entendu, voilà un moyen garanti pour ne pas avoir d'émission radio. Quoi d'autre ?

– Ils ont dit que vous ne saviez pas vraiment chanter.

– « Ne sait pas vraiment chanter... » Autre chose ?

– Et que vous n'étiez pas très mignon.

Puis elles lui racontent que Jen est censée s'être envoyée Johnny Rzeznik des Goo Goo Dolls. (Apparemment, ils auraient disparu ensemble dans les toilettes du Sushi Roku, un japonais chic de Los Angeles.)

– Vous savez quoi ? leur prédit-il. Je parie qu'ils vont être super sympas avec moi. (Il soulève sa chemise et se frotte l'estomac. Il montre son tatouage de vingt-cinq centimètres sur soixante.)

L'une des groupies demande comment son single marche en Amérique.

– Je n'en sais rien. On me dit n'importe quoi : « Ça marche hyper bien. » Je ne sais pas ce que ça signifie.

Ils bavardent un moment, puis les filles se mettent à débiner Ben Affleck et Jennifer Lopez. Il les arrête. « Vous ne connaissez pas vraiment ces gens », dit-il et il souligne que les caricatures des personnalités dans les journaux sont fort éloignées de la réalité. « Je suis un branleur, apparemment. Un très mauvais branleur. Ils vous collent une image et point barre, c'est ce que vous êtes.

– Si la presse disait que vous mangiez des enfants, remarque l'Anglaise, je vous aimerais quand même.

– C'est un peu tordu. Mais merci.

Au début de l'interview, il soulève sa chemise et Jen attaque ; « Salut tout le monde ! » Il y a trois animateurs, Jen, Greg, et Sarah.

– C'est formidable de te voir ici, dit Jen.

– Bon, enfin, vous savez, il faut que je vous dise, j'ai entendu des trucs qui m'ont vraiment fait de la peine.

– C'est quoi ? s'enquiert Jen.

– Jen... Je suis passé sans te voir à la soirée d'Ozzy Osbourne. Je suis un vrai porc, tu sais. C'est pas comme si j'étais Robin Williams. Greg... Je suis un peu empâté et je ne sais pas vraiment chanter et je ne suis pas si mignon que ça.

Cette entrée en matière déclenche une rafale de démentis et d'explications. Jen assure qu'elle était anéantie après être allée le saluer chez les Osbourne.

– Mon chou, tu dois comprendre, dit-il. J'ai une véritable phobie de ces réunions mondaines... C'est la vérité... Je suis un traitement... C'est vraiment, vraiment dur, je te jure. Alors quand je suis à une réception, j'ai une trouille noire et si quelqu'un vient vers moi pour me parler, je fais : « Mmm, salut, faut que je me tire... » Alors, tu sais, Jen, tu n'es pas le nombril du monde.

– C'est ce que mon psy essaie de me faire comprendre... concède-t-elle.

– Passe une demi-heure avec le bon vieux toubib que je suis et on règle ça.

Greg demande ce qu'on doit lui dire à une soirée pour ne pas lui déplaire.

– Sans doute : ne tournons pas autour du pot, tu veux tirer un coup ?

– C'est ça, dit Jen. Eh ben, merde alors.

– Mais ça a marché avec Johnny Rzeznick, dit-il.

Elle en reste bouche bée.

– D'où tu tiens ça, putain ?

– Tu sais de quoi je parle, bluffe-t-il. J'ai discuté avec lui hier soir, il dit que tu embrasses super bien, ma fille.

– Bon sang ! fit-elle. Quelqu'un ici va avoir des problèmes.

– Maintenant que je t'ai vue en face, je comprends tout l'amour que tu as en toi.

– On est à égalité alors ? demande-t-elle.

– Ça y est, dit-il. Parce que j'étais un peu...

Il fait mine d'avoir la gorge nouée pour confier son désarroi quand il a appris ce qu'on disait de lui dans son dos. Mais il doit reconnaître qu'il en fait autant. Il dit des conneries sur les gens, puis quand il les rencontre, il s'excuse ou se tire.

– On fait tous ça.

– Alors on s'embrasse et on fait la paix ? demande Jen.

– Oui, dit-il. Dieu nous accorde la sérénité pour qu'on accepte ce qui ne peut pas être changé.

– Tu as entendu dire qu'elle embrassait super bien ? intervient Sarah.

– Absolument.

– Alors si tu veux te rendre compte par toi-même... le provoque la jeune femme.

– Mais, Jen, j'en suis plus qu'au café et aux cigarettes... Ça ne te dérange pas ?

Elle fait signe que non.

– Et si on se faisait juste un gros bécot ? propose-t-il.

Elle dit que Johnny Rzeznick fumait des cigarettes sans filtre.

– C'est parce qu'il est rock'n'roll, ma fille. Mais écoute, est-ce qu'il t'a embrassée en direct sur les ondes ?

– Non, dit Jen, hilare. (Elle ne se doute pas encore de ce qui l'attend.)

– On se roule une pelle ? demande Rob.

– Ah non ! s'exclame-t-elle en rigolant.

– Est-ce que je peux te rouler un vrai palot en direct à l'antenne ? insiste-t-il.

Et il joint le geste à la parole. Pas un petit bécot de cinoche, mais un vrai *French Kiss* bien profond. Les autres DJ et ceux qui écoutent de l'autre côté de la vitre poussent des cris.

Pendant les infos sur la circulation, où il est question d'un accident sur la 67, Rob file un chewing gum à Jen. On diffuse les annonces publicitaires et, hors antenne, elle le remercie. « Un plaisir, *baby*, lui dit-il. Ça fait longtemps que j'ai pas fait autant d'exercice. » Un membre de la station suggère qu'ils reprennent la pose du baiser pour une photo, ce qu'ils font, et leurs langues s'entremêlent de nouveau. Rob contemple la photo numérisée. « C'est dégoûtant, affirme-t-il. Il faut recommencer pour en prendre une autre. » Et ils remettent ça.

– Il est balèze, hein ? fait l'homme de chez Virgin, sa maison de disques américaine.

– Si quelqu'un d'autre a un appareil photo... lance Jen.

– Franchement, souffle Rob, je bande comme un malade.

– Moi aussi, répond-elle. Et j'ai même pas de queue.

Toujours hors antenne, les DJ lui demandent qui l'avait aussi bien renseigné.

– C'est ces petites allumeuses que t'as ramassées au coin avec les banderoles ? réalise Sarah.

Les auditeurs dans la pièce voisine, y compris les filles en question, sont autorisés à entrer pour écouter Rob interpréter quelques chansons. Pendant ce temps, les trois écrans de télévision, hissés sur le mur derrière lui, montrent des images de la guerre en Irak. Sans le son.

Dans le van qui roule vers l'aéroport, il chante pour lui-même : « *I left the station, with a haversack and some trepidation.* « J'ai quitté la gare avec un sac à dos et pas mal d'appréhension. »

« Quelle connerie si je n'avais pas fait cette tournée, déclare-t-il pendant le vol. C'était vraiment le pied. Que ça marche ou pas. (Comme on survole la vallée de Los Angeles, il regarde en bas.) Il y a un terrain de golf là-bas. »

Il jouait au golf dans son adolescence et il a toujours l'air d'envisager de recommencer.

L'expérience américaine se poursuit encore un jour. Alors qu'on nous sert des œufs brouillés dans le jet qui survole les Rocheuses en direction de Salt Lake City, David admire les montagnes couvertes de neige sur des kilomètres.

– J'avais l'habitude de sniffer ça, remarque Rob.

À la première station de radio de Salt Lake City, 107.5 The End, un homme en costume très *seventies* se présente comme « Chunga le DJ ». « Mon vrai nom, c'est Brett Smith, mais tout le monde s'en tape », ajoute-t-il. Rob grille une cigarette dehors et nous restons près de la porte de service sous la pluie près de l'antenne satellite, au bord d'un étang rectangulaire et nauséabond sous un autopont. Quelques CD sont accrochés à un arbre.

– On a organisé un concours de lancer de CD, explique Chunga le DJ, mais des écolos sont venus nous demander de ne pas recommencer. (Il questionne Rob sur ses tatouages.)

– Ça va être genre : Papa, pourquoi t'es tout dessiné ? (Puis il ajoute, plaisantant à demi :) Parce que je ne m'aimais pas... parce que j'ai mal à l'intérieur.

Chunga me voit prendre des notes et demande ce que je fais.

– C'est mon agent de probation, explique Rob.

Même selon les critères de cette dernière semaine, l'arrangement d'aujourd'hui est extraordinaire. Cet été, il interprétera ces mêmes chansons devant 375 000 personnes à Knebworth, et ce sera à guichet fermé. Mais ce matin, il chante dans une pièce minuscule, sans fenêtre, pour quatorze fans assis sur des chaises pliantes. Il accueille chacun au fur et à mesure et fait passer les biscuits à la crème. Pendant *Feel*, il se met à genoux et fait semblant de dormir, blotti contre les seins d'une femme au premier rang. Quand il arrive à *Angels*, la radio a cessé de diffuser, mais il l'interprète comme jamais. Juste pour ces quatorze fans, pour lui, et pour le plaisir. Pendant la partie instrumentale, il s'avance et serre la main de chacun avant de reprendre le refrain.

Il entre dans la deuxième station radio de Salt Lake City, Star 102.7, en saluant les gens et en serrant les mains. Après son passage, j'entends le DJ expliquer à un homme entre deux âges qui il est. L'homme paraît sidéré.

– Si j'avais su, dit-il, je lui aurais mieux serré la main. J'y aurais mis plus de cœur.

Pendant le vol du retour, il se bat pour résister au panier des confiseries. Jusqu'ici, ça marche. « Ma mamie était toujours à la maison quand je rentrais de l'école, et elle avait toujours deux paquets de biscuits Maryland, un Twix et deux beignets, raconte-t-il. Tous les soirs. Un Twix ou un Wispa. Pour moi tout seul. Et après, mes sandwichs et le reste. (Il n'arrêtait pas de manger, dit-il.) On avait une petite boutique au coin de la rue qui faisait crédit. Des bonbons en chocolat, des Dairy Milk, des éclairs.

Il montrait aux autres gamins qu'il n'avait pas d'argent, puis il entrait dans la boutique – « regarde-moi faire » – et il ressortait avec des tas de chocolats. Les Drumsticks, des petites sucettes, étaient ses préférés. Il adorait les croque-monsieur au thon de sa mère.

– Elle prenait du thon qu'elle mélangeait avec du sel, du poivre, du ketchup et de la mayonnaise, puis elle beurrait le pain sur les deux face et elle mettait le tout au four. C'était grave ! (Ça fait plus de dix ans qu'il n'en a pas mangé.) Je vais demander à maman de m'en faire un.

À l'école, dit-il, il avalait tous les jours la même chose : « Des chips, des haricots, du jus de viande et de la sauce tomate. » Le matin, il mélangeait ses Weetabix avec des cornflakes. Mais à la maison, il y avait toujours des légumes et des fruits, et sa mère cuisinait un repas équilibré pour le soir.

Il se souvient combien sa grand-mère pouvait l'énerver quelquefois après l'école.

– Elle me prenait la tête parce qu'elle était vieille. « Mamie ! J'essaie de t'expliquer ce qu'est Pacman ! Et pourquoi ça m'intéresse ! Et pourquoi j'aime Ice T ! Le rap ! C'est un rapper ! » Essayer de lui expliquer ce qu'était une vidéo. Elle pigeait que dalle. Et elle était super-inquiète pour moi. » Elle était entrée une fois quand il sniffait une bouteille de liquide inflammable de gaz butane. « Robert ! » l'avait-elle réprimandé. Elle ne savait pas trop ce qu'il faisait, mais elle savait que ce n'était pas bien.

Il avait vingt-quatre ans quand elle est morte. « Je trouvais normal d'avoir encore ma mamie. C'est ce qu'on croit, non ? »

Il essaie de ne pas lire ce qui se dit sur lui sur l'Internet. Au cours des dernières semaines, il est devenu un peu obsédé. « Je crois que ça me perturbe. En grande partie parce que ça m'intéresse vraiment. Un peu aussi pour me faire du mal. Inconsciemment. Je crois que les gens comme moi cherchent toujours quelque chose pour se gâcher la journée. Ou pour confirmer leurs pire craintes sur eux-mêmes. » Un jour, sur le tapis de jogging, il s'est vu debout derrière quelqu'un en train d'écrire un article sur lui, un bout de grillage à la main, et il a compris qu'il devait s'arrêter.

Il parle du prochain album. Puis il chante tout bas. « *Quand je te vois avec ton nouveau mec, quelque chose bouge au fond de moi. Ce n'est pas parce que je veux que tu reviennes, mais comme l'amour peut être moche... Comment ai-je pu avoir l'air sincère en disant "je t'aime", alors que tu n'étais qu'une passade d'une nuit qui a duré un an ?* » C'est une de ses chansons intitulées *Ugly Love* (« L'amour moche »). « Ça a servi à quelque chose ? » demande-t-il. À peine. C'était la piste sonore d'un jeu vidéo allemand.

Ça lui rappelle les gens avec lesquels il glandait et se droguait. Il parle d'un groupe de musiciens et se demande ce qu'ils sont devenus.

– C'était un sacré bordel, constate-t-il. C'est l'époque où j'ai tâté à l'héroïne. Je voulais savoir comment c'était. Ben, c'est comme si t'avais la tête emballée dans du coton. Quelle merde. J'étais malade à chier.

– Pourquoi l'as-tu fait ?

– Parce qu'on s'est trouvé à court de coke. C'est ce qui passe toujours, j'imagine. Et t'appelles ta mère pour lui dire : « Je rentre pas à la maison parce que je sors ce soir. » Et tu te dis, putain, je suis shooté. Et t'es malade à crever pendant que tu parles à ta mère.

– Tu l'étais ?

– Ouais. (Silence.) Oh oui. (Bien sûr, c'est une chance qu'il n'ait pas été accro.) Une sacrée veine, tu parles. Parce que l'héroïne et le crack, ça ne m'a pas plu. Il ne me fallait que des trucs à sniffer.

– Tu as pris du crack ?

– Oui, enfin, j'étais vraiment défoncé et quelqu'un m'a filé trois tickets contre soixante livres. J'ai commencé à le fumer avec un de ces trucs en argent qui enveloppe les cigares. Je pense qu'il y a deux sortes de gens : ou t'es fait pour l'opium ou pas. Ou tu veux dormir ou tu veux rester réveillé pour toujours. (Il secoue la tête.) Pour moi, c'est : reste réveillé pour toujours.

De retour à la maison de Los Angeles, par une douce soirée printanière, Rob propose qu'on aille tous s'allonger sous les étoiles sur le trampoline dans le jardin de derrière. Il va chercher quelques couettes et des oreillers et tous les six – Rob, Max, son amie Milica, Chris Sharrock, Jason et moi – nous mettons sur le dos, disposés en éventail, la tête près du bord et les pieds rassemblés au centre du trampoline. Sid bondit pour nous rejoindre. C'est formidable. Nous échangeons toutes sortes de sottises pendant des heures, sur le passé et le présent, puis Max organise un jeu de réponses éclair. Les réponses de Rob sont : joint (« comment tu appelles l'herbe ? »), trampoline (« le premier mot qui te vient à l'esprit »), *Tie Your Kangaroo Down* (« la première chanson qui te vient à l'esprit »), Halle Berry (« la femme que tu veux baiser maintenant »), des chips (« manger »), Smith (« on l'appelle John »), Duchovny (« on l'appelle David »), Neptune (« une planète »), l'Australie (« un pays »), *Un après-midi de chien* (« un film »), Eddie Murphy (« un comique »), Manchester United (« une équipe de football »), cèdre (« un arbre »), chien (« animal »), orange (« fruit »), Stealer's Wheel (« groupe »), roses (« une fleur »), Elvis Costello (« chanteur »).

– Et si on restait ici très tard ? propose-t-il.

Chris Sharrock indique une silhouette formée par les arbres à l'extrémité du jardin et que le vent fait ployer.

– On dirait Jimi Hendrix avec une coiffure afro, dit-il.

– On se croirait à Tahiti en 1958 en train de tourner *Les Révoltés du Bounty*, lance Max.

– Est-ce que je peux faire Brando ? demande Milica.

– Non, c'est moi, Brando, lâche Max, vexé.

On reste allongés sans parler.

– Je viens de comprendre le sens de la vie, déclare Rob.

– C'est quoi ? interroge Max.

Un long silence.

– C'est de quitter Take That, annonce Rob.

Autre silence.

– J'adorerais voir un ovni, murmure-t-il.

C'est trop tôt pour savoir si cette coûteuse opération promotionnelle va porter ses fruits, mais si ça marche, ça démarre lentement. Le succès à la radio américaine se mesure par le nombre de stations qui ajoutent votre single à leur playlist de la semaine. Il semble que les tubes soient régis par une certaine dynamique. D'abord ils trouvent des niches de soutien régional, puis, tandis que la chanson touche son public et sa popularité sur quelques radios (qui mènent une enquête auprès des auditeurs) et que les directeurs de programmes se parlent entre eux, les magazines spécialisés de l'industrie du disque les repèrent et amplifient le phénomène. De sorte que les passages radio sont décuplés chaque semaine et gagnent l'ensemble du pays.

Feel est sur quelques listes – les visites de Rob jusqu'ici ont plutôt conforté ses premiers fans qu'attiré des nouveaux convertis – mais n'obtient rien de spectaculaire. En fait, la semaine dernière, *Feel* a gagné un passage et c'était dans le Kansas, un État qui ne se trouvait même pas sur notre trajectoire de vol.

En Angleterre, cependant, le problème posé par *Come Undone* est réglé et on peut désormais entendre la chanson sur Radio Two, encore que dans une version édulcorée qui ne sortira jamais. Rob n'a pas eu le temps de rechanter les vers qui risquent de choquer la ménagère et on ne pouvait pas simplement couper. Mais on a pu noter, il y a quelque temps, qu'un chanteur appelé Paul Caitlin Birch avait un timbre de voix similaire à celui de Rob. Ce printemps-là, pour les quelques mots à modifier, ce sera lui que les auditeurs de Radio Two entendront.

10

Rob a décidé de se mettre en quête d'une autre maison. La sienne est certes spacieuse, luxueusement aménagée, dotée d'assez de chambres pour faire face au flot constant des invités, et en même temps assez douillette pour qu'il s'y sente en sécurité. Mais il voudrait que ses chiens puissent courir dans un jardin plus grand. En réalité, s'il a envie de déménager dans une maison plus vaste et plus chère, c'est peut-être tout simplement parce que les autres le font : puisqu'il en a les moyens, pourquoi s'en priver ?

Il a prévu d'aller en visiter quelques-unes dans l'un des quartiers les plus chics de Hollywood Hills.

– On va monter d'un cran, les gars, annonce-t-il comme nous franchissons les portes de la propriété.

Tout ici est d'une blancheur immaculée : les arbres, les haies, les allées. Tout est beau – ou affreux, c'est selon.

– C'est bien mieux gardé, non ? observe David.

– Ouais, répond Rob. Mais ça manque d'âme. Vous sentez comme ça manque d'âme ? Ou alors ça vient de moi : je me sens inférieur.

– Putain d'éclairage, fait Max. J'aimerais vivre sous un réverbère pareil. Ça doit être super.

Nous nous arrêtons le long d'une haie.

– La classe ouvrière débarque, proclame Max.

La propriété de 12 000 mètres carrés appartient à un producteur de films très connu. L'agent immobilier chargé de la visite semble estimer que Rob se fait des illusions, s'il espère pouvoir mener ici une existence discrète. Du balcon, il énumère joyeusement les noms des célébrités voisines :

– Là, c'est Sylvester Stallone... Là, vous avez Denzel Washington... Rod Stewart...

Au cours de la visite, il avance un argument qu'il croit susceptible de retenir l'attention du chanteur :

– La salle à manger peut accueillir 30, voire 34 personnes.

– Je n'ai que deux amis, répond Rob.

Nous pénétrons dans autre maison. Celle-là aussi appartient à un célèbre producteur de films dont les photos encadrées ornent les murs ; une lettre du Président Clinton adressée aux enfants en occupe un pan. Son prix s'élève à 14 millions de dollars. Nichée dans le creux d'une colline, elle n'a pas de vue. En revanche, elle est située dans le champ de mire de plusieurs demeures voisines. Des balançoires et des centaines de jouets occupent le jardin.

– Ça doit être bien, de grandir ici, non ? lance Rob.

Il adresse un large sourire à Max.

– Nous, on n'avait presque rien, soupire celui-ci.

Deux ou trois jours plus tard, Rob visite d'autres propriétés. La plus remarquable est une demeure manucurée jusqu'à l'absurde appartenant à un champion de course motocycliste.

– Le jardin est entretenu par des botanistes, annonce l'agent immobilier avec le plus grand sérieux. Tout est taillé au sécateur.

– À l'intérieur, il les invite à noter le raffinement de chaque détail.

– Enduits vénitiens... Chandelier Louis XV...

La visite se poursuit au pas de course. La maison se veut une galerie d'exposition de ce que mille ans de décoration d'intérieur ont produit de mieux, selon les critères de Los Angeles. Dans la chambre, une commande électronique permet de baisser et de relever une tapisserie du XVe siècle à la manière d'un écran plasma.

L'ensemble est pour le moins... chargé. *Tout est taillé au sécateur.* En tout cas, l'expérience permet à Rob de prendre conscience des qualités de la maison qu'il possède déjà.

À bord d'un avion en route pour Toronto – un vol commercial, cette fois –, je suis à côté de Rob. Je parcours le journal où j'apprends qu'un mystérieux virus, le SRAS, vient d'être isolé et circule peut-être à Toronto. Selon d'autres sources, en revanche, la situation serait sous contrôle et il n'y aurait pas lieu de s'inquiéter. Je m'abstiens d'en faire mention devant Rob : inutile de lui offrir des raisons supplémentaires de se tourmenter.

Lui est plongé dans le magazine *FHM*. Il remplit un test destiné à évaluer la virilité des lecteurs. Je relève quelques-unes de ses réponses :

« Nombre de filles avec lesquelles vous avez couché » : *21 et plus* (la plus haute des options proposées). « Avez-vous jamais fait l'amour à trois » : *Oui.* « Eu un rapport anal » : *oui.* « Nombre de filles avec lesquelles vous avez couché sans savoir qui elles étaient » : *2.*

– Et c'était avant d'être célèbre, commente-t-il.

« Nombre de nationalités représentées par vos partenaires » : il coche la réponse *Beaucoup, y compris les Inuits.* Mais pas de vrais Esquimaux ?

– Non, concède-t-il. Ça me rapporte tout de même dix points !

« Avez-vous déjà procuré à une femme des orgasmes multiples » : *Oui.* « Une fille vous a-t-elle jeté sa bière à la figure à cause de votre grossièreté » : *Oui.*

– Il y a eu aussi plein de gifles, ajoute-t-il. Et ça a commencé quand j'avais treize ans...

« Y a-t-il des femmes dont vous vous souvenez tout de suite quand on vous en parle » : *Oui.* « Êtes-vous jamais parvenu à convaincre une fille de : a) danser rien que pour vous dans votre salon (*Oui*) ; b) jouer pour vous dans un film X amateur (*Non*) ; c) faire l'amour dans un lieu public (*Je ne pourrais pas assurer*) ; d) s'habiller en fonction d'un de vos fantasmes (*Oui*) ; e) lécher votre anus (*Oui*). »

Il a fait l'amour à peu près de toutes les façons, mais pas lors d'un saut en parachute, ni sur un radeau. Il en est parfois résulté des fractures mineures : le nez, un doigt, une côte, etc.

« Nombre de copines que vous jugez "bonnes" » : *2 sur 5.* « Combien d'entre elles seraient prêtes à mourir pour vous » : *2 sur 3.* « Combien de bagarres à coups de poing » : *6 fois sur 10.* « Combien de victoires dans ces bagarres » : *Plus de la moitié.* « Nombre d'arrestations » : *0.* « Revenus » : 40 001 livres et plus. À la question : « Pourquoi avez-vous quitté votre dernier boulot ? », il coche : *Trop répétitif* ; *Trop prise de tête* ; *Trop mal payé* ; *Ennuyeux à crever* ; il laisse en revanche en blanc les options *Viré* et *Déménagement.* « Avantages de votre boulot actuel » : *Voiture de fonction* ; *Déplacements à l'étranger* ; *Peu de vrai travail* ; *Collègues féminines très attirantes.* À la question : « Avec combien de vos collègues femmes avez-vous couché ? », il répond : *La plupart.*

– Sauf celles qui puent, évidemment.

À la question : « Combien de temps vous voyez-vous continuer dans ce boulot ? », il coche : *Jusqu'à ce que quelque chose de mieux se présente.*

FHM lui attribue un score moyen de 95 points. Le rythme frénétique d'une pop star offrant cependant le plus d'aubaines et d'obligations, pour qui veut mettre sa virilité à l'épreuve, son décompte total s'élève à 199.

Il donne une interview à une télé canadienne. La journaliste présente une combinaison parfaite d'instinct maternel, de talent et de sympathie. Elle demande à Rob s'il estime avoir saboté ses relations amoureuses.

– Non, répond-il. J'ai juste opté pour celles que je pourrais quitter. Mais je m'améliore.

– Qu'est-ce qui vous paraît le plus facile ? Aimer, ou se laisser aimer ?

– Aimer. Oui. Mais il faut toujours qu'il y ait une porte de sortie. C'est comme, disons... Bon, imaginons que nous nous trouvions dans un avion : il faut un parachute au cas où... Espérons que ça changera, l'âge venant.

À la fin de l'entretien, elle l'invite à rectifier les malentendus colportés sur ton compte.

– Il n'y a aucun malentendu en ce qui me concerne. Je corresponds à cent pour cent à ce que les gens pensent de moi.

Plus tard, il visionne quelques épisodes supplémentaires des *Sopranos* – HBO a sorti la quatrième saison en DVD. Puis je l'entends parler au téléphone dans l'autre chambre. Quelqu'un de sa connaissance semble avoir des ennuis. Il lui arrive – et c'est quelquefois surprenant – de nous rappeler combien il peut se montrer adulte quand c'est nécessaire ; en tout cas, les conseils et les encouragements qu'il prodigue ce jour-là sont un modèle de patience, compte tenu de la difficulté de la situation. Rob se montre réconfortant et très à l'écoute – exactement l'ami dont vous avez besoin dans un moment pareil.

Après quoi, il revient aux *Sopranos* pour le dernier épisode de la quatrième saison.

– J'ai failli lui demander grâce ! s'exclame-t-il en mettant en route le lecteur DVD.

David a manqué les derniers épisodes :

– Il y a quelque chose que j'ai besoin de savoir ? s'enquiert-il quand le générique défile.

– Non, répond Rob.

Puis, se ravisant :

– Enfin, si. Je prends ma retraite dans deux ans.

La fin de l'épisode nous laisse silencieux et pantois.

– Je continue à penser qu'ils n'auraient pas dû tuer Pussy, soupire Rob.

Rob, Pompey et moi descendons au bar. Rob interroge la serveuse :

– Alors, qu'est-ce qu'on fait, à Toronto, quand on ressent le besoin de chercher la merde et de prendre des coups ?

– Je préfère me frapper moi-même, répond la fille.

Rob en reste comme deux ronds de flanc.

– C'est très sadomaso, s'étonne-t-il.

Nous échangeons des anecdotes sur le sujet.

– Ça ferait un bon bouquin, commente Rob. Une aventure sexuelle qui commence par un malentendu.

La conversation dérive sur ses souvenirs de théâtre à l'école primaire, quand il avait sept ans.

– La pièce s'appelait *Sean*, précise-t-il. Ou *The Fool*, hésite-t-il Ou encore *The Devil and the Cat*. C'est moi qui faisais le diable. Jamais je n'ai appris mon texte. J'ai improvisé les trois soirs où on a été sur scène. J'avais un long monologue, en plus. Je n'étais pas fait pour apprendre des trucs. C'est toujours pareil, d'ailleurs.

– Comment tu as fait pour y arriver ?

– Je ne sais pas si j'y suis arrivé. Je n'ai pas eu le temps de réaliser que c'était déjà fini.

– En fait, tu n'en avais rien à foutre, c'est ça ?

– Non, ce n'est pas ça. Le fait de ne pas savoir mon texte me foutait une sacrée trouille. En plus, M. Collis pensait que j'avais volé le chapeau du démon. Un chapeau noir. Une calotte, en fait, avec une paire de cornes. Mais je ne l'avais pas volé. Il a fallu deux mois pour qu'on s'en aperçoive.

À ce moment précis, Rob semble plus contrarié par la fausse accusation de M. Collis que par l'affaire Rock The Vote. Il se demande s'il ne devrait pas lancer une campagne d'affiches dans toute l'Angleterre, une opération qui lui permettrait d'assouvir de vieilles vengeances et de liquider des rancunes.

– Honte à Collis ! mugit-il soudainement.

Mais il se rétracte :

– Je crois qu'il ne faut pas jeter la pierre à M. Collis.

Il ajoute à mon intention :

– C'est ce que tu mettras dans le livre.

Il enchaîne :

– Et il me faisait bouffer des chenilles.

Pompey et moi hésitons entre la révote et l'incrédulité..

– Non, ça, je l'ai inventé ! s'esclaffe-il.

– Tu as bien dû en manger au moins une à l'occasion, fais-je.

– Non ! proteste Rob. Je déteste les insectes.

– L'enfant du démon ! ricane à son tour Pompey.

– Adrian Tams avait parié que j'en mangerais, poursuit Rob. Elles étaient mélangées à de la crème anglaise. J'ai tout avalé. Comme un bon petit catholique.

Un autre souvenir lui revient :

– Je me suis fait jeter de la chorale.

Je demande pourquoi. Il répond qu'il ne s'en souvient plus. Puis, réfléchissant :

– Quand j'y repense, c'était ma première mauvaise critique.

À la fin de la soirée, il se retire dans sa chambre et s'allonge sur le sofa. Il a enlevé sa chemise et médite sur le genre de musique auquel il voudrait s'essayer dans le prochain album qu'il projette de sortir.

– Tu sais quoi ? lâche-t-il, comme si un sentiment profond émergeait enfin. Guy ne me manque pas.

De retour à Londres, il m'appelle un matin.

– J'ai eu des nouvelles, annonce-t-il, très excité. 43e en Amérique. 24 000 disques vendus.

On dirait que ses efforts commencent à porter leurs fruits. La presse britannique feint de croire qu'il suffit d'embarquer succès et célébrité dans un avion et de les transporter tout bonnement dans un autre pays. Rob sait au contraire combien il est difficile de conquérir l'Amérique. Ces chiffres sont un encouragement.

Bonne journée.

Encore une fois, les paparazzi s'acharnent à le rendre dingue. Il a regagné son foyer londonien depuis moins d'une demi-heure et les voilà déjà à sa porte, après l'avoir suivi partout. L'un d'eux a même bondi hors de sa voiture en plein embouteillage pour photographier Rob à travers la vitre.

– Crève ! lui a lancé Rob.

Il n'y a pas que les paparazzi. Son retour à Londres a réveillé le tourbillon des visites non sollicitées. Chaque soir, le carillon de l'entrée retentit plusieurs fois – des ivrognes qui rentrent du pub et trouvent amusant de déranger la pop star locale. Un soir, après minuit, Pompey vient demander à Rob s'il connaît une dénommée Becky. Elle est dehors. Elle n'arrête pas de sonner et insiste pour entrer. Rob la regarde sur la vidéo de surveillance. Il ne la connaît pas.

– C'est Becky, persévère la fille dans l'interphone. J'ai besoin de faire pipi. Ne me dis pas que tu ne veux pas me laisser entrer juste le temps de faire un petit pipi !

Il y a derrière elle un homme qu'elle présente comme le chauffeur de taxi. Rob et Pompey flairent l'arnaque. En prenant une voix huppée, Rob explique à la fille qu'il ne lui est pas possible de lui ouvrir, qu'il s'agit d'une propriété privée et la prie de bien vouloir s'en aller. La fille insiste de plus belle :

– Je n'arrive pas à croire que tu refuses de me laisser juste faire pipi.

Elle continue d'appuyer sur la sonnette. Rob l'observe encore un moment sur l'écran, puis revient à l'interphone.

– Qui est cet homme, avec vous ? reprend-il de sa voix huppée.

– C'est le chauffeur du taxi ; laisse-moi entrer faire pipi.

Elle s'assied devant la porte.

Ils finissent par menacer d'appeler la police, et lui conseillent de filer avant qu'elle n'arrive. C'est alors qu'elle répond bizarrement :

– Non, non, ce n'est pas la peine. Je travaille pour la police.

Rob en a marre. Furieux, il s'écrie :

– Barre-toi ! Débarrasse le plancher ! Et pisse-toi dessus si ça te chante !

La fille s'acharne. Au moment où la police arrive, un autre type apparaît au coin de la rue, preuve qu'il s'agissait bien d'un piège.

– Avant, conclut Rob, ça marchait, ce genre de plan. Mais pas avec le nouveau Robbie.

Une réunion se tient chez lui à propos du film sur Cole Porter, *Just One of Those Things* (qui deviendra *De-Lovely*), dans lequel Rob doit chanter. Les principaux protagonistes de l'affaire sont déjà assis autour de la table de la cuisine : le producteur Rob Cowan, le metteur en scène Irwin Winkler (plus connu à Hollywood comme producteur légendaire de *Raging Bull*, des *Affranchis* et d'*On achève bien les chevaux*), ainsi que le directeur artistique Peter Asher (devenu célèbre dans les années 60 en tant que membre du fameux duo Peter and Gordon, et pour avoir produit ensuite les disques de James Taylor que Rob a tant aimés).

– Je tiens à m'excuser pour le désordre, dit Rob.

La maison n'est toutefois pas si mal rangée. Seul élément incongru du décor, un flacon d'Effexor trône devant eux au beau milieu de la table ; il y restera jusqu'à la fin de la rencontre. Afin de briser la glace, ils commencent par parler de l'immobilier à Malibu et à Beverly Hills. Irwin Winkler demande à Rob :

– Tu passes beaucoup de temps à Los Angeles ?

– J'y vais aussi souvent que possible. Là-bas, personne ne me connaît.

– Eh bien, reprend Irwin Winkler, on va changer ça.

– Avec un peu de chance, opine-t-il, on devrait arriver à me bousiller la vie.

On bavarde encore un peu, puis Rob décide d'en venir au fait.

– Alors, fait-il. De quoi s'agit-il ?

– On aimerait bien que tu apparaisses dans le film, répond Irwin Winkler.

Il raconte l'histoire ; il en décrit la fin d'une façon incroyablement émouvante.

– Arrête ! ironise Rob. J'en pleurerais, si j'avais un cœur.

Il se tourne vers Tim :

– Tu n'en as pas les larmes aux yeux ? Si seulement j'avais une chanson aussi bonne à vendre.

Il confirme son désir de chanter dans le film.

Après leur départ, nous allons louer une vidéo : *Donnie Darko*. Lorsqu'apparaît la statue de l'école avec l'inscription : « They Made me Do it », « ils m'ont obligé à faire ça », il murmure, comme pour lui-même :

– Titre de l'album : *They Made me Do it*.

Tout au long du film, il s'inquiète de savoir si ça finira bien. C'est tout à fait lui, de se soucier de ce genre de choses. Il s'implique trop dans le film. Ça l'angoisse. Il sait d'avance qu'il ne supporterait pas que l'épilogue s'avère décevant.

Les modestes progrès réalisés aux États-Unis, qu'il avait accueillis comme une victoire, donnent lieu à une interprétation très différente de la part des médias anglais. Les journaux du week-end se répandent sur ce qu'ils considèrent comme le désastre américain de Robbie Williams. Les chiffres qui l'excitaient tant voilà quelques jours sont présentés comme humiliants. Pour le *People,* qui titre avec un calembour sur « ALBUM » et « ALBOMBE », soit flop, le problème provient de la confusion du public, outre-Atlantique, entre Robbie Williams et *Robin* Williams. « LAISSE TOMBER, ROBBIE, TU N'ARRIVERAS JAMAIS À PERCER EN AMÉRIQUE », titre de son côté le *Sunday Mirror* qui poursuit : « Le brave bougre de Stoke, ayant voulu une fois de plus jouer les effrontés, a reçu une leçon des Yankees, après sa malheureuse tentative pour justifier un contrat de 80 millions de livres. » Une interview de Louis Walsh occupe la manchette : « IL N'EST PAS ASSEZ BON POUR FAIRE UN MALHEUR EN AMÉRIQUE ». Dans le corps de l'article, Walsh vomit ce commentaire : « Je n'ai jamais compté parmi ses fans. Je ne crois pas qu'il ait vraiment du talent. Ce n'est pas un grand chanteur, et il n'est pas très doué non plus comme auteur. La seule chanson de lui que j'aie jamais aimée, c'est *Angel* [sic], et le morceau est de la plume de son ex-auteur Guy Chambers... Robbie est juste un brave bougre qui a cru pouvoir se la jouer, après avoir chanté dans un groupe amateur assez populaire... »

– C'est la quinzaine « Tapez à fond sur Robbie Williams », ironise-t-il. Ça a l'air d'être un sacré problème, pour eux, les États-Unis. Sauf que moi, ça ne me tourmente pas plus que ça. Pas du tout, même.

Un autre tabloïde s'efforce de calmer le jeu. Il s'agit de *News of the World*, qui lui présente des excuses pour ce qui a été écrit précédemment sur son compte. L'article explique que Rob n'est pas accro aux jeux, et qu'il ne joue que des sommes relativement faibles. En outre, rectifie-t-il encore, il n'a pas touché à la drogue et à l'alcool depuis plus de deux ans. La principale source de cette rumeur s'étant rétractée, les autres journaux ne tarderont pas à se fendre à leur tour de leurs plus plates excuses – après s'être délectés de le traîner dans la boue. L'*Observer* rapporte même que le journaliste de *News of the World*, qui était à l'origine du premier article, aurait été muté aux pages nécrologiques, avec pour consigne de méditer les risques qu'il encourt à calomnier les morts.

11

Depuis des années, tout ce que Rob a pu sauver de sa période Take That est remisé à Stoke dans le grenier de sa mère. Il vient pourtant de décider d'y jeter un coup d'œil, et a demandé à sa mère de tout lui expédier à Londres. Je me trouve dans les parages le jour où il se met à tout déballer au hasard des cartons et à exposer pour moi les objets sur la table basse. Une photo de lui jeune en compagnie de Bruno Brookes. Une photo de sa petite amie Natasha.

– Ma première copine adulte, remarque-t-il.

Une autre, prise à la fin d'une tournée de Take That, lui rappelle très exactement ce qu'il pensait à la minute où elle a été prise.

– J'étais vraiment au bout du rouleau. Aucun de mes amis ne m'avait acheté de la drogue. J'en crevais.

Un cliché le montre sur un sofa, le bras passé autour des épaules de Nigel Martin, avec Gary Barlow assis de l'autre côté.

– J'étais complètement fait, commente-t-il. J'avais envie qu'il m'aime...

– Qui ?, intervient Josie en se penchant pour jeter un coup d'œil. Gary ou Nigel ?

– Nigel. J'avais tellement besoin de son approbation. Et c'était sans espoir.

Il me tend la photo d'un vieil ami.

– On a consommé ensemble des quantités incroyables de drogues. Je ne crois pas qu'il y ait eu dans cette période une seule journée où mon esprit n'était pas altéré... Quand ce n'était pas le speed, c'était la coke. Ou l'ecstasy. Après, c'étaient les cachets. Il y avait toujours quelque chose dans la machine.

Le coucou que sa sœur vient de lui offrir retentit.

– Je t'ai déjà raconté ce qui est arrivé avec Peter Cunnah, un jour que j'étais au lit en compagnie de...

Non. Il ne m'a pas raconté.

– Il y a quelque chose à ce sujet quelque part dans une lettre...

Il me tend une enveloppe contenant une petite liasse de courrier.

– Je te les prête si tu promets de me les rendre.

Il m'emmène à l'étage pour me montrer une vidéo retrouvée il y a quelque temps ; l'un des passages l'obsède : lui et Gary Barlow à leur arrivée à New York. La scène se déroule à l'aéroport. Rob, encore adolescent, fixe l'objectif en disant :

– On ne m'a pas encore filmé ; je déprime à mort.

L'instant d'après, Nigel lui jette à son insu un regard furieux, et secoue la tête avec une expression de mépris.

– Le regard qui tue, commente Rob.

Je lui demande à quoi pense Nigel Martin-Smith, selon lui, à ce moment-là.

– Il pense qu'il me hait, répond Rob. Il ne supporte pas qu'on me prête la moindre attention.

La cassette continue de tourner. Gary Barlow fait visiter sa maison. Zoom sur ses chandeliers.

– Il essaie de faire « années 80 », s'amuse Rob.

Ses cartons de souvenirs l'ont plongé plus encore qu'à l'ordinaire dans son passé. Il se demande à haute voix combien Take That avait bien pu rapporter. La réponse reste floue.

– Une fois, j'ai reçu un gros chèque, fait-il. 500 livres. J'ai tout sniffé.

Peter Cunnah était le chanteur gay de Dream, un groupe dance essentiellement connu aujourd'hui pour le morceau *Things Can only Get Better* que le parti travailliste diffusait durant sa campagne de 1997. À l'époque où Take That sortait d'une tournée avec Dream, Rob était rentré à Londres exténué.

– Natasha était en train de me tailler une pipe, se souvient Rob. Là-dessus, je m'endors. Après neuf concerts de suite, j'étais vanné. Je commence à rêver de lui. Dans mon rêve, on bavardait, c'est tout. On se demandait s'il y aurait du monde, si le concert allait marcher. C'est là que je jouis en disant : « Oh ! Peter... »

À voix haute.

Natasha fait allusion à cet épisode dans une de ses lettres. Celles que Rob m'a confiées permettent de suivre le cours ordinaire d'une jeune liaison amoureuse qui se complique, puis tourne mal. L'incident Peter Cunnah est mentionné dans un courrier daté de 1994, après une de leurs séparations : « Je sais que tu n'écriras pas le premier, alors je me dis que c'est à moi de le faire... »

J'en découvre une autre, de la main de Rob, qui semble correspondre à une période plus faste : cinq pages rédigées à l'encre turquoise, apparemment dans un avion, mais dont rien ne permet de dire qu'elles ont été envoyées à Natasha. Rob évoque une scène obsédante au cours de laquelle elle l'appelle d'une voix de plus en plus faible avant de lui expliquer qu'elle doit le quitter et se mettre en quête d'une relation plus stable. « Merde ! écrit Rob. Cet avion doit appartenir à la compagnie paranoïa-air ! » Il lui fait part de nombreuses autres craintes et termine par une déclaration d'amour. « Écrire cette lettre, ajoute-t-il enfin, c'est une façon de me purifier. J'espère que tu comprends ça, parce que moi, je n'ai pas compris. »

Au moment où Rob monte dans la voiture, un paparazzi embusqué derrière la grille, le prend en photo. Rob se renfrogne. Il n'est pas d'humeur.

– Super boulot, fait-il, sarcastique.

– Je le déteste autant que toi, répond le paparazzi. J'aimerais mieux qu'il n'y ait pas de célébrités sur terre. Je pourrais me consacrer à un vrai job.

La voiture s'éloigne.

– Bizarre comme réflexion, marmonne Rob.

– Ça va me rendre dingue, si je suis obligé de rester une semaine de plus.

Il n'est à Londres que depuis quelques jours.

– Ils m'emmerdent, tous ces cinglés. Ma maison n'est pas un hôtel ! Il faut que je sorte pour être seul.

De toute façon, il doit s'envoler pour la Suède où l'attend une émission télé.

Nous venons d'atterrir quand Josie trouve sur son mobile un message de Mark Owen. Mark a entendu dire que Rob était à Londres. Il adorerait prendre le thé avec lui. Voilà longtemps qu'ils ne se sont pas parlé. Rob le rappelle dans la foulée, et laisse un message invitant Mark à passer le voir.

Quatre heures plus tard, Rob est de nouveau dans l'avion. Il demande à David comment c'était, quand il disparaissait pour 48 heures.

– Ce n'était pas formidable, répond David.

Ils se remémorent tristement quelques épisodes pénibles. Rob, finalement, a cette réflexion :

– C'est comme si j'avais eu trois vies ! lance-t-il. Je suis maintenant dans la quatrième... Il y a eu l'école, Take That, ma période d'imprudence, et celle où j'essaie de ne pas boire. Ce sera quoi, la cinquième ?

Comment la voyait-il justement ?

– Mes plus grands succès sont à venir. Il y aura un mariage. Des enfants. Le divorce...

– Voilà cinq ans que tu planifies un divorce, intervient Josie.

– Je changerai quand je serai amoureux. Quand j'aurai trouvé la bonne personne. Mais pour le moment, j'en suis encore à tout vouloir foutre en l'air. C'est inévitable.

– Ça ne vient peut-être pas de toi, suggère David.

– Quand tu es avec la bonne personne, objecte Rob, tu le sais. Je n'ai encore rencontré personne avec qui ça fonctionnait à tous les niveaux. Mais je doute. Je doute de pouvoir jamais aimer quelqu'un.

– Quoi ? s'étonne Josie.

– C'est l'état d'esprit idéal, lance David. Tu vas te faire mettre le grappin dessus alors que tu ne t'y attends pas.

– Je m'y prépare, acquiesce Rob. Et je me prépare aussi à l'éventualité de ne jamais tomber amoureux.

De retour chez lui, il continue à explorer le contenu de ses cartons. Il sort sa collection de prix Smash Hits de 94 : Meilleur Groupe du Monde, Meilleur Groupe Anglais, Meilleur Single (pour *A Million Love Songs*), Meilleur Clip (pour *I Found Heaven*) et Meilleure Coupe de Cheveux (à Robbie Williams).

– Le verdict des ados, fait-il.

Il sort son prix pour la Meilleure Coupe de Cheveux 93. Deux années de suite ! Il y a aussi dans le carton son T-shirt noir et blanc « My Drug Shame » qu'il portait à la fin de Take That, quand on l'y autorisait ; autrement, il en portait un autre, le « My Booze Hell ». Il me montre une chemise « Truc Fucking Star » qu'un fan lui a donnée et qu'il n'a jamais mise, ainsi qu'une chemise cotte de maille Versace qu'il a reçue en cadeau au temps où il fréquentait Gianni Versace.

– Je me demande si je pourrais encore porter ça, murmure-t-il.

Le voilà qui défile dans la pièce, vêtu de sa cotte de maille pop-ado.

Il plonge plus profond dans ses cartons. Un T-shirt du groupe Take That réduit à quatre membres après le départ de Rob – c'était un plaisir de le porter. Un ensemble casquette et gilet en cuir.

– Je ne sais pas pourquoi j'ai ça dans mes cartons, s'étonne-t-il.

Un agenda des concerts de Take That.

– On était juste un petit peu gay, lance-t-il en riant.

Il porte sur ce cliché une veste en cuir, avec des chaussures et une culotte de cycliste.

– J'ai l'air sacrément jeune, commente-t-il. Je me creusais même les joues.

Il découvre un texte sur Take That qu'il lit à haute voix :

Pendant ce temps, Mark Owen, qui venait de quitter l'école, travaillait dans une banque locale. Il s'y plaisait, mais le soir, il préparait le thé dans un studio d'enregistrement. C'est là qu'il rencontra Gary. Ils commencèrent à jouer ensemble, entre deux tasses de thé. Une amitié était née. À l'autre bout de la ville, deux grands types très souples se produisaient dans des groupes de danse rivaux. Howard Donald avait vu danser Jason Orange. Il lui dit toute son admiration. Jason se rappelait très bien leur première rencontre : « Je dois lui reconnaître ça – on dansait dans des groupes rivaux, mais il est venu me voir, et c'est lui le premier qui s'est montré amical avec moi. » Le groupe finit par se rendre à l'agence de Nigel ; ils savaient que tout marcherait désormais. Un cinquième membre fut auditionné. Un petit gars plein d'audace frais émoulu du lycée. Il chanta un hit de Jason Donovan : Nothing Can Divide us. *Ce petit gars, c'était Robbie Williams. « Je l'admirais vraiment, souligne Mark. Nous, on se connaissait tous. Pourtant il a eu assez de cran pour chanter et nous en mettre plein la vue. Take That était formé !*

– Nigel a inventé cette légende, révèle Rob en secouant la tête. Il ne voulait pas que les gens nous considèrent comme un groupe fabriqué de toutes pièces. En réalité, personne ne se connaissait. On a tous passé une audition le même jour au cours de laquelle on nous a demandé de chanter *Nothing Can Divide Us*.

– Vraiment ? sursaute Josie.

– Ça alors ! enchérit Chris Sharrock. Mes illusions en prennent un coup.

– Ils m'ont choisi parce qu'ils étaient sûrs qu'il y aurait une défection, reprend-il. Ils voulaient s'assurer qu'il resterait au moins à quatre membres dans le groupe. J'étais sur le banc des non-titulaires depuis le début.

Il tombe sur une série de cartes de Noël. Une d'Elton et David. Une de Frank Bruno (« À Robert, meilleurs vœux, Frank Bruno »). Une autre de Nigel : « Rob, je te souhaite un super Noël. J't'aime ! Nigel. » C'était Noël 94 ; dans quelques mois, Rob allait quitter Take That. Les vœux occupent le verso d'une carte du groupe envoyée partout, y compris aux médias, et au recto de laquelle on peut lire : « On a dit à Robbie de rester. Pour le meilleur. Il se rangera sans doute à cet avis... »

À l'intérieur de la carte, on trouve une photo de Rob fou de rage dans sa camisole de force.

– C'est affectueux, précise Rob.

Il lit un passage concernant Gary Barlow :

– « Il adore les gâteaux de Pilsbury... » Ça, c'est Guy. « ... Vous les sortez de leur emballage... » Gary, je veux dire. « ... pour les mettre directement au four... »

Je l'arrête : il ne vient pas de dire Guy ?

– Si, admet-il.

Un lapsus révélateur peut-être ?

– Mmm..., fait Rob.

Il exhume des journaux datant de l'année où il a commencé sa carrière solo. Le *Daily Express* du 30 août 1995 : « ROB EN LARMES AVEC LES TAKE THAT », annonce la manchette. « Je me sens tellement bizarre, relit à haute voix l'intéressé. Mais je sais qu'il faut que j'attaque une nouvelle vie. C'était dur de les revoir. Je ne leur ai pas parlé avec des mots, ce soir. Juste avec des signes de la main. Mais c'est toujours comme ça qu'on a communiqué. »

– Amen, conclut-il.

C'était à la remise des Prix de la Télévision Nationale. Rob avait pour de bon fondu en larmes.

– Leslie Grantham était derrière moi, se souvient-il. Il a mis sa main sur mon épaule et m'a dit : « Ne leur montre pas que tu pleures, fils. » Tout est là, dans ces cartons. C'est comme lire une biographie d'Andrew Morton.

Ça lui semblait vraiment si lointain ?

– Oui. Le seul sentiment dont je me souvienne, c'est la tristesse. Je me sentais victime d'ostracisme.

– Quand tu regardes ces photos, tu ne te rappelles pas les moments de triomphes ? Les grandes joies ?

– Non. Parce qu'il y avait toujours un prix à payer.

Rob se ravise pourtant :

– C'est vrai qu'on riait bien, ensemble. On se marrait. Comme ce fameux soir à Madrid.

Ce fameux soir à Madrid, où il prit de l'ecstasy pour la première fois. Take That venait de passer dans une émission télé où les Village People avaient chanté *Promises*. En quittant le plateau, ils allèrent en boîte. C'est là qu'on lui donna une pilule rose.

– C'était phénoménal, se rappelle-t-il. *Phénoménal*. Il ne manquait qu'un seul truc : des femmes. C'était un club gay. Mais ça m'a plu. La première fois que j'ai pris de la coke...

Là, il parle de la vraie première fois. L'épisode dont il m'a entretenu il y a environ un an, quand il s'était drogué juste avant de monter en scène avec Take That, était en fait le second...

– ... c'était dans un night-club. *** arrive et me dit : "Tu as envie d'un truc d'enfer ?" Je savais de quoi il voulait parler. Ça ne m'a rien fait.

À son retour à l'hôtel à Madrid, l'effet de l'ecstasy s'était dissipé. Il se souvient :

– Le problème, c'est que je bandais comme un âne... Et j'étais seul. Personne avec qui baiser.

Il traîna en vain autour de l'hôtel, en quête de quelqu'un.

– La descente, la première descente, ce n'est pas si dur. Par contre, l'excitation... Putain, j'aurais donné n'importe quoi pour pouvoir aller me coucher et dormir.

Il jette un dernier coup d'œil à son passé.

– Je suis content de ne plus être lui, murmure-t-il.

Sur quoi il va se coucher.

12

Un soir, Mark Owen lui rend visite et lui joue une de ses nouvelles chansons. Rob, impressionné, exprime son jugement en ces termes :

– C'est plus proche de Ryan Adams et de Radiohead que d'Avril Lavigne ou moi.

Il fait une proposition à Mark, pour le fun et en mémoire du bon vieux temps : monter un soir sur scène à Knebworth, et chanter *Back for Good*. Ils se passent le film de Gary Barlow faisant visiter sa maison, et continuent de bavarder pendant des heures.

Le lendemain, Rob me dit, tout émerveillé :

– Mark ne dit jamais du mal de quelqu'un. J'ai pourtant essayé de le faire craquer. Des fois, quand on parlait d'Untel, je lançais : « Je ne l'aime pas » et il rétorquait : « Ce n'est pas important. »

Rob retiendra cette phrase : « Ce n'est pas important. » Il lui arrivera, par la suite, de s'appuyer sur cette philosophie pour maîtriser son amertume et ses pulsions de vengeance. Dans son langage, le procédé s'appellera le « Tao d'Owen ».

Dans le jet qui l'emmène au Danemark, Claire remet à Rob le prochain album de Stephen Duffy, dans lequel elle joue et chante. Rob l'écoute avec son casque. Au bout de quatre morceaux, il décrète :

– C'est dans mon créneau. Stephen est déprimé, lui aussi.

Il se tourne alors vers David :

– J'aimerais faire une séance de photos où je poserais en Mickey.

David approuve du chef.

– Voilà des photos qui intéresseront toujours les gens.

– Et après, on va se coucher, enchaîne Rob.

Il demande à Gary Nuttall d'accorder sa guitare acoustique, puis il se met à jouer et à composer une chanson.

À l'aéroport, nous montons dans un van qui nous conduit en ville. Rob doit participer au tournage d'une pub pour la voiture Smart. La firme sponsorise sa prochaine tournée. Il observe le paysage par la fenêtre, stupéfait.

– Alors voilà le Danemark, dit-il. Je m'attendais à un pays comme la Hollande.

La publicité est tournée au centre de Copenhague. Un jeune homme n'a pas de pièce pour le parcmètre devant sa Smart. Il chante *Feel* très faux, tout en faisant l'aumône, tandis que s'approche une contractuelle. Naturellement, c'est Robbie Williams qui lui donnera une pièce pour le parcmètre, en commentant : « Jolie bagnole, vieux. »

La foule s'est amassée aux deux extrémités de la rue. Une fille essaie d'attirer l'attention de Rob, tandis qu'il essaie de se souvenir s'il a déjà couché avec elle ou non. Il y a des paparazzi partout, et jusque sur les balcons qui surplombent la rue. Tant que l'équipe de tournage travaille, tout est calme, mais dès que le metteur en scène crie « Coupez ! » des gens accourent en dressant de grandes pancartes devant les appareils des paparazzi. Ce n'est pas Rob qu'ils entendent protéger ainsi, mais la nouvelle Smart, dont le design est un secret commercial. La voiture elle-même n'existe pas encore. Sur le tournage, on utilise un prototype en bois dont la fabrication a coûté 1 million de livres – et qui risque de s'abîmer en cas d'intempérie.

Après le tournage, il est prévu que Rob paraisse sur un plateau de télé. Au maquillage, il joue *One Fine Day* à la guitare :

Don't rewrite my history...

Il s'arrête brusquement pour expliquer la genèse de cette chanson. Il surfait sur un site Internet permettant de retrouver d'anciennes connaissances et tombe alors sur cinq ou six personnes qui se font passer pour lui. Ces types font des réponses du genre : « Je suis Robbie. Tu sais que je suis devenu une star... »

– Ça m'a tellement fait chier que j'ai écrit ça : *Don't rewrite my history...* – « Ne réécris pas mon histoire... »

Il reprend alors le morceau, jusqu'au bout, cette fois.

– J'imaginais mon papa et ma maman à la maison, dit-il. Et mon subconscient me fournissait les textes de la chanson. C'était drôle de les voir ensemble.

Remember when we never struggled through a bad time we never had, a love we never fell into... – « Je me rappelle : on ne se disputait pas, dans cette mauvaise période qui n'a jamais été la nôtre, dans cet amour que nous n'avons jamais connu... »

– C'était par rapport à ma mère, aussi. « Ne réécris pas mon histoire, s'il te plaît, vu que tu ne sauras jamais à quel point tu as peu compté pour moi... » Oui, c'est triste.

Après l'émission, une femme se manifeste pour lui remettre un paquet.

– Hello, chérie, lui lance-t-il. Tu t'appelles comment ?

– Pia.

– Tu es très belle, Pia.

– Merci. Je peux t'offrir un cadeau ?

– Bien sûr. Heureux de te rencontrer, Pia. Tu es très belle. Vraiment. C'est une honte que tu n'aies pas été placée au premier rang. J'aurais chanté pour toi. On va se revoir...

– Vraiment ? dit-elle.

Elle part en laissant sa photo sur un polaroïd, une enveloppe, son numéro de téléphone, une carte Angel et deux bagues attachées l'une à l'autre – le tout dans une boîte à bijoux.

– Mon Dieu, soupire David.

C'était la fille qui le dévorait des yeux pendant le tournage de la pub Smart.

– Elle est belle, reprend Rob. D'une beauté absolue. Mais même chez les belles, des fois, on tombe sur des cinglées...

Il décachette l'enveloppe :

S'il te plaît, ne lis pas ce billet sans avoir ouvert ton cœur et ton esprit. Je sais que nous devons nous rencontrer. Ceci est ma façon de venir à toi. Voilà longtemps que je te suis – toi, ta vie et cette mélancolie... Si je ressens la même chose, bien souvent, c'est que tu n'es pas dans ma vie, dans mon esprit, dans mon univers.

Beaucoup se riront de moi, quand ils sauront que j'ai écrit cette lettre. Peut-être cela me mettra-t-il mal à l'aise. Mais je prends ce risque...

Je m'appelle Pia. Je suis danoise. J'ai 24 ans. Je travaille dans un hôpital, au service des urgences...

Laisse l'amour devenir notre énergie...

L'ange

Au moment de repartir, Rob dit à Gary Nuttall, non sans fierté :

– C'est ma première harceleuse. Et qu'est-ce qu'elle est belle ! D'habitude, elles sont à chier.

Dans la voiture, David regarde la photo.

– Elle est pas mal, commente-t-il.

– Si j'étais resté ici cette nuit, dit Rob, je serais allé la retrouver.

Il raconte que les lettres qu'il a reçues ces derniers temps devenaient de plus en plus bizarres. Ce qui lui semble incroyable, c'est le nombre de courriers qui arrivent chez lui. Peu de gens connaissent son adresse, pourtant. Il faut croire que la poste britannique fait un boulot formidable. Quelquefois, l'enveloppe porte pour toute mention : « Robbie Williams, Angleterre. », ou même : « Robbie Williams, pop star. »

Dès qu'un nouveau contrat a été annoncé, on ne cesse de lui réclamer de l'argent. D'après ses calculs, on lui demande chaque mois un demi-million de livres par courrier.

Je suis peintre et j'ai besoin de..., Je viens de finir mes études et je..., J'ai un découvert et il faut que je..., Comme toi, je suis..., Allez, tu sais ce que c'est, de bouffer de la vache enragée... Et ainsi de suite.

Hier, c'était un directeur d'école : *Nous sommes juste derrière chez vous. Certains de nos élèves n'ont jamais connu la campagne. Une donation nous permettrait d'organiser un voyage et de les emmener voir les vaches...*

Rob a-t-il jamais eu envie de répondre à l'une de ces lettres ?

– Une femme, l'autre jour. Elle parlait de sa fille qui va à l'école. De la musique que sa fille aime, ou n'aime pas. Elle avait joint tous ses dossiers scolaires...

Josie intervient :

– Elle n'a pas les moyens de la laisser poursuivre ses études, et elle n'ose pas le lui avouer. C'est pourquoi elle a eu une réaction parfaitement naturelle : s'adresser à une pop star...

– J'ai essayé de me mettre à sa place, dit Rob. Mais j'en arrivais à chaque fois à la même conclusion : quelle idée stupide. Elle commence sa lettre ainsi : *Je vous ai vu à la télévision, quand vous disiez que vous étiez plus riche que dans vos rêves les plus sauvages, alors j'ai pensé...* Mais quand j'avais dit « Plus riche que dans mes rêves les plus sauvages », c'était ironique, putain de merde ! Quelle connerie.

Je n'aurais pas dû dire ça. Mais j'étais harcelé par une armée de journalistes, et je leur ai lancé : « Oui, je suis riche. Plus riche que dans mes rêves les plus sauvages. » Ce n'était peut-être pas la meilleure chose à dire, mais c'était une plaisanterie, merde !

D'ailleurs je suis sûr que Rob avait des rêves encore plus sauvages.

– Oui. Et ça n'a pas changé.

Il fignole le texte de la chanson qu'il a commencé d'écrire hier matin dans l'avion. L'après-midi, dans sa chambre d'hôtel à Amsterdam, il en a défini le sujet : son propre passé tel qu'il lui revient. Il en a tiré une première mouture :

When I was a kid, I didn't want to be an astronaut
I wanted to live in Compton, because I heard on the records that I
[bought
Il fell into a boy band, they weren't big on rapping
And I discovered that I could dance a little bit, so I stayed around
[to see what would happen
Oh we were a phenomenon

(« Quand j'étais petit, je ne voulais pas devenir astronaute. Je voulais vivre à Compton, parce qu'on en parlait sur les disques que j'achetais. J'ai atterri dans un groupe de musique ado. Pas spécialement des rappeurs. Je me suis aperçu que je pouvais aussi danser un peu. Alors j'ai décidé de rester pour voir ce que ça allait donner. Ô, nous étions un phénomène... »)

En coulisses, à la remise des prix TMF, il lit un e-mail d'un de ses fans : *quand je t'ai vu sur MTV Cribs, ça m'a tellement fait rigoler que j'en ai pissé dans mon froc. Alors tu as un monte-charge chez toi ! Tu es vraiment un dingue. Mais un dingue tellement amusant...* Puis il accorde une interview à MTV. On lui demande s'il pense qu'il sortira vainqueur de la compétition « Le Meilleur Mâle de la Soirée ».

– Oui. On m'a donné le résultat.

Les journalistes arborent des mines authentiquement choquées, comme s'ils pensaient sérieusement que la production n'avait pas fini de comptabiliser les votes.

Dans la loge des musiciens, entre ses deux remises de prix, il travaillera de nouveau à sa chanson. Dans la voiture, il écrira les enchaînements. Et dans l'avion, il jouera le morceau complet aux musiciens.

We were never the Beatles, and I'm not Wings...

Il dicte les paroles à Josie avant le décollage. Pendant une semaine ou deux, ce sera sa chanson, celle qu'il jouera en s'accompagnant à la guitare en toutes sortes d'occasions. Pourtant il finira par se lasser de ce morceau, comme de presque tous ceux que je l'ai vu écrire durant cette période. Il les quitte comme on laisse derrière soi une brève rencontre. Et si quelqu'un évoque ces chansons, après qu'il les a laissées tomber, il prend l'air ennuyé. Il est évident qu'il recherche autre chose – autre chose que le catalogue de chansons qu'il a construit depuis qu'il s'est séparé de Guy. Mais je ne pense pas qu'il soit conscient de sa propre quête ; il sait seulement que son but existe, en lui ou en-dehors de lui, et qu'il ne l'a pas encore trouvé.

13

– Devine qui a appelé, me dit-il, quelques jours après son retour à Los Angeles. Devine qui voudrait présenter des excuses.

Guy a téléphoné de l'hôtel Beverly Hills. Rob n'a pas pris la communication. Il était sur le point de sortir, et souhaitait prendre le temps de la réflexion. Il l'a rappelé plus tard.

– Hello, dit Guy en décrochant.

– Salut.

– Salut, vieux. Comment tu vas ?

– Très bien, mec. Et toi ?

– Bien, ouais...

– Qu'est-ce qui se passe ?

– Oh, j'avais envie de t'appeler, voilà. Te dire bonjour... Et m'excuser aussi. Oui.

– C'est très courageux de ta part. J'admire ton geste, vraiment.

– Ouais. Il fallait que l'un de nous deux le fasse... Et comme j'ai provoqué des ennuis avec ma grande gueule, je voulais m'excuser. Je crois qu'on s'est conduit tous les deux d'une façon un peu stupide.

C'est ici que la conversation dérape.

– Tous les deux ? s'étonne Rob. On s'est conduit *tous les deux* d'une façon un peu stupide ?

Le silence s'installe à l'autre bout de la ligne.

– Écoute, je n'ai pas envie d'investir de l'énergie et des émotions dans quelque chose qui risquerait de m'énerver. Alors précise en quoi je me suis montré stupide. Comme ça, je saurais, assène Rob.

– Euh... En fait, je ne pense pas à quelque chose en particulier...

Guy poursuit en s'excusant pour *Come Undone*. Il ne comprend pas pourquoi ça a causé tant de problèmes. Rob reprend :

– Je t'aime tout plein, Guy. Dis à Emma que je l'aime aussi. Elle me manque. Mais bon, tu débarques comme ça... Laisse-moi un jour ou deux pour digérer le coup.

Il continue d'y réfléchir.

– Je ne suis pas sûr d'avoir besoin de ça dans ma vie. Ma priorité en ce moment, étant donné que je suis un salaud plein de cynisme, c'est : Knebworth arrive.

Il s'interroge également sur son envie de retravailler avec Guy.

– Il écrit pour n'importe qui, maintenant. La seule chose que je veux bien accepter, ce sont des excuses à cent pour cent. Revoir ma conduite, ce n'est pas mon truc. Je l'ai déjà analysée en détail. Et ma conclusion est que j'ai été bien. D'accord, je me suis comporté deux ou trois fois avec lui comme un vrai trou-du-cul. Mais c'est parce que j'étais contrarié. Et j'étais contrarié parce qu'il n'était pas clair avec moi.

Il prend conscience d'un élément nouveau :

– Il veut que je m'excuse aussi. Et ça, je ne peux pas.

Non qu'il en soit incapable. Mais il ne voit pas de raison de présenter des excuses. Le bilan de tout cela, c'est qu'il n'est pas sûr de revoir Guy.

– Il m'a aidé dans le passé, pourtant ça me soulage qu'il ne soit plus là aujourd'hui.

À Los Angeles, il travaille. Il promène les chiens. Il se détend. Il lit *The Diassociate*, un script envoyé les collaborateurs de Steven Spielberg. C'est l'histoire d'un homme qui s'ennuie, et à qui Dieu demande de répandre sur terre le langage universel qu'il a mis au point quand il était étudiant. Mais Rob ne dépasse pas la page 60 et refuse ce rôle.

Un jour, à l'heure du déjeuner, nous allons au Starbucks du coin. Nous y trouvons Rod Stewart et sa famille. Rob et Rod s'embrassent. Voilà une photo qui aurait fait le bonheur des tabloïds – Dieu merci, ils l'ont ratée. Rob et Rod discutent quelques minutes du championnat de football anglais, et du club de West Ham qui va pouvoir se maintenir. Rob ira s'asseoir à l'intérieur, sous la célèbre photo des ouvriers soudeurs en train de déjeuner à califourchon sur les poutres, sous le ciel new-yorkais ; cette photo fait partie de celles qui l'avaient inspiré pour la pochette d'*Escapology*.

Au moment où nous quittons le restaurant, une femme se présente à Rob comme une grande amie de l'épouse de Brian Wilson ; Rob accepterait-il de chanter en duo sur le prochain album de Brian ?

Plus tard, Rob, Pompey, Daniel et moi allons dans un Coffee Bean sur Sunset Boulevard, au cœur de la folie tranquille de Los Angeles. Un chorégraphe aborde Rob et lui explique qu'il a travaillé avec Michael Jackson et Ricky Martin. Récemment, il a bossé sur la version allemande de *Pop Idol.*

– Ce serait un honneur, dit-il, si vous me permettiez de vous montrer mon travail.

Rob a une conversation avec une blonde au coin de la rue qui attend sa copine. Ils parlent des « God boxes », ces boîtes dans lesquelles on dépose, le soir, des billets où l'on a inscrit ses problèmes, pour que Dieu s'en occupe.

– Moi, dit-elle, j'y ai mis la liste de mes désirs.

Il lui demande si elle l'autorise à les lire. Le premier désir de la liste est formulé ainsi : « Une relation amoureuse à même de me combler. »

– Moi, c'est pareil, dit Rob. Ce serait mon premier désir.

– Tu es la première personne au monde à qui je la fais lire.

– Je suis peut-être la première personne au monde qui t'ait demandé la permission.

Ils continuent de bavarder.

– J'aime les voitures, dit-elle.

– Lesquelles ?

– Les Aston Martin.

– J'en ai une.

L'amie de la blonde est de retour. Elle a des boucles qui lui tombent n'importe comment autour du visage. Daniel se propose de les lui arranger. Elle accepte. Il va dans sa voiture chercher des ciseaux et une blouse blanche. Et il coupe les cheveux de l'inconnue sur le trottoir de Sunset Boulevard.

– Je bosse avec des enfants, dit-elle. Alors ne me fais pas une tête trop dingue.

La fille qui aime les voitures reprend : elle sort de Hustler, le grand supermarché du sexe, afin de se renseigner, car elle aimerait se lancer dans la fabrication de lingettes pré et post-orgasmiques.

– Des essuie-tout sensuels, décréte-t-elle.

– Des essuie-tout sensuels, répète Rob.

– Je t'aime, Robbie ! crie une fille qui passe dans une jeep.

– Merci, répond Rob.

La coupe de cheveux de l'autre fille est terminée.

– Tout à l'heure, lui dit Rob, tu ressemblais à Chewbacca. Maintenant, c'est Audrey Hepburn.

Nous retrouvons Max à l'hôtel Château Marmont. Il y a là une actrice assez célèbre, dont on dit qu'elle a un faible pour Robbie. La semaine dernière, elle a envoyé son CV au bureau en proposant d'apparaître dans le vidéo-clip de Rob. Au bout de quelques minutes, Rob lui lance :

– Tu serais parfaite en première épouse.

– Première épouse ? demande l'Actrice, embarrassée.

– Ma première femme, précise Rob.

Elle se prête volontiers à l'esprit de cet échange ; elle accepte aussi le flirt.

– Pour qui ce sera le plus douloureux ? dit-elle. Pour toi ou pour moi ?

– Oh ! pour moi. Quand je craque, ça fait très mal.

Nous partons à une autre soirée, mais Rob a apprécié cette rencontre.

– Elle est superbe, dit-il quand nous sommes en voiture. Mais c'est une actrice. Alors elle doit être cinglée.

Il lui laisse tout de même un message pour lui proposer un rendez-vous demain soir.

À la soirée chez Maxim, Rob danse. Le DJ mixe *Ecstasy* de Barry White avec *Rock DJ,* une chanson composée à partir d'un thème classique de Barry White. Quand il passe *Emotional Rescue* des Rolling Stones, Rob se balade sur la piste en pavanant comme Mick Jagger. Puis vient *Everything She Wants* des Wham ! Rob, pour se sentir plus libre de ses mouvements, confie à Pompey sa veste Comme Des Garçons. Quand le DJ coupe le son, c'est Rob qui chante le plus fort la fin des paroles. Il reste en piste pour *Let's Dance, Into The Groove, Kiss* et *Groove In The Heart.*

Sur le chemin du retour, il s'étonne :

– Je n'avais jamais entendu *Rock DJ* dans une boîte. Mais je ne vais pas en boîte.

– Tu oublies les clubs de strip-tease, observe Pompey.

– Là-bas, ils passent *Angel.* C'est un peu déconcertant.

Rob a prévu de jouer à New York, lors d'un concert gratuit à Battery Park, organisé par le Tribeca Film Festival. Norah Jones, The Roots et Jewel se produiront aussi. La semaine dernière, Rob a appelé Tim et David pour leur annoncer qu'il ne veut pas y aller. Il ne se sent pas assez sûr de lui. Il ne tient pas à revivre la débâcle de Rock The Vote :

cela risquerait de fissurer le mince vernis de confiance en lui dont il dispose encore.

– Ma plus grande force est aussi ma plus grande faiblesse. Depuis Rock The Vote, je me suis vraiment senti en danger. Je n'étais plus sûr de mes capacités.

Ils arrivent à le convaincre de dépasser ses angoisses ; il cède, mais jure qu'ils en prendront la responsabilité.

– Si je me plante, comme avec Rock The Vote, alors vous ne pourrez plus jamais, je dis bien jamais, m'obliger à faire quelque chose dont je n'ai pas envie. Jamais.

Un autre problème le tourmente : l'album de ses plus grands tubes. EMI souhaiterait le sortir pour Noël. Rob préfèrerait attendre. De toute façon, il faudrait d'abord qu'il produise deux nouveaux singles, pour complèter l'album, et il estime qu'il n'a aucune chanson valable. Et la tournée d'été s'approche ; il n'a pas le temps de les composer, encore moins de les enregistrer.

Il décide d'acheter le terrain qui prolonge sa propriété, et d'y faire construire une maison. Nous nous rendons sur place avec l'agent immobilier. Le terrain est traversé par une petite canalisation.

– C'est peut-être pour transporter les ragots de la ville, suggère Rob.

Il arpente le terrain. Il dessine dans l'air des maisons potentielles.

– Là, je veux une cabane dans un arbre. Josie, j'aimerais bien un terrain pour organiser des fêtes. Et des singes, aussi.

Nous rentrons. Une réunion se tient dans la cuisine pour préparer la tournée. David remet à Rob un e-mail de Mark Plati, le nouveau directeur musical qui propose une technique pour *Mr Bojangles* : enregistrer le morceau, le graver sur un disque acétate, le passer et le repasser jusqu'à obtenir des craquements, afin que l'accompagnement sorte comme sur un vieux disque. Rob dit que Plati n'a qu'à essayer. La discussion s'engage ensuite sur les costumes. Rob propose de se balader sur Sunset Boulevard habillé en autruche avec Max. Max n'est pas franchement emballé.

– Jonny l'aurait fait, lui, lance Rob d'un ton moqueur.

Et il suggère de commencer *Rock DJ* par un thème d'*Ecstasy* de Barry White.

Le soir, il va au Les Deux, un bar discret, fréquenté le lundi par les gens chics et décontractés. Il discute un moment avec un acteur de sa connaissance. Il lui explique que son rendez-vous de la veille – celui avec l'Actrice – n'a pas marché.

– J'ai commencé à l'imaginer à mon enterrement, quand les gens lui présenteront leurs condoléances. Elle ne s'y prenait pas bien. Alors tant pis.

Une heure plus tard, l'acteur revient lui parler.

– J'ai réfléchi à ce que tu m'as dit tout à l'heure. Tu devrais peut-être t'imaginer *toi* à *son* enterrement.

– Merci de me faire remarquer que je suis égoïste. Mais je le savais déjà...

Sur le parking, Tatum O'Neal, qui a passé la nuit à converser avec Vincent Gallo, s'approche vers Rob et se justifie :

– Je voulais juste savoir si c'est vrai, ces rumeurs.

Rob disparaît avec une inconnue. Parti sans garde du corps, il ne rentrera pas chez lui avant l'heure du déjeuner. Il s'est amusé et a écouté pour la première fois *Broken English*, l'album de Marianne Faithfull. Mais il y a eu un moment bizarre, au moment d'aller au lit : la fille lui a demandé s'il avait un problème avec les armes.

– Non, pourquoi cette question ?

– Parce qu'il y a un pistolet chargé, de ton côté du lit. La première chambre est vide, mais la deuxième est chargée. Alors si quelqu'un entre ici, n'oublie pas de tirer deux fois.

Rob soupire, puis conclut son récit :

– Ce n'est pas génial, Los Angeles ?

Il compare ses impressions avec celles de Pompey qui, lui aussi, a passé une drôle de soirée. Mais ils ont rencontré des problèmes différents. Rob livre sa conclusion :

– Si tu veux les baiser, il ne faut pas leur parler. Si tu parles, c'est que tu veux juste sortir avec elles. Moi, c'est exactement le contraire.

Un après-midi, alors que tout le monde se prélasse devant la maison, Rob déclare :

– Vous n'avez pas envie d'un café ?

Pompey va chercher les clefs de la voiture, songeant qu'ils vont aller le boire au Starbucks ; mais Rob l'arrête :

– Non. Je vais le faire.

– Vraiment ? dit Pompey.

– Ouais, dit Rob qui prend la direction de la cuisine.

– J'arrive, dit Pompey, au cas où te ferais mal.

Quelques minutes plus tard, Rob rapporte d'excellents cafés :

– Dans deux ou trois ans, je vous en ferai un autre.

Sur la route de New York, Rob s'arrête dans des studios de diverses radios. Un matin, debout à l'aube, il mange ses céréales en sous-vêtements, assis à la table de la cuisine, quand une pensée lui traverse l'esprit.

– Josie, s'ils veulent sortir leur *greatest hits* cette année, c'est parce qu'ils se préoccupent de l'Amérique ?

Mieux vaut ne pas approfondir la question aujourd'hui. Au déjeuner à Denver, il aborde l'influence de la célébrité sur l'apparence.

– Prenez Mick Jagger, dit Rob. Merde, vous comprenez ? Être célèbre, ça aide à baiser. Dans le rock'n'roll, depuis 1950, des gars moches ont bien compris le truc.

Dans le van, il écoute sur son mobile un message de l'Actrice. Il l'avait appelée pour lui annoncer qu'il était en déplacement, mais qu'il continuait de penser à elle.

– Quel message adorable, dit-il.

– Elle est sympa ? demande David.

– Aucune idée. C'est une actrice : il me faudrait au moins un an pour la connaître vraiment

Dans l'avion pour New York, il dit :

– J'ai eu des idées de chansons, l'autre jour, quand je parlais des expériences des autres. Ça ressemble à mes expériences, et en même temps c'est différent. Le prochain album, je l'écrirai entièrement sur moi. Et je clamerai haut et fort que rien de tout cela ne m'est arrivé.

Il est tard. L'avion rencontre un grain à l'approche de New York. Le jet commence à secouer. Rob suggère d'éteindre toutes les lumières. Nous commençons notre descente dans le noir.

14

Rob décide d'aller faire des achats : des fringues et de l'art. À l'hôtel Mercer, il tombe sur Mike Myers. Mike lui annonce qu'ils passeront ensemble au *Tonight Show*, le talk-show le plus suivi des États-Unis. Sur le trottoir, quelques fans l'attendent. L'un d'eux offre à Rob un Monopoly à la gloire d'Elvis. Un autre lui propose des photos.

– Pas la peine, répond Rob. Je sais à quoi je ressemble. Merci quand même.

À Pop International Galleries, il admire un Warhol : une petite boîte de riz au poulet. Mais il n'achète rien. Il repère chez Ralph Lauren une veste en cuir vintage datant des années 40. On lui explique :

– Ça vient des archives de monsieur Lauren.

1 295 dollars.

– Je la mettrai tout le temps, et il achète la veste.

Pour une fois, c'est vrai. En effet, chaque fois qu'il aura besoin de vêtements dans lesquels il se sent à l'aise, c'est toujours cette veste qu'il sélectionnera.

De retour dans sa chambre, il s'étend sur le lit. Josie compose un numéro pour réaliser une pré-interview et préparer l'apparition de Rob dans *Tonight Show*. C'est la procédure normale. En effet, il arrive que le journaliste pose une question du style : « Votre mère collectionnait les bouilloires, je crois ? » La personne interviewée est sensée avoir sous le coude une anecdote fabuleuse. De sorte que la pré-interview se révèle plus longue que l'émission proprement dite.

Rob se prête à l'exercice sans cesser de regarder le plafond.

– Je viens de tomber sur Mike Myers... Non, je ne suis pas un fan de la mode anglaise de blanchir les dents... Les miennes sont très bien... J'ai une Jaguar... Mais je ne conduis pas... Jamais appris... Non, je ne me suis pas fait jeter du lycée... En Angleterre, on quitte l'école à 16 ans... Seul un petit pourcentage de gens vont à l'université... Un groupe de musiciens ados... On faisait de la musique à la Led Zeppelin... J'ai fait ça cinq ans... Non, c'était une période affreuse... Mon père est comédien... Et chanteur... J'ai grandi dans un milieu fantastique, les cabarets, tout ça... Il y avait de bons numéros... Celui de mon père était bon... Pourquoi j'ai déménagé en Amérique ? C'est plus ensoleillé... Je cherche une madame Williams... Madame Une Nuit, je la rencontre souvent... Mais madame Toujours, il n'y a rien à faire... J'ai un loup... Acheté à l'animalerie de Bel Air... Ouais... *Honnêtement*... Vous auriez aimé que je dise : "Eh bien, je suis allé au Canada, je me suis enfoncé dans les terres, et j'ai sauvé une meute de loups et leur mère..." En fait, oui, je les achetés à l'animalerie de Bel Air... Non, ça, c'est juste une ruse pour masquer mon homosexualité... Gardez ça pour les ragots... Ne me posez pas de questions sur la musique...

Il est déjà passé dans le *Tonight Show*, avec des résultats mitigés. Il a chanté « Have You Met Miss Jones ? » et répondu aux questions de Jack Leno qui animait l'émission. La chanson a fait un triomphe, semble-t-il.

– J'ai chanté ce qu'ils voulaient. Un morceau swing. Charismatique à fond. Le public buvait du petit lait...

Quand il s'est dirigé vers le canapé, il avait conscience d'une voix intérieure qui lui disait : « C'est ici que tout pourrait se démêler. » Et pendant un moment, oui, tout se démêlait.

– Il m'a demandé ce que l'on ressent quand on travaille avec Queen. J'ai répondu : "J'avais très peur en studio, quand je chantais avec Brian et Roger... J'ai compris que la couleur de l'adrénaline, c'était marron." Ils en étaient babas. Pétrifiés. J'étais à la télé américaine, je faisais deux trois gags et personne n'y comprenait rien. C'était comme envoyer un missile – et personne ne l'interceptait. Personne ne rigolait. Les gens se contentaient de me trouver bizarre. Ça fout les boules.

Avec le recul, il admet qu'il n'a pas été aussi mauvais que ça. Mais l'expérience l'a énervé. Et la perspective de recommencer lui inspire des sentiments partagés.

Il descend à la réception. Il prend un exemplaire de *Spin* dans le présentoir à magazines. Ce qu'il lit le confirme dans son intuition : ce n'est pas bon. On le qualifie dans la présentation de « prince des clowns de la pop britannique ». Les propos de lui qui ouvrent la première page sont les suivants : « *Pour vous dire la vérité vraie, ce n'est pas ici que ça m'arrivera.* » Commentaire du journaliste : « *Bref, Williams anticipe déjà son propre échec. Et aucun échec potentiel n'a eu aussi peu d'importance à ses yeux.* »

Le matin du concert de Battery Park, David Beckham fait la couverture d'*USA Today* avec en titre : « L'Athlète le plus célèbre du monde (excepté les USA) ». Rob émet un diagnostic :

– Il a chopé la Robbie-Williamite.

En bas, il tombe sur Lisa Stanfield, et discute avec elle de la multiplication des promos.

– Ouais, dit-elle. "Combien de fois avez-vous fait le tour du monde ?" Là-dessus, à toi de développer...

– Non, dit Rob. Je les envoie se faire foutre.

Il va faire les boutiques, puis rentre se coucher pour ne plus avoir à penser au concert de ce soir. Quand il se réveille, il essaie de répéter à voix basse les paroles de *Millenium*, et s'aperçoit qu'il ne les sait plus. Pompey trouve un site de fans sur Internet, de sorte que Rob puisse les réviser.

– S'ils savaient, commente Pompey.

On descend vers le centre en voiture. Partout des affiches jaunes annoncent le CONCERT GRATUIT DE ROBBIE WILLIAMS. C'est sa maison de disques qui a fait ça : ils se permettent de présenter le concert de Battery Park comme s'ils en étaient les organisateurs.

Tandis qu'il arpente anxieusement les coulisses, Rob surprend une conversation entre deux New-yorkais :

– Qui c'est, ce type ? demande le premier.

– Il sortait avec Ginger Spice, répond l'autre en haussant les épaules.

La journaliste de *Liquid News* est là. Elle interroge Rob sur son « plan d'attaque pour conquérir l'Amérique ». Pour une fois, il s'efforce d'expliquer que réussir en Amérique n'a jamais représenté un enjeu capital pour lui. Il précise :

– C'est bizarre cette opinion des Anglais, comme quoi je me serais lancé à l'assaut de l'Amérique. « Robbie n'y arrivera jamais, ce n'est même pas la peine d'essayer », tout ça. Allez, l'Angleterre ! Tous derrière moi !

En attendant d'entrer en scène, il commence à chanter :

New York, New York, it's a wonderful town...

Il est rejoint par Mario Cantone, l'acteur de *Sex And The City.* La foule est nombreuse – 10 000 personnes, semble-t-il. Le show est en plein air. Sur scène, Rob est nerveux. Il rate la fin de *Come Undone* – il n'est pas sur le même passage que ses musiciens. Avant d'attaquer *Feel,* alors qu'il se calme, et que le public commence à chanter avec lui, il prononce ce speech que les journaux anglais reproduiront sur des pages et des pages en le présentant comme l'exemple le plus patent du désespoir où est plongé Rob quand il envisage de réussir en Amérique. Sauf que Rob, face à cette foule immense, n'a pas l'air désespéré le moins du monde – il a simplement l'air un peu bizarre.

– Et maintenant, une chanson qui vient juste de sortir chez vous. Je crois que vous feriez bien de téléphoner à vos radios pour leur demander d'en faire un hit. Même si vous ne m'aimez pas, faites-le, s'il vous plaît. Appelez vos putain de radios. La chanson s'appelle *Feel.*

À la fin du dernier morceau, *Angels*, les lumières sont éteintes, et Rob semble ravi. La réaction du public lui a plu.

Dans le van, David ne dit rien. Il était terrifié pendant tout le show. En apparence, ça s'est bien passé, d'accord. Mais le spectacle a souffert de beaucoup d'imperfections, et il se pourrait que Rob le prenne mal – alors David et Tim feront les frais de sa fureur. On attend. Rob finit par lâcher :

– Je me sens bien. J'étais exténué. Mais finalement j'ai apprécié. J'ai fait mon John Travolta pendant tout le concert, pour finir dans l'humilité.

Ceci dit, et une expression de soulagement s'étant répandue sur la figure de David, il reste à charrier Tim. Rob suggère à David :

– Dis-lui que suis tellement en rogne que je ne veux même plus t'adresser la parole. Dis-lui : Rob a raté la quatrième chanson, il a bousillé sa guitare, il n'a même pas voulu faire *Angels*.

Rob, Daniel et moi sommes assis sur le banc devant l'hôtel Mercer – Rob n'est pas autorisé à fumer à l'intérieur. Rachel Weisz arrive en taxi. Elle est accompagnée d'une personne à cheveux courts dont elle a déjà parlé à Daniel. Daniel les salue et dit à cette personne :

– Je croyais que tu serais une femme.

– Je suis une femme.

Il n'y a pas grand-chose à ajouter. Nous nous replions tous à l'intérieur. Rob demande à l'amie de Rachel :

– L'ambiance est électrique, ce soir, ou c'est moi ?

Elle est artiste.

– C'est toi, dit-elle.

Elle lui demande des nouvelles du concert. Rob raconte comment le public est passé de l'apathie à l'engagement.

– C'était fun ? dit-elle.

– Si on veut. Il y avait plein d'anxiété, vu que les gens ne savent pas ce que je fais. Je suis dans le coup depuis l'âge de 16 ans. Maintenant, j'en ai 30. Je ne devrais pas être obligé de convaincre le public.

Elles s'en vont à une soirée. Nous nous asseyons sur un sofa et buvons des cafés. Les gens traversent la réception. La discussion porte sur les parcours qu'ils empruntent ou non.

– Je n'ai pas le cerveau pour ça, dit Rob : être assis, écouter et enregistrer des informations. Je ne retiens que ce qui m'intéresse. Et ce qui m'intéresse, à l'heure présente, c'est le football. J'ai commencé à fumer au lycée. Après, j'ai pris de tout : le speed, les acides. Je crois sincèrement que si je n'avais pas arrêté, j'aurais probablement fini en prison. Et je ne dis pas ça par romantisme. Pas du tout. Qui peut savoir ? Attendez, j'étais devenu toxico et alcoolique. Vu le chemin que j'ai pris, ce serait arrivé de toute façon. Et j'aurais essayé des trucs toujours plus durs. Si je n'avais pas arrêté, j'aurais sûrement viré dealer.

Sa maman pensait-elle que ça s'arrangerait, ou était-elle rongée par la peur ?

– Elle était très inquiète quand je me suis mis à boire, vers 17, 18 ans. Une fois, elle est venue en voiture jusqu'à un pub où je venais de prendre de l'ecstasy. J'ai vu la voiture se garer sur le parking. J'avais 18 ans...

Elle s'est assise dans le pub avec toi ?

– Ouais. Elle faisait la gueule.

Elle se doutait ?

– Oui. Maintenant, c'est drôle. Mais sur le moment, ça ne l'était pas. Une autre fois, elle était sortie. J'ai tout cassé dans la maison. Tous les gosses font ça, non ? J'étais dans les vaps quand elle est rentrée. La table était renversée. Ses fleurs répandues partout. Il y avait de la boue sur le plancher. Il y avait aussi une fille dans mon lit...

A-t-elle exprimé sa désapprobation ?

– Et comment. Ça, elle sait faire... Elle peut être effrayante. Son pouvoir se dissipe doucement. Pourtant, si elle en avait après moi aujourd'hui, je serais mal. Très mal.

15

Rob est de retour à Los Angeles depuis deux ou trois jours quand son père se souvient qu'une visite a eu lieu pendant son absence. Une personne qui vit près d'ici, et qui a laissé une lettre :

Cher Robbie, ça va te sembler bizarre, mais je me suis avisé qu'une amie de ma femme t'a rencontré au Starbucks, et t'a demandé si cela t'intéresserait de chanter sur mon prochain CD. J'adore ta voix, et elle conviendrait parfaitement à une chanson que j'ai écrite, intitulée Gettin In Over My Head... *Je ne sais pas si tu sais qui je suis. Mais j'étais l'un des Beach Boys. Depuis la mort de mon frère Karl, en 1988, j'ai toujours travaillé en solo...*

– Brian Wilson sonne à ma porte, dit Rob, et mon papa oublie de me le dire.

Un jour, dans le van, alors que la fin de sa visite est proche, Pete parle d'une interview qu'il doit donner à Radio Walles à son retour. Sujet : la naissance et l'âge d'or du cabaret club en Angleterre. Il décrit les petites salles – une capacité d'accueil réduite à 150 personnes. Presque chaque ville avait le sien. Les chanteurs étaient engagés pour une semaine, du dimanche au samedi.

– Le cabaret club est mort à la fin des années 70, dit-il.

– La comédie alternative a commencé en 82, 83, non ? intervient Rob.

– Un peu plus tard, dit Pete.

– Donc ce n'est pas ça qui a tué le cabaret.

Pete secoue la tête.

– La façon de voir l'amusement a changé, dit-il. Sont apparus la disco et les night-clubs.

Pour lui, quelque chose s'est perdu dans cette mutation.

– Aujourd'hui, les nouveaux acteurs ne savent pas marcher. Ni sortir de scène. De toute façon, personne ne les écoute.

Rob l'interroge sur les vieux clubs de Stoke : The Place, The Torch. Il a beau connaître par cœur toutes les histoires drôles de son père, il semble apprécier cette conversation nourrie d'éléments empruntés à la vie des fantaisistes.

– Les âmes nordiques fréquentaient le cabaret The Torch, explique Pete.

Il parle des âmes nordiques comme s'il s'agissait de gens frappés d'une malheureuse infection.

– Tu aimais cet endroit ? lui demande Rob.

– Je préférais The Place.

– Qu'est-ce qu'on y jouait, comme musique ?

– Les trucs classiques.

Pete raconte comment ses amis ont empêché les Rolling Stones de jouer au cabaret The Place parce qu'ils étaient en jeans. Les Stones venaient de chanter au Gaumont, à Hanley. Pete était encore dans la police, à cette époque.

– J'étais de service, ce soir-là. On les a fait passer directement de leur camion à la salle. J'assurais la sécurité en coulisses. Tu te souviens de Dave Berry ? J'assurais aussi la sécurité le soir de Dusty Springfield, les Troggs et Dave Berry.

– Tu aimais Dusty Springfield ? dit Rob.

– Oui. Elle était avec Madeleine Bell, alors. Je l'ai vue sans sa perruque, avec ses cheveux dressés sur la tête.

– Comment un flic devient-il fantaisiste ? demande Josie.

– J'en ai toujours eu envie, dit Pete. J'avais un copain comédien du nom de Tony Braddock. Il a émigré en Australie...

– Il était de Stoke ? dit Rob.

– Oui. J'allais le voir jouer. Et je me disais que ce qu'il faisait, je pouvais le faire aussi. De toute façon, il est parti pour l'Australie. Et j'ai quitté la police. Un soir que j'étais au pub, il y a eu un radio-crochet. Tout le monde chantait *The Green Green Grass Of Home*.

J'ai grimpé sur la scène et j'ai interprété dix minutes du numéro de Tony. Le public riait aux éclats. Je me suis dit que j'aimais ça. Que c'était bien. Et j'avais gagné deux livres sterling.

Il avait 24 ans. Il travaillait désormais dans une usine électrique.

– N'oubliez pas que la paye était de 17 livres par semaine, à ce moment-là. Il y a eu une annonce dans le journal : encore un radio-crochet. J'y suis allé. Et j'ai encore gagné...

– Toujours grâce au numéro de ton pote ? dit Rob.

– Ben oui...

– Tu l'avais appris par cœur ?

– Je me rappelais des morceaux... Je ne connaissais pas tout le numéro.

– Oooh ! dit Josie en se tournant vers Rob. Ça me rappelle quelque chose...

Rob admet :

– C'est vrai que je suis un genre de pie voleuse...

– Oh ! nous étions tous plus ou moins des pies voleuses, enchaîne Pete. Toujours est-il que j'avais gagné deux finales. Et le fric qui allait avec. Je me suis dit que ça ne durerait pas, que je m'étais offert un peu de bon temps et voilà tout...

Mais du bon temps, il devait s'en offrir encore pas mal, car les engagements ont suivi, toujours plus nombreux. Il a envisagé sérieusement de laisser tomber l'usine électrique.

– Un matin, au boulot, je n'étais pas dans mon assiette. J'en avais marre. Je me suis dit non. Non. Je ne peux plus...

Il va voir le patron et lui dit :

– Je vais plutôt continuer dans ces numéros de cabaret.

Sur quoi, il a pris la porte.

– J'ai décidé d'essayer quelques mois... Eh bien ! voilà 36 ans que ça dure.

Rob intervient en s'adressant à nous tous :

– Mon papa disait : « Pete Conway, comédien... » Puis il donnait le numéro de téléphone de Pete, et ajoutait : « Ne l'appelez pas pendant *Star Trek*, surtout... »

– Non, non, dit Pete. En fait, il disait : « Vous pouvez l'appeler quand vous voulez, sauf pendant *Star Treck.* »

Rob se tourne alors vers son père :

– Où sont tes trophées, papa ?

– Rangés dans des boîtes. Pourquoi les sortir ?

– Je me souviens qu'il y en avait des tonnes, dit Rob. Des coupes de foot, des coupes de golf...

– Toutes sortes de divertissements, enchaîne Pete.
– Moi, j'ai gagné la Meilleure Coupe De Cheveux 93, dit Rob.
– Je sais, répond Pete. Tu as eu pas mal de récompenses, hein ? Ce serait bien de mettre tous nos prix en commun. Les miens commencent à se ternir. L'or s'écaille...

À l'arrière de l'immeuble où se déroule l'émission *Tonight Show*, Rob tombe sur Simon Cowell qui est invité aussi sur le plateau. Ils restent un moment dehors, à discuter au soleil : l'immobilier en Californie, la pop, le succès. Cowell a développé une théorie sur son propre cas : en Amérique, chaque spectacle a son mauvais Anglais. Il s'est taillé une place en cultivant cette tradition.
– Moi, dit Rob, je fais maintenant ce que j'aurais dû faire à 17, 18 ans : j'apprécie. Depuis peut-être un an. Mais j'apprécie à fond.
– Tant mieux pour toi, dit Cowell.
– Écoute... Je vais y aller. Il faut que je me fasse coiffer.
Dans le couloir, il rencontre Katie Couric, qui animera l'émission ce soir. D'habitude, le *Tonight Show* est présenté par Jay Leno, mais Katie et Jay ont interverti leurs rôles, comme cela se produit quatre fois par an afin d'évaluer les audiences et d'en tirer les conséquences en matière de publicité. Aujourd'hui, Jay co-présente le *Today Show* matinal à la place de Katie, et Katie s'installe à *Tonight Show* dans le fauteuil de Jay.
Katie a revêtu une robe de soirée noire, excessivement décolletée, en contraste absolu avec le genre de toilette auquel elle a habitué ses téléspectateurs du matin.
– Ce n'est pas un peu trop ? demande-elle anxieusement à la ronde, tout en s'avançant vers Rob.
La protestation est générale : non, ce n'est pas trop. Elle souhaite la bienvenue à Rob, et lui dit combien elle est nerveuse.
– Tout ira bien, sauf si tu chies de trouille, lui dit Rob.
Il a employé en anglais le mot « *shit* ». Katie n'est pas sûre d'avoir bien entendu. Il répète :
– Sauf si tu chies de trouille.
– Oh, répond-elle en souriant. La couleur de l'adrénaline est marron, n'est-ce pas ?
Finalement, la blague de Rob avait atteint son but.

Troisième partie

1

Quand il se produit sur scène, il met un point d'honneur à bluffer tout le monde – le public, bien entendu, mais aussi ses amis les plus proches comme les autres chanteurs. Parvenu au sommet de son art et résolu à donner le meilleur de lui-même, il s'impose comme un artiste à la fois sensible et sûr de son talent. Il maîtrise si bien ses effets et l'alchimie du spectacle que tous s'y laisseront prendre, même les sceptiques, même ceux qui s'évertuent à repérer la faille, même ceux chez qui la lecture de ce type de paragraphes déclenche une irrépressible envie de traquer l'artifice pour le dénoncer.

Pourtant, malgré cette confiance en lui qu'il affiche en concert, il n'appréhende rien au monde plus que les tournées. « Je *déteste* ça. C'est pour ça que mes tournées sont si courtes. Je ne suis pas comme ces artistes, U2 ou les Rolling Stones... J'aime mieux faire des télés. La tournée, c'est une trop grande responsabilité. Après, il me faut deux ou trois mois pour récupérer. » Face au public, il n'obéit plus qu'à la peur. Nombre des attitudes les plus extravagantes qu'il adopte sur scène ne sont qu'une façon de dissimuler son angoisse.

Voilà pourquoi, depuis le début de l'année, il considère la tournée d'été comme une menace, un obstacle à franchir. Il s'y prépare, décidé à être en forme au moment de l'affronter. Une fois de plus, il ressent l'envie de faire ses preuves : des spectacles toujours plus forts dans des salles toujours plus gigantesques. Tout se passe comme si sa vie en dépendait.

L'histoire de ses tournées est tout sauf heureuse. Certaines ont dû être annulées au dernier moment ; les autres, il les a endurées du début à la fin comme un cauchemar.

Fin octobre-début novembre 2000, Rob donna six concerts au Docklands Arena de Londres. L'après-midi précédant le dernier concert, il annonça qu'il ne pourrait pas jouer. « J'en avais tout simplement assez, se souvient-il. Je n'en pouvais plus. Épuisé et désespéré, j'étais paralysé par la peur. L'idée de remonter sur scène me pétrifiait. J'étais sûr que ce serait le concert de trop. Celui que je ne pourrais pas faire. » L'organisateur fut prévenu et l'on déclencha la procédure. David vint voir Rob. Assis sur son lit, il lui assura que la décision lui revenait et que, quoi qu'il fasse, tous le soutiendraient. En revanche, il lui expliqua qu'une annulation de dernière minute lui coûterait la bagatelle de 400 000 livres (David avait en réalité doublé la somme pour décupler son effet). Rob avait passé la journée à hurler, au point que le médecin était venu l'examiner pour constater qu'il s'était bousillé la gorge. Heureusement, lorsqu'il se ravisa et décida finalement d'affronter son public, sa voix ne le lâcha pas et il alla jusqu'au bout du concert.

En juillet 2001, Rob choisit le matin du deuxième concert du Milton Keynes Bowl pour essayer un nouvel antidépresseur. Jusqu'au désastre de ce week-end, il avait en effet l'habitude de prendre ce genre de médicaments les jours où il buvait ou se shootait. « Quand tu en arrives aux acides, explique-t-il, et que l'acide t'a pété la tête, alors c'est les nausées qui débarquent ; c'est comme après l'ecstasy. Du coup, tu te sens anxieux. Ce jour-là, l'anxiété due à l'acide s'ajouta à celle que je ressentais déjà à l'idée d'affronter la marée humaine de Milton Keynes. Ça me rendait carrément dingue. Quand j'ai vu la foule par la fenêtre du bus, je me suis dit : "non, je n'irai pas." » Cette fois, une annulation lui aurait coûté 1 million de livres. Il se résigna de nouveau au tout dernier moment à monter sur scène. « J'y suis allé et j'ai fait un show comme jamais, se souvient-il. Parfois, ça fait tellement peur que c'est comme une virée au parc d'attractions : il n'y a pas ceinture de sécurité sur le manège sur lequel tu veux monter, mais on te soutient qu'avec la force centrifuge, tu ne peux pas tomber. Et ça marche. Toi, tu te sens mal, mais ça marche. » David fut témoin de l'épisode : « Il faisait semblant de se casser la figure dans l'escalier. J'ai cru qu'il était malade pour de bon. Mais au bout d'un moment, il est venu me faire une bise. L'enfoiré. »

Docklands et Milton Keynes furent des épreuves douloureuses. Pourtant, quand on fait allusion à ces concerts, Rob finit toujours par surmonter la gêne que lui inspire le côté mélodramatique de l'affaire et par s'en amuser. Il éprouve en revanche davantage de difficultés lorsque je l'incite à me parler de Hull. À la seule évocation de ce nom, son visage s'assombrit. Il évitera pendant des mois ce sujet dont il ne parvient manifestement toujours pas à rire, en repoussant à plus tard le moment de l'aborder. Quand il se décide enfin à me révéler ce qui s'est vraiment passé ce soir-là, je prends conscience de la douleur que lui inflige encore ce souvenir. Après avoir reporté toujours à plus loin l'échéance, il tient maintenant à en finir et retient son souffle comme avant de se jeter à l'eau.

C'était en 1999. Rob attaquait une tournée qu'il vivait comme une responsabilité énorme. Il aurait pu se convaincre d'être devenu une star mondialement connue, comme la presse et surtout la foule qui assistait chaque soir à ses concerts le lui confirmaient, mais il ne croyait pas en lui-même. Il se prenait pour une merde. Cependant, les gens venaient écouter Robbie Williams et il fallait leur en donner pour leur argent. Entre deux concerts, il regagna Londres à deux reprises coup sur coup : le premier soir, pour assister aux répétitions d'une remise de prix qui se déroulait le lendemain ; le deuxième, pour la soirée proprement dite à laquelle il assista complètement bourré.

C'était également l'époque où il venait de rompre avec Nicole Appleton, qui assistait à la cérémonie au bras de Huey, des Fun Lovin' Criminals. Sa présence n'était pas faite pour remonter le moral de Robbie. Il ouvrit la soirée avec *Let me Entertain you*, puis se cogna la tête en quittant la scène. Ivre, il essaya ensuite de déconner avec Cher, qu'il n'arrêtait pas d'appeler *Chair* – « Chaise » !

– Tu sais que tu me branches vraiment ? lui disait-il. Tu es par mal pour une vieille.

Cher ne répondait pas. Lui, qui d'ailleurs parlait sérieusement, insistait en répétant sans arrêt : « Si, si, absolument ! »

– J'ai des goûts très larges ! pouffait-il encore.

Paradoxalement, alors qu'il jugea la cérémonie détestable de bout en bout, il remporta trois récompenses. Au plus fort de sa cure de désintoxication, quand il n'avait rien à faire, il lui était souvent arrivé de préparer son speech de remerciement, en prévision du jour où il irait chercher le prix que ne manquerait pas de lui valoir son album *Life thru a Lens*. Toujours en cure de désintoxication, mais ivre mort depuis quelques bonnes heures, en pleine gloire, mais sous la pression de sa tournée et de la présence de Nicole, voilà que deux ans plus tard, au moment de recevoir ses trois récompenses, ce triomphe perdait tout intérêt à ses yeux.

Le lendemain soir, Rob était programmé au Hull. Le concert s'annonçait comme une consécration après sa triple récompense. Il débarqua à l'hôtel où il croisa ce type qui lui proposa de la drogue. Vanné, il monta dans sa chambre, résolu à n'en prendre qu'une ligne, histoire de se redonner un coup de jus avant d'entrer en scène. Mais il en sniffa une deuxième. Puis une troisième... Au moment où Jonny vint frapper à sa porte pour le prévenir que c'était l'heure, Rob s'aperçut de l'apparition du tic que lui donnait la cocaïne. À son ami qui s'inquiétait, il jura qu'il serait en état d'assurer dans dix minutes.

Mais il n'assura pas.

« Quand je suis arrivé au concert, j'avais toujours mon tic. Pas moyen de jouer ; je ne pouvais pas. Tim m'a dit que si j'annulais, ça allait déclencher une émeute. Je m'étais mis dans une très mauvaise situation. Je me préparais à monter sur scène avec mon tic. Devant sept mille personnes. Bon, la pression du concert, je la ressentais toujours, de toute façon. Mais là, je n'avais même plus ma gueule... »

Andy Franks regagna l'hôtel et rassembla les affaires de tout le monde, au cas où ils seraient obligés de s'enfuir en cas d'émeute.

– J'ai quand même tenu quarante minutes, conclut-il. Mais bon, rideau maintenant. Je ne veux pas en reparler, de ce concert.

Hull fut une débâcle qui mina la fierté de l'artiste. Il ne supporte toujours pas l'idée d'avoir dévoilé au public son plus mauvais visage.

À la mi-juin, ses musiciens répètent déjà depuis deux ou trois semaines aux studios de Music Banks, dans le sud-est de Londres, quand Rob se décide enfin à se joindre à eux. Il débarque un jour en fin de matinée, prend une guitare et demande un café à Josie. Sans se soucier du fait qu'ils préparent sa propre tournée estivale, il commence à leur faire écouter le morceau qu'il a composé avec Max dans son sous-sol à Los Angeles. Petit à petit, les arrangements se mettent en place. Pendant ce temps, le père de Rob, oubliant ce qui se passe autour de lui, s'entraîne à faire des puttings sur la moquette gris-bleu.

Ils enregistrent à la hâte une première version de ce nouveau morceau. On suggère même à Rob d'ouvrir la répétition du concert avec cette chanson, mais il refuse. Alors qu'il vient de les tanner avec son morceau, il prétend maintenant qu'il a la grippe et qu'il ne peut pas chanter. Il préfère écouter. On lui fait entendre des versions instrumentales de *Let me Entertain you* et de *Let Love Be your Energy*. Il applaudit, puis lance :

– C'est super génial ! Ça donnerait presque envie de la faire, cette tournée.

Il leur parle ensuite d'un remix pirate de *Supreme* qu'il a trouvé sur Internet, très rapide et bourré d'énergie. Il suggère d'en faire une version live dans le même style.

– Un truc comme les gosses les aiment aujourd'hui, précise-t-il. Plein de nitrate amylique et bien graisseux.

Le lendemain, il reparaît, à nouveau moins soucieux de la répétition de sa tournée 2003 que de sa chanson dont il a travaillé l'enchaînement cette nuit et de la nouvelle qu'il a écrite. En fin d'après-midi, alors qu'il vient seulement d'accepter de chanter quelques-uns des morceaux prévus, il s'arrête dès le début de *Something beautiful* qu'il refuse d'interpréter, ni maintenant ni jamais.

– C'est le prochain single, d'accord, maugrée-t-il. Mais qu'est-ce qu'on en a à foutre ? Moi, j'en ai rien à foutre ! Elle me fait chier. Il y a un certain nombre de morceaux que je déteste, et celle-là en fait partie.

Sur cette lancée, il se met à étudier la liste des chansons. *Something beautiful* est éliminée. Pour faire bonne mesure, il supprime aussi *Sexed up*. En revanche, il rajoute *Kid's back*. En l'espace d'un instant, il vient de défaire tout ce qui a été longuement mis au point au cours des tournées précédentes. En s'adressant à la ronde, il réclame qu'on lui suggère une idée pour le premier morceau. Le débat est ouvert, mais Pompey interrompt les enchères pour prévenir Rob que David le demande au téléphone.

– Je suis occupé, là ! Il ne peut pas laisser un message ? s'emporte-t-il.

Pompey obtempère face à Rob qui semble prendre conscience de la portée de sa phrase.

– C'est la première fois que je dis un truc pareil, fait-il observer.

Il sourit, puis ajoute :

– Je n'avais encore jamais été occupé.

Aux yeux des compositeurs appartenant à l'univers de la pop, la place occupée naguère par Guy est devenu hautement attractive – et virtuellement lucrative. Presque chaque semaine, arrivent des messages venus de collaborateurs potentiels. En général, Rob leur oppose une fin de non-recevoir. Surtout quand il s'agit du genre de compositeurs dont les gens pensent qu'ils devraient travailler avec lui.

Si David a appelé ce jour-là, c'était précisément pour lui transmettre une de ces propositions. Émanant de Brian Eno, elle mérite pour une fois qu'on s'y arrête. Brian a connu David au début des années 70 et a composé une mélodie dont il aimerait que Rob écrive les paroles.

Le CD est expédié au nouvel appartement de Rob, accompagné d'une note pleine de gentillesse rédigée par Eno à l'intention de David. Ornée de cinq X semés aléatoirement sur la feuille, elle explique le sens de la chanson : « Ça s'appelle modestement *Life*, mais ça pourrait aussi bien s'intituler *Wife* ou *Thick*, ou tout autre mot d'une seule syllabe. Mais enfin, pour moi, c'est *Life*. »

Hélas, le CD ne convainc pas le chanteur.

Rob ne supporte plus de vivre dans sa vieille maison d'Holland Park. À l'approche de l'été, il a résolu de changer de résidence londonienne. Le nouvel appartement dans lequel il s'est installé bénéficie d'une vue remarquable sur la ville et le fleuve, mais surtout, l'endroit n'étant pas accessible au public, il lui permet de préserver sa vie privée.

Un soir, Chris Briggs, venu voir l'appartement, écoute les nouvelles chansons de Rob. En compagnie de Pompey et de Gary Marshall, l'autre garde du corps anglais, nous allons tous ensemble boire un café dans un hôtel. Rob y était déjà passé la veille et avait appris que les Westlife y étaient descendus. Il était alors tombé sur deux de leurs fans qui y séjournaient. Il monta dans leur chambre et coucha avec elles.

– C'était bien, raconte-t-il. Sauf que l'une des deux avait ses règles. Elle n'a pas voulu se déshabiller entièrement. Ensuite, elle est partie. L'autre s'est tout de suite sentie coupable après tout ça. Elle n'arrivait même pas à embrasser. Elle s'excusait presque : "Normalement, je ne suis pas comme ça. Ne crois pas que je sois du genre à faire seulement des papouilles." Elle éprouvait authentiquement du, de la... »

– De la honte ? souffla Chris.

– Ouais.

Les deux filles faisaient partie de ces fans qui suivent le van des Westlife sur l'autoroute entre Birmingham et Londres. Lorsqu'elles se mirent à critiquer leurs idoles, à qui elles reprochaient de ne pas leur adresser assez la parole, Rob se mit à défendre le groupe. Je lui fais observer le comique de la situation : défendre les Westlife alors qu'il se trouvait au lit avec leurs fans.

À l'époque, les Take That aussi descendaient dans cet hôtel, connu de tous comme leur adresse londonienne. Jusqu'au jour où la direction les vira. Non pas parce qu'ils avaient fait quelque chose de répréhensible, mais à cause de leurs fans qui restaient plantés dehors jour et nuit. Le problème n'était pas non plus le bruit ou la nuisance que leur présence occasionnait en général. Non, si les Take That sont devenus tricards dans cet hôtel, c'est à cause des filles : elles étaient tellement déterminées à ne jamais rater l'entrée ou la sortie de l'un ou l'autre des membres du boys band qu'elles ne levaient jamais le camp ; du coup, elles pissaient et chiaient dans les bacs à fleurs de l'hôtel.

Installés dehors, sur la terrasse, nous bavardons depuis une demi-heure en regardant passer le monde. Soudain, un homme corpulent à barbe grise s'approche de notre table.

– Monsieur, je suis américain... Vous êtes Robbie ?
– Oui, Monsieur.
– Je peux faire une photo avec vous ? J'étais au match de rugby, hier soir. Vous ne m'avez pas vu ?
(*Un temps.*)
– Je plaisantais, reprend le type.

Il se présente : il est dans la chimie et vend un nouveau produit détachant sur une chaîne de téléachat. Au mot « chimie », Rob a dressé l'oreille. Il suppose sans doute qu'un chimiste, même employé dans l'industrie du détachant, s'intéresse forcément au genre de produits médicaux ou paramédicaux qu'il apprécie lui-même. Il lui demande alors s'il prend du calcium. L'homme confirme avec grand enthousiasme, revendique une expertise sur le sujet et préconise de prendre du calcium de corail. Il développe ensuite une théorie selon laquelle les Okinowans, qui vivraient très vieux sur les hauteurs de l'Himalaya, ajouteraient du calcium à leurs aliments. Résultat : leur taux de cancers serait très faible. Rob et lui se lancent alors dans une longue discussion sur les différentes variétés de vitamines et sur les compléments alimentaires. Rob me demande même de noter les noms de certains d'entre eux, car il a décidé de commencer à en prendre régulièrement dès la semaine prochaine.

À l'intérieur de l'hôtel, rôdent maintenant des membres de Westlife. Rob fait allusion à leur façon de jouer qu'il trouve paresseuse et qui, selon lui, gâche leur potentiel ; il s'étonne en outre qu'ils ne semblent tirer aucune fierté de leur statut de stars.

Chris Briggs approuve et renchérit :
– Ils n'arrivent même pas à baiser leurs propres fans.

Rob serre les dents. Il vient de remarquer la présence au bar de Louis Walsh. C'est le manager de Westlife, l'homme qui s'amuse depuis des mois à le débiner dans la presse.

Les deux hommes se connaissent depuis l'époque où ils se saoulaient ensemble en Irlande. Il tourne sa cuiller dans son cappuccino en réfléchissant à l'attitude à adopter. Derrière la vitre, Walsh lui adresse un signe de la main. Rob lui répond de la même façon et l'invite à venir dehors. Walsh sort en affichant un large sourire, puis il mugit :
– Le Robster !
– On peut savoir ce qui t'a foutu en boule ? répond Rob à voix basse.

Walsh n'a pas l'air d'avoir entendu et continue sur sa lancée :
– C'est une réunion des Take That, ou quoi ?

– Non, répond Rob. Qu'est-ce qui t'a foutu en rogne ?

– Quand ça ?

– Il y a eu deux ou trois trucs d'imprimés dans le *Sun*, et...

À mon sens, plus encore que le paparazzi Jason Fraser, Louis Walsh fait partie de ces gens du show-business qui s'imaginent que le monde entier évolue dans le même univers qu'eux, un milieu superficiel où rien ne prête à conséquence, où tout n'est que comédie. Louis Walsh prospère dans un pays où chacun peut se laisser aller à dire à peu près tout et n'importe quoi. Et voilà soudain que quelqu'un l'invite à visiter un autre monde, un monde encore tenace, où les choses comptent, où les gens souffrent parfois réellement.

Comprenant enfin où Rob l'entraîne, Walsh commence à se tortiller. Il affiche toujours son large sourire, mais sa voix grimpe dans les aigus quand il bredouille :

– Tu sais ce que c'est, tu dis des trucs, ça t'échappe...

– Ce n'étaient pas des trucs très jolis, poursuit Rob, calmement.

– Ça ne se reproduira plus. On m'a posé des questions, c'est tout...

– C'était vraiment écœurant. Désagréable. Surtout de la part d'un manager. Des trucs pareils n'auraient jamais dû sortir de tes lèvres. Laisse ça à tes gars.

– Pourquoi ? bredouille Louis.

– Parce que c'est vraiment injuste. Moi, je n'ai jamais dit du mal de toi.

Walsh a essayé la fuite. Il a essayé les excuses. Il a essayé de s'en tirer en douceur. Et toutes ces tactiques ont échoué. Il essaye maintenant de nier toute culpabilité en prétendant que ses propos ont été déformés. Rob ne se laisse pas prendre :

– Oh, les trois trucs que j'ai lus, ce que tu as dit, ça ne peut pas avoir été déformé.

Walsh se tait. Rob poursuit en le citant :

– « Rien que de la frime » ; « Ça tient grâce à Guy Chambers » ; « Un chanteur de karaoké »...

Décomposé, le visage de Walsh exprime cette fois en toute sincérité ses sentiments : l'envie de bavarder avec son vieux copain le Robster lui a passé.

– C'est ce que j'ai lu, reprend Rob. Qu'est-ce qui t'a foutu comme ça en rogne après moi ?

– Rien, articule péniblement Walsh. Rien. Ils m'ont posé des questions, et voilà.

Depuis le début de l'échange, il est resté debout, à un mètre de notre table. Rob, lui, est toujours assis. À cet instant, Walsh se demande sans doute comment il s'est débrouillé pour se fourrer dans cette situation de potache réprimandé par le principal. En tout cas, il n'en revient pas de se faire sonner les cloches par un mec de vingt-neuf ans.

– Tu sais, sermonne Rob, il faut que tu fasses attention à ce que tu racontes quand tu parles des gens. Parce que les gens, tu vois, ça éprouve des choses...

C'est alors que Walsh repère mon magnétophone sur la table. Il bégaie :

– Quelqu'un enregistre ? Quelqu'un enregistre la conversation ?

– Ouais, enchaîne Rob sans s'interrompre. Les gens éprouvent des choses. Et les gens ont du respect les uns pour les autres. Comme j'ai du respect pour toi. Alors quand je lis des trucs pareils, ça me... Bon, c'est quoi, le problème, en fait ?

Walsh regarde tantôt Rob, tantôt le magnéto. Il se demande quel piège on lui a tendu. En fait de coup monté, le magnétophone tourne depuis une heure et demie. Quand je l'ai mis en marche, Rob ne s'était pas encore aperçu de la présence du manager.

– Alors il faut que tu prennes garde à ce que tu dis des gens. Parce que ça peut les contrarier. Voilà. C'est tout ce que j'ai à dire.

– D'accord, acquiesce Walsh.

– Très bien, mec. Bonne soirée, alors.

– Cool. Pas de problème. Bye-bye.

Il s'en retourne prestement vers le bar.

Rob n'éprouve aucun sentiment de triomphe. Il se sent juste un peu triste, un peu déprimé. Il se lève, promène un regard dans la salle et le bar, puis fait demi-tour.

– Bon, finit-il par proposer. Si on s'offrait une virée. Je crois que les jolies, ici, je me les suis déjà faites.

2

Ce qui lui rend la vie en Angleterre si difficile, c'est la combinaison malheureuse de plusieurs facteurs : le fait de se retrouver célèbre, d'être néanmoins perçu par le public comme quelqu'un d'accessible, et la chaîne infinie des rencontres qui en sont la conséquence. Je ne parle pas des grossières tentatives d'invasion auxquelles se livrent les paparazzi. Je ne parle pas non plus des quelques personnes qui, dans le public, réagissent aux apparitions de la star comme à des incitations à l'agressivité. Ces deux phénomènes, certes, sont pénibles à gérer et c'est d'ailleurs sur eux que se focalise sa colère. Non, ce dont je parle, c'est de la bienveillante attention à laquelle doivent faire face les gens très célèbres quand ils s'aventurent dans le monde.

On trouvera qu'il s'agit-là d'un inconvénient dérisoire, comparé aux avantages que procure la célébrité. Imaginez pourtant que vous êtes une star et que vous marchez tranquillement dans la rue. Soudain, une personne affable vous lance gentiment une très légère balle en mousse – rien qui risque de vous blesser ; c'est à peine si vous en ressentez l'impact. Il n'y a bien sûr pas là matière à se plaindre. Imaginez maintenant que chaque personne rencontrée en chemin vous lance une balle en mousse et que la scène se reproduise tous les jours. Chaque fois que vous quittez votre maison, vous recevez sur la tête une cascade de petites balles en mousse venues de toutes parts. Inoffensives lorsqu'elles sont prises séparément, les petites balles légères deviennent alors un insupportable fléau.

Peut-être la démonstration est-elle encore insuffisante. Imaginons cette fois que ce n'est plus chaque personne que vous croisez qui vous lance une balle en mousse, mais une personne sur cinq. Mieux : il vous est impossible de savoir qui vous la lancera. C'est presque pire. En effet, vous êtes continuellement sur vos gardes, stressé par la perspective d'un impact qui ne se produit qu'une fois sur cinq. En d'autres termes, vous tressaillez pour rien aussi souvent que vous tressaillez pour quelque chose. Vous passez votre vie à essayer de ne pas réagir trop vite, et de ne pas reprocher à ceux qui vous épargnent les gestes des autres. Vous passez votre temps à faire comme s'il ne se passait rien, sachant que la prochaine balle se chargera de vous rappeler le contraire.

Rob doute de la justesse de cette parabole. L'image n'est selon lui pas assez forte pour exprimer les sentiments qu'il éprouve dès qu'il s'aventure hors de chez lui. « C'est tellement dur à expliquer. C'est plutôt comme si tout le monde essayait de *voler* un moment en ma compagnie. Chaque fois, ils me prennent quelque chose. Du coup, à la fin de la journée, je n'ai plus rien à donner. L'argument a beau être rebattu, c'est pourtant la vérité. »

Mais en dehors de cette foule d'anonymes avec lesquels les hasards du quotidien le mettent en présence, de cet arrière-plan statique qui l'entoure à chacun de ses pas, il y a les autres, ceux qui s'imposent avec plus d'insistance et dont l'immixtion s'accompagne de toutes sortes de bizarreries.

... J'espère vraiment que tu surmonteras tes problèmes. Ça a l'air bien parti, vu que tu as changé depuis que tu es revenu avec Escapology. *Tu as toujours le sourire aux lèvres, maintenant, et j'adore. (Je me rappelle certaines mauvaises passes, il y a des années.) Tu sais, je finissais par te haïr, parce que je n'arrivais pas à piger pourquoi un garçon comme toi se foutait en l'air de cette façon. Mais ce n'était pas seulement de la « haine ». Quand tu aimes quelqu'un, tu souffres pour lui. Ça te rend furieux de le voir se détruire et de ne rien pouvoir faire pour l'aider... Tu comprends que ta rage et ta haine ne sont pas dirigées contre lui, mais contre ce sentiment éprouvé par quelqu'un, selon lequel tu serais arrogant et égoïste. Parfois, c'était comme si je pouvais lire à l'intérieur de toi. J'y voyais de la peur et de l'insécurité. Mais j'y voyais aussi plein d'énergie positive. Et ça, c'est parce que je voyais derrière le masque.*

Cette lettre lui a été remise alors qu'il traversait le terminal de l'aérogare privé, près de Milan. Il la lit, et son expression hésite entre incompréhension, tristesse et exaspération.

– Elle arrive à me voir tel que je suis, dit-il. Elle sait qui je suis. Tous le savent.

C'est la fin d'un voyage de promotion en Italie. Bientôt il devra se concentrer sur la tournée. Nous passons devant un poster de Sting placardé au mur.

– J'ai l'impression que quand Sting dit qu'il nous fait une faveur, il le pense vraiment. Alors que moi, c'est le contraire. Moi, devant la caméra, je suis juste arrogant et égoïste.

Rob nous confie avoir de nouveau des pensées morbides. Dans ses rêves, qui lui paraissent encore plus vivants depuis qu'il a augmenté sa dose d'antidépresseur, il voit ses orteils pourrir avant de les perdre. Il visualise également ses chiens se faire kidnapper par des gitans qui veulent les couper en morceaux.

Alors qu'il franchit le seuil de l'hôtel Principe à Milan, il repère quatre Italiens, des fans qu'il connaît, assis à la réception. Ils ne se lèvent pas pour l'accueillir, ou pour lui demander des autographes. Cependant ils sont venus pour lui, et il le sait.

Il nous demande un instant et entraîne l'un d'eux à l'écart pour lui parler – il s'agit de ce fan qui lui a remis cette horrible lettre, à Londres, voici quelques mois. Celui auquel Rob a fait allusion au Danemark.

Celui qui écrivait : *« Pourquoi tu nous traites comme ça ? Tu es un sale type... Tu t'imagines que tu peux traiter les gens comme ça parce que tu es une star, mais tu ne connais pas la signification de l'amitié, de l'amour, de la confiance. On essaie de t'aider, et ta seule réaction consiste à... Enfin, bon, j'espère que tu es heureux... Tu n'auras plus personne... Jonny n'est pas ton ami, il ne va pas tarder à grandir, alors il te quittera et tu n'auras personne... »*

– Merci pour ta lettre, dit-il.

Au premier abord, cette phrase pourrait sonner comme un sarcasme lâché comme ça. Mais bientôt Rob développe :

– Vraiment elle m'a touché. Je comprends maintenant que je me suis conduit comme un vrai fumier. Merci du fond du cœur. Je l'ai lue d'un bout à l'autre. Le recto et le verso. Tu avais un message à m'adresser ; j'ai apprécié. Je m'excuse. Merci.

Avec les fans italiens c'est une longue histoire. Au début de sa carrière solo, la foule de ses admirateurs stationnait en permanence devant chez lui. Rob n'arrêtait pas de leur crier de foutre le camp, mais ils refusaient de bouger. Face au mépris que leur idole exprimait envers le culte qu'ils lui vouaient, ils tenaient à lui faire partager leur amertume. Un soir, pour protester contre sa façon de les traiter, ils se mirent à trente pour lui tendre une embuscade. Il était avec Nicole Appleton. Tous deux sortaient du restaurant 192, à Notting Hill Gate. Rob portait Nicole sur ses épaules. Ils tournaient à l'angle de la rue quand ils furent accueillis par les fans qui déclenchèrent tous en même temps le flash de leur appareil photo. L'incident devait se reproduire par la suite. « Plus ils voyaient que je m'énervais, plus ils en redemandaient. Ils avaient l'air capables d'encaisser n'importe quelle réaction de ma part. Si je réagissais positivement, c'était très positif. Si je réagissais négativement, c'était positif aussi. »

À l'étage, il pénètre directement dans la suite formée par les chambres 907 et 908. Elle lui est familière : « J'en ai pris, des paquets de drogue, dans cette chambre. Oui, oui, celle-là. Avec Liam. On jouait *All around the World* avant la sortie de l'album. »

En bas, la foule s'amasse. Il se penche à la fenêtre et lui crie quelque chose. Il encourage plus ou moins les filles à soulever leur top. Il dit vouloir tripoter une gamine, comme Michael Jackson. Une fois de plus, Josie essaie de le convaincre d'arrêter. Mais c'est peine perdue. Rob s'amuse maintenant à jeter des grains de raisin dans une des poubelles de la rue.

3

En route pour Air Studios, dans le nord de Londres, Rob écoute pour la première fois la chanson qu'il doit enregistrer le jour même pour le film sur Cole Porter, *De-lovely*. C'est un morceau à la fois long et complexe. Rob s'en souvient vaguement pour l'avoir écouté enfant, mais il ne le connaît pas vraiment. En dépit des embouteillages, il n'aura pas le temps de l'apprendre avant d'arriver. En plus, il a mal à la gorge.

Comme on pouvait s'y attendre, la première prise est complètement ratée. Il déforme certains mots et en avale d'autres. Il se démène avec la mélodie. À la deuxième prise, le directeur musical et le producteur échangent des hochements de tête optimistes : ça finira bien par donner quelque chose. Une fois ce premier enregistrement terminée, ils ont prévu de travailler toute l'après-midi sur les pistes, avant que Rob ne revienne le soir poser sa voix sur la version finale.

Au moment de s'en aller, Rob se souvient que Stephen Duffy possède un petit studio sous les combles. Il le connaît vaguement par Claire qui l'accompagne aux claviers et à qui il arrive aussi de faire des extras avec Lilac Time. Rob et Stephen ont déjà envisagé plusieurs fois d'écrire quelque chose ensemble, mais ça n'a jamais rien donné. Rob a toujours été convaincu qu'à eux deux, ils pourraient sortir un morceau folk bizarre à souhait.

Il débarque comme pour dire bonjour. Ils discutent une dizaine de minutes. Stephen promet de réfléchir à deux ou trois idées musicales. Le soir, quand il reparaît au studio, il trouve un CD de prêt, avec deux chansons de gravées, et un billet : « Rob, voici deux orchestrations. La deuxième peut-être un peu étrange... Salut. Stephen. »

Après être venu à bout sans problème de la chanson de Cole Porter, il se met à discuter avec le producteur, Rob Cowan. Désormais, le film ne s'intitule plus *De-lovely*, mais *Just one of those Things*. Rob les encourage à revenir au titre précédent. Cowan répond que s'ils le faisaient, il se retrouverait avec un fardeau encore plus lourd à porter. Mais Rob insiste et promet d'enchaîner les promos s'ils accèdent à cette demande.

Sur le chemin du retour, il s'arrête dans un studio où Max travaille avec son comparse, Jerry Mechan. Il y restera cinq heures. Des années auparavant, Max lui a interprété une chanson que Rob voulut immédiatement enregistrer à condition qu'il lui permette de changer les paroles. Sur le moment, Max refusa. Depuis, il a changé d'avis. Au cours de la soirée, le morceau devient *Appliance of Science*. Rob chante :

– *Don't believe in clever people, clever people dropped the bomb...*

C'est dans un Coffe Beans de Los Angeles, quelques semaines plus tôt, que ces paroles leur furent soufflées par un de ces prophètes errants qui insista pour leur délivrer un message qu'il estimait fondamental :

– Ne vous fiez pas aux gens doués. Les gens doués ont fabriqué la bombe. Et des gens intelligents l'ont lâchée.

Le lendemain, il écoute les maquettes de Stephen Duffy ; elles lui plaisent. Le premier morceau, électronique, ne dégage aucune monotonie. Rob sent déjà le genre de musique qu'il pourrait en tirer, et il commence à fredonner quelques motifs mélodiques. Le deuxième est plus conforme à ce que l'on attend de l'homme qui a créé les accords arrière-saison de Lilac Time – c'est délicat, tendre, presque larmoyant, quasi acoustique. Rob se retrouve à nouveau en train de chanter. Il laisse à Stephen un message indiquant son numéro de téléphone, et ajoute qu'il essaiera de passer au studio un jour de la semaine prochaine. Puis il s'étend sur son canapé et commence à regarder un DVD sur les ovnis intitulé *Out of the Blue*. Il se laisse complètement happer par ce film.

– C'est un super truc pour un théoricien de la conspiration, commente-t-il. Impossible de démontrer que ce n'est pas vrai.

Il dort trois quarts d'heure. Au réveil, il me demande de lui boucler son équipement Vacunaut. Le soir, il va s'asseoir à la terrasse de l'hôtel voisin, en compagnie de quelques personnes dont Max, David, Maren la femme de David, et Mia, la petite-fille de ces derniers. Un garçon et une fille un peu ivres s'approchent. Ils demandent s'ils peuvent faire une photo avec lui.

Les musiciens de la tournée répètent quelque temps au Music Bank sans jamais voir paraître le chanteur supposé donner un sens à ce qu'ils font. Rob est conscient de ne même plus connaître les paroles de ses vieilles chansons, mais il ne se presse pas pour les réapprendre. Les Take That avaient l'habitude de répéter un mois avant la tournée. Debout à 8 heures tous les matins, ils travaillaient sur leurs chorégraphies toute la journée, semaine après semaine. Souvent ils s'installaient sous un chapiteau dressé sur les terrains d'une ferme : c'est là que se passaient les répétitions. D'où la haine de Rob pour ce type de préparatifs.

Un jour, Status Quo est venu répéter sa prochaine tournée dans un studio à même d'accueillir plusieurs groupes en même temps. Rob se souvient de cet épisode : « Ils se contentaient de répéter une fois. Je me rappelle avoir pensé : je ferai pareil quand je serai plus vieux. »

Sa carrière au cinéma débute avec ce qui aurait été le 112e anniversaire de Cole Porter. Les scènes de Rob sont tournées deux jours durant à Luton Hoo, un manoir près de Luton. Sur l'autoroute, il allume la radio. Sarah Cox médite à voix haute sur ses 1 023 tatouages – elle suggère une explication valable, mais qui est perdue au milieu d'une quantité d'autres possibilités. Rob appelle Jonny et lui donne ce conseil :

– Tâche de la boucler. Il ne faut pas qu'ils sachent. Jamais.

Dans sa caravane, il écoute *De-lovely*. Il joue le rôle du chanteur au mariage de Cole Porter. Il est censé tourner un essai aujourd'hui, mais il n'arrive pas à chanter correctement le morceau en entier, même en s'aidant de sa propre version enregistrée. Au bout d'un moment, il affirme, comme pour s'en convaincre, la savoir.

L'Actrice, qu'il n'a pas revue depuis leur rendez-vous, a laissé un message pour lui dire qu'elle venait à Londres. Il la rappelle quelque part en Europe où elle tourne des extérieurs.

– Je suis sur le tournage de mon film, s'empresse-t-il de préciser d'un ton nonchalant. Et toc.

On est en train de le maquiller.

– Je sais que c'est un problème psychique, commence la maquilleuse, mais...

Je ne suis pas gay ! l'interrompt-il.

Le samedi précédent, les journaux avaient publié un extrait d'une biographie non officielle où l'on insinuait notamment qu'il luttait « contre sa sexualité ». L'après-midi, alors qu'il jouait au football avec des amis, dont Ant et Dec, il ironisa sur cette révélation surprenante :

– Regardez, je lutte contre ma sexualité !

Il demanda même que l'on s'abstienne de lui passer le ballon pendant trente secondes, le temps qu'il ait réglé le problème.

Ce qu'essaie de lui dire la maquilleuse, c'est que les deux vedettes du film, Ashley Judd et Kevin Kline, ont une séance tous les lundis matin avec la manucure. Elle la présente à Rob dans l'éventualité où lui aussi aurait envie de...

– Il n'y a rien à manucurer, reprend-il sur un ton définitif en exposant ses doigts mordillés.

– On peut arranger ça, diagnostique-t-elle.

Josie le persuade d'accepter. À Ashley qui vient d'entrer et qui lui demande ses impressions sur cette première séance de manucure, il confie se sentir efféminé. Il craint aussi de perdre la corne accumulée au bout des doigts de la main gauche à force de jouer de la guitare.

– Ça fait drôle, ajoute-t-il. C'est comme quand on m'a irrigué le côlon. Je me sentais mal. Je ne veux plus le faire. Je comprends que J-Lo ait tourné bizarre avec ces fleurs, la manucure et tout. Je parie que tu ne verras jamais le Boss faire ça.

– Springsteen ? rebondit la manucure. Au contraire ! Je lui ai personnellement soigné et nettoyé les doigts, à Springsteen.

– À la fin, tu lui as fait ça aussi ?

– Ouais.

– Alors continue. Si c'est bon pour le Boss...

– On a pourtant essayé de le dissuader de faire du cinéma, soupire Josie. Au bout d'une journée sur le plateau, le voilà déjà transformé en diva.

Ashley les informe que les journalistes sont venus en force, aujourd'hui, sûrement à cause de Rob.

– Je lutte contre ma sexualité, explique-t-il. Et je ne suis pas une grosse pointure aux États-Unis. Ce sont mes deux boulets. Je les traîne partout où je vais. Le premier s'appelle « Lutte ». Et le deuxième : « Pas connu en Amérique ».

Il passe plusieurs heures à errer autour de sa caravane, jusqu'à ce qu'on l'appelle enfin sur le plateau. Le manoir menace de tomber en ruine, mais une de ses pièces a été aménagée pour reconstituer un banquet supposé avoir eu lieu quatre-vingt-cinq ans plus tôt. Rob tourne sa première prise. Il apparaît tout de suite qu'il ne connaît pas les paroles et cette lacune pèse sur sa prestation. Certes, il a l'habitude de séduire et de bluffer tout le monde en pareil cas, mais comment faire semblant de ne pas être en play-back ? Pour y parvenir, il faut être la star du show en fonction de qui tout a été prévu. Même quand on le filme de dos, ça ne marche pas. Le producteur fait une sale tête. Il rappelle sévèrement David et Josie à l'ordre.

L'équipe décide de remballer. Ils ont compris qu'ils n'y arriveront pas et n'ont aucune scène de rechange à tourner. La suite de la séquence inclut en effet des prises avec Kevin Kline et Ashley Judd. Demander aux acteurs de donner le meilleur d'eux-mêmes ne servirait à rien sachant que le chanteur au second plan n'arrive même pas à suivre les paroles avec ses lèvres.

Au total, Rob est resté une demi-heure sur le plateau. Il s'adresse joyeusement à tous et à chacun :

– Très bien, merci les gars, lance-t-il à la cantonade.

Puis il glisse à Irwin Winkler en baissant d'un ton :

– Demain, je saurai mes paroles.

Dans la voiture, il résume ainsi sa première expérience au cinéma :

– Non. Je n'aime pas ça et j'ai raison.

– Rob, enchaîne David, le seul truc à dire, c'est que...

– C'est que je ne connaissais pas les paroles, c'est ça ?

– Demain, ils voudront remettre ça, poursuit David.

– Ouais, s'obstine Rob sans écouter. Ils ont eu ce qu'ils voulaient, aujourd'hui, non ?

Sur la route de Londres, il préfère songer à la musique et téléphone à Stephen Duffy pour lui fixer rendez-vous dans la semaine. Il se réjouit de cette nouvelle collaboration.

Ce soir, il reste à la maison. Il essaie à nouveau d'apprendre les paroles, mais s'endort à 10 heures. Le lendemain matin, il s'y remet sans relâche. Le résultat est loin d'être parfait. En montant en voiture, il affirme ne pas avoir ressenti depuis longtemps des changements comme ceux d'hier. Peut-être fait-il seulement une allusion au fait de s'être couché trop tôt. Ou bien il pense à cet échec sur le tournage. Ou alors il regrette d'avoir perdu une journée entière dans un monde où il n'occupait pas la place centrale, et dont il ne pouvait pas non plus s'échapper.

– Ça faisait bizarre, analyse-t-il. Les musiciens attaquaient, et ce n'était pas moi qui captais l'attention... Je n'avais jamais vécu ça avant.

Il a pris place à l'avant, sur le siège passager, son portable sur les genoux. Il chante *De-lovely* en écoutant le CD. Quand il ne se rappelle plus les bonnes paroles, il improvise : « *It's de-bollocks, I'm de-bitch.* » L'heure tourne et il sait que ce n'est pas le moment. Il se repasse alors le CD. « *It's de-regal, it's de-royal.* » Il décrète finalement qu'il a besoin de se détendre et met Radio One sur laquelle passe justement *Rock DJ*. Un bon présage.

Dans la caravane, les acteurs sont alignés devant les miroirs, aux mains des maquilleuses. Les vannes fusent. Quelqu'un lui demande s'il apprécie le milieu des acteurs.

– Pour le moment, répond-il, j'aime assez. Tout le monde se salut. Ça me botte. Je devrais peut-être venir me faire maquiller sur d'autres tournages, à l'avenir. Après je m'en irais. C'est ce qui me plaît le plus : le maquillage. J'aimerais qu'on dise de moi : "Il n'a pas envie de jouer. Ce qu'il aime, c'est venir se faire maquiller et dire bonjour."

Un acteur lui demande si ce genre de rapports n'existe pas dans son business à lui.

– Si, répond Rob. Mais je suis le seul à le pratiquer.

L'une des deux maquilleuses est arrivée à cacher le « B » qu'elle a tatoué derrière l'oreille gauche. Aurait-elle inventé une façon de recouvrir les tatouages ? Elle en discute avec sa collègue, puis concède que cette méthode a déjà été inventée.

– Réinvente-la ! intervient Rob. C'est ce que je fais avec les chansons.

Beaucoup plus de photos, aujourd'hui, dans les journaux. Vendredi dernier, en quittant le Nobu, Rob et Max avaient décidé d'afficher leur sourire le plus débile. Or, chose curieuse, les clichés ont l'air parfaitement naturels ! Plusieurs sont reproduits dans le *Sun* avec ce commentaire de Victoria Newton : « Victoria à Robbie. Continue, tu es tellement plus beau quand tu souris... » À la lecture de ces lignes, Rob cogite au contenu d'une réplique à lui adresser : « Robbie à Victoria... » Il formule ainsi une réponse dont la partie de loin la plus charmante se résumera à quelque chose comme : « Je t'emmerde. »

Le trajet de la caravane au plateau ne dure pas plus de trois minutes, mais Rob le met à profit pour écouter une fois encore la chanson dans son ordinateur portable.

– Eh bien, soupire-t-il en descendant de voiture, je ne la sais pas. C'est comme ça.

Pourtant, dès la première prise, l'équipe échangera des regards de soulagement. En fait, Rob connaît maintenant la chanson assez bien pour se sentir libéré et s'en tirer au mieux. Le morceau s'achève sous les applaudissements. Irwin Winkler sourit, puis lance :

– Il est super cool. Il finira vedette de cinéma.

Des rumeurs circulent d'ailleurs selon lesquelles Hollywood songerait à faire de Rob une vedette. On a pu lire dans la presse de ces quinze derniers jours qu'il aurait accepté une proposition de 3 millions de dollars pour jouer dans un nouveau *Superman* dont il aurait déjà tourné des bouts d'essai ou qu'il aurait acheté les droits de l'histoire *Village People*, et envisagerait d'y tenir le premier rôle... Ces annonces toutes plus fantaisistes les unes que les autres contaminent même le tournage où l'on murmure que la MGM pense lui offrir le rôle du méchant dans le prochain film d'Halle Berry. On refuse de croire qu'il n'est pas intéressé ; du reste, à Hollywood, personne n'envisage une seconde que l'on puisse repousser une telle opportunité.

À l'heure du déjeuner, les premiers signes de lassitude apparaissent. Il retourne au maquillage, auquel il ne trouve déjà plus autant d'intérêt.

– C'est moins marrant que ce matin, se plaint-il. Quand on arrivait tous en se disant bonjour. J'ai encore envie de dire bonjour.

Il bavarde un moment avec Ashley Judd. Elle lui explique pourquoi ça vaut le coup de faire ce métier. Selon elle, ce qui compte, c'est ce qu'on éprouve face à la caméra, quand les acteurs font ce pourquoi ils sont là. Si c'est juste pour avoir la bonne figure au bon moment, songe Rob, alors autant passer dans un show télé. C'est plus vite fait, et moins ennuyeux.

Il retourne sur le plateau où l'attendent d'autres prises, d'autres variations de Rob chantant sa chanson pendant que Kevin Kline et

Ashley Judd dansent devant lui sur le parquet. Cette fois, c'est un plan large, avec davantage de figurants. La prise est rapidement bouclée.

Ce soir, il voit l'Actrice, ce qui lui vaudra le lendemain une morsure d'amour au cou. Elle lui rappelle un suçon qu'il avait récolté au même endroit, à l'époque des Take That, dans des circonstances qu'il s'empressa d'oublier. Ce jour-là, il devait voir sa copine Natasha. Au téléphone, craignant sa réaction, il lui suggéra de se mettre au lit et de l'attendre toutes lumières éteintes – ce serait plus romantique. Une fois avec elle, il fit en sorte qu'elle lui embrassât le cou à plusieurs reprises dans le noir. Ainsi il put prétendre que la marque était le résultat de ses baisers à elle.

Le premier rendez-vous prévu avec Stephen Duffy doit être reporté : Rob avait oublié le match de foot avec l'Angleterre. Du coup, il lui reste du temps pour répéter avec ses musiciens. Il les entraîne dans un nouveau morceau, chante plus de chansons qu'il n'en a jamais chantées, et écoute la nouvelle version pleine d'énergie de *Supreme*. Il demande qu'on la rejoue un peu moins vite puis attaque *99 Red Balloons*. Emporté par la chanson, il danse un pogo sur les chœurs et mime le final en lâchant un ballon invisible qu'il regarde s'éloigner et emporter, peut-être, tout rêve et toute espérance. Certes, Rob fait le guignol. La scène n'en est pas moins poignante.

Les musiciens ont ce morceau en horreur.

– Vous me trouvez bizarre d'aimer ça ? questionne-t-il.

Oui.

Max se met au piano. Ils essaient *One for my Baby* qui doit être interprétée par Rob et Max seulement. Rob commence à improviser. Il chante en jouant les crooners :

– *And I've got a little film... I want you to see... With Mariah Carey and Max Beesley... It's* Glitter... (« Et j'ai ramené un petit film que je veux te montrer... Avec Mariah Carey et Max Beesley... C'est *Glitter*... »)

– Laisse tomber cette histoire de *Glitter*, lui dira Max après coup, feignant de prendre la chose à la plaisanterie.

Rob se montre extrêmement respectueux et admiratif de ses talents d'acteur en son absence, mais quand Max est là, il est rare que Rob puisse résister à l'envie de le mettre en boîte. Inévitablement, lors de la répétition suivante, il en remet une couche :

– *It's a quarter to three... I hear you can get* Glitter *on DVD...* (« Il est 3 heures moins le quart... J'apprends que Glitter est disponible en DVD... »)

L'heure est venue de répéter *Mr Bojangles.* Comme prévu, les enceintes crachent la version grinçante et douloureuse enregistrée par Mark Plati.

– C'est quoi ça ? demande Rob au bout de quelques mesures. Je n'aime pas. Qu'est-ce que c'est ?

Mark lui rafraîchit la mémoire, mais le chanteur ordonne qu'on arrête ça tout de suite.

– Pourquoi on ne la ferait pas proprement ? s'étonne-t-il. C'est comme ça que je vais devoir la chanter ? C'est bien trop rapide... Et ça ne sonne pas juste. Ça ne se joue pas comme ça.

Cette version, il n'arrivera jamais à l'écouter plus de trente secondes.

L'Actrice a laissé un message. Mais lui ne la rappelle pas.

– Elle comprendra, assure-t-il.

La relation étouffée dans l'œuf, il l'a déjà vécu et n'a aucune envie de recommencer.

– Je ne me ferai pas jeter, ajoute-t-il.

4

L'après-midi du 12 juin, il finit par franchir le seuil d'Air Studios avec l'intention de travailler avec Stephen Duffy. Ils jouent dans le petit grenier, et Stephen fait écouter à Rob un morceau à la guitare acoustique. Rob juge que ça ressemble trop à ce que les gens attendent de lui. Il propose plutôt quelque chose à la boîte à rythmes. Stephen programme alors une simple ligne basse à quatre mesures, et une autre à seize. Rob commence à chanter :

– *Don't let your eyes tell the brain... You should feel ashamed...* (« Ne laisse pas tes yeux parler à ta tête... Tu devrais avoir honte... »)

Il chante dans une tonalité qu'il n'a employée pour aucun enregistrement jusqu'à présent, et la chanson ne ressemble à rien de ce qu'il a fait précédemment.

Au bout d'un moment, ils suspendent la séance. Ils optent pour le restaurant japonais préféré de Stephen, mais n'y trouvent aucune table de libre. Rob reste planté sur le trottoir. Voyant qu'il commence à attirer l'attention, il se réfugie dans un chinois voisin où ils décident

finalement de manger. Ils n'ont réussi à écrire qu'une demi-chanson, mais Rob est déjà en train de tirer des plans sur la comète. Avec l'irruption d'un sosie d'Elvis venu distraire les clients, la conversation se déporte sur leurs morceaux préférés du King.

Rob se couche tout excité, content des résultats de sa journée. Au réveil, une chanson lui trotte dans la tête, la musique des Take That mêlée de temps en temps à un air de Robbie Williams. Il s'étonne de ce rêve étrange, s'efforce de reprendre complètement ses esprits, mais la musique, au lieu de faiblir, se fait plus forte. Il comprend enfin que les deux voix qu'il perçoit, dont aucune n'est la sienne, ne retentissent pas dans sa tête mais proviennent de l'extérieur. En dehors de lui, l'appartement n'est pourtant occupé que par Gary Marshall dont il ne reconnaît pas les vocalises et qui n'a pas l'habitude de fredonner du Take That.

... a million love songs later !...

La mélodie provient de l'extérieur, juste derrière la fenêtre. Ce qui n'est pas moins étrange, puisque sa chambre se trouve haut perchée dans un bâtiment qui surplombe Londres.

Il ouvre le rideau et découvre deux laveurs de carreaux. L'un d'eux repère Rob aussitôt et essaie d'atteindre le bouton qui lui permet de hisser la nacelle jusqu'à un autre étage. Son collègue, qui n'a rien vu, continue de chanter. Rob s'amuse un moment de la situation. Puis le second laveur de carreaux se rend compte que son collègue ne chante plus. Il redresse la tête et blêmit.

– Hé ! lui lance Rob. Si tu as l'intention d'en chanter d'autres, évite les merdes signées Barlow, et réveille-moi avant.

Au Music Bank, il va s'asseoir dehors, sur le toit, au soleil. La cigarette au bec, il échafaude de grands projets.

– Cette chanson qu'on a écrite, commence-t-il, ce n'est pas moi. Je ne veux pas refaire du Robbie Williams. Ce que je voudrais, c'est développer un personnage plus profond – avec un faux nez, une perruque et tout. Je voudrais réaliser mon meilleur album, et pendant que cet album rencontrera un grand succès, j'en sortirai un deuxième, signé de quelqu'un d'autre. Un alcoolique, par exemple. Alcoolique et américain. Un personnage Neil Diamondesque. Venu du comté d'Orange. Qui aurait ensuite déménagé à Hollywood, et qui n'aurait pas vraiment eu de chance. Je ne connais pas encore son histoire, mais je pourrais peut-être commencer à m'habiller comme lui de temps en temps. Manger comme lui. Vivre comme lui. Pour le moment, il s'appelle Pure Francis. L'album, c'est *Diamond*... (*Il se tourne vers moi.*) Qu'est-ce que tu en penses ?

Ce que j'en pense, c'est que c'est une bonne idée. Ça peut être marrant. Le résultat peut même s'avérer excellent. Scinder son cerveau en différents espaces dans lesquels écrire deux ou trois chansons pour chacun de ses personnages... En tout cas, je trouve stimulant de voir Rob à ce point inspiré. Sur le long terme, en revanche, je ne sais pas. Ça peut être une connerie. Mais cette opinion-là, je préfère la garder pour moi. Ce n'est pas le moment d'en débattre.

– C'est vraiment excitant, poursuit-il. Il n'y a pas de raison que ça reste secret. Je ne parle pas de lui, et lui ne parle pas de Robbie Williams. Il faut faire un tabac l'année prochaine. Avec un album d'un genre nouveau. Quelque chose de réellement intéressant. L'Amérique, il n'y a aucune chance que ça marche, de toute façon. Pourquoi ? a) Parce que je n'en veux pas ; b) Parce que ça exigerait un boulot énorme ; c) parce que je n'en ai pas vraiment envie. Ce projet-là, il me permet d'avancer. Faire encore un nouvel album de Robbie Williams ? Je trouverais ça franchement ennuyeux. Il faut faire un truc stimulant. Ça fait un peu « Délivre ton message », mais après tout c'est ce que je veux – de l'électronique avec de bons jingles de guitare, comme Neil Diamond...

– Et les textes ? Ils parleront de quoi ?

– D'amour. D'amour et de chagrin d'amour.

– Il a un chagrin d'amour ?

– Ouais. Il a du chagrin et il a échoué comme musicien. Ce ne sera pas un plan à la Tony Ferrino. L'idée, c'est d'ouvrir un espace pour quelqu'un d'autre. Je n'aurai pas à redouter les gens qui écoutent mes chansons en y recherchant l'expression de trucs personnels, puisque ce sera écrit du point de vue de quelqu'un d'autre...

À la reprise des répétitions, il entraîne brièvement les musiciens dans sa nouvelle composition. À mesure qu'il chante, des paroles lui viennent :

– *I might be your saviour baby, despite what you've heard...* (« Je suis peut-être ton enfant sauveur, malgré ce que tu as entendu... »)

À tous ceux qui l'approchent, cet après-midi-là, il parle de sa dernière idée et de son avenir tout neuf. Peut-être trouvent-ils bizarre d'aborder ce sujet alors que son équipe bosse d'arrache-pied pour préparer une tournée, mais tous s'abstiennent de faire la moindre remarque. Il est vrai que son enthousiasme est contagieux. La perspective de ne plus être lui-même a l'air de l'exciter comme un fou.

Comme la semaine précédente, il a prévu un dîner au Nobu. Avec plus de monde, cette fois : Ant, Dec, Jonny et leurs partenaires respectifs se joignent à la troupe. Après le repas, sachant qu'ils sont attendus par une armée de paparazzi, ils décident de refaire tous ensemble le numéro rodé par Rob et Max la dernière fois. À peine ont-ils franchi le seuil du restaurant qu'ils affichent en se regardant les uns les autres un répertoire d'expressions d'une joviale absurdité. Les flashes jaillissent de toutes parts. À la fin, Rob s'écroule sur le sol où il reste étendu, pris d'un authentique fou rire.

Malheureusement, leurs voitures sont retardées. Ils ont épuisé leurs maxillaires, mais se retrouvent pris au piège. Il leur faut attendre, comme des acteurs alignés sur scène quand se rallument les projecteurs. Ils choisissent de battre en retraite vers l'entrée du resto pour patienter jusqu'à ce qu'on veuille bien venir les chercher. À la seconde sortie, l'hilarité n'est plus au rendez-vous.

Les photos de leur grotesque pantomime se répandront dans toute la presse, accompagnées de légendes et d'articles les présentant comme des célébrités surprises dans un instant de joie profonde et sincère.

Sur le chemin du retour, Rob achète quatre bouteilles de vin blanc pour ses invités. Tous s'attablent autour d'une partie de Killer que Rob remporte avant de leur faire écouter des chansons sur son ordinateur. L'envie les prend ensuite de balancer des fruits par la fenêtre en visant le fleuve. On commence par des prunes. Quand les prunes viennent à manquer, on jette des pommes et des poires. Quand Jonny parvient à toucher une péniche au mouillage, on déclare la partie finie.

Cela fait des mois maintenant que l'agenda de Rob lui signale l'événement de ce samedi : le North London College Ball. Il s'agit de la réception annuelle donnée par Vodaphone pour ses dix mille employés. Les organisateurs ont prévu que Rob y ferait une apparition surprise – le clou du spectacle. Autant dire qu'ils n'ont aucun intérêt à voir la nouvelle s'ébruiter. Une fuite gâcherait la fête et risquerait d'écorner l'image qu'ils entendent donner d'une société généreuse envers son personnel.

Rob et son entourage ne tiennent pas davantage à vendre la mèche. D'abord parce que l'événement peut servir d'échauffement avant la tournée, de répétition à l'abri des médias et de la curiosité du public. Mais aussi parce que ce genre de manifestation a mauvaise presse. En général, l'artiste qui participe à ce type de soirée passe pour avoir bradé tous ses principes – à moins qu'il n'ait déjà décidé de mettre la clé sous la porte. Certes, il est absurde de s'imaginer qu'au début du XXIe siècle, un chanteur de variété peut développer son talent en s'opposant aux forces de l'argent et aux multinationales capitalistes. Néanmoins, si les journaux venaient à avoir vent de cette prestation, ils ne manqueraient pas de s'en indigner, de s'interroger sur les motivations de Rob, et de demander haut et fort comment un individu aussi riche peut se montrer aussi âpre au gain.

Il appréhende un peu cette soirée, car son dernier concert en Angleterre remonte à plus de deux ans. Il quitte son appartement peu après 21 heures, prend place dans le van avec Jonny, et se plonge dans la lecture d'un journal. Puis il demande qu'on lui passe un film d'Eddie Murphy. Jonny râle.

– Pourquoi tu ne raccroches pas ? lâche Rob, plaisantant à moitié. Tu pourrais jouer les pépères de soixante-dix balais. Jouer au golf toute la journée.

– Un jour, c'est ce que je serai, répond Jonny : un pépère.

– C'est ce que tu es déjà ! s'écrie Rob.

– On aura nos maisons l'une à côté de l'autre, enchaîne Jonny sans réagir.

– Tu seras comme ces gens qui ont un piano sur lequel personne ne joue jamais, prédit Rob. Vous aurez votre canapé à deux places, Nikki et toi. Le faux petit intérieur Tudor.

– J'aime les faux intérieurs Tudor, avoue Jonny. Les gosses me diront : « On peut aller chez tonton Robbie ? On voudrait lui colorier ses tatouages... » Je te parie que dans dix ans, on aura nos maisons l'une à côté de l'autre. On ouvrira un passage dans le mur entre les deux jardins.

Rob change de sujet et annonce que son pseudonyme, à l'hôtel, pendant la tournée, sera William Wallace.

– C'est un nom à la con, lance Jonny.

– Pas du tout, maugrée Rob. Pourquoi ce serait un nom à la con ?

– Parce que c'est déjà pris et que tu n'es pas écossais.

– Si, un peu. (*Il marque un temps.*) J'y suis allé...

Tous deux sont maîtres dans l'art de jouer les têtes de mule quand il s'agit de discuter sérieusement. Par instants, la dispute paraît terminée, mais soudain les enfantillages repartent comme un feu que l'on croyait éteint, et qui tout à coup se réveille en crépitant. Jonny argumente : Rob ferait mieux de choisir Captain Sid Rudy Duke. Ça lui rappellerait ses trois chiens (après différentes péripéties canines à Los Angeles – il a eu jusqu'à quatre chiens –, Rob a opté pour un molosse du nom de Duke). Et Jonny de relancer le débat :

– William Wallace, c'est nul.

– Pourquoi c'est nul ?

– Parce que.

– Parce que quoi ?

– Braveheart, c'est Braveheart et personne d'autre, dit Jonny. Et Braveheart, c'est Mel Gibson.

– Là, tu t'enfonces.

– Pas du tout. Il ne peut pas y avoir deux William Wallace.

Rob est piqué au vif.

– Jonny, je ne dis pas que je *suis* William Wallace. C'est juste un truc pour me donner du courage. Pour pouvoir monter sur scène, putain de merde ! Tu ne comprends pas ? William Wallace, c'est le branleur britannique moyen qui assure sans rien demander à personne. C'est soit William Wallace, soit Rob Roy. Ou Michael Collins. Un truc pour me donner du courage ! Si tu es Captain Sid Rudy Duke, ce n'est même pas la peine d'espérer pouvoir monter sur scène !

Jonny fait observer à Rob qu'il s'est toujours servi d'un pseudo porno.

– Comment ça pouvait te donner du courage ? demande-t-il sur le ton de la dérision.

– Les temps changent, répond Rob. J'ai été A. Gabriel – pour « l'archange Gabriel ». J'ai été Jack Farrel – du nom de mon grand-père, Jack le Tueur de Géants. Eh bien, maintenant, c'est William Wallace.

– Tu pourrais aussi bien être Jason Orange, suggère Jonny.

– Je pourrais aussi bien être Jason et les Argonautes, putain !

Jonny tente à nouveau de défendre son Captain Sid Rudy Duke – en vain. Rob s'exclame que Jonny doit être la seule personne au monde à trouver que c'est une bonne idée avant de reprendre :

– Maintenant, c'est sérieux. C'est une entreprise de divertissement.

Jonny demande à Pompey son pseudo de tournée.

– Willie Recover, répond le garde du corps.

Jonny s'étouffe de rire.

– Et tu oses prétendre après ça que c'est *sérieux ?*

– Lui n'est pas tenu de monter sur scène, fait remarquer Rob. Et il a déjà acquis sa force de caractère. Ce n'est pas mon cas.

Pour préserver la paix, Rob finit par consentir à se faire appeler Captain Sid Rudy Duke les jours où il ne chantera pas. Aucun de nous ne pense qu'il tiendra parole. Quoi qu'il en soit, ces chamailleries ont atteint leur but principal : distraire Rob, afin qu'il cesse de penser à son show.

La soirée se déroule sous un grand chapiteau, près de Highclere Castle. Nous y arrivons après avoir suivi des routes de campagne, et traversé un champ plongé dans le noir. Lulu, Liberty X et Bryan Adams sont déjà passés – eux non plus n'étaient pas annoncés. Rob figure dans le programme sous la mention « Hot Legs ». Avant d'y aller, il tient un conseil de guerre sur l'herbe avec son groupe :

– Bon... Comme je me faisais la réflexion l'autre jour : personne ne joue comme nous. Personne. Nulle part. Justin Timberlake, Beyoncé, Christina Aguilera, prenez qui vous voulez : personne ne fait ce qu'on fait dans ces tournées à la con. Le show de ce soir représente 1 million de livres sterling destinées à une œuvre de bienfaisance. Alors on va se bouger le cul. Leur en donner pour leur fric. Mais je voudrais encore vous dire un truc : les tournées précédentes, je n'avais pas vraiment envie de les faire ; là, par contre, je suis à bloc...

(*Applaudissements du groupe.*)

– Vraiment, oui, vraiment, cette fois, je suis remonté. Je veux leur montrer quelque chose de grand. Alors maintenant je vais, et nous allons, jouer ce qui se joue de mieux dans le monde. Parce que nous pouvons le faire.

Le groupe se sépare. Chacun monte prendre sa place sur le plateau.

– Tes concerts en tournée, lance Jonny, je les aime.

Rob se tait. Il semble se préparer mentalement.

– Ce truc, là, poursuit Jonny... Rob en train de se concentrer ; Josie qui ne sait pas quoi dire et moi non plus...

Rob reste silencieux.

– C'est marrant, reprend Jonny, je suis vraiment angoissé pour lui. C'est pour ça que je tchatche. Je me dis que ça l'aide. Ça le distrait un peu de son angoisse...

– Moi, ça me gonfle, lâche cette fois Rob, impavide. J'ai toujours trouvé ça gonflant.

Dans un rugissement d'ivresse extatique, Rob jaillit d'une trappe à l'avant de la scène. Il chante un premier morceau. À la moitié du deuxième, son pantalon se déchire. Il se change sans quitter la scène.

– Spectacle unique, s'exclame-t-il. Rien que pour vous. Je parie que Bryan Adams, lui, n'a pas enlevé le bas. Liberty X non plus.

Comme on pouvait s'y attendre, le public allume les téléphones et les brandit pour que le monde entier puisse profiter de ce qui se passe. Rob semble s'amuser depuis le début. Il le dit et le répète au public. À la moitié du show, avant d'attaquer *Hot Fudge*, il déclare :

– Je prends un super pied. Un pied merveilleux... (*Il marque un temps.*) Bon, je ne dis pas toujours ça... Je ne l'ai pas dit en Islande... (*Il prononce* Iceland.) ...Ni en Suède. Là-bas, c'était de la merde ; ici, c'est super.

Au cours de *One for my Baby*, il ne mentionne pas *Glitter*. Il chante *Supreme* dans la nouvelle version nerveuse et énergique, même s'il n'aime pas la faire ainsi ; il n'a d'ailleurs pas l'intention de recommencer. Avant d'attaquer *Kids*, il annonce comme s'il présentait le morceau :

– Ladies and gentlemen ! Miss Kylie Minogue...

Il laisse applaudir, puis continue :

– Nan, elle va pas venir... L'un de vous connaît-il les paroles de *Kids ?*

Je suis assis dans le public à côté d'un homme qui se tourne vers moi pour me dire :

– Il s'est vraiment impliqué. Il savait depuis l'an dernier que Kylie serait là...

Il ne sait rien du tout ; c'est juste un coup de chance.

Difficile d'imaginer un public plus enthousiaste. Rob continue néanmoins de parler, sans doute pour conjurer sa peur.

– Je sais que beaucoup parmi vous n'ont probablement aucun disque de Robbie Williams, et ne me connaissent pas vraiment. Alors laissez-moi vous remercier de bien vouloir me supporter ce soir. J'espère que j'aurai tout de même réussi à vous amuser un peu.

Ce discours contient une part de fausse modestie, un quart de modestie sincère, un autre de professionnalisme, ainsi qu'une bonne dose d'angoisse.

Après le show, en coulisse, il se plaint d'avoir eu des problèmes avec son écouteur. Et il a détesté que le public soit aussi loin de la scène : ça lui a gâché son plaisir. En revanche, il est ravi de s'être senti à ce point en forme.

Gary Marshall n'a rien entendu de ce commentaire ; il nous rejoint en disant, tout sourire :

– Tu as apprécié, pas vrai ?

Rob secoue la tête, l'air de dire : « Quand tu auras travaillé avec moi un peu plus longtemps, tu comprendras. » Et il prédit :

– Tous les soirs de la tournée, tu t'imagineras que je me suis amusé, mais ce ne sera pas vrai.

5

Un dimanche après-midi, une partie de foot est organisée sur un terrain scolaire, près de chez Jonny. Il y a derrière les cages un homme que personne ne connaît. Pendant un long moment, il se contente de regarder la partie. Puis, comme si c'était la chose la plus naturelle du monde, il commence à prendre des photos. On lui demande d'arrêter, mais il continue. À la mi-temps, Rob explose :

– Oh ! et puis fais ce que tu veux, à la fin ! Prends-les, tes putains de photos ! Mais casse-toi vite !

Le photographe précise – comme si c'était un argument – qu'il n'est pas paparazzi, mais journaliste au *Daily Mail*. Il sort sa carte professionnelle.

– Tu as l'intention de donner ces photos au *Daily Mail* ? questionne Rob, feignant d'avoir mal entendu.

L'homme acquiesce, l'air soulagé d'avoir enfin été compris. Mais Rob ajoute :

– Alors tu es un enfoiré de paparazzi. Connard !

– C'est eux qui m'ont demandé ! proteste le type. Mais si tu ne veux pas, je n'insiste pas, poursuit-il comme s'il y avait une ambiguïté sur ce point.

– Alors qu'est-ce que tu es venu foutre ici ?

Le photographe plaide sa cause : il a tout fait pour que les amis de Rob ne soient pas sur les photos, pensant que c'était ça qui posait problème, tout à l'heure, quand Rob s'est mis à vitupérer.

– Il y a un malentendu, lance-t-il, comme s'il considérait sa conduite comme l'expression de la plus parfaite courtoisie.

– Écoute, mon pote, reprend Rob. Pourquoi tu ne te la cales pas dans le cul, ta vision du monde à la con ? Et tant que tu y es, débarrasse-toi de ta stupide personnalité.

– Allez-vous en, s'il vous plaît, intervient Gary Marshall. Faites demi-tour et partez.

– Honnêtement, je trouve le « mon pote » plutôt déplacé, maugrée l'importun.

– C'est toi qui es déplacé, réplique Rob. Tu gâches l'après-midi de tout le monde.

– Je vous ai présenté ma carte, enchaîne l'homme à voix basse, apparemment convaincu que son titre lui confère une honorabilité de fait et lui donne tous les droits.

– Ça m'est égal, que tu m'aies présenté ta carte, l'interrompt Rob.

Et, feignant de lire dans sa paume un document imaginaire, il lâche :

– Saddam Hussein ? C'est ça ?

Ce week-end, *News of the World* publie un nouvel extrait de sa biographie non autorisée. Un tissu de non-sens, une fois de plus. Toujours les mêmes témoignages de vieux managers aigris ou de collaborateurs occasionnels. On note cependant la réapparition de Raymond Heffernan, l'homme qui prétend avoir co-écrit *Angels*. Cité, il déclare : « Les vers sont de moi. Ça me fait mal, que Robbie fasse semblant de ne même pas me connaître. J'ai joué un rôle dans l'écriture de cette chanson. »

Rob et Raymond Heffernan se sont croisés brièvement, et la véritable histoire de leur relation n'est pas complètement inintéressante – encore une aventure improbable sur la route tortueuse qui a conduit Rob à la place qui est aujourd'hui la sienne.

En 1995, au moment de Noël – le premier après Take That –, Rob s'embarqua sur le ferry pour passer les vacances de fin d'année à Dublin. Sa sœur, sa mère et l'ami de celle-ci l'accompagnaient. Ils avaient loué une maison au centre de Dublin. À leur arrivée en fin d'après-midi, Rob n'y entra même pas. Il les laissa défaire leurs bagages et gagna directement un pub où il commença à boire seul. Un type aux cheveux roux qui le regardait depuis un moment engagea la discussion. C'était Raymond Heffernan. Ils passèrent la soirée à bavarder. Ils s'entendaient comme larrons en foire et décidèrent de ne plus se quitter. En sa compagnie, Rob consommait beaucoup d'ecstasy et plus encore de Guinness. Il squattait chez lui à Dublin ou chez ses parents qui habitaient une maison à loyer modéré. Ils dormaient alors dans le grenier, sur un matelas. Au réveil, alors qu'ils étaient aux prises avec leur monumentale gueule bois, la mère de Raymond leur préparait du thé. Rob avait le sentiment d'être tombé dans une famille irlandaise aimante et accueillante. Il s'y sentait mieux qu'avec les siens. Chez eux, il ne se sentait pas surveillé par une mère qui le regardait comme l'ivrogne qu'il était, comme un type en train de bousiller sa vie. Bien qu'il se rendît compte que la mère de Raymond ne le voyait pas vraiment comme lui le percevait, il n'approfondissait pas le sujet. Tout ce qu'il voulait, c'était trouver des gens qui l'aiment. Cette semaine-là, Raymond et les siens incarnaient cette attente.

Rob essayait alors d'écrire des chansons qui nourriraient la carrière solo dans laquelle il confiait à son entourage vouloir se lancer. Un soir, à la terrasse d'un pub qu'il fréquentait avec Raymond, une idée de chanson lui vint, inspirée par un petit jet d'eau minable qui tremblotait dans le patio de l'établissement. Ce n'était même pas un jet d'eau, en fait ; juste une structure d'art moderne d'où s'échappait de la flotte, mais elle lui souffla pourtant ces mots : *And down the waterfall, wherever it may take me* – « Et tomber avec l'eau, où qu'elle m'emporte ».

D'autres idées explosèrent comme des bulles dans son cerveau. Raymond lui parla d'un de ses lointains ancêtres tué à St Stephen Green en brandissant le drapeau français. Cet homme s'appelait Bobby Williams. Pour Rob, cette rencontre prit soudain un nouveau sens. Il croyait à la réincarnation. Depuis quelque temps, il annonçait même qu'il mourrait à trente-deux ans.

Persuadé d'être placé sous la protection d'un ange, il pouvait maintenant le sentir. Le refrain de la chanson se présenta alors : *I'm loving angels and angels and angels, oh-oh woah angels.* (« J'aime les anges, les anges, les anges... »)

Un jour, ils décidèrent de se rendre dans un studio à Temple Bar pour enregistrer quelque chose. Raymond transcrivit un peu de musique en écoutant Rob chanter sa chanson sur les anges et l'eau qui tombe. Rob réalisa une cassette qu'il emporta avec lui en partant.

C'est là que les choses prirent une tournure étrange. Au début de la semaine, les sorties réunissaient Rob, Raymond et les amis de ce dernier. Ils passaient la nuit à se droguer et à rire. Au petit jour, Rob prenait du nitrate amylique, puis commençait un récital poétique.

À présent, ils n'étaient plus que tous les deux. La nuit du nouvel An, ils se rendirent au Pod. Ray s'absenta un instant pour aller saluer des amis. À son retour, il avait un œil au beurre noir, la chemise déchirée et des coupures sur le visage.

– C'est mes amis, marmonna-t-il. Ils m'ont cassé la gueule. Je ne suis plus rien pour personne, maintenant. Je n'ai plus que toi, Robbie.

À ces mots, Rob éprouva le besoin de faire un pas en arrière. C'était peut-être vrai, se disait-il, mais il n'était pas sûr d'avoir envie de ça. Peu avant le jour prévu pour le départ de Rob, Raymond commença à se cramponner. Il le harcelait et redoutait de ne plus jamais le revoir. Pour le rassurer, Rob lui offrit en cadeau sa doudoune Stussy – un vêtement qu'il affectionnait particulièrement. En revanche, il ne lui donna pas son adresse.

En dépit de cette précaution, deux semaines plus tard, Raymond vint frapper à sa porte.

– Salut, lança Raymond.

– Qu'est-ce qui te prend ? répondit Rob.

Raymond devina au ton de sa voix que les choses n'allaient pas se passer comme il l'avait espéré. Il accusa le coup, puis hasarda :

– Je pensais que tu serais content de me voir.

Rob l'invita à entrer un moment, mais lui expliqua qu'il ne pourrait pas s'installer chez lui. Il lui donna un peu d'argent – de quoi se payer un Bed & Breakfast, ainsi qu'un billet sur le ferry pour rentrer en Irlande – et lui appela un taxi. Ils bavardèrent jusqu'à l'arrivée de la voiture, puis se saluèrent.

Rob ne le revit jamais.

Quelques mois plus tard, au deuxième jour du début de son travail d'écriture avec Guy, il lui chanta la mélodie et les textes qu'il avait gardés et qui formaient, selon lui, un début de chanson. Guy composa une musique à partir de ce qu'il entendit. Rapidement, ils écrivirent d'autres couplets. Ils eurent tout de suite le sentiment de tenir un tube.

Sur le chemin du retour, après avoir marché une éternité sous la neige avant de trouver un taxi, Rob demanda au chauffeur de lui mettre la cassette. Il devint la troisième personne au monde à avoir le privilège d'écouter *Angels* en avant-première. Il prédit à Rob que ce serait un succès.

Bientôt, Raymond commença à revendiquer le titre de co-auteur du morceau. Bien qu'il niât toujours cette version, Rob lui consentit pourtant une modeste rétribution. Depuis lors, Heffernan ne manque jamais une occasion de clamer son histoire dans les journaux et les livres.

Les répétitions du spectacle se tiennent aux Elstree Studios, à une trentaine de mètres de l'endroit où *Big Brother* diffuse ses émissions en direct. Les quinze derniers jours ont été marqués par de multiples palabres, mais rien n'y fait. Rob continue de répéter portes ouvertes, et de chanter très fort, de sorte que l'on entend sa voix sur *Big Brother*.

Au début, il s'est contenté de regarder ce que donnait le show depuis la table de mixage, sans y prendre part. Il a éliminé un film censé être projeté sur l'écran au-dessus de la scène pendant la chanson *Strong*, qui montrait un bodybuilder noir extrêmement musclé. La raison de cette décision est qu'il souhaite ouvrir lui-même le concert en apparaissant suspendu par les pieds à un fil. Couché sur le dos à même un matelas posé au milieu de la scène, il a les chevilles entravées.

– Il faut bien ça pour vendre une tournée, ironise Chris Sharrock.

– Il faut ça pour rester impérial, rectifie Rob.

Et il s'élève dans les airs, la tête en bas.

– Comment tu te sens ? s'inquiète Josie.

– Bien.

Quand on le ramène à terre, il s'exclame :

– Ça, c'est bon !

Il annonce à Josie vouloir aller à Air voir Stephen Duffy.

– J'ai vraiment besoin d'écrire, explique-t-il. Ça devient une idée fixe, le truc auquel je pense.

Il n'a toujours pas vu le show en entier ; et ce qu'il a vu, il n'a même pas dit ce qu'il en pensait. C'est probablement comme ça qu'il a besoin de travailler – y aller doucement, sans trop se prendre la tête. Jusqu'à preuve du contraire, c'est son show, sa responsabilité, son fardeau. Il doit mener l'affaire comme il l'entend. Mais il y a les autres : ceux qui ont bossé comme des dingues depuis des semaines pour arriver à produire quelque chose d'original. Ils ne l'ont pas fait seulement par fierté, mais aussi pour lui faire plaisir. Du coup, ils sont furieux de le trouver si peu impliqué, si peu disposé à leur donner ne serait-ce qu'un avis.

Alors qu'ils rentrent en ville, une voiture de sport conduite par une jeune et jolie femme les dépasse. Rob demande à Gary de la rattraper. Il avait d'abord cru qu'il s'agissait de Jordan, avant de s'apercevoir que non. Il passe la tête par la portière et crie :

– Hello ! Attendez... Où allez-vous ?

Elle le reconnaît et lui sourit. Elle montre un croisement en lui faisant comprendre qu'elle doit tourner là. Apparemment, elle l'invite aussi à le suivre. Il ne le fera pas ; il a des chansons à écrire.

Le studio sous les combles de Stephen est une pièce minuscule, étriquée. Il faut traverser un bureau pour l'atteindre. Quatre personnes seulement peuvent y tenir ensemble, à condition que l'une reste debout. Aux murs, se balancent des instruments de musique entre lesquels on distingue des photos de magazine et des cartes postales : Jack Kerouac en couverture des *Inrockuptibles*, *Easy Rider*, un article sur Patti Smith, une affiche de Lilac Time, un cliché des Rolling Stones dans les années 60 en première page d'*Uncut*. Sur la table repose un exemplaire d'un livre de Toni Mitchell dont la quatrième de couverture montre une vue des Twin Towers et une flèche tracée de la main de l'auteur, avec la mention : « PARTIES ».

Rob annonce qu'il a envie de travailler la chanson commencée l'autre jour, et qu'il voudrait l'appeler *Today*.

– Ça s'appelle *Everyone Needs it*, indique Stephen à Andy Strange qui commande l'ordinateur depuis lequel il enregistre tout.

Avant de se mettre au travail, Rob leur dit combien il est excité par le personnage de Pure Francis ; il a l'intention de modifier sa coupe de cheveux, son nez et même la couleur de ses yeux.

– C'est Neil Diamonds, poursuit-il, mais avec Kraftwerk-Depeche Mode qui n'aurait pas peur de chanter avec lui. Qu'est-ce que vous en pensez ?

– C'est bien, répond Stephen. Si on attaquait ?

Rob, assis près du clavier, un micro en main, chante à plusieurs reprises en inventant à chaque fois de nouvelles paroles et en modifiant les mélodies. Stephen suggère qu'ils devraient peut-être écrire les paroles, puis continuer en partant de cette base, mais Rob ne tient pas compte de cet avis. Stephen lui demande alors s'il sait ce que contiendra l'histoire de Pure Francis : cela pourrait peut-être les aider à tracer les grandes lignes des morceaux.

– Rien à voir avec le comique des albums, répond Rob. Il faut que le public soit touché émotionnellement par les chansons.

– Je ne suis pas connu pour faire dans le comique, précise Stephen, mais plutôt pour mes chansons tristes.

D'ailleurs, le dernier numéro du magazine *Mojo* le place au treizième rang des musiciens de rock les moins heureux.

– Un bail que je n'avais pas eu aussi bonne presse, se félicite-t-il.

Rob apporte quelques précisions sur la façon dont, à ce stade de sa réflexion, il conçoit le personnage :

– Il a joué et enregistré avec toutes sortes de chanteurs. J'ignore pourquoi il a quitté l'Amérique pour l'Angleterre, comment il a fini à la radio et à la télé, mais ça viendra. Je sais qu'il a beaucoup souffert. C'est un peu quelqu'un qui tente un dernier essai.

– Tu crois qu'il y aurait de la place pour une chanson sur le Musée impérial de la Guerre ? demande Stephen, plein d'espoir. Ça sonne bien...

Aussi bizarre soit-elle, cette suggestion déclenche l'enthousiasme de Rob :

– Neil Tennant disait toujours : « C'était notre période impériale. » Or, à cette minute précise, je suis dans ma période impériale. (*Il hoche la tête.*) Alors le Musée impérial de la Guerre... Ça pourrait être le nom d'une salle...

– Tu as écouté Neil Diamonds ? s'enquiert Stephen.

Ils avaient prévu d'écouter *The Jazz Singer*, dans leur travail sur Pure Francis.

– Non. J'ai acheté le CD, mais je n'ai pas eu le temps de l'écouter.

– On ferait peut-être mieux de ne pas l'écouter, dit Stephen. On s'en sort très bien comme ça.

Rob approuve mais insiste en revanche pour qu'il écoute *Get the Message*.

Stephen suggère de son côté de penser à Scott Walker. Ça pourrait servir.

– Scott Walker, explique-t-il, avait une façon intéressante de... disparaître... Après, il revenait comme artiste d'avant-garde... Et personne, au fond, ne savait ce qu'il faisait vraiment. On disait qu'il était peintre, mais en fait personne n'en savait rien.

– On devrait faire quelque chose, enchaîne Rob, qui passerait pour de l'avant-garde aux yeux de ceux qui ne savent pas ce qu'est l'avant-garde. Vous voyez ce que je veux dire, ou pas ?

Ils décident d'attaquer un autre morceau. Stephen commence à programmer sa boîte à rythmes et Rob se met aussitôt à chanter.

– *Caught the last train to Paddington station, made my escape in the train, still got your mascara in my bag*... (« J'ai sauté dans le dernier train pour Paddington station, je me suis évadé par le train, avec ton mascara dans mon sac... »)

À peine ce morceau est-il amorcé qu'il est abandonné. Rob décide que le rythme sonne trop *Girls from Ipanema* pour lui. Il préfère s'amuser avec le synthétiseur. Au bout d'un moment, il demande s'il n'y aurait pas d'autres rythmes.

– Quel genre ? demande Andy.

– Je le saurai quand je l'aurai entendu, répond Rob. Tu n'aurais pas quelque chose de vraiment dur ?

Stephen tend la main vers l'étagère à CD, près de la petite fenêtre, et en tire un enregistrement pirate des Rolling Stones, *Taxile on Main Street*.

– Un peu de Charlie Watts devrait faire l'affaire.

Andy trouve une version de *Tumbling Dice* et se prépare à la leur faire écouter. Dans l'intervalle, Rob signale à Stephen qu'il n'a pas encore parlé de Pure Francis à ses managers. Quelquefois, ils ne savent plus trop s'ils doivent le croire ou non. Surtout depuis qu'il leur a dit qu'il avait trouvé un moyen de percer en Amérique : faire du catch.

– Je leur ai dit : « Je connais quelqu'un qui prend des stéroïdes. Ça ne posera pas de problèmes. Quand je monterai sur le ring, on jouera un de mes disques. » Ils ont tous éclaté de rire. Puis ils ont vu que je restais impassible. Alors ils ont commencé à s'inquiéter.

Il mentionne les noms de diverses personnes susceptibles d'inspirer Pure Francis.

– Je commence juste à piger The Smiths, confie-t-il à Stephen.

– Eh bien ! commente Stephen, ça promet d'être dangereux, cet album. Ils vont me tuer, chez EMI.

– C'est bien à ça que je pense, enchérit Rob. Comment tu fais, pour sortir un album alors que tu es en plein succès ? C'est simple : tu deviens quelqu'un d'autre.

Stephen l'interroge sur ses plans pour le reste de l'année. Après la tournée d'été, en envisage-t-il une autre en Amérique ?

– Je ne crois pas que je ferai une tournée en Amérique, répond Rob. Je crois que j'aurais intérêt à les prévenir...

– Je parlerai à Tony Wadsworth, propose Stephen. Je lui dirai qu'on va faire du Scott Walker électro. C'est bien plus important que de percer en Amérique.

Au moment où Andy s'apprête à leur faire écouter sa bande, Josie pénètre dans la pièce et informe Rob qu'il est attendu en bas par une télé australienne pour une interview. Charlie Watts n'aura qu'à attendre.

– Josie, commence Rob tandis qu'on le maquille pour l'interview, tu sais, je ne vais pas faire l'Amérique.

– D'accord, dit-elle en hochant la tête, on ne fera pas l'Amérique.

Il est déjà convenu que si la tournée n'a pas lieu, ils passeront le mois d'octobre à faire des radios, comme le mois dernier.

– Je ne ferai pas non plus les radios, poursuit Rob.

– D'accord, soupire-t-elle, c'est comme tu veux.

Elle sait qu'elle le contrarie en réagissant ainsi.

– Ce que je veux, c'est plus de fric, marmonne-t-il enfin d'un ton boudeur.

Il est maintenant résolu à contraindre son entourage à lui opposer un minimum de résistance.

– Avoir plus de fric, plaisante-t-elle, tu ne pourras pas. Tu as déjà tout empoché. Même en cherchant bien, il n'y a plus un sou qui te revienne.

Le journaliste australien, dans un court topo introductif, raconte qu'il a grandi près de chez Nicole Kidman qui était sa voisine.

– On poussait tous les deux de chaque côté de la barrière du jardin, poétise-t-il.

– Comme le lierre ? lâche Rob.

L'interview menace de virer lourdement au mélodrame, mais Rob fait ce qu'il peut.

– La célébrité, ça vous plaît ? reprend le reporter. Vous aimez les pièges qui vont avec ? Vous pourriez retourner dans le nord industriel et vivre heureux ?

– La célébrité, c'est comme avoir un bébé, rebondit Rob. C'est vraiment super. C'est adorable de voir un bébé faire ses premiers pas. Tu es là, à pleurer de joie. Il esquisse un pas de danse, et tu recommences à pleurer... Là-dessus il chie dans sa couche et commence à dégueuler de partout. Alors là, tu n'as plus qu'une envie : te tirer.

Il évoque ensuite son avenir. Mais il n'est pas à son sujet. Il pense manifestement à ce qui se passait tout à l'heure dans le studio sous les combles de Stephen.

– Il va falloir que je me bouge le cul, dit-il, vu ce qui m'attend comme projet. Si ça se trouve, ce sera mon pire désastre. Ou alors ce sera merveilleusement reçu et apprécié. C'est ce genre d'adrénaline dont je vais avoir besoin maintenant. Jusqu'ici, j'ai fait du Robbie Williams, mais maintenant c'est fini.

– Eh bien, Robbie, je vous trouve magnifique ! s'exclame le reporter en remballant son matériel. Vous êtes ouvert, honnête. Ça me plaît.

– Cool, répond Rob. Je vais aller me remettre à écrire des chansons qui feront pleurer les jeunes filles.

En haut, Stephen et Charlie Watts ont poussé la boîte à rythme à 130 battements/minute avec des bruits techno à la Kraftwerk. Rob déconne un moment au clavier, puis commence à chanter.

– *Fall fall fall into these arms, make me feel again, I can breathe again...* (« Tomber tomber tomber dans ces bras-là, ça me fait me sentir bien, respirer à nouveau... »)

Il chante et rechante le morceau en créant à chaque fois de nouvelles mélodies et de nouveaux textes qui, incompréhensibles au début, finissent par se révéler assez convaincants.

– *... love is a bastard, love is the kind, love is the soul and driving me blind... feel feel feel, feel free again, lost in me again, taking over your heart...* (« L'amour est un salaud, l'amour est sympa, l'amour est l'âme, il me guide, moi qui suis aveugle... Je me sens libre à nouveau, à nouveau perdu en moi-même, je m'empare de ton cœur... »)

Stephen s'inquiète : est-ce que ça ne sonne pas trop rock pour Pure Francis ? Rob hausse les épaules.

– Je ne crois pas qu'il faille avoir peur de faire rock...

Peut-être encouragé par cette observation, Stephen commence à l'accompagner sur un mode râpeux, relâché, avec les cordes basses de sa guitare électrique.

– *Find a place to crash...* (« Trouver un endroit où se crasher... »)

Stephen lui demande s'il veut écrire un refrain pour cette chanson, ou laisser tomber jusqu'à demain matin et écrire alors quelque chose d'entièrement différent.

– Écrire quelque chose d'entièrement différent, répond Rob.

Stephen programme un autre rythme et suggère à Rob de commencer à chanter tout en jouant du clavier. Après quelques essais, il arrive assez vite à un riff descendant à trois notes. Andy enregistre, repasse le morceau et Rob reprend le micro. Il a l'air de ne plus du tout savoir que faire. Est-il conscient du processus qui l'a amené à ce point ? A-t-il une idée en tête depuis le début ? Même nous qui sommes enfermés dans cette pièce avec lui ne pouvons le savoir. Il chante, voilà tout. Et les premières paroles qui s'échappent de ses lèvres contiennent déjà la future chanson et son titre :

– *You see the trouble with me, is that I love the song...* (« Tu vois, l'ennui avec moi, c'est que j'aime la chanson... »)

Il nous fait remarquer qu'il n'a jamais écrit de chanson d'amour avant de rectifier :

– Enfin si, une, *Snowblind*, mais elle n'est pas sortie.

– Eh bien ! s'étonne Stephen. Moi, je crois que j'ai toujours écrit des chansons d'amour.

Rob reprend :

– *The other team's going to score... the trouble with you...* (« C'est l'autre équipe qui va gagner... L'ennui avec toi... »)

Et de nouveau :

– *You're in love with me...*

– On ne devrait pas essayer autre chose pour le refrain ? intervient Stephen.

– Ouais.

– Alors si on attaque le refrain, moi je joue de la guitare, et toi tu bricoles jusqu'à ce que ça vienne...

– J'admire ta foi, Stephen, lance Rob.

– J'ai bossé avec Nick Rhodes, réplique Stephen. Je sais comment on fait.

De fait, ça marche. Rob aligne une prudente ligne de basse au synthétiseur.

– Je crois qu'ils vont appeler ça *Experimentation*, ironise-t-il avec un accent nordique appuyé. Non ? En fait, je suis dans un processus de réinvention de moi-même.

Il chante des morceaux susceptibles de former les prochains couplets sur des structures *woah-woah-woah* et *yeah-eyeah-eyeah*. Ils enregistrent l'ensemble.

– *You see the trouble with me, is I'm afraid to the bold, I'm afraid of getting old, and I'm afraid to be loved loved loved... woah oah yeah...* (« Tu vois, l'ennui avec moi, c'est que j'ai archipeur, peur de vieillir, peur d'être aimé, aimé, aimé... »)

– Très beau, conclut Stephen.

– On s'en tient là ?

Créer la chanson leur a peut-être pris trois quarts d'heure. Rob sourit avant de pronostiquer :

– À la fin de la semaine, on aura dix chansons.

– Dix belles chansons de Pure Francis, approuve Stephen.

Rob repart tout excité.

– On tient quelque chose, annonce-t-il à Pompey dans l'escalier.

– Ça veut dire que je peux mettre mon disque de Gary Numan, maintenant ? s'enquiert le garde du corps.

6

Il avait déclaré qu'il ne reprendrait pas les répétitions avant la fin de la semaine, mais on l'a persuadé que c'était nécessaire, ne serait-ce que pour s'entraîner à être suspendu la tête en bas – une fantaisie dont s'inquiètent les compagnies d'assurances. Il doit répéter aujourd'hui l'ouverture du show. Derrière un écran, on lui attache les chevilles à une corde, et il reste couché sur le dos, les pieds légèrement surélevés. On le hisse. Il a demandé à des membres de l'équipe de rester en dessous pendant les répétitions, par mesure de précaution. Il garde en mémoire la mésaventure d'Owen Hart, un catcheur qui s'est tué dans une situation similaire. Il avouera après coup s'être dit : « Si elle casse, je suis baisé. » Avant de se reprendre : « De l'audace, toujours de l'audace... »

Redescendu sur la scène, il chante les premiers morceaux. Il s'adresse au hangar presque vide comme s'il affrontait la foule amassée à Knebworth : quand Rob imagine un public immense, c'est toujours à Knebworth que ça se passe, et c'est à Knebworth qu'il pense quand il essaie de se préparer. Après quelques chansons, la bonne humeur prend le pas sur l'appréhension. À la fin de *Hot Fudge*, il explique avec passion et conviction que cette Reine-là ne postillonnera plus, et que la presse lui baisera le cul. Le propos fait légèrement moins d'effet que dans *The Queen Live at Wembley*, le DVD que Lee lui a acheté.

– Bon, je sais que quelques-uns d'entre vous ont dû voir mon show à l'Albert Hall...

Il soupire.
– Vraiment, j'ai pris un gros risque. Plein de gens ont essayé de faire ça, et ils se sont plantés.
Un temps.
– Je ne citerai pas de nom.
Un temps.
– Diana Ross...
Et d'énumérer en marquant une pause entre chaque nom :
– Robert Palmer... Rod Stewart... Sheena Eston... Harry Connick Junior... Enfin bon, j'ai dit que je ne citerais pas de noms.
À partir de *She's the one*, il se contentera d'errer sur la scène ; et il sera déjà reparti pour Londres quand les musiciens joueront *No Regrets*.
Dans la voiture, il plaisante sur le thème de l'amour, du rendez-vous, de la baise. Il est allé à des rendez-vous, expérience nouvelle pour lui, qui l'a amené à réfléchir sur les attentes nourries des deux côtés, au dîner puis au lit.
– Tu sais, je suis sensible et humble... Mais la plupart du temps, c'est petit Robbie qui commande. De toute façon, c'est ce qu'ils pensent tous. Je ne couche pourtant pas autant que les gens se l'imaginent. Tu vois ce que je veux dire ?
– Ça dépend. Les gens s'imaginent quoi, au juste ?
– Eh bien, ils s'imaginent que je peux me taper toutes les nanas que je veux. Et que je passe mon temps à ça. Mais le plus souvent, les filles vraiment bien, vraiment intéressantes, elles n'en ont pas envie. J'ai appris l'amour en couchant avec des filles pas intéressantes. Alors je ne veux plus vraiment me faire avoir.
Il éclate de rire. Tout sincère qu'il paraît, il sait qu'il ne dévoile en disant cela qu'un tiers environ de la vérité. Et il reprend sa tirade du diabétique dans un magasin de friandises...
J'objecte : diabétique ? Depuis quand est-il diabétique ?
– Ça ne me réussit pas, confirme-t-il.
Je suggère que son désenchantement fait plutôt penser à un diabétique qui entrerait dans un magasin de friandises au sortir d'un bon repas. Cette boutade le fait rire.

À Air Studio, Stephen repasse la partie rock des morceaux qu'ils ont travaillés l'avant-veille. Aussitôt Rob attaque :
– *I'm on a mission... to abuse my position...* (« Je suis sur une mission... Pour abuser de ma position... »)
– J'aime bien la direction prise par Pure Francis, approuve Stephen.

Ils répètent un enchaînement. Rob essaie de le siffler, puis de le fredonner, mais rien ne le satisfait. Andy leur repasse la bande. Rob se met alors à chanter :

– *Kiss me... with your mouth... kiss me... with your brain...* (« Embrasse-moi... avec ta bouche... avec ton cerveau... »)

Stephen propose une harmonie. Ils ne discutent pas du fait que Rob vient tout bonnement d'emprunter les paroles de *Kiss me*, un des hits de la pop des années 80 signé Stephen Duffy. Apparemment, la nécessité d'en parler ne s'impose ni à l'un ni à l'autre.

Au bout d'un moment, Stephen lui présente les disques qu'il a apportés : des textes susceptibles de leur inspirer l'univers de Pure Francis. Le premier album est *Blood on the Tracks*, de Bob Dylan. Stephen explique :

– Prends *Tangled up in Blue*, sa façon de passer d'une personne à l'autre. C'est un grand exemple pour qui veut écrire une chanson autrement qu'à la première personne, en changeant de points de vue.

Il a aussi apporté *The Hissing of Summer Lawns* de Joni Mitchell, et un CD de Harry Nilsson : *Nilsson Sings Newman*.

– Je connais plusieurs de ces chansons, acquiesce Rob en parcourant la liste des morceaux sur la pochette.

– C'est pour la façon qu'il a de passer d'un sujet à l'autre, répète Stephen.

– J'aime bien *Love Story*, lance Rob.

Il commence à fredonner :

– *You and me, you and me, babe... we'll have a kid, maybe we'll rent one...* (« Toi et moi, chérie... on aura un gosse, on pourra peut-être en louer un... »)

Stephen reprend, soucieux de stratégie :

– Si on arrivait à sortir ces textes dans l'esprit Scott-Walker-Kraftwerk... Alors je pense qu'on aurait... Je veux dire, plus tu y réfléchis, et plus le concept devient intéressant...

– Ça pourrait être un type seul, mais ça pourrait aussi être un groupe, enchaîne Rob. Pure Francis pourrait être un groupe...

Rob semble être parvenu au point où il essaie de se décharger du maximum de responsabilités impliquées par le projet auquel il travaille – d'où, ici, son idée de faire porter le fardeau par un groupe. C'est une technique qu'il emploie couramment, mais elle ne marche jamais.

Stephen reprend en regardant les pieds de Rob :

– Voilà des chaussures qui m'ont l'air confortables.

Rob vient chaque jour au studio avec des bottines Redwings.

– Ouais, fait-il. Les temps changent.

Il raconte avoir vu les mêmes aux pieds d'Eric Clapton voilà quatre ans. Il les avait trouvés bien, et elles lui paraissaient très confortables. Alors quand il tomba sur les mêmes il y a peu de temps dans une boutique, il n'hésita pas...

Après cet échange, Rob allume son ordinateur portable et fait écouter à Stephen des motifs mélodiques qu'il juge intéressants. Un morceau électronique intitulé *Disappointed*, *The Model* de Kraftwerk, *Massachusetts* des Bee Gees, *Wichita Lineman* de Glen Campbell, *Ode to Billie Joe* de Bobbie Gentry, *Short People* de Randy Newman, *Cannonball* des Breeders, *Venus in Furs* des Velvet Underground, *Can't Help Thinking about me* de David Bowie, et *The Family Coach* de Lilac Time.

– Ça devrait donner un album dingue, se réjouit-il.

– C'est bien parti, non ? s'enthousiasme Stephen.

– Oh oui. Vu que personne n'est vraiment en position de le faire. Parce que personne ne veut signer un truc dingue....

Ils décident de faire une pause et de manger des sushis. Au cours du repas qui se tient dans le bureau voisin, ils évoquent Elton John.

– Une fois, se souvient Rob, il m'a kidnappé. Il m'a emmené à Windsor. C'est un mec adorable, en fait. Il a du cœur. Il rate son coup de temps en temps, c'est tout.

Le lendemain, Rob est de retour à Elstree. Il bavarde un moment avec Chris Briggs sous la tente de la cantine.

– Tu as une chanson en tête ? s'enquiert Chris.

– J'en ai plein.

Il omet de préciser que l'une d'elles est en train d'aboutir.

Gary Marshall les rejoint : doivent-ils retourner chez Duffy ?

– Stephen Duffy alias Tintin ? s'étonne Chris censé n'être au courant de rien.

– Ouais, admet Rob.

– L'ex-Lilac Time ? reprend Chris.

– Les Lilac Time existent toujours, fait remarquer Rob.

– Il écrit bien, reconnaît Chris, curieux d'en savoir un peu plus.

– Tu trouves ? enchaîne Rob comme si de rien n'était.

Chris se détourne. Il me regarde, tout sourire. Les secrets qui ne te rendent pas malade te rendent plus fort.

Rob gagne finalement le hangar où est dressée la scène. De nouveau, il travaille comme s'il ne s'agissait pas de sa propre tournée. Comme s'il n'était pas concerné. Comme s'il se contentait de venir jeter un coup d'œil, histoire de vérifier que l'on ne gaspille pas son argent. Josie est obligée de le ramener deux fois vers le hangar pour s'assurer qu'il a bien vu et approuvé la chorégraphie de *Hot Fudge*. Quand il monte sur scène, c'est dans la seule intention de recommencer à chambrer Max sur ses chagrins d'amour.

– Tu as remarqué qu'on sortait toujours avec des célébrités ? commence-t-il. Bizarre, non ? Bon, quand tu seras en prison, tu pourras toujours te taper tes codétenus...

Il reste jusqu'à *Kids* qu'il se contente d'écouter, assis au fond de la salle.

– À plus, fait-il à David à la fin du morceau.

– Tu es en congé ? lâche David.

– Ouais. Je vais à un truc top secret.

– Un rendez-vous ? le questionne David, intrigué.

– Ouais, Dave. J'ai un rendez-vous. Un rendez-vous avec la destinée.

Dans le studio, Rob essaie un nouveau riff au clavier, un motif à partir de deux accords. Stephen, qui l'accompagne à la guitare, trouve une descente harmonique. Finalement, le motif se basera sur quatre accords au lieu de deux. Rob chante un peu.

– C'est bien, non ? demande-t-il à Stephen. Tu es mon Pete Waterman ; je serai ta Sonia.

Ils évoquent les gens qu'ils ont connus autrefois, à une période plus déjantée, moins prudente : cet acteur, par exemple, qui avait fait une crise cardiaque et qui continuait comme avant.

– Ça ne m'aurait pas arrêté non plus, médite Rob. En fait, ça ne m'a pas arrêté. Je n'ai pas fait de crise cardiaque, mais je suis tombé gravement malade. Avant mon MTV Award. Je crachais de la bile noire. J'avais attrapé une maladie vénérienne. Je téléphone à ma copine, et je lui dis que je vais devoir m'éloigner quelque temps. Ça a fini au Damien Hirst, aux amphés, avec les Hell's Angels. (*Il soupire.*) Un enfer, putain. Ça faisait un an que je n'arrivais pas à m'arrêter de boire. Tous les jours. Toute la journée.

– C'était en quelle année ? le relance Stephen.

– En 95. J'avais fait une interview dans une émission. Après, je ne me rappelais même plus y être allé.

– Une interview pour quoi ?

– Je ne sais pas. Ce serait intéressant de se renseigner...

Mais il se corrige lui-même :

– Non. Ce ne serait pas intéressant ; ce serait affreux. (Il secoue la tête.) J'ai commencé la coke quand je me suis aperçu que l'ecstasy ne me faisait plus rien. J'en prenais sept pour que dalle. Alors qu'avec trois grammes de coke, je tenais la journée.

Les souvenirs lui reviennent :

– Avec l'ecstasy, le lendemain, j'étais complètement abruti. Et les deux jours suivants, déprimé comme jamais. Alors qu'avec la coke, c'est seulement le lendemain que tu es abruti. Et juste pas très en forme le surlendemain.

Il y avait cependant le problème de la paranoïa.

– J'avais peur de me faire violer. Ou bien c'étaient des gangsters que j'avais énervés. Ou telle section de la police. Je paniquais. Je voyais des chats. Les enfoirés, ils me mettaient mon canapé en morceaux. Ensuite ils le recousaient. J'explorais l'appart dans un sale état et je les voyais toujours dans le canapé !

Stephen raconte à son tour qu'il a sniffé un jour du chocolat chaud, et qu'il s'est demandé si, pour une rock star, ce n'était pas la pire des morts possibles.

– Mec, l'interrompt Rob, ce n'est pas mourir. C'est juste régurgiter un paquet de vieilles sensations de merde.

Ils reviennent à leurs chansons. Il est temps d'en attaquer une autre. Rob commence à embrayer sur la boîte à rythmes. Au bout d'un temps assez long, ses textes ont finalement l'air de mener quelque part :

– *Inside it's aching to be misunderstood...* (« À l'intérieur, ça fait mal de n'être pas compris... »)

Au bout d'un moment, il déclare :

– Une chanson pour dire à quel point c'est génial d'être incompris. S'ils parlent de toi, alors c'est super.

Il reprend le même morceau, mais à l'orgue, cette fois.

– *You're misunderstood for ages... bless for all eternity... you needed me...* (« Tu es incompris pour des siècles... béni pour l'éternité... tu avais besoin de moi... »)

Stephen va au mur décrocher une guitare, et trouve des accords correspondant à peu près au morceau. À partir de ce moment, la chanson décolle.

– *She said I'm dreadfully misunderstood... I said, well, that's good...* (« Elle a dit que j'étais épouvantablement incompris... J'ai dit alors c'est parfait... »)

« *Please don't look so austere when they want to shake your hand... they try to understand...* » (« S'il te plaît, ne fais pas cette tête quand ils veulent te serrer la main... ils essaient de comprendre... »)

L'idée est jetée dans le studio où elle circule jusqu'à ce qu'il la rattrape au vol :

– *Please don't understand...* (« Je t'en prie, essaie de ne pas comprendre... »)

Un peu plus tard, il explique qu'une des idées qu'il a en tête se réfère à la relation entre Woody Allen et sa fille adoptive Soon Yi.

– *When you try to shake my hand, please don't understand... I'm trying to be misunderstood here...* (« Quand tu essaies de me serrer la main, je t'en prie, essaie de ne pas comprendre... J'essaie d'être incompris... »)

La chanson, soudain, est devenue belle, même si Rob et Stephen semblent encore indécis sur sa structure – ou son absence de structure. Stephen reste afin de travailler le morceau. Rob descend l'escalier comme s'il avait des ressorts sous les semelles.

– Ça ouvre d'ores et déjà des perspectives, se réjouit-il.

Il revient à Air le lendemain en fin d'après-midi. Il a chaussé une nouvelle paire de ses confortables souliers – même façon, couleur différente. Sa journée s'est passée en réunions financières ; il s'est aussi fait teindre les cheveux en bleu-noir.

– J'espère que tu auras du temps en septembre, parce que je viens d'annuler l'Amérique, annonce-t-il à Stephen.

Tout est planifié : ils peuvent enregistrer chez lui à Los Angeles, avec la batterie dans la salle de bains. C'est cette nuit qu'il a décidé de renoncer à cette tournée américaine. Il était sorti ; il s'ennuyait...

– Je n'ai pas envie de faire ça aux quatre coins du monde, soupire-t-il. Merci bien.

– C'est pire, en Amérique ? s'informe Andy.

– Non, répond Rob. En fait, ce pays vaut tout juste l'Italie. En bien plus agressif.

– Ils ont du ressentiment envers les gens, enchérit Stephen.

– C'est l'homme qui vit dans la grande maison sur la colline, enchaîne Rob. Les Américains le regardent et disent : « Un jour, je vivrai dans cette maison. » Les Anglais, eux, le regardent et disent : « Un jour, ce fumier, je l'aurai. »

Il affiche un grand sourire.

– Maintenant, il ne me reste plus qu'à me mettre mes fans à dos.

Il colle ses pouces l'un contre l'autre pour signaler que c'est une plaisanterie – ou que ce n'en est pas une.

Stephen lui fait écouter la métamorphose qu'il a fait subir à *Misunderstood* : la voix de Rob, plus une transition chantée par lui. Rob paraît stupéfait.

– Je ne pige pas, avoue-t-il. C'est quoi le refrain ? C'est quoi le couplet ?

Il chante un nouveau texte, sans pouvoir se départir de son malaise, avant d'admettre que c'est une bonne chose, s'il n'adhère pas.

– *Toi,* tu piges déjà ce morceau ; moi, je ne vais pas tarder.

Néanmoins il demeure perturbé.

– Combien de chansons on a ?

– Six. Ce n'est pas mal.

– Ce serait bien d'en avoir dix, non ?

Ils reprennent *The Trouble with me* en essayant de savoir ce qui manque à la place de l'enchaînement.

– Est-ce qu'un clavecin ficherait tout par terre ? hasarde Rob.

– Je ne sais pas, répond Stephen. On peut essayer...

Je pense que c'est là le type même d'échanges que Rob apprécie. Outre qu'ils progressent vraiment dans leur travail d'écriture et de composition, il goûte particulièrement le fait de pouvoir dire : « Est-ce qu'un clavecin ficherait tout par terre ? », sans que personne éclate de rire, ou tente de lui expliquer pourquoi c'est impossible. Au contraire, ici, on prend en compte la question, et on tente d'apprécier si le clavecin est adapté ou non à ce qu'ils sont en train de jouer. Peu importe que l'idée soit vite oubliée.

Rob s'enthousiasme à présent pour un arrangement proche de ce qu'a fait U2 dans *Discotheque* ou A-ha pour *Take on Me*. Il essaie ensuite de produire au clavier des bruits sourds de pets. Éclat de rire général. La crise chez ses musiciens quand il leur faudra reproduire ces sons-là ! L'idée s'envole à son tour. Il demande à Andy de programmer les caisses nues, sans rien d'autre, prend le micro et enchaîne sur un staccato vocal, en murmurant et aboyant à la fois des paroles :

– *... work with – computers – in angels – for sing – more than – the angels – for being – unclean...* (« ... travailler à – l'ordinateur – sur les anges – pour chanter – plus que pour – les anges – pour être – impur... »)

Il continue en montant sa voix au maximum et en essayant d'accorder autant que possible le texte et le rythme. Il recommence en parlant plus vite. Quatrième essai, rapide. Cinquième, rapide aussi. Comment sait-il que ces tentatives vont donner quelque chose ? Mystère. En tout cas, le résultat, quand ils l'écoutent, produit un merveilleux jaillissement, un babil ascensionnel, suivi d'une chute.

Rob commence alors à plaquer de simples accords de guitare.

– Ça, c'est bien, opine Stephen. C'est quelque chose ?

Rob secoue la tête. Stephen s'empare à son tour d'une guitare acoustique et suit l'enchaînement. C'est alors que se forme une chanson différente. Stephen continue à plaquer ses accords. Rob trouve une mélodie heurtée dans les basses de son clavier. Cependant il ne parvient pas à jouer vraiment ce qu'il voudrait, et il en est frustré. Il chante finalement les notes pour Stephen. À présent, c'est une cascade de mots sans forme particulière...

– *It shows in my attic, it's all asiatic... it lives in my basement... I can feel the rodents...* (« Ça se passe dans mon grenier, c'est tout asiatique... ça vit dans mon sous-sol... je sens qu'il y a des rongeurs... »)

Applaudissements de Stephen qui suggère un autre accord.

– Il faudrait que ça parte dans une autre direction, dit Rob.

Ils écoutent l'enregistrement. Rob chante une mélodie sur de nouvelles paroles improvisées, après quoi ils se repassent la bande. Il essaie de nouveau, une octave plus bas.

– *Fall and jump and shout at something...* (« Tombe, saute, crie après quelque chose... »)

Il repêche quelque chose des essais précédents.

– *... listen to the songs you know...* (« Écoute les chansons que tu connais... »)

Il semble penser que l'ensemble manque de sens, mais pas d'esprit.

Il rechante le tout, procède à de légers changements. Il n'en peut plus. À moitié endormi, il fait une halte aux toilettes.

– Steve, lance-t-il en revenant, je suis mort.

– C'est bon, de toute façon, approuve Stephen.

Les jours suivants, il éditera et enregistrera ces textes en y ajoutant ses propres arrangements. Et il enverra à Rob un CD intitulé *Radio.*

À la fin de la journée, Rob parle au téléphone avec Josie.

– À demain, conclut-elle au moment de raccrocher.

– Pourquoi ?

– Parce que c'est le début de ta tournée.

– Merde ! Déjà ?

La tournée ne commence pas véritablement ce week-end à Paris. Il s'agit plutôt d'une sorte de prélude. Rob joue à l'Olympia, une salle de 2 300 places seulement, alors que la plupart des concerts du chanteur sont prévus pour attirer au moins 40 000 personnes. Rob n'y dévoile pas l'intégralité de son show, ce qui n'est pas plus mal, étant donné qu'il ne l'a pas vu entièrement lui-même. Les séances dans le studio sous les combles de Stephen continuent d'attiser son enthousiasme. Si l'expérience ne le dispense pas d'honorer ses concerts, elle a ouvert une porte sur une réalité alternative où la scène n'a aucune part. Les rares fois où je l'ai entendu s'exprimer sur cette tournée, il se demandait s'il la détesterait autant qu'il avait exécré les précédentes, et si le fait de se sentir heureux aurait un effet sur les bons comme sur les mauvais moments à passer.

– Cette euphorie qu'on ressent parfois, s'interroge-t-il, je me demande si elle reviendra.

Le fait qu'il soit moins vulnérable signifierait-t-il qu'il serait aussi moins réceptif aux bonnes choses ?

– En fait, l'euphorie, je l'ai déjà un peu perdue au profit d'autre chose : la volonté d'assurer sans avoir envie de mourir.

L'avion décolle de Luton, puis survole Luton Hoo : on distingue nettement, au sol, le tournage de *De-lovely*, les acteurs et les techniciens affairés autour du buffet à l'entrée du château. Ce même jour, les tabloïdes rapportent que Cameron Diaz et Justin Timberlake ont été vus en train de s'embrasser. Cette semaine, Eminem joue en Écosse – sa tournée à lui. Il est dans tous les journaux pour avoir parodié Michael Jackson tenant un bébé au-dessus du vide à la fenêtre de son hôtel ; les papiers ajoutent leur pierre au spectacle en feignant l'indignation et en criant hypocritement au scandale.

À bord de l'avion, Rob fait écouter à David une chanson de Pure Francis : *The Trouble with me*. C'est la seule dont il ait une version dans son ordinateur.

– Ça va faire avant-garde pour les gens qui ne savent pas ce que c'est que l'avant-garde. Ce sera l'avant-garde pour les masses.

Il ajoute que Pure Francis devra avoir des cornes et des crocs.

– Depuis le temps que tu y tiens, à tes crocs sanglants, soupire Josie.

– Je crois que je vais me laisser pousser les cheveux.

– Non, dit Josie. Petites cornes et cheveux courts : c'est mieux.

– Skinhead, suggère Rob. Oui, ça irait avec le crâne rasé. Torse nu. Chaussures montantes. Pas de danse. Un minimum de mouvements. Peut-être que je resterai assis pendant tout le concert.

– Non, intervient David. Tu ne resteras pas assis. Tu ne peux pas rester assis pendant tout le concert.

– Rien pour les caméras, continue Rob. Rien pour le public. Pas de jeu. C'est ce que je n'aime pas dans les tournées : être obligé d'arpenter le plateau comme un dément.

Il s'interroge : Pure Francis doit-il répondre aux interviews ? Si oui, de quelle façon ? Doit-il seulement s'exprimer ? Je fais part à Rob d'une suggestion : Pure Francis pourrait s'asseoir devant l'interviewer, écouter les questions, et dire qu'il y répondra dans son prochain album.

Le concert est sobre, mais c'est un succès. Avant les rappels, Rob se demande néanmoins avec angoisse s'il n'a pas entendu quelqu'un lui gueuler des insultes.

– Quelqu'un n'a pas crié « Tête de nœud » juste avant *One for my Baby ?*

– Robbie ! l'arrête Chris.

– D'accord, soupire Rob.

Dans l'avion du retour, Max tente de le convaincre de se remettre au golf avec lui, quand ils seront en Écosse, la semaine prochaine. Rob n'est pas emballé. Il jouait au golf quand il était ado. À 15 ans, il était capitaine. Son meilleur club était un Iron 5 ; et il détestait la façon qu'avaient les joueuses de reprocher aux juniors les trous dans le gazon. Il lui est arrivé de jouer quand il était dans Take That, tout en fumant des joints avec ses amis. Mais ces dernières années, il s'est tenu à l'écart des greens.

– Je ne supporte pas d'être mauvais au golf, se justifie-t-il. Ça me met en rogne.

– Ce qui en dit plus long sur toi que le jeu lui-même, ironise Max.

– C'est vrai, Max, répond Rob en faisant de son mieux pour ne pas hausser le ton.

Au Queens Theatre, Jonny se balade en peignoir dans les coulisses. Dessous, il porte déjà son déguisement de travesti : corset, bas en filet. Il n'attend plus que le moment de chausser ses hauts-talons. C'est la première du *Rocky Horror Picture Show*, dont il est la vedette.

– Arrêtez de me regarder comme ça, ça me fout les nerfs en boule, se plaint-il.

– C'est un peu bizarre, mec, fait observer Rob.

Il a toujours jugé perturbant de voir Jonny dans cette tenue.

Au cours du show, le personnage de Jonny présente son esclave en disant :

– Qui est-ce ?

Une voix crie dans le public :

– Ce n'est pas Robbie Williams !

Dans la seconde partie, Jonny fait semblant de sniffer de la coke. Il secoue alors deux fois la tête. Comme Robbie quand il prenait de la cocaïne. *Private joke...*

7

Trois jours avant le vrai début de la tournée, Rob s'envole pour Édimbourg à bord d'un jet privé. Il est fatigué et de mauvaise humeur. Il dit avoir oublié, la veille, de prendre ses médicaments, et il se plaint d'un mal de dos. À sa sortie de l'aéroport, il se rend directement au Murrayfield Stadium où les musiciens répètent, tandis que s'achève la construction de la scène. Il participe à la répétition de deux ou trois morceaux, mais refuse de faire le numéro d'ouverture.

L'hôtel se trouve à quelques kilomètres, en pleine campagne écossaise. Dans la voiture, il s'intéresse aux arbres et aux vaches couchées dans les prés.

À l'hôtel, il allume la télévision. Cleo Rocca interviewe quelqu'un.

– D'habitude, à sa vue, je m'endors, murmure-t-il. C'est elle qui me met au lit.

Il est plus de minuit quand il demande la permission de jouer au golf. On lui ouvre le terrain. Nous y restons jusqu'à plus de 2 heures du matin, à frapper des balles dans le noir.

Vers 5 heures, juste avant l'aube, il n'arrive toujours pas à s'endormir. Il quitte sa chambre pour aller faire un tour. La porte claque derrière lui. Il a oublié la clef et doit réveiller Jason pour qu'on lui rouvre sa chambre.

Il s'est offert la dernière version du jeu électronique Championship Manager, auquel il est devenu accro. Après avoir choisi une équipe parmi les vrais clubs anglais, il s'agit de prendre toutes les décisions du sélectionneur : achats, salaires, tactiques, composition des équipes, entraînement et ainsi de suite. Le jeu permet d'entrer dans les moindres détails de la gestion d'un club. Les choix étant faits, on assiste aux matches – vingt-deux points qui s'agitent sur l'écran. Rob a choisi d'être le manager de Cardiff. Il a calculé que ce club possédait un gros potentiel et de riches perspectives en matière de promotion. Il a commencé à jouer cette nuit, et il semblait déjà beaucoup plus concentré sur cette activité que sur une tournée dont le début est imminent. C'est bien là qu'est le problème.

On lui a changé son matelas. Non qu'il ait l'habitude de se montrer difficile pour ce genre de choses, mais le lit était cette fois absurdement dur et inconfortable, comme l'ont confirmé tous ceux qui l'ont essayé. Celui qui lui a été proposé en remplacement ne vaut guère mieux, mais Rob n'a pas le courage d'affronter un nouveau changement. Il prédit que les journaux seront informés de cet incident, de toute façon, et que sa conduite ne manquera pas d'être décrite comme celle d'une diva.

– J'ai besoin de pouvoir me reposer, c'est tout. Autrement, le show sera de la merde.

– Quand je dis *eve*, vous répondez *ning !*, crie-t-il sur scène.

Il attend la réponse, puis reprend :

– Quand je dis *ha*, vous répondez *lo !*

Lors des dernières tournées, il se demandait avec inquiétude si le talent qu'il a pour parler entre les morceaux n'était pas en train de s'assécher.

– Vous pensiez que j'étais seulement une célébrité, s'exclame-t-il. Eh bien, non ! Je chante aussi. Et je danse...

Comme saisi par un doute, il enchaîne :

– Oui, je répète...

Il précise ensuite que son spectacle est un énorme gâteau.

– La Tarte aux Répétitions, ça s'appelle... C'est rien que pour vous. Vous allez me goûter un morceau de ce crumble raté...

S'il y a quelque chose d'étrange dans cette façon de procéder, c'est qu'une fois encore, il n'y a devant lui ni « eux », ni « vous ». Il ne parle à personne. On a dépensé ce soir 8 000 livres supplémentaires pour sécuriser le Stadium, afin que personne ne puisse voir, et encore moins photographier, Rob suspendu tête en bas au début du spectacle. En dehors des membres du show, Murrayfield est entièrement vide. Car c'est d'une répétition qu'il s'agit. Rob se comporte comme si la salle était comble comme il le fait chaque fois, en toutes circonstances. La façon la plus simple de résumer la chose pourrait consister à dire ceci : Robbie Williams joue toujours comme si le public était là, même quand ce n'est pas le cas. À moins que ce ne soit le contraire. À moins que le public, en définitive, ne soit jamais là pour lui. À moins que Robbie Williams ne communique jamais qu'avec son propre monde intérieur.

La répétition se poursuit.

Max apparaît au piano. Rob se hâte de lancer *One for my Baby*. Il explique qu'ils ont chanté cette chanson ensemble à Yuletide dans la rêverie du chagrin, sans mentionner qu'ils l'avaient jouée la première fois dans le garage de Rob. Après le morceau, il s'écrie :

– Max Beesley ! À nous deux, nous avons testé toutes les Spice Girls. Toutes ? En fait, il nous en manque une pour parfaire le tableau de chasse ! Devinez qui...

Max prend une mine horrifiée.

Rob embraye sur *She's the one* avec la bouche en cul de poule comme Mark Owen. À ce moment, il ne s'adresse plus vraiment à son public imaginaire, il essaie de nous amuser, nous qui le regardons. Dans *Babe*, la chanson de Take That, il commence par intervertir les vers avant de lâcher :

– Oh ! merde !

Il s'en va. À son retour, il annonce le morceau qu'il a chanté précédemment :

– *She's the one*, écrit par Karl Wallinger de World Party. Quand Robbie Williams l'enregistra, il le rendit immensément populaire. Karl Wallinger – est-il heureux, celui-là ? Est-ce un con ? C'est un ingrat, un enfoiré. Un gros plein d'ingratitude. Je parie qu'il n'en peut plus de joie quand le chèque des royalties arrive dans sa boîte aux lettres. Maintenant, chaque fois que je chante cette chanson, je pense à cet abruti. Je pense à ça... « Karl Wallinger, aimes-tu la version que Robbie Williams a faite de ta chanson ? » Réponse : « Non. Robbie est un connard. » Voilà ta réponse. Eh bien, je pense que c'est toi, le connard. Ouais. Je n'arrive plus à trouver quelque chose de drôle à sortir. Toi aussi, tu es un connard. Bon, alors, lequel est le plus connard des deux ? Lui ! La réponse, c'est : « Lui ! » Si vous cherchez la réponse, c'est : « Karl Wallinger. » C'est lui, le plus gros connard des deux. Enfin bon. Pardon pour ces jurons, mesdames et messieurs. Ça ne me ressemble pas, je sais, mais... ça m'a échappé. La chanson va encore battre des records, et rapporter encore plus de fric à cet enfoiré. Abruti. Bon, allez. La suite. *Supreme*.

Il quitte la scène au début de *No Regrets* pour ne plus reparaître.

La plupart des heures qui précèdent son premier concert, il les passe à jouer avec son Championship Manager 4. De retour à l'hôtel, il se hâte de se mettre en quête de tuyaux sur Internet sur le marché des footballeurs. Son autre passe-temps consiste à écouter encore et encore les brouillons de chansons de Pure Francis. Stephen lui a donné les premières versions de cinq morceaux. Quant aux autres compositions de ces derniers mois, elles sont désormais oubliées, supplantées par le projet Pure Francis.

À la veille du concert, dans le van qui le ramène en ville pour une ultime répétition, il appelle Stephen : quand recevra-t-il les autres morceaux ?

– Quel mec génial, dit-il après son coup de fil. Il va nous faire ça très bien.

Sur quoi il décide de nous montrer la dernière blessure qu'il s'est faite avec son équipement Vacunaut.

– J'ai la couille gauche toute enflée, regardez.

En effet, il a le scrotum anormalement gonflé, et rouge vif. Une réflexion lui vient :

– Les couilles, c'est un truc laid à chier, non ?

À Murrayfield, il se contente de contrôler le son de *Let me Entertain you*. Encore une répétition bâclée. Il ne règle ni les derniers morceaux ni les rappels. Il n'a pas envie de s'en occuper tant qu'il n'a pas devant lui 65 000 personnes.

Assis dans sa loge, il pense à Pure Francis.

– J'imagine qu'il sera quelqu'un que j'ai envie d'être. C'est mieux que d'écrire sur ce qu'ils croient que je suis. Tu vois, dans *Handsome Man*, les gens pensent que je brosse mon propre portrait : c'est comme ça que je me vois, d'après eux. *How Peculiar*, pour eux, c'est celui que j'aimerais être. Pure Francis ne sera pas un flambard sûr de lui. Il sera beaucoup plus fin dans l'appréciation de lui-même. En fait, je crois qu'il saura exactement qui il est. (Il marque un temps.) Il ne se contentera pas d'essayer de le deviner.

Je lui demande si Pure Francis est un homme abîmé.

– Oh oui, il est abîmé ! Sauf qu'au lieu de dire : « Je ne sens rien » (autrement dit : « Je connais des gars plus doués que moi qui ne sont pas allés aussi loin »), il dira : « Je sens tout » (autrement dit : « Je connais des gars moins doués qui sont allés bien plus loin que moi »).

– As-tu même jamais su comment finirait ton concert ?

– Non.

Il sourit.

– Ce n'est pas un peu bizarre ?

– Pas vraiment. Je découvrirai en même temps qu'eux.

8

Comme on pouvait s'y attendre, le premier concert de Robbie Williams représente aussi pour lui un grand jour dans les médias. Une bonne part des articles sont truffés de considérations inoffensives, mais quasi dépourvues de sens. Le *Sun* consacre tout un papier à l'histoire du changement de matelas : Rob aurait stupéfié le staff de l'hôtel en exigeant qu'on lui livre rapidement à Édimbourg un modèle de lit spécial comme on en trouve dans les établissements Four Seasons.

Plus exaspérantes sont les deux pages du *Daily Mail* signées Nicole Lampbert, la spécialiste show-biz du journal. Le papier est titré « L'ANGE DE ROBBIE ». La photo montre Jonny travesti pour le *Rocky Horror Picture Show*, qui enlace Rob. L'article poursuit : « Ils vivent ensemble, voyagent ensemble et sont aussi soudés qu'un couple peut l'être. Alors qu'en est-il de Jonathan, le compagnon de Robbie William ? »

Bien que la journaliste s'en défende, son papier est un chef-d'œuvre de spéculations insidieuses. Le message est on ne peut plus clair : tout le monde est au courant, alors combien de temps ces deux amants vont-il encore essayer de donner le change ?

En vérité, le plus étrange, dans la relation qui unit Rob et Jonny, c'est à quel point elle paraît simple, solide et profonde. Rob a vieilli, il est devenu plus célèbre, et tous deux ont traversé diverses vicissitudes sans que leurs chemins se séparent. C'est tout bonnement admirable. Bien sûr, le *Daily Mail* voit les choses tout autrement.

Le début de l'article revient sur le jour où Rob est allé applaudir Jonny à la première du *Rocky Horror Picture Show*. L'auteur décrit minutieusement leurs tatouages assortis. Jonny, explique-t-on, parle plus volontiers de son amitié avec Rob que de la fiancée « qu'il se coltine depuis deux ans ». L'article s'appuie ensuite sur les plaisanteries derrière lesquelles Rob aurait pour habitude de dissimuler la vérité. C'est le cas, par exemple, lorsque les deux amis jouent *Me and my Shadow* au Royal Albert Hall, ou évoquent la vidéo de *Come Undone* où une scène de lit réunit trois mâles dont l'un prononce la phrase : « Robbie est un bon coup. » La journaliste remonte ensuite dans le passé de Rob, et cite Kevin Kinsella : « Il était tellement peu clair sur sa sexualité que ça me perturbait... Rob craquait quand il m'en parlait. Il pleurait... » Puis elle convoque son second témoin à charge, Ray Heffernan.

« Citons Ray Heffernan, écrit-elle, un garçon qui a aidé Robbie à écrire une première version d'*Angels* : "Je crois qu'à ce moment-là, une des grandes batailles que Rob avait à mener, c'était son problème avec l'homosexualité. On se baladait dans Dublin toute la nuit, et il m'en parlait sans arrêt. Il en parlait d'ailleurs très librement. C'était dur, pour lui, de découvrir qui il était vraiment." »

Elle dispose encore d'un troisième témoignage :

« Un manager ouvertement gay raconte qu'il a passé la nuit avec Robbie dans un hôtel de Los Angeles à peu près à l'époque où la star s'éloignait de Take That : "On s'est juste embrassé et caressé. Il n'allait pas bien. Il se droguait beaucoup. Il avait juste besoin d'un peu de réconfort. À mon avis, il aimait à la fois les hommes et les femmes. C'est un gars du nord qui ne comprend pas pourquoi les mecs le branchent. D'après moi, c'est pour ça qu'il est tellement malheureux." »

Qui, après avoir lu ces paragraphes, aurait le moindre doute ?

Nicole Lampbert s'intéresse ensuite aux relations de Rob avec les femmes. Si une phrase précise prudemment qu'il « aime authentiquement les femmes », tout ce qui suit n'a d'autre objectif que de ruiner cette affirmation. Les liaisons de Rob avec Jacqui Hamilton Smith, Mel C, Nicole Appleton et Tania Strecker ne sont mentionnées que pour corroborer l'inaptitude de la star à nouer un lien solide avec les représentantes de la gent féminine. Suivent des allusions à des épisodes récents dont le lecteur est amené à penser qu'ils ouvrent une ère de déception et de camouflage. Le projecteur est braqué sur la liaison de Rob avec Geri Halliwell expédiée comme « un coup de pub ». Quant à sa relation avec Nicole Kidman, elle est décrite comme ayant « heureusement coïncidé avec la sortie de leur single *Somethin' Stupid* ». Le paragraphe consacré à Rachel Hunter est de la même veine : « Après avoir annoncé au monde entier qu'ils avaient une vraie liaison, ils ont posé pour de terribles photos où ils se bécotaient entièrement nus. Les clichés avaient l'air d'avoir été pris en cachette par des paparazzi, mais Boy George n'y croit pas : "Regardons les choses en face, a-t-il dit. Robbie ferait n'importe quoi pour qu'on le croie hétéro." »

Une fois de plus, l'allusion ne pourrait être plus claire.

La fin du papier revient sur les tourtereaux Rob et Jonny. Le but visé par l'article est d'ores et déjà atteint ; l'opinion du lecteur est faite. Il ne reste plus à l'auteur qu'à se prémunir contre les accusations de fausses insinuations. Aussi Nicole Lampbert conclut-elle que, d'après ses sources, Rob et Jonny ne seraient pas ensemble actuellement, au sens où l'on pourrait le croire. En effet, si Rob « reste flou sur sa sexualité », Jonny, lui, est hétéro. La chute est un modèle de cynisme : « C'est un milieu qui cultive l'ambiguïté, où rien ne peut jamais être considéré comme acquis – sinon que personne ne connaît la véritable orientation sexuelle de Robbie Williams, y compris, peut-être, Robbie Williams lui-même. »

Rien n'oblige Rob à prendre directement connaissance de ces articles et il les évite autant que possible. D'ailleurs, on se contente de lui citer des extraits du papier de Nicole Lampbert, afin de lui donner en douceur une idée du parfum nauséabond qu'il dégage. Fatigué des mensonges répandus sur son compte, Rob ressent une grande lassitude. L'exaspération le gagne lorsque David fait allusion à la phrase de Boy George.

Il ne voit pas non plus l'intérêt de chercher à savoir si Kevin Kinsella et Ray Hefferman l'ont réellement perçu comme taraudé par sa sexualité. Ces deux-là ont manifestement passé moins de temps avec lui qu'à baver sur son compte. Peut-être ont-ils mal interprété telle ou telle phrase prononcée un soir où Rob avait le vin triste, ou envie de jouer la comédie. Imaginent-ils vraiment que leurs propos ont quoi que se soit à voir avec la vérité ? S'agit-il d'ailleurs de citations authentiques ou de retranscriptions fantaisistes ? Les propos sont-ils seulement sincères ? N'auraient-ils pas menti pour se faire mousser, ou pour gagner un peu de fric ? En tout cas, même si Rob a pu se montrer parfois désorienté, il n'a jamais rien exprimé de tel.

Quant à l'histoire du mystérieux manager, c'est encore autre chose. Rob rumine ce passage : un homme prétend avoir passé avec lui à Los Angeles une nuit de baisers et de caresses ! Mais si ce récit est vrai, alors pourquoi le faire passer en contrebande au milieu d'un article ? Pour le coup, on s'attendrait à un traitement plus sérieux. Et Rob se demande bien qui peut être le fameux manager.

– Los Angeles, je n'y étais jamais allé jusqu'à mon album *I've Been Expecting you*. On ne devrait pas avoir le droit de publier des merdes pareilles : « On s'est juste embrassé et caressé... » !

Il demande qu'on lui relise les citations. Pour une fois, il paraît sérieusement choqué.

– Ça ne devrait pas être permis. Je veux dire, la bisexualité n'a jamais fait de mal à David Bowie ni à Mick Jagger ! Ça les rend même plus intéressants. Mais pourquoi aller inventer toutes ces conneries sur mon compte ? Jamais je n'ai embrassé un homme avec des arrière-pensées sexuelles !

Que faire d'autre que hausser les épaules et poursuivre sa route ? Rob préfère se soucier de l'équipe de Cardiff. Elle a bien joué jusque-là, mais elle commence à donner des signes de faiblesse.

– Parfois, au foot, c'est comme ça, fait-il avec grand sérieux. C'est le sort du sélectionneur.

Vers cinq heures de l'après-midi, il est tellement absorbé par son jeu qu'il se brosse les dents devant l'ordinateur, tout en cherchant à repérer les appels de nouveaux joueurs potentiels. Dehors, des milliers de personnes se dirigent vers le Murrayfield Stadium. Toutes pensent à Robbie Williams. Lui, dans sa chambre du Dalmahoy Hotel & Country Club, se demande si le club de Cardiff doit ou non signer avec Matty Warner, le joueur des Wycombe Wanderers.

La police l'escorte de l'hôtel au Stadium. En ville, la foule est de plus en plus nombreuse. Des gens s'amassent à la porte des pubs, mais la plupart se dirigent vers le lieu du concert. Voyant passer le van entouré de son escorte, les fans s'arrêtent et applaudissent.

À l'horizon la silhouette du château d'Édimbourg lui rappelle la première fois qu'il l'a admiré. Les premiers concerts de Take That avaient eu lieu dans la capitale écossaise. Le groupe enchaînait cinq clubs par soirée. Parfois, il fallait même aller jusqu'à Glasgow et revenir après. La tournée rapportait 175 livres.

En descendant du van, il fait signe à des fans qui l'observent à travers la barrière. Puis il colle son avant-bras sous le nez de sa mère en disant :

– Regarde, maman : j'ai des frissons. C'est super, non ? Je devrais peut-être verser une larme. (Il marque un temps.) Je le ferais si j'avais un cœur.

Il courbe la tête pour pénétrer dans le Stadium.

– La merde, lâche-t-il. Regardez-moi ça !

– Tu es content ? s'enquiert Chris Briggs.

– Ne pousse pas le bouchon trop loin, tu veux ? Je suis à cent lieues d'être content.

Rob paraît calme, ce qui induit curieusement une certaine nervosité autour de lui. Il est vrai que ce n'est pas toujours le cas ; en fait, Rob a rarement été aussi serein.

– Je suis d'humeur à démontrer à deux ou trois personnes qu'elles ont raison. Et à beaucoup qu'elles ont tort.

Il montre à Josie le quatrième doigt de sa main gauche : il est infecté, gonflé, horrible à voir. Il lui demande de lui trouver quelqu'un pour s'en occuper et au moins apaiser la douleur.

Il attend en lisant les conseils que lui a laissés Lee : aller sur scène, répéter un ou deux morceaux. Rob éclate de rire et laisse tomber le papier.

– Il ne dit rien à propos de *Kids*. Et pour cause, on ne l'a pas faite !

Le médecin arrive. Il nettoie la plaie, enlève le pus et le réprimande de s'être rongé les ongles. Rob a essayé en vain de se délivrer de cette mauvaise habitude. Mais pour y arriver, encore faut-il en avoir réellement envie.

Il choisit un costume sur un portant. Si théâtral que soit son numéro, il n'est pas le genre d'artiste à revêtir un uniforme, ni à changer de tenue en cours de spectacle – à l'exception du T-shirt propre qu'il enfile pour les rappels, et du kilt qu'il porte en Écosse. Une heure avant son entrée en scène, il adresse une requête à sa mère :

– Tu ferais mieux de t'en aller, maintenant. Je ne peux pas faire du rock'n'roll si tu es là, si je me sens le fils de quelqu'un.

– Vraiment ? répond Jan en se levant. Oh, chéri...

– Il va falloir que je devienne un mythe, maintenant, précise-t-il.

Elle approuve d'un hochement de tête.

– Je te verrai depuis la salle, dit-elle.

Les bracelets sont fixés à ses poignets. Il commence à chanter *Elevation*, la chanson de U2. Puis il arpente le couloir. Dans la loge du groupe, Mark Plati joue de la guitare acoustique, tandis que les autres, pour s'échauffer, chantent *Blackbird* des Beatles.

– Vous croyez que je vais tomber dans le coma ? lance Rob.

Il oublie aussitôt cette idée qui lui vient souvent quand il est soumis à un stress.

C'est l'heure. Rob rejoint les musiciens sur scène, derrière l'écran qui les cache du public. Il marche à grandes enjambées, la mine sévère. Il échange les dernières poignées de mains. Il se couche sur le dos. On le relie au câble qui va le hisser. Il attend, suspendu à quelques centimètres du sol. Puis il s'élève. Il tourne sur lui-même. Il cesse de pivoter. L'écran s'ouvre. Les cris se font plus forts ; et ne cessent plus de l'être.

Dès le début, c'est la catastrophe, même si le public ne s'aperçoit de rien : du reste, les journaux du lendemain n'y feront même pas allusion. Les deux premières chansons sont jouées dans la panique complète, à cause d'une panne des ordinateurs et des écouteurs qui renvoient le son aux musiciens. C'est à peine s'ils s'entendent jouer eux-mêmes ; c'est à peine si Rob entend ce qu'il chante. Il est complètement perdu, terrifié. Les gens cependant ne s'en rendent pas compte. Car Rob assure toujours : plus il a peur, plus il a l'air sûr de lui. Et puisqu'il fanfaronne, il est probablement mort de trouille.

Au bout d'une heure de spectacle, il se met à courir sur scène en hurlant :

– Je n'ai plus peur !

Peut-être veut-il tenter de communiquer honnêtement ce qu'il a ressenti quand il était suspendu là-haut. Je suis pourtant convaincu que les spectateurs sont déconcertés par cet aveu qui cadre si peu avec l'image de l'artiste si plein d'assurance, voire de suffisance, qu'ils perçoivent.

À la fin, Rob quitte la scène en courant et se précipite dans une voiture. Le véhicule démarre, puis accélère. Rob éponge sa sueur. Les lumières du Stadium ne seront pas encore éteintes qu'il sera déjà loin.

– Tu as aimé ? s'enquiert Josie.

Il halète qu'il est retombé sur ses pattes, mais qu'il n'est pas sûr – il insiste sur ce point – que le public ait aimé.

Il a tremblé, au début de *Me and my Monkey*, quand il a vu les gens se rendre aux toilettes alors qu'il avait encore sept minutes à tenir avant la fin de la chanson.

– Souvent, quand je suis sur scène, je me demande ce qu'ils aiment, en fait. Je veux dire, ça signifie quoi, *distraire les gens ?* Qu'est-ce qu'ils ont à me regarder comme ça ? Je ne suis pas en train de prendre de la drogue. Je suis juste en train de me demander ce que je fous là. Je ne pige pas ce que je fous là.

En tout cas, moi, je suis sûr d'une chose : les gens qui quittent le Stadium ne peuvent se douter que Rob, à ce moment précis, tient ce genre de propos.

Il demande au chauffeur d'ouvrir la vitre à l'arrière. Il a besoin de laisser entrer l'air. Il s'étonne d'avoir soudain cessé, sur scène, de se tourmenter à l'idée que les journalistes présents allaient le juger.

À l'hôtel, un buffet attend la troupe : une réception tranquille dans un salon privé. Rob va s'asseoir sur un canapé et regarde un peu la télé. Il ne s'attardera pas. Gagné par un accès de tristesse à l'idée de ne pas avoir de copine, il se réfugie dans son Championship Manager. Plus tard, il redescendra peut-être au bar chercher de la compagnie – attitude dans laquelle le *Daily Mail* verrait sans doute, une fois de plus, une tentative désespérée pour convaincre le monde de son hétérosexualité. Une fois revenu dans la chambre avec son amie de passage, il dira comme pour dire quelque chose :

– J'ai les oreilles qui sifflent. On parle de moi...

– Qui donc ? s'interrogera la fille.

Après les filles, après la vie des équipes de foot virtuelles, Rob finit par s'endormir sur son matelas toujours trop dur.

Une fois endormi, il rêve. De lui, de sa mère et de Jonny qui, les yeux levés vers le ciel nocturne, sont témoins de l'apparition d'un ovni, puis d'un autre. Son rêve depuis toujours ; puis la déception qu'il ne s'agit effectivement que d'un rêve.

9

Jonny vient le voir le lendemain après-midi. Rob, qui vient de se réveiller, est assis dans sa chambre, vêtu seulement d'une serviette. Il a les yeux fixés sur l'écran où Cardiff mène Blackpool 3-0.

– Encore une bonne presse, annonce Jonny : des articles sur ta sexualité.

Une fille avec laquelle il avait couché dans son nouvel appartement, il y a quelques semaines, a vendu son témoignage à *News of the World*. L'article est écrit dans la prose haletante qui est la marque du genre : « Il s'est penché vers son string en disant : "Tu as un derrière d'enfer." D'après le témoignage de la jeune personne, il n'avait pas l'air "de manquer d'entraînement". Elle ajoute même : "Croyez-moi, Robbie est un vrai mec. Il n'est pas gay. Aucun doute là-dessus." »

Rob ne semble pas spécialement gêné. Il se souvient qu'elle lui avait demandé ce qu'il pensait des filles qui vendent leurs histoires aux journaux.

– Je pense que ce sont des prostituées, lui avait-il répondu. Coucher avec quelqu'un pour de l'argent, c'est de la prostitution. À tous les points de vue.

Il avait ajouté que ça lui faisait de la peine.

– Les gens parlent de tes parties génitales, et c'est lu par la terre entière ; je trouve ça écœurant.

– Ah bon ? ! s'était-elle alors contenté de murmurer.

Il a quelquefois la certitude que certains tabloïdes envoient des filles rôder autour de lui pour leur acheter ensuite leur récit.

– Le nombre de nanas qui ont vendu leur témoignage, s'étonne-t-il, c'est absolument phénoménal. À un moment, c'était presque tous les dimanches. Deux filles se sont pointées un soir. Des effeuilleuses. Si elles n'étaient pas envoyées par les journaux, en tout cas elles étaient pressées de monter faire leur boulot de pute.

C'était fin 2001. Elles avaient frappé à sa porte. Il était descendu ouvrir. Il se souvient encore qu'elles affichaient clairement leurs intentions.

– Elles m'ont montré leurs seins à travers la grille. Après, elles m'ont attrapé par le zob. Je leur ai dit que si ça partait comme ça, autant entrer. Elles n'ont pas dit non. Elles sont restées un peu plus d'une heure.

Je lui demande ce qui s'est passé.

– J'ai couché avec elles... répond-il avec désinvolture. Il faisait froid. C'était l'hiver...

Il poursuit en m'expliquant qu'à travers cette expérience, il s'était senti comme un phénomène de foire. Il en fut dégoûté. Dès le week-end suivant, le déroulement de cette soirée s'étalait dans les journaux. Il téléphona à la plus jolie des deux pour lui dire que ce qu'elle avait fait s'appelait de la prostitution. Elle était en voiture, en compagnie de son père. Tout de suite, ils sont sortis de leurs gonds : les journaux ne disaient-ils pas que Rob était ravi de ce qui s'était passé ? Rob a repris en disant qu'il trouvait son attitude honteuse. D'autant plus honteuse qu'il l'avait trouvée bien, comme fille. Il aurait même eu envie de la revoir.

En général, quand Rob apprend qu'un autre article de ce genre est sur le point de paraître, il cherche à savoir si on le présente sous un bon jour. Si c'est le cas, il n'a pas de raison de s'en faire.

Il se couche dans son dressing pour regarder Sky Sport sur la chaîne foot. Il est capable de rester là pendant des heures, devant des programmes en continu, pas forcément intéressants. Les émissions diffusées en boucle parviennent à le calmer. Il prétend que c'est comme revoir des épisodes des *Simpsons* : à chaque fois, tu remarques un nouveau détail.

– J'en profite pour écouter ce qu'ils disent, m'explique-t-il. Et la fois suivante, pour admirer les tenues de sport. Ou ce qui se passe au second plan.

Il sait combien tout cela peut paraître monotone et superficiel, mais cette chaîne le console, comme elle le faisait déjà quand il souffrait de dépression.

– Si je n'avais pas eu le foot, j'aurais eu beaucoup de mal à traverser cette période. Le foot m'a sauvé la vie.

Il désigne les commentateurs qui discutent d'un transfert de joueur sans grande importance.

– Les gens qui s'informent sur ces questions, ajoute-t-il, je les aime. Ils me soignent quand je vais mal. Ils ont été ma famille, un temps.

– Vous avez lu les journaux ? demande-t-il au public de Murrayfield. Non ? Moi non plus. Je suppose que les articles sont excellents...

Il a commencé son deuxième concert au Stadium à un tout autre niveau. La veille, il laissait souvent transparaître l'effort ; ce soir, il a l'air de planer. Il est presque aussi bavard et indiscret que lorsqu'il s'adresse à son public absent.

– Noël a été une période très dure pour moi et pour Max, poursuit-il, car nous nous sommes séparés tous les deux d'une grande célébrité. Je ne sais pas vous, mais moi, j'en ai ma claque des stars.

Un immense grondement s'élève dans le public.

– Franchement, je les trouve barbantes. Alors tant pis. Toute plaisanterie mise à part, nous sommes humains, Max et moi, nous avons un cœur. Et voilà qu'on se retrouve tous les deux abandonnés pour Noël, comme des chiots à la veille des vacances.

Il continue comme s'il s'adressait au premier rang :

– Laissez-moi vous dire, chère Madame, que vos petits chiens, on a toujours envie de les voir...

Il soupire.

– Avec Maxie tout près, difficile de ne pas se laisser aller à des plaisanteries sur les Spice Girls. Il nous faut donc en faire encore une. Je vais vous dire : à tous les deux, on les a toutes connues... Voilà, les gars ! C'est dit. À vous de faire les comptes... Est-ce que je n'ai pas vendu la mèche, là ?

Ces mots, prononcés dans un autre contexte, auraient été repris par les journaux dès le lendemain. Il n'y avait cependant aucun journaliste dans la salle ce soir-là : tous avaient assisté au concert la veille. Certes, parmi les 65 000 personnes présentes, beaucoup pouvaient facilement passer un coup de fil à un tabloïde... Mais si curieux que cela paraisse, le meilleur moment que puisse choisir une star pour partager ses secrets sans encourir de conséquences, c'est quand elle est sur scène pour son deuxième concert dans la même ville. Aussi Rob se permet-il de chanter ensuite :

– *So make it one for Rachel Hunter, and five for Scary Spice.* (« Alors un pour Rachel Hunter, et cinq pour Scary Spice »).

Rob accorde très peu d'interviews. Sur scène, en revanche, il a tendance à parler beaucoup. Il se lance sans avoir préparé de texte, sans même une idée précise en tête. Certains des thèmes qu'il aborde reviennent d'un soir sur l'autre ; d'autres disparaissent pendant une semaine, puis réapparaissent. À cet instant, les mots qu'il prononce viennent seulement de se présenter à son esprit et il ne prend pas la peine de mesurer leur éventuelle portée. Rob a l'habitude de procéder ainsi, et ses dérapages sont notoires. De leur côté, les tabloïdes publient chaque semaine plusieurs papiers sur son compte, bien souvent écrits à partir d'informations fort maigres, malgré les efforts qu'ils fournissent pour réunir du matériel. Pour toutes ces raisons, j'ai trouvé stupéfiant, ce soir-là comme au cours de la suite de la tournée, que les journaux n'aient pas jugé utile d'envoyer au concert un reporter muni d'un calepin. Après le concert, Rob s'inquiète de ses révélations. Comment ses indiscrétions vont-elles être perçues ? Quelles en seront les conséquences ? Comment les journaux présenteront-il l'affaire ? Écriront-ils qu'il a accusé Rachel Hunter d'être ennuyeuse ? Que Max et lui se sont donné pour objectif de collectionner les Spice Girls ?

Rien de tel heureusement n'arrivera.

Ce soir-là, avant de chanter *Feel*, il évoque sa sobriété sous différents angles. C'est un thème qu'il n'a jamais abordé avec moi, et sur lequel je ne l'entendrai plus revenir.

– Je veux dédier ceci à mon neveu, déclare-t-il. Il est présent dans le public ce soir. Il s'appelle Freddie Robert. Il n'a que deux ans et neuf mois et, à cette heure, il s'est sans doute endormi. C'est à cause de lui que j'ai arrêté de boire. Je n'avais pas envie qu'il ait pour oncle un idiot. Cette chanson s'intitule *Feel.*

Au refrain, il s'écrie :

– Pour Freddie !

Je suis presque sûr qu'il apprécie. Au lieu de se précipiter vers la fin du show, il commence à chanter sans ses musiciens des morceaux de Take That – *Babe*, *I Found Heaven*, *Everything Change*. Puis il prononce des paroles qui reviendront plusieurs fois dans sa bouche au cours des prochaines semaines, un propos qu'il adresse manifestement à lui-même avec joie, résolution et soulagement, autant qu'à son public.

– Merci : grâce à vous, ça vaut le coup de faire ce boulot. Grâce à vous, tout prend un sens. Quand vous me verrez dans les journaux, quand on parlera de moi dans les tabloïdes, quand vous aurez la possibilité de me comparer avec ce qu'ils écrivent, alors rappelez-vous que je suis un chanteur. Je chante des chansons. Mon travail consiste à divertir les gens...

Un peu plus tard, il conclut en s'engouffrant dans le van :

– Mon meilleur concert.

– Pourquoi tu en as chanté une de plus ? demande Jonny.

Après *Angels*, il a repris une version quasi improvisée de *Back for good.*

– Pour le plaisir, répond-il.

Cette attitude est chez lui très inhabituelle. Ce soir non plus, il n'entendait pas ce qu'il chantait – mais cette fois à cause du public qui criait trop fort.

– On se serait cru dans un concert de Take That ! s'exclame-t-il. Sauf que la foule grondait au lieu de pousser des cris stridents.

Il demande combien de temps il est resté sur scène.

– Deux heures dix, répond Josie.

– Il est en train de devenir Ken Dodd, lance Jonny.

– Plutôt Bruce Springsteen, rectifie Rob.

– Tu aurais pu prévoir une autre tournée, enchérit Jonny.

– Quand tu veux. Jamais je ne me suis senti aussi transporté de joie. C'était comme être sous ecstasy. C'était comme être Elvis. (Il marque un temps.) En plus mince, évidemment.

Retour à Londres cette nuit. Le jet attend l'embarquement.

– Ça ne pourrait pas être mieux, se réjouit Rob en mangeant des crudités.

L'appareil s'avance sur la piste.

– Pour que ce soit mieux, confirme-t-il, il faudrait que Spiderman soit aux commandes de l'avion.

En vol, il promène un regard dans la cabine, et note qu'elle ressemble à une caravane.

– J'ai toujours eu un jet privé, non ? plaisante-t-il.

Pendant ce voyage vers le Sud, la discussion entre Rob et Jonny tournera autour de souvenirs de vacances quand ils étaient petits.

– L'époque des caravanes... amorce Jonny. Où est-ce qu'on allait ?

– À Rhyl, répond Rob.

– Tu avais quel âge ? demande Jonny. Tu n'arrêtais pas de me chercher des poux dans la tête : « Arrête de nous suivre partout ! »

Un jour, Rob prétendit devant Jonny qu'il pouvait ordonner à Dieu d'envoyer le tonnerre et des éclairs. La chance était de son côté : un orage se déclencha effectivement à son signal. Jonny était terrifié.

– On s'est barré en courant, se souvient-il. Tu étais bien plus rapide que moi, alors je pleurais parce que je ne te voyais plus. J'ai pleuré un maximum, pas vrai ?

Ils évoquent d'autres vacances : Rob partant en voiture à onze ans pour le pays de Galles avec sa tante Mary, et écoutant Dr. Hook et *Ode to Billie Joe* pour la première fois.

Rob se croyait toujours obligé de donner ses impressions sur les personnalités du moment – Frank Spencer, Ronald Reagan, Margaret Thatcher, Norman Wisdom, Sean Connery.

Jonny adorait la chambre de Rob, pleine d'objets volés, de plaques de voiture – il avait même piqué un panneau d'arrêt de bus qui trônait au fond du jardin.

Lorsque le jet amorce sa descente sur Luton, Rob confie à Jonny sa difficulté à aller se coucher. Il voudrait rester éveillé tout le temps. La coke l'y aidait autrefois.

De toute façon, en rentrant chez lui ce soir-là, il n'est pas question de dormir. Il a à faire. À 6 heures du matin, Cardiff remporte le championnat de deuxième division. Rob découvre qu'il existe un second niveau de jeu, qui comprend des notations sur les joueurs.

Le lendemain après-midi, à son réveil, sa femme de ménage portugaise, Paula, vient lui demander si elle peut faire la chambre. Elle lui avait un jour laissé un mot pour le complimenter de n'avoir pas trop sali la maison. Une autre fois, elle avertit Pompey dans ces termes :

– S'il vous plaît, dites-lui de ne pas se servir de la machine à laver. Elle fuit. Il pourrait glisser et se casser quelque chose. Alors on serait tous dans la merde.

Quand on est jeune et riche, la nécessité d'avoir des domestiques s'impose. Rob ne m'est pas particulièrement apparu comme un patron exigeant ou pointilleux. Tout ce qu'il a jamais demandé à ses employés de maison, en définitive, c'est d'être compétents, fiables, honnêtes et sains d'esprit. De ce point de vue, Paula est une perle qui le suit d'un domicile à l'autre depuis six ans. Rob n'a pas toujours eu autant de chance. Comme avec ce cuisinier dont il trouva un jour un message lui expliquant qu'il avait besoin de se « remettre les idées en place », donc de s'absenter. Il ajoutait : « Pourriez-vous me couvrir ? », oubliant sans doute qu'il s'adressait à son employeur. Ou avec cette femme de ménage qui lui demanda si son fils pouvait l'accompagner à son travail. Le fils en question avait 27 ans. Ce fut d'ailleurs la même qui, un jour, intervint dans une conversation sur les vêtements pour lancer :

– Si vous jetez des habits, mon fils veut bien les récupérer.

Ou encore avec cette cuisinière, à Los Angeles, qui faisait des plaisanteries racistes, et accusait les invités de Rob, et non les chiens, de déféquer sur la moquette.

– Ça arrive dans les meilleures maisons, essayait-elle de le convaincre.

Une des cuisinières décéda aussitôt après son entretien d'embauche. Une autre fut surprise dans la cuisine vêtue seulement de son slip. Une des femmes de ménage enfin cassait des objets, javellisait tout ce qui ne devait pas l'être, et dissimulait les preuves de ses maladresses dans la Jaguar de Rob...

10

Son seul jour de libre, Rob le passe au studio avec Stephen Duffy. Deux chansons de plus. Le lendemain matin commence la partie la plus longue de la tournée : presque un mois à courir l'Europe sans rentrer à Londres. Un second avion privé, plus gros, transportera les musiciens, les danseurs et les techniciens. Rob ignore qu'un logo à ses initiales a été peint sur la queue de l'appareil. Lorsqu'il le découvre à son arrivée à Luton, sur le terminal de l'aéroport privé, il se demande si ce n'est pas un peu trop.

Dans la salle d'embarquement, à peine a-t-il commencé à plaisanter avec les danseuses, qu'il provoque les larmes de Suzanne Mole, à qui il fait croire que le *Sun* a divulgué leur liaison (fictive) au grand jour. En fait, si le *Sun* consacre bien un entrefilet à Suzanne, c'est pour s'interroger sur l'éventuelle jalousie de son fiancé Gareth Gates, quand elle danse avec Robbie. Mais elle ne comprend pas que ce dernier la mène en bateau.

– Tu ne parles pas sérieusement ? s'effraie-t-elle.

– Si, fait-il, désinvolte. Tu as même dit que j'étais super au pieu.

Suzanne Mole fond brusquement en larmes devant Rob, mortifié.

– Je suis navré, balbutie-t-il. Vraiment navré. Sincèrement...

Suzanne se met à rire et continue de pleurer en même temps. Puis elle sort pour téléphoner à Gareth sur son mobile. Une danseuse s'approche : Djeneba. Elle vient s'excuser auprès de Rob. Ils ne se sont pas vus depuis Édimbourg, et elle s'angoisse à propos d'un mouvement qu'elle a peut-être effectué trop vite.

– Je suis vraiment désolée, répète-t-elle.

Elle explique qu'elle est une « bête de scène », et qu'elle se laisse facilement emporter quand elle danse devant le public...

– Djeneba, c'est moi, Rob...

Elle a même craint de se faire virer...

– Pourquoi ? s'amuse-t-il. Parce que tu m'as effleuré la queue ? Djeneba, c'est *moi*. Il n'y a pas grand-chose qui puisse m'offenser si on me touche le pénis.

L'avion se pose au Bourget. Rob saisit sa guitare et s'apprête à descendre. Le geste n'est pas dans ses habitudes. Ce n'est pas qu'il répugne à porter lui-même ses affaires, mais il ne le fait pas d'ordinaire.

À l'arrière de l'aéroport, un Concorde repose tristement sur le tarmac. Une discussion s'engage : ne serait-il pas possible d'en acheter un et de le mettre dans son jardin ? Rob raconte qu'il est allé chez Vic Reeve à une époque où celui-ci avait dans le sien une Morris dont seul l'avant sortait du sol.

Josie lui fait part d'un appel de Teddy Sheringham : il voudrait des billets pour le concert de demain. Rob décide de le rappeler lui-même et de l'inviter à venir lui dire bonjour dans sa loge. Il compose le numéro que Sheringham lui a laissé. S'ensuit une conversation embrouillée au sujet d'un cinglé qui se prendrait pour Robbie Williams. Rob compose à nouveau le numéro. Personne ne répond. Il laisse un message. Sheringham ne tarde pas à rappeler. Ils ont une longue discussion.

– Les musiciens sont en pleine forme, se réjouit Rob. Je suis en pleine forme. On est contents...

Josie et David échangent un sourire empreint de soulagement : ils ne se souviennent pas d'avoir entendu d'aussi agréables paroles lors des précédentes tournées.

Rob écoute Sheringham qui vient de déménager de Tottenham à Portsmouth, et lui parle de ce qu'il a en tête en ce moment.

– Merde, qu'est-ce qu'il parle vite ! s'exclamera Rob après avoir raccroché. C'est incroyable, ces gens capables de vous transmettre des informations aussi rapidement, et qui n'arrivent pas à percer au football.

Il enchaîne sur l'époque où lui-même jouait au foot. Un jour, alors qu'il était dans l'équipe de Liverpool, il avait failli se faire refouler d'un avion de British Airways. Ils partaient pour l'Espagne et Robbie Fowler avait attaché une capote derrière la veste d'une hôtesse.

Il se rappelle également d'un échange qui avait eu lieu entre deux joueurs connus :

– Il a soutenu que six plus sept faisaient douze.

– Ça ne fait pas douze, connard. Ça fait quatorze.

Et Rob de soupirer :

– C'était le bon vieux temps où j'étais footballeur.

C'est un des univers auxquels il a goûté. Un des rôles qu'il a tenus, embrassés avec enthousiasme, puis abandonnés.

– J'ai été footballeur. Et dealer aussi. Et étudiant. Sauf que je ne jouais pas, que je ne vendais pas de drogue, et que je ne suivais pas d'études. J'ai été étudiant à l'époque de Take That, de dix-sept à dix-neuf ans à peu près. La plupart du temps, j'étais avec eux, complètement stone. C'étaient des potes adorables. On se voyait à la station-service de l'autoroute. Ils louaient un van blanc et on prenait des cachets...

Il était très ami avec un leader étudiant, avant que les choses se gâtent.

– Je crois qu'il nourrissait un gros ressentiment à mon égard. Il m'a dit un jour que j'attrapais la grosse tête. Que je me la jouais. Pourtant, je n'avais pas changé. Mais bon, il ne supportait pas, c'est tout.

Le lendemain matin, Teddy Sheringham prévient Josie qu'il ne pourra finalement pas venir, mais qu'un ami à lui, atteint d'un cancer de la prostate, viendra à sa place, et adorerait rencontrer Rob.

Tout devient clair. Peu avant, Josie s'était déjà fait avoir par quelqu'un qui se faisait passer pour l'agent de Sadie Frost et Jude Law. Elle n'entend pas se faire berner de nouveau. Grâce à des contacts dans le milieu du foot, elle obtient le vrai numéro de Sheringham. L'autre était bien un imposteur. Elle se demande si ça vaut le coup de le laisser se pointer pour mieux le mettre dehors.

Rob, pendant ce temps, est sur son Championship Manager, dans sa suite habituelle du George V. En bas, à la réception, un problème éclate. Une guerre entre célébrités au sujet des voitures. La direction voudrait que celle de Robbie s'écarte, pour laisser la place à celle d'Hillary Clinton.

Dans les coulisses, il tombe sur Kelly Osbourne. C'est elle qui assure tout l'été la première partie du spectacle. Il lui montre ses tatouages. Elle a un cœur tatoué sur le doigt qu'elle voudrait se faire enlever. Souvenir de son ex. L'histoire s'est mal terminée. Il a décidé de la poursuivre en justice, et elle le hait.

– Tu vas savoir t'y prendre ? s'enquiert Rob.

– Comment ça ?

– Tu veux que je m'occupe de lui ? reprend-il dans le rôle du grand frère qu'il endosse spontanément avec elle.

– J'ai envie de m'en occuper moi-même.

– L'anthrax, c'est bien suggère-t-il.

Puis, en reprenant la direction de sa loge, il ajoute :

– Le caca aussi.

Le show de ce soir inaugure sa tournée française. Rob trouve le public difficile à chauffer. Alors qu'il sabre un morceau, il reconnaît une femme dans les premiers rangs, sans arriver toutefois à la remettre entièrement. Il demande à Jason de tâcher d'obtenir son numéro. Dans le van, il continue d'y penser.

– Ça devait être pendant des vacances, quand j'avais quatorze ou quinze ans...

Des coups de fil sont échangés. La femme nous rejoint à l'hôtel.

Rob avait seize ans.

– Centre de vacances de Carmarthen Bay, lance-t-il. 1989.

– 90, corrige-t-elle.

– Mon papa était animateur, poursuit-il, rassemblant ses souvenirs. Les meilleures vacances de ma vie. Pas de drogue, plein de bière. La grosse rigolade...

Ils évoquent les chansons sur lesquels ils dansaient : *The « 900 » Number*, *Tonight* des New Kids on the Blocks. Elle trouve qu'il n'a pas changé. Il est le même qu'à seize ans. Lui voudrait en entendre davantage. Il leur faudra un peu de temps pour prendre conscience de la distance qui sépare deux êtres, quand l'un espère en l'avenir, tandis que l'autre cherche seulement à revivre un bref instant de bonheur surgi du passé.

Rob rêve cette nuit-là qu'il participe à une réunion des Alcooliques Anonymes avec Anthony Hopkins. Celui-ci se montre tout à fait charmant, mais se dit embêté que la réunion dure une heure et demie. Il préfèrerait qu'elle dure une heure seulement.

Vienne. Le spectacle évolue. À la fin de la tournée, le fait d'introduire *Monsoon* par *We Will Rock You* de Queen apparaîtra comme le résultat d'un enchaînement minutieusement mûri, et le fruit de longues répétitions. Il n'en est rien : l'idée est née sur scène, dans la capitale autrichienne.

Après le deuxième morceau, Rob se met à frapper des pieds. Chris Sharrock l'accompagne à la batterie. Le texte de Queen jaillit de ses lèvres – du moins une version approximative du texte.

– *Johnny you're a man you're a poor boy...*

Le public suit. Un nouvel élément du spectacle vient d'être créé. Dès lors, il s'intégrera à chaque concert, moins spontanément.

Après le show, il revient sur scène chanter *Feel* a cappella. La foule chante avec lui. De l'émotion pure sans artifice. Rien que lui et le public. Il ne l'avait jamais fait.

Alors que les vans démarrent, il s'exclame, tout excité :

– J'en ai pleuré ! C'était beau.

Les vans prennent de la vitesse.

– Tu sais ce qu'il y a de bizarre ? enchaîne-t-il. Tous les soirs, jusqu'à la fin du spectacle, je me demande si je ne vais pas mourir.

– « Et si c'était mon dernier exploit... », hasarde Josie. C'est ça ?

– Je ne sais pas. Vraiment c'est bizarre. Je ne sais pas.

Je le félicite pour la reprise solo de *Feel* qui m'a beaucoup impressionné. Il sourit.

– J'ai entendu Radiohead le faire à Glastonbury, dit-il.

C'est ainsi qu'il procède. Il repère un thème, il l'assimile, il le modifie et le façonne à son goût. Il a trouvé quelque chose de bien, quelque chose qui fonctionnait et qui lui convenait. Il le voulait pour lui. Ça deviendra un élément du show – il chantera *Feel* en solo avec le public, tel un ultime écho de la soirée. Ou bien *Angels*. Ou encore les deux, parfois.

Il est difficile, sur scène, de séparer les instants de profonde émotion et ceux de grand artifice. Rob apprécie cette ambiguïté. Sa maîtrise du show, il la doit au modèle du spectacle pré-rock'n'roll qui s'est instillé en lui quand il était jeune – les disques des membres du Rat Pack qu'il écoutait à la maison, les vieux numéros démodés que jouaient les collègues de son père. En tant qu'artiste, Rob entretient avec la sincérité une relation symptomatique de la sensibilité moderne. Il a pleinement conscience que ce que le snobisme rock regarde comme la Vérité – cette façon affectée, usée jusqu'à la corde, de vouloir paraître authentique – n'est rien d'autre qu'un rituel, une forme de bigoterie, et finalement un mensonge. Les rockers arrogants ont beau se considérer eux-mêmes comme des rebelles soucieux de préserver leur liberté, ils sont en fait coincés dans leurs habits austères et hypocrites, paralysés par leurs propres règles, cachés derrière leurs canons esthétiques, trop aveuglés pour éprouver même un sentiment de joie.

Dans la tradition moderne du rock, par exemple, l'échec est souvent perçu comme une preuve d'authenticité – le cri était trop vrai, trop radical : le monde n'était pas prêt à l'entendre. Il existe pourtant une autre tradition dans laquelle l'échec n'est qu'une façon de décrire quelque chose qui n'a pas marché. De ce point de vue, la place de la sincérité et des sentiments profonds n'est pas si éloignée du panache, du mélo, du truc, des rythmiques faciles, des mélodies molasses et dorées – elle en compose même le cœur. Un peu comme dans la vie : la sincérité gît secrètement dans le passage monotone des jours.

Comme il vous le dira lui-même : Rob fait du divertissement, de l'*entertainment*. Vous le verrez rire et faire ses cabrioles. Il se foutra de votre gueule. Il se foutra de sa propre gueule. Et tout en faisant son numéro, il se mettra à nu et vous livrera son histoire crue, fragile, sincère.

11

Le lendemain après-midi, quand Josie l'appelle pour lui demander s'il est prêt pour le déjeuner, il se sent très fatigué. Si fatigué qu'il explore du regard sa chambre d'hôtel viennoise, l'air de ne pas se rendre compte qu'il est au téléphone, ni de savoir d'où provient la voix qu'il entend.

Je l'interroge sur ce qu'il a fait hier soir. Il a baisé.

– C'est ce que fait normalement une pop star, commente Josie. On part dans 40 minutes...

– J'en ai marre, maugrée-t-il. Je retourne me coucher...

– Pas question, reprend-elle d'un ton à décourager la réplique.

Dans le van, il écoute, à demi endormi, David lui parler de la vente des billets pour la partie « automne » de la tournée.

– Je suis si heureux d'être important, ironise-t-il. Je serais effondré si ce n'était pas le cas. C'est génial, merde. Tout cela a l'air de vouloir dire quelque chose. Avant, ça ne signifiait rien... Qu'est-ce que tout cela veut dire, en fait ? Ça veut dire que c'est génial.

Vienne défile derrière les vitres teintées.

Il a besoin de fumer, mais voudrait s'arrêter. À l'approche de ses trente ans, l'idée fait son chemin.

Un jour, dans le van des Take That où le groupe fumait de l'herbe, en roulant en direction d'un aéroport, quelque part en Europe, ils virent un autre véhicule quitter brusquement l'autoroute, une voiture pleine de fans dont le chauffeur était en train de succomber à une crise cardiaque : son pacemaker avait lâché. Rob se souvient encore des hurlements des filles.

La camionnette fonçait droit sur un pont. Elle semblait condamnée à passer par-dessus la barrière et à s'envoler dans les airs. Pourtant, elle revint sur l'autoroute, coupa les voies et parvint à éviter toutes les voitures. Elle heurta la barrière centrale et fit trois tours sur elle-même avant de s'arrêter enfin. Les Take That freinèrent aussi. Personne n'avait rien. Un vrai miracle. D'autres véhiculent suivaient le groupe. Tous stoppèrent net et certains fans profitèrent de l'occasion pour demander à Rob un autographe.

À Munich, Pompey déclare qu'il se sent mieux parce que sa chambre communique avec celle de Rob. À Vienne, il lui fallait longer un couloir et franchir plusieurs portes coupe-feu avant d'atteindre la suite de Rob ; cette idée l'empêchait de dormir.

Rob est surpris de ce qu'il entend. Tout le temps que nous sommes restés à Vienne, il était persuadé que Pompey dormait dans la chambre voisine.

– Alors cette porte, dans ma chambre, elle donnait où ?

– Sur un placard, répond Pompey.

– Ah ! C'est pour ça que personne ne répondait quand je frappais.

Il est plus de minuit. Rob, couché sur la moquette, joue la demi-finale Cardiff-West Brom. La partie à domicile se conclut par un score nul : 1-1. Aucun but de marqué à la mi-temps du match retour. West Brom est bien parti pour gagner. Rob essaie d'arranger les choses pendant la deuxième période – en vain. Aucun but de Cardiff. Ils restent en première division. Rob prend mal la nouvelle, comme si elle symbolisait un malaise plus général. Il est toujours allongé sur le ventre quand je le quitte pour aller me coucher en affectant nonchalamment une attitude inconsolable. Elle masque une profonde déprime.

Vers 3 heures, Rob explore les possibilités de transfert sur le marché des joueurs. Curieusement, Manchester United a hérité d'un nouveau manager, dénommé F. Ce F fait des offres très généreuses et inattendues aux joueurs de Cardiff les moins importants. Finalement, la saison suivante peut commencer. Rob gagne trois matches et en perd un. Il devient de plus en plus nerveux. Quand les premières lueurs de l'aube filtrent derrière les rideaux, il traîne le canapé jusqu'à la fenêtre et le dresse pour faire barrage à la lumière. Il se couche enfin, avant de décider de positionner le canapé plus efficacement. Il se relève. À 8 heures, quand sonnent les cloches des églises, il est toujours occupé à acheter des joueurs pour son club.

Il est sur le point de réveiller David pour lui demander de venir s'asseoir sur son lit jusqu'à ce qu'il s'endorme – mais il y parvient finalement tout seul. Ses rêves ne lui laisseront aucun répit. Il a tué quelqu'un. La police le recherche. On le réclame à Paris pour un test ADN. La police se rapproche...

Le lendemain après-midi, je le découvre empêtré dans le désordre de ses draps. Le canapé se dresse toujours devant la fenêtre.

– J'ai perdu, marmonne-t-il. Il va falloir que j'arrête avec ce jeu. Il est en train de me rendre fou.

Le soir, à l'Olympic Stadium, l'Angleterre bat l'Allemagne 5 à 1. À l'annonce de l'événement, il envisage de chanter *She's the Hun* et *We Have Ways of Entertaining You*. Il renoncera finalement. Une envie de pisser le prend au moment d'entrer en scène. Il se soulage dans un coin derrière le plateau. Le liquide s'écoule lentement entre les jointures du plancher.

– Il y a quelque chose, là-dessous ? s'inquiète Josie.

– Les équipements électriques, répond Rob.

– C'est vrai ?

– Sérieux ! Les équipements électriques.

Pendant le spectacle, je grimpe sur l'arrière du plateau. Le Stadium est entouré de collines. Au sommet de chacune, des Allemands se sont amassés dans le brouillard pour écouter chanter Robbie Williams.

Il est résolu à ne pas toucher ce soir à son jeu électronique. Nous nous asseyons dans sa chambre pour parler. Il explique qu'interpréter ses chansons sans les avoir en horreur, ça change tout.

– Les tournées, je détestais à mort, dit-il. Tu n'imagines pas. Je ne suis plus le même homme. Lors de la dernière tournée, j'étais à cran toute la journée. Anxieux. En pleine dépression. Je montais sur scène pour chanter des chansons qui ne signifiaient que dalle. De la merde. C'était l'image que j'avais de moi, d'ailleurs. Je n'avais même plus de respect pour mon public. Je me cassais les couilles par pur instinct : parce que c'était ma nature de jouer comme si ma vie en dépendait. Mais dans ma tête, je me demandais pourquoi ils venaient écouter un pareil connard. J'avais complètement perdu l'estime de moi-même.

– 60 000 personnes étaient tout de même venues te voir, s'étonne Gary Marshall. Même ça, ça ne te faisait rien ?

Rob secoue la tête.

– Je me rappelle le soir où ç'a commencé. Au début, je donnais des concerts dans de petits clubs. Ça jouait fort. Ça transpirait. Je jouais les artistes solo. En un sens, ça me plaisait. J'aimais les réactions que ça provoquait et qui n'étaient destinées qu'à moi. Je trouvais ça dur et rock'n roll. Là-dessus, je me retrouve un beau jour au festival de Roskilde. Je suis derrière la scène. On s'échauffait avant de jouer, je crois. Je me suis glissé dehors pour jouer au foot. Et c'est alors que pour la première fois, je me suis senti vraiment mal à l'aise à l'idée de me retrouver devant les gens. Comme quand tu es gosse, que tu as cassé une assiette, et que tu sais qu'on va te demander des comptes. Voilà ce que j'éprouvais.

Je pense comprendre ce sentiment :

– La peur, quoi : tu as les boules qu'on s'en aperçoive, et tu voudrais en même temps qu'on en finisse.

– Ouais. Exactement, confirme Rob. Je n'avais plus ressenti ce genre d'émotion depuis l'enfance. Et là, ça s'est redéclenché. En fait, ça devait arriver. Depuis, les tournées, je déteste.

Je lui suggère de réfléchir au film *Nobody Someday*, dans lequel on le voit en tournée. À travers lui, au début on vomit ce boulot, mais à la fin on l'aime.

– J'ai authentiquement ressenti ça quand j'ai quitté le plateau ce soir-là, avoue-t-il. D'accord. Mais si tu me demandes à quel niveau, je répondrai dans les 5 %.

Je rebondis en lui demandant à combien s'élève maintenant ce pourcentage.

– À 100 %, répond-il. Enfin, disons 95.

Rob exclut l'éventualité qu'il revienne sur ce jugement dans deux ans. Le changement remonte selon lui à l'enregistrement studio d'*Escapology*. Tout ce qu'il a fait pour cet album a représenté pour lui une source de plaisir intense et a radicalement modifié sa vision des choses.

Le lendemain matin, en route pour l'aéroport, il parle à David d'une personne qu'il ne veut pas voir sur la tournée à la prochaine saison. David négocie un peu, puis répond que ce sera comme il voudra. Rob hoche la tête, puis ajoute :

– Et je n'aime pas Josie. Et je ne t'aime pas. Alors s'il vous plaît, ne soyez pas non plus sur la prochaine saison.

Tout cela, la conversation sérieuse comme la plaisanterie, montre à quel point les choses vont bien. Car d'habitude, à ce stade du voyage, la personne que Rob ne veut plus voir sur la tournée, c'est lui-même.

– S'il te plaît, Robbie, l'implore l'homme d'un air terrifiant. J'ai essayé tellement de fois...

Nous traversons l'aéroport de Munich. L'importun, agressif et inquiétant, est un chasseur d'autographes. Voilà plusieurs jours qu'il est après Rob.

– Tu es vraiment bizarre, mec, marmonne Rob.

– J'ai roulé plus de mille kilomètres... pleurniche l'autre.

C'est la base même sur laquelle repose la relation entre la personne célèbre et celle qui la suit sans y avoir été invitée. Le harceleur consent un sacrifice que personne n'a exigé de lui. Pour cette raison, il n'est pas le bienvenu. Il rend alors la star responsable. Il la somme de le payer de son effort.

– Tu me fous les boules, dit Rob.

– S'il te plaît, Robbie...

Il se met soudait à crier :

– Pourquoi es-tu toujours aussi peu sympa...

Il prend un ton accusateur pour poursuivre :

– ... avec les mecs ?

Rob franchit le portique de sécurité. Le chasseur d'autographes vocifère à nouveau :

– C'est rien qu'avec moi, alors !

Voyant que Rob ne s'arrêtera pas pour lui, il devient encore plus hystérique.

– C'est incroyable !

Il hurle maintenant :

– Ce n'est pas correct !

C'est à nous tous qu'il fout les boules.

– On t'achète tes trucs, et tu n'es même pas gentil avec tes clients, aboie le type.

– Tu n'as qu'à plus les acheter ! lance David.

– Mais j'aime sa musique ! s'exclame le type. J'aime ses concerts. Ils sont tellement géniaux !

Il conclut sur un argument désespéré et vain :

– Ton fric, il vient de nous !

Dans l'avion, Rob lit article sur Stephen Hilder, un homme de vingt ans qui pratiquait le ski en parachute. Ayant omis délibérément d'ouvrir son parachute de secours, il est mort en s'écrasant dans un champ de blé après une chute de 4 000 mètres.

Ce soir, c'est relâche. Nous arrivons à Berlin où se déroule une compétition de kart. Je trouve dans ma chambre un message de Cameron Diaz, que je connais pour d'autres fredaines. Elle arrive de Floride pour la première de *Charlie's Angels 2* qui a lieu demain et séjourne dans le même hôtel que nous. Les autres « Drôles de dames » sont restées en rade en Italie pour cause de jet en panne. Je lui propose de venir faire du kart avec nous.

Le convoi se met en branle : Rob et Max dans un van, Cameron et Jessie, son assistante, me prennent dans leur voiture où elles n'arrêtent pas de chanter ensemble une chanson du film *La Folle Journée de Ferris Bueller*. Les paparazzi nous poursuivent. À un feu rouge, l'un d'eux gare sa jeep en diagonale devant nous, et essaie de photographier Rob à travers la vitre du van. Cameron jure que s'il recommence, elle descendra lui piquer les clefs de sa jeep pour les jeter au loin.

À l'arrivée, nous nous ruons dans le stade pour échapper au chaos.

– La célébrité, lance Rob en haussant théâtralement les épaules et en souriant à nos invitées, c'est comment ?

Cameron se prête au jeu et répond :

– C'est comme une bulle.

Elle trouve génial le top Adidas rose que porte Rob.

– Tu l'as eu gratos ? s'informe-t-elle.

Elle sait qu'il est passé dans la principale boutique Adidas de Berlin, pour en ressortir avec huit sacs bourrés de cadeaux.

– H&M, annonce-t-elle en lui montrant son propre haut rayé rouge et noir. 20 dollars.

Il y a huit équipes de trois karts. Rob recrute immédiatement Max dans son équipe. Connaissant ses talents de pilote, il prend aussi le guitariste Adam Birch. Les filles rouleront avec moi. C'est Cameron notre meilleur pilote.

On commence à tourner. À un moment, j'aperçois Rob en train d'essayer de rattraper Cameron. Il grignote du terrain à chaque tour. Alors qu'il est sur le point de la doubler, son kart quitte la piste. Rob enrage. Un autre kart démarre. Impatient de provoquer quelque chose avec Cameron, il la joue plutôt profil bas. S'il éprouve encore quelque chose pour elle, il n'en fait rien paraître.

L'équipe de Rob remporte la victoire. Après un bref discours, il reçoit un trophée qu'il laissera dans la chambre de l'hôtel en partant. Pendant que nous étions sur la piste, les paparazzi se sont amassés en grand nombre à l'extérieur. Nous envisageons de sortir avec chacun un casque intégral sur la tête, afin que les journalistes ne puissent repérer leurs proies. Le stratagème paraît cependant trop compliqué et un autre plan est échafaudé. Finalement, les passagers de la voiture de Cameron sortent les premiers. Pendant ce temps, Rob et Max échangent leurs vêtements. C'est ainsi que Max se retrouve en top Adidas rose. Ils se coiffent de passe-montagnes, et deux autres les imitent. Max sort en compagnie des gardes du corps de Rob ; son apparition déclenche un feu d'artifice de flashes.

– Il est en rose ! hurlent les paparazzi. Il est en rose !

Au moment d'embarquer dans le van, Max baisse son pantalon et leur montre son cul, lequel paraîtra demain dans les journaux allemands comme étant celui de Rob. Celui-ci, pendant cette scène, aura tranquillement évité la tempête pour monter dans l'autre van.

Le lendemain, à l'heure du déjeuner, je regarde les trois Anges de Charlie se prêter dans le hall à une séance photo devant une petite foule de deux cents personnes, avant d'enchaîner les interviews. Elles sont à pied d'œuvre depuis 8 heures du matin. Voilà des jours qu'elles font la même chose à travers toute l'Europe. C'est le genre d'existence dont Rob ne veut pas. Une des réussites de sa carrière consiste précisément à connaître un succès immense tout en échappant à cela.

Il se réveille à 15 heures et téléphone à Jonny.

– Mon béguin pour elle, c'est fini. Je mène ma vie.

Il discute aussi avec son père.

– Cameron et moi, hier soir, on a fait du kart... Ouais, mais bon, il ne s'est rien passé... Non, elle est super bien... Si, si, adorable et tout... Mais je ne suis plus amoureux... Une super fille...

Dans le van, Josie lui transmet un message de Guy qui souhaite venir voir le spectacle à Stockholm. Peut-être vient-il de lire la récente interview de Rob dans *Q* – que lui-même n'a pas encore eu le temps de parcourir. Si c'est le cas, il a dû se sentir encouragé par un passage qui laisse entendre qu'ils retravailleront sûrement l'un avec l'autre : « On collaborera de nouveau ensemble, mais ce ne sera plus la même chose. » Guy ignore que cette déclaration n'est plus vraiment d'actualité. Rob a prononcé cette phrase quand Pure Francis n'existait pas encore. Et il n'a pas envie de revoir son ex-producteur.

Rob lui reproche de s'être mal conduit avec David à la remise des prix Ivor Novello. Il lui en veut également pour la conversation qu'ils ont eue au téléphone.

– Il n'a aucune excuse. Ce qu'il a fait, ce qu'il a dit, ça ne se pardonne pas. Tu sais, je ferais mieux de ne plus le voir. Qu'il vienne, si ça lui chante. Mais par pitié, je ne veux pas qu'il s'approche de moi. Je ne veux pas non plus l'avoir dans mon champ de vision quand je serai sur scène.

Aucun stade n'est disponible en ce moment à Berlin, et Ian Huffam, l'agent de Rob, a dû trouver autre chose. Apparemment, Rob est le premier artiste à enchaîner deux concerts importants, l'un dans l'ancien Berlin-Ouest, l'autre dans l'ancien Berlin-Est.

Ce soir, c'est l'Ouest. Rob est en grande forme. Il a très envie de jouer.

En plein milieu du concert, d'ailleurs émaillé de moments étranges, quelqu'un lance sur la scène une grosse chemise contenant des documents. Rob jette un bref coup d'œil à l'objet, avant de lancer :

– Vous vous imaginez que je vais le lire sur scène ? Vous êtes malades ou quoi ?

Je récupère le dossier. C'est une thèse de musicologie signée par une certaine Anne Schuman de la faculté de Philosophie de Dresde, département des Sciences musicales et intitulée : *Fait à ma façon. Dé- et re-construction de l'image de Robbie Williams*. Cent pages de texte en allemand. Des tableaux, des notes, un appendice, une bibliographie – la seule dans toute l'histoire, sans doute, où voisinent des indications du genre : Morgan, Piers, Take That, Kriese, Konstanz, *Rock'n Ritual – Die Starkult als Kommunikationsstereotyp moderner Musikkulturen*.

Au retour, il me confie avoir été pris de panique pendant la partie swing. En posant la main sur sa poitrine, il entendait son cœur cogner à tout rompre. Une phrase dont la justesse ne lui apparaît vraiment qu'à cet instant lui revient en mémoire : « Un concert, c'est une bataille. » Cette devise avait été formulée par un vieil acteur anglais, Dudley Sutton, que Rob avait appelé à Dublin lors de sa première tournée, un soir qu'il s'apprêtait à entrer en scène. Il se sentait très mal et ne voulait pas y aller. Les mots que Sutton prononça à cet instant, Rob ne devait jamais les oublier. Depuis, il les cite souvent : « Ce n'est pas *toi* qui es là pour t'amuser. » ; « Tu ne serais pas un soldat si tu n'avais pas peur. » ; « Apprends à aimer ton public. » Sur le moment,

Rob pensa que c'étaient des conneries. Au fil du temps, pourtant, il comprit que Sutton ne récitait pas des psaumes. Il lui offrait des conseils avisés, précieux et concrets.

– Je commence à piger ce qu'il voulait dire, soupire-t-il. Je n'ai vraiment pas envie de mourir.

– Tu ne vas pas mourir, chéri, le rassure Josie.

– Tant mieux. Merci, Josie. Tu ne voudrais pas le noter quelque part ?

On donne une soirée dans une boîte branchée. Rob danse quelques morceaux de rave avant de rentrer à l'hôtel. Stephen et moi l'accompagnons dans sa chambre. À la télévision passe un programme où interviennent en direct des spectateurs. Rob se souvient qu'au temps où il s'adonnait à la boisson, il avait téléphoné un jour à une émission de ce genre depuis son hôtel. Il avait passé une heure à essayer en vain de convaincre l'animatrice qu'il était Robbie Williams.

– Des conneries. J'étais trop seul. Et complètement déjanté.

Bien que l'émission fût diffusée depuis l'Angleterre d'où il appelait également, son appel avait transité par la Nouvelle-Zélande. À la réception, on lui présenta une note de téléphone de 900 livres.

Rob descend au bar et y rencontre un organisateur de tournées dénommé Jack Utsick qui a participé au concert de ce soir. Il semble avoir surtout envie d'approfondir ses liens avec la star – raison pour laquelle il rôde dans les parages. Il lui présente un sous-verre contenant un billet pour le concert qu'Elvis Presley aurait dû donner le 17 août 1977 à Portland, au Cumberland County Civic Center, s'il n'était pas mort peu avant. Le sous-verre porte une plaque avec l'inscription : « Pour Robbie Williams, de la part de Jack Utsick, Elvis ayant tiré sa révérence. »

Mais Berlin réserve à Rob des bizarreries plus surprenantes encore.

Le lendemain après-midi, il raconte son rêve de la veille – un rêve inhabituel, frappant, brutal même, y compris pour un garçon tel que lui.

La scène se déroule dans une boîte. Il se rend aux toilettes où l'attend une bande de gangsters. Il leur tourne le dos tout en essayant de saisir l'ambiance. Ils savent que Robbie Williams est en train de pisser. Lui en revanche ignore leurs intentions à son égard. Quand il comprend qu'ils le détestent, il se retourne. Un des gars l'oblige à rester où il est, lui pose des questions, puis lui frappe la main avec un pied-de-biche. Rob arrive à s'emparer de l'arme et à la retourner contre l'épaule du type qu'il blesse. Le sang coule. « On va tous y passer. C'est ici que je vais mourir... », pense-t-il, lorsqu'il s'aperçoit qu'il a sa propre bande avec lui.

– Allez ! ordonne-t-il. On va tous les tuer.

C'est peut-être ce qui se passe, ou peut-être pas. En tout cas, la bande de Rob disparaît soudainement pour aller braquer une banque. Il entend une voix lui crier dans la tête : « Ça n'a pas de sens... » De fait, pourquoi se faire une banque ? « Je viens de finir une tournée, continue la voix. J'ai gagné plein de fric. Je n'ai pas besoin de braquer une banque... »

Il recule et tente d'estimer les dégâts. Il essaie de savoir s'il a franchi ou non le point de non-retour. Est-il trop tard pour faire machine arrière ? L'acte qu'il a déjà commis le mènera de toute façon en prison ; autant assumer.

Les membres de sa bande continuent de préparer leur hold-up. Pour une obscure raison, leur plan prévoit d'arracher des arbres. Et il y a des bébés partout. Les siens.

Il attend que Josie soit sortie pour nous appeler, Jason, Gary et moi, et nous raconter l'événement qui avait précédé ce rêve. La chose a l'air à la fois de l'amuser, de le déconcerter et de l'énerver. En tout cas, il n'épargne aucun détail. Il nous livre un instantané de la vie sexuelle d'une star moderne. Cette fois, il ne s'agit plus d'un rêve.

La veille, une femme mariée qu'il connaît à peine en avait conduit une autre, vêtue d'une robe blanche, dans la chambre de Rob, puis s'en était allée. La femme en blanc s'était assise sur le canapé.

Pour donner plus de couleur au récit de son anecdote, Rob en fait autant et l'imite jusque dans la façon qu'elle avait de regarder fixement devant elle au lieu de soutenir son regard, de fumer, de s'exprimer avec son accent germanique. Il nous rejoue la scène en endossant les deux rôles.

– C'est fou. Il y a tellement de monde en bas. Et moi, je n'ai pas envie de jouer les groupies. Je sais aussi que tu es fatigué. Je ferais mieux de partir. Je vais partir.

– Non, non, tout va bien.

– Ma mère est mannequin et mon père acteur. Alors je sais comment ça se passe. Tu sais, je ne veux pas être... Si c'est baiser que tu veux, on ne peut pas.

– Quel dommage. Je te trouve très attirante et...

– On peut parler... On peut regarder la télévision...

– Très bien. Tu veux boire un peu d'eau ?
– Oui. Directement à la bouteille...
Il imite la façon qu'elle avait de se trémousser.
– Je ne suis pas droguée.
– Ah bon ? Et tu es toujours aussi hyperactive ?
– Oui. Mais je dois y aller. Je dois y aller parce que tu as besoin de dormir.
– Je me demandais si tu ne pourrais pas revenir...
– Oui. Mais je dois partir maintenant parce que tu es fatigué.
Il imite encore sa façon de faire glisser sa jupe courte et d'enlever son top.
– Je peux t'embrasser ?
– Eh bien, d'accord.
Il nous montre ensuite comment elle s'y prenait pour embrasser en employant une comparaison qui n'a peut-être pas grand sens :
– *Les Canons de Navarone* !
Ensuite, poursuit-il, elle n'arrêtait pas de dire :
– Arrête ! Arrête ! J'ai une mère ! Elle est top model ! Tu ne me baiseras pas... Je dois m'en aller car tu es fatigué...
On frappa à la porte. C'était la femme mariée. Elle amena une autre fille. Mais l'autre était toujours là : s'il invitait la nouvelle à rester, elle verrait la précédente s'en aller, et le symbole risquait de tout gâcher. Rob alla dans la salle de bains réfléchir à la question. À son retour, la première fille s'était mise au lit.
– Tu as envie que je reste ? ronronne-t-elle.
– Je ne sais pas, hésita Rob.
– Tu ne pourras pas me baiser, minauda-t-elle.
– Alors, dans ce cas, tu ferais mieux de partir, entonna-t-il.
Elle s'en alla effectivement. Restaient dans le salon la femme mariée et l'autre fille, une beauté israélo-suisse. La femme mariée ne tarda pas à disparaître une nouvelle fois, non sans avoir précisé que son mari n'aimerait pas la savoir ici. La beauté israélo-suisse alla s'asseoir sur le canapé, exactement comme la fille qui l'avait précédée. Couverte de bijoux, elle avait une cigarette aux lèvres. Feignant d'ignorer Rob, elle croisa les jambes et les bras. Elle lui apprit qu'elle était chanteuse. À nouveau, Rob nous rejoue la scène.
– Tu es vraiment belle.
– Tu dis ça à toutes les filles...
À cette réplique, l'un de nous éclate de rire.
– Touché ! s'écrie un autre.

Rob raconte alors qu'il lui aurait répondu :

– Mais toi, c'est vrai...

De nouveau, on se moque de lui.

– Sérieux, c'était une beauté, précise Rob. Je ne dis ça que lorsque j'ai affaire à un vrai canon.

Pendant qu'ils discutaient de tout et de rien, elle faisait son maximum pour ne pas le regarder. Il lui demanda comment il se faisait qu'elle n'eût pas de petit copain. Elle répondit qu'elle en avait un, mais que ça allait mal entre eux.

Rob reprend sa saynète :

– Ne me dis pas qu'il n'y a pas d'hommes qui te plaisent...

Il imite sa façon de secouer la tête.

– Tout ce qu'ils veulent, c'est baiser.

– Je peux t'embrasser ?

Il fait oui de la tête comme elle avait dû s'y prendre.

– C'était à peine si elle avait l'air intéressée, enchérit Rob.

Ils s'embrassèrent finalement. Rob trouvait qu'elle dégageait à peu près autant de volupté que les pieds de la table. À un moment, elle arrêta tout pour lâcher sans la moindre émotion :

– Oh. Je suis en train d'embrasser Robbie Williams.

Sur quoi ils se remirent à l'ouvrage. À l'instant même où Rob envisageait de progresser, elle se leva et quitta sa robe d'un seul mouvement. Rob la prit dans ses bras et l'emmena dans la chambre. L'étreinte eut quelque chose de chirurgical. Rob avait l'impression de se faire tirer le sperme par le truchement d'un procédé technique. C'était affreux. Quand ils eurent fini, elle lui dit :

– Pourquoi tu mens ? Quel est ton problème ?

– Quoi ?

– Pourquoi tu mens ? répéta-t-elle plus fort.

Il n'avait pas la moindre idée de ce qu'elle voulait dire par là.

– Je n'ai pas menti une seule fois depuis ton arrivée.

Elle se leva et remit sa robe.

– Ça, c'était la baise, fit-elle en gagnant le salon. Maintenant, j'ai envie d'une photo.

– Tu as pris un appareil ?

– Non.

Rob alla chercher son appareil et prit un cliché d'elle et lui. Il lui demanda de noter son adresse sur le bloc, afin qu'il puisse lui expédier la photo. C'était la seule idée qui lui était venue. Il la lui enverrait. Pourquoi pas ? Et si elle la vendait aux journaux ? Tant pis...

– Pourquoi tu mens ? reprit-elle.

– Je n'ai pas menti.

Elle commençait à devenir pénible, mais elle s'en alla bientôt en annonçant qu'elle reviendrait dans la journée pour une autre photo.

Après son départ, Rob se plongea dans un livre de numérologie qu'on lui avait donné au bar : *La Vie pour laquelle vous êtes né – Découvrez le but de votre existence*. L'auteur s'appelait Dan Miliman. Il prétendait pouvoir analyser la personnalité d'un sujet à partir de calculs sur sa date de naissance. Le nombre fétiche de Rob est 27/9. Peut-être se trompait-il sur le but de son existence. Il se dit que ce bouquin allait peut-être lui ouvrir de nouvelles voies. Elvis Presley avait aussi pour nombre fétiche le 27/9. Il devait accepter d'avoir confiance en lui-même, lui conseillait-on. Le fait d'être aimé des gens pouvait finir en dépendance. Elvis et lui devaient se rendre compte qu'ils tentaient d'éprouver des sensations qui se trouvaient en réalité déjà en eux. Les gens comme eux ne devaient pas accorder trop d'importance aux opinions, qu'il s'agisse des leurs ou de celles des autres. À trop tenir compte des croyances spirituelles, ils risquaient d'être induits en erreur.

Rob fut frappé du nombre de contradictions que recelait l'ouvrage. Il ne lui restait plus qu'à s'endormir, et à accueillir son rêve de gangsters dans les toilettes.

Ces derniers jours, un problème est apparu avec Nena. Si Rob a suggéré qu'ils chantent ensemble *99 Red Balloons*, c'était dans l'idée de s'amuser. Pensant, comme il me l'avait confié, que le morceau lui rappellerait sa jeunesse, il se disait même impatient de tenter l'expérience. Mais le staff de la chanteuse a posé toute une série de conditions de plus en plus irréalistes pour accepter ce projet de duo. Si elle n'interprète pas au moins deux morceaux, menacent-ils, ses fans risquent de provoquer une émeute. D'autre part, le numéro devra être filmé, enregistré, rajouté à son album à elle ainsi qu'au sien. Ces revendications ayant été repoussées, ils présentent des exigences pratiques déraisonnables. Nena réclame des billets d'avion de première classe pour huit personnes, des chambres à l'hôtel pour tout le monde, un van, une limo et un ingénieur du son rien que pour elle, ses propres vigiles, son coiffeur et sa maquilleuse, un manager, un assistant. Tout ça pour quelques minutes de fun...

David décrit la situation à Rob. Il suggère d'essayer de revenir à l'idée originelle, bien qu'il doute que Rob en ait encore envie. L'enthousiasme qu'il se montre capable de déployer pour toutes sortes de choses – idées musicales, collaborations, amitiés, liaisons amoureuses – résiste rarement à la mauvaise volonté qu'on lui oppose à l'occasion. Sans surprise, il décide de tourner la page :

– Bye-bye, Nena, fait-il. Va te faire foutre. Au moins je ne serai pas obligé d'apprendre les paroles. Je pourrai consacrer ma journée à des choses plus intéressantes. (*Il marque un temps.*) Me tailler une petite branlette, par exemple.

Il secoue la tête. Affaire classée.

– Qu'elle aille se faire foutre. Super. C'est une bonne nouvelle, mec. Ça fait toujours un truc de moins à penser.

David décide d'informer l'équipe de Nena de l'annulation du duo pour des raisons de production. Rob a une séance de massage. Il écoute les chansons de Pure Francis avec Stephen Duffy. Ce dernier suggère des arrangements et déclare, à la stupéfaction de Rob, qu'il faut un troisième nom à Pure Francis : Robert.

– Je crois que j'ai un mauvais karma aujourd'hui, soupire Rob.

Le show de ce soir est donné à l'Est, à la Waldbühne, un auditorium construit au milieu des bois, dans une combe naturelle où Hitler avait l'habitude de prononcer ses discours si inspirés.

Pompey lui fait remarquer la galerie souterraine. Le tunnel de Hitler. Une longue artère. Mais le chemin le plus rapide pour aller des coulisses à la scène. Il a été creusé en arc de cercle, afin que personne ne puisse tirer sur le dictateur à distance. Au fond de la scène, il y a une porte équipée d'un verrou : c'étaient les toilettes personnelles du tyran.

Rob emmène ses chanteurs et ses danseurs le long du fameux tunnel en lançant :

– Si vous êtes heureux, frappez dans vos mains !

À l'approche de la lumière, ils finissent en chantant tous ensemble le thème de *La Grande Évasion.*

Rob est au bar de l'hôtel en compagnie de musiciens que Max connaît. L'un d'eux, Dominic, révèle qu'il connaît Miss Legge, l'ancienne prof de musique de Rob. Il l'a connue par son ex-femme.

– Ça te rappelle de mauvais souvenirs, pas vrai ?

– Elle était effrayante, confirme Rob.

Les amis de Max posent des rafales de questions simples et directes – le genre de sujets que beaucoup de gens éviteraient d'aborder. Mais ils le font de façon détendue, et Rob leur répond.

– Comment tu travaillais avec Guy ? Comment vous vous y preniez pour écrire ?

– Il s'asseyait et je chantais.

– Vous ne vous parliez pas du tout ?

– Non. Pas vraiment.

– Bonne collaboration, cela dit.

– Formidable. Merde. Une collaboration absolument formidable.

– Quelle est la chanson dont tu es le plus fier ? Pardon... Ça fait vachement journaliste, comme question, non ?

– Non, non. C'est cool. *Feel. Angels. No Regrets.* Je ne sais pas trop, en fait. Je les détestais toutes. Mais j'étais en dépression. Je me prenais pour de la merde.

– Tu gardes un œil sur les ventes ?

– C'est comme aux Jeux olympiques. Si tu vends cinq millions, après, tu veux en vendre six.

Il leur parle de son prochain disque.

– Je travaille à quelque chose de vraiment différent. Une autre musique. Ce sera différent aussi à un autre niveau. Ça devrait se vendre d'enfer. Assez en tout cas pour que je puisse vivre heureux. Mais la célébrité, ce sera fini.

Une de leurs copines travaille dans la police. Elle a bossé sur l'affaire Fred & Rose, le couple de tueurs en série britannique. L'allusion réveille brusquement un souvenir.

– J'avais 10 ans, se rappelle Rob. J'étais dans le parc. Quelqu'un me suivait. J'ai dû sentir les vibrations. Il m'a filé jusqu'au poste de police. Là, il s'est barré. (Il marque un temps.) Le lendemain soir, il assassinait quelqu'un.

Il décide de se coucher de bonne heure et de goûter une nuit paisible. Mais alors qu'il se dirige vers l'ascenseur, une fille fluette et un peu givrée se cramponne à lui. Elle insiste pour qu'il vienne faire avec elle une partie de backgammon. L'affaire semble très importante, et elle panique littéralement quand elle voit la réalité refuser d'épouser ses projets. Elle devient de plus en plus hystérique. Rob entre dans l'ascenseur sans lui donner aucun signe d'espoir. La fille accepte finalement de réviser ses ambitions à la baisse.

– Laisse-moi le voir, supplie-t-elle Jason qui s'est interposé.

– Désolé, répond celui-ci. Il va se coucher.

– Robbie, je ne pourrais pas avoir un baiser ? J'ai bloqué deux journées entières rien que pour toi.

Ça recommence. Rob juge que la solution la moins douloureuse consiste à la prendre très brièvement dans ses bras et à lui faire un baiser sur la joue. Hélas ! cette gentillesse a pour seule conséquence de ranimer ses grands projets.

– Un backgammon, allez ! jappe-t-elle.

– Non, chérie, répète Rob avec lassitude.

– Chambre 103 ! s'exclame-t-elle, tout emplie d'espoir. Une seconde ! Attends... Retiens l'ascenseur. Je ne le toucherai pas. Je reste ici...

– Chérie, je suis vraiment fatigué. Je vais me coucher.

– Ne me fais pas ça ! implore la fille d'un air mourant.

Elle empêche la fermeture des portes de l'ascenseur. Ce n'est pas agréable de voir quelqu'un s'humilier ainsi.

– S'il te plaît. Arrête. S'il te plaît. J'ai réellement besoin d'aller dormir.

Gary et Jason, avec ménagement, la repoussent hors de la cabine. Les portes se referment. La fille gémit, vaincue.

L'ascenseur escalade les étages. Rob soupire :

– Une déséquilibrée.

Si seulement elle s'était contentée du baiser sur la joue. Elle compte maintenant parmi ces gens à qui l'on n'a rien demandé, et qui vivent mal le fait de n'avoir pas été récompensés de leurs sacrifices. Rob ira se coucher sans même avoir appris le plus étonnant : la façon qu'elle avait eue un peu plus tôt de s'adresser à Gary pour obtenir ce qu'elle voulait :

– Je pourrais lui parler ? Je ne suis pas une groupie. Même sa musique, je ne l'aime pas.

Rob, cette nuit-là, rencontre dans son rêve Simon le Bon, lequel se montre très aimable, très amical. À son grand soulagement, il ne se passe pas grand-chose.

Dans un bus, sur les routes allemandes, Rob et Max voyagent en compagnie des danseurs. Chacun raconte son premier baiser.

– J'avais cinq ou six ans, commence Rob. X vivait pas très loin de chez moi quand on avait sept ans. Un jour que je jouais près de chez elle, elle m'a entraîné dans les buissons, au fond de son petit jardin. Elle a baissé son pantalon. Elle m'a baissé le mien. Et elle m'a dit : « Mets-la-moi. »

– Noooon ! s'écrient les filles.

– C'est la vérité. Je le jure devant Dieu !

– Et qu'est-ce que tu as fait ? demande Max. Tu l'as un peu baisée ?

– Je ne savais pas ce que c'était. Je n'avais pas la moindre notion de sexualité. Et... (Il baisse la voix.) Et son slip était sale. De toute façon, moi, j'avais envie d'aller jouer au foot.

– Très bien, insiste Max, tu as sauvé ta virginité. Mais la première fois ? C'était où ? Avec qui ? Allez !

Rob raconte. Quand il en arrive à la question de l'odeur, les danseuses manifestent leur empathie et leur dégoût en poussant des cris stridents.

– Qu'est-ce que tu as fait ? s'enquiert l'une d'elle.

– Je le lui ai collé, répond Rob.

Rires, soupirs, gémissements.

– Avec une capote ? s'inquiète Max.

– Non.

Il continue sur un ton sarcastique :

– On n'avait pas encore inventé le sida. J'ai fait ça normalement. Bon, de toute façon, ça a duré trente secondes, pas plus. Dès que j'ai eu fini (je crevais de froid)... Dès j'ai eu fini, j'entends : « Encore... »

Nouveaux éclats de rire.

– Là, je me suis carrément pris pour James Bond. Je suis sorti sur le palier.

Il serre les poings et montre ses biceps : il était tout fier ce qu'il venait d'apprendre, et cette fierté n'était pas de trop s'il voulait arriver à cacher tout ce qu'il ignorait encore.

L'étape suivante est une petite ville non loin de Cologne. Les musiciens ont deux jours de relâche. Rob ne sait quoi penser des jours de congés sur une tournée. L'avantage, c'est de n'avoir pas à affronter le stress du show ; d'un autre côté, il est coincé dans un hôtel. Celui-ci a trois cents ans d'âge. C'est un palace baroque bâti sur une colline – il a servi jadis de pavillon de chasse, comme l'indique une plaquette d'information dans laquelle on peut lire : « Aujourd'hui, le grand hôtel cinq étoiles Schloss Bensberg appartient à la chaîne Althoff, et se destine à l'accueil d'hôtes prétentieux. »

Rob s'enfonce profondément dans son Championship Manager 4.

Dès qu'il entre dans sa chambre, Rob allume son ordinateur et s'occupe de l'équipe de Cardiff. Il joue cette nuit-là jusqu'à 5 heures et demie du matin avant de s'endormir. Lorsqu'il se réveille, l'après-midi, il recommence à jouer sans même sortir de son lit. Il ne se lèvera pas avant la tombée de la nuit. Il quitte alors non seulement sa chambre, mais l'hôtel. Il couvre à pied les 2 ou 300 mètres qui mènent en ville. Il s'achète une glace et des friandises. Au retour, les paparazzi le photographient. Ils sont là en permanence.

Rob remonte dans sa chambre, se recouche et rallume aussitôt son ordinateur.

– Je suis sorti un moment, se justifie-t-il. C'est affreux.

Cardiff est en seizième position dans la coupe.

Le lendemain après-midi, quand il se réveille, il a l'air éreinté. Mais il a pris une décision. En robe de chambre, il s'approche de moi. Il me présente le disque du Championship Manager 4.

Il ne le brise pas, mais il le plie et le replie jusqu'à le rendre inutilisable – jusqu'à avoir la certitude qu'il ne lui attirera plus d'ennuis. Et il l'abandonne sur l'une des innombrables tables qui meublent sa suite.

– Je n'ai pas envie d'en parler, lâche-t-il. Les gosses feraient mieux de lire, plutôt que de jouer à ça.

Jason regarde la première page du *Sonntag Express*. Voyons ce qui domine l'actualité aujourd'hui. « *20.45 Uhr, mitten in der Bensberger City* », annonce le journal.

– Tu vois, fait Jason, l'événement le plus intéressant de la journée d'hier, c'est que tu es allé à 9 heures moins le quart manger une glace en ville.

Le scoop est illustré par une photo de Rob ouvrant le bec au-dessus d'une glace au chocolat.

Un autre journal propose un article différent : la rebuffade de Nena. C'est en tout cas ainsi qu'elle et son équipe présentent l'affaire. Ils se plaignent que Rob ait le temps d'aller faire du karting avec Cameron Diaz, mais pas la courtoisie de passer lui-même un coup de fil à Nena. L'article fait état de toutes sortes de suggestions – pourquoi Tessa Niles, une des chanteuses de Rob, ne chanterait-elle pas le fameux duo avec une perruque style Nena ? Mais Rob s'en fiche.

Il regarde sur Eurosport une compétition de plongeon.

– D'avoir cassé ce Championship Manager 4, c'est comme avoir jeté de la coke dans les toilettes, lance-t-il. J'ai jeté trois sachets pleins de coke, une fois, dans les chiottes, pendant les vacances. Il était 10 heures du mat, et j'en avais encore trois dans ma chambre.

Max vient le voir.

– Quand est-ce qu'on partira en vacances ?

– Je n'ai pas l'intention de partir en vacances, mec. On verra l'année prochaine.

– Tu voudrais aller où ?

– Faire du ski.

– Le ski, ça se fait en groupe. Pourquoi pas plutôt les Maldives ?

– Qu'est-ce que je ferais toute la journée ? Je resterais assis au soleil ?

– Il deviendrait fou, intervient Josie.

– Je suis comme un enfant, leur rappelle Rob. Il faut que je joue tout le temps.

– J'ai des jeux, insiste Max.

– Je les connais déjà tous.

– Moi, ce que je voudrais, c'est me vider la tête, putain !

– Moi, c'est apprendre à franchir de hauts rochers sur mes skis.

Il y a une heure de route à faire, après le concert, pour regagner l'hôtel ancestral. En chemin, Rob dit avoir envie de dresser la liste des gens qui ont compté pour lui, de ceux qui l'ont influencé. Il aimerait afficher leurs photos dans l'entrée de sa maison à Los Angeles.

– Mork... Le Fonz... Homer... Starsky et Hutch... Norman Whiteside dans la coupe de football 85 – ma première coupe de foot, la première fois que je voyais du vrai football... Terry Butcher couvert de sang... Il y a eu aussi Muhammad Ali... Port Vale en 88... John Travolta, *Grease*... Wonderwoman... Et Batman, évidemment, celui où il escalade les façades... Spike Milligan... Dr Hook... Pet Shop Boys... Public Enemy... NWA... Un des Eazy E... De La Soul... Dr Dre... Eminem peut entrer dans le club aussi, ouais... Jay Z... Dusty Springfield... Bono... Bowie, *Hunky Dory*... Tous les Bowie, en fait... Elvis... Et Tom Jones... Pas ensemble, cela dit... Freddie Mercury... Il faudrait aussi une photo de Stephen Duffy... Fred Astaire, Frank Sinatra, Gene Kelly, Norman Wisdom, George Formby... Grace Kelly... Lauren Bacall, Humphrey Bogart... Dean, Sammy et Frank... Brigitte Bardot... Raquel Welch... Sean Connery et Roger Moore... Chewbacca, Han Solo, Boba Fett parce qu'il a toujours l'air méchant, le Millennium Falcon... Michael Jordan... David Beckham... Kobe Bryant et Shaq... Zidane... Bob Hope... Et Bing – j'ai déjà un grand poster de Bing... Les Krays... Peter O'Toole... Richard Harris... Oliver Reed... Keith Moon... Paul Gascoigne... La distribution d'*Auf Wiedersehen, Pet*, l'original... Alan Partridge... James Taylor... Ian Botham... Sid Vicious... Johnny Rotten... Bon, les Pistols... Barry McGuigan... De la Hoya... Roy

Jones Jr... Daley Thompson... Vic et bob... La Blackpool Tower... Bridlington... Le grand Ron Atkinson, en 85 toujours... Brian Clough... Qui était celui qui portait un feutre ? Il était super bien. Malcom Allison... Michael Caine dans *La Loi du milieu*... Daniel Day Lewis en Bill le Boucher... Et n'oublions pas Elton... Je n'ai pas de bonne photo de Ringo, mais j'ai George Harrisson... David Niven : cette grande photo quand il plonge dans une piscine avec un arc et une flèche... Ma nounou... Tupas et Snoop... Dave Allen... Dan Aykroyd et Eddie Murphy dans *Un fauteuil pour deux*... Je tiens à mettre aussi De Niro et Al Pacino, puisque tout le monde les a... Wayne Rooney... Jenson Button... Goldie Hawn dans *Benjamin*... Kris Kristofferson dans *Le Convoi*... Les deux comédiens de *Clair de lune*... Woody dans *Cheers*... Barry Sheen... Kevin Keegan... Ozzy... Slash... Les Banana Splits... Showaddywaddy – le premier concert auquel je suis allé... Scott Walker et Morrissey... Je mettrai aussi Oasis... Wembly, les Twin Towers... JFK... Lee Harvey Oswald... Jacqueline Bisset dans l'ascenseur... Kermit, Miss Peggy... Peter Sellers, Clouseau... Artful Dodger, Jack Wild... Monkey... Kirk Douglas en Spartacus... Sid James... Ça devrait aller pour commencer...

Rob papillonne au bar de l'hôtel. Il a bonne mine. Il remonte dans sa chambre. Il renvoie un de ses gardes du corps. C'est le genre de soir où il leur demande d'aller expliquer à une fille qu'elle a été remarquée par Robbie William, lequel serait vraiment ravi si elle acceptait de le rejoindre dans sa chambre et de lui faire profiter un peu de sa compagnie.

En principe, la fille ne dit pas non.

Mais ce genre d'expérience, bien souvent, n'a pas les prolongements que l'on pourrait espérer. Un phénomène se produit d'ailleurs de plus en plus souvent sur cette tournée : chacune des filles qui le suit dans sa chambre voudrait être différente de *la fille qui d'habitude le suit dans sa chambre* ! L'une d'elles a prodigué à un garde du corps une longue leçon. Sujet : la différence entre la fille qui monte dans la chambre du chanteur, et la fan. La première lui fait du bien – c'est son cas à elle, par exemple. Mais la seconde, non. La fan ne lui fait aucun bien. Elle l'ennuie. Alors que la fille qui monte ne l'ennuie pas. Que celles qui errent au bar dans l'espoir de se faire repérer par la star en prennent de la graine !

– Comment j'interprète ça ? fait Rob. Celles qui montent sont bizarres. Elles peuvent aussi bien t'assassiner. Alors que les fans, elles te laissent tranquille. Elles achètent tes disques et vont les écouter chez elles. Je crois que je préfèrerais être fan. Merde, elles sont bizarres ! Chacune entretient une relation avec moi, mais une relation dont je ne sais rien.

Rob pense aux filles qui couchent avec les musiciens, ou les membres de l'équipe, en raison de leur proximité avec lui ; il est de plus en plus convaincu qu'elles ne coucheront pas avec lui. Chacune veut affirmer sa différence. Elles passent des jours à traîner dans son hôtel, vêtues de leurs vêtements les plus sexy, dans l'attente du moment où elles auront enfin la possibilité se retrouver seule avec lui, couchées sur un lit avec l'objet de leur obsession. Il leur restera alors à prononcer leur phrase magique, cette phrase qu'elles voulaient à tout prix lui faire entendre, fût-ce au prix de leur propre vie :

– Je ne suis pas une groupie.

Plus personne n'est une groupie, de nos jours.

Rob ne cesse de l'entendre, cette phrase. Elles sont persuadées qu'il recherche une âme sœur. Alors que lui, ce qu'il veut à coup sûr, c'est baiser. Et cela le conduit peu à peu à la folie.

– Ce soir, je crois que je vais me faire une nana vraiment sympa.

C'est l'après-midi qui précède son deuxième concert au Shalke Stadium. Il n'en dira pas plus. Mais après *Monsoon*, il désigne une fille dans le public et demande qu'on la hisse sur la scène. Ils ont une longue embrassade ; puis ils s'assoient ensemble. Vient le début de *Come undone*. Il lui dit qu'elle est belle. Il s'allonge avec elle et la serre dans ses bras tout en chantant. Il se relève pour le premier refrain. Ils dansent lentement. Et elle s'en va. Il lui dit qu'elle a des seins adorables. De jolies lèvres, aussi. Il lui demande si elle n'était pas déjà là hier, habillée autrement.

Cela n'était jamais arrivé ; c'est le début de quelque chose.

– Elle puait ! s'exclame-t-il dans le van.

(C'est un problème récurrent chez lui.)

Cela mis à part, et le fait qu'il soit exténué, le concert était un triomphe. Le public était encore plus déchaîné que la veille. Presque trop, en un sens. Une fille a essayé de sauter sur le toit d'une cabine de WC mobile qui s'est écroulée sous son poids. Elle a fini dans les chiottes avec une jambe cassée.

– Ce qu'il y a de génial avec ces foules, c'est qu'elles restent loyales jusqu'au jour où...

Il s'interrompt. Il vient de se rendre compte que sa phrase l'a conduit à un cul-de-sac, et qu'elle ne donnera rien de bon. Mais il va jusqu'au bout quand même :
– Jusqu'au jour où je leur dis vraiment ce que je pense.

Le milieu du journalisme américain a été secoué par le scandale Jayson Blair, ce reporter du *New York Times* qui a fabriqué ses informations de toutes pièces, et depuis longtemps. L'enquête, qui finira par coûter son poste au patron du journal, contribue à mettre sous les projecteurs d'autres reporters, comme Lynette Holloway, dont le nom devient connu du public alors que nous sommes dans notre hôtel près de Cologne. Lynette Holloway avait l'art de bâcler son boulot, et l'un de ses exploits les plus souvent cités est un article qu'elle avait publié en mars, dans lequel elle affirmait que 4 millions d'albums d'*Escapology* avaient été expédiés aux États-Unis. Elle présentait la chose comme un « fait », et surtout comme la « preuve » de l'échec américain de Rob : 4 millions d'albums importés ; 100 000 vendus.

Sauf que ça n'a jamais été vrai. Ça ne pouvait pas l'être. L'erreur était stupide ; elle était grave – et l'on éprouve une petite satisfaction à l'idée que justice soit faite, même tardivement. Conséquence de l'enquête, la journaliste a fini par démissionner. Bien sûr, il est trop tard pour rattraper les choses : le mal est fait, et bien fait.

12

Dans l'avion qui nous emmène à Amsterdam, Rob se lève et remonte l'allée en montrant ses fesses nues. Lors du dernier vol, il exhibait ses parties.

La réception de l'hôtel Amstel Intercontinental est habillé de panneaux de bois et de peintures. Rob pense qu'il devrait refaire dans cet esprit l'entrée de sa maison de Los Angeles.

– J'ai envie d'avoir chez moi le *Cavalier souriant* de Hals, déclare-t-il. *La Charrette de foin* de Constable.

– Le *Combat téméraire* de Turner, suggère Pompey.

– Non, rechigne Rob. C'était le problème chez ma nounou : elle n'avait pas le *Combat téméraire*.

En arrivant dans sa suite avec fenêtres sur le canal, il s'assied.
– Josie, je pourrai aller jouer au golf demain ?
– À quelle heure veux-tu y aller ?
– Je ne sais pas. Pourquoi tu me stresses comme ça, Josie ?

Ce soir-là, il regarde un moment une émission sur Jeff Buckley qui finit par l'insupporter.

– Je veux dire... Dieu le bénisse, mais tout ça, pour moi, ce sont des jérémiades.

Il préfère se passer une vidéo d'un documentaire récent : *The Importance of Being Morrissey*. La folie de Noel Gallagher le laisse perplexe. Il est en revanche très excité d'apercevoir le Runyon Canyon derrière Morrissey. Et il apprécie beaucoup la scène où apparaît une Australienne qui a remporté, l'année précédente, un concours dont le but était de rencontrer Morrissey.

– Tu m'as rendue si heureuse, lui dit-elle. Et tellement de gens avec moi.

– Ce n'était pas mon intention, réplique Morrissey – sans animosité, cela dit.

– C'est stupéfiant, commente Rob. Je ne suis pas fâché d'avoir ce plan Pure Francis. Au moins je ne risque pas de devenir comme Morrissey. Tu vois, moi, ce que je recherche, c'est la clé de l'émotion. Avec un brin d'ironie. Lui, c'est n'importe quoi.

Je fais remarquer que Morrissey et lui se ressemblent en un sens – ils sortent leur chien au même endroit et ils vivent de la même façon à Los Angeles. Pourtant, d'un autre côté, ils ne pourraient être plus différents.

– Ouais, acquiesce Rob. Il aime être seul, pas moi. Là où je ferais un détour pour aller écouter les conneries qu'on a décidé de me dire, lui dirait tout simplement non. Il dirait je m'en fiche. Et sa réaction serait authentique.

Il se lève.

– Je vais allumer mon ordinateur et l'écouter.

Il regagne la chambre en chantant :

– *I was happy in the haze of a drunken hour... In my life, why must I waste valuable time ?*

Le lendemain après-midi, au réveil, il regarde par la fenêtre le bar de l'autre côté de la rue, six étages plus bas. Josie, Lee et Gary prennent tranquillement un café en terrasse. Rob ouvre la fenêtre et se met à brailler :

– Super ! Ne vous en faites pas surtout ! Pendant que je suis enfermé ici tout seul ! Mon jour de congé !

La prochaine fois qu'il sera cerné par les paparazzi, prévient-il, il mettra des haut-parleurs à la fenêtre et leur chantera *Suedehead* de Morrissey en boucle.

Why do you come here when you know it makes me sad ?

Le lendemain, je trouve sur mon ordinateur un e-mail en provenance des États-Unis, acheminé par l'intermédiaire de *Rolling Stone*. Le bruit a couru dans les journaux, ces derniers mois, que je travaillais à un livre sur Rob. Je suppose que mon correspondant cherche à communiquer avec lui à travers moi. D'abord, je décide de jeter ce message probablement expédié par un dingue. Puis je prends conscience qu'il contient une menace particulière – folie ou pas, peut-être vaut-il mieux ne pas l'écarter trop vite. Je lis la suite. Il y est fait allusion à un message antérieur qui m'aurait été envoyé ; si tel est le cas, je ne l'ai pas reçu.

NOUVEAU MESSAGE TRÈS URGENT À L'ATTENTION DE CHRIS HEATH : UN DANGER MENACE ROBBIE WILLIAMS

Cher M. Heath, je n'ai pas reçu de réponse de votre part. Je vous ai fait parvenir une information selon laquelle M. Williams encourait un grand danger le 11 juin. Mais j'ai commis une erreur. En allemand, juin et juillet sont presque indiscernables : juni *et* juli. *Il se trouve que l'événement s'est produit le 11 juillet. Non pas à Londres, mais à Mannheim. C'est arrivé hier soir. Mais c'est quelqu'un né à Londres qui en est responsable. Peut-être un membre de la tournée. Il a moins de trente ans. Le crâne rasé. Ce projo qui est tombé, ce ne sont pas les techniciens qui en sont responsables, c'est lui, cet homme, un gay.*

J'ai reçu un message annonçant qu'il allait se faire tuer. Le projo n'est donc peut-être pas tombé par hasard : il était censé tomber sur Robbie. J'ai du mal à me concentrer sur ce problème, car j'ai trois enfants qui n'arrêtent pas de me déranger, sans parler de mes ennuis. En plus, ils me connaissent. Et j'ai perçu déjà pas mal de mauvaises vibrations de la part de tous ses ennemis. Car le monde de la science ne dort pas, si vous voyez ce que je veux dire.

Il a eu beaucoup de chance. C'est son ange gardien qui veillait sur lui. « Par lui elle me protège, et me donne plein d'amour... » *Ses chansons sont toujours prémonitoires. Il a eu aussi une seconde vision.*

Mais c'est votre tour, maintenant, d'être responsable de sa vie ou de sa mort. En effet, le deuxième incident devrait se produire à Anvers le 22. Un problème avec la corde à laquelle il se suspend. Cela risque de se révéler très dangereux. Il ferait bien d'engager un privé, ou un garde du corps spécial, s'il veut coincer le criminel la main dans le sac.

Maintenant, si vous ne faites pas parvenir ce message à Robbie Williams, je l'enverrai au Bild Zeitung, *ou à CNN, à MTV, ou encore à Radio 7, ainsi vous y gagnerez la réputation d'un journaliste qui fait du fric en écrivant la biographie d'une star déjà morte. À vous de jouer. Dieu vous bénisse tous.*

Suit le nom de l'expéditeur et son adresse e-mail en Allemagne. Je transmets le message à Josie. Elle en discute avec Pompey. Ils décident de renforcer la sécurité à Anvers. D'un point de vue rationnel, cet avertissement est du délire pur – un terrifiant délire, cela dit, étant donné l'angoisse qu'il déclenche. D'un autre côté, Rob est souvent le premier à inciter ses proches à prendre au sérieux les présages, les prédictions et autres prémonitions. Alors ? Peut-on sérieusement traiter l'affaire par le mépris ?

La femme qui est venue dans la chambre de Rob à Vienne – et à propos de laquelle, vu le numéro qu'elle avait fait au bar de l'hôtel, il s'était demandé s'il ne s'agissait pas d'une prostituée –, a vendu son témoignage à la presse. On lui résume ses déclarations.

– Bon, en somme, réfléchit Rob à haute voix, elle ne dit pas : « Ce que j'ai fait, c'est que je suis montée dans sa chambre. Je ne parlais pas très bien l'anglais. Alors j'ai juste ôté mes vêtements, je l'ai sucé, je me suis rhabillée et je suis partie. » Elle ne dit pas ça ?

– Non, confirme Josie.

Ce que dit l'article, c'est que Rob essayait de nier qu'il était Robbie Williams et aurait prétendu être le manager écossais d'une équipe de football.

Le courrier afflue : cadeaux, messages, invitations. Certains sont accueillis avec gratitude, d'autres non. Rob reçoit aujourd'hui une chemise d'Arsenal – le maillot que portait cette équipe lors de la dernière coupe. C'est Dennis Bergkamp qui l'apporte à l'hôtel. Le présent est accompagné d'un mot manuscrit de la main de Tommy Hilfiger. Skin, pour sa part, lui offre timidement un sac en cuir Yohji Yamamoto. Josie lui annonce que Skin est invitée en août chez Billy Connolly.

Dans sa loge, avant le spectacle, Rob gratte un moment sa guitare. Il joue *Better Man* et *Nan's Song*. Puis il écoute des disques de U2. Il chante avec eux *Who's Gonna Ride your Wild Horse* :

– ... *you're an accident, waiting to happen.* (« Tu es un accident sur le point de se produire. »)

Ces paroles, qui me ramènent au fameux e-mail, me font frissonner, mais je ne dis rien.

– J'ai la trouille, ce soir, avoue-t-il aux musiciens juste avant d'entrer en scène. À chier dans mon froc. 60 000 personnes... Je voudrais aller me coucher.

Sur scène, il n'en paraît rien. Il fait de nouveau monter une fille sur le plateau pendant *Monsoon*. Cette fois, il y va carrément : de vrais baisers goulus. Ce concept, Rob l'a emprunté à Bono. Sauf que Bono, quand il fait monter une fille sur scène, il garde une certaine réserve. Il se tient dans les limites du respect. Rob n'a pas ces scrupules : on s'attend presque à le voir faire l'amour en direct.

À la fin de la chanson, la fille s'empare du micro, déclare s'appeler Sabine et se présente comme la « future Mme Williams ». Rob lui jette le regard surpris que justifie cette réaction bizarre, mais ne donne pas aux musiciens le signal de départ de *Come Undone*. Au contraire, il s'allonge sur scène avec Sabine et lui embrasse le cou. Elle lui soulève sa chemise et lui caresse le dos. Puis elle vient sur lui. Elle déboutonne maintenant sa chemise. Les danseurs attendent sur le côté du plateau, et regardent la scène. La fille est toujours à cheval sur Rob qui lui ébouriffe les cheveux – en partie pour tenter de reprendre le contrôle de la situation, selon moi. Mais Sabine ne se laisse plus arrêter. Elle bouge sur lui.

Au deuxième couplet, Rob parvient à la faire se relever. Ils dansent. Elle porte un T-shirt qu'elle a peint elle-même dans des motifs à la fois tendres et effrayants. Elle danse en se caressant doucement le ventre.

J'échange mes impressions avec David. Impossible de savoir si Rob s'amuse ou non. Il réclame bientôt sa guitare acoustique.

– Voilà quelque chose que je ne devrais pas faire, prévient-il.

Et il chante tout seul deux des morceaux qu'il jouait dans sa loge avant d'entrer en scène. Désormais, il renouvellera l'expérience presque chaque soir.

Puis vient *Feel*. Il présente la chanson à coup de phrases pleines de sincérité, mises au point au fil des derniers concerts.

– Voici une chanson que j'ai écrite quand j'étais un peu déprimé. J'avais le sentiment de ne pas mériter ce qui m'arrivait. Je ne méritais pas d'être sur scène, devant vous. Je ne méritais pas la vie que je menais. Je me prenais pour une merde. Et j'ai écrit ça. Aujourd'hui, je suis l'homme le plus heureux de la terre. Et je me dois de vous en remercier. Merci !

En coulisses, alors qu'il se change pour les rappels, je le trouve rayonnant.

– C'était génial, savoure-t-il.

La seule chose qui lui ait fait un peu peur, c'est pendant les baisers avec la fille : il a craint de perdre le contrôle de la situation.

– Je lui disais : « Arrête ! Ça suffit, merci. » Mais elle continuait. Je ne savais plus quoi faire.

Sara Cox est en ville pour une interview. Elle se présente le lendemain après-midi avec son producteur et un preneur de son. Rob, durant le concert de la veille, lui a dédié *Angels*. Mais elle était déjà partie. Quand ils se sont vus en fin de soirée au bar de l'hôtel, elle refusait de croire qu'il avait fait ça.

À présent il est dans sa chambre. Il regarde le golf à la télévision. Juste avant qu'elle n'arrive, il va pisser. Il profite de ce passage dans la salle de bains pour admirer ses tatouages. L'espace d'un instant, il se demande comment il se sentirait si on les lui retirait.

Ils feront l'interview allongés sur un lit dans la suite. Celui sur lequel dort Pompey, en l'occurrence. Six personnes sont présentes. Elle n'arrête pas de tirer sur sa minijupe.

– Mets-toi donc un oreiller derrière, suggère-t-il. Comme ça tu arrêteras de penser qu'on voit ta culotte.

Il lui tend un oreiller. Il trouve qu'elle a des pieds étonnamment robustes, et plaisante sur ce thème. Avant d'allumer le magnétophone, ils bavardent sur l'amour, le fait d'être amoureux, etc. Elle lui explique qu'elle ne tient pas à aller voir *Moulin Rouge* avec son mari, à cause de Kylie Minogue.

– Voilà un bail que je n'ai plus de copine, rebondit alors Rob. Je ne suis amoureux de personne en ce moment. Sauf de la personne avec qui je suis...

Elle lui fera plus tard des confidences sur son mari : il lui a fait son premier massage, il a préparé trois fois le dîner en une semaine, et il la complimente sur sa beauté. Rob évoque ses liaisons qui n'ont pas marché : quand il voyait venir la fin de l'histoire, il essayait toujours d'échapper à la culpabilité en invitant sans arrêt sa copine à sortir.

– C'était pour tenter de la refiler à un autre, en fait. Je faisais un peu le maquereau. Je lui montrais quelqu'un. « Il est bien, non ? Cool et tout. Il paraît qu'il est marrant, en plus... » En fait, je me disais que si elle devait partir, autant que ce soit avec quelqu'un dont je ne serais pas jaloux.

– Ouais, approuve Sara. Si tu l'aimes, laisse-la partir, mais pas avec quelqu'un qui...

– Si tu l'aimes, la coupe Rob, laisse-la partir. Mais pas avec Liam Gallagher.

Rire général.

Elle est venue au bon moment. Rob est d'humeur à flirter, à plaisanter, mais aussi à parler sérieusement. Ils discutent un moment de la dépendance à la drogue ou à l'alcool, des tournées, du fait d'embrasser les filles sur scène. Sara profite de l'occasion pour aborder un sujet difficile :

– Les petites pilules du bonheur, comme tu les appelles, tu en prends toujours, ou bien...

– Eh bien, oui. Oui. Apparemment, il y en a plein qui circulent en ce moment. Et personne ne veut plus en parler. Ni en Angleterre ni ailleurs. Moi, je crois qu'il vaut mieux être honnête avec ça... Alors ouais, bon, j'en prends. Ça m'aide quand je perds l'envie de vivre sur cette planète, tu vois.

– Pardon... La question ne t'a pas fâché ?

– Pas du tout. Mais bon, tu fais allusion à un problème, là... En fait, si j'en parle, c'est qu'il y doit sûrement y avoir un tas de gens qui souffrent comme moi, et ne savent plus quoi faire. J'y pense souvent, tu vois. Je ne m'imagine pas en prendre jusqu'à la fin de mes jours, mais je crois que c'est une affaire de... Écoute, c'est comme quand un gosse se fait renverser à la sortie de l'école, et qu'on décide d'installer des ralentisseurs. C'est pareil.

– C'est une façon très intelligente d'exprimer les choses.

– Il y a ce stigmate qu'on colle sur les gens : « Oh, quel type bizarre... » D'autres personnes te disent : « Qu'est-ce qui t'a fait tomber dans la dépression ? » Mais on ne tombe pas en dépression pour une raison particulière ! Ce n'est pas une question de situation, de statut ou autre. C'est un truc chimique, ça se produit dans ton corps... Tu sais quoi ? Je pense que c'est parce que j'ai pris trop d'ecstasy. La voilà, la vérité. Quand tu prends de l'ecstasy, ton cerveau libère des quantités atroces de ce truc, la sérotonine...

– Ah, ouais, la sérotonine...

– C'est elle qui fait que tu te sens « génial ». Tu te sens « génial » parce que tu en as plein la tête. Dès que tu en manques, c'est la dépression.

L'essentiel de cet échange sera diffusé sur Radio One la semaine qui précédera Knebworth. L'information sera reprise par les tabloïdes, lesquels ne retiendront de l'interview que l'idée que Rob attribue principalement à l'ecstasy sa tendance à la dépression. Ce qui n'est pas le cas.

– C'est sûr que ça n'aide pas, précisera-t-il plus tard. Mais réflexion faite, non. J'étais déjà déprimé à quatorze ans, à quinze ans, à seize ans. Et je n'avais jamais pris d'ecstasy.

L'explication est peut-être que l'ecstasy vous procure d'abord l'illusion d'échapper à la dépression ; ensuite elle épuise les défenses qui devraient vous permettre d'y résister. C'est un peu comme être pauvre, et s'imaginer que la solution réside dans un gros découvert à la banque.

Sara s'en va presque tout de suite après l'interview. Rob se retrouve avec une longue journée devant lui. Il souffre de plus en plus d'être ainsi piégé dans un hôtel, jour après jour, par les circonstances et la célébrité. Il s'ennuie. Peu avant la tombée de la nuit, il décide qu'il a besoin de sortir un moment. Besoin de marcher.

Comme il s'y attendait, une douzaine de fans l'entourent dès qu'il franchit la porte de l'hôtel.

– Allez, les filles, supplie-t-il. Je vais faire un tour, alors laissez-moi tranquille. Je m'ennuie, j'ai envie d'une balade.

Il commence à descendre la rue qui s'éloigne du canal. Nous sommes à une centaine de mètres de l'hôtel quand il prend conscience d'un phénomène étrange. Quelque chose d'inhabituel : aucune fille ne marche derrière nous. Je me suis souvent demandé pourquoi il se pliait à cette comédie qui consiste à prier à chaque fois ses fans de ne pas le suivre, en sachant qu'elles le suivront quand même. Je comprends aujourd'hui que le fait d'exprimer de cette manière des désirs raisonnables représente pour lui un moyen de rester humain. Il sait très bien qu'il ne sera pas entendu quand il s'adresse à elles en ces termes. Il sait qu'elles ne tiendront pas compte de ses désirs. Pourtant, ce soir, le message semble avoir porté ses fruits. Pour comprendre ce que signifie pour lui cette simple attention, le bien qu'elle lui fait, il faut se représenter les milliers de fois où elle ne lui a pas été consentie.

C'est aussi ce qui donne sens à l'attitude paradoxale qu'il adopte en réaction. Il tourne les talons et repart à la rencontre de ses fans, comme un détenu libéré qui demanderait à réintégrer sa cellule.

– Parce qu'aucune de vous ne m'a suivi, lance-t-il, venez, je vous offre un verre.

Elles sont treize. Il les emmène au bar en face de l'hôtel – ce bar après lequel il criait la veille, penché à sa fenêtre. Nous nous asseyons en terrasse. Les questions commencent à fuser. Ce qui intéresse les fans, c'est l'histoire de la fille qui monte sur scène. Rob commande à manger et à boire. Elles veulent aussi savoir ce qu'il a fait toute la journée.

– Rien, répond-il. J'ai regardé le golf. Ensuite il y a eu une interview pour une radio anglaise.

– Il y a une piscine ? demande l'une des filles.

– Ouais, fait-il, surpris. Mais je n'y suis pas allé.

– La photo, c'était bien ?

– On n'a pas fait de photos...

– Il y a eu un flash.

– C'était un mariage. Ce n'était pas pour moi.

Elles ont joué leur rôle de fans. Elles ont attendu toute la journée à la porte de l'hôtel. Elles ont essayé de saisir les maigres éléments qui se présentaient à elles, et de les intégrer à ce qu'elles s'imaginent être la vie d'une pop star. L'ennui, elles n'y songent pas. Ni aux moments que Rob passe à marcher de long en large. Ni aux sempiternelles tasses de thé. Ni aux émissions qui défilent sur le câble, et qu'il regarde couché dans sa chambre.

Elles l'interrogent aussi sur d'autres thèmes : Los Angeles, les chiens, Justin Timberlake, Take That, son interprétation de *Mack the Knife* lors d'un karaoké, son premier tatouage à la jambe, à dix-huit ans, à Amsterdam. Rob repère quelqu'un de l'autre côté de la rue. Est-ce un paparazzi ? Il se baisse et se cache derrière les genoux de ses fans.

Quand il se relève, elles lui demandent ce que fait Kelly Osbourne dans cette tournée. Elles ne comprennent pas la raison de sa présence.

– C'est une chanteuse intéressante, explique-t-il. Donnez-moi le nom d'une pop star intéressante. Christina Aguilera ? Elle n'est *pas* intéressante.

L'une des fans suggère un nom : Jewel.

– Elle sait chanter, concède Rob. Génialement, même. Elle est superbe. Mais elle n'est pas *intéressante*. Kelly Osbourne, elle, est vraiment, vraiment intéressante. On a besoin de gens capables, comme elle, de tout envoyer chier.

– Et Britney Spears ?

– J'aime Britney Spears. Mais elle n'est pas intéressante.

– Il y a Björk, propose fermement l'une des filles.

– Björk est intéressante, admet Rob. Mais ce n'est pas une pop star. C'est une étrangère. Au bon sens du terme, je veux dire.

Il décide qu'il est l'heure de remonter dans sa chambre, maintenant. Il a un livre à lire, un ouvrage de Jon Ronson que je lui ai donné.

– Sur les théories du complot, détaille-t-il. Les histoires d'ovnis. Des trucs à virer parano. Comme si je n'avais pas déjà assez de raisons de virer parano.

De la fenêtre de sa chambre, il constate que les filles sont toujours à la terrasse du bar. Il leur fait signe avant de tirer les rideaux pour la nuit. Quand il se lèvera, à 6 heures du matin, il sera parvenu à la conclusion que le personnage le plus effrayant du livre est le révérend Ian Paisley qui lui inspire plus de frayeur que les islamistes, les membres du Ku Klux Klan ou ceux qui croient en une conspiration mondiale des lézards.

Peu après 13 heures, Josie essaie de le réveiller en douceur.

– Tu es encore un petit peu fatigué, hein ?

– Ouais, grogne Rob, faiblement.

Il titube dans le séjour. Il regarde fixement son bol de céréales duquel il prélève les morceaux de papaye et de kiwi qu'il dépose sur le journal.

– Je n'arrive pas à sortir de mon rêve, dit-il. Un rêve sur des enfants tombés dans les limbes... Ils n'arrivaient pas à passer de l'autre côté.

– J'étais dans une vieille maison, à Tunstall, poursuit-il doucement. Ils ne savaient pas qu'ils étaient dans les limbes. Ils ont commencé à déplacer des objets. Ils sont venus dans mon lit. J'avais dans mon lit Max, Chris Sharrock et ces deux esprits. Il fallait que je trouve un moyen de les renvoyer chez eux...

Je demande à Rob s'il a informé les esprits qu'ils étaient dans les limbes.

– Eh bien... Quand je le leur ai dit, ça les a rendus tout penauds.

Sara Cox nous rejoint dans l'avion pour réaliser la dernière partie de l'interview. Rob commence par jeter un coup d'œil sur la presse anglaise. Il tombe sur un article assez triste racontant les misères de Paul Gascoigne.

– J'espère qu'il tient le coup, murmure Rob. Avant, il m'appelait. Quand je jouais au foot le dimanche matin. Chaque fois que j'étais sur le point d'aller jouer, vers 9 h 30, il me téléphonait complètement cuit.

Après le décollage, il disparaît dans les toilettes avec des achats que Josie a faits pour lui. Sara Cox parle dans son micro : elle plante le décor pour ses futurs auditeurs. Elle décrit ainsi la situation :

– L'avion n'est pas du tout rempli de gens pas nets...

À ce moment, Rob est de retour, coiffé d'une perruque noire bouclée, vêtu d'un soutien-gorge noir ajouré, d'un collant en filet qui laisse les fesses entièrement nues, et d'un string rouge vif qui lui soutient les parties viriles. Il parade un instant dans l'allée. Sara interroge l'hôtesse :

– Ça lui arrive souvent ?

– Normalement, il se contente de montrer son derrière, répond l'hôtesse avec obligeance.

Rob regagne son siège.

– Bon, alors, cette interview, on la fait ?

– Ça te plaît, hein ! s'esclaffe Max.

Rob semble abasourdi par cette remarque.

– Ça ne me plaît pas du tout, nie-t-il. On se sent bizarre.

Il demande à Josie de bien vouloir aller lui chercher ses vêtements dans les toilettes.

– J'ai mis un collant en filet, souligne-t-il. On se sent vraiment bizarre avec ça. Et un soutien-gorge.

– Franchement, reprend Max, tu aimes ça.

– Pas du tout, réplique à nouveau Rob, indigné. Je me sentais réellement bizarre dans les toilettes. Mais je suis dit qu'il fallait suivre l'idée jusqu'au bout.

Il se couvre de son pantalon noir afin de pouvoir enlever son string sans choquer l'assistance. Sara Cox demande le collant en guise de cadeau pour les auditeurs de Radio One.

– Je ne crois pas que ce soit une bonne idée, rechigne Rob.

Il fait un rêve où il est question de chiens, d'un procès en Italie, d'un flipper et d'un ascenseur. Tout est en grand désordre. Il a toutes les peines du monde à se décider avec Josie d'une tenue pour le tribunal.

– Ça concerne un mariage, lui précise-t-il.

Il se rend compte qu'il lui faut changer de costume, s'il ne veut pas exhiber ses tatouages.

– Je vais montrer mettre mon autre costume, tranche-t-il. Il nous reste combien de temps ?

– On avait deux minutes, répond Josie. On avait deux minutes il y a deux minutes.

13

La tournée se plie aux rythmes changeants de Rob. Au fil des semaines, il se réveille de plus en plus tard. À la fin, il est pris de nouveau dans les habitudes de vie qu'il détestait tant au terme de sa dernière tournée en Asie : il se lève au milieu de l'après-midi, se prépare pour le concert, chante puis se met en quête d'un divertissement quelconque : l'amour, ou toute autre distraction pour la nuit. Avec le temps, il a l'air de moins en moins heureux. Il grince des dents. Il traîne. Jour après jour. Les efforts de son entourage pour le soutenir sont visibles. On l'aide à tuer le temps, à tenir le coup – moins pour des raisons pratiques, d'ailleurs (la tournée n'existerait évidemment pas sans lui), ou professionnelles (Rob est leur patron), que parce qu'ils partagent désormais sincèrement, et de plus en plus, sa vision de la torture que représente un tel périple. Il y a quelque chose en lui qui inspire aux autres le désir de l'épauler, de lui faciliter l'existence.

Après son réveil, et plus tard après le concert, il ne cesse de quitter sa chambre pour aller rôder dans l'hôtel le bar, le restaurant, le salon – dans l'espoir qu'il lui arrivera quelque chose d'intéressant. Il passe d'un lieu à l'autre avec cette façon bizarre, bien à lui, qui surprend ceux qui ne le connaissent pas. Par exemple, il se précipite toujours hors de la pièce sans attendre. Peut-être a-t-il développé cette habitude pour ne pas avoir à subir les rituels de politesse, ou ce qu'ils impliquent comme attentes, requêtes et exigences. Les civilités, au moment de prendre congé, peuvent en effet se révéler atroces pour les gens célèbres. Le commun des mortels peut disparaître sur un simple bonsoir, la star, en partant, prive toujours une personne de la dernière chance qui lui restait de pouvoir échanger enfin quelques mots avec elle. Mais peut-être ne s'agit-il, chez Rob, que d'une simple habitude chez un homme rompu au luxe – un peu comme le fumeur allume une cigarette sans en avoir vraiment envie.

Quoi qu'il en soit, lorsque Rob a envie de s'en aller, il s'en va. En général, il ne se fend même pas d'un salut de la tête. Et il file au plus vite. Comme nombre d'artistes charismatiques, il sait comment il doit pénétrer dans une pièce s'il veut attirer les regards. Mais il a appris aussi à disparaître sans se faire remarquer – don ô combien plus utile. Si vous souhaitez le suivre, vous allez devoir faire vite, vous aussi, peut-être même interrompre brutalement une conversation. Je me suis interrogé sur ce point en termes d'étiquette : le fait qu'il s'en aille sans m'inviter à le suivre, est-ce précisément une invitation à ne pas le suivre ? Est-ce de sa part une attitude brutale ? En réalité, Rob ne manque de respect à personne quand il agit ainsi. Il vit entouré de gardes du corps, aussi ne peut-il s'attendre, quand il prend congé, à voir quelqu'un lui emboîter le pas aussitôt, régler sa propre existence sur ses désirs à lui, ou encore se mettre à sa disposition. Son attitude signifie plutôt quelque chose comme : « Je m'en vais parce que j'en ai envie. Faisant cela, je comprends que tu puisses avoir, toi, envie de me suivre, ou de rester... En tout cas, moi, je suis déjà parti... »

Là où cette attitude peut se révéler gênante, surtout dans les bars et les hôtels, c'est qu'il est impossible de savoir si Rob s'en va pour de bon, ou s'il ne fait en réalité que se rendre aux toilettes. Celui qui veut rester en sa compagnie peut se retrouver quelquefois en train d'attendre à la porte des lavabos avec Pompey, Gary ou Jason ; tout cela pour regagner le bar, au bout de quelques minutes, avec Rob.

À Anvers, dans les coulisses, Rob regarde le Queen Day sur VH1. Puis il écoute la chanson de Nancy Sinatra *These Boots are Made for Walking*. Il révèle que Britney Spears avait exprimé le désir de venir chanter ce morceau avec lui pour l'album *Swing when you're Winning*. Ça ne s'est pas fait. Inversement, Rob voulait chanter en duo *Some Velvet Morning*, mais ce n'était pas du tout le truc de Britney.

Avant d'entrer en scène, il chauffe les musiciens. Il leur demande de se défoncer pour le public.

– Sérieusement, fait-il. Ils vivent à Anvers. Ils s'ennuient à crever. Personne au monde ne s'emmerde comme eux. Alors faisons-leur passer une putain de bonne soirée. Qu'ils puissent prendre leur pied. Se marrer. Pleurer.

Depuis que j'ai reçu cet e-mail, je ressens de l'anxiété avant le début du spectacle. Mais, chose curieuse, j'oublie la menace précisément le soir où elle est censée se concrétiser. Ce n'est pas plus mal, car le début du spectacle est plus ou moins un fiasco. Il n'y a pas assez de place, sur le plateau, pour accueillir l'écran, de sorte que Rob se retrouve suspendu derrière deux immenses draps blancs supposés retomber comme un rideau de scène – sauf qu'ils refusent de descendre, justement, en dépit des efforts déployés par les techniciens durant d'interminables secondes. Pire : le public aperçoit Rob.

Les spectacles prennent une tournure de plus en plus bizarre au fur et à mesure que croissent l'ennui et la frustration de Rob. Mais ce soir, l'excentricité est à son comble : Rob ne cesse de chanter des morceaux empruntés à d'autres artistes. Il s'emporte contre les spectateurs qui s'asseyent, en leur disant qu'ils ne sont pas à un concert de Sting. À la fin du spectacle, après *Rock DJ*, il tient le propos le plus singulier de toute la tournée. Son discours est introduit par une interprétation improvisée de *Hot in There* de Nelly.

– Voilà le dernier morceau. Ouais, je sais, je sais ! J'ai dit que j'en ferais plus, et ils ont dit... *Non*. Et puis merde. Qu'ils aillent se faire foutre. Les pouvoirs qui nous contrôlent, tous autant que nous sommes. Ah ! les puissances secrètes ! Ah ! les lézards de 30 mètres !

Un temps.

– Les petits bonshommes à moustache.

Nouvelle pause, plus longue.

– Les femmes de taille moyenne avec de gros seins. Tous, ils exercent leur contrôle sur moi. Je ne sais rien de vous. Sans la prochaine chanson, je ne serais nulle part. Vous auriez les yeux fixés sur une scène vide. Et ce serait... ailleurs, j'imagine.

Après cette surprenante tirade, lui, en revanche, revient chanter *Back for Good*. D'ordinaire, il en écorche les paroles, mais pas cette fois.

– Chantez avec moi pour Barlow ! *I got lipstick marks...*

Manifestement, le public anversois ne voit rien d'étrange dans tout cela. Un des talents de Rob réside dans sa capacité à triompher en produisant au moins deux sortes de styles totalement contradictoires : une musique pleine de grâce (*Feel* et *Angels*, par exemple – auxquels je donne instinctivement ma préférence), et des musiques merveilleusement dépourvues de la moindre grâce (*Rock DJ*, par exemple, ou *Monsoon*). De même qu'il peut demander aux filles de montrer leurs seins, ou mener instantanément son public au bord des larmes. Il est évident que ces forces contraires ne demandent qu'à entrer en collision ; aussi l'expérience exige-t-elle beaucoup de volonté et de sens du compromis – un peu comme si la science et la religion flottaient l'une à la rencontre de l'autre, puis s'éloignaient. En tout cas, le public se révèle parfaitement apte à prendre ce qui lui plaît d'un côté comme de l'autre.

De retour à l'hôtel, au buffet, il allume une nouvelle cigarette. Tous ses paquets de Silk Cut sont habillés de parodies de messages de santé publique qu'Andy Franks est allé dénicher sur Internet : « La nicotine vous protège du sida » ; « Fumer vous donne l'air plus cool » ; « Jésus fume » ; « La cigarette vous fait courir plus vite » ; « Fumer vous aide à lutter contre le terrorisme international. » Aujourd'hui, c'est : « Fumer enceinte donne un bébé cool. »

– Je crois que c'est mon préféré, s'esclaffe Rob.

Pendant le dîner, il informe Max de son intention de supprimer l'un des morceaux de la partie swing : *One for my Baby*. Max blêmit et s'en étonne.

Rob explique que c'est en rapport avec le tempo du spectacle. Max est déconfit. Ce n'est pas montrer une personnalité originale que d'avoir un ego surdimensionné et un penchant pour le bluff, le tout combiné à un manque d'assurance et à un caractère hypersensible. Mais ce mélange, chez Max, est particulièrement détonant.

– Tu crois que c'est dirigé contre toi ? s'inquiète Rob.

– Tu as vraiment ça en tête ? réplique Max.

Il n'en croit pas ses oreilles ; impossible pour lui que Rob veuille laisser tomber cette chanson.

– Ouais, confirme Rob. Vraiment.

– *One for my Baby* est un morceau génial ! s'offusque Max.

Rob, soudain, bat en retraite :

– Mais regardez-le ! C'était juste une idée comme ça.

– C'est une putain d'idée géniale, reprend Max. Espèce de tête de nœud. Tu te moquais de moi, c'est ça ?

Rob se tait. Il ne se moquait pas du tout, mais Max interprète le silence de Rob comme une confirmation.

– Méchant, dit-il. Tu m'as eu.

Rob décide de le suivre sur ce terrain.

– Alors je t'ai eu ? Vraiment ?

– Bien joué.

– Merci.

– J'ai failli gerber, souffle Max, soulagé.

Le moment de gêne est passé. Sauf qu'il subsiste un détail : Rob n'a pas changé d'avis. Il lui faut trouver un moyen d'annoncer à Max qu'il projette vraiment de laisser tomber *One for my Baby*.

Le lendemain matin, Josie trouve un soutien-gorge vert olive abandonné sur une chaise, dans le séjour de la suite de Rob. Elle lui tend, avec un regard interrogateur, ce vestige d'un interlude secret.

Rob hausse les épaules :

– Des fois, j'aime bien mettre un soutien-gorge.

Dans l'avion, Max revient sur le sujet qui l'a opposé à Rob :
– C'était vache, le coup de *One for my Baby*, hier soir. Tu l'as si bien joué... J'étais vraiment contrarié.
Rob retient son souffle. Il lui faut prendre une décision.
– Non, en fait... commence-t-il.
– Quoi ? s'étouffe Max. Alors tu as vraiment l'intention de...
Et si Rob essayait à nouveau de se moquer de lui ?
– Je ne me moquais pas.
– Mais... Et les applaudissements, quand tu attaques ce morceau...
– Après, ils s'ennuient.
Max a compris. Il accepte la décision avec une profonde tristesse, mais avec dignité.

À l'hôtel d'Angleterre de Copenhague, on propose à Rob la suite de Karen Blixen. À travers son best-seller, *La Ferme africaine* – d'où l'andouiller immense qui orne la chambre –, c'est l'un des écrivains danois les plus célèbres au monde. Quelque peu perturbé par la présence du trophée, il y accroche sa casquette de base-ball. Au mur, la photo d'un lion mort le perturbe encore plus.

Ces détails ne le tourmentent pas longtemps. En arrivant à l'hôtel, il a remarqué Pia, la fille qui l'avait abordé à sa sortie des studios de Danish TV, lors de sa précédente visite dans ce pays. Pia lui avait donné alors une boîte contenant une carte d'« âme sœur ». Rob va la voir dans sa chambre. Elle sort aussitôt ses cartes « *Angel* ». Elle lui fait remarquer qu'il en manque une : la carte « âme sœur ». Elle avait, lui confie-t-elle, un pressentiment. Comme si une voix lui avait dit : « Réserve une chambre dans cet hôtel, et il viendra. » Ils bavardent pendant des heures. Rob ne lui fait pas remarquer qu'elle lui donne l'impression d'aboyer, par moments. Ils finissent par s'étendre sur le lit. Les choses se précisent. Ils entreprennent de se déshabiller. Mais Pia l'empêche d'aller plus loin. Rob lui demande alors de partir. Il explique :
– Nous venons de deux endroits différents.
– Que veux-tu dire ?
– Écoute, toutes ces histoires, au début... La carte « âme sœur ». Ça fait peur. On dirait que tu es ma future femme.
– Mais que veux-tu dire ?
– Tu ne te rends pas compte que j'ai rencontré cinq nanas, sur cette tournée, qui toutes étaient persuadées d'être mon âme sœur ?

Il voit dans son regard qu'elle a compris. Elle est bouleversée. Elle ne veut pas être comme les autres. Il répond qu'elles disent toutes ça :

aucune ne veut être comme les autres. Suit une longue conversation sur le sexe – ce qu'il en pense lui, ce qu'elle en pense elle. Il dit qu'il a parfaitement le droit de faire la proposition qu'il a faite, et qu'elle a non moins le droit de dire non. Ce ne serait de toute façon que pour le sexe. Le reste lui fait peur.

– Mets-toi à ma place, dit-elle alors. Tu es en train de me dire ce que je suis censée faire.

Elle lui apprend qu'elle vit à la campagne ; elle est sûre qu'il est destiné à vivre avec elle.

– Qu'est-ce que je dois répondre ? fait-il.

Il s'agit d'un échange étonnamment profond, compte tenu de la situation. À la fin, ils sont parvenus à communiquer. Une sorte de lien s'est établi entre eux à partir de l'évaluation de tout ce qui les sépare : leurs espoirs, leurs désirs, leurs attentes.

Rob regagne sa chambre.

Je lui fais observer que l'attitude de cette fille-là n'est peut-être pas aussi surprenante, ni aussi malsaine qu'il y paraît. N'est-ce pas plutôt le résultat prévisible de l'époque où nous vivons ? Des rêves que l'on nous vend jour après jour ? La moitié des films sortis chaque année nous mettent au défi de croire en la destinée et en d'impossibles amours. Souvent ils nous encouragent à tout sacrifier à notre quête – y compris notre sens pratique et notre besoin d'équilibre.

À l'ancienne légende de l'impossible rencontre entre la roturière et le prince, ou entre l'homme et son dieu, s'est substitué aujourd'hui le mythe moderne de l'impossible amour entre le fan et la star. Rob estime que ces filles devraient pourtant s'apercevoir qu'elles pensent toutes à la même chose, quand elles poireautent avec 120 autres groupies devant un hôtel, ou assistent à un concert en compagnie de 60 000 personnes ! Sauf que ces filles-là adhèrent à un mythe. Et que ce mythe les pousse à attendre dans la foule l'instant où elles seront choisies. Certes, leur cause devrait leur paraître désespérée. Mais peut-être seront-elles finalement arrachées à cette masse. Peut-être se verront-elles offrir le piédestal sur lequel s'élever. Car tout, à leurs yeux, est affaire de destinée.

Rob réfléchit à cet argument. Il discute un peu avant de reconnaître qu'il pourrait y avoir du vrai là-dedans. Puis, voyant que j'ai épuisé toutes mes idées sur ce sujet, il se charge de conclure lui-même :

– Quoi qu'il en soit, on a fini par baiser.

Rob passe une mauvaise nuit. Est-il tourmenté par les péripéties de sa journée ? je ne crois pas. C'est juste l'hôtel. Peut-être ce lion mort. Ces andouillers. En fait, Rob a perçu quelque chose de plus spécial encore : des fantômes. Ils sont deux. Il les entend qui se promènent dans son séjour. Ensuite un claquement se produit, et ils ouvrent la porte de sa chambre.

C'est ça. Les fantômes ont gagné la partie. Ils peuvent rester si ça leur chante ; lui, il s'en va.

Il téléphone à Gary Marshall, le garde du corps de service. Mais il ne répond pas. À 5 heures du matin, Rob descend seul à la réception. Gary, entre-temps, s'est aperçu que Rob cherchait à le joindre. Il se précipite dans la chambre. Elle est vide. Il s'inquiète jusqu'au moment où ils finissent par se retrouver. Rob demande qu'on lui donne la chambre la plus petite de l'hôtel. Celle-ci est située à l'arrière de l'immeuble. Elle n'a qu'un seul lit poussé contre le mur. Rob s'y enferme et s'enfonce des boules Quiès dans les oreilles pour faire barrage à tous les bruits extérieurs. Il finira par trouver un peu de paix à 7 heures.

À son réveil, l'après-midi, il s'aperçoit qu'il n'en a pas fini avec ses problèmes. Désormais, ce ne sont plus les fantômes, mais les boules Quiès. L'une d'elles est enfoncée si profondément qu'il faut lui braquer une lampe sur l'oreille pour la voir briller dans la cavité. Même Rob se rend compte que c'est sérieux. Il faut appeler un médecin.

En attendant l'arrivée du docteur, Jason raconte à Rob qu'à trois ans il s'était lui-même enfoncé un crayon dans le nez. Il le garda deux mois. Ses parents croyaient qu'il avait un très mauvais rhume.

Max aussi vient rendre visite à Rob.

– Devine ce que j'ai fait, lui fait Rob.

– Tu as chié dans ton froc ?

Le médecin est là, qui l'examine. Il annonce qu'il a besoin d'aller chercher l'instrument adéquat. Puis, alors que Rob s'est éloigné, il sourit et ajoute sans la moindre vergogne :

– Deux billets gratis pour le concert ?

– On peut l'extraire nous-mêmes, dit Pompey. Ça ne fait pas de doute pour moi.

Les médecins et les dentistes ont toujours quelque chose à réclamer. On s'imagine que ce sont des personnes de principes, adeptes d'une certaine déontologie fondée sur l'envie de soulager les gens. On croit que ces gens-là auront à cœur de faire contrepoids à la bêtise des personnes célèbres. Eh bien, pas du tout ! À Rob, les médecins demandent toujours d'apposer son autographe sur des piles entières de calendriers ; quant aux dentistes, ils réclament la permission de se servir de son nom pour leur publicité. Rob a fini par s'y habituer.

Le médecin est de retour avec son outil. Il sort l'écouteur de l'oreille, puis s'en va. Rob se réjouit de ne plus avoir l'oreille obstruée. Mais une nouvelle déception se présente : il n'entend plus rien.

Un second médecin, appelé au Stadium, lui nettoiera les oreilles en y injectant de l'eau chaude. De l'une, sera extrait un gros morceau de cire ; de l'autre, un plus petit.

Le manager d'Ozzy Osbourne, dont Kelly est proche depuis toujours, a été retrouvé mort dans sa chambre d'hôtel aux États-Unis. Kelly doit repartir. Elle manquera le concert en Suède. David et Ian Huffam expliquent à Rob qu'ils ont besoin de quelqu'un pour la remplacer.

– Téléphonez à Noel, répond-il malicieusement. Demandez-lui s'il n'a pas envie de gratter un peu de guitare acoustique.

Il ajoute, emporté par sa propre idée :

– Allez ! Allez ! Appelez-le !

– Ça ne coûte rien d'essayer, admet Ian.

– Appelle-le, insiste Rob, tout excité. Appelle-le, s'il te plaît. Fais-le pour moi.

– Il pourrait se pointer avec Easyjet, plaisante Ian.

– Dis-lui que je lui enverrai un jet, dit Rob, le plus sérieusement du monde. S'il te plaît. Fais-le.

– Tu veux que je le fasse ? Vraiment ?

– Oui. Je veux qu'il soit là la semaine avant Knebworth. Le jet, c'est pour faire plausible. S'il répond oui, on lui enverra le jet, de toute façon.

Il va en parler à Max :

– Deux possibilités. Il y a 98 % de chances qu'il pique sa crise. Alors tant pis. Mais il reste 2 % de chances qu'il accepte. On ne sait jamais.

Ian est de retour au bout de quelques minutes. Il a parlé à l'agent de Noel Gallagher. L'agent a pris note de la requête. Il réfléchit.

Rob est fatigué. Pendant le concert, il se montre de plus en plus bizarre. On a l'impression qu'il consacre tous ses efforts à essayer de tenir. Il affirme ce soir n'avoir jamais eu aussi peur, quand il était suspendu tête en bas.

– C'est la fatigue. La psychose en a profité.

À la troisième chanson, il a jeté aux fans sa chemise noire et sa cravate blanche. Ils doivent s'imaginer que ce geste fait partie du show, et qu'il a beaucoup de chemises noires et de cravates blanches.

Entre les morceaux, il dit avoir devant lui le « meilleur public d'Europe ». Je suppose qu'il a besoin de lui pour l'aider à tenir le coup. Pendant la partie swing, il déclare :

– Je vais vous dire pourquoi je suis triste ce soir. C'est parce que je suis obligé d'aller en Suède, après.

Grondement dans la foule.

– La dernière fois que j'y suis allé, c'était nul.

Dans la partie acoustique du concert, il invente d'ailleurs une chanson sur ce thème :

– *I'll go to Sweden. I don't know what for...* (« Je vais aller en Suède, je ne sais même pas pour quoi faire... »)

Il est surprenant de le voir aussi souvent faire ce genre de sortie, comme s'il aimait se jouer des rivalités entre les pays. Bien sûr, on peut toujours se moquer d'un pays que l'on vient de quitter ; mais quand vous vous apprêtez à vous y produire, c'est beaucoup plus dangereux.

Rob demande à Max de dormir avec lui afin de le protéger des fantômes.

– Les mort-vivants, soupire-t-il. Un sacré cauchemar.

– Comme des pédés, alors ? lance Max. Je peux apporter un casse-croûte ?

– Bien sûr, approuve Rob, impassible.

Voilà qui ferait le bonheur du *Daily Mail :* Robbie Williams nullement gêné de dormir avec son meilleur pote. Il aime la compagnie. Ne pas être seul le réconforte. Avec Max, il leur est arrivé de dormir ensemble quand ils partageaient une maison à Los Angeles. Ils discutaient, ils regardaient la télé. Et ils s'endormaient côte à côte dans le même lit. Ils tiraient tous les deux le meilleur parti des moments les plus drôles : Max se réveillant dans les bras de Rob ; Rob ouvrant les yeux et découvrant l'expression horrifiée de Max.

14

Le Grand Hotel de Stockholm résonne des bruits et des souvenirs du précédent passage de Rob.

– Voilà le balcon où j'ai cogné Nellee Hooper, s'exclame-t-il en descendant l'escalier.

Dans sa suite, il ajoute :

– Je me rappelle avoir pissé dans ce coin, là...

Il y a dans le couloir une porte qu'il n'avait pas le droit de franchir, et qu'il a franchie néanmoins. Dans un autre couloir, il retrouve la chambre de Victoria Beckham : il est allé y frapper en demandant à voir « la femme du capitaine de l'équipe d'Angleterre ».

Mais il n'a plus envie d'en entendre parler. Ni d'y penser.

– Cette expérience nous a tous aidés à grandir, conclut-il.

Des semaines plus tard, à Londres, au sortir d'une sieste paisible, alors que Jonny est auprès de lui, il acceptera de parler de ce qui s'est passé à Stockholm à la remise des MTV Awards de novembre 2000. Il avait arrêté l'alcool depuis peu, à ce moment-là. Ses médecins lui avaient déconseillé ce voyage en Suède, mais il avait voulu achever sa tournée. À l'époque, il ne buvait que les veilles de relâche, et le soir. Dans l'avion, lui et Jonny sifflèrent deux bières – Jonny soutient que Rob voulait se prouver ainsi qu'il était capable de descendre deux pintes sans « se remettre à boire ».

– Ouais, se rappelle Rob, mais ce n'était pas bon pour moi. Pourquoi boire un verre parce qu'on est en société ? L'alcool, pour moi, ça consistait à boire jusqu'à l'ivresse. Je ne buvais pas parce que j'aimais l'alcool.

Le lendemain, il chanta *Kids* avec Kylie Minogue. Le cœur n'y était pas vraiment. Il se souvient d'un type lui lançant pendant qu'il était en train de pisser :

– Enfin on se retrouve !

Rob ne voyait absolument pas qui cet homme pouvait être (c'était quelqu'un de chez Dolce et Gabbana). Il jugeait tout cela ennuyeux. Il se sentait déprimé. Bono l'emmena dans sa loge pour bavarder un moment, mais ça ne servit à rien.

– Il m'a fait plein de compliments. Il était adorable. Mais je n'arrivais même pas à lui parler. Tout ce que je pouvais dire et répéter aux gens, c'est que j'étais déprimé à mort.

Puis arriva Nellee Hooper. Il était déjà sorti deux ou trois fois avec lui par le passé, mais il en était arrivé à la conclusion qu'il n'avait pas affaire à quelqu'un de bien. La dernière fois qu'il l'avait vu, c'était dans le sud de la France. Rob l'avait traité de connard. À cet instant, Rob était fatigué. Ivre aussi. Et il avait pris des cachets pour essayer de rester éveillé. Il se souvient :

– Je continuais d'avancer porté par le seul poids de mon corps.

Apercevant Nellee, il lui bredouilla des excuses mêlées d'hostilité :

– Tu sais quoi ? Ce n'est pas bon de chercher des histoires aux gens... Alors, laissons tomber... Je regrette de t'avoir traité de connard dans le sud de la France – je ne veux pas de problèmes avec toi.

Mais Nellee lui inspirait toujours les mêmes sentiments. Or Rob n'est jamais aussi près de la folie furieuse que lorsqu'il présente des excuses. Si en outre elles sont mal acceptées, alors les choses ne font qu'empirer. Il se rappelle la réponse de Nellee :

– Ce n'est pas bien, Rob. Je croyais que j'étais ton ami. Je t'ai toujours aidé. Rendu service. Souhaité le meilleur. Et voilà que...

Rob n'écoutait déjà plus.

– Je descends, dit-il en s'engageant dans l'escalier. Quand je reviendrai, je serai différent.

Au bar, il but six sambucas de suite. Complètement bourré, il remonta pour regagner sa chambre, suivi par Mel B et Emma Bunton. Elles avaient décidé que Rob ne supportait d'autre compagnie que la leur. Elles ne voulaient plus le quitter. Pourtant, quelques secondes plus tard, elles battaient en retraite, estimant que là, ça allait trop loin pour elles.

– Je n'avais pas eu l'intention de le frapper... Mais bon, tu vois, c'est ce que j'étais en train de faire.

Nellee Hooper avait frappé le premier Rob au plexus.

Il n'aurait pu faire pire. Des années auparavant, quand ils buvaient ensemble, Hooper avait l'habitude de finir la nuit en cognant sur Rob. Juste pour rigoler. Rob détestait ça. Hooper lui tapait dessus, moitié comme un copain, moitié comme une brute. Et voilà que Nellee recommençait. Le coup au plexus rappela à Rob les nuits de l'époque. Il répliqua en le frappant au visage et en hurlant :

– Ne me frappe jamais au plexus !

Il continua de crier. Il avait saisi Nellee par sa chemise : elle s'est déchirée. Ensuite, alors que tout le monde, en bas, essayait de les calmer, Rob essaya de s'enfuir à quatre pattes. Quelques minutes plus tard, il tombait sur Kevin, des Backstreet Boys. Après, c'est le trou noir. Rob est obligé de s'appuyer sur d'autres souvenirs pour retrouver la suite.

Après la bagarre, il se lança dans une quête frénétique de cocaïne. Jonny se rappelle avoir pensé que s'ils arrivaient à mettre Rob au lit avant qu'il n'en trouve, alors tout s'arrangerait. Ils le traînèrent donc dans l'ascenseur.

Rob dévisagea Jonny, puis Josie, avant de s'exclamer avec toute l'assurance dont un homme ivre est capable :

– Je suis de votre côté !

Vint ensuite l'épisode au cours duquel il alla frapper chez Victoria Beckham.

– Laissez-moi entrer ! Laissez-moi entrer ! Je veux parler à la femme du capitaine d'Angleterre !

Victoria alla ouvrir et lui donna un gentil conseil :

– Va te coucher, Robbie.

Au bout du couloir se trouvait une porte donnant sur la salle où se tenait la cérémonie des MTV Awards. La presse du monde entier était là. On lui déconseilla fortement d'entrer. Mais bien sûr il refusa de suivre cet avertissement et les flashes crépitèrent. Sa chemise s'était déchirée dans la bagarre avec Nellee. Son gilet blanc était taché d'alcool. Il rugit littéralement après les journalistes qui le prenaient en photo. Wyclef était sur scène. Richard Blackwood aussi. Pour Rob, il allait de soi qu'il pouvait monter sur le plateau et se joindre à eux. Un vent de folie se répandit dans l'assistance. Quelqu'un tendit à Rob une pinte : il la vida en quelques gorgées. Wyclef semblait abasourdi. Rob arracha le micro des mains de Richard Blackwood et commença à rapper – des morceaux de *Rock DJ* et tout ce qui lui passait par la tête. Jonny et Josie essayaient d'attirer son attention ; ils lui faisaient signe de redescendre. Wyclef s'écria :

– Robbie Williams !

– Wyclef ! répondit Rob.

Rob se souvient vaguement de son passage sur scène ; il se rappelle aussi que Jonny et Josie lui faisaient des signes. Puis ce fut de nouveau le trou noir.

Ses amis l'emmenèrent en lui racontant un bobard : sous prétexte de l'emmener à une autre réception où il avait toutes les chances de trouver de la coke, ils le traînèrent dans sa chambre et l'y enfermèrent. Il essaya de se libérer par ses propres moyens. Il se tenait tranquille un moment, puis se remettait soudain à rugir et à faire du grabuge. Jonah, son garde du corps, eut recours à une prise de rugby pour le plaquer au sol. Plus tard, Rob se bagarra avec Josie – il luttait vraiment comme un homme ivre. Il n'avait heureusement plus de forces, contrairement à elle qui était en pleine forme. Il parvint cependant à la mordre dans le cours de la mêlée. Après quoi, il jeta l'éponge. Il renversa son lit. Il enleva tous ses vêtements et les jeta n'importe où. Son dernier acte de protestation consista à pisser contre un mur. Puis il s'endormit à même le sol, sous les yeux de Jonah assis sur une chaise.

Rob se réveilla nu comme un ver, recroquevillé sur le tapis. Il se sentait atrocement mal. Ouvrant les yeux, il vit son lit renversé. Il promena un regard dans la chambre. Ce n'était plus Jonah qui était sur la chaise, mais Mav, l'autre garde du corps.

– Salut, lui dit Rob.

Jonny s'est envolé pour Stockholm. Il va dire bonjour à Rob à son réveil.

– Devine qui était assis à côté de moi dans l'avion. Guy Chambers !

J'ai déjà croisé Guy à la réception de l'hôtel. Il a paru légèrement surpris, quand je suis allé le saluer. Quand je lui ai dit « à plus tard », il n'a pas eu l'air enchanté d'apprendre que nous allions nous revoir.

– Je ne savais pas qu'il devait venir, dit Rob à Josie qui entre dans sa chambre.

Le ton est accusateur. Josie répond :

– Je t'avais prévenu.

Il décide de lui laisser régler le problème.

– Je ne veux pas le voir, lance-t-il avec une expression de défi.

– Je sais, réplique Josie. Lui non plus, il ne veut pas te voir.

Rob, théâtral, feint d'être vexé.

– Si, fait-il.

Tout le monde dégage le passage dans le séjour afin de laisser Rob s'habiller. Mais quelques secondes plus tard, il reparaît avec pour tout vêtement une serviette enroulée autour du pénis. Gardant la main gauche sur la serviette pour l'empêcher de glisser, il pose pour des photos.

Dans le van, il se plaint de ne pas se sentir bien.

– Les gens, ça ne les embêtera pas, si je leur dis que je ne suis pas bien.

– Pourquoi ? demande Jonny.

– Parce que je répète que je me sens vraiment mal. Je me sens mal parce que je suis malade. Pourtant je me lève. Et je vais donner un putain de concert.

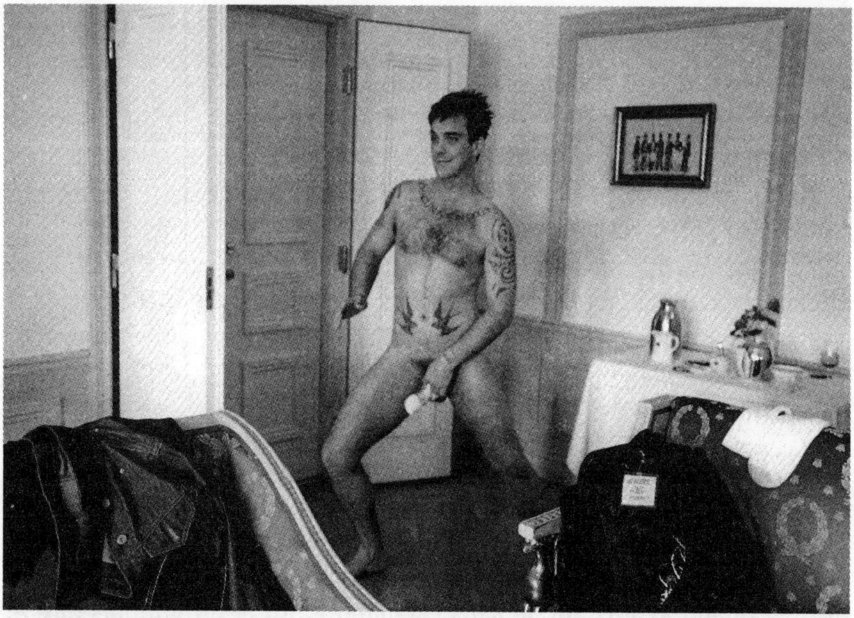

Frida, la brune du groupe Abba, passe en coulisses dire bonjour. Elle est accompagnée de ses deux belles-filles – qui sont aussi princesses du Lichtenstein.

– Tu es magnifique ! s'exclame Rob.

Envers et contre toute la logique Abba, elle vient de se faire teindre en blond. Rob s'est lié d'amitié avec elles en faisant du ski en Suisse. Au cours de ce séjour, la difficulté était de ne plus pouvoir s'enlever de la tête les chansons du groupe ; chaque fois qu'il prenait le télésiège avec Frida, il était à deux doigts de se mettre à chanter *Super Trouper*.

Il s'adresse à son public suédois au bout d'une demi-heure de spectacle :

– Vous avez peut-être lu quelque chose dans la presse d'aujourd'hui.

Les journaux ont largement reproduit ses commentaires sur la Suède. La foule gronde. Certains spectateurs le huent.

– J'ai eu tort. J'ai vraiment eu tort...

Il est inutile d'en dire plus. Pourtant il continue. Il se confond en excuses en chantant une berceuse accompagnée à la guitare acoustique :

– *Stockholm, you are lovely, sorry if I said something in the papers...* (« Stockholm, tu es adorable. Pardon si j'ai dit des choses dans les journaux... »)

– Je n'ai pas pu trouver mieux, ajoute-t-il, s'excusant de nouveau.

Et de demander encore pardon pour son manque de talent à la guitare.

– Mais bon, reprend-il, ce n'est pas vraiment la question. La question, c'est d'exprimer quelque chose de profond. Quelque chose qui vienne du cœur. C'est le cas de tout ce que j'ai écrit. Je veux dire, toutes mes chansons tristes. Mes chansons gaies aussi. Et mes chansons d'amour.

Guy Chambers se trouve au milieu du Stadium, près de la table de mixage. Il observe Rob. Il communique à Andy Franks son opinion sur le show qu'il trouve génial. Josie transmet le message à Rob avant les rappels. Quand arrive le moment de chanter *Angels*, je me demande si Rob va remercier Guy, ou du moins lui faire signe, lui rappeler d'une façon ou d'une autre que ces chansons sont les leurs. Mais non. Rob ne fait rien de tel.

15

Le *Sentinel* de Stoke ne lui a jamais fait de cadeaux. Non que Rob y soit maltraité, mais les articles qui lui sont consacrés brillent par leur ignorance et leur imprécision. Ce journal semble s'être mis en devoir de lui rabattre son caquet.

Depuis des mois, le *Sentinel* essaie de relier trois faits : la faillite financière du club de football de Port Vale ; le soutien apporté par Rob à ce club ; et enfin sa propre fortune. Le journal voudrait intéresser ses lecteurs à la question en avançant une suggestion : le supporter le plus ardent de ce club se trouve être un garçon d'un poids de 80 millions de livres sterling, alors pourquoi ne se fendrait-il pas de deux ou trois millions pour une bonne action ? Rob a songé à écrire au *Sentinel* pour expliquer ses sentiments : il aime ce club, il aime sa région, il a effectivement été tenté de s'impliquer dans cette affaire, mais il y a finalement renoncé en se disant que ce ne serait pas raisonnable à ce stade de sa vie – pas plus qu'il n'est raisonnable, de la part des gens, d'attendre de lui un tel geste. De telles attentes ont été exprimées quelquefois au moment le plus inattendu. Cet hiver, à Malibu, un jour qu'il profitait de l'air océanique, en même temps que d'un relatif anonymat, un individu s'est approché de lui en lançant :

– Alors, Robbie ? Le Vale, tu le rachètes ou pas ?

Cette semaine, la situation prend une tournure critique. Le lendemain du concert de Stockholm, le journal revient sur une place en tribune que Rob aurait louée pour un an au club de Chelsea, puis offerte à David pour son anniversaire. Quelqu'un s'est arrangé pour faire courir un faux bruit selon lequel Rob aurait été tellement impressionné par les installations de Chelsea, qu'il aurait retenu une place en tribune pour dix ans, à 1 million de livres par an, et signé sur place un chèque pour la première année. L'histoire était absurde à tous égards, à commencer par le fait que Rob n'a même pas de carnet de chèque ! Mais elle a été reprise par le *Sentinel* qui a qualifié l'opération de « coups dans les dents » porté à Port Vale.

– Ça fait chier ! lâche Rob en décrochant le téléphone.

Quelques secondes plus tard, il a en ligne la journaliste Samantha Lawton, qui se retrouve en train de réaliser une des deux seules vraies interviews que Rob ait donné à la presse cette année.

Rob commence par s'expliquer sur le fameux siège en tribune loué à Chelsea. Il remet les choses au point en révélant le vrai montant. Il précise aussi que la place n'est pas pour lui, mais pour son manager qui compte parmi les plus vieux supporters de Chelsea. Samantha lui signale que les gens de Port Vale sont bouleversés par ce qui arrive à leur club et par les conséquences de cette faillite sur l'économie locale. Ce qu'ils demandent, selon elle, c'est juste que Rob monte les voir et se rende compte sur place. Rob fait alors observer qu'il a versé 3 millions de livres à une œuvre de charité.

– Descendez voir le Donna Louise Trust, lance-t-il. Allez-y avec eux. Montrez-leur les gosses en train de mourir. Qu'est-ce que vous voulez, au juste ?

Il s'énerve de plus en plus. Il estime que ce qui arrive à Port Vale est un vrai crève-cœur pour lui, mais que c'était aussi un crève-cœur, quand il était enfant, d'arracher 5 livres à sa grand-mère pour aller le samedi voir le match depuis les derniers gradins. À présent qu'il est célèbre, il n'aurait pas le droit d'acheter une place à un ami pour la saison ? Est-ce qu'elle a demandé aux dirigeants du club de Port Vale comment ils ont géré leur affaire ces dernières années ? Pourquoi s'en prendre à lui ?

– J'ai l'impression qu'on essaie de me *crapuliser*, se défend-il. Vous me demandez de verser des paquets de fric. Très bien. Et, dans un an, vous reviendrez m'en demander à nouveau ? Alors que je n'y serai pour rien, encore une fois ?

Samantha reprend en affirmant qu'une des données du problème est qu'ils ne disposent même pas d'un numéro où appeler Rob. Pourquoi ne pas ouvrir à Stoke une ligne directe qui permettrait aux gens d'entrer en communication avec lui ?

– Pour être honnête, répond Rob, je ne vous fais pas assez confiance. Je n'en ai rien à cirer de votre ligne. Diffamez-moi, si ça vous chante. Traînez mon nom dans la boue. Faites ce que vous voulez. Mais ne revenez plus me faire le coup de Port Vale.

L'article paraît la veille du premier concert de Knebworth. Rob en prend connaissance chez lui, sur Internet, avant son départ. La conversation est correctement retranscrite. Il est précisé que Rob était « au bord des larmes » pendant l'entretien. Ce qui le soulage le plus, c'est de voir que Samantha n'a pas repris ce verbe : *crapuliser*, qu'il a prononcé et qui n'existe pas – elle a préféré utiliser la locution « faire de moi une crapule ». Par ailleurs, un de ses propos est cité en ces termes : « Je suis de Tunstall. Les gens de Tunstall ne font pas n'importe quoi avec leur argent, et moi non plus. »

Un autre article a contrarié Rob, un papier publié par un journal local du Hertfordshire, le *Comet*. Rob est tombé dessus par l'intermédiaire de Google. L'article affirme que les commerçants de Knebworth sont furieux contre Robbie Williams dont les concerts risquent de paralyser la circulation, d'imposer des restrictions en matière de stationnement, et finalement de jouer un mauvais tour à l'économie locale. Les critiques les plus sévères viennent de Paul Elleston, le propriétaire des boucheries Trussel implantées au centre-ville, qui s'est plaint en ces termes :

– Tout ça pour une pop star ! C'est ridicule ! Qui me dédommagera pour le manque à gagner ?

Il y a quelque chose dans cette histoire qui fait vraiment enrager Rob. À l'arrivée, ses concerts se révéleront une aubaine pour nombre de personnes dans la région ! Il a songé à envoyer deux ou trois mille livres au boucher – moins pour compenser les pertes d'Elleston que pour lui montrer combien il était ridicule.

Il se trouve d'ailleurs que notre route traverse le centre-ville.

– Tiens, le voilà ! s'écrie Rob au passage. Les boucheries Trussel ! Abrutis !

L'emplacement du concert, envahi par une foule de 125 000 personnes, dégage une impression étrange, avec son plateau dressé dans le creux d'une faible déclivité naturelle, et son environnement de prairies à pertes de vue. Rob erre d'un endroit à l'autre.

– Très intime, souligne-t-il.

Sur scène, il attaque quelques chansons. Des ouvriers employés dans les alentours viennent s'amasser contre une barrière, dans un champ, à quelque distance.

16

Lorsqu'il se réveille vers 16 heures, un hélicoptère frappé des initiales RW s'est déjà posé sur le green de l'hôtel, non loin de la fenêtre de Rob. Il l'entend arriver dans son sommeil et se demande qui peut bien promener un tel engin dans le secteur. Il lui faut un moment pour comprendre que l'hélico lui est destiné.

Il avale ses céréales, le menton ruisselant de lait. Jonny relate à Josie et à David la dispute d'hier soir sur l'hypothétique absence de pouvoirs télépathiques de Rob.

– Il a été super dur avec moi, se plaint Rob.

– Attends, il a commencé à me dire : « Je suis médium ! » se défend Jonny.

– J'ai jamais dit que j'étais télépathe, jusqu'à ce que tu me lances : « T'es pas médium, tu sais », et alors là j'ai répondu : « Mon cul, que je le suis pas. »

– Il est pas médium, insiste Jonny.

– Je refuse de parler de ça avec toi, lâche Robbie. T'es malpoli.

On nous a prévenus que la circulation était paralysée dans un rayon de soixante kilomètres autour de Knebworth, mais quand l'hélico décolle, cela ne saute pas aux yeux. Rob indique le green en dessous de nous, où les golfeurs savourent la flânerie typique d'un vendredi d'été. « J'ai *paralysé* ce terrain de golf », fanfaronne-t-il. Il désigne un champ désert : « J'ai paralysé ce champ. J'ai paralysé ces vaches. »

Puis, sous le ventre de l'appareil, le site apparaît – une ville d'une étendue hallucinante.

– Oh, mon Dieu, s'extasie Josie.

Jonny tape le genou de Rob et s'écrie :

– Oh, Seigneur !

Rob reste muet ; ce qu'il peut ressentir d'émerveillement et de plaisir devant ce spectacle demeure enfoui sous des émotions plus troubles.

– Pour vous, c'est facile, dit-il au reste de la cabine. C'est pas vous qui devez affronter les connards.

Dans sa loge, il ouvre le courrier qui l'attend sur le sofa. Deux fans lui annoncent qu'elles arriveront un peu plus tard que prévu le dimanche et lui demandent de leur réserver une bonne place de parking.

Arrive Chris Biggs. Jusqu'ici Rob s'est montré très discret sur les chansons de Pure Francis, mais aujourd'hui il tient à les présenter à Chris. Il l'installe sur le canapé et sélectionne un à un les titres sur son ordinateur : *Misunderstood*, *Everyone Needs It*, *Boom Boom*, *The Trouble with Me*. Dès le deuxième morceau Chris Biggs rayonne, à l'évidence conquis et un peu surpris par le travail accompli.

– Les mélodies, souffle-t-il. Putain, c'est incroyable... t'as assuré.

Surexcité, Rob entreprend de décrire le processus de création de ces chansons :

– J'ai écrit les parties de guitare sur divers morceaux... C'est un peu mon premier album solo.

Chris opine :

– Je ne m'attendais pas à ça.

Il lui demande combien de titres ont ainsi vu le jour.

– Douze, répond Rob à un Chris médusé. En sept jours de temps.

En dehors de cette agréable parenthèse, Rob est taraudé par l'angoisse. Comme convenu, tout le monde feint de croire que Knebworth n'est qu'une date parmi les autres. Rien de bien méchant. Hormis le coup de l'hélicoptère, on a veillé à ne pas modifier d'un iota son rituel d'avant-concert : détente en musique (en général, ses propres nouveautés), télévision, massage, repas traditionnel – thon ou steak, pommes de terre, haricots à la tomate –, mise en condition sur le tapis de course, quelques exercices d'assouplissement, enfin habillage au son de vieux succès.

Mais Knebworth n'est pas un rendez-vous comme les autres, et Rob ne l'ignore pas :

– Je crois qu'avec ces trois dates, le simple fait de monter sur scène me flanque une énorme pression. Parce que je serai filmé pendant trois jours. Et, de toi à moi, il se peut qu'après Knebworth je ne puisse plus jamais recommencer ce genre de chose. Ce n'est pas à exclure. Là, je vais en quelque sorte tourner le bout de film qu'on associera à Robbie Williams. Tu sais, comme lorsque tu vois Freddie Mercury, tu l'associes immédiatement à telle ou telle image de Wembley, ou quand tu vois Bob Marley, tu l'imagines toujours avec ces trois danseuses lors de ce fameux concert... On m'associera définitivement à Knebworth. »

Hormis un bref coup d'œil lorsque l'hélico amorçait sa descente, quelques heures plus tôt, son premier aperçu de la foule de Knebworth consiste en une image retournée, un ciel de visages hurlants et de bras suspendus au-dessus de l'horizon. Puis il se redresse et semble tétanisé. La vue est à couper le souffle. Ce champ qui, à vide, paraissait

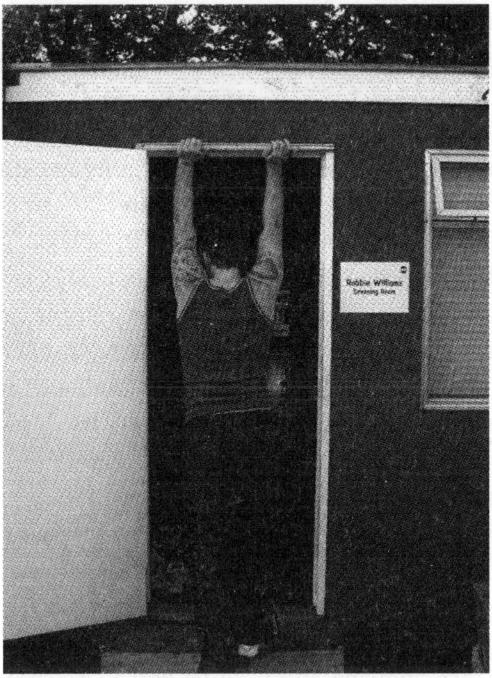

d'envergure raisonnable semble désormais s'étendre à l'infini. Quand tout le public lève les mains pour battre le rythme de *We Will Rock You*, chaque spectateur reçoit les sons des murs d'enceintes une fraction de seconde après son voisin de devant, et du coup ses mains s'unissent avec le même décalage. Depuis la scène, chaque *clap* collectif prend ainsi l'aspect d'une onde parfaite se propageant vers le large. Un phénomène fantastique.

– Knebworth... Pour la première fois de ma vie je reste sans voix, déclare-t-il à la foule dès qu'il parvient à reprendre son souffle.

On comprend qu'il ne s'agit pas d'un effet de scène mais de l'aveu d'un sentiment profond. Comme toujours, Rob accueille ses fans dans son univers particulier où l'humilité, le grandiose et l'arrogance cohabitent dans la même phrase :

– J'espère sincèrement vous offrir ce soir un spectacle dont vous serez tous fiers. Car jusqu'ici, vous avez été meilleurs que moi. Il va me falloir le temps d'une ou deux chansons, parce que, en vous voyant ce soir, je me suis dit que je n'avais rien vu de tel de toute ma vie. Jamais. Et après ces trois nuits, je pense que la Grande-Bretagne devra patienter un bon bout de temps avant de voir quoi que ce soit de comparable.

Et, dans son univers, il peut profiter du plus grand concert de sa carrière pour évoquer tour à tour de grandes idées et les commerçants du coin.

– J'aimerais au passage m'excuser auprès de la boucherie Trussell, sur la grand-rue de Knebworth, pour le dommage que j'ai causé à leurs ventes de côtelettes de porc ce week-end. J'y tiens beaucoup. Et juste un conseil à l'intention du boucher Trussell de la grand-rue de Knebworth : pourquoi ne pas vendre des hot-dogs aux gens formidables qui sont venus assister à mon concert ce soir ? Hein ?

Ça y est, il a trouvé son rythme de croisière. Il enchaîne les effets de scène rodés au cours de la tournée, plus quelques nouveaux. À la fin d'un *No Regrets* particulièrement inspiré, il se produit un phénomène inhabituel. Le rugissement de la foule semble lui couper la voix, et ce temps d'arrêt ne fait qu'intensifier les cris. Il baisse la tête, immobile, soit pour prolonger l'instant, soit pour reprendre ses esprits, et les vivats montent, montent... Il relève les yeux, et son visage laisse à penser qu'il est désarçonné, au bord des larmes. Le bruit s'élève encore d'un cran. Enfin, il reprend la parole :

– Vous savez, pendant le show de ce soir... À force, je commence à être habitué, et bon, j'ai confiance en moi et je peux tous vous voir et c'est magnifique et je prends du plaisir... Et puis je vous regarde, tous autant que vous êtes, et je regarde jusqu'aux derniers rangs du fond... et j'ignore ce que j'ai fait pour mériter cela.

Il quitte la scène pour une Jeep qui le dépose quelques centaines de mètres plus loin, au pied de l'hélicoptère. Nous sommes dans les airs avant même que la foule ne sache si c'est vraiment fini, et nous gagnons sa chambre d'hôtel avant 23 heures.

– Ça t'a plu ? demande Davis d'un air hésitant.

– Bien sûr que ça m'a plu, répond Rob. J'en ai des frissons partout.

Il m'explique qu'il s'est amusé une fois qu'il a trouvé ses marques, mais sans se lâcher complètement, car il devait garder des forces pour les deux soirs suivants.

– Mon corps s'est auto-limité, dit-il.

Laissant la porte ouverte, il se fait couler un bain en fredonnant *Babe* des Take That.

– *Then a voice I once knew...* ARGHHHH !

Rajouter de l'eau froide.

Il s'installe dans le patio de l'hôtel, sous les étoiles, avec Jonny et les amis de celui-ci, Brian et Julie, qui évoquent les troubles du sommeil et les peurs nocturnes de leur fils.

– J'étais pareil quand j'étais petit, dit Rob. Mais ce souci s'alimente tout seul. Ce n'est peut-être que la peur d'avoir peur. Et puis, votre fiston a un esprit créatif. Je veux dire, même aujourd'hui, à vingt-neuf ans, mon esprit part dans tous les sens si je ne le rappelle pas à l'ordre en me disant : « Tu te fais des films, t'es cinglé... » Alors pour un gamin de onze ans, c'est encore plus difficile.

Et Rob de poursuivre sur sa propre enfance :

– Quand j'étais môme, on n'aurait jamais deviné que j'étais complètement dégoûté de la vie. Je n'en montrais rien à mon papa, par peur de le décevoir. La vérité, c'est que votre fils veut être exemplaire à vos yeux. Quand je jouais au foot, j'étais complètement pétrifié. Je ne voulais pas qu'on m'envoie la balle. Ça me plaisait d'être avec les potes et tout, mais, ouais, la peur de l'échec... On me faisait une passe et je la refusais. C'était horrible. Et ça ne s'est arrangé que récemment. Sérieux. À vingt-sept ans.

Julie explique que si Brian était en déplacement et que ses parents n'habitaient pas la région, elle descendrait à l'hôtel.

– Vous devez trouver ça stupide, s'excusa-t-elle.

– Mais non, se récria Rob. Ça n'a rien de stupide. Je suis exactement pareil. Je n'ai jamais dormi seul au cours des trois ou quatre dernière années. Pas une seule nuit, jamais. Depuis que je suis môme. (Comprendre : sans quelqu'un à proximité.) Et je reste debout parce que... Je crois qu'aujourd'hui je veille surtout pour éprouver cette sensation de calme une fois que tout le monde est endormi. C'est ça, une pure sensation de calme. Et puis, quand je suis éveillé, je n'ai pas envie de m'endormir. Pour tout dire, j'ai horreur d'éteindre la lumière et de poser la tête sur l'oreiller. Je ne veux pas de toutes ces pensées qui déboulent. Les pensées appellent des pensées, qui appellent d'autres pensées, et moi je hurle : « Allez-vous-en ! » Résultat, pour dormir, faut littéralement m'assommer.

Rob aimerait pouvoir se coucher et se lever de bonne heure. S'il vivait avec quelqu'un, il pense qu'il en serait capable :

– J'en suis à dire : trouvez-moi une femme, parce que je voudrais me coucher tôt !

Je lui suggère, pour le jour où il rencontrera une épouse potentielle, de dissimuler cet aspect capital de ses motivations conjugales.

– T'as raison, me rétorque-t-il. Mais je vais te dire quel est mon problème. J'ai l'impression que les journées passent trop vite quand je me lève aux aurores. Parce que, en gros, de 7 heures à midi, ça ne compte pas vraiment. Et puis, comment dire ? Pour le sommeil, il faut que ça garde un parfum de transgression. « La vache, déjà 4 heures du mat' ! » C'est la chose la plus rock'n'roll qui me soit donnée de faire, ces temps-ci.

Rob pisse dans la haie. Pendant qu'il se soulage, il est pris d'une drôle d'impression, comme si on l'épiait depuis les broussailles. Il envoie Gary inspecter les lieux, mais il n'y a rien à signaler.

Max nous rejoint et la bande se met à échanger des anecdotes embarrassantes.

– Raconte le coup du crachat, lance Max à Rob. À moins que tu ne trouves ça trop crade ?

– Non, non, répond Rob. Alors voilà, j'étais assez inexpérimenté au plumard...

Il n'avait pas vingt ans, et sa petite amie l'avait invité chez elle. Il avait la tête entre ses jambes quand elle lui lança : « Crache-moi dessus. »

Alors – Rob mime la scène – il se releva pour lui cracher au visage.

– Encore une charmante histoire pour Parky, conclut-il tandis que les rires s'estompent.

Le lendemain, quand l'hélicoptère descend sur Knebworth pour le deuxième concert, Rob avise un lac derrière la zone des loges, et projette d'aller y voir de plus près. À son grand regret, la presse glose abondamment sur ses gains (le *Sun*) ou ses déboires passés (le *Daily Mail*), mais n'accorde pas un mot aux prouesses de ce week-end. N'importe comment, tout lui semble excessif. En cherchant le chemin du lac, il croise Justin de The Darkness, qui se produit en première partie.

– Les journaux racontent qu'on est amis, lance Justin, alors je suis ravi te rencontrer enfin... Depuis le temps qu'on est proche.

Puisque Justin insiste, Rob accepte qu'on les photographie ensemble, pensant que le cliché est destiné à Justin. En fait, il paraîtra entre les pages du magazine *Word*.

On ne peut accéder au lac : la clôture qui protège l'esplanade du concert empêche ce genre d'expéditions. Rob, Jonny et moi allons nous asseoir au milieu d'un taillis, près d'une petite mare stagnante.

– Tu te souviens quand on était à Las Vegas et qu'on voulait se tailler au Mexique ? demande Jonny.

– Je comptais passer à la banque, retirer quelques milliers de dollars en cash puis filer à Mexico, explique Rob. Sans prévenir personne.

– Juste lui et moi, ajoute Jonny.

– Puis on aurait continuer à voyager en vivant sur nos réserves.

Quand je lui demande s'il possède une carte de retrait, il marque un temps d'arrêt.

– Oui, je crois.

– Et tu connais le numéro ?

Nouveau silence.

– Non, avoue-t-il. Mais j'avais mon passeport et ma carte : je pouvais donc entrer dans une banque.

– C'était vraiment sérieux, cette idée de fugue ?

– Très sérieux. J'avais vraiment besoin de partir.

– Et qu'aurais-tu fait au Mexique ?

– Je n'en sais rien. On aurait vécu l'aventure, en quelque sorte. Dans l'interdit.

– Qui cherchais-tu à fuir ?

– Personne. C'était juste pour le bonheur de braver un interdit. On nous aurait cherchés partout.

– Et on se serait pris un sacré savon, dit Jonny. La veille, on s'est demandé comment on allait s'y prendre. On prévoyait de se lever à 4 ou 5 heures du matin, pendant que tout le monde pionçait...

– ... et de sauter dans le train, complète Rob.

– Et pourquoi ne l'avez-vous pas fait ?

Un silence.

– Trop d'emmerdements, pas vrai ?

Dans sa loge, Rob écoute de la musique, regarde la télé et marine dans son propre jus. Sa mère lui demande, comme s'il s'agissait d'une faveur anodine, de dédier *Nan's Song* à des gamins de Stoke qui traversent une passe difficile. Il évite de lui répondre et semble abasourdi par cette requête. Sa mère dit qu'elle en parlera à Josie.

– Écoute, maman, lâche-t-il enfin. Je suis un peu tendu, là.

Il se déride avec l'arrivée de son cousin Richard, venu de Stoke avec famille et amis. Ils se rendent tous au réfectoire, où Rob demande une portion réduite de thon, de haricots blancs et de patates. Il écrase le contenu de son assiette avec sa fourchette, à la manière d'un gosse. Il évoque, avec la délégation de Stoke, de vieux amis communs, dont certains ont quitté le droit chemin. Un nom surgit dans la discussion ; à en croire Rob, le type en question avait descendu trente bières en deux heures. Un peu plus tard, il avait croisé Rob à l'étage :

– T'as pas vu Rob ? demanda-t-il à Rob.

Qui lui répondit :

– Il est en bas.

– À la tienne, mec, répondit le copain.

On ne l'a jamais revu depuis.

Rob essaie de persuader la bande de Stoke de passer à l'hôtel pour la boum du collège organisée après le concert. Malgré les résistances – Richard a un rendez-vous de golf important le lendemain –, ils trouvent un compromis.

– Je vous en supplie, venez, insiste Rob.

Le concert de ce soir sera retransmis en direct sur Channel 4. (En vérité, il sera diffusé avec un léger différé, ce qui permettra d'insérer de la publicité et de couper les occasionnels discours entre deux morceaux. Ainsi, les boucheries Trussell seront une nouvelle fois égratignées, sans que le téléspectateur n'en sache rien.) Mais, vers la fin du spectacle, un vent de panique souffle en coulisses. Rob enchaîne les titres à toute allure, et le concert menace de ne pas remplir la tranche horaire convenue. Alors on échafaude un plan. Au moment de se changer pour les rappels, dans un cagibi situé sous le centre de la scène, Lee demande à Rob s'il accepterait d'ajouter *Millenium* à la liste de chansons qu'il interprétera après les rappels.

– Franchement, répond Rob, c'est non.

Et d'expliquer :

– J'ai perdu mes couilles. J'ai plus rien dans le froc.
– Le concert est très réussi, objecte Lee. Je le pense vraiment.
– Ouais, je sais, je sais. Mais je souffre. J'ai plus de couilles, je te dis. Je fais dans mon ben depuis *Monkey*.
– Dans ce cas, dit David, tu t'es...
– ... conduit comme quelqu'un qui...

Rob n'a pas besoin de terminer sa phrase. *Acting like somebody that doesn't feel the way he feels.* « Se conduire comme quelqu'un qui n'éprouve pas ce qu'il éprouve. » Une bête de scène doit posséder ces dons jumeaux et contradictoires que sont la faculté de montrer ce qu'on ressent et celle de le cacher. Un show de Robbie Williams constitue donc un exercice de jonglage magistral, périlleux et imprévisible.

– À l'écran, ça rend du tonnerre, mon pote, fait Lee pour le rassurer.
– Ouais, mais non, vraiment. J'ai trop la frousse.
– J'avais l'impression que tu t'éclatais, dit Jonny.
– C'est l'un de tes meilleurs concerts, estime Josie.
– Sans déc', on n'y voit que du feu ! jure David.

J'ajoute que je n'avais moi-même rien remarqué.

– Tant mieux, répond-il avant de réclamer un Gatorade. Ce doit être cette histoire de direct à la télé. Sans compter qu'il y a cent vingt-cinq mille personnes devant moi. Je tiens le coup, mais je ne suis pas très à l'aise. Allez, pas de bile. J'y retourne et je me défonce le cul.

Il se couche à plat ventre sur le wagonnet qui le conduit au bout du tunnel, d'où il surgira au milieu de ses danseurs sur les premières mesures de *Rock DJ*. Comme il s'enfonce dans l'obscurité, les pieds maintenus l'un contre l'autre, il se met à battre des jambes, tel un poisson échoué sur le sable.

– Ce que vous avez vu là, dit Rob en prenant place dans l'appareil, c'était la victoire de la volonté sur l'envie. Ma seule envie, c'était de disparaître avec le piano à la fin de *Bojangles*.

De retour à l'hôtel, en raison du différé télévisé et de la vitesse de l'hélico, Rob fait l'expérience insolite de se voir « en direct » à la télévision. Il se trouve dans le salon désert d'un hôtel de campagne, mais pour les téléspectateurs britanniques, il est en train d'entonner *Kids* devant les cent vingt-cinq mille fans transis de Knebworth.

– Je veux pas regarder, dit-il, mais il reste quand même devant l'écran.

Il s'attarde devant le rap de *Kids*, puis monte dans sa chambre pour se changer tandis que Josie lui rapporte un affreux quiproquo survenu dans les loges pendant les rappels : Gareth Gates s'était fait dire, par un garde du corps mal informé, qu'il était attendu sur scène – ce qui n'était pas prévu au programme. Josie avait dû expliquer à un Gates penaud et contrit qu'il s'agissait d'une fausse alerte, cependant que le vigile tentait de les faire obtempérer.

– Dieu le bénisse, répond Rob. C'est un chouette bougre, par vrai ?

Rob décide de suivre le passage acoustique depuis sa chambre.

– Je vieillis, lance le Rob télévisé à la foule, et j'aimerais que vous vieillissiez avec moi.

David applaudit l'écran. La caméra panoramique sur la foule jusqu'au château de Knebworth.

– Waouh, lâche Rob dans sa chambre d'hôtel. C'est à vous couper le souffle. Waouh. (Souriant, il se tourne vers Jonny :) Tu te souviens qu'on pensait partir au Mexique, fils ?

Le Rob de la télé se déclare « l'homme le plus heureux de la planète ».

Le Rob de l'hôtel opine, avant d'ajouter :

– Je n'ai pas précisé de *quelle* planète il s'agissait.

Ce soir se tient une boum d'anciens collégiens dans les salons de l'hôtel, augmentés d'un chapiteau dressé pour l'occasion. Il y a des sarbacanes à cotillons, des plats de cantine typiques et Rob a revêtu son vieil uniforme scolaire. Il s'isole avec Jack Osbourne dans un coin tranquille, semble lui offrir des mots d'encouragement, puis fait la connaissance de Gareth Gates. Quand la bande de Stoke repart, Rob les raccompagne jusque dans l'allée. Ces retrouvailles constituent visiblement sa grande émotion de la journée. D'un air nostalgique, il me confie au sujet de Richard :

– J'ai l'impression de me revoir, avant la drogue.

De retour à l'intérieur, il gagne la piste de danse et tourbillonne sur *No Diggity* avec Jonny et Kelly Osbourne, pendant qu'on projette sur l'écran un clip des collégiennes délurées de St Trinians.

Plus tard dans la soirée, je croise Sharon Osbourne dans l'entrée, qui explique à sa fille qu'elle doit s'habiller correctement lorsqu'elle monte sur scène, puis je retrouve Rob et Jonny assis dans l'obscurité, à l'écart de la fête, en grande conversation. Haut dans le ciel, par-delà l'hélistation de fortune, nous voyons passer une étoile filante.

Au réveil, il entrouvre prudemment les rideaux, sans se découvrir. Une femme est postée sur la pelouse, le regard braqué sur sa fenêtre, guettant sa présence. Elle reste figée comme une statue.

– On croirait qu'elle vient de sortir de terre, commente-t-il.

Pas la suite, une petite foule se rassemble à côté d'elle, et Rob ouvre la fenêtre pour bavarder quelques instants, parler du concert de la veille et de son trac monstre.

– Passez une bonne journée, conclut-il.

Tout le monde l'applaudit.

– C'est bien, tu es un homme du peuple, lui lance Josie avec une pointe de sarcasme.

– Tu l'as dit, répond Bob. Allez, viens, on se tire dans ton hélico.

– Comment vous sentez-vous aujourd'hui, monsieur Williams ? demande le pilote via la radio.

– Un peu raide mais excité, répond Rob. (Un silence.) Mais pas excité et raide, si vous voyez ce que je veux dire...

– Je vois très bien, dit le pilote.

Rob entonne *Hold Me Close* de David Essex tout en contemplant le green de l'hôtel.

– Il faut que je m'aménage un style de vie Dean-Martinesque, annonce-t-il.

– Dino jouait au golf ? s'enquiert Jonny, plein d'espoir.

– Tous les jours, assure Rob. *Tous les jours*. Et il ne répétait jamais. Il se pointait au studio, une prise, *bye-bye*, et il se barrait au golf. Eh bien, je vais faire comme lui.

Des quatre membres du Rat Pack, c'est Dean Martin qu'il a toujours admiré, et dont il se revendique le plus. À la sortie de *Swing When You're Winning*, il reçut pour sa plus grande joie une lettre de la femme de Sammy Cahn, Tita, où elle disait avoir découvert cet album en compagnie de Jeanne, la veuve de Dean Martin, et que toutes deux l'avaient adoré.

– Frank possède la plus belle voix, la voix la plus *formidable* qui soit. Dean, lui, est plus décontracté. Il était plus relax. Il dégageait une impression de facilité. Et je pense que ce n'était pas qu'une impression. C'était aussi le plus drôle. J'adore Sinatra, mais je *vénère* Dean Martin.

– Je pense que je vais entrer en HP mardi prochain, confie-t-il à Mark Owen en coulisse. Jusqu'ici la tournée était géniale, et par moments c'était une vraie promenade de santé. Puis je suis arrivé ici et je me sens tout... morcelé.

– Je fais dans mon froc, avoue Mark pour sa part. (Il se penche vers Rob.) Ça disparaît une fois qu'on est là-haut ?

– Non.

Ils répètent pour la première et dernière fois, sur des sièges en plastique sur la pelouse devant la loge de Rob. Mark Plati gratte sur une guitare sèche, qu'ils essaient d'entendre par-dessus la prestation de Moby, et ils entonnent quelques mesures de *Back for Good*, qu'ils n'ont pas rejoué depuis que Rob a quitté Take That. Rob lance le premier couplet, Mark enchaîne avec le deuxième, ils reprennent le pont à deux voix – un moment assez touchant, où ces deux copains retrouvent spontanément les réflexes d'autrefois – puis Rob annonce à Mark qu'il a carte blanche pour le refrain.

La répétition s'arrête là.

– Eh, j'ai fait mon contre-chant ! s'aperçoit Rob. C'est venu tout seul, comme une réaction naturelle. Comment t'expliques ça ?

– Il suffit qu'il y ait un autre Take That dans la pièce pour que le vieux contre-chant s'impose à toi, répond Mark en riant.

Wayne Rooney vient dire bonjour en coulisses. (Depuis des semaines, Rob jubile en silence de la venue de Wayne Rooney ; c'est le seul qui ait le droit d'utiliser la piste d'hélico.) Ils échangent quelques mots et Rob reçoit en présent deux tee-shirts ROONEY autographiés. Il réfléchit un instant.

– Bouge pas, dit-il, je vais te chercher un truc.

Il disparaît dans sa loge, mais ne trouve aucun cadeau digne de ce nom. Il réapparaît muni d'un coussin.

– Voilà, c'est pour toi.

Sur le deuxième couplet de *Back for Good*, Mark Owen surgit par la fosse creusée dans la scène pour le piano de Max. Le pogo qu'ils dansent sur le refrain rayonne de bonheur, comme leur dialogue parlé-chanté au moment du pont. Une clameur de bonheur s'élève de la foule.

– Ceux d'hier n'ont pas eu droit à ça ! crie Rob à la fin du morceau. La mémoire de TT est bien vivante !

Au début du passage acoustique, Rob gratte quelques accords sans chanter, et je doute que beaucoup de spectateurs comprennent le commentaire suivant :

– Je crois que c'est le seul moyen pour qu'ils l'entendent le troisième soir, pas vrai ?

Il venait de jouer *Wonderwall* d'Oasis – une nouvelle petite salve dans l'éternelle guerre froide.

Juste avant *Angels*, Rob réitère sa tirade de la veille, tout en développant son propos :

– Je vieillis, lance-t-il. J'aimerais que vous me suiviez. Vous m'avez vu grandir, et je veux vieillir avec vous tous.

Puis, lorsque le morceau démarre, il ajoute une phrase, sans doute la plus inattendue du week-end. Peut-être essaie-t-il seulement de prolonger l'émotion, quitte à en faire des tonnes. À moins que sa supplique teintée de désespoir et de doute soit plus sincère que voulu :

– Je vous en prie, je vous en prie, ne me quittez pas.

Tandis que l'hélico s'élève, Rob agite la main pour le principe.

– Ils ne te voient pas, note Jonny.

– Je salue quand même, répond Rob. Je salue au hasard. C'est comme une finale de championnat de foot, tu sais. Je compte veiller toute la nuit, annonce Rob.

– Oh non, soupire Jonny. Pourquoi, d'abord ?

– Parce que je fais ça toutes les nuits. Rien ne t'oblige à m'imiter.

Silence. Un rictus se dessine sur le visage de Rob :
– Mais ce sera dommage pour toi.

Comme toujours après le concert, le buffet de l'hôtel. Rob s'isole avec Mark Owen, et ils en viennent vite à discuter de l'excellence d'Agas, jusqu'à ce que Rob se lance dans un délire verbal.

– Moi, parler d'Agas ! ricane-t-il. Je ne sais même pas où sont rangés les couteaux chez moi.

Ils poursuivent la conversation dehors et se remémorent en riant certaines de leurs farces au sein de Take That.

– Vas-y, vas-y, raconte-moi encore, s'emballe Rob. Tu arrives à te souvenir de tout ? De tout ce qu'on *ressentait* ?

Mark sourit.

– Tu te rappelles l'île de Wight ? reprend Rob.

Et de s'embarquer dans un long récit compliqué sur une tentative de drague avortée dans un *bed and breakfast*, où l'on vit notamment Nigel Martin-Smith autoriser puis interdire le rencard, Mark se cacher dans un placard, Rob s'ouvrir la jambe en grimpant à la fenêtre, le tout dans une débauche de peur et de panique. De sexe, hélas, il ne fut point question.

À mesure qu'ils brassent des anecdotes sur cette période, on constate qu'ils ont très peu de souvenirs en commun. Rob a consacré cinq années de sa vie à Take That, mais c'est la première fois qu'il discute de cette période avec quelqu'un qui a fait partie du groupe au même titre que lui. Après la séparation, chaque membre a emporté avec lui des fragments d'aventure qui ne furent jamais recollés ; cette aventure terminée, aucun échange ne leur permit de brosser ensemble une histoire collective. Mais les souvenirs sont restés, et les voici qui rejaillissent :

– Tu te rappelles quand Kurt Cobain est mort, et qu'on est resté assis sur le toit, au Danemark ? commence Mark.

– Oui, fait Rob.

– Tu te rappelles ? Le jour de sa mort... Quand tous les deux, on est monté et qu'on s'est assis sur le toit.

– Ouais...

– C'est à ton anniversaire que tu t'es fait ta cicatrice ? demande Mark. Tu te souviens de ta cicatrice ? Non, attends, c'était à l'anniversaire de Howard...

– Et Howard m'a poussé dans la piscine, complète Rob. Enfin, il ne m'a pas poussé : il m'a juste bousculé, je suis tombé droit dans la flotte et je me suis cogné la tête...

– ... et tu t'es ouvert.
– Puis je me suis fait recoudre...
– ... On était tous morts de rire.
– On est ressortis, et j'étais couvert de sang.
Ils se remémorent les costumes et les différentes mises en scène :
– Il y a eu cette fois où on était coiffés de casques, dit Rob.
– Les casques et les lunettes.
– Je me souviens aussi d'un soir où j'étais crevé, complètement cuit. On devait descendre en rappel, tu te souviens ? Alors j'ai décidé de faire un petit somme avant. L'orchestre avait commencé à jouer et tout, mais j'étais tellement déchiré... Je me répétais : « Bon, je vais pioncer un coup avant d'y aller ». On se positionne pour traverser la scène. « Allez, juste une petite sieste, ahhh... » et je m'endors ! L'ascenseur arrive et là... (Il mime un réveil en sursaut.) C'était atroce. Je ne savais plus où j'étais, et tout à coup, ça criait dans tous les sens...
– La vache... s'esclaffe Mark.
– Et tes moments préférés sur scène ? demande Rob.
– J'ai adoré la tournée où on faisait *Pray* en manteau noir. Tu te souviens de cette répète où on ne portait rien en dessous ? Quand, à la fin du morceau, on a tous tombé le manteau et qu'on s'est retrouvés à poil ? La tête de Nigel...
– Moi, ce qui me plaisait le plus, c'étaient les ballades. Ça permettait de souffler un peu.
Puis ils évoquent de vieilles connaissances, pour qui Mark n'a que des mots gentils. Rob lance :
– Le tao d'Owen.
– C'est quoi, ça ? demande Mark d'un air méfiant.
– Sur cette tournée, le tao d'Owen a fait des merveilles. Ça m'a beaucoup fait réfléchir, tu sais. Énormément. Parce que tu peux facilement passer ton temps à casser du sucre sur le dos des gens, à te répéter : « Je ne les aime pas pour telle et telle et telle raisons... Je ne les aime pas. Je ne les aime pas. » Puis soudain tu te dis : Ce n'est pas grave. C'est ça, le tao d'Owen.
– Ça me plaît bien, déclare Mark.
– Et la fois où j'ai gueulé « Va te faire foutre ! » à Nigel ! Tu te souviens ?
– Un peu, que je m'en souviens !
– Voilà ce qui s'est passé. On est tous dans le car, à rire comme des débiles, quand Nigel dit un truc et je lui réponds : « Va te faire foutre ! ». Là... (Il s'interrompt)... gros silence. Et mois je fais : *heuuu...* Heureusement, Gaz... (Il paraît surpris d'avoir employé ce diminutif,

mais à l'époque Gary Barlow n'était encore que Gaz, et d'autre part Rob s'apprête à lui lancer des fleurs :) Heureusement, Gary m'a rattrapé le coup. Il a dit : « Eh oui, Nigel, Rob a développé son sens de l'humour depuis ton départ... » Il m'a vraiment sauvé la mise.

Rob s'en va pisser dans la haie.

– Hé, Mark ! crie-t-il en direction de la table, tu te souviens de...

– Ne me parle pas des parties de branlette dans le car de tournée, prévient Mark.

– Tiens, j'avais oublié. C'est moi qui avais gagné, d'ailleurs. (Une pause.) Et perdu, en un sens.

Mark demande à Rob s'il se souvient de la rencontre avec la princesse Diana.

– C'était une soirée sympa, hein ? répond Rob. Qu'est-ce qu'elle était gentille ! On a fait le tour de sa maison. Elle était vraiment adorable. Mais en repartant, tu ne t'es pas dit : « Elle en pince pour moi » ?

– Elle était un peu grande à mon goût.

– Elle était super.

– Adorable, confirme Mark.

– Et toi, demandé-je à Rob, tu crois qu'elle avait un petit faible pour toi ?

– Non, pas vraiment. Plutôt pour J.

Jason.

– Comme toujours, admet Mark.

– Que ferais-tu si tu croisais Nigel ? interroge Mark.

Silence de Rob.

– J'espère que ma question n'est pas indiscrète ?

– Non, non, répond Rob tout en réfléchissant. J'imagine que je fondrais en larmes.

– Sérieux ?

– Sérieux, je pense que je m'effondrerais.

(Mark et Jonathan l'ont revu il y a deux ans à Manchester dans sa boîte de nuit.)

– L'endroit lui appartient et il passe tes disques en boucle, dit Mark.

– C'est un autre homme, déclare Jonathan. Sans exagérer.

– Je suis d'accord, opine Mark. C'est un homme changé.

– Il ressemble à quoi aujourd'hui ? demande Rob.

– Il ne te regarde jamais en face, répond Jonathan. Il parle pour ne rien dire...

– Au fond, Nigel, je voulais simplement qu'il m'aime, confesse Rob. Parce que j'avais beau le détester, je l'aimais tout autant. C'était carrément bizarre. Je voulais juste...

– Tu voulais qu'il t'accepte, anticipe Mark. C'est pas plus compliqué que ça. Il s'agissait d'être accepté.

Mark et Jonathan ajoutent qu'il possède également une entreprise de pompes funèbres.

– Après tout, soupire Rob, y aura toujours des gens qui meurent.

– C'était dingue, dit Mark. C'était...

– C'était comme c'était, tranche Rob.

– Ouais, c'est ça. Je veux dire, rétrospectivement, il y a tellement de facteurs... je ne sais pas comment je...

Manifestement, quelque chose le travaille.

– Je ne sais pas comment j'aurais dû gérer ça, mais je n'ai même pas... je n'ai même jamais... (Mark hésite.) Je ne me souviens pas d'avoir jamais demandé : « Tu vas bien ? »

L'instant est lourd, touchant, triste.

– Parce que c'était impossible, répond Rob, parce que...

– Quoi ? Qu'est-ce qui m'en empêchait ? Je ne vois pas ce qui...

– Parce que tout le monde, à l'époque... Personne n'était fautif.

– On avait tous la trouille...

– Une peur bleue, tu veux dire !

– Ah ouais ?

– Comment t'expliquer... Moi, j'avais franchi le point de non-retour. Je n'aurais jamais supporté cette tournée. J'étais *démoli*...

– D'accord, mais je ne parle pas seulement de ton évolution personnelle, je te parle de l'ensemble : on est restés les uns sur les autres pendant longtemps... On était très soudés, les deux premières années. Toi et moi, notamment. Mais les deux dernières... C'est devenu un peu dingue, quoi.

– Parce qu'on manquait, comment dire... d'assistance.

– Voilà. On manquait de soutien.

– En même temps, personne ne savait comment s'y prendre, ajoute Rob. À commencer par Nigel. Tu te retrouves du jour au lendemain avec une centaine de groupies devant tes pénates. Sans compter la promo qui prenait un temps fou. Parce qu'on bossait, mine de rien ! Alors, tout ça mis bout à bout, on était crevés et flippés. J'étais crevé et flippé...

– Voilà, conclut Mark.

– C'était sympa, non ? demande Rob lorsqu'il regagne sa chambre pour se coucher.

– À un moment, j'ai eu l'impression que Mark tenait à parler de choses graves, répond Jonny.

Rob hoche la tête.

– Je ne me sentais pas d'attaque... Je risquais de finir en pleurs. Je suis assez émotif comme ça, depuis trois jours. Je n'avais pas envie de m'embarquer là-dedans. Mais ce n'était pas sa faute.

17

Il nous faut douze minutes pour regagner Londres en hélicoptère le lundi après le dernier concert de Knebworth. Nous survolons le palais de Buckingham et l'appartement de Robbie, où nous distinguons ses fauteuils de balcon.

Dans la voiture qui l'attend, il trouve le *Sun*. La une proclame : « C'EST LUI – ROBBIE EST LE ROI DE LA POP, JURENT LES FANS », et le principal critique de variétés du journal estime que le concert fut « *sans aucun doute la meilleure performance-live qu['il ait] jamais vue* ».

Arrivé chez lui, Rob tourne en rond avant d'appeler Stephen Duffy pour lui donner rendez-vous au studio. C'est reparti. À un feu rouge, Rob achète l'*Evening Standard* ; son visage s'étale en couverture, accompagné du titre : « ROBBIE – LE PLUS GRAND ? » *La star verse une larme devant 375 000 spectateurs.*

Rob déchiffre l'article à voix haute : « *Il semblait avoir soif d'adulation, mais peu sûr de la mériter. Il est incapable de concilier sa conviction d'être un raté avec les preuves qui s'étalent sous ses yeux* ». Il éclate de rire. Je lui demande ce qu'il pense de ces analyses psychologiques.

– Je suis un homme de spectacle, biaise-t-il. Et pour ce qui est de la « ... *conviction d'être un raté avec les preuves qui s'étalent sous* [mes] *yeux* », c'était vrai il y a deux ans. Aujourd'hui je sais ce que je vaux.

– Et l'homme « *avide d'adulation, mais peu sûr de la mériter* » ? C'est de la mise en scène, n'est-ce pas ?

– Ouais, admet-il.

Un autre passage accroche le regard : « *De même que les membres d'Oasis ne furent plus jamais les mêmes après leur week-end en ce lieu, Robbie semble voué à l'autosatisfaction après un tel tour de force...* »

Voué à l'autosatisfaction. Rob trouve cela plutôt cocasse pour un homme qui, dès le lendemain de trois concerts de cette envergure, reprend le chemin du studio d'enregistrement, et ne se couchera pas sans avoir augmenté d'un titre son stock de nouvelles chansons.

Il est en studio depuis environ une demi-heure lorsque le téléphone sonne. Stephen décroche. George Michael travaille à l'étage du dessous et se propose de venir tailler une bavette. Au bout de quelques minutes, on frappe à la porte et voilà George qui apparaît, muni d'un gobelet Starbucks. (C'est avant tout ce gobelet qui attire l'attention de Robbie : il ignore qu'il y a un Starbucks dans le coin. Il se fait indiquer l'adresse et envoie aussitôt Pompey aux commissions. Un frappuccino moka pour George Michael, un noix de coco pour Rob.)

George se carre dans le fauteuil d'Andy et se tourne vers Rob, Stephen et moi. Il parle à Rob de son nouvel album, de ses pannes d'inspiration, et lui lance en riant :

– Tu as mené toute ta carrière depuis mon dernier disque !

– Tu sais, si j'enchaîne album sur album sur album sur album, explique Robbie, c'est parce que je me dis : celui-là, c'est le bon. Puis il arrive dans les bacs et je me dis : ah non, c'est pas le bon, c'est pas celui-là. Vite ! Il faut en faire un autre... Résultat, le projet sur lequel on est en train de bosser est un peu mon premier album solo.

– J'imagine que tu t'es éclaté ce week-end ? reprend George.

– Ouais, répond Rob sans enthousiasme particulier. Non, je pense qu'il me faudra encore un an pour savourer. Pour l'instant, je suis lessivé.

Il demande à George pourquoi il évite les tournées.

– Parce que je trouve ça insupportable, rétorque l'intéressé.

George n'aime pas la flagornerie ; être cerné de gens qui ne vivent que pour lui ; la peur de s'abîmer la voix. Même du temps de Wham ! confie-t-il, pendant que le reste du groupe allait faire la bringue, il demeurait dans sa chambre d'hôtel avec son humidificateur, à manger des citrons.

– Tu sais comment je surmonte ma tendance à l'autocritique ? lui demande Rob. Ne jamais s'écouter, jamais. Si je m'écoute, mes craintes les plus profondes et les plus noires risquent de se confirmer, et je ne pourrai plus remonter sur scène.

Ils comparent ensuite leurs visions respectives de la gloire.

– Ça devient de plus en plus étrange, lui assure George, à mesure que tu t'imposes en une des journaux et à la télé. Pour toi, ça fait une petite dizaine d'années. Au bout de vingt ans, les choses deviennent vraiment bizarres.

À l'écouter, les apparitions d'un artiste soulèvent, avec le temps, moins d'enthousiasme que de choc, et George le supporte plutôt mal. Mais il juge que le cas de Rob est différent car, malgré son côté « idole » à l'ancienne, on le sait volontiers porté sur l'autodénigrement, ce qui le rend plus accessible.

– Alors je vais finir complètement barré, s'amuse Rob.

Quand George Michael l'interroge sur ses nouveaux morceaux, Rob cite Scott Walker et David Bowie, avant d'ajouter que, par moments, il chante comme Morrissey et Neil Young. George et lui encensent les Smiths, avant de méditer l'énigme Morrissey.

– Au stade où tu en es, tu peux prendre tout ton temps pour un album, l'avise George. Après tout, qu'est-ce que tu risques ? Je ne vois pas qui va venir t'emmerder !

– J'ai un contrat d'enregistrement et je tiens à l'honorer, répond Rob.

– Pas question ! proteste George. Fais-les poireauter.

– Avec le dernier album, j'ai aimé la promo, j'ai aimé la tournée, j'ai aimé tout ce qui s'y rapportait.

– Pourquoi ça ? Qu'est-ce qui a changé ?

– L'Effexor.

– Parce que tu étais déprimé auparavant ?

– Et comment.

– Une sorte de légère dépression chronique ?

– Exact. Pas au point d'être suicidaire, mais presque...

Et Rob d'expliquer qu'il avait cru, en s'installant à Los Angeles, échapper aux divers facteurs responsables de son état, avant de constater l'absence d'embellie.

– Alors tu te dis, bon, c'est quoi le véritable problème ? Je n'avais plus rien à incriminer. J'avais arrêté l'alcool et la drogue, et lutté pour ne pas replonger pendant treize ou quatorze mois, jusqu'à ce que me sente encore plus mal que lorsque je me droguais. Et là je me suis dit, OK, l'alternative est la suivante : soit je me remets à la drogue, soit je vais voir un psy pour qu'il me file des cachetons. C'est ce que j'ai fait, et depuis ça va. (Il sourit.) Même si, quand je sors, ce n'est pas terrible.

Après coup, Rob songe à la relation amicale, quoique distante et quelque peu étrange, qu'il a nouée avec George Michael au fil de leurs trajectoires respectives. C'est George qui l'avait engueulé lorsque, après Take That, Rob avait sacrifié à la sagesse populaire qui voyait en Gary Barlow le nouveau George Michael, en déclarant que lui-même serait le nouvel Andy Ridgeley. « Te fous pas de la gueule d'Andrew », menaça George. Quand Rob rencontra le succès, il arriva à George de l'appeler avant une cérémonie de remise de trophées pour lui annoncer qu'il avait gagné.

– Ça commençait toujours par : « Bien joué, ma salope ». Et je ne comprenais pas ce qui lui prenait, vu que je n'avais pas prévu d'assister à une cérémonie ce jour-là.

Il y a trois semaines, *Escapology* a fini par quitter le Top 75 des albums britanniques. Depuis, porté par le succès de *Something Beautiful* – le single du moment – et par le battage autour de Knebworth, le disque s'est refait une santé. Mais personne n'a prévu l'impact produit par quelque 375 000 spectateurs en un week-end, doublé de retransmissions radiophoniques et télévisées. Dès mardi, la messe est dite.

Rob m'appelle, aux anges, pour m'annoncer la nouvelle. Dans le classement de la semaine prochaine, *Escapology* sera numéro un. Qui plus est, pendant plusieurs jours, il semble possible que chacun de ses albums fasse son retour dans le Top 75. (Au final, deux y manqueront de justesse.)

Mercredi, Rob revient au studio. Il invente des paroles sur une ligne de basse qu'il vient de composer.

... white 74... white 74... when she waited, they said « What for ? » ... you want some more... white 74... into dusty, into fame... into working your silly games... Friday's your payday... white 74... talking on the phone... sleeping all day... getting it wrong... the way it should be done... white 74... white 74... ice cream in sand dunes... magnifying ants... white 74... [*74 blanc... 74 blanc... quand elle attendait, ils disaient « À quoi bon ? »... t'en veux encore... 74 blanc... Dans la poussière, dans la gloire... en poursuivant tes jeux idiots... Vendredi c'est ton jour de paie... 74 blanc... parler au téléphone... dormir toute la journée... avoir tout faux... dans la façon de s'y prendre... 74 blanc... 74 blanc... crème glacée dans des dunes de sable... grossissant les fourmis... 74 blanc...*]

– Il faut que je trouve des textes adaptés à mes tatouages, déclare-t-il.

Il attrape le *Smash Hits Yearbook,* l'annuaire des tubes, de 1986 que lui apporte Stephen. Amusé, il nous lit une citation de Simon le Bon : « Je ne suis pas un type qui s'aime à en mourir. Disons que je ne me trouve aucun défaut. » Rob soupire :

– Les pop stars étaient tellement plus intéressantes à l'époque...

Il poursuit sa lecture. (Où il découvrira être né le même jour que Peter Hook et Peter Tork. Sans oublier Peter Gabriel, ce qu'il savait déjà. Tous les Peter de la création, en somme. « J'ai failli m'appeler Peter », souligne-t-il.)

– Bon Dieu ! Les pop stars étaient *géniales* en ce temps-là. Ça me donne presque envie pleurer.

Il secoue la tête, rivé à son bouquin, cette fenêtre sur une époque où la pop et ses stars incarnaient le télescopage de la fortune, de l'excentricité, de la stupidité et de la classe. Pour des adolescents en quête de rêves et d'une place dans le monde, qui apprenaient à faire la part du merveilleux et du merdique, les pop stars de l'époque figuraient une source d'inspiration autrement variée et provocante. Pendant des années, critiques et analystes culturels ont dépeint ce genre musical qu'adoraient les teenagers comme une hérésie mercantile insipide et stérile. Il n'en était rien. Hélas, depuis quelques années, la pop épouse de plus en plus l'image la plus laide que renvoient les critiques imbéciles.

– Comme les pops stars exprimaient des points de vue sur quantité de sujets, le public s'est dit que c'était bien de réfléchir et de soutenir des idées, analyse Stephen (qui connut son heure de gloire pop sous le nom de Stephen « Tintin » Duffy au milieu des années quatre-vingt). Mais aujourd'hui, poursuit-il, plus personne ne s'oblige plus à penser à rien, à part à passer sur des reality-shows comme *Pop Idol.*

Rob continue de tourner les pages.

– Chaque fois que je l'ouvre, ce bouquin, je m'attends à m'y trouver. Et chaque fois c'est la même déception. Y a-t-il un moyen de remédier à ma non-popularité de 1986 ?

George Michael téléphone pour convier Rob à l'étage du dessous. Il lui chante un de ses nouveaux titres, *Through*, où il tire sa révérence, et demande à Rob s'il accepterait de l'interviewer à la télé lors de la sortie de l'album. Rob promet d'y réfléchir, et par ailleurs il apprécie cette chanson, même s'il enrage de s'entendre dire par George : « Alors comme ça, tu es dans ta phase rock ? Dans ce cas, je te conseille d'écouter *Closer*, l'album de Joy Division – la seconde moitié est vraiment sublime. » Ce qu'il trouve franchement condescendant. (– Et toi, tu es dans ta phase « zéro vente » ? marmonne Rob après-coup. Dans ce cas, je te conseille d'« écrire un tube ».)

Ce soir, Rob joue au foot sur un terrain niché sous la Westway : la location coûte trois livres par tête de pipe. Ses camarades se recrutent parmi des gens de télé – Jonny, Ant ou Michael Greco, qui incarnait Bepe dans le feuilleton *Eastenders*. Mais c'est Rob qui est pris à partie. Les premiers quolibets lui parviennent d'un terrain adjacent : « Tapette... » « Petit merdeux... » « Robbie, tête de pine... » « Grosse tache... » « Robbie, grosse tache... »

Alors qu'il joue ailier gauche, Rob se déporte progressivement vers le côté droit. Les provocateurs ayant fini leur match, ils peuvent se consacrer au sport qu'ils aiment le plus : « Tapette... » « Tête de nœud... » « Montre-nous tes nibards... »

Il quitte le jeu et se dirige vers eux.

– C'est juste pour déconner, Robbie, lance l'un des types.

– Ah ouais ? Alors, moi aussi, je vais déconner. Ton petit frère était en train de m'expliquer ce que ça fait de sucer la queue de ton père.

– Ouuuuuh... font les autres.

– Pédale, réplique le gus que Rob vient d'insulter.

Rob lui assène qu'il pourrait racheter le complexe sportif et les mettre dehors.

– Pourquoi tu nous racontes ça, sale pédale.

– C'est ça, je suis homo ! explose-t-il. Y a pas plus pédé que moi, ici. Et si on se mettait à l'écart pour que tu me tailles une pipe ?

Il file vers la grille, décidé à s'expliquer avec eux. (Gary et Jason sont présents, mais à l'autre bout du stade, et pour une fois, ils n'ont rien suivi de la scène.)

Les grandes gueules font mine de s'éloigner. La partie s'interrompt pour de bon, quand tout le monde comprend la situation. Jason se rue à son tour vers la grille et poursuit les tristes sires.

– Il n'a aucun humour ou quoi ? crie l'un d'eux.

– Faut qu'il apprenne à encaisser, lance un autre. Il est célèbre.

Le lendemain et le surlendemain, Rob est au studio. Tous les morceaux sont bâtis sur des lignes de basses de son cru.

– C'est un vrai plaisir, me confie-t-il, le vendredi après-midi.

Il jubile de voir ses chansons prendre une voie fidèle à ses desseins décalés, pour ne pas dire déjantés. Très souvent, son travail avec Guy Chambers accouchait de morceaux purement pop, et en un sens c'était une bénédiction, mais Rob en concevait une certaine frustration. En samplant l'*Ecstasy* de Barry White, Rob avait voulu produire une curiosité dance, mais le résultat fut *Rock DJ*. Quand il fit écouter à Guy *Still Dre* de Dr Dre et Snoop Doggy Dogg, en déclarant qu'il désirait explorer cette direction-là, ils aboutirent à *Something Beautiful*. Aujourd'hui, rien de tel ne semble le menacer, et c'est à l'évidence un soulagement.

Cet après-midi, pendant que Stephen a le dos tourné, Rob m'indique au mur un portrait, et articule en silence : « C'est qui ? »

– Serge Gainsbourg, articulé-je en retour.

Quelques minutes plus tard, il lâche à Stephen, comme s'il remarquait seulement la photo :

– Ce ne serait pas Serge Gainsbourg, là ?

– Exact, répond Stephen.

Un autre événement de taille se joue depuis environ deux semaines, qui accapare l'esprit et l'énergie émotionnelle de Robbie au cours des derniers jours de la tournée. Une idylle, ou tout du moins ses frémissements. Une femme assez connue. Tout commence par un petit mot et une brève rencontre, quelques compliments réciproques mais rien de plus, sinon le sentiment que c'est peut-être le début d'une histoire. De là, ils prennent l'habitude de se téléphoner, et Rob trouve ces conversations aussi agréables qu'encourageantes.

– Soit c'est une personne très gentille, soit je lui plais, conclut-il alors, persuadé que l'un n'exclut pas l'autre.

Juste avant Knebworth, il la revoit à Londres, lors d'une soirée qui se termine par un gros câlin et quelques mots doux, rien de plus. Il est fasciné. « Cette fille, c'est le Real Madrid, assène-t-il. C'est Zinedine Zidane. » Suite à ce rendez-vous, les coups de fil continuent, tout aussi réussis, malgré les éternels complexes de Rob en matière de bienséance. « Ce qui me tracasse, ce sont les conversations, m'avoue-t-il lorsque leur relation s'affirme. Les intermèdes entre les chansons. Tu vois ce que je veux dire ? » Une autre fois, je lui rappelle que la personne d'en face ne peut entendre sa panique intérieure ; il paraît surpris, décontenancé par cette notion, qu'il se répétera plusieurs fois le lendemain.

Il lui envoie des roses, et s'aperçoit, surpris, que la fille hante ses pensées alors qu'il occupe la scène de Knebworth. On prend des dispositions, on réserve des avions, et l'on bloque une date dans la semaine séparant Knebworth de Phoenix Park. Surviennent les complications. Elle annule le rencard, via un SMS qu'il juge suspect. Il tente d'élaborer une réponse qui ne trahisse pas sa déception : « La main capricieuse du sort est une maîtresse cruelle », écrira-t-il entre autres. Il reçoit un nouveau message prometteur suivi d'un coup de fil réussi, et un beau jour il surgit dans la pièce en déclarant :

– J'ai de nouveau la cote. Je ne sais pas si tu l'as remarqué. À treize ans, j'étais un gamin obèse de Stoke-on-Trent, mais j'ai repris pied et je viens de conquérir Knebworth.

L'histoire se poursuit avec ses hauts et ses bas – ils ne se sont toujours pas revus – et Rob se sent mené en bateau à force de signaux contradictoires. Elle lui suggère de venir la voir par le premier vol commercial, et là il se dit qu'elle ne comprend pas. Comme si toutes ces précautions relevaient de la paranoïa, de la démagogie, et non d'une nécessité maintes fois vérifiée. La relation repart, retombe, et pour finir il jette l'éponge.

– Écoute, chérie, lui dit-il afin de clore une aventure qui n'avait jamais vraiment démarré, pour être tout à fait franc je doute que mon ego puisse supporter un nouvel affront. Dans ma vie je maîtrise toutes les cartes sauf celle de l'amour. Et quand je m'en approche, et que ça ne vient pas, ça me rappelle à quel point je suis seul...

Mais ce sentiment ne persiste pas plus que les autres :

– J'ai éprouvé une tristesse de crème glacée, nappée de colère, avec ces céréales garnies de manque de confiance en soi, déclare-t-il le lendemain de la rupture. Puis ce matin je me suis réveillé, et tout baignait.

Au studio, il emprunte à Stephen le *NME* de la semaine. Keith Richards fait la couverture, mais aussi ce titre : « LE SACRE DE ROBBIE ».

– Voyons à quel point on me déteste cette semaine, lance Rob avant de parcourir la double page schizophrène des comptes-rendus du week-end. Il nous en lit quelques piques :

... un microcosme de l'Angleterre ringarde...

... comme le Jubilé de l'an dernier, la célébration d'une autre vieille reine surpayée...

... quand il grimace à la caméra, on a enfin l'impression de voir la noirceur et la dépression qu'il nous rabâche à longueur d'interviews, ce qui offre à sa prestation une pointe jouissive de désespoir. Il a vraiment besoin de l'amour de 135 000 personnes par soirée – vous parlez d'un paumé !

Tout cela fait bien rire Rob, surtout le dernier extrait.

Le journal dresse la liste des motifs de son insuccès outre-Atlantique. L'ultime coup de poignard donne ceci : « *Et, indépendamment du contexte, ils ne lui reconnaissent que huit bonnes chanson.* »

Il nous relit cette phrase, et nous la relit encore. Il n'en croit pas ses yeux.

– Huit ! s'écrie-t-il. *Huit !*

Si la vie était un western, on le verrait lancer son chapeau au ciel et tirer en l'air.

– C'est génial, mec. Putain de merde.

Le fait est qu'il s'agit d'un des articles les plus tendres jamais écrits sur son compte.

– Dans mon esprit, j'en retiens à peine deux ou trois. Putain de merde. Huit. C'est géant. Mince alors. C'est le plus beau compliment indirect qu'on m'ait jamais fait. (Il ne peut plus détacher ses yeux de l'article.) Ça me met une pêche d'enfer.

18

Pour l'ultime concert de la tournée estivale, qui sera aussi le plus grand, Rob a choisi Dublin, avec aller-retour dans la journée. Il apprécie cette ville, mais n'aime guère s'attarder : elle reste associée à des distractions sur lesquelles il a tiré un trait.

Une escorte de police nous guide vers Phoenix Park. Quand nous nous garons à proximité des loges, le visage de Rob se décompose.

– Je croyais qu'on jouait dans un stade. Mais c'est un champ gigantesque, dites-moi !

En effet, comme le suggère subtilement son nom, il s'agit d'un parc géant.

– Oh non... gémit-il, désarçonné. Ça va être flippant. Je sais gérer des empilés tout autour de moi. Mais les esplanades me fichent une putain de trouille.

– Bonsoir, l'Irlande ! lance-t-il au milieu de *Let Me Entertain You*. Je suis Robbie Williams. Voici mon groupe. J'ai du sang anglais, mais un cœur irlandais.

Ce soir, rien dans son jeu ne semble feint. En privé, il ne jure que par le public irlandais, et l'on voit bien à quel point il savoure son répondant. Vers le milieu du spectacle, il amène l'ensemble des cent trente mille spectateurs à crier « Casse-toi » à l'hélicoptère qui les survole. « Enfoiré de Magnum », maugrée-t-il. Quelques instants plus tard, il signale à la foule la présence de M. Bannon, son ancien instituteur. Auquel il déclare :

– Vous étiez toujours ferme mais, Dieu vous bénisse, vous étiez toujours juste. Je ne vous oublierai jamais, et je n'oublierai jamais mon école. Merci...

Vers la fin du concert il se met à pleuvoir, d'abord à petites gouttes, puis en rafales. Lorsque Rob empoigne sa guitare acoustique, il demande qu'on installe son pied de micro tout au bout du podium central, au cœur de la foule et sous la pluie.

– Quitte à ce que vous soyez mouillés, autant que je me mouille avec vous.

L'initiative reçoit, bien entendu, un accueil des plus positifs.

Avant d'attaquer, il décrète à la foule que l'Irlande possède le meilleur groupe au monde.

– Et toi, Bono, tu es mon Dieu. Je te considère comme l'homme le plus beau, le plus merveilleux, et le meilleur meneur de tous les temps. Si j'avais la moitié de ton talent...

(Le propos, espère-t-il, aura été suffisamment clair. Lors de son dernier concert en Irlande, il avait chanté *Beautiful Day* en hommage à U2, « le groupe de rock'n'roll le plus génial au monde ». Ce que le *Sun* du lendemain transforma en : « Cette chanson est dédiée à Bono et aux garçons, le pire groupe de rock'n'roll au monde ». Rob chargea aussitôt son secrétariat d'appeler celui de U2 pour tout expliquer.)

Pendant qu'il interprète *Feel*, il noue un foulard irlandais autour de sa tête.

– C'est le meilleur, affirme Jonny pendant que Rob se change avant les rappels.

– C'est mon meilleur concert, approuve Rob.

De retour sur scène, il fait venir Jonny pour qu'il répète à la foule ce qu'il vient de lui dire.

Avant de s'envoler pour l'Angleterre, Rob fait un saut à l'hôtel Four Seasons, afin d'honorer la fête de fin de tournée et saluer toute l'équipe. Il a réservé une chambre à l'étage pour se changer. Il se douche puis s'assoit sur le lit ; une serviette autour de la taille, il suit une rediffusion du jeu *Have I Got News for You ?*.

Nous sommes les premiers arrivés à la fête. Rob ignore les mets les plus raffinés du buffet pour assouvir son envie de sandwich aux frites. Il commande simultanément un double expresso et un café filtre. Soudain il lâche, peut-être du fait de se trouver à Dublin :

– C'est une putain d'horreur d'être alcoolique. Une horreur. Une putain d'horreur. (Pause.) Puis, par moments, c'est la meilleure chose qui soit.

– Mais tu ne te dis pas ça souvent, n'est-ce pas ? demande Josie. Que c'est une horreur.

– Non, répond-il. C'est la fin de la tournée. Je ne peux pas l'expliquer. Je n'ai pas l'intention de boire, mais je suis d'humeur *soifarde*... (Il secoue la tête.) Tu comprends, la tournée exige de se donner complètement pendant cinq semaines. On ne sort jamais de l'hôtel. Et maintenant... Je vis mal la fin de tout cela.

Le stress était usant. Mais maintenant qu'il retombe, comment faire pour l'évacuer sans le noyer dans l'alcool, soit contrairement à la plupart des gens présents ce soir ?

Je lui demande s'il éprouve de la satisfaction à avoir rempli ses objectifs.

– J'aimerais bien, mais il me faudra probablement attendre la semaine prochaine. (Il mord dans son sandwich.) Cette histoire de nana m'a pas mal travaillé ces jours-ci. C'est un peu comme une bouteille imprégnée de dépôt. Ça ne part jamais, c'est toujours là, puis quelqu'un se pointe, secoue la bouteille et là le dépôt....

Un peu plus tard, je le vois s'éloigner vers la fenêtre avec son neveu Freddie Robert dans les bras. Il reste un long moment dans la pénombre, mi-pensif mi-sentimental, à contempler la nuit. Quand il se rassied, Freddie Robert s'est endormi sur son épaule.

Très vite, la fête prend mauvaise tournure. Un Keith Duffy aviné veut entraîner Robbie dans une pièce voisine, et la simple présence de Ray Winstone l'intimide ; lorsqu'il se rend aux toilettes un inconnu essaie de photographier son pénis, cependant qu'un autre s'offusque de la couronne dessinée au dos de son blouson, voulant y voir le symbole de la monarchie britannique et un affront au républicanisme irlandais.

– Quel cauchemar, soupire Rob en se coulant avec soulagement sur le siège de la voiture.

Les kilomètres défilent avant qu'il ne rouvre la bouche :

– Tu sais, je ne veux plus jamais recommencer cette connerie d'arrivée à l'envers, dit-il à Josie.

– Pas de problème, répond-elle. Ça te faisait peur ?

– Et comment !

– Tu t'en es parfaitement bien tiré, dit-elle.

Il explique que ça l'angoissait un peu plus chaque jour.

– Je repensais sans cesse à ce gus qui a coupé le harnais de parachute, et à Owen Hart qui est tombé du plafond...

– Allez, soupire Josie. N'en parlons plus, tu t'es drôlement bien débrouillé.

After

1

Le lendemain du concert de Phoenix Park, Rob s'envole pour Los Angeles. À l'entendre, il a une forte envie de ne rien faire, et menace de se remettre au golf, mais il n'entreprend ni l'un ni l'autre. Au bout de deux semaines, Stephen et Andy le rejoignent, et la chambre principale se transforme en studio de fortune, la batterie au pied du lit. Ils travaillent tard dans la nuit, toutes les nuits. Le jour où Mia, la petite-fille de David, leur rend visite, ils lui demandent de trouver un nom à leur atelier, et elle le baptise : Rock Band Studios. Dès lors, chaque coup de fil est accueilli par un vif : « Rock Band Studios ! » Une fois, Rob décroche et tombe sur la femme qui lui a gâché la fin de sa tournée, celle de la relation avortée. Il se fait passer pour un autre et prend un message, qu'il ne se transmettra jamais.

Pour son retour à Los Angeles, il succombe à une frénésie d'achats automobiles : une Ferrari, une Porsche, une Mercedes neuves. Il possède désormais sept voitures à Los Angeles, mais il n'a toujours pas son permis. Ces acquisitions représentent une récompense qu'il s'accorde, et la réalisation d'un fantasme d'enfant – il met cela sur le même plan que jouer pour Port Vale ; mais il est grisé sans doute plus par la transaction elle-même, et par le fait d'en avoir les moyens, que par l'accumulation de ces engins ou leur utilisation. Si ces nouvelles pièces lui procurent des instants de ravissement, au bout d'une semaine, il commence à regretter de les avoir achetées.

À Londres, le CD *Live At Knebworth* est vite mis en boîte. David apporte une copie-test à Rob, qui secoue le boîtier près de son oreille. « C'est d'enfer », tranche-t-il. Un jour, dans un lointain avenir, longtemps après ses fans, Rob écoutera enfin ce disque.

Fin août, le *Sun* annonce – dans un entrefilet dont la brièveté laisse à penser que le journaliste n'y croit guère lui-même – la retraite de

Rob. En l'occurrence, il n'y a pas de fumée sans feu : deux jours plus tôt, des paparazzis lui ont pourri la vie. « Tu sais, une de ces journées où tu n'as pas envie qu'un saut au café du coin se transforme en événement national, où tu ne peux pas quitter la maison parce qu'ils te guettent depuis le matin », me dit-il, comme si je connaissais à titre personnel ce genre de désagrément. Ce jour-là, donc, un type muni d'un appareil photo s'est présenté comme un ancien marine, ce qui a particulièrement agacé Pompey, et nous a exposé sa façon d'envisager le métier : harceler les célébrités pour obtenir des clichés. Robbie s'est donc senti obligé de faire valoir son propre point de vue : « À cause de gens comme vous, je n'ai pas envie de faire de disques. » L'espace d'une demi-heure, il s'est bel et bien dit que le jeu n'en valait pas la chandelle, et pendant ces quelques minutes, il a effectivement raccroché.

Parmi les critiques récurrentes, on lui reproche d'être un éternel ronchon. En fait, je pense qu'on l'accuse d'ingratitude, ce qui reflète une fois de plus le curieux rapport qu'entretiennent les gens avec la gloire. Alors même qu'il est de bon ton de plaindre les vedettes – ces pauvres idiots du village qui sont assez bêtes pour s'offrir à tous les regards sur la place de l'église –, on persiste à croire que la gloire, tel un acte de foi, rend la vie merveilleuse. Si bien que, tout en reprochant aux stars d'afficher le bonheur qu'elles retirent de leur talent, du succès et l'argent, les gens supportent encore moins de les voir étaler leurs états d'âme, quand bien même elles chuchoteraient du bout des lèvres. En tout état de cause, celui qui devient célèbre reste dans l'ensemble soumis aux mêmes soucis que le quidam, auxquels s'ajoutent ceux créés par sa situation exceptionnelle ; si, malgré tout ce qu'il possède, on l'entend se plaindre, c'est qu'il se moque du monde. Accéder à ce que l'on tient communément pour la clé du bonheur, et avoir le front de se dire insatisfait !

De même, et je pense que les deux phénomènes sont liés, le monde moderne est d'une rare sévérité avec les personnes connues ou privilégiées que l'on prend en flagrant délit de contradiction. C'est courir le risque de passer pour stupide ou hypocrite. Mais une vie parfaitement rangée n'est pas dans la nature humaine, et toute existence, quand on y regarde de près, est bourrée de contradictions. Bien souvent, les récits biographiques sont lissés par une trame artificielle, mais leurs pages regorgent de paradoxes, dont la plupart sautent aux yeux du protagoniste comme à ceux du lecteur.

Devoir répondre de ceux-ci peut paraître cruel, même si c'est, dans une certaine mesure, justifié. Il est néanmoins bien plus dur d'être jugé ou fustigé pour des actes qui ne sont contradictoires qu'en apparence. Est-il vraiment paradoxal, par exemple, d'aspirer à rester seul – au sens général du terme, c'est-à-dire loin des sollicitations constantes qui empoisonnent le quotidien – tout en redoutant la solitude ? Est-il vraiment impossible d'avoir grand besoin d'attention dans certains domaines de la vie, tout en se dérobant aux regards incessants ? D'un strict point de vue logique, la réponse est non, mais face à ces questions la réaction des gens est moins logique qu'émotionnelle. Comme lorsqu'ils ont l'impression d'être la proie d'un chantage affectif, une alternance capricieuse entre l'amour recherché par un artiste et son désir occasionnel d'intimité... S'exhiber sur scène puis se cloîtrer dans le privé dénote une intention de vouloir le beurre et l'argent du beurre.

Tels sont les jugements auxquels Rob doit constamment faire face.

En août, Josie et Lee se marient à Malibu dans une superbe villa de bord de mer. Ils échangent leurs consentements devant un prêtre arrosé par les vagues. Deux jours plus tard, le *Sun* publie un cliché des époux en compagnie de Rob, pris d'une maison voisine :

Il interpréta un pot-pourri de chansons – dont son tube Angels... *Robbie – à qui l'on doit le célèbre album* Sing when You're Winning *– s'époumona d'un bout à l'autre du samedi soir... Puis les convives se dirigèrent vers la plage. L'un après l'autre, ils se firent photographier aux côtés de la mariée et du chanteur. Robbie resta une bonne partie de la nuit, et rejoignit à plusieurs reprises la petite estrade pour régaler ses copains.*

Un exercice de pure imagination – probablement quelque fantasme d'un lointain observateur sur un mariage honoré par une star de la chanson. Pour tout concert, Rob exécute, accompagné par Stephen à la guitare sèche, une version à peine répétée d'*All I Want Is You* de U2, durant la cérémonie. Quant aux photos, il pose uniquement en compagnie des deux époux.

Après le mariage, le dîner et la fête, Rob rentre chez lui et écrit un nouveau morceau. À la fin de la nuit, Rob, Max, Stephen Duffy et Chris Sharrock, assis en tailleur sur la moquette au pied du lit de Rob, autour d'un unique micro, grattent leurs guitares acoustiques.

– Soit je suis trop haut, lance Max au bout d'un moment, soit tout le monde est trop grave.

Aux Rock Band Studios, les séances d'écriture et d'enregistrement sont à mille lieues de l'urgence, de la pression et de la claustrophobie qui régnaient dans le grenier de Air. La plupart du temps, Rob se met à la basse, comme il le faisait sur la fin des sessions londoniennes, mais il prend goût aux bœufs, avec Chris à la batterie et le plus souvent Stephen à la guitare et Max au clavier. Leurs nuits carburent au café Starbucks double dose, et Rob semble aimer cette ambiance de groupe, cette ambiance familiale, au moins tout autant que ce qu'ils essaient de produire. À croire parfois que, maintenant qu'il se sait en possession de chansons valables, il s'autorise le luxe d'essayer tous les styles musicaux qui lui plaisent, un luxe qu'explorent la plupart des musiciens à l'adolescence, quand leur groupe doit encore trouver son public et qu'ils répètent toujours dans un petit local ou au fond d'une cave. Lui qui n'a jamais connu ça peut désormais se le permettre. Dans cette pièce, bon nombre de mélodies voient le jour, qui ont peu de chance d'échouer sur un album. Max détourne plusieurs morceaux sur d'improbables voies funk-jazz, comme ils les affectionne, et Paul, le coach vocal occasionnel de Rob, est surpris un soir en train de toaster sur un reggae qu'ils viennent de composer.

Un après-midi d'août, Rob s'installe avec Stephen sur le grand lit des Rock Band Studios pour écouter tous les morceaux produits depuis leur arrivée à Los Angeles, puis ils reprennent la liste de leurs titres et cochent ceux retenus pour l'album de Pure Francis. (L'idée de l'alter ego Pure Francis semble marquer le pas, et il semble acquis que les enregistrements actuels viendront nourrir la carrière de Robbie Williams, même si l'on s'en tient pour l'heure à ce pseudo – qui ne désigne pas nécessairement un personnage, un groupe, un album ou une signature commune, mais demeure le nom générique auquel se réfèrent tous les acteurs du projet.) Au final, ils cochent treize titres, même si Rob trouve décourageant que beaucoup proviennent de la première fournée londonienne.

Peut-être ce constat est-il à l'origine du regain d'inspiration qu'ils connaîtront au cours des quelques semaines à venir, à moins que ce ne soit la nécessité d'aboutir avant de repartir en tournée. Rob appréhende le retour en Europe. Encore un mois de concert dans les villes qu'il n'a pas couvertes cet été, puis, après une courte pause, un grand final dans des stades de la Nouvelle-Zélande et d'Australie. Il préférerait rester à LA pour ne penser qu'à ses chansons. « Elles m'obnubilent complètement, avoue-t-il, moins comme un péché que comme un luxe. Tout mon parcours m'a conduit au point où je me trouve aujourd'hui. »

En principe, son projet actuel demeure secret et, bien que la presse ait évoqué une collaboration avec Stephen Duffy, l'information s'est vite perdue dans le brouhaha et la cacophonie des semi-vérités et absurdités dont il fait l'objet. C'est pourquoi, lorsqu'il regagne Londres, début octobre, pour participer au concert Fashion Rocks donné au Royal Albert Hall, on est surpris de l'entendre expliquer à Vernon Kay, lors d'une interview en coulisses pour la chaîne T4, qu'il vient d'écrire quarante-deux morceaux avec Stephen « Tintin » Duffy. Par pure chance, ces propos seront coupés au montage.

Au cours de ce mois, Rufus Wainwright accorde un entretien à *Rolling Stone*. En voici un bref extrait :

Quels chanteurs refusent d'admettre leur homosexualité ?

– Comme Robbie Williams ? (rires). Je ne sais pas. J'ai tendance à penser que j'aurais peut-être mieux fait de cacher le fait que j'étais gay, en termes de ventes. J'ai une certaine admiration pour les gens qui laissent leur homosexualité au placard.

– Tu ne trouves pas ça dingue ? dit Rob. Moi, ça m'a bien fait marrer. J'étais tout jouasse d'apprendre que je hante ses pensées.

Comme l'été touche à sa fin, je quitte un peu l'orbite de Rob. On poursuit nos échanges et on se retrouve régulièrement, mais la plupart du temps, je reste chez moi, cerné par les dizaines de carnets et les centaines de cassettes accumulés depuis plus d'un an.

À la mi-octobre 2003, Rob rempile. Sa nouvelle tournée commence par Lisbonne. Rob est posté derrière un rideau rouge, pendant que tourne la bande de l'intro, quand il se rend compte qu'il n'est pas prêt psychologiquement. Dix-huit mille fans l'attendent, mais lui n'est pas disposé à les voir. Plus tard il m'explique : « C'était un peu comme si j'étais en train de zapper devant la télé, et que soudain quelqu'un me plantait sur scène avec ma canne, un costume flambant neuf et une jolie coupe de cheveux, et que j'allais devoir tenir deux heures. »

Les deux shows lisbonnais sont un triomphe, mais cela n'émeut pas Rob. Au beau milieu de *Nan's Song*, vers la fin du premier concert, seul sur scène avec sa guitare, une petite voix lui dit soudain : « Je vais m'en aller – qu'est-ce qui m'arrive ? » Il est persuadé, comme s'il s'observait de l'extérieur, qu'en plein concert il va poser sa gratte, gagner le côté de la scène et marcher jusque chez lui. Il pense qu'il le fera tout en douceur, mais qu'il n'y coupera pas. Un sentiment des plus étranges. Qu'il parvient toutefois à chasser. Pour l'instant.

Le lendemain du deuxième spectacle, en route vers l'aéroport d'où il prendra l'avion de Madrid, il informe David qu'il souhaite annuler les tournées en Amérique Latine et en Afrique du Sud prévues en février. Il a pourtant donné son feu vert cinq jours plus tôt, et les billets seront mis en vente d'un instant à l'autre. Mais il insiste.

2

Je quitte mon repaire pour Madrid, où je retrouve Rob torse nu dans sa chambre, en pleine séance d'étirements.

– Je suis proche du point où ma carrière devient trop lourde à porter, et me retaper tout ce bazar... Je pense que si j'avais accepté la tournée de février, ça m'aurait mis HS pour un bon bout de temps. Je ne fais que déplacer les dos d'âne.

Il m'interroge sur la tournure que prend le bouquin. Je lui explique qu'en un an, certain sujets (Gary Barlow, Noel Gallagher) ou actions (essentiellement ses pets), même rapportés sous la forme condensée d'un livre, risquent de le faire passer pour un type obsessionnel, et flatulent. Il en prend ombrage, et dans les mois qui suivront, dès que je lui demanderai des nouvelles après une longue absence, j'obtiendrai une réponse du style : « J'ai pété, Gary Barlow, Noel Gallagher... la routine, quoi. »

Arrive Josie. Elle lui rappelle qu'il doit livrer deux interviews à une station de radio néo-zélandaise. Rob s'installe sur le canapé de sa suite et elle lui tend le téléphone. Il entretient les animateurs sur sa tournée, sur Take That et sur ses tatouages maoris, puis ils le font réagir à une déclaration attribuée à Sheryl Crow au lendemain du concert Fashion Rocks. À l'en croire, Rob serait trop efféminé pour percer aux États-Unis.

– Aaah ? répond-il en adoptant un ton caricatural. Je ne vois vraiment pas de quoi ils veulent parler, mais alors pas du tout. Je veux dire, c'est pas parce qu'on suce une ou deux queues...

C'est du direct, et, en Nouvelle-Zélande, l'heure du petit déjeuner.

– Ah bon ? dit-il. Je paierai l'amende. Je suis désolé... c'est vraiment *live* ?... Je suis sincèrement navré...

Les animateurs lui reposent néanmoins la question sur Sheryl Crow.

– J'en sais rien. Elle a sûrement raison. Ça fait un moment qu'elle est dans le circuit, alors elle a un paquet d'infos...

L'Amérique ne revient plus guère dans la discussion. Depuis le carton manqué de *Feel*, sa maison de disques américaine semble se tourner les pouces ; à supposer qu'elle ait fait quoi que ce soit pour promouvoir *Come Undone*, Rob n'est pas au courant, et à l'évidence l'effort fut vain. C'est comme si l'aventure américaine n'avait jamais eu lieu. Rob ne s'y attarde que lorsque je le sollicite sur ce thème :

– Je pense que parfois on peut s'imposer certaines ambitions. Mais là, je m'en fiche de ne pas avoir cassé la baraque. Ce qui me dérange, c'est les commentaires vicieux sur le fait que je n'aie précisément pas cassé la baraque. Ce qui me dérange, c'est qu'on croit que j'y accorde de l'importance. Et puis, tu sais, j'ai tout le temps de le regretter, et tout le temps d'en tirer des conclusions. Mais pour l'instant, je n'ai aucun regret et je n'en ai rien à battre. Par ailleurs, à aucun moment je ne me suis dit que je n'étais pas assez bon. Je crois que l'Amérique... (Il s'interrompt.) Je cherche une meilleure formulation que « l'Amérique aurait de la chance de me connaître »... Je crois que l'Amérique et l'industrie du spectacle gagneraient à m'avoir là-bas.

Sur cette tournée, il a découvert l'iChat, grâce auquel, via la connexion haut débit de l'hôtel et à une petite webcam fixée à son ordinateur portable, il établit une liaison vidéo avec les Rock Band Studios de Los Angeles, où sont restés Stephen et Andy. Le soir, ils travaillent leurs chansons en trio. Rob écoute les mixes dans sa chambre d'hôtel et émet des commentaires ; parfois il leur joue des inventions de son cru à la guitare. Lors de pauses, Andy ou Stephen orientent la caméra vers la vallée pour montrer à Rob le temps qu'il fait, et lorsque ses affaires arrivent de Grande-Bretagne, ils promènent l'appareil dans les pièces pour le rassurer.

Nous écoutons ses dernières compositions sur son ordinateur. Parmi ses préférées, j'en décèle d'excellentes, et celles qu'il semble avoir bâclées sont tout aussi merveilleuses. Ma favorite est une chanson minimaliste intitulée *Cake*, qu'il n'a chantée qu'une seule fois, avec désinvolture, pendant qu'il jouait à Miss Pacman avec une sucette dans la bouche. Je présume que les paroles renvoient à cette époque bénie où il obtint son premier appart', et la liberté de faire ce qui lui plaisait.

... And I'm drowning slowly
You'll be at home
And I'll be here wired

Because this is what we get
For having our own
Sense of identity
When we leave our homes
We get to do drugs
We get to eat cake...

[Et je me noie lentement/Tu seras chez toi/Et je serais ici, défoncé/Car c'est ce qu'on gagne/A avoir son propre/Sentiment d'identité/Quand on quitte la maison/On peut se droguer/On peut manger du gâteau...]

Les paroles sont d'une grande franchise ; elles évoquent le désespoir, mais aussi la délivrance : celle d'oser affronter ces démons dans une chanson.

Pendant que nous écoutons ses œuvres, Rob déniche dans le tiroir du bureau de la chambre d'hôtel un crayon et un taille-crayon. La mine est déjà affûtée, mais il la taille quand même. Puis il se délecte du résultat :

– Je n'avais pas fait ça depuis quinze ans !

David passe le voir ; ils discutent des annulations de ce matin.

– Alors, on aime les coups d'éclat ? lance David, hilare.

– Tout ce que je me dis, justifie Rob, c'est que là où j'en suis aujourd'hui, je suis bon pour craquer une nouvelle fois.

– Je comprends ça, répond David. Je comprends ça.

– Tu vois ce que je veux dire ? insiste Rob.

– Ouais, je comprends bien.

Ils discutent du contenu du best-of de l'année prochaine.

– J'ai une idée de piste fantôme, annonce Rob. Elle est cachée dans Swindon.

Au réveil, Rob découvre une paire de chaussures de foot accompagnée d'un mot de Luis Figo. Le Real Madrid dispute ce soir un match de la Ligue des champions, et plusieurs de ses joueurs cherchent un moyen d'assister malgré tout au concert de Robbie. (À un moment, leurs émissaires ont suggéré à Rob de retarder son spectacle pour leurs beaux yeux. Il leur fit répondre qu'ils pouvaient peut-être avancer le match.)

– Où sont mes antidépresseurs ? demande Rob en se levant péniblement. J'en ai grand besoin aujourd'hui.

Dans sa loge, on lui livre un cadeau. Un tee-shirt dédicacé pour Rob et un deuxième pour Freddie, signés de David Beckham. Sur celui de Rob on peut lire :

Best wishes,
« Amigo »
besos
David x

Rob se triture les méninges pour savoir qu'écrire sur le tee-shirt Robbie Williams qu'il envoie en retour, et nous met tous à contribution.

Il propose : *Dans ce maillot je l'ai mise au fond – désolé pour la tache humide.*

Ou bien : *J'ai conclu avec ce maillot et elle était canon.*

– Il s'est contenté d'écrire « best wishes », lui rappelle Lee.

– Oui, mais il a mis de l'espagnol. Et que diriez-vous de : *Hola, patatas fritas, tous mes vœux de réussite, Robbie Williams ?* C'est les seuls mots d'espagnol que je connaisse.

Le débat s'éternise, et Rob s'en fait une montagne. Il finit par écrire : *À M. David Beckham, amitiés et admiration de Stoke-on-Trent.*

Sur ce volet de la tournée, Rob ne commence plus le concert tête en bas. On est revenu à une production plus dépouillée, et de toute façon l'avant-scène ne dispose d'aucun écran derrière lequel le suspendre. Désormais, sur les premières notes de *Let Me Entertain You*, Rob apparaît en hauteur, tout au fond, figé comme une statue. Ce soir, il cite Beckham et Figo au milieu de *Me and My Monkey*, et lorsqu'il apprend l'arrivée de Figo, qui a sauté dans une voiture sitôt sifflée la victoire du Real Madrid (1-0), il nous promet en coulisses : « Bon, on va changer de braquet, maintenant. » Il tient parole. Il dédie *Rock DJ* au joueur vedette, puis, après *Angels*, décide d'interpréter *Come Undone* une seconde fois, « pour les amis qui n'ont pas assisté au début du concert ».

Dans le van, Josie est en ligne avec le nouveau bras droit de David Beckham, Terry, quand Rob lui réclame l'appareil.

– C'est Rob, annonce-t-il.

Terry se trouve manifestement aux côtés du footballeur, car aussitôt Rob et David engagent leur première véritable conversation.

– Salut, mon pote... Ça baigne, ça baigne... Et ton match, alors ? Vous avez gagné ? ... Je vais te dire, c'était exactement pareil pour mon concert. J'ai déjà mieux joué mais j'ai gagné 1-0... C'était bizarre, vraiment bizarre – sur les cinq premiers morceaux, j'ai cru qu'ils avaient payé pour voir quelqu'un d'autre... Je te jure... J'ai fini par l'emporter, mais j'en ai bavé... Et toi, comment ça va ? ... Sérieux ?...

La ligne coupe. Rob nous raconte :

– Il m'a dit « C'était la même chose pour moi : je ne le sentais pas au début du match ».

Beckham rappelle, et Rob accepte de faire un saut à la fiesta organisée en l'honneur du coéquipier Michel Salgado, afin de rencontrer David en chair et en os.

Rob fait un crochet par l'hôtel pour se changer, siffler un expresso et graver l'inédit *Blasphemy* sur un CD à l'intention de son copain footballeur. La boîte Calle Serrano 41 est bondée. J'avise à quelques mètres de moi le crâne de Ronaldo. Nous patientons au bar, le temps de localiser David. Quand il arrive, des curieux affluent dans son sillage et je deviens le quatrième membre officieux du cordon de sécurité qui se déploie autour des deux stars pour les laisser bavarder tranquillement, leurs visages presque collés l'un contre l'autre. Les rares bribes de conversation que je perçois dans le vacarme de la fête concernent iChat, dont Rob fait l'éloge à David, mais d'après le maigre compte-rendu qui nous sera accordé, ils n'auront pas parlé pour ne rien dire – chacun semble reconnaître en l'autre l'une des rares personnes auquel il peut se confier en ayant une chance d'être compris.

De retour au bar de l'hôtel, nous tombons sur Figo avec sa femme et ses amis. (Pour des raisons d'étiquette footballistique, Rob doit cacher à Figo sa rencontre avec Beckham, et c'est pourquoi il feint de descendre de sa chambre.) Il raconte à son visiteur les tracas du concert de ce soir, le plus loufoque étant l'apparition d'un gigantesque insecte volant qui embête Rob pendant un temps interminable, avant de décrire une longue parabole au-dessus du public et de disparaître au fond de l'arène.

– Je ne suis pas qualifié pour combattre les sauterelles sur scène, plaisante-t-il. Je sais gérer les fans, mais pas les sauterelles.

De retour dans sa chambre, il téléphone à Jonny, et le nargue en lui parlant d'abord de Figo, puis en lâchant nonchalamment le nom de David Beckham.

– C'est pas beau, ça ? plastronne-t-il. On a eu une discussion profonde et intime, et il était vraiment adorable. Je lui ai promis que tout cela resterait entre nous, et je tiendrai parole...

Il met en route la cassette du match que vient de disputer Manchester United ; un ami de Figo a eu la gentillesse de l'enregistrer et de l'apporter en ville à l'intention de Rob.

– Quelle soirée géniale, soupire-t-il. Ça commence par l'envie de tout plaquer pendant les cinq premières chansons, et ça se termine par un statut de porte-parole international des pop stars. J'ai aboli les barrières de l'incompétence sociale.

La tournée se poursuit en Europe de l'Est et en Russie. Rob se laisse pousser les cheveux, clôt le forum de son site web qui prenait un tour inquiétant (un soir, un type a prétendu que Robbie venait de mourir dans un accident de voiture), se met au Scrabble, et, semaine après semaine, supprime des titres de son répertoire scénique. Nous gardons le contact via iChat.

Un soir, il m'écrit tout en écoutant du Morrissey : « Aujourd'hui, je suis le Morrissey de la Grande-Bretagne ringarde ». Quelques jours plus tard : « Je suis repassé en mode pré-retraite. J'éprouve comme une grosse déception vis-à-vis de ma carrière. Je traverse quelques jours mélodramatiques... la peur d'être nul, d'être un imposteur. Ça m'attriste d'avoir sorti autant de trucs si peu représentatifs de ce que je suis. De ma musique. » Je lui pose quelques questions, et il précise qu'il n'est pas abattu : « Je ne suis pas dans un trip à la Elliott Smith. En fait, je suis tout à fait serein. J'essaie de corriger ce que je trouve mauvais, c'est tout. »

À la mi-novembre, je me rends à Oslo pour les deux dernières dates européennes. Le soir de mon arrivée, nous discutons longuement, autour d'une partie de Scrabble, de son opinion sur les derniers mois écoulés, et de ses nouvelles résolutions. Ses conclusions sont assez inattendues.

– Knebworth fut une expérience désagréable. Un gros paquet de stress. À vrai dire, rien ne m'a plus dans cette tournée, à part les deux heures qui précèdent la montée sur scène, quand tout le monde est réuni. Ça, j'aime bien. J'ai annulé l'Amérique parce que c'est la dernière pièce du puzzle, et ça ne me tracasse pas ; que Justin Timberlake remporte trois MTV Awards me laisse complètement froid... Je pense que tout se résume au fait que je m'en tamponne. J'ai eu mon fric, merci beaucoup. Qu'est-ce qu'il me faut encore comme preuves ? Comme preuves que tout ira bien ?

– Tu penses qu'Elton John dirait ça ? réagit Pompey.

– Non, Elton John aime la scène, Elton aime gagner de l'argent, et il aime le dépenser. Il aime les tournées, lui : il part dans un délire de trois heures, seul au piano, et ça l'éclate. Après tout, si j'avais besoin de fric, je pourrais refaire de la scène plus tard. Je m'efforce simplement de considérer ce qui me plaît. Or, ce qui me plaît, c'est de créer des chansons.

– La seule question, lui opposé-je, c'est de savoir si tu supporterais de sortir des disques dont tu serais vraiment fier, mais de voir ton succès décliner parce que tu te serais retiré du circuit.

– Soyons honnête, réplique-t-il. Si je n'ai pas la passion de la scène, que je n'y prends aucun plaisir – ce qui est le cas –, et que rien ne m'oblige à en faire, pourquoi j'irais m'embêter ? C'est comme cette histoire d'Amérique : « Tu savais dès le début que tu n'en avais pas vraiment envie mais tu y es allé quand même pour en avoir le cœur net. » Eh bien, oui, j'en ai eu le cœur net. La seule chose qui me culpabiliserait, si je renonçais à la promo du prochain album, ce serait que Stephen Duffy ne recueille pas la reconnaissance qui lui revient. C'est le seul truc qui me gênerait.

– Mais si je me fais l'avocat du diable, imagine que tu sortes le disque de tes rêves et qu'il se vende correctement, mais moins que les autres, faute du battage habituel. Tu serais vraiment à l'aise dans tes baskets ? Ou bien tu commencerais à paniquer ?

– Tout ce que ça m'a apporté au final, assène-t-il avec fougue comme si ces mots bouillaient en lui, c'est le malheur et l'argent. Ça a bousillé ma vie de famille, et j'ai un mal fou à me faire des amis. Le bilan de la gloire ? Ça m'a rendu triste comme la mort et plein aux as. Mais au cours des dix-huit derniers mois j'ai entrevu une nouvelle façon de vivre ma vie, et j'en ai désormais les moyens. Au fond de moi, j'ai l'intime conviction d'être doué pour la scène. J'ai fini de me poser des questions : je fais mon truc, les gens se pointent, ils prennent leur pied et ils applaudissent à la fin. Mais, en même temps, je suis convaincu de ne pas être assez *costaud* pour cette activité. Sérieux, si j'ai autant souffert psychologiquement, c'est parce que je n'ai pas les épaules assez solides. J'ai déjà fait le tour du monde, mais j'ai surtout vu des hôtels.

– Et cette impression de réussite, d'épanouissement qui se dégage de toi ? Tu as un ego prononcé, et beaucoup de fierté. Cet aspect du succès semble cher à tes yeux – la réussite qu'il représente. La victoire. Tu aimes gagner.

– C'est vrai. Seulement, la victoire est acquise. À mes yeux, c'est comme le décathlon : j'en suis au 1500 mètres, je suis Daley Thompson et j'ai déjà assommé le concours, alors je me retourne pour regarder derrière moi. Dans l'idéal, j'aurais du plaisir à faire de la musique, à réaliser des disques, et si les gens se les procurent et les achètent, parfait. Le personnage public ne disparaît pas, mais il se montre beaucoup moins – que ce soit sur une période de dix-huit mois, ou de cinq ou six ans –, et pendant ce temps je profite de l'existence, j'écris une comédie musicale, je compose pour d'autres, je me mets à ce putain de golf, bref, je vis. La *vraie* vie. Parce que, sans vouloir tomber dans les banalités à la noix, une existence ça passe vite, très vite. Et ça me ferait chier d'arriver à trente-cinq ou trente-six ans, après deux nouveaux disques et demi, ou trois ou quatre, et de continuer à me dire : « Putain, je déteste ça ». La vérité, c'est que mon être, tout ce que je suis, ne cesse de crier : « Tu détestes ça... »

– C'est ce que tu penses tous les matins au réveil ?

– Ne va pas croire que je déprime... Et si je ne déprime pas, c'est que je sais où j'en suis. Avant, c'était : *Ça t'emmerde, mais tu n'es pas assez riche pour raccrocher.* Aujourd'hui, c'est : *Ça t'emmerde, et tu es assez riche pour raccrocher.*

– Ça t'emmerdait autant avant que tu repartes en tournée ?

Il réfléchit un peu.

– On est allés au Japon, que j'ai trouvé intéressant, mais ce fut aussi la solitude et l'ennui. Qui sait ? Peut-être que je sortirai un album et que j'irai assurer la promo parce que je serai marié et que j'aurai envie de fuir ma femme et mes gosses pendant trois ou quatre semaines. Mais avec le Japon est apparu... le désintérêt. Quoi d'autre, comme pays ? Les États-Unis : on se levait tôt pour prendre l'avion et faire le tour des stations de radio, et c'était pas mal, pour la simple raison que cela ne me dérangeait pas.

Pompey lui signale qu'il pourrait bifurquer vers une carrière d'auteur-compositeur, à l'instar des Bee Gees. Pour ma part, j'expose ma vision du mystère Robbie Williams : les gens adorent ses chansons, mais, de l'avis général, c'est avant tout une bête de scène. Or, fondamentalement, lorsqu'ils le voient faire ce qu'il fait – que ce soit trois minutes à la télé ou de visu à Knebworth –, on ne leur fera pas croire que ce type ne prend pas son pied. Cela paraît inconcevable.

– Eh oui, opine Rob, mais regarde, prends hier soir. C'était un concert phénoménal : on met le feu, ils adorent. Je *reconnais* que c'est un bon concert. Mais je n'en tire aucune joie. Le hic, c'est que tout mon être dit non, et rien en moi ne dit oui. (Il sourit pour lui-même.) C'est sûr, je joue gros à me risquer à découvrir si je peux être heureux sans la scène. Imaginez qu'on ne me laisse pas revenir ! Mais j'ai besoin de savoir.

Le lendemain matin, Josie est dans sa chambre quand son portable sonne. Le nom avancé par son interlocuteur la laisse perplexe. Elle craint un nouveau canular de Teddy Sheringham. Elle s'excuse, avec prudence, en expliquant que les plaisanteries de ce type sont fréquentes cette année. Le correspondant comprend, mais il tient à joindre Rob :

– Je ne veux pas passer un nouveau Noël sans lui parler, déclare-t-il.

Elle prend son numéro, puis compose celui de Mark Owen et lui laisse un message expliquant la situation. Owen la rappelle, et confirme que le numéro est bien celui de l'homme qu'il prétend être.

Gary Barlow.

Rob émerge dans le salon de sa suite en milieu d'après-midi. La fille qu'il a trouvée hier soir déambulant dans le couloir est toujours dans sa chambre. Josie montre à Rob l'invitation à déjeuner que vient d'envoyer Donny Osmond – une sorte d'événement régi par un programme, comme toujours, et non une table pour deux, histoire d'échanger des nouvelles. Rob n'est pas d'humeur loquace. Il avale des céréales. Josie lui parle de Gary Barlow. L'expression de son visage indique qu'il trouve cet appel grotesque, et qu'il ne nous fera pas le plaisir. Il ne souffle pas mot.

– Il est quelle heure ? finit-il par demander.

16 h 30.

Rob explique qu'il y a trop de monde dans cette pièce pour que la fille puisse s'en aller, et suggère de la laisser trouver la sortie lorsque lui et les autres seront partis. Mais on lui déconseille cette solution, et Jason reste pour la chaperonner. Pompey demande s'il faut lui offrir une place de concert. Rob acquiesce. Il contemple son reflet dans la vitre.

– Tel que je me vois, murmure-t-il d'une vois lasse, je ressemble à Jack White des Red Stripes. (Il réfléchit.) Les White Stripes, rectifie-t-il.

– Fait chier, maugrée Rob dans le van.

– Quoi donc ? s'inquiète David.

– D'être encore en tournée.

Rien de neuf, en somme. David semble soulagé.

– On est presque arrivés, dit Josie.

– J'ai fait des tas de cauchemars, poursuit Rob. Des trucs horribles. Puis je me suis levé et tu m'as dit que Gary Barlow avait appelé.

– Désolée, fait-elle.

– Je suis sûr qu'il a une idée derrière la tête, dit David.

– C'est certain, opine Rob.

– Ce serait intéressant de savoir laquelle, ajoute David.

– Pas du tout, rétorque Rob.

– Pas du tout ? répète David.

– Non, ce ne serait pas intéressant. C'est bien ça qu'il a dit ? « Avant de laisser passer un nouveau Noël » ?

– Il a appelé et il a dit... commence Josie.

– C'est très courageux de sa part, coupe Rob. Le truc, c'est que je ne tiens pas du tout à lui parler. Je n'ai pas envie d'évoquer le bon vieux temps. Je n'ai rien à lui dire...

– Rassure-moi, tu n'as plus de rancune contre lui ? s'enquiert David.

– Non, répond Rob avant de scruter mon visage. Va chier, Chris !

– Si tu lui en veux encore, c'est la parfaite occasion de vous expliquer, dit David.

– Le problème, explique Rob, c'est que j'ai oublié ce que je lui reproche. (Il me regarde à nouveau.) Tu pourrais me rafraîchir la mémoire ?

Un peu plus tard, il revient sur le sujet :

– J'étais en train de me demander : « Est-ce que j'ai envie de faire ça ? » Et la réponse est non. Point barre. Je cherchais une raison de me dire : « Ouais, ce serait sympa de reprendre contact, histoire de se dire bonjour... genre, comment ça va, qu'est-ce que tu deviens ? » Mais je me moque de savoir à quoi ressemble sa vie et qui il est aujourd'hui. Ça ne m'intéresse pas, c'est tout. (Il hausse les épaules et ajoute à mon intention :) Tu sais bien. J'ai pété, Noel Gallagher...

– Quel dommage qu'elle soit mariée, lance Rob à la foule d'Oslo. Imaginez un peu ! Robbie Williams, prince de Norvège !

Il enchaîne deux dates dans cette ville. La princesse de Norvège assiste à la première, et elle lui parle brièvement lors de la réception qui suit en son honneur. Le lendemain, il remet ça :

– Mais il va durer, ce mariage, pas vrai ? demande-t-il au public. Non, ça ne durera pas. Je veux devenir prince de Norvège !

Deux chansons plus tard :

– Ouais... Prince Robbie. Je vois ça d'ici. Quand je serai roi, vous serez tous libérés ! Fini les impôts ! Bière et vodka à volonté ! Quoi d'autre ? Ah oui ! Seins en plastoc obligatoires ! Sauf s'il sont déjà gros. Telle est la nouvelle loi.

Après encore quelques titres :

– Et puis c'est vraiment une jolie princesse. Bon, en Angleterre aussi, on a des têtes couronnées, mais ils ont tous l'air de vieux bulldogs. « J'ai neuf cent quatre-vingt-sept ans... » (Un silence.) C'est pas aujourd'hui qu'on me fera chevalier.

L'esprit « quille » de fin de tournée ne se fait jour qu'au moment des rappels, quand Rob entonne *We Will Rock You* pour la deuxième fois de la soirée, embraye sur *Bohemian Rhapsody*, puis impose à son groupe un medley aussi chaotique qu'imprévu comprenant *Another One Bites the Dust*, *I Still Haven't Found What I'm Looking for* et *Suspicious Minds*. Après *Angels*, il s'excuse : « Écoutez, ce soir je suis éreinté, vous n'avez pas idée », et d'annoncer une chanson que, précise-t-il, il n'a pas jouée depuis un bail. « Faites-le pour Gary Barlow ! » crie-t-il sur le refrain de *Back for Good*. Arrivé au pont, il se met à critiquer les paroles :

– *We will never be uncovered again* [« *Nous ne serons plus jamais découverts* »], chante-t-il avant de lancer : Ça veut dire quoi, ces conneries ? Ça veut dire quoi ?

D'ordinaire, les vans quittent les lieux par une issue dérobée, mais ce soir nous devons traverser le parking public, et nous nous retrouvons pris dans la masse des spectateurs qui quittent l'arène et des vendeurs d'enregistrements pirates. Seuls les vitres teintées empêchent Robbie d'être repéré. Tapi dans le noir, il fredonne un titre de Randy Newman, un morceau satirique sur la gloire, écrit du temps où le chanteur en avait peu, et qui prend dans la bouche de Robbie Williams une couleur nouvelle tandis qu'il traverse incognito un parking rempli de fans heureux.

Listen, all you fools out there
Go ahead, love me, I don't care
Woah... it's lonely at the top

[Écoutez, bande d'imbéciles/Allez-y, aimez-moi, ça m'est égal/La vache... on se sent seul au sommet...]

Mais la tournée est loin d'être finie. Après le concert, Rob file directement à l'aéroport où l'attend un avion pour Berlin ; demain il doit assurer une courte prestation swing lors d'un after en l'honneur de la sortie allemande du *Monde de Nemo*.

Deux nuits se sont écoulées depuis qu'il m'a exposé de manière claire, logique et sincère les raisons et les sentiments qui le poussent à abandonner la scène. Dans le van qui roule vers Berlin, Rob étudie fébrilement avec David la possibilité de caser une tournée swing dans son planning.

– Je sais ce que je t'ai dit, me lance-t-il sans que je lui demande quoi que ce soit.

C'est parfois très pesant, d'être tenu pour comptable de ses précédentes déclarations.

– Tu penses qu'une tournée swing serait moins stressante ? lui demande Josie.

Il hoche la tête.

– Je reste planté au même endroit. C'est relax. Pas besoin de courir. Et, après ça, je peux trouver le sommeil.

Nous approchons de l'hôtel.

– En tout cas, je vais vous dire un truc sur ces histoires de tournée. On devient vite accro. Toujours sur le départ, toujours dans l'action. Et si jamais je remettais ça, avec des stades et tout le reste, que diriez-vous de : quatre semaines sur scène, deux semaines de repos, quatre de scène, deux de repos ?

– Ouais, approuve David.

– Tu crois qu'on pourrait se refaire un stade à Prague ? demande Rob.

Il en est donc à programmer une tournée swing et une tournée de stades. Mais ce n'est pas tout.

– Il faudrait faire une grosse promo pour l'album de Pure Francis. Une promo internationale, car il est excellent. Puis enchaîner sur un album swing, parce que ça marche bien. On sort un nouvel album studio, on est alors libéré du contrat...

Il s'interrompt.

– De toute façon, je ne suis pas partant, déclare-t-il sans convaincre quiconque. Je suis en préretraite. (Il rit.) Ce qui est génial, chez moi, c'est que je peux sans cesse changer d'avis. Vous avez remarqué comment je peux jurer que tout est fini, puis jurer que ça ne l'est pas ?

3

La fin de l'année est en vue, tout comme, du fait de l'annulation par Rob des étapes d'Amérique latine et d'Afrique du Sud, la fin du cycle ouvert par *Escapology*. Encore quatre stades à remplir en Australie et en Nouvelle-Zélande, après un court répit à Los Angeles. Mais Rob est d'abord retenu à Londres par quelques obligations promotionnelles, et par la recherche d'une maison de campagne pour l'année suivante, où il compte passer quelques mois en compagnie de ses chiens. Josie organise une mission de reconnaissance en hélico et Rob dégotte une propriété à son goût.

Le cinéma Odeon de Leicester Square déroule le tapis rouge pour fêter la sortie du DVD de Knebworth intitulé *What We Did Last Summer*. Ce soir-là, on apprend l'inculpation de Michael Jackson pour attouchements sur des enfants, en conséquence de quoi certaines caméras désertent au dernier moment la soirée de lancement.

C'est la deuxième fois que Rob est au centre d'un événement de ce type. Lors de la sortie du documentaire *Nobody Someday*, il avait été assez minable. Première question d'un journaliste, à l'extrémité du tapis rouge :

– Une heure quarante-cinq sur vous, ce n'est pas un peu égocentrique ?

– J'en sais rien, répondit Rob.

L'interviewer poursuivit ses questions. Rob répliqua « J'en sais rien » à chacune d'elles. Au bout de quatre interviews similaires – et après qu'il eut déclaré à la presse « J'ai envie de décamper » –, il fut mis sur la touche.

Ce soir, Rob signe patiemment des dizaines d'autographes et se livre à une série de mini-interviews télévisées. « À vrai dire, je n'ai pas regardé ce DVD », explique-t-il à un moment. Puis on le conduit vers une petite salle de projection remplie de journalistes assis, en vue d'une conférence de presse. Une correspondante autrichienne lui demande s'il envisage toujours de raccrocher.

– Ouais, répond-il. Tous les jours. Tous les jours j'y pense. Mais ensuite... Je suis schizophrène. Vous voyez, il y a eu un soir, pendant la tournée, où je me suis dit que je ne voulais plus entendre parler de la scène, mais dès le lendemain, sur le chemin du concert suivant, je voulais programmer trois nouvelles tournées, dont une tournée swing. Alors, je vais vous dire, je ne peux jamais me fier à moi-même.

C'est la première partie de cet exposé – *Robbie Williams : « Chaque jour je pense à raccrocher »* – qui dominera les comptes-rendus.

Il est temps de passer la parole aux tabloïdes britanniques.

– Salut, je suis Nadia du *Star*. Que pensez-vous de la visite de George Bush en Angleterre ?

– Ce que je pense de la visite de George Bush ? répète Rob. Vous bossez au *Star ?* C'est une blague ? (Elle secoue la tête.) Bon, d'accord. Euh... J'espère simplement qu'il arrivera sans encombre et qu'il repartira sans encombre, et que pendant sa visite personne ne sera blessé. (Un silence.) Et j'adore les nibards et la bière.

Voilà qui déclenche des rires et quelques applaudissements.

La tâche suivante consiste à rendre visite au public rassemblé dans la grande salle. Rob se plante sur l'estrade au côté de Ralph Fiennes ; celui-ci introduit un documentaire de l'Unicef sur l'exploitation des enfants que Rob a défendu en avril, puis il présente Rob qui à son tour présente son DVD. Quand le Robbie Williams du film envahit l'écran, Rob a déjà regagné l'entrée du cinéma, déserte, et fait des projets pour le dîner.

Pendant le repas, nous parlons de l'aspect irrationnel des autographes.

– Ça fait des années que ça dure, dit Jan.

Un jour, raconte Rob, une femme lui a réclamé une signature dans un parc, et il lui avait demandé pourquoi. « Pour que je puisse prouver à mes amis que je vous ai rencontré », répondit-elle. Et pourquoi y tenait-elle ? « Parce que c'est sympa. » Il alla ainsi de « pourquoi » en « pourquoi », jusqu'à ce qu'elle comprenne son manège et reparte sans autographe, ni furieuse ni vraiment déçue.

Rob admet avoir recueilli ceux de Bryan Robson et de Paul Gascoigne quand il était jeune, mais quand on est gamin, ça ne compte pas. Les autographes possèdent une grande valeur aux yeux des gosses, qui aiment se montrer leurs trésors respectifs. Les adultes le font rarement, même s'il leur arrive de glisser : « J'ai la signature d'untel et d'untel ». Dès lors, pourquoi ne se contentent-ils pas de déclarer qu'ils ont vu ou applaudi telle star ?

– En plus, quand tu es môme, tu as envie que leur notoriété ou leur talent déteigne sur toi, souligne Rob.

Il précise qu'il ne rejette pas toujours ce type de requête :

– Si ce n'est pas le trentième qu'on me réclame depuis le matin, alors je dis oui. On a tous besoin de vie privée, or des tas de gens pensent qu'ils sont les seuls à t'aborder dans la journée. Ce qui est faux. N'importe quel travailleur, quand il a terminé, il a terminé. Quand je sors de chez moi et qu'on me réclame une minute de mon temps, cela représente une minute de boulot. Vous savez, la première réaction des passants lorsqu'ils me voient, c'est de plonger la main dans leur sac pour attraper un papier et un stylo.

À un certain niveau de célébrité, explique-t-il en substance, ces minutes s'additionnent et l'on en vient à consacrer chaque heure, chaque jour, chaque mois de sa vie à ces sollicitations pénibles comme la mort.

– Et quoi que je dise et quoi que je fasse, on aura toujours l'impression que je pleurniche.

Je lui demande ce qu'il pense quand il lit – c'est presque devenu une figure imposée dans les interviews de magazine *people* – que certaines stars prétendent considérer les demandes d'autographes comme « un plaisir absolu ».

– Je me dis : « T'es pas aussi célèbre que moi », répond Rob de but en blanc.

Un peu plus tard, Jan nous raconte son propre parcours de chasseuse d'autographes.

– J'en ai obtenu un, dit-elle. Michael Holiday. Vous n'en avez peut-être jamais entendu parler. C'est un chanteur des années cinquante. Il se produisait au Theatre Royal de Hanley. Je suis allée le voir, j'ai adoré son concert et je lui ai fais signer un autographe.

Je préfère préciser qu'aucun de nous – pas même Rob – ne sait où va mener cette histoire, et que, lorsqu'elle trouve sa chute, nous en restons cois.

– Le lendemain, poursuit Jan sur un ton détaché, il s'est suicidé au Grand Hotel.

Le 29 octobre 1962. D'une overdose.

– Et je n'ai plus jamais demandé d'autographes.

Un après-midi, plusieurs jours avant le retour prévu à Los Angeles, Rob refuse de se lever quand Pompey vient le tirer du lit, mais il déclare, sur un ton qui ne laisse aucune place à l'hésitation et suggère qu'il entend obtenir satisfaction avant d'avoir sorti la tête de l'oreiller, qu'il veut une réservation pour Los Angeles le lendemain même. Pendant qu'on bouscule le planning et qu'on lui cherche un vol, il se rendort.

Quand il émerge enfin, nous évoquons longuement le passé. Arrive Jonny, muni de nouveaux DVD, qui après une défense enflammée de ses achats Muppet Show, prend un siège, nous écoute et glisse un mot à l'occasion. Au bout d'une heure consacrée à diverses épreuves, Rob affirme être vraiment heureux :

– Bon, ce n'est peut-être pas le summum du bonheur, mais par rapport à ce que j'ai connu, c'est incontestablement bien. En comparaison, tu vois. Aujourd'hui, je suis seulement fatigué – et non fatigué et déprimé. Je pourrais me satisfaire de ce sentiment jusqu'à la fin de mes jours. Franchement, je suis très heureux comme ça... Cette nuit, à quatre heures et demie, je me disais dans mon plumard : « Au fait, ne regrettais-tu pas d'habitude, en te couchant, de ne pas avoir la compagnie d'une personne qui t'aime ? Si, hein, avoue. Mais désormais, tu as juste envie de t'endormir ? Ouais. Tout va bien ? Ouais. »

Je lui glisse :

– Ta relation avec tes fans est assez compliquée.

– Je n'aime pas le mot « fan ». Quand j'écris des chansons, j'éprouve un réel enthousiasme à leur égard, quoi que j'en dise, et ça décuple mon excitation de savoir que je vais donner du plaisir aux gens. J'estime devoir beaucoup à mon public, pour de nombreuses raisons. Dans un monde parfait, les gens partageraient cette excitation et se retrouveraient dans mes textes. J'imagine que ceux qui achètent mes albums ne peuvent pas toujours s'exprimer comme ils le voudraient, et d'une certaine manière mes morceaux parlent pour eux. Autrement dit, dans un monde parfait, ils écouteraient les chansons, ils assisteraient aux concerts, ils rentreraient chez eux, réécouteraient les disques au bout d'une semaine, et retrouveraient les mêmes sensations.

Mais tous les fans ne sont pas ainsi, hélas :

– À côté de ça, il y a tous ces gens qui, tu sais bien... (Il s'interrompt, avant de revenir en arrière.) Mes textes sont alcooliques. Ils fonctionnent sur le même principe que l'alcool. Ils expriment l'agoraphobie, ce sont les paroles d'un homme qui doute de lui-même, qui doute de sa place dans la vie, qui ne croit pas en lui. L'alcoolisme est un problème mental, tu sais. On peut retourner la question dans tous les sens, quand on a un problème, et que ça nous pousse à boire, c'est une maladie mentale car il n'est pas sain d'agir ainsi. Donc, j'ai une maladie mentale. Et donc, j'attire les gens qui souffrent aussi de troubles mentaux. S'ils me comprennent jusqu'au bout, ils finiront par tomber malade.

« N'oublions pas que le mot "fan" est l'abréviation de "fanatique". Et n'oublions pas que je suis un homme qui ne s'est jamais porté beaucoup d'estime. Groucho Marx disait qu'il n'adhérerait jamais à un club qui l'accepterait pour membre – eh bien, moi, pendant longtemps je n'ai pas supporté que les gens m'apprécient, parce que je me détestais.

– J'en déduis que tu devais te méfier des gens qui étaient dingues de toi.

– Exactement. « Puisque je me déteste et que tu m'adores, tu dois être un abruti. » Tu vois ce que je veux dire ? Mais c'est fini, ça. Je pense différemment aujourd'hui. Il reste quand même un taux infime de gens... En gros, je pense que les individus qui nous suivent d'hôtel en hôtel pour squatter dans le hall ont un problème existentiel. Ils ont manqué d'amour dans certains domaines de leur vie. Ou souffrent de troubles mentaux. Sans même savoir qu'ils sont fous. Ça me fait peur, ça. Et puis, tu sais, le terme de « fan » s'appliquait aussi aux centaines de nanas qui se plantaient devant chez ma mère. Je les haïssais. Je leur en voulais d'être là. Je leur en voulais de ne pas songer un instant que leur attitude pouvait me nuire, et nuire à ma famille.

– Si certains agissent ainsi, c'est parce que manifestement tu es ravi que des millions de personnes se pressent pour acheter tes disques et assister à tes concerts...

– Je l'ai dit, ça.

– ... mais certains jugent qu'en échange, il faut accepter le revers de la médaille.

– Ouais, et c'est ce que je fais. Mais ça m'effraie. Parce que la plupart de ces filles sont persuadées que je vais les épouser. J'aimerais avoir un mot pour désigner tous les autres, parce que ceux que j'appelle « fans », ce sont toutes ces sangsues, pas les gens qui achètent et apprécient les disques. Or il y a toujours une partie du public pour dire : « N'oublie pas qui t'a fait roi ». Et c'est juste.

– Pour en revenir à ceux qui te harcèlent, n'y a-t-il pas une contradiction dans le fait de connaître régulièrement des moments de fatigue, de solitude ou de faiblesse, et d'exacerber les leurs ?

– Eh bien... non. Il n'y a pas de contradiction. Où est la contradiction ?

– Étant donné que tu reproches à ces filles, et à raison, de se bercer d'illusions, et que tu sous-entends que la plupart ont des problèmes, on pourrait te rétorquer que ce n'est pas la meilleure population avec qui fricoter...

– Ma vision du rock'n'roll est la suivante : picole et baise. Sauf que j'ai arrêté la picole. Je suis encore un jeune homme, et célibataire – j'ai donc le droit de baiser. Il n'y a aucune loi contre deux individus consentants. Quand je suis coincé dans une chambre d'hôtel pendant cinq semaines, parce qu'il m'est impossible de sortir, au bout d'un moment je descends au bar, et s'il y a une fille qui me tape dans l'œil... je ne vais pas te faire un dessin. Disons qu'il y a toutes les chances pour que j'essaie de l'attirer dans mon lit. Comme n'importe quel célibataire sur cette planète. Et puis quoi, elles sont venues pour me voir, alors pourquoi pas ? Donc, je les emmène dans ma chambre, on bavarde un peu, et là c'est immanquable : elles ne veulent pas coucher avec moi, elles veulent toutes être spéciales, rester auprès de moi le plus longtemps, si bien que je passe mon temps à chercher une fille qui sortira du lot. C'est dingue, mais après tout je n'ai aucun droit sur leur corps. Je le sais, ça. Je ne revendique pas un droit de cuissage pour les pop stars. Je dis seulement que c'est un phénomène très, très intéressant. Bizarre, et un peu flippant.

Tandis que le crépuscule tombe sur la Tamise, Rob me confie qu'un autre morceau, au Portugal, faillit le faire descendre de scène : *Come Undone*.

« *If I stopped lying, I'd just disappoint you* », disaient les paroles [Si je cessais de mentir, je ne ferais que te décevoir].

– Là, m'explique Rob, je me suis dit : « Je mens. Je vais arrêter. Je ne la sens pas, cette chanson. Je ne vous sens pas, vous tous. »

L'autre jour à la radio, Rob a entendu Bob Geldof exposer ce qu'il éprouve lorsqu'il joue *I Don't Like Mondays*. Bien que le morceau ait pris un coup de vieux, son âme frémit chaque fois qu'il chante : « *The lesson today is how to die* » [La leçon du jour : comment mourir.]. Geldof révélait avec passion qu'il garde ce titre sur scène pour cette unique raison. S'il ne ressentait rien, ce ne serait que du cabaret, et il ne donne pas dans le cabaret. Rob en a déduit qu'ils étaient très différents :

– Je fais du cabaret, moi. J'en fais très souvent.

Un soir en Californie, Rob a demandé à Bono son secret pour recommencer le même show tous les jours, et Bono a répondu : « Pour moi, ce métier s'apparente quelquefois à celui d'acteur. » Cet aveu a plu à Rob. « Alors je ne suis pas le seul », songea-t-il.

Je me demande s'il n'en va pas de même pour la plupart des interprètes, mais c'est bien le genre de Rob d'y voir matière à angoisse, et à confession.

– Le truc avec moi, c'est que je suis théâtral. Des tas de gens ne seront jamais questionnés là-dessus, ni mis en accusation. On ne reproche jamais à Bono de manquer de sincérité sur scène.

Je rétorque que Rob prend généralement le contre-pied de ce type de situation : il pointe du doigt et amplifie lui-même ses hypothétiques faux-semblants. Il surjoue ce qui peut prêter à caution, et passe sous silence la sincérité qui domine son travail. Là où la plupart des artistes espèrent se parer d'un supplément d'âme, lui se dissimule derrière une hypocrisie feinte.

– C'est vrai, admet-il. C'est un mécanisme de défense. Car lorsqu'on chante tous les soirs avec la même spontanéité que lors de l'écriture, et que malgré ça on est accusé de tout et n'importe quoi, eh bien, ça fait mal. Alors qu'en désamorçant le soupçon au départ, à défaut de vaincre les critiques on se range de leur côté. Tu comprends l'idée ? Si j'adopte l'attitude que tu me reproches, tu ne peux plus me blesser...

– Et tu le fais de bien des façons...

– Tu sais, c'est comme si on venait me dire : « Je vais t'éclater le pif », et que moi je faisais : « Boum ». (Il se frappe le nez et pousse un rire dédaigneux.) Parce que dans beaucoup de domaines, je suis resté très jeune sur le plan émotionnel. Je ne qualifierais pas cela d'immaturité, disons que ça n'a pas encore poussé en moi, le fait d'accorder moins d'importance au regard des autres. Et encore, je m'en préoccupe moins qu'il y a douze mois ; comme quoi, je progresse ! L'autre jour, un membre de Mis-teeq a dit : « J'aime Robbie Williams car il se fout de tout, tout le temps. » Et ça m'a fait marrer, parce qu'au contraire, tout m'importe ! C'est comme Noel Gallagher. Au fond de lui, il se soucie de ce qu'on pense de ses conneries. À mort. Tout ça, c'est une façade.

La nuit a envahi l'appartement londonien, et nous ne sommes que trois : Rob, Jonny et moi. Demain à la même heure, Rob sera en route pour Los Angeles. Je lui demande s'il croyait, étant gamin, que la célébrité réglerait tous les problèmes.

– Je me disais : quand on est célèbre... Enfin, je ne le formulais même pas, mais je pensais : quand on est célèbre, tout va bien. Oui, c'est ça : tout va bien.

– Et quelle part a joué, dans le fait que tu rêves ou non de célébrité, l'espèce de demi-gloire de ton père dans ton enfance ?

– En fait, tout me plaisait là-dedans. Mes souvenirs remontent à très loin, quand on passait nos vacances au centre de Perrenporth. Mon père faisait un numéro, puis le soir il y avait du cabaret et je m'amusais comme un petit fou. J'écoutais les chanteurs, j'adorais ça, puis je regardais les magiciens, et c'était génial. Je pouvais m'introduire dans les coulisses, puis ressortir, puis y retourner et ressortir à ma guise. Et je me souviens m'être dit : « Jamais je ne voudrai être coincé dans le public. Je veux être capable d'aller et venir. » Parce que j'avais l'impression d'être important.

– Tu *t'attendais* à devenir connu, déclare Jonny. C'était dingue. J'ai toujours considéré Robbie comme s'il était célèbre, dès l'âge de onze ans. C'était le gamin du coin qui avait toujours sa photo dans le *Sentinel.*

– Ma conviction, déclare Rob, c'est qu'un gosse qui s'avère doué pour le golf à cinq ans, il faut l'encourager à jouer au maximum jusqu'à ce qu'il intègre le circuit. Moi, j'ai découvert que j'avais un don inné pour... attirer le regard des gens.

4

Une grave question se profile à l'horizon des quatre dates d'Australie et de Nouvelle-Zélande, point d'orgue de la tournée estivale : Rob consentira-t-il, après ses déclarations de Dublin, à commencer le spectacle suspendu par les pieds ? En fin de compte, il accepte sans rechigner. Il réintègre même la chanson *Sexed Up*, qu'il a refusé de jouer tout l'été. Hors scène, il mène des auditions infructueuses quoique divertissantes pour trouver une femme apte à tenir le rôle d'épouse, et il se remet enfin au golf, avec l'extrême ferveur qu'il voue à ses passions récentes. La plupart du temps, il enchaîne trente-six trous dans la journée ; certains jours, cela ne lui suffit pas, et il s'en offre neuf de plus.

En son for intérieur, il est moins serein qu'il n'y paraît.

– Ce n'est pas une excuse, expliquera-t-il ultérieurement, mais la simple vérité. J'arrivais en fin de tournée, au terme d'un année qui, bien que récompensée par des foules monstres et des expériences géniales, était une vraie cocotte-minute. Et c'en est arrivé à un point... la goutte d'eau qui a fait déborder le vase.

Il connaît en Nouvelle-Zélande une journée particulièrement exécrable. Sa venue sur le green est à l'évidence ébruitée puisque les occupants des maisons bordant le golf accrochent le drapeau britannique à leur balcon, et espèrent en retour obtenir un peu d'attention. « Allez ! crient-ils. Tu pourrais au moins nous parler. » Des gamins suivent Rob à vélo, de trou en trou. Au dixième tee, les gosses et quelques adultes hurlent « Hourrah ! » lorsque la balle s'envole, et poussent des cris sur le swing de son père. « S'il vous plaît... », implore Robbie. Quand la balle de Pete tombe dans le lac, celui-ci se tourne vers ces indésirables supporters :

– Vous ne pouvez pas faire ça sur un terrain de golf.

– C'est grâce à nous que tu en es arrivé là, lance un adulte à Rob. Tu pourrais au moins dire bonjour.

– Je suis sur un terrain de golf, alors il faudra m'excuser, répond l'intéressé. C'est mon temps de repos, là.

– N'oublie pas à qui tu dois ta réussite, répète l'un des types.

Ils repartent, mécontents. Rob bouillonne.

De retour à l'hôtel, il s'allonge sur son lit. Il entend frapper à la porte du salon, et Gary va ouvrir. Tout un groupe annonce : « On est venus le voir », avant de bousculer Gary qui les bloque aussitôt. Les intrus finissent par s'en aller. Rob pique un somme, et à son réveil une enveloppe l'attend, déposée par les mêmes gens, qui occupent une chambre au fond du couloir. Le pli contient cinq de ses albums, quatre billets pour le concert de demain – rendus en signe de protestation contre son attitude inamicale – ainsi qu'une lettre de récriminations : « Nous sommes les personnes grâce à qui tu en es arrivé là... Nous avons frappé à ta porte pour faire ta connaissance et tu n'as même pas eu la courtoisie de venir nous saluer... Un de tes gorilles nous a dit de... »

Et cetera. Ils citent avec sarcasme ses propos de Knebworth, repris sur le CD live – « Vieillissez avec moi » –, le traitent d'hypocrite et de sale con.

Rob n'est pas d'humeur à se laisser insulter. Alors il ôte les disques de l'enveloppe, pisse dans celle-ci et la laisse devant leur porte. Plus tard il les entend se plaindre auprès de la sécurité de l'hôtel, mais on ne les prend pas au sérieux.

À Los Angeles, alors que 2003 se fond dans 2004, Rob se laisse pousser les cheveux et joue au golf chaque jour que Dieu fait. Quand il n'est pas sur le green, il exerce son swing sur la practice.

– Je suis bouffé par le golf, mais c'est super, dit-il. Je me couche de bonne heure, la télé ne diffuse que la chaîne de golf, je me lève tôt, je vais jouer au golf, j'achète du matériel et des fringues de golf, je joue au golf, puis je fais une partie, bonne ou mauvaise. Je suis devenu son esclave, mais il ne m'aura pas.

Son meilleur score à Los Angeles est de 14.

– Je vais persévérer jusqu'à ramener mon handicap à un seul chiffre, puis je laisserai tomber.

Cette monomanie n'est pas sans poser problème. Stephen Duffy et Andy Strange sont attendus début janvier pour avancer le projet Pure Francis. La priorité du mois sera l'écriture des textes – sur les premières démos, Stephen s'est contenté d'assembler des prises de Rob plus ou moins improvisées, sur des paroles en gestation. Certaines sont déjà magnifiques, mais on y trouve beaucoup d'absurdités.

Rob n'a pas la tête à ça.

– Je ne sais pas où Steve compte caser ce boulot, s'inquiète-t-il. Sincèrement, je ne vois pas. Je suis un peu embêté. Je passe mes journées au golf, puis je me couche.

Pour l'heure, il n'éprouve aucun désir musical.

Il semble assez évident que cet obstacle d'ordre pratique – le golf – en cache un plus profond. Tout au long de l'été et de l'automne, alors qu'il était censé se concentrer sur sa tournée, Pure Francis représentait son espace de liberté, son échappatoire. La situation n'est plus la même. En son absence, presque à son insu, le Robbie Williams d'hier poursuit une carrière florissante – le succès du live dépasse toutes les prévisions, et le DVD de Knebworth devient le DVD de variété britannique le plus vendu de tous les temps –, tandis que Rob doit se focaliser sur ses nouvelles chansons. Il faut fournir au moins deux singles pour coiffer le best of de cet automne, et, bien que Rob demeure en théorie plein d'enthousiasme pour son projet, dans les faits il y voit un nouveau carcan. Le problème ne tient pas seulement aux chansons. À l'écouter parfois, il ne refera jamais de disques, ni ne renoncera à sa nouvelle vie de golfeur.

Comme prévu, quand les Rock Band Studios réinvestissent la chambre principale, son occupant en titre se fait rare. On l'y croise à l'occasion, mais il est tacitement convenu que les travaux d'écriture resteront en jachère. Stephen et Andy prennent en main les chansons orphelines, dans l'espoir que certaines retrouvent grâce aux yeux de leur auteur, et que quelques faces B potentielles atteignent une forme achevée. Dans l'ensemble, chacun paraît y trouver son compte, en dépit de cette pique lâchée par Stephen lors d'une pause-déjeuner :

– Ça fait quand même bizarre de bosser quatre-vingts chansons pour un golfeur à la retraite.

Par chance, dès la fin du mois, Rob prend du recul sur l'activité qui a envahi sa vie. Loin d'être une solution aux problèmes de l'existence, le golf n'est qu'une énième façon de se plonger la tête dans le sable. Sans compter qu'il est épuisé, tant par les cogitations que permettent ses longues promenades sur le green que par ce sport en tant que tel.

– Après la tournée, reconnaît-il, je n'ai pas pris la peine de me poser et de décréter : grève pendant deux semaines. Au lieu de ça, je me suis dit : je vais jouer au golf tous les jours, comme un taré...

Au bout de quelques semaines, il semble retrouver quelque plaisir à s'aventurer jusqu'au studio du rez-de-chaussée. Stephen lui tend Oblique Strategies, la boîte à recettes subversives de Brian Eno et Peter Schmidt. Rob pioche une première carte : « Faites appel à des gens "non qualifiés" ». Un jour Rob apparaît, s'assied et annonce à Stephen : « Il ne m'a fallu qu'un mois pour vouloir me colleter avec toute l'industrie du disque », mais il ne s'attarde pas. Un autre soir, il fait surface, légèrement défoncé, et se met à jouer un riff bondissant à la guitare électrique, sur lequel Stephen et lui greffent aussitôt des paroles. Depuis début janvier, il insistait pour que les nouveaux morceaux, sous réserve qu'ils prennent vie un jour, apparaissent sous le nom d'un groupe. Mais il change son fusil d'épaule. « Je vais redevenir Robbie Williams », déclare-t-il.

Quelques nuits plus tard, il débarque et demande à Stephen et Andy de s'interrompre. Il écrit puis entonne sa nouvelle chanson, désormais intitulée *Ghosts*.

– Le concept, explique-t-il, c'est que toutes nos relations passées deviennent des fantômes. Ces relations, autrefois si douloureuses ou si importantes, elles ne sont plus que des spectres.

Il développe son idée, phrase après phrase, intègre ou adapte les éventuelles suggestions de ses complices, et accouche de cette phrase : *I did what I could for one of us, I always thought it would be you* [J'ai fait ce que je pouvais pour l'un de nous deux, j'ai toujours cru que ce serait toi]. Le résultat lui plaît, en même temps qu'il le chagrine.

– Il ne t'arrive jamais d'écrire des chansons qui sont à l'opposé de ce que tu es ? demande-t-il à Stephen, avant de préciser le sens de sa question : Je n'ai jamais été altruiste en amour.

Le texte se termine par une liste désordonnée de lieux où de telles ombres sont susceptibles de rôder :

... Ghosts ! ... in the restaurants and the cinemas ! ... Ghosts ! ... in the library and the coffee-shop ! ... Ghosts !

[... Fantômes ! ... dans les restaurants et les cinémas ! ... Fantômes ! ... à la bibliothèque et au café ! ... Fantômes !]

Rob sourit :

– Ça me botte de caser le mot « bibliothèque » dans une de mes chansons.

Un jour, à Los Angeles, Rob lit qu'un sondage le place en huitième position des hommes les plus sexy de la planète. Il est vexé, et l'exprime à sa manière habituelle. Il feint l'indignation avec un comique outré, lequel comique est censé suggérer qu'il n'éprouve pas une once d'intérêt pour ces sujets bêtes et superficiels, dans le vain espoir de dissimuler le fait – dont il est bien conscient, et dont il nous sait conscients – qu'il est réellement blessé par ce classement. Le plus drôle c'est lorsqu'il décide de « la jouer sexy » pour le reste de la journée. Régulièrement, en relevant les yeux, on trouvera Rob planté dans l'embrasure de la porte, généralement torse nu, la tête baissée et le regard en l'air, les muscles bandés, la bouche esquissant un demi-sourire ou une moue rebelle, la main plaquée sur le montant du chambranle, dans la pose théâtrale du mec-sexy-face-à-l'objectif, apprise du temps des calendriers Take That.

Je m'installe dans son grenier pour travailler sur ce livre. Parfois Rob monte en vue d'un Scrabble. Il feuillette mes premiers chapitres, et soupire : « Bon sang, qu'est-ce que je peux dire comme conneries... C'est le syndrome Je-supporte-pas-le-silence-dans-ma-tête-il-faut-que-je-sorte-un-truc. »

5

Il y a plus d'un an, Rob a commencé l'enregistrement de la voix de Pollux pour le film tiré du dessin animé *Le Manège enchanté*. Depuis, le réalisateur a été remplacé, le scénario remanié et les dialogues réécrits. Cela fait des mois que Rob repousse cette deuxième session. Elle devait avoir lieu à Londres, au lendemain du final norvégien, mais il a annulé au dernier moment. Un nouveau rendez-vous est pris pour dans deux jours, au studio du producteur de disques Trevor Horn, dans sa résidence de Bel Air. Horn est absent, mais Jill Sinclair, son épouse et manager, se charge de nous accueillir.

Posté dans la cabine, Rob parle sur les images projetées sur un écran. (La partie graphique était loin d'être achevée, il a affaire à des *animatics*, rudimentaires versions au trait des personnages, mais dont la bouche et l'expression sont déjà accordées aux dialogues.) Les intonations de Pollux ressemblent à celles de Rob, en plus nordiques, plus aiguës et plus geignardes :

– *Oh, je vois, on m'ignore, hein ? ... Mes bonbons ? Oh non ! Il n'en reste plus qu'un ! ... Seule une mer de lave en fusion m'empêchera de trouver ce diamant...*

Entre les répliques, Clive, le réalisateur, lui transmet conseils et instructions dans le casque :

– Si tu pouvais me faire trois « *Zibidi !* » avec un affolement crescendo... Tiens, donne-moi quelques « *sucre* » voraces...

Au fil du texte, Rob déplace une grosse attache anglaise sur son visage, pinçant successivement chaque zone pour se défigurer. D'heure en heure, sa voix se fait de plus en plus affectée, jusqu'à ce qu'on lui signifie que c'est suffisant.

Pause-sushi.

– C'est la meilleure bouffe qui soit, pas vrai ? dit le réalisateur.

– Oui, répond Rob. Sauf pour les desserts. Ça ne vaut pas un bon pudding au pain et au beurre.

Il y retourne le lendemain après-midi. En chemin, il nous parle d'un article sur les années quatre-vingt-dix qu'il vient de lire dans le magazine *Word*, et qui lui reconnaît « un infime soupçon de personnalité ».

– Je me suis dit : Ouais ! Jackpot ! J'ai une personnalité et huit grandes chansons ! C'est pas génial ? Soupçon ou pas, c'est toujours de la personnalité. Pas mal, pour un capitaine junior du club de golf de Burslem et un comédien de théâtre amateur.

Josie lui demande si la séance d'hier a réveillé en lui des envies de cinéma.

– Cette envie s'est éteinte vers vingt-deux ou vingt-trois ans, répond-il. Et puis... non merci. Quel métier de nullards.

– Je pense qu'on devrait commencer par le plus difficile, annonce le réalisateur à l'arrivée de Rob.

– Le plus difficile, ce sera de prendre un ton paniqué, parce que je suis sous calmants.

Il se met à l'ouvrage :

– *Je ne peux pas dormir ! ... Je m'inquiète pour Florence... C'est de là qu'est partie la Renaissance...*

Une fois les dialogues achevés, on lui demande d'enregistrer toute une série d'onomatopées pour son personnage de Pollux, qui viendront parsemer la bande là où ce sera nécessaire. Je n'ai pas accès à la liste, mais je la reconstitue d'après la prestation de Rob : alarme, colère, recherche d'équilibre, attraper un objet, vivats, gloussements, confusion, hébétude, peur...

Il s'interrompt sur « poilade », estimant l'avoir déjà fait :

– Je vois pas de différence entre « glousser » et « se poiler », déclare-t-il. Alors merde.

Le prochain est « sourire ».

– Je suis censé faire quoi, à « sourire » ?

Il l'ignore, puisque ce n'est pas un son.

– Pas besoin de faire « bondir », ajoute gentiment Clive.

– Et « sauter », alors ? Là aussi, je dis merde.

Viennent ensuite « Oh », « Oups », « Aïe », perplexité, course, choc, chut, surprise, claquement de dents (il essaie : « J'y arrive pas »), réflexion (« plus intense », demande Clive), lancer, bâillement, fascination.

Sur le trajet du retour, il songe :

– Ça fait longtemps que je n'ai pas exploité mon talent dans un domaine où on ne m'attend pas.

– C'est vrai, opine Josie, jusqu'à aujourd'hui.

– Non, non, je ne pensais pas à ça. À l'époque des premières tournées, quand je faisais sensation dans les festivals, il y avait tout ce...

Je le coupe :

– Qu'aimerais tu prouver aujourd'hui ?

– Je ne sais pas.

– Il te faut un nouveau défi ?

– Oui.

– Pourquoi ?

– Pour moi-même. Et parce que ça m'amuse. Comme avec le swing.

– Knebworth, ce n'était pas un nouveau défi ?

Non. Pas du tout.

– Et Pure Francis ?

– Non.

– Pourquoi ça ?

– Eh bien...

Il ne trouve pas de réponse, mais ne change pas d'avis pour autant.

– Tu veux parler de domaines qui t'effraient ? suggère Josie.

– Exactement, fait-il avant de bâiller. Ce sera peut-être un film.

Josie commente :

– C'est presque... Tu as beau jurer « jamais », c'est presque comme si tu savais que le jour où un projet sensationnel se présentera à toi... tu pourrais être tenté.

Pour l'heure Rob n'ajoute rien, mais quelques jours plus tard, alors qu'il fouille dans sa penderie tout en me faisant la conversation, je lui demande de préciser sa pensée. Depuis un an, Rob rembarre tout journaliste qui évoque la possibilité d'un film. Mais voilà qu'il me dit : « Eh bien, pourquoi pas un James Bond, par exemple ? »

– Depuis que j'ai vingt-trois ans, j'attends la trentaine avec impatience, me confiait-il voici quelques mois. Pour moi, c'est un peu l'âge mythique où les souffrances de la vingtaine commencent à se résorber. J'ai le sentiment, depuis mes vingt ans, de vivre une énorme phase de maturation – maturation que je n'ai pas forcément voulue, mais j'ai eu l'impression, en mon for intérieur, d'apprendre une immense leçon dont le sens ne m'apparaîtrait qu'à trente ans. À la suite de quoi je pourrais peu à peu m'assagir.

L'échéance fatidique approchant, il semble relativiser son propos. Il a été convenu d'attendre le retour en Angleterre, où résident sa famille et la plupart de ses amis, pour fêter dignement son trentième anniversaire. Ce qui n'empêche pas sa mère, sa sœur et son copain, et son neveu de débarquer par surprise à Los Angeles. Le matin de ses trente ans, il refuse de quitter son lit tant qu'il n'a pas absorbé sa dose de caféine. Puis, un Starbucks à la main, il ouvre d'un air vaseux les cadeaux disposés sur le comptoir de la cuisine. Ce n'est pas aujourd'hui qu'il arrêtera la cigarette, malgré sa promesse de le faire le jour de ses trente ans. Un peu plus tard, il m'avoue que sa principale prise de conscience de nouveau trentenaire, c'est qu'il ne sera jamais footballeur professionnel.

Ce soir-là, nous allons dîner chez Nobu à Malibu. Au cours du repas, il conseille à sa sœur et à son copain de se marier rapidement. Ils approuvent. Le surlendemain, ils prennent tous un jet privé pour Las Vegas.

Quelques jours plus tard, Rob me rejoint dans ma mansarde et feuillette le dernier *NME*. Il consulte le palmarès annuel des lecteurs. Il est en perte de vitesse : seulement troisième au titre de Crapule de l'année. Ce qui, en un sens, reste impressionnant. Il examine la liste des neuf autres lauréats.

– Récapitulons, lance-t-il, George Bush a déclenché une guerre sous un faux prétexte, Pete Doherty est un héroïnomane qui est entré par effraction chez son copain, Michael Jackson est poursuivi pour pédophilie, Tony Blair se voit reprocher les mêmes crimes que Bush et d'avoir ignoré l'ONU et fait défiler environ dix millions de personnes dans le monde contre la guerre... Moi, j'ai fait Knebworth.

Il part faire du shopping et se pique au jeu, choisissant tenue sur tenue dans l'une des boutiques les plus en vue de Los Angeles. Au moment de payer, sa carte de crédit est refusée. Il est obligé d'appeler Josie.

– Il y en a pour combien ? demande-t-elle.

Rob grogne dans l'appareil. Elle comprend parfaitement. Il ne veut pas répondre.

– J'arrive tout de suite, dit Josie.

Elle arrive et règle la facture de vingt mille dollars. Une bonne partie concerne des créations Libertine. De telles informations circulent vite. Dans l'après-midi, Josie reçoit un coup du fil de la marque, qui invite Rob à son défilé new-yorkais. (Il ne s'y rendra pas, bien sûr.)

Flanqué de sa mère et de Lee Lodge, Rob assiste à une projection de *La Passion du Christ*, de Mel Gibson.

– Au bout du compte, je me suis dit que j'ai l'art de me tracasser pour des conneries, commente Rob. Et que ça devait faire drôle d'être assis à côté de Jésus à la cantine du tournage.

Lors de la scène de la crucifixion, il se fait la réflexion suivante :

– Et ainsi commencèrent deux mille ans de culpabilité.

Il a toutefois un regret : ne pas avoir crié, devant les brèves images de la résurrection : « Vas-y, Jésus ! » Il se promet d'y retourner pour y remédier.

Le film lui a rappelé sa confirmation.

– Quand t'es gamin, analyse-t-il, on te donne une version des faits, mais tu ne réalises pas à quel point c'est violent

Comme nom de confirmé, il avait opté pour Maximilian Colby.

– Parce que c'était le nom de saint le plus cool que j'aie trouvé. C'était le dernier saint ordonné.

Pendant la guerre, Maximilien Colby s'était proposé de se substituer à un condamné afin que ce dernier puisse rester auprès de sa femme et de leurs enfants. C'est ainsi qu'il fut fusillé.

Après le film, ils vont flâner chez Book Soup ; sa mère achète des ouvrages de spiritualité, Rob des DVD d'humour – tout Peter Cook et la nouvelle anthologie *Onion* – ainsi que des beaux livres. « Pour me faire une idée du physique de Pure Francis », explique-t-il. Il admire particulièrement un vieux cliché d'Humphrey Bogart.

– J'adore ses bretelles.

Un soir où Rachel Hunter est de passage, nous nous asseyons en cercle pour plonger le doigt au hasard dans le dictionnaire et voir ce qu'il suggère sur un thème préalablement choisi. Le Coran semble curieusement attirer un maximum de réponses, mais nous décidons de les ignorer. Les autres sujets ne produisent pas de grande révélation.

Le jour de la remise des oscars, Rob s'installe dans le patio du *deli* proche de chez lui. Il annonce qu'il a aperçu Demi Moore et Ashton Kutcher derrière nous. Jack White sort du restaurant pour photographier ses amis à nos côtés devant la vitrine. Rob déguste son plat diététique habituel : hamburger, fromage blanc et sauce tomate.

– Je prends ça tous les jours, dit-il.

– Tu n'en as pas marre, à la longue ? demande Alex, une adolescente de quinze ans qui accompagne un ami de Rob.

Sa question recueille une réponse non seulement franche, mais révélatrice d'une certaine philosophie :

– Ça finira par arriver. Et j'y renoncerai définitivement.

Un autre soir, Rob a des envies de bowling, alors nous descendons dans la vallée, Rob, sa mère, Pompey, Greg l'acteur et moi-même, jusqu'au Pinz Bowl. Exceptionnellement, l'endroit affiche complet : on y dispute un tournoi. Mais il y a autre chose, que Rob est le premier à comprendre.

Il nous indique les mots inscrits sur le tee-shirt d'un type qui fait la queue. Gutter Queen (*Reine des bas-fonds*).

C'est une soirée gay. Or, c'est devant ces pistes que fut prise la première photo volée de Rob avec Rachel Hunter ; peut-être vaudrait-il mieux que personne ne l'immortalise ce soir.

Ces jours-ci, on croise quelques filles de passage, mais aucune ne correspond à ce que Rob recherche. Une l'appelle tous les jours pendant deux semaines, en laissant des messages d'une agressivité folle. Rob s'en tient à une règle stricte mais raisonnable, selon laquelle toute nana qui le contacte plus de deux fois sans qu'on l'ait jamais rappelée est trop suspecte pour être digne d'intérêt. Cet hiver, son portable délivre le message suivant : « Salut, vous êtes sur la boîte de Rob. Je suis complètement barré comme mec. Merci de laisser un message parce que c'est toujours distrayant, mais pour être franc, rien ne dit que je vous rappellerai. »

6

En mars, il regagne l'Angleterre pour quelque temps. Avant même son emménagement, les photos de la propriété qu'il loue circulent dans toute la presse – non seulement les murs, mais aussi chacune des pièces, qu'un journaliste habile aura réussi à visiter. Si, comme toujours, la vérité est mise à mal – le consensus semble régner autour du chiffre de vingt-deux pièces, quand la maison en possède seulement sept – les journaux distillent suffisamment d'indices géographiques pour que le courrier afflue. L'une des lettres porte pour toute adresse : « Robbie Williams, Château du XVIIIe siècle ». (Contrairement à ce qui fut écrit, le bâtiment ne date pas du XVIIIe puisqu'il vient d'être construit.) Une autre est libellée : « Robbie Williams, superstar de la chanson ».

La première semaine, Rob parcourt cette correspondance sans y donner suite. Bien entendu, la plupart des gens lui réclament une faveur. L'un deux imagine, comme s'il s'agissait de la chose la plus naturelle du monde, que Rob sera tenté d'acheter une dent de dinosaure de douze kilos afin de renflouer un musée. Un Polonais compte sur l'autographe de Robbie pour étoffer une exposition caritative. Une fille de dix-huit ans détaille minutieusement la somme que lui coûteront ses trois années de formation au professorat de danse, avant de lui demander quelques vingt-sept mille livres. Une ménagère de Malaisie âgée de soixante-six ans, qui joint une photocopie de son passeport à sa lettre de quatre pages, peine à en venir aux faits. Après de longues lignes présomptueuses sur l'état mental de Rob, sur le bonheur et la famille (« *le paradis se trouve au pied des mères* », écrit-elle), elle évoque comme par accident ses treize mille livres de dettes. Elle ne formule aucune demande directe, mais se contente de décrire ce que serait sa vie sans ce fardeau, avant de bénir le ciel pour lui. Une octogénaire du Sussex – « *J'ai honte de vous importuner* », annonce-t-elle d'emblée – se montre moins subtile. Elle a remarqué que Rob est un panier percé. « *J'ai une coiffeuse vieille de cinquante-quatre ans que vous aimeriez peut-être acheter, j'ai besoin d'une main charitable pour m'aider avec ma pension, si vous aimez les meubles en noyer (...) cela tiendrait dans n'importe laquelle de vos vingt-deux pièces et c'est maintenant que j'ai besoin d'argent, pas quand je serai morte (...) mes amis pensent que cette lettre finira à la poubelle, ma foi, ils ont peut-être raison...* »

Il reçoit d'autres courriers, aux motivations plus obscures. Beaucoup de témoignages détaillés sur l'alcoolisme et la dépression. Quelques-uns proviennent d'habitants du village voisin, pour la plupart bavards et amicaux, qui commencent en général par un vœu du type : « J'espère que vous aurez du calme et de la tranquillité pendant votre séjour », avant de l'inviter à dîner, à sponsoriser le club de foot local ou, dans un cas, à honorer une réception de mariage au pub du coin. Rob est également contacté par un homme qui tient à l'informer qu'il possédait jadis un télescope doté d'un certain système de coordonnées pour projeter des ovnis sur le mur de sa maison. Rob me lit sa lettre :

– Il me dit : « *Ne fricotez pas avec les homos sapiens, les créatures les plus dangereuses de la planète.* » Et il veut que je continue dans la voie swing.

D'autres lui parlent de ses problèmes à lui, réels ou fantasmés. Ils s'appuient en grande partie sur deux articles parus à l'occasion de ses trente ans dans le *Daily Mail* et dans *Hello*, qui l'érigent en personnage de tragédie : riche, malheureux et seul. Faut-il préciser ici que, malgré sa fortune indéniable, sa frustration face à l'attitude d'autrui, et le fait qu'il succombe parfois à la solitude de ceux qui cherchent en vain l'âme sœur, le quotidien de Rob se trouve à mille lieues du tableau brossé par les journaux ? C'en est presque comique. Mais l'idée s'est ancrée dans l'opinion : Rob est un homme triste, en crise, qui a besoin d'être sauvé, et des tas d'inconnus débordent de conseils et de propositions.

Nombreux sont ceux qui s'emploient à le rassurer – ou à se rassurer eux-mêmes – contre la thèse de la folie. « *La dernière fois que j'ai écrit à quelqu'un après avoir lu un article triste*, écrit une femme pour lui assurer qu'elle n'agit pas à l'aveuglette, *c'était à lord Brocket lorsqu'il était en prison.* » Beaucoup s'estiment comme un recours potentiel en ces heures sombres, et tous sont convaincus de comprendre l'être humain qui se cache derrière la pop star ; ils seraient simplement heureux de devenir son confident. Une proportion étonnamment élevée de lettres émane de mères célibataires, qui joignent parfois leur photo ou celle de leurs enfants. « *Je ne suis pas un mannequin irrésistible, mais je suis une femme séduisante dotée d'un joli visage... Je suis sociable, appréciée... si ça vous dit de bavarder au téléphone...* » Une autre écrit sans détour : « *Ma fille de quatre ans vous veut pour papa...* » (Notez avec quelle rapidité ces lettres passent du désir de sauver Rob au désir d'être sauvé par lui.)

Une maman d'Irlande du Nord glisse dans l'enveloppe un cliché de sa fille devant l'évier de la cuisine ; elle a écrit au dos : « *Cette photo ne l'avantage pas vraiment, car elle fait une grimace avec sa bouche au lieu de sourire correctement – elle a un sourire magnifique.* » Cette mère ne supporte pas que Rob puisse risquer de passer à côté de l'âme sœur : « *Allez, oubliez donc Geri Halliwell, Rachel Hunter et Samantha Mumba, et sortez avec ma ravissante fille* », plaide-t-elle, tout en montrant qu'elle a déjà considéré les détails pratiques : « *Vous savez, si vous venez ici pour dormir dans l'appartement d'Angie (dans la chambre d'amis, bien entendu), je suis sûre que vous vous sentirez très bien, car personne ne voudra croire que c'est bien vous.* »

Précisons, au cas où vous penseriez que ces extraits reflètent mal la manière dont le public s'adresse de nos jours aux célébrités : ces lettres de fans ne sont pas des exemples extravagants pris parmi des milliers de lettres ordinaires. Ce *sont* les lettres ordinaires.

iChat, mars 2004, alors qu'il se débat avec les paroles de *Tripping Underwater* :

Pour l'instant, cette histoire n'a pas d'âme. Un truc sur la violence et le silence. Ni l'un ni l'autre ne m'intéressent des masses. (...) J'ai la tête dans le cul aujourd'hui à cause du décalage horaire. Me suis levé à 5 h. Ou, comme j'aime à dire, à l'heure *Tu l'as dans l'os*. Ah ! la joie d'être jet set... C'est difficile d'écrire des textes. Pas moyen d'être brillant. Et j'ai tellement envie que ça le soit. Ça me prend la tête. En Angleterre, j'ai l'impression que tout me rend claustro. Les routes paraissent très étroites. Il y a tant de sujets d'écriture possibles quand son monde se rétrécit (...) Mettons ça sur le compte de la fatigue et de l'ingratitude.

En promo pour son nouvel album, George Michael offre un entretien au magazine *Telegraph*, dans lequel il critique le contrat de disque de Rob. (Voici quelqu'un, il semble juste de le rappeler ici, qui disait à Rob avoir l'intention de se passer de maison de disque traditionnelle au profit d'une grande enseigne de supermarchés.)

– Ce contrat Robbie Williams baise tous les artistes, parce qu'il dit en substance : « OK, les gars, vous ne gagnez pas assez de fric avec les disques sur lesquels vous m'entubez, eh bien, prenez une partie de mes produits dérivés, prenez mes droits sur mes bouquins, prenez ceci, prenez cela... » La vérité, c'est qu'il a – et il me l'a dit – non, je ne vais même pas vous dire ce qu'il m'a dit...

L'intervieweur l'encourage un peu.

– Non, je ne peux pas le dire. Au final, je pense que c'est une vaste trahison par rapport à toute notion de communauté artistique. Mais

bon, puisqu'il n'y a plus de communauté artistique, je suppose que c'est compréhensible...

– Ouuuuh, fait Robbie en lisant ces lignes, sur le mode grincheux. Ce que j'en dis, c'est que je dois être sa bête noire depuis un bon bout de temps. Et il n'a jamais pu le digérer. Mais je soulèverai la question lors de la prochaine réunion communautaire.

Le salon principal du rez-de-chaussée tient désormais lieu de studio. De vieilles peintures étranges ornent les murs – un portrait féminin particulièrement sinistre au-dessus du canapé où Rob écrit ses textes, ou du bétail s'abreuvant dans une mare à côté de l'ordinateur. En haut de la cheminée, sur une corniche accessible en grimpant sur un escabeau, est exposé le vinyle de *Horses* de Patti Smith – la marque de Stephen, sans doute, tout comme ces ouvrages sur les Rolling Stones disséminés dans la pièce. Je dénombre dix-neuf guitares électriques et trois sèches. Il y a aussi un piano à queue comportant quelques touches cassées, et, parmi les autres instruments, un mélodica muni d'un tube à air.

Finalement, Rob se décide à fignoler ses textes. Aujourd'hui, après avoir bouclé une chanson intitulée *Please Please* qu'il verrait bien en face B – et expliqué à Stephen qu'on ne le fera jamais chanter un mot comme « *hullabaloo* » – il passe à *Misunderstood*. En ce printemps, de nombreux morceaux tiendront la corde pour la place de premier single tiré du prochain best of – ce sera tour à tour *Tripping Underwater*, *Radio*, *Boom Boom* et *Ghosts* – tandis que *Misunderstood* semble conforter sa position de deuxième.

Avant de compléter les paroles de *Misunderstood*, Rob s'interroge sur le message à faire passer. Ses sentiments ont évolué depuis l'été dernier.

– L'idée que je voudrais développer, c'est : « J'essaie d'être incompris mais ça se retourne contre moi. » Comme lorsque tu te présentes sous un faux jour, en te disant que ça passera mieux, mais que ça dégénère. Tu te crois au-dessus de la mêlée, tu te moques du monde avec condescendance, mais tu finis par découvrir que c'est le monde qui se fout de toi.

– Mais alors *pourquoi* tiens-tu à être incompris ? insiste Stephen.

– En fait, dit Rob, je fais seulement croire que c'est du bluff.

Il propose une deuxième phrase – « *On ne peut pas tous être Robin des bois* » –, vague réminiscence de l'été dernier. « *Je ne peux pas dire que ça se soit passé comme prévu* », ajoute-t-il ensuite avant d'illustrer sa pensée : « Ça ne ressemblait pas à ça dans la brochure. »

Pour Rob, trouver le cœur d'une chanson est un processus bien plus aléatoire qu'on ne le pense. Il nous soumet des idées pendant une bonne heure – un pas en avant, un pas en arrière –, puis quitte le canapé.

– Je vais me coucher, je crois, dit-il comme s'il doutait même de cette phrase-là. Je pense que ça viendra demain matin.

iChat, mars 2004 :

Un single de D12 passe en ce moment. Un truc génial, dans le genre petit frère crétin d'Outkast. (...) *Ghosts* s'est avéré démentiel. Ce n'est plus une face B. Victoire. Comme *Louise*. Même impression de nostalgie, mais un rien plus majestueux. Je ne dis pas que c'est mieux, mais pour Bono *Louise* était également un pis-aller. Chaque mot a un sens. Qui l'eût cru ? (...) Je suis en train d'écouter *After the Goldrush*. Putain que c'est bon. Incroyablement beau, (...) de la bombe musicale (...) Les Shins sont vraiment forts. Je prévois d'aller les voir à Brighton. (...) Je me suis procuré *The Harper Valley PTA* sur Limewire (...) et *World in Motion*, (...) *You Got the Love*, de Candi Staton. Elle entre au Top 10 de Robert, les doigts dans le nez, (...) même Roxette sonnait bien. Entendu *It Must Have Been Love* à la télé. Soit ça sonne bien, soit il m'arrivait des trucs chouettes à l'époque. (...) Quoi qu'il en soit, j'ai cherché Roxette sur Limewire, mais je ne pouvais me décider à le télécharger. Imagine la honte si je me faisais piquer l'ordinateur. « Non seulement il téléchargeait Eminem, mais en plus... » Tu vois le tableau. « Un type qui aime Eminem et le porno britannique ? Robbie Williams, alors. »

Il réécoute un autre morceau qu'il vient d'achever, *1974*, retenu lui aussi pour une face B. 1974 est son année de naissance. Il chante avec le disque.

Child of the eighties, the Hillsborough crush
That girl in the fourth year that was up the duff
Lisa Parkes, I loved you, but you never saw
A year below you, 1974

[Enfant des années quatre-vingt, le béguin de Hillsborough/ Cette fille de troisième qui était en cloque/ Lisa Parkes, je t'aimais, mais tu l'as jamais vu/ Un an de moins que toi, 1974]

Il boxe dans le vide en chantant « *I love you* ».

Il en pinçait vraiment pour Lisa Parkes. Chaque fois qu'il l'apercevait, il se mettait à rapper, pour se donner l'air cool.

– Elle devait me trouver débile, soupire-t-il.

Au fil des mois affleurent d'autres images de son enfance. Quand, tout gamin, il vivait au pub avec sa famille, et que sa sœur Sally montait à l'étage pour lui téléphoner au bar en se faisant passer pour Wonder Woman ou pour une Drôle de Dame – Rob y croyait, et il filait à la nursery pour raconter son coup de fil aux autres enfants. Quand, à deux ans et demi, il jouait chez un copain au bout de la rue, et qu'il avait décidé qu'il n'aimait pas la maman du copain : il avait calé une poubelle contre la grille du fond, sauté par-dessus la grille et regagné sa maison. Quand il se disait qu'il ne toucherait jamais à la drogue, jusqu'à ce qu'une fille apporte à l'école un tract annonçant une rave à Blackpool : « J'ai regardé le flyer et je me suis dit texto : "Mmmmm, faut que je me drogue." » Quand il faisait des livraisons pour le fleuriste de sa mère, Bloomers, à l'âge de treize ans. Quand il perdit le goût des études, et que l'école devint un grand exercice de rêverie, le challenge étant de rester impassible quatre-vingt-dix minutes d'affilée, pour pouvoir ensuite jouer avec les copains. « J'ai pris l'air très intéressé pendant trois ans », se souvient-il. Quand il allait voir jouer Port Vale, et que les matches du soir étaient les meilleurs : « Coup d'envoi à 19 h 30, et on était tous agglutinés autour du terrain, un peu éméchés, on sautait beaucoup, et les gens n'avaient pas peur de chanter ; je crois que les hommes avaient moins peur de se faire remarquer. On chantait à tous les matches, qu'on gagne ou qu'on perde. Bien entendu, dans ces conditions, tu te sens fort comme un roc. Costaud comme dix. J'aimais cette impression d'être dix hommes à la fois, mais dès que ça chauffait j'étais le premier à prendre mes jambes à mon cou. » Quand, vers l'âge de dix-sept ans, il effectua le trajet Manchester-Stoke à vélo avec un copain, mais ne fit que la moitié du retour : ils finirent en train parce que la nuit tombait et que Rob commençait à s'ennuyer. Quand le père de Jonny lui trouva un boulot pour cinquante livres par jour : vendre des cartes de fidélité à l'entrée de Tesco, en chapeau melon et costume rayé. Quand il travailla brièvement auprès d'un tailleur de diamants, qui lui demandait de transporter des pierres brutes jusqu'à l'heure du pub. Quand Take That décolla, et que l'oncle Danny resta persuadé que Rob commettait une grave erreur. « On ne bâtit pas une maison avec de la paille, fiston, disait-il en réaction à l'inconstance de Rob. Tout cela ne durera qu'un moment. Apprends un métier... »

Ce n'est que récemment, après le concert du Royal Albert Hall, que l'oncle Danny avoua à son neveu : « Faut reconnaître ce qui est, Robert, j'avais tort... »

iChat, mars 2004 :

Ça me fait tout drôle que le pays sache ce que je fais pour mon anniversaire, et moi non.

La fête décalée en l'honneur de ses trente ans a lieu en mars au Skibo Castle, la grande résidence privée écossaise où s'est mariée Madonna. Rob n'est pas censé savoir où on l'emmène. Les tabloïdes le découvrent et le révèlent la veille, mais on l'a prévenu et il promet de ne pas les lire. Il est même possible qu'il les évite de lui-même. En chemin vers le jet qui l'attend à Farnborough, sa voiture se perd dans la campagne, et Rob soupçonne une astucieuse diversion.

S'il redoute ce type d'événements – comme chaque fois qu'il sait qu'on attendra quelque chose de lui –, il paraît plus détendu après avoir dépassé la haie. Il se prélasse sur les banquettes, dans son kilt que Pompey a secrètement rapporté de Los Angeles, et fait un peu de golf, en tirant des balles sur les paparazzis qui le mitraillent depuis la route. Le deuxième et dernier soir, la bibliothèque est aménagée en plateau de *Family Fortunes,* la Famille en or britannique, qu'animeront les impayables Ant et Dec, à coups de questions et de bruits de buzzer authentiques. Rob et sa famille affrontent une équipe composée d'amis : Jonny, Max, Milica, Pompey, Greg. Ils ouvrent le jeu en chantant tous le générique.

– Nous avons demandé à cent personnes de nommer une grande invention... commence Ant.

– La roue ! crie Rob.

– C'est la meilleure réponse, indique Dec.

Au terme du long quiz, la compagnie se retire au salon, où se trouvent déjà d'autre résidents, regroupés autour de digestifs ou du pianiste de la maison. Quoi qu'aient pu écrire les tabloïdes – en se fondant, comme toujours, sur de simples conjectures –, l'entourage de Rob n'a pas réservé la totalité du château. Ni retenu tous les convives pour cinq jours. Ni banni l'alcool – ceux qui désirent boire s'en donnent à cœur joie, et en fin de soirée certains hument des purs malts d'une valeur exorbitante. La légende qui s'ensuivra, née d'une réplique agacée de Max face aux journalistes à l'aéroport, voudra que tout le monde ait carburé au milk-shake.

Rob clame qu'il aimerait chanter *One for my Baby*, ce qui fait légèrement paniquer Max : ce dernier a l'habitude de jouer sur partition. Il va donc s'isoler sur le grand orgue du hall pour trouver et noter les bons accords. Ce morceau exécuté, d'autres convives prolongent le spectacle – ainsi le père de Rob égrène d'un parlé alerte *I Got You under my Skin* et *King of the Road*, Jonny refait son imitation de Neil Diamond interprétant *Hello* – grâce à laquelle il remporta le concours télévisé *Celebrity Stars in their Eyes* – et, sur l'insistance de Rob, qui nous assure qu'elle meurt d'envie d'y aller, sa mère danse le shimmy sur *Sentimental Journey*. Puis Rob reprend le micro et lance *Mr Bojangles*.

– C'était ma chanson préférée, explique-t-il, avant qu'on la massacre tous les soirs sur la tournée de l'an dernier.

À 2 h 30, les fêtards sortent pour contempler les étoiles, puis ils reviennent au salon où Rob, Ant et Pete sont en plein débat sur *Pop Idol*. Pete évoque son expérience des télé-crochets de la vieille génération. C'est l'émission *New Faces* qui l'avait lancé. Le groupe vainqueur de la première saison (1973) avait gagné le droit de se produire toute une semaine au Palladium ; Les Dennis était arrivé second, et lui troisième. Il s'était réinscrit l'année suivante. « C'était la première fois qu'on parlait de lui à la télé », dit Pete en indiquant Rob. Il était devenu papa entre la première et la deuxième saison, de sorte que la production présenta ainsi son retour : « Depuis la dernière fois, il a eu un fils, Robert ! »

La nuit avance, et ils parlent de la façon dont le temps pèse sur la gloire. Rob pense que s'il plaquait tout, les gens l'auraient oublié dans dix ans. Mais personne ne partage cet avis. Personnellement, je crois qu'à partir d'un certain degré de gloire, on ne peut ni la renier, ni la désavouer, ni même y renoncer ou s'en défaire. Elle peut se ternir ou décliner, avec ou sans encouragements, mais son noyau demeure intact. On peut la saboter, bien sûr, mais cela ne débouche que sur une gloire laide et brisée – le même fardeau pour des compensations moindres.

iChat, avril 2004 :

Très larmoyant. Juste déprimé. Sans raison particulière. Mais ça va. Rien n'a changé depuis deux semaines, sauf que maintenant ça m'embête et ça m'inquiète. Ce sentiment d'être seul avec tout le monde. « Pauvre de moi », je sais. Désolé. (...) Quoi qu'il en soit, retour à la case départ. Putain que la vie est géniale. J'aspire seulement à être moi-même pour en profiter. C'est comme si on me pressait la cervelle. C'est ce même sentiment qui me poursuit chaque jour depuis dix ans. Sans frein ni répit. (...) Je vais regarder *Les Soprano*.

– Je me fais chier à mourir, dit-il après quelques semaines à la campagne. Ça va me rendre dingue.

Il s'est d'abord senti bien ici, avec les chiens, la nature et le studio installé dans le salon ; il songeait à acheter la propriété, ou son équivalent, et son esprit se détache petit à petit de Los Angeles, comme si ce n'était plus sa résidence principale, mais une simple retraite d'hiver. Pourtant, à mesure que les semaines s'écoulent, la monotonie l'use à petit feu. C'est en grande partie lié au fait que, dès qu'il quitte les lieux, la folie recommence. Cela devient insupportable. Il rêve d'un endroit paisible à quelques encablures de la maison, où il puisse commander un café et contempler le monde tout en se soustrayant aux regards. Mais un tel lieu n'existe pas. Il joue au golf de manière quasi quotidienne, sur le green du coin, fait du quad nuit et jour au milieu des champs et des forêts de campanules (« J'ai toujours peur sur ces engins, mais plus je vais vite, plus j'ai les jetons, et plus ça m'éclate »), il se rend en ville pour les matches de foot et les fêtes, travaille sa musique, dispute d'interminables parties de *Fawlty Towers*, le jeu de fléchettes de la chaîne Sky Interactive. Il avait oublié d'emporter ses médicaments à Skibo, sans que cela affecte son état. Il se dit qu'il peut décrocher. Mais au bout de deux semaines, il reprend son traitement.

Cette vie ne lui convient pas, à naviguer entre les extrêmes, au jour le jour. Il se lasse vite et souvent ; son ennui le rend impatient, tout comme ses efforts pour *paraître* patient. Lorsqu'il renâcle à faire quelque chose ou à se rendre quelque part, il fuit la situation. Je pense qu'il y voit moins une marque d'intolérance vis-à-vis des autres ou de la société que vis-à-vis de lui-même et de son allergie à l'ennui.

Déterminer ce qui l'intéresse dans le grand monde, dans toute sa gloire et son désordre, n'est pas simple. Malgré son égocentrisme prononcé, qu'il est d'ailleurs le premier à exagérer (façon à la fois de se prémunir contre les critiques et, je pense, de revenir au centre de la conversation), il est bien moins égocentrique que ne le laisse entendre un livre comme celui-ci, qui prétend illustrer un tempérament de fond à travers un concentré de temps forts. Rob est viscéralement curieux, voire inquisiteur mais son intérêt se fixe au gré des périodes sur des objets bien définis, et non sur ce qui se présente à lui. De prime abord, on pourrait croire que Rob adore figurer le centre d'attention, mais la vérité est sûrement plus subtile et tortueuse : il aime être le centre de sa propre attention, et souffre quand ce n'est pas le cas.

Il y a de bons moments, bien sûr. Un soir, après mon retour à Londres, il me contacte via iChat : « M'apprête à passer au lit avec un canon blond de 1,80 m (...) Qu'est-ce qui a merdé ? » (Évidemment, dans ces moments-là, il ne résiste pas à certains commentaires : « C'est un type adorable », ajoute-t-il.) Un soir où je me trouve là-bas – j'écris, niché dans un belvédère du toit –, nous partons à quatre pour une longue promenade nocturne dans les bois, les pieds dans la boue. Soudain la lampe torche rend l'âme. Seules quelques étoiles parviennent à percer les nuages, mais nous distinguons au loin le château, derrière le lac. Au point le plus éloigné de la maison, Rob entreprend d'expliquer à Mia, la petite fille de David, où vivent les lutins.

7

iChat, avril 2004 :

« De toute ma vie, je n'ai jamais été aussi gay que cette semaine, tu ne crois pas ? »

On l'aura sûrement compris, bien qu'il ait longtemps aimé s'amuser des blocages sexuels d'autrui, et que cela participe à ses yeux de son armure de pop star, Rob est toujours étonné qu'on puisse le croire homo. Mais en ce printemps, le sujet prend une nouvelle tournure dans la presse, comme si l'on avait décidé que tel était le grand secret de Robbie Williams. Tout part d'un documentaire consacré à Take That, au cours duquel Howard Donald déclare qu'il ne serait pas surpris d'apprendre que Rob est bisexuel, avant que le revenant Kevin Kinsella ne renchérisse tout de go : « Je ne crois pas qu'il soit bisexuel – je crois qu'il est totalement gay. » Et Kinsella de citer un échange dans lequel Robbie aurait évoqué la question :

– Il a dit : « Je ne sais pas si je suis hétéro ou homo. J'ai répondu : « Franchement, j'ai l'impression que tu penches du côté gay, mais est-ce que ça te plaît ? Il a répondu : « En fait, ouais. »

Je me trouve alors à Londres, mais j'appelle Rob après l'émission.

– SOS pédés, annonce-t-il en décrochant.

Il semble plus amusé qu'autre chose, et ne mesure pas l'impact qu'auront ces « révélations ». Malgré le caractère médiocre, inexact et malintentionné du documentaire, dont la ligne directrice vise à la réhabilitation de Nigel Martin-Smith, le mal-aimé de l'époque, Rob a surtout ressenti de la nostalgie pour Take That :

– Sérieusement, ça m'a fait rire et j'ai trouvé ça très drôle. J'ai cru que j'allais finir en rogne, que j'allais vouloir intenter des procès et appeler les gens pour les traiter de pauvres connards. Mais, tout compte fait, ça m'a plu.

Les seuls passages qui l'ont vraiment ennuyé sont ceux où il s'exprime à la manière de Noel Gallagher, ce qui lui donne l'air débile.

Mais, comme le souligne ultérieurement son message iChat, sa prétendue homosexualité enfle en l'espace de quelques jours. Les propos de Kevin Kinsella font le tour du monde. Le site de ragots Popbitch colporte une histoire selon laquelle George Michael aurait confié au directeur d'un quotidien national que lui-même et son petit copain Kenny avaient chacun pu savourer la compagnie de Rob. Un tabloïde parle d'un jardinier – Rob ne voit même pas de qui il peut s'agir, vraisemblablement un type qui travaillait là autrefois – qui lui rendrait souvent visite depuis que Jonny se fait plus rare. Si vous voyez ce qu'on veut dire...

Rob ne se formalise pas outre mesure, mais nous méditons la traditionnelle problématique : le plus offensant, ce n'est pas d'être pris pour un gay, mais d'être accusé de vivre dans le mensonge – et aussi, de savoir que, contrarié ou non, Rob n'a quasiment aucune marge de manœuvre.

Rob a pris sa décision : *Ghosts* sera le premier single extrait du best-of, même s'il sent que son entourage milite en faveur du flamboyant *Boom Boom*. Ce samedi-là, dans le carré VIP de Chelsea où se joue un terne 0-0, David Enthoven lui explique que la seule nouveauté digne de faire un premier single n'est pas *Ghosts* mais *Radio*, morceau qu'ils ont créé l'été dernier. David n'aime pas ce qu'est devenu *Boom Boom*, trouve les chœurs de *Ghosts* ringards, et déplore l'absence de vrai refrain.

Rob est assez remué par ce jugement, qu'il rumine tout le week-end. Si lui-même a exclu *Boom Boom* comme single, c'est parce qu'il le trouve trop évident. Quant à *Ghosts* : « J'y vois un morceau très nostalgique et très beau, me dit-il, ça me plaît qu'il n'ait pas de refrain. » Il aimerait en parler à Chris Briggs, mais l'intéressé n'est pas joignable. Alors il passe son samedi soir assis, à trépigner, tout en cherchant sur Internet quels sont les expressos les plus corsés. (Jolt Espresso arrive en tête. « Putain, ça doit être bon, ça. Je parie que ça déménage. Il faut que je m'en procure. »)

Il comprend qu'il se trouve peut-être à la croisée des chemins avec cette histoire de single. « C'est soit les jets privés jusqu'à la fin de mes jours, soir la première classe. Tu vois ce que je veux dire ? Tout dépend d'où je veux aller. »

En vérité, le dilemme est plus compliqué qu'il n'y paraît. On ne peut pas dire que sa maison de disques ou son management le poussent systématiquement dans la même direction, celle des choix commerciaux qui garantiront les vols en jet (même si c'est parfois le cas), et que Rob ne jure que par la valeur artistique (même si c'est parfois le cas). Le vrai conflit réside en lui-même : entre la part de son être qui veut plaire à tout prix, séduire et éblouir un maximum de gens par les moyens les plus efficaces à sa portée, et celle qui n'aime pas certains choix pris au nom de ce premier impératif, persuadée qu'une autre voie est possible. Même chez lui, le conflit n'est pas une simple lutte entre l'art et le marketing, car ses impulsions les plus vives sont souvent les plus commerciales. En fait, il tient à éviter toute forme de complaisance – vis-à-vis de lui-même comme vis-à-vis du public. Le débat fait rage lors du voyage à Monte-Carlo – avec Jonny, Pompey, Gary et moi – à l'occasion de la demi-finale de Ligue des champions opposant Chelsea à Monaco. Nous arrivons avec deux jours d'avance. Ce n'est pas encore la première classe, mais un jet privé jusqu'à Cannes, suivi d'un saut d'hélicoptère au-dessus de la baie, jusqu'à l'héliport niché sur le front de mer monégasque.

Dans sa chambre, il écoute *Radio*.

– Je n'ai jamais pensé qu'on le choisirait comme single, fait-il en secouant la tête.

– Depuis le début, je redoute qu'il ne trouverait pas sa place sur le disque, dit Jonny.

– *Radio*, pour moi, c'est une piste d'album à la fois curieuse et grandiose, répond Rob.

Jonny et lui se tirent dessus avec des balles de golf ; chacun est censé recevoir le projectile sans bouger, et ils ne cessent de se reprocher mutuellement d'avoir flanché.

– Ne vise pas les couilles, Rob ! supplie Jonny.

– Ben tiens. Tu ne t'es pas gêné, toi.

– Ouais, mais toi, t'as un futal molletonné.

Lorsqu'ils ont assez joué, ils écoutent *Ghosts*.

– Et puis, je peux vraiment me lâcher en chantant ça, dit Rob en reprenant la conversation là où ils l'avaient laissée. C'est mon *Vienna* à moi. Enfin, c'est pas aussi fort que *Vienna*... Comme je l'expliquais l'autre soir, c'est la différence entre les jets privés et la première classe. Jets privés – triste. Première classe – content.

Je lui fais remarquer qu'il a oublié d'informer l'équipe du choix qu'il a fait.

Il opine :

– Je pars toujours avec l'intention de ne pas transiger, puis j'oublie. Si j'avais un panneau au-dessus de mon miroir le matin avec, inscrit dessus : « PAS DE COMPROMIS », alors je m'en souviendrais, mais il se trouve que j'oublie. J'oublie de refuser tout compromis. Parce que c'est plus simple de dire : ah bon... Sauf que ce n'est plus possible. Je l'ai trop fait. Tout ça pour me retrouver avec un album de compromis comme *Escapology* en pensant que je saurais le défendre. Je ne veux pas recommencer. Pas de compromis !

Sa décision est prise.

Il s'attarde quelque temps au casino de l'hôtel, surtout devant le jeu des petits chevaux. On mise par tranches d'un euro, ce qui limite le montant des enchères, et il s'en sort très bien. La table de black jack lui réussit moins et, en l'espace de deux parties il se déleste de mille euros avec une facilité déconcertante. Entre deux tours, il bavarde innocemment avec l'épouse d'un joueur de Chelsea, jusqu'à ce que le père de ce dernier demande, sans humour : « Il veut que je le poignarde ? »

Un soir, nous sortons avec Jenson Button. (L'autre jour, après une course, Jenson a laissé un message à Rob sur le portable de Pompey – Michael Schumacher, Pablo Montoya, David Coulthard et lui chantant *Rock DJ* dans le combiné.) Jenson vit à Monaco, mais il n'a rien du play-boy que l'on dit. Il nous emmène boire un soda dans un bar paisible du bord de mer, puis Rob et lui misent de petites sommes sur les courses de chevaux. Jenson donne l'impression de n'avoir mis les pieds dans ce casino qu'une ou deux fois. De retour dans la rue – notre hôtel est situé sur l'un des lacets du Grand Prix –, Rob nous montre l'endroit où il s'écrase systématiquement sur son jeu de Playstation. Jenson sourit et indique le tunnel où il s'est crashé pour de bon l'an dernier, à 250 km/h, avant de perdre connaissance.

Dans sa chambre, Rob m'offre un des chocolats laissés à son intention par l'hôtel. Je prends une petite bouchée, qui ne me plaît pas.

– Trop riche, dis-je pour m'excuser.

– Ouais, je sais, répond-il. Mais c'est grâce à moi qu'on est là, pas vrai ?

David nous rejoint le jour du match, et retrouve un Rob brûlant de parler single et orientation musicale :

– J'aime énormément *Ghosts*, commence-t-il. Ça correspond à ce que je suis. À où j'en suis.

David opine, assimile le point de vue de Rob tout en préparant la réplique.

– J'avais simplement envie, poursuit Rob, comme pour en rajouter dans l'excentrique, de ne plus me compromettre par rapport à mes goûts réels.

– Entendu, répond David. *Ghosts* est une grande chanson, mais franchement, la main sur le cœur, je doute que ce soit un vrai tube.

– Dans ce cas, la question qui se pose est...

– D'autres morceaux ? l'interrompt David.

– Non, dit Rob. La question qui se pose est : quel bonheur ai-je pris à faire de gros hits ? Je préfère *Ghosts* à la plupart des singles que j'ai sortis jusqu'ici. Et, en tant qu'objet qui me corresponde sur le plan créatif, je préfère *Ghosts* à... *tous* les autres. Ce n'est peut-être pas un tube – justement. Tout ce que je dis, c'est : quel bonheur ai-je pris à faire de gros hits ?

Les arguments vont et viennent. Rob chante une nouvelle ligne de refrain sur *Ghosts*, et David admet qu'elle lui donne des frissons. On le sent fléchir un tantinet. Dans le même temps, Rob est obligé d'admettre que la chanson défendue par David – *Radio* – n'est pas ce piège à foules facile, sans risque et ringard. C'est même un titre assez fantaisiste et original. David y voit l'objet parfait pour introduire le nouveau tandem Rob-Stephen.

– Pour moi, explique-t-il, *Radio* est plus tourné vers l'avenir. *Ghosts* l'est aussi, je te l'accorde, mais il n'a pas, à l'oreille, la vocation d'un single.

– Je me sens un peu paumé et je ne sais pas lequel choisir, lâche Rob en bâillant.

Le match est palpitant, mais Chelsea perd 1 à 3 contre une équipe de Monaco réduite à dix joueurs, au terme d'une dernière demi-heure calamiteuse qui nous achève littéralement. Dans le véhicule qui nous conduit à l'aéroport, cette défaite amène Rob à méditer sur sa propre carrière.

– Il faut reconnaître que pendant huit ans d'affilée ce fut comme de jouer en Ligue des champions sans jamais être éliminé. (Il rit :) Et de participer à la Copa America pour se faire mettre. Et de baisser les bras à cause d'un calendrier de matches surchargé.

Dans l'avion, il évoque des petites amies potentielles, et annonce à David qu'il va se faire poser une dent en or. Ce n'est pas le cas. Le lendemain soir, dans sa campagne, il s'ennuie tellement qu'il se fait conduire vers Guildford, mais rebrousse chemin à mi-parcours. Deux jours plus tard, réunion au sommet chez lui sur la question du single. Rob répète – et file – sa métaphore du moment :

– Donc, nous sommes sur la même longueur d'onde, et donc tu sais d'où je viens. J'ai un choix à faire, et l'alternative est la suivante : jets privés ou première classe. Les jets privés, c'est-à-dire les compromis, être malheureux comme un chien, et devoir chanter une floppée de chansons qui me déplaisent. Ou alors je sors des morceaux comme *Ghosts* et *Radio*, et je m'épanouis dans ce que je fais. [Notons que *Radio* se range désormais dans le camp du bien.] Dans cette optique, continue-t-il, le mieux qui puisse nous arriver, c'est que tout le monde suive. Et le pire, c'est que ça m'ôte un peu de pression. Ce que j'essaie d'expliquer, c'est qu'on pourrait changer la donne. Ce pourrait être *différent*. Même si c'est sympa d'enchaîner trois soirs à Knebworth et de gagner plein de fric et tout... Pourquoi ne pas souffler un peu ?

Tout le monde se marre.

Il parle avec passion de *Ghosts*, puis on écoute *Radio* et il déclare :

– Vous savez, je serais bien content qu'on prenne ça comme single. Parce que c'est... vachement cérébral.

À croire que, maintenant qu'il a défendu son point de vue et que les autres ont accepté le choix de *Ghosts*, il se sent libre de changer d'avis.

– Alors ce sera ça, le single, dit-il au sujet de *Radio*. Je pense aussi que les gamins vont adorer ce putain de truc. Non seulement c'est sombre et cérébral, mais les mômes vont se ruer dessus comme un putain de troupeau. Je suis sûr qu'ils vont se dire : « C'est de la bombe. » Pourtant, tu peux passer ce morceau à qui tu veux, personne ne pensera « Robbie Williams ».

Dans un bar à vin de Billingshurst, petite ville du Sussex, les rares dîneurs de ce vendredi d'avril s'efforcent de cacher leur surprise. Une insupportable soul jazzy gazouille en fond sonore. Rob engage la conversation avec le jeune couple assis à la table voisine.

– Je m'ennuie un peu, leur dit-il avec entrain. Et si je m'empoisonnais ?

Dans la voiture, il évoque l'info parue dans les journaux selon laquelle Britney Spears compte emménager dans le secteur, puis il lance :

– Vous savez ce que j'aimerais faire demain ? Partir en tournée de promo. Le Danemark. Puis la France. Ça me botterait de faire une conférence de presse au réveil, puis de chanter trois titres que j'adore. *Ghosts*, *Misunderstood*, et un autre qu'il nous reste à composer.

Nous nous arrêtons au pub du coin. (Il est au téléphone avec Jonny lorsqu'il pousse la porte : « Je suis dans un pub... À la campagne... Je pourrais me faire tuer... ») Il s'installe dans la salle du fond, et un couple de lesbiennes lui propose une partie de billard. Les clients ont l'air à la fois soûl – les verres de tequila défilent à une vitesse affolante – et chaleureux, mais d'une manière presque inquiétante.

Rob entame la partie de billard. La mise a été fixée à dix livres.

L'une des deux femmes lui demande s'il a du feu.

– J'en ai, répond-il.

– Sérieux ? s'étonne une autre.

– Ouais, dit-il avec perplexité.

– Ça me surprend, avoue-t-elle.

– Quoi ? Que je fume ?

– Non, que tu aies un briquet.

Elles le poussent à prendre une tequila.

– Non, vous n'aimeriez pas le Robbie qui boit.

Il se rend aux toilettes. L'un des types âgés et pas très rassurants – celui-ci a des airs de Pete Waterman – lui emboîte le pas. Il veut savoir si Rob en a ras le bol que les gens cherchent à le connaître parce qu'il est Robbie Williams. (« Tout cela, nous précise Rob après coup, pendant que je me tiens la bite. »)

Nothing's Gonna Stop Us de Starship explose dans les enceintes.

– Cette chanson est sensationnelle, dit Rob tout en pochant la bille noire.

Il repart, après « quarante-cinq minutes de folie pure », plus riche de dix livres.

Voilà des mois qu'il se laisse pousser les cheveux, mais il se les fait couper.

– Je pensais « nouvelle coupe, nouveau danger », mais ce fut juste « nouvelle coupe, tête de footballeur ».

Dernière révélation en date du *Daily Mirror* : cette semaine Gary Barlow aurait annoncé, lors d'une fête, que Take That allait se reformer en fin d'année pour un concert exceptionnel, et que même Rob serait partant. Mais ce dernier n'a jamais entendu parler d'un tel projet. D'ailleurs, avant même qu'il ne lise le communiqué de Gary, son manager déclare en son nom : « C'est prévu pour quand les poules auront des dents ! » « *When Hell freezes over* ».

Rob approuve cette réponse, bien qu'il l'eût sans doute formulée autrement, connaissant le funeste usage de cette phrase dans l'histoire de la pop. Après la séparation orageuse des Eagles, les rancœurs demeuraient si vives entre les membres du groupe que, las de s'entendre demander pour la centième fois s'ils comptaient se reformer, l'un d'eux répondit que les poules auraient des dents bien avant. Voilà pourquoi, quelques années plus tard, les Eagles baptisèrent leur album et leur tournée de réconciliation *Hell Freezes over.*

Une nuit, dans la maison de campagne, des bruits familiers me tirent de mon demi-sommeil. La chambre de Rob se trouve juste au-dessus de la mienne, et lorsqu'il monte le son de sa télé j'entends vibrer le plafond. Ce soir je reconnais ces vibrations. Je suis stupéfait, mais seulement au point de veiller quelques secondes de plus, le temps de me demander pourquoi diable Rob écoute *Angels* au lit.

Le lendemain matin, dès que Rob fait surface, torse nu et bâillant, on lui annonce que Mark Owen est en ligne. Avant qu'il ne décroche, je lui apprends ce qu'il aura peut-être besoin de savoir – que le *Sun* de ce matin annonce la reformation de Take That, sans Rob, dans le cadre d'une campagne de promo pour plusieurs DVD du groupe. Il salue rapidement Mark, en entend suffisamment pour savoir que Mark n'a jamais prévu de rejoindre un nouveau Take That, et promet de le rappeler quand il sera complètement réveillé. Il s'assied pour lire l'article. Et sourit.

– Ça me botte assez, dit-il.

– Vraiment ?

– Ouais. Si je n'avais de rien prévu à Noël, j'y participerais.

– Même si Nigel en était ?

(Le *Sun* affirme que Nigel Martin-Smith négocie les contrats pour la reformation du quatuor.)

– Oui, oui. J'ai vu *Everything Changes* hier soir à la télé.

Je me souviens alors d'avoir reconnu *Angels.*

– Oui, ils ont passé celle-là, confirme Rob, puis j'ai changé de chaîne et ils diffusaient *Everything Changes.* Alors que je zappais au hasard. (Nouveau sourire.) Ce serait franchement bizarre de sortir *Radio* puis d'embrayer sur un concert de Take That... Je ne suis pas sûr que ce soit une bonne idée.

– Et pourquoi ferais-tu ça ? demandé-je.

Parfois, il ignore les questions ou résout de ne pas répondre. Mais présentement, assis à la table du salon, les lèvres pincées et le regard lointain, il réfléchit intensément. Soixante-dix-huit secondes s'écoulent sans qu'il dise un mot.

– Je ne sais pas, lâche-t-il enfin. Je me disais : pourquoi je le ferais ? Je n'en sais rien. Disons que ça m'a plu, le documentaire de l'autre jour, puis les chansons. C'est d'une telle innocence. J'ai vraiment adoré *Everything Changes* hier soir...

Il m'explique qu'il souhaiterait par-dessus tout interpréter *Why Can't I Wake up with You*, et qu'il est prêt à répéter intensément en vue d'un tel événement.

– Et ça te ferait quoi de répéter avec Gary ?

Un silence.

– Ça irait.

– Et à la première remarque vache de sa part ?

– Je me dirais : « Je sais pourquoi je suis là, et toi tu n'es qu'un blaireau. »

Rob craint, en revanche, même s'il voit d'un bon œil l'implication de Nigel-Martin, de nourrir à son encontre d'immédiates envies de meurtre.

Il déjeune de riz et de poisson, avant d'appeler Josie.

– Tu vois, il y a un truc qui me tente assez... Je... Ouais... Ouais... (J'entends la stupéfaction de Josie au bout du fil). Ouais, juste pour le fun, sans aucune arrière-pensée. Il y avait un truc magnifique, et j'aimerais le célébrer...

– Je vais devoir sortir mon matériel de dentiste pour poules, commente-t-elle.

Il appelle Mark :

– Salut, mec... Ça y est, je suis réveillé...

Ils échangent quelques plaisanteries, puis Rob dit :

– Ça me brancherait bien de faire un truc... avec Take That... ouais...

Au tour de Mark d'être ahuri. Il avait expliqué à Gary qu'il ne rempilerait que si Rob était de la partie, mais jamais il n'aurait imaginé que cela puisse l'intéresser. Rob lui donne ses raisons :

– Personnellement, j'ai juste envie de saluer la qualité d'une expérience que j'ai quittée... Je devrais pourvoir convaincre David et Tim...

Je lui signale que David vient d'appeler sur l'autre ligne. David n'est pas content.

– Je ne crois pas que ce soit utile, assène David avec un soupçon de panique dans la voix. Laisse ça de côté... Tu ne pourras jamais recréer ce que vous faisiez à l'époque.

Rob répond qu'il va y réfléchir.

Il vient d'être contacté pour le premier rôle de *Boys From Oz* à Broadway, en remplacement de Hugh Jackman. Trois mois. Huit représentations par semaine.

– Combien ? demande Rob.

On lui répond. Il réfléchit.

– Trois mois à New York. Pas avant l'année prochaine, alors. Je ne dis pas non...

Un vendredi matin, il s'installe à la table et compile un CD pour Matt Lucas, dont on fêtera les trente ans ce soir. Il personnalise le livret du disque en découpant des motifs dans le magazine *Attitude*. Pour le boîtier, il utilise celui du *Patience* de George Michael. Il intitule sa compilation *Lonely at the Top* [Seul au sommet].

En ville, il fait un saut chez Air Studios, où l'on enregistre les cordes, notamment celles de *Misunderstood*. Il bavarde avec Chris Martin – Coldplay enregistre dans les mêmes murs – puis indique à Stephen, quelques minutes avant le début de la séance, qu'il compte faire une prise chant, mais en changeant les troisième et quatrième phrases du morceau : *Love the way they smiled at me, held their face for eternity* [J'aime la façon dont ils me souriaient, maintenaient leur visage pour l'éternité]. Il sait ce qu'il veut faire de la quatrième : *I'd break my heart to make things right* [Je me fendrais le cœur pour tout arranger], citation déformée de Scott Walker dont il s'est souvenue en lisant l'ébauche de ce livre. Il veut une troisième phrase, sur-le-champ. Il emmène donc Stephen dans l'arrière-salle, en attendant que ses sushis arrivent, et réclame des idées.

– Ce pourrait être « tu fais »... quelque chose de mal, suivi de « je me fendrais le cœur pour tout arranger ». Non, pas ça. *I'll do the same again tonight* [Je ferai la même chose ce soir] ? *I'll be the same again tonight* [Je serai le même ce soir] ?

– C'est difficile de s'écarter de phrases qui ne veulent rien dire mais qui sonnent bien, estime Stephen. Tout le reste semble moins puissant, pas vrai ?

– *I always thought that you were right* [J'ai toujours pensé que tu avais raison], chante Rob. *I always knew that you were right* [J'ai toujours su que tu avais raison] ?... *I'm committed to the fight* [Je suis engagé dans la bagarre] ?

Il arrête son choix sur *I always seem to start a fight* [J'ai le don de déclencher la bagarre].

– C'est bon, ça, dit-il. Ouais ? Adopté. OK ?

Il remonte la glissière de son manteau noir. C'est la tenue parfaite pour ce type de textes.

– Rien que des lignes entières, décide-t-il. Noir. Casquette sur la tête. Style homme d'État.

Il chante seul dans la cabine.

I'm trying to be misunderstood. But it doesn't do me any good. I always seem to start a fight. I'd break my heart to make things right.

[J'essaie d'être incompris/Mais ça ne me réussit pas/J'ai le don de déclencher la bagarre/Je me fendrais le cœur pour tout arranger...]

Il a le manteau fermé, les mains dans les poches.

I'll be misunderstood by the beautiful and good in this city. None of it was planned. Take me by the hand. Just don't try and understand. [Je serai incompris par les gens beaux et bons de cette ville/Rien de tout cela n'était voulu/Prends-moi par la main/Ne cherche pas à comprendre.]

Dans la pièce principale du studio, la section de cordes exécute les arrangements de Claire.

Still I find myself outside [Je me retrouve encore dehors]. *You can't say I haven't tried* [Tu ne peux dire que je n'ai pas essayé]. *Perhaps I tried too hard* [J'ai peut-être trop insisté]. *No excuses* [Pas d'excuses]. *I won't apologise* [Je ne demanderai jamais pardon]. *Or justify your lies* [Ni ne justifierai tes mensonges].

Sur la fin, il sort les mains de ses poches et les joint en bol devant lui.

Can't forgive, sorry to say [Désolé, mais je ne pardonne pas]. *You don't know you're guilty anyway* [Tu ne sais même pas que tu es coupable]. *Isn't it funny how we don't speak the language of love ?* [N'est-ce pas étrange ? Nous ne parlons pas le langage de l'amour].

Lors du mixage, Stephen convainc Rob que le couplet d'origine « *visage pour l'éternité* » fonctionne mieux, tout compte fait.

S'il est rarement agréable d'attirer malgré soi les gens comme un aimant, parfois cela ne s'avère pas drôle du tout.

Un après-midi, une femme en minijupe jaune se présente à la porte, après avoir réussi à franchir la grille et traversé les hectares du terrain. Elle affirme être attendue : elle a parlé à Rob. Elle décline son nom à Gary et lui montre une photo d'elle avec ses enfants, comme c'est l'usage lorsqu'on sonne chez un ami célèbre. Gary transmet ces éléments à Rob, qui se sent en petit forme et fait la sieste. Rob ne connaît pas l'intruse. Elle clarifie son propos. Elle est médium, explique-t-elle, et son échange avec Rob était de nature télépathique. Ils ont beaucoup conversé au cours des derniers mois, ajoute-t-elle placidement, ce qui a beaucoup aidé Rob.

Quand Gary lui explique que son téléphone possède un mécanisme tout à fait réel qui permet de contacter la police, elle consent à partir. Plus tard, elle est repérée sur une route voisine, à l'arrêt. Le lendemain, Gary est réveillé à cinq heures par les aboiements des chiens ; elle stationne devant la maison. Il a beau appeler la police, elle ne bouge pas. Les flics finissent par arriver et elle se résout, en pleurs, à quitter les lieux. Dès l'après-midi, elle est de retour, sa voiture planquée derrière une haie de la propriété. Rob annule sa partie de golf et se cloître pendant qu'on règle l'incident. Les policiers sont obligés de l'arrêter. Elle prétend avoir couché avec Rob cette nuit-là. Et dans l'après-midi. « Écoute le Dieu dans ta tête ! » hurle-t-elle.

Ne parvenant à la calmer ni à lui faire entendre raison, les policiers la font interner.

Une semaine après sa conversation avec Mark Owen, je demande à Rob où en est le projet de reformation de Take That. Sa réponse ne me surprend guère :

– Ça me cassait les couilles, avoue-t-il d'un rire penaud.

Après des mois et des mois de tâtonnements, *Misunderstood* trouve ces jours-ci sa pleine signification.

– En fait, m'explique Rob, cela correspond tout à fait à ton livre. Une œuvre documentée à laquelle on peut se fier.

Il croque dans une pomme, et poursuit :

– En règle générale, quand deux personnes sont témoins d'un crime et qu'on les interroge chacune de leur côté, on obtient deux récits différents. (Il frappe la table.) C'est *toujours* autobiographique, dit-il comme si ce constat était cause de frustration. Je trouve qu'il y a des conneries dégueulasses qui circulent sur moi et, du coup, les gens qui me rencontrent me prennent pour ce que je ne suis pas. Et ça me fout vraiment en rogne. *Misunderstood* est un peu le grand frère de *Strong* avec un peu plus de maturité, je pense. (Soupir.) Le deuxième couplet exprime un défi. J'adore quand Bono ou Morrissey lâchent des phrases comme : « *Je n'ai peur de personne dans ce monde, vous ne pouvez rien me balancer que je n'aie déjà entendu.* » S'ils le pensent réellement, alors je dis bravo, mais pour ma part, j'ai souvent peur des gens et du pouvoir blessant de leurs paroles. C'est bien agréable de se voir mûrir à travers ce deuxième couplet – *je ne justifierai pas tes mensonges*. On essuie tellement d'insultes, qu'au bout d'un moment il faut savoir laisser courir. Tu as perdu deux millions de livres au jeu, on t'a vu sortir pété d'un bar (...) jusqu'au documentaire qui affirme que tu es gay. Tu sais, je n'ai pas cherché à créer ce monstre qui remporte le titre de Crapule de l'année. Je demandais juste à écrire et interpréter des chansons pop.

Le lendemain du malheureux match retour de Chelsea contre Monaco, Rob retrouve Jonny et Dec – qu'il a conduits chez lui après le match – pour le petit déjeuner. Dans une interview publiée aujourd'hui, Britney Spears juge Rob « cool et très sexy ».

– Elle voulait dire gros et insortable, bougonne-t-il, mais au fond il est flatté.

Il semble acquis que *Radio* sera le premier single ; Rob décide qu'il lui faut un second couplet – en l'état actuel, le morceau en comporte un seul répété deux fois. Les paroles étaient pour l'essentiel jetées en vrac au moment de la composition, l'été dernier dans le grenier d'Air. (Depuis, il y a remis un peu d'ordre et ajouté le mot *ouch* [aïe] sur la descente instrumentale qui précède l'apogée.)

Aujourd'hui, Rob s'assied avec Stephen sur le sofa du studio, en vue peut-être d'une de ces longues soirées d'écriture laborieuses mais nécessaires. Au bout de quelques minutes, Stephen, qui était occupé à trier les œuvres complètes de Belle & Sebastian sur son iPod, signale qu'il a déjà préparé un truc. Rob lit sa copie et la trouve parfaite. Les nouvelles paroles ne sont pas plus rationnelles que les précédentes, mais au moins suggèrent-elles que leur ineptie fut voulue. Quant à leur nouvelle signification, Rob déclare, bien qu'il soit d'humeur peu loquace : « C'était un enchaînement d'idées spontané. Je ne me suis pas embêté à les analyser. Comme pour *Monkey*. Je ne veux pas qu'on m'oblige à décrypter *Monkey*. Remarquez, je sais au moins expliquer une phrase du refrain, que je n'aurais jamais cru possible de maintenir dans la version finale : « *Make it effervescent, dear* » [Rends-le effervescent, chérie].

– Pourquoi « effervescent » ? demandé-je.

– Parce qu'ils étaient numéro un des charts cette semaine-là.

Tout est né d'une formidable méprise. Il s'avère que Rob pense au groupe Evanescence, qu'il a rebaptisé par erreur Effervescence.

On refait la prise de voix. En vertu de sa nouvelle manie d'accorder sa tenue à chaque morceau qu'il enregistre, il estime s'être trompé de chaussures. Il porte des Nike marron, qui jurent avec son pantalon de survêtement bleu. Il préférerait ses Nike blanches sans lacets, mais elles sont restées dans la voiture. Tant pis. Il tâche d'en faire abstraction.

Il chante, et tout en chantant il se met à danser, à mesure qu'il se coule dans son nouveau personnage.

– *Ouch !* dit-il.

– *Ouch !* croone-t-il.

– *Ouch !* crie-t-il.

iChat, printemps 2004 :

Ça se termine de manière subite ? « Et alors Robbie Williams alla se coucher... » ?

Au cours des derniers mois, il nous est arrivé de débattre de la conclusion à donner à ce livre. Selon son humeur, Rob aura voulu en finir sur l'un des nombreux instantanés de triomphe, d'abandon, de résignation, de désespoir, de contentement, d'absurdité, de concentration, d'errance, d'espoir ou d'inspiration qui rythment sa vie aujourd'hui et font écho à ceux d'avant.

Au moment de s'en aller au golf, il me dira « Fin », comme s'il voulait arrêter la bobine sur cette image figée : celle d'un homme qui s'éloigne en tenue de golf. Ou alors il placera son clap juste après avoir crié « pas de compromis » dans une chambre d'hôtel monégasque. Dans un moment de creux, il déclarera plutôt : « Et si, en guise de chute, je me versais de la vinaigrette sur la tête ? » Une autre fois, il me dictera avec une solennité ironique : « *"Je remercie le ciel d'avoir fait partie de Take That", dit-il, attablé parmi ses camarades dans son château* ». Ou tout simplement : *Ouch*.

Mais lorsqu'ils sont honnêtes, les livres de ce type ne s'achèvent pas de manière tranchée ; ni sur une conclusion ronde, efficace, ni sur une morale, ni sur un point d'orgue, ni sur un ultime incident plein de résonance, présenté comme l'heureuse culmination d'un arc. Ces livres s'achèvent simplement au moment et au lieu où ils s'achèvent, et à cet instant ils se séparent de leur sujet. Ils se taisent, ayant dit tout ce qu'ils pouvaient dire à ce stade, tandis que leur sujet poursuit sa route, pour accomplir ou défier tout ce que cette histoire aura suggéré – et, si la providence le veut, mille autres choses que le sujet et son livre n'auront pas même imaginées.

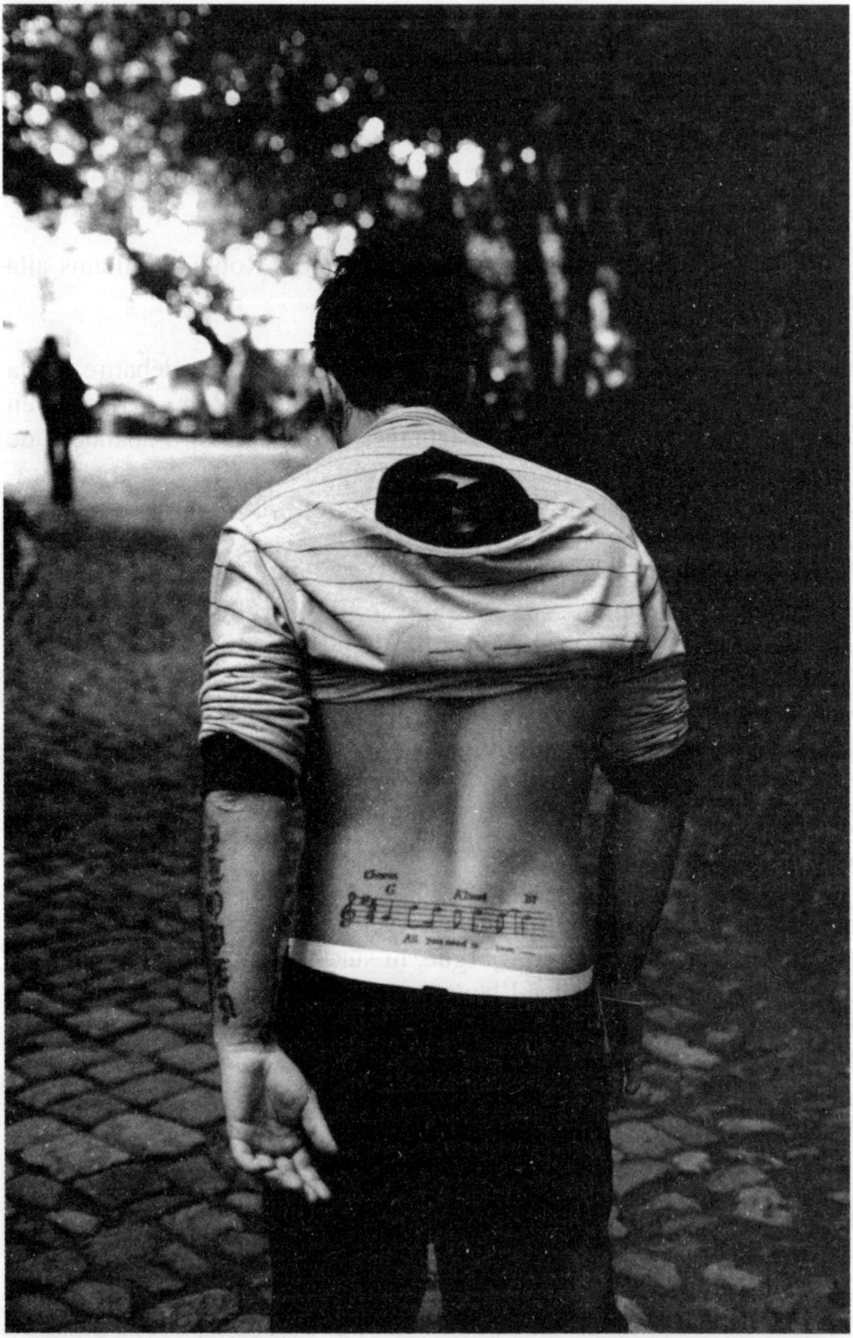

Discographie

Angels
Paroles et musique de R Williams/G Chambers

Big Beef
Paroles et musique de R Williams

Blasphemy
Paroles et musique de R Williams/G Chambers

Boom Boom
Paroles et musique de R Williams/S Duffy

Cake
Paroles et musique de R Williams/S Duffy

Come Undone
Paroles et musique de R Williams/K Ottestad/A Hamilton/D Pierre

Do Me Now
Paroles et musique de R Williams/K Ottestad/B Morrison

Everyone Needs It
Paroles et musique de R Williams/S Duffy

Feel
Paroles et musique de R Williams/G Chambers

Ghosts
Paroles et musique de R Williams/S Duffy

Handsome Man
Paroles et musique de R Williams/G Chambers/A Deevoy

Happy Easter (War Is Coming)
Paroles et musique de R Williams

Hot Fudge
Paroles et musique de R Williams/G Chambers

I Will Talk, Hollywood Will Listen
Paroles et musique de R Williams/G Chambers

If She Exists
Paroles et musique de R Williams/G Chambers

John's Gay
Paroles et musique de R Williams/G Chambers

Live improvised acoustic song about Denmark and Sweden
Paroles et musique de R Williams

Live improvised acoustic song about Stockholm
Paroles et musique de R Williams

Mise en page PCA
44400 – Rezé

Impression réalisée sur VARIQUIK par
SAGIM-CANALE
Courtry
pour le compte des Éditions Michel Lafon

Imprimé en France
Dépôt légal : novembre 2004
N° d'impression : 7969
ISBN : 2-7499-0183-9
LAF 621